揭开语言学史之谜

Reveal the Mysteries
of the History of Linguistics

基于语言知识库

重建历史的

21世纪使命

李葆嘉　刘慧　邱雪玫　孙晓霞　等　著

世界图书出版公司

北京·广州·上海·西安

图书在版编目（CIP）数据

揭开语言学史之谜：基于语言知识库重建历史的21世纪使命 / 李葆嘉等著. —北京：世界图书出版有限公司北京分公司，2021.8
ISBN 978-7-5192-8259-2

Ⅰ.①揭… Ⅱ.①李… Ⅲ.①语言学史—研究 Ⅳ.①H0-09

中国版本图书馆CIP数据核字（2021）第011197号

书　　名	揭开语言学史之谜——基于语言知识库重建历史的21世纪使命 JIEKAI YUYANXUE SHI ZHI MI
著　　者	李葆嘉　刘慧　邱雪玫　孙晓霞　等
责任编辑	王思惠
出版发行	世界图书出版有限公司北京分公司
地　　址	北京市东城区朝内大街137号
邮　　编	100010
电　　话	010-64038355（发行）　64033507（总编室）
网　　址	http://www.wpcbj.com.cn
邮　　箱	wpcbjst@vip.163.com
销　　售	新华书店
印　　刷	北京建宏印刷有限公司
开　　本	889mm×1194mm　1/16
印　　张	29.375
字　　数	568千字
版　　次	2021年8月第1版
印　　次	2021年8月第1次印刷
国际书号	ISBN 978-7-5192-8259-2
定　　价	118.00元

版权所有　翻印必究
（如发现印装质量问题，请与本公司联系调换）

序言：以朴学精神治西学

潘文国

先说一件趣事，今年春我应邀到英国威尔士大学汉学院讲学。5月20日，学院同人开车带我去附近著名景点——威尔士守护神圣大卫大教堂游览。该教堂有1500年历史（可追溯到圣大卫于6世纪修建的修道院，12世纪后扩建为大教堂），我随手拍了些照片，第二天"晒"到微信朋友圈。不料当天晚上，远在国内的李葆嘉先生就在朋友圈点赞，并说其中的一张照片"为诺曼贵族和威尔士公主混血的布雷肯主教坎布伦西斯（拉丁语Giraldus Cambrensis, 威尔士语Gerallt Gymro, 英语Gerald of Wales, 1146—1223），在《威尔士记事》（1194）中比较威尔士语、希腊语和拉丁语，为语言历史比较之先驱"。这令我大吃一惊。回国后翻开我们去年刚出版的《中西对比语言学：历史和哲学思考》，其中还提道："早在文艺复兴萌芽的时期，史学家兼大主祭威尔斯的杰拉德（Giraldus Cambrensis, 1146—1223）……就尝试给当时的欧洲语言分类。"[①]但真的到了威尔士，却忘得一干二净。而葆嘉反应之敏锐神速，令我震惊不已。可见他对史料之熟，这些早已深深印在头脑里。

其实葆嘉近年来在研究西方语言学史，我早有所知，2018年邀请他到中国英汉语比较研究会全国研讨会上作主旨报告。他的治学经历与我相似，都起始于传统小学，特别是音韵学，继而从汉语史拓展至理论语言学与语言学史，因此颇有一些共同语言。从英国回来不久，葆嘉便发来了领衔撰写的一部新作《揭开语言学史之谜》（排印本），希望我为之作序。展读之下眼界大开，所涉及研究比我所知还要宽广，而且见解新颖深刻。其中一些观点，如"打破琼斯神话""布雷阿尔之谜""索绪尔神话的终结"等，都是同道学人未

---

① 潘文国、谭慧敏：《中西对比语言学：历史和哲学思考》，华东师范大学出版社2018年版，第50页。

所道。这些观点的问世，必将震惊国内外语言学界，甚至引发重建西方语言学史乃至全球语言学史的新高潮。之所以说"全球"语言学史，因为葆嘉的这部新著仅针对西方语言学史的一些案例，并未涉及中国。而中国学者以前研究中国语言学史，难免在西方语言学史的理论和方法框架下进行。研究西方语言学史的理论和方法变了，对中国语言学史也必然会有新的视角和结论。因此葆嘉及其弟子的这部书将产生的影响，可能全方位涵盖语言学理论和语言学史等领域。

这部书的主旨是"重建西方500年语言学术思想史"，着重讨论"西方比较语言学史论""西方语义学史论""西方现代语言学史论""结构主义语义学之谜"几方面，推翻了许多当代语言学界视为"理所当然"的"常识"和"定论"。毅然撕开了以往"神话"的层层面纱，并揭示了"造神"的过程和缘由。详细内容在此不加细说。我更感兴趣，同时感到更值得推介的是——葆嘉何以会走上这样一条治学之路，以及该书中的基本方法。我想，这比其结论更为重要、更具启示性。人们治学的对象可能不同，得出的结论也可能随时而变，而唯有研究思路和基本方法可惠及学林。

葆嘉的治学方法，用一句话概括——就是"以朴学精神治西学"。这句话的含义至少有两个方面。一方面是传统学术精髓的发扬。人们已习惯于以为中国传统文化几无可取，中国传统学术实属古董，其实蕴藏许多珍宝，譬如清代朴学精神就值得汲取，而且可用于当代学术研究。另一方面是为中外文化交流的转变提供新的视角和思路。百年以来，我们的学术研究唯西方马首是瞻，理论、方法、结论都跳不出西方人的理路。甚至对中国历史和传统文化的研究，也是戴着西方的眼镜看，在西方理论和框架内进行。我们很少想到，可以换一个眼光看西方，从中国人的角度审视西方提出的各种理论。前些年，我在对比语言学溯源和索绪尔的"现代语言学之父"问题上都做过一些探索[1]，但没想到，葆嘉比我走得更远，史料更丰富，涉及面也更广，结论也更惊人。

以朴学精神治西学，首先要知道"朴学"精神为何。对现在很多人，特别是从事当代和国外学术研究的人来说，"朴学"已是很陌生的术语了。作为清代学术主流，朴学始自顾炎武（1613—1682），以"戴段、二王"[2]为代表，在乾嘉时期达到巅峰，为中国学术史

---

[1] 详见潘文国、谭慧敏：《重建西方对比语言学史——洪堡特和沃尔夫对开创对比语言学的贡献》，载《华东师范大学学报》2005年第6期，第70—75页；潘文国：《索绪尔研究的哲学语言学视角》，载《杭州师范大学学报》2013年第6期，第81—87页。

[2] 顾炎武（1613—1682，江苏昆山人），累拒仕清，开朴学之风气。戴震（1724—1777，安徽休宁人）、段玉裁（1735—1815，江苏金坛人）为师生，世称"戴段之学"。王念孙（1744—1832，江苏高邮人，戴震的学生）、王引之（1766—1834）是父子，世称"高邮二王"。

留下浓重的一笔。其余绪直到民国时期的章太炎（1869—1936）和黄侃（1886—1935），连同他们培养的学生，世称"章黄学派"。朴学研究以语言文字为中心，重视考据辨伪、名物训诂、学理发明，从而形成了一种实事求是的治学精神。葆嘉追随徐复先生（1912—2006）20余年，耳提面命，点校《广韵》（收入徐复主编《传世藏书·语言文字》），又嘱理《隋唐音研究》（徐复故友葛毅卿遗著），而葆嘉自诩"章黄学派第四代传人"，可见与这一传统渊源之深。在他走上学术道路之始，研习文字音韵训诂，撰《清代学者上古声纽研究史论》，自是乾嘉朴学的当然之义。他后来走向理论语言学和西方语言学史研究，看起来与朴学已完全无关，但多年形成的研究方法和思路，不能不留下深深的烙印。因而他研究西方语言学史，就体现出与其他许多人，特别是与出身于外语专业的研究者很不相同的路子。仅就这部新著而言，我以为就采用了显然来自朴学的研究方法。

一、考源

传统朴学强调"辨章学术，考镜源流"[①]，万事爱探其究竟。对信奉朴学的人来说，考源可说是起手功夫和自然操作。打个比方来说，现在国内搞外国语言学的人习惯搞横向移植，见到一种新奇理论或一本名家名著，迫不及待地介绍引进，唯恐落于人后。却很少有人，对这一理论的形成过程、师承传授做深入探究。而朴学精神最感兴趣的就是纵向探源，从不就事论事，一定会想方设法考证出某一理论的师承关系或来龙去脉。该书的各大部分都体现了这一旨趣或治学之道。

二、正名

孔子（前551—前479）教导"必也正名乎"（《论语·子路》）。对中国传统学术来说，"循名责实"是基本手段，对每一概念必从其初义着手，然后观其演变。而汉字的性质，为其探求造字本义、造词本义提供了最大的可能和方便。汉代《尔雅》《方言》《说文》《释名》四大名著奠定了传统小学的基础，而清儒发展出"以形索义""因声求义"等诸种手段，将传统语言文字学研究推向高峰。

受西方传统"表音文字""文字符号任意性"等成见的影响，人们总认为西方文字是

[①] 章学诚《校雠通义序》（1779）曰："校雠之义，盖自刘向父子部次条别，将以辨章学术，考镜源流。非深明于道术精微、群言得失之故者，不足语此。"

不可分割的，很少有人想到对西方文字也可进行"说文解字"式的剖析。而葆嘉采用传统朴学方法，偏要对西文也进行类似研究，进行了大胆而成功的尝试。譬如本书前言对"西方"和"东方"诸词义的溯源，总论中对philology、grammar、linguistics等术语的考证等，都显示了中国传统小学方法的功力。这对于我们从事西方学术研究具有很大启迪。

三、博采

传统治学强调博览群书，厚积薄发。颜之推（531—约597）在《颜氏家训·勉学》）中写道："观天下书未遍，不得妄下雌黄。"这一条对今天治国学者而言已经很不容易，很多人已不习惯于"泡图书馆"，更不用说"钻故纸堆""坐冷板凳"。许多人甚至连纸质书都懒得翻，而满足于从网络中摘录只言片语来堆砌文章。

由于外文资料不易得，要做到这一条对于治外国学问者来说就更难。据说当今世界上的学术资源，英文类的就占了80%。围绕一个课题，要找尽英文资源已属不易，更何况非英文的外文资源！作为外语学者，我对此有深切感受，即使泡在国外图书馆中，所能熟练利用的也仅仅是英文资料而已，对其他语种资料至多只能利用二手。而从这部新著的相关考辨中可见，仅凭二手英文资料很可能不足，未触及甚至掩盖了许多重要史实（要尽量查找原著）。作为出身于汉语专业的学者，葆嘉师生却不辞劳累，在多种语言的外文资料搜求上甚至超过了若干外语学者，除了英、法、德、俄诸语文献之外，还涉及荷兰语、凯尔特语等多种文献。这实在令我等汗颜，尤其值得治西学者重视。

四、会通

古人治学，既强调博学，更强调会通。南宋郑樵（1104—1162）《通志·总序》（1161）曰："百川异趋，必会于海，然后九州无浸淫之患；万国殊途，必通诸夏，然后八荒无壅滞之忧。会通之义大矣！"会是横向，通是纵向，会通是汇聚各方知识解决某个问题。本书总论中关于语言学、语文学等的研究就是一个很好的实例，通过旁征博引，稽古察今，最后得出结论："西方只有一个语言学。"尽管这最后的结论有点儿意外，但其研究方法和思路却是毫无疑义的。而论述西方语义学的诞生和发展过程，更是展示了许多国家、许多领域、许多学科、许多专家的共同努力，尤显丰富多彩。

五、祛妄

清人的朴学其实兼具汉学和宋学之长，既有汉学注重文字训诂的特点，又有宋学大胆推翻陈说的质疑精神，由此造就了有清一代学术远超前代的成果。在西学的研究中，我们也需要有这种质疑和批判精神，不墨守成规，不迷信权威，这样才能有所超越。葆嘉师生的这部书就是挑战权威、推翻成说之作，精彩之处比比皆是。这里我特别要举出两个例子。一个是对罗宾斯（R. H. Robins, 1921—2000）的批评。罗宾斯的《简明语言学史》是为数不多的引进中国的西方语言学史著作之一，在国内有重要影响。但葆嘉在比较其几个版本后，直截了当地批评"'史料'的欠缺仅为表象，实际上欠缺的是'史德'"。在学术研究中，这是罕见的道德审判，足以显示学术批判精神的锋芒。另一个例子是对西方学术民族主义的批判，同样也十分毅然决然，"对更早前辈学者的研究全然不知，或视而不见，或故意贬低"，一些英国、法国、德国学者都是如此，这才导致语言学研究史上形成各种谜团和"神话"。这对于我们重新认识西方语言学史确实是一帖清醒剂。

传统治学的态度和方法当然不止以上这些，但这些无疑相当有用并可施之于今。葆嘉师生以之为手段，对西方语言学史研究进行犀利的解剖，得出令人耳目一新的结论，这正是对传统朴学精神的继承与发扬。多年以来，在学术研究上，我们已习惯仰西人鼻息，不敢思考，也懒于思考。实际上，从该书所揭示的问题来看，我们对西人的研究其实也相当无知，对许多奉若神明的"理论"和"学说"流于一知半解。在强调文化自信、重新认识中国和世界的今天，葆嘉师生的这部新著是一股强大的助力，相信会对整个学术界有所触动。

如果说读此书后还有什么期望的话，那就是希望能够读到从更广泛角度理清世界语言学史问题的著作。具体地说，我希望把中国放进去，研究真正的"世界"语言学史。我知道葆嘉曾写过非常精彩且很有影响的中国语言学史专著，但同样，讲"中"的时候就很少甚至没有考虑"西"。从普通语言学角度看，人类语言只有一个，因而全面的人类语言研究史也应只有一个。我希望看到中外语言学史研究的真正对比和融会贯通，特别是在理论和方法上，许多本来就应该是相通的。但是傲慢、偏见和无知将它们割裂开来。当然，汉语和其他语言之间有一个重大障碍，那就是翻译造成的术语问题。我们习惯了西方的术语，总觉得"学术"研究离开了西方的那些术语就不行。其实，如果能穿透表面的迷雾，中西的语言研究未必不能对话。多年以前，傅勇林曾经撰文指出，风靡国内语言学界的"衔接"（cohesion）和"连贯"（coherence），一般都认为是韩礼德（M. A. K. Halliday, 1925—2018）的创造，其实就是清代学者刘熙载（1813—1881）《艺概》（1873）中提到的"文脉""意脉"。①在此基础上，我进一步指出，其实这对术语最早可溯源到南梁刘勰（465—520）《文心雕龙》（502）的"外文绮交""内义脉注"，那就更是1500多年前的事了。②沟通中西不同研究传统的用语，会对许多问题有新的认识，可以期待——语言学史的对比研究，乃至人类语言学史的整体研究一定会有新的突破。

是为序。

2019年8月30日于沪上

潘文国，华东师范大学终身教授，博士生导师。国内外著名语言学家、中英双语专家。曾任中国英汉语比较研究会会长、上海语文学会副会长、上海翻译家协会理事。在汉英对比研究、汉语等韵学、汉语字本位理论、西方翻译理论、哲学语言学、对外汉语学等方面均具重要影响。主要论著有《汉英语对比纲要》《英汉语言对比概论》《韵图考》《字本位与汉语研究》《中西对比语言学：历史和哲学思考》《潘文国汉语论集》《潘文国学术研究文集》等。

---

① 傅勇林：《文脉、意脉与语篇阐释——Halliday与刘熙载篇章理论之比较研究》，载《外语与外语教学》，2000年第1期，第19—26页。

② 潘文国：《译文三合：义、体、气——文章学视角下的翻译研究》，载《吉林师范大学学报》，2014年第6期，第93—101页。

前言：重建西方500年语言学术思想史

李葆嘉

每门学术都是历史的产物，梳理学术史有助于铭记前人研究，提高理论自觉，明确研究方向，推进学术发展。反之，学术史中的一系列误说，则无异于湮没前人研究，消解理论自觉，模糊研究方向，阻碍学术发展。

一、"西方"与"东方"

西方学者对语言学史的研究肇始于19世纪的德国（Eichhorn 1807，Benfey 1869）[①]。林枫敬编译的《语言学史》（1943），不仅是中国的第一部西方语言学史，而且也是国际上的第一部世界语言学史。

在汉语中，指称外国（非国别的）"语言学/语言学史"，通常有两种限定词，一是"西方"，一是"欧美"。前者如刘润清《西方语言学流派》（1995）、姚小平《西方语言学史》（2011），后者如徐志民《欧美语言学简史》（1990）。

不过，或有专家提出"西方"这一术语逻辑上不够严谨，包括印度吗？包括澳大利亚吗？由此，需要做些说明。

中国人基于中原（中土、东土），所用"西方"一词具有历史动态性。先秦时期，"西方"最早指周人故地。《诗经·邶风·简兮》："云谁之思？西方美人。彼美人兮，西方之人兮！"《国语·晋语四·齐姜劝重耳勿怀安》："西方之书有之曰：怀与安，实疚大事。"韦昭注：西方谓周。诗云"谁将西归"，又曰"西方之人"，皆谓周也。

[①] 艾希霍恩（Von J. G. Eichhorn）的《现代语言学史》（*Geschichte der neuern Sprachenkunde*, Göttingen，1807），此为西方第一部语言学史的专著。本费（Th. Benfey）的《19世纪初以来的德国语言学和东方语文学的历史，以及对早期的回溯》（*Geschichte der Sprachwissenschaft und Orientalischen Philologie in Deutschland seit dem Anfange des 19, Jahrhunderts mit einem Rückblick auf die früheren Zeiten*, München，1869），此为西方第一部历史比较语言学史的专著。

自汉代以来，"西域"指玉门关、阳关以西，葱岭、巴尔喀什湖以东的广大区域[①]，而后世的广义西域，还包括亚洲的中西部地区。汉魏以降，佛教西来，唐僧取经，"西方"或"西天"（"西方天竺"的简称）遂成中国人对印度的代称。五代北宋，已有"西洋"之称。[②]至于明代，"西洋"意指文莱以西的东南亚和印度沿岸地区。

明清之际，传教士带来西方知识，用"泰西"[③]指称欧洲。晚清民国，则用"西洋""西方"[④]特指欧美，所谓"西餐、西服、西医、西乐"皆为此义。

反观地中海（大地中央之海），腓尼基人、希腊人称爱琴海之东的亚细亚为东方[⑤]，后又延伸到两河流域（古巴比伦）、尼罗河流域（古埃及），再延伸到波斯、阿拉伯（16世纪之后，欧洲出现"东方学"学科），直至南亚，而再向东则"远东"。

其实，不仅我们的专家会对"西方"这一术语是否严谨提出质疑，就是欧洲的一些东方学家对"东方"可能也不甚了了。

英国东方学家威廉·琼斯（William Jones, 1746-1794）在《关于亚洲历史、民事、自然、古迹、技艺、科学和文献调研学会成立的演讲》（*A Discourse on the Institution of A Society, for Inquiring into the History, Civil and Natural, the Antiquities, Arts, Sciences, and Literature, of Asia*，1784）中说：

…if it be necessary or convenient, that a short name or epithet be given to our Society, in order to distinguish it in the world, that of *Asiatick* appears both classical and proper, whether we consider the place or the object of the institution, and preferable to *Oriental*, which is in truth a word merely relative, and, though commonly used in Europe, conveys no very distinct idea. (*The*

---

① 东汉班固《汉书·西域传》："西域以孝武时始通，本三十六国，其后稍分至五十余，皆在匈奴之西，乌孙之南。南北有大山。中央有河，东西六千余里，南北千余里。东则接汉，厄以玉门、阳关，西则限以葱岭。"

② 五代蔡永兼《西山杂记》记载，泉州蒲有良到占城，出任西洋转运使。此"西洋"指东南亚沿岸地区。元朝和明初指文莱以西的东南亚和印度沿岸地区。至郑和下"西洋"，则以交趾、柬埔寨、暹罗以西，马来半岛、苏门答腊、爪哇、小巽他群岛、印度，以至于波斯、阿拉伯为"西洋"。

③ 明末方以智《东西均·所以》："泰西之推有气映差。"又清人昭梿《啸亭杂录·善天算法》："自明中叶泰西人入中国，而算法、天文精于中土。"

④ 民国的"西方"犹晚清的"西洋"，特指欧美各国。章炳麟《訄书·商鞅》："故法家者流，则犹西方所谓政治家也，非胶于刑律而已。"

⑤ 古闪米特人活动于爱琴海地区，称海这边为"亚细亚"，海那边为"欧罗巴"。古希腊语的Asia源自腓尼基语的asa（上升→日出处→东方）；欧罗巴（Europa）源自腓尼基语的ereb（沉落→日落处→西方）。此外，欧罗巴之兄腓尼基王子卡德摩斯（Cadmus，闪米特语词根q-d-m，其意也是"东方"）的名字，折射了把文明和文字从东方带到西方希腊的史实。

Works of Sir Willam Jones. 1807, Vol. III: 5）

如果出于必要或方便，我们的学会应赋予一个简洁的名字或称号，以便让国际学术界识别，Asiatick（亚洲）这一词显得既典雅又适宜，无论我们考虑机构的地点，还是学会的目标，其含义更倾向于Orienta（东方），但是该术语实际上仅与"西方"相对，尽管在欧洲普遍使用，表达的却并非清晰的概念。

一方面，希腊语的"亚细亚"（Asia）和"欧罗巴"（Europe）这两个词皆来自古老的闪米特语（阿卡德—亚述语、腓尼基语）。Asia（爱琴海东岸）可追溯到阿卡德语的(w)asû(m)（外出→升起）、腓尼基语的asa（→东方），"亚洲"的原义即"日出处，东方"；Europe（爱琴海西岸）可能源自阿卡德语的erêbu(m)（进入→沉落）、腓尼基语的ereb（→西方），"欧洲"的原义则是"日落处，西方"。换而言之，尽管琼斯选用了Asiatick（亚洲）这个词，但是其语源仍是Asia（东方），只不过是个"非印欧语的古老外源词"。

反之，琼斯所认为概念不清的Orienta，则可能是古印欧语的本源词。英语的Orient（东方）来自拉丁语的Oriens（< orior，上升，东方），希腊语为Anatole（即Anatolia "安纳托利亚"）。与Orient相对的英语单词Occident（西方），同样来自拉丁语的Occidens（<occido, 沉落，西方）。

其实，Orienta / Orient / Oriental蕴含着古老文化的丰富内涵。

1. Orient（n.）【天象】（1）[古]（从地平线下）升起的；（2）[古]天空的东部（→东方世界）。

2. Orient（n.）【地区】（1）东方（→东方国家→亚洲→19世纪后尤指远东）；（2）（adj.）东方的。

3. Oriental（n.）【人种】（1）东方人（→亚洲人）；（2）东方犹太人；（3）东方化的人；（4）（adj.）东方人的（→东方国家的→东方文化的）。

4. Orient（n.）【珠宝】（1）东方珍珠（→优质珍珠）；（2）珍珠的光泽；（3）（adj.）（珍珠或宝石）有光泽的（→优质的）；（4）Oriental（adj.）刚玉的（→东方宝石的）。

5. Orient（v.）【宗教】（1）朝东，向东；（2）把脚朝东下葬（可能因其祖先来自东方）；（3）使建筑（后世尤指教堂）正面朝东建设；（4）以罗盘等定方位；（5）以之为方向，转向某特定方向；（6）使适应（环境等→调整）。

Orient 应与远古时期的太阳神崇拜有关。太阳从东方升起，因此远古的神坛、墓葬、寺庙，包括耶路撒冷的犹太教寺庙等，都是以东面为主入口。这种传统为基督教的教堂建制所沿袭。古人相信，只有面朝日出才能保证方位正确，而方向正确才能适应环境。

由此可见，欧洲人自称为"西方"（称亚洲为"东方"），与中国人明清用"泰西""西洋""西方"指欧洲（→欧美），都是自处立场，东西相对，由近及远。换而言之，在现代汉语中，"西方语言学史"和"欧美语言学史"基本等值。

之所以如此絮絮叨叨，是因为当代汉语的"西方"一词进一步泛化，已成"泛西方"（指欧洲全境、美国、加拿大、澳大利亚和新西兰，或者指欧美、西亚、中亚、印度）。其实，无论"西方语言学史"，还是"欧美语言学史"，皆是限指或定指，不可能囊括该区域之内的所有国家或语种的语言学研究。从逻辑上讲，地区概念向来难以全称，都是"以偏概全"，或为"以整体代局部"的借代或约指。这似乎是自然语言的缺陷，其实是自然语言的必然和奥妙，植根于人类认知和语言表达的本性。归根结底，词语的理解受制于上下文或语境，那些提出"西方"这一术语不够严谨的专家，可能已经把这一基本会话原则抛在一边，而落入了似乎严谨，然而僵化的逻辑主义圈套。

二、西方近现代语言学史的三张图

历史比较语言学是西方语言学界一直引以为骄傲的学科。然而，通行的几本西方语言学史著作，对西方历史比较语言学的形成和发展过程，不仅未做系统梳理，而且盲区一片，误说丛生。就罗宾斯（Robert Henry Robins，1921—2000）的《语言学简史》（*A Short History of Linguistics*，1967）而言，明显缺失有：史料把握不够严谨、史实方面错误太多、分支学科残缺不全，不可列为可信赖的参考书（参见Koerner 1978；姚小平1995；李葆嘉、邱雪玫2013）。实际上，何止历史比较语言学史，就是现代语义学史（莱斯格1825年创立语义学）、现代语言学史（博杜恩1870年创立现代语言学），至今也未梳理清楚。迄今出版的语言学史专著，关于这些方面的论述基本上都是墨守成规，尚未及时吸收新知，订讹补缺。由此，李葆嘉（2010）提出"重建西方500年（16—20世纪）语言学史"。

2013年10月，在"第五届当代语言学国际圆桌会议"（The 5th CASS International Roundtable Linguistics，中国社会科学院语言研究所《当代语言学》编辑部与南京师范大学语言科技研究所联办）上，李葆嘉作了《近现代欧美语言学史的三张图——走出罗宾斯的个体创始模式》的专题演讲。这三张图是：

第一张图：历史比较语言学的形成和发展（16—19世纪）

第二张图：西方语义学的形成和发展（19—20世纪）

第三张图：西方现代语言学的形成和发展（19世纪下半叶—20世纪初）

此外，还有一张附图：

第四张图：西洋汉语文法学研究（17—19世纪）线索图

该图也就是"西洋汉语文法学的溯源沿流"（李葆嘉《中国转型语法学：基于欧美模板与汉语类型的沉思》第一章第二节，南京师范大学出版社2008）的图示。[①]

作为自选项目，"重建西方语言学史"的启动和相继参与者如下：

1. 重建现代语言学史，可追溯到1998年（李葆嘉《论索绪尔静态语言学的三个直接来源》），相继参与者：邱雪玫、孙晓霞、刘慧、叶蓓蕾等。

2. 重建西方语义学史，2002年启动（李葆嘉江苏省哲学社会科学基金项目"面向信息工程的语义语法学研究"、国家社科基金项目"面向信息处理的现代汉语元语言系统研究"），相继参与者：刘慧（2015年国家社会科学基金项目"基于一手文献的西方语义学史论"）、殷红伶、祁曼婷、孙晓霞、司联合、李炯英、张文雯、朱炜、胡裕、陈静琰、陈秀利等。

3. 重建西方比较语言学史，2008年启动（李葆嘉《亲缘比较语言学：超级语系建构中的华夏汉语位置》），相继参与者：邱雪玫、王晓斌、李艳（2016年国家社会科学项目"历史语言学理论：从同源论到亲缘度"）、张高远、司联合、袁周敏、孙晓霞、殷红伶、刘林、刘慧、孙道功、颜明等。

三、比较语言学史：发现荷兰学派，终结"琼斯神话"

早期学者（Benfey 1869）局限于19世纪上半叶德国学者的语言比较工作，在自吹自擂的同时甚至诋毁荷兰先贤。20世纪初的西方语言学史研究（Thomsen 1902，Pedersen 1924），对语言历史比较学术史未加以系统梳理。至20世纪60年代，以罗宾斯为代表的学史研究，未查阅一手文献，时有以讹传讹。凡此种种，以至于16—18世纪语言历史比较的巨大成就长期隐而不彰。

[①] 第一章 泰西眼光：多明我传统和西洋汉语文法学的三变：第一节 泰西语法学的渊源和传统；第二节 西洋汉语文法学的溯源沿流；第三节 17世纪的多明我汉语文法学派；第四节 18世纪的罗曼汉语文法学研究；第五节 19世纪的日耳曼汉语文法学研究；第六节 西洋汉语文法学的主要创见。

20世纪50年代以来，特别是80年代以来，一些西方学者（Bonfante 1953；Metcalf 1953，1966，1969，1974，2013；Droixhe1978，1987，2000，2007；Fellman 1974；Muller 1984，1986；Driem 2001，2005；Campbell 2002，2006；Campbell & Poser2008；Hal 2010；Eskhult2014）就早期历史比较语言学研究史，相继开始了艰难探索和专题研究，取得一系列丰硕成果。然定位不尽合适（比如，称之为"前比较"，这是一个贬义术语，使人想起"前科学"），时常受19世纪德国学派掣肘，而对17世纪荷兰学派的巨大贡献认识不足，并且尚未全面系统梳理，以至于迄今尚无完整的"西方历史比较语言学史"专著（尽管在一些语言学著作中设立了专门章节）。

令人遗憾的是，中国语言学界通常转述的仍是以往西方学者的所谓"定论"，不仅鲜见中国学者对历史比较语言学史领域的专题（专人、专著、某学派、某阶段）研究，而且西方学者的一些新成果也未见参考或译介。①换而言之，中国学界通常转述的，仍是此前西方学者的"局限式研究"（18世纪末到20世纪初的历史比较成果），而对一些新成果迟迟未能消化吸收。

不知有汉，无论魏晋……

学术史研究需要大量文献（尤其是一手文献）。在纸质文本时代常难以知晓，即使知晓也不易获得，由此必然导致存在若干误区和盲点，甚至扭曲学术史。就历史比较语言学的创立和印欧语系的发现而言，囿于当时知识，先后受"德国民族主义""英美民族主义"的驱动，误解尤为严重。坎农（Cannon 1958，1990）、霍凯特（Hokett 1965[1964]）、罗宾斯（Robins 1967，1987）等尚未清醒认识到，只有查阅了威廉·琼斯《三周年演讲》（1786）之前语言历史比较的主要论著，在对其形成和发展过程大体了解的基础上，才能给琼斯演讲中的"相似—同源讲辞"以合适的定位。

有鉴于此，我们以所谓"历史比较语言学的奠基人"威廉·琼斯的《三周年演讲》（*The Third Anniversary Discourse*, delivered 2d of February, 1786）为参照点，梳理琼斯之前（18世纪末之前）欧洲学者关于语言历史比较的总体面貌。首先，对以往研究逐一梳理和剖析，重在指出所失。其次，基于一手文献钩稽和参考二手文献，重点阐述以伯克斯洪（Marcus Zuerius van Boxhorn，1612—1653）为代表的荷兰学派，揭示其创立历史比较语言

---

① 德里姆（George van Driem）著，李葆嘉、李艳译《汉-南语系与汉-高语系、汉-博语族与汉-藏语系以及默认的藏缅语系假说》（*Sino-Austronesian VS. Sino-Caucasian, Sino-Bodic VS. Sino-Tibetan, and Tibeto-Burman as Default Theory*, In Prasada, Yogendra, Bhattarai, Govinda, Lohani, Ram Raj, Prasain, Balaram & Parajuli Krihna, Contemporary Issues in Nepalese Linguistics, pp.285—338, 2005），其中涉及语言历史比较早期学术史。该文译于2007年10月，后刊于《语言研究集刊》（第八辑），江苏教育出版社2015年。

学本体论和方法论的过程及价值。然后，基于琼斯11次演讲（1784—1794）的相关内容，指出"琼斯神话"（历史比较语言学奠基人）与真实的比较语言学术史不相符合。

本专题研究的主要结论是：

1. **最早提出印欧语系假说（斯基泰假说，包括梵语）和历史比较方法的是荷兰伯克斯洪（Boxhorn 1647, 1654）；最早提出日耳曼历史音变定律的是荷兰凯特（Kate 1723）。**早期研究乌拉尔语言的是德国缪恩斯特（Münnster 1544）、瑞典—芬兰维克雄纽斯（Wexionius 1650）、瑞典斯提恩希姆（Stiernhielm 1671）、德—瑞典谢费尔（Scheffer 1673）、德国艾克哈特（Eckhart 1711）。最早调研阿尔泰语的是荷兰威特森（Witsen 1692），首先对阿尔泰语分组的是瑞典斯塔伦贝格（Strahlenberg 1730）。最早研究含—闪语言关系的有法国波斯特尔（Postel 1538）、法国基沙尔德（Guichard 1606）、德国拉维斯（Ravis 1648）、瑞士霍廷格（Hottinger 1659, 1661）、德国鲁道夫（Ludolf 1702），提出阿拉米语组的是德国莱布尼茨（Leibniz 1710），建立"东方语言"谱系树模式和类比研究法的是荷兰斯库尔滕（Schultens 1738）。最早提出闪米特语族的是德国莱布尼茨（Leibniz 1710）、荷兰斯库尔腾（Schultens 1706—1738）；最早论证马达加斯加、东印度群岛和科科斯群岛诸语同源的是荷兰雷兰德（Reeland 1708）。开启非洲语言历史比较研究的是法国普罗亚特（Proyart 1776）；开启南美语言历史比较研究的是意大利杰里伊（Gilij 1782）；开启北美语言历史比较研究的是美国爱德华兹（Edwards 1787）。

2. 《三周年演讲》（1786）是一位东方学家关于亚洲人种和民族的演讲，语言只是琼斯研究民族和文化的工具之一。其中第10节（英语的一个长句，141个单词）提及"相似—同源"（其他演讲中也有语言关系的相关论述），琼斯既未标榜此为首创，也未做过任何历史比较工作，其讲辞依托的是此前的语言比较和梵文研究成果。通过文献核查可见：**凡琼斯演讲中说法大体对的（如印欧语系、芬兰—乌戈尔语系等），即前人已有丰富研究的；凡琼斯演讲中说法大体错的（如藏语和汉语的关系、东南亚和南太平洋诸语言的关系等），即前人未曾充分研究的。**由此考定：（1）不管对错与否，琼斯的这些说法一定参考了前人论著，尽管未列参考文献；（2）琼斯对语言比较并无具体实践，只是基于所见资料加上一些主观理解；（3）琼斯在语言历史比较理论方法上无任何原创性建树。

3. **采取鸟瞰式俯视，语言历史比较萌芽于英国学者坎布伦西斯（Cambrensis 1194）、**西班牙学者罗德里库斯（Rodericus1243）、意大利学者但丁（Dante 1305）、荷兰学者阿格里科拉（Agricola 1479）。①经过早期探索，从捷克学者杰勒纽斯（Gelenius 1537）进入第二阶段词语和谐说；再进入第三阶段成熟期（语系假说、方法论和音变定律）。在这一阶段，荷兰莱顿，精英云集，涌现出以伯克斯洪为代表的荷兰学派，成为当时欧洲的学术中心——**是伯克斯洪创立了历史比较语言学理论和方法，是凯特发现了日耳曼历史音变定律**。至于19世纪的语言历史比较可视为第四阶段，是在荷兰学派传统基础上推向鼎盛的。**德国学派以及丹麦学者拉斯克（他们了解荷兰学派的理论方法）主要成果在研究规模上的拓展化和过程上的精细化，就核心理论方法而言，并无原创性建树。**

4. **语言历史比较的崛起在于日耳曼（凯尔特）等民族意识的觉醒及寻根意识。**在发现塔西陀（Tacitus，55—120）和帕特尔库鲁斯（Paterculus，约前19—后31）的论著后，当日耳曼人第一次读到其伟大领袖阿尔米纽斯（Arminius，前18—后21）的事迹时，才知道条顿人并非击败强大罗马军队的唯一民族。他们对自己的祖先越发敬重，更加热爱其本族语，他们要知道其祖先来自哪里。于是根据语言证据，参照历史传说和考古，推定其祖先来自黑海的斯基泰故乡。历史比较语言学理论方法的成熟，并非像通常臆想的那样，基于大航海时代的语言大发现，更非18世纪后期语言词汇集的编撰或梵语的发现，而是基于欧洲学术发展的内在趋势，即文艺复兴前后的人文主义兴起，对古老欧洲民族文化的新发现。

5. 由于琼斯将语言关系置于《圣经》框架内，而符合当时一些学者的信念（第一印象效应），19世纪中期的三位英国学者（Müller 1851；Anonymity 1866；Farrar 1869）为反对德国学者垄断历史比较而鼓吹琼斯的成就（光环效应），再加上德国语言学史家对荷兰学者的诋毁（丑化效应），20世纪的一些学者则将其奉为定论并反复夸大（定势效应），从而掩盖了荷兰学派的巨大成就，扭曲了西方比较语言学发展的真实进程（从众效应）。

然而，学术史就是学术史！凡模糊不清的务必彻底澄清，凡是非颠倒的务必正本清源。关键就在于，研究学术史要克服发自某种主观信念（盲从陈说，排斥新论），坚持基于客观事实（依据新发现资料修正陈说）。

四、西方语义学史：寻找莱斯格，定位布雷阿尔

西欧学者关于意义的研究肇始古希腊，但作为一门学科，**语义学**（Semasiologie "语

---

① 再向前追溯，12世纪初，冰岛佚名学者研究了冰岛语与英语的词汇相似性，拉斯克称之为《第一篇语法论文》（*Fyrsta Málfræðiritgerðin*），1818年刊于斯德哥尔摩。9世纪，希伯来语法学家库莱什（Judah ibn Kuraish），基于希伯来语、阿拉米语和阿拉伯语的比较，提出它们来自同一源头，其《学术论文》（*Risālah al-ḥakim*）1857年刊于巴黎。这些更早期的探索，在18世纪末之前的语言历史比较学界未能产生任何影响。

意学"→ Sémantique /Semantics"语义学"①）却建立于1825年的德国哈雷（Reisig 1839 [1825]），此后取得了一系列丰富成果。20世纪30年代以来，语义研究被形式主义所排斥，**语义学史长期不在欧美语言学史家的视野之内。**

20世纪60年代中期，随着西方语言学研究的转向，语义研究得到关注；80年代，语义学史的探索开始出现。迄今为止，我们检索到的欧美语义学史专著仅有两部半。1982年，加拿大学者戈登（W. T. Gordon）出版的欧美第一本《语义学史》（*A History of Semantics*），其主要特点及缺失是：1. 以语义学家为单元，未建构研究框架；2. 以德法英美为对象，缺少俄罗斯；3. 早期研究不足，创立重要理论的一些语义学家未见。1992年，英国学者聂利奇（B. Nerlich）出版的《欧洲语义学理论1830—1930》（*Semantic Theories in Europe, 1830—1930*）是一部丰富化的语义学史。其主要特点及缺失是：1. 采用国别描述框架，重大理论创新描述有待深化；2. 以德法英（将与英国传统学理无关的美国纳入）为对象，同样缺少俄罗斯；3. 研究下限定为1930，现代语义学不在其范围内。2010年，比利时学者吉拉兹（D. Geeraerts）出版了《词汇语义学理论》（*Theories of Lexical Semantics*），作者强调该书不是一本词汇语义学史，但我们以为，仍可视为"半部语义学史"。其主要特点及缺失是：1. 把词汇语义学分为五大阶段描述，纲目分明，但是有些概括不妥；2. 同样疏于俄罗斯；3. 其中一些论述存在可商或缺漏之处。"两部半"的共同明显缺失是：未着力揭示重大理论的形成过程及学术背景，缺少俄罗斯语义学史内容。由此可见，需要一部相对完整（时间上1825—1960；空间上补充美俄传统）、主线清晰的欧美语义学史（传统语义学+现代语义学）专著。

面对材料搜集难、主线寻绎难、背景揭示难、学者定位难等问题，本专题研究依托学术团队协助，多方搜集一手文献（前期基础工作完成《欧美语义学经典论著译注》），尽可能参考二手资料及网络资源，通过重点论著剖析，着力揭示其主要创造及学术背景。**传统语义学**（1825—1920）的研究主线为：德国古典语意学的开创与发展（重点是莱斯格师生三代传承）——法国心智语义学的创建（重点是布雷阿尔）——英国语境语义学的特色（19世纪上半叶的斯马特，20世纪30年代的加德纳、马林诺夫斯基）——美国语义学史（19世纪40年代和90年代，德法语义学的两次传入）——俄罗斯语义学史（19世纪末的巴克洛夫斯基，20世纪中期的斯米尔尼茨基和维诺格拉多夫等）。**现代语义学**（1930—1960）的研究重点是：德国心智语义场理论（1920—1930）——美国语义解析方

---

① 通常情况下使用"语义学"。需要区别时，最早出现的德语Semasiologie（1825）译为"语意学"，此后出现的法语Sémantique（1879）、英语Semantics（1893）译为"语义学"。

法（1930—1960）、法德语义解析方法（1960）——英国关系语义理论（1960）。最后厘清欧美传统语义学传入中国的四条路径（1930—1940）。

该研究力图做到三个结合：1. 史实和史论相结合；2. 一手文献与二手资料相结合；3. 纸质文本和网络资源相结合。具体方法主要有：1. 原始资料法：对德法英美俄原始文献加以翻译、研读和评注。2. 溯源沿流法：提炼欧美语义学的形成和发展线索，包括研究取向（或流派）和承传关系。3. 案例分析法：对关键论著及其背景加以剖析，纠正前人描述的失误与疏漏。**意在通过展示原著、研究述评和读者阅读的学术对话，深入了解欧美语义学史的价值。**

与以往研究相比，主要创新之处在于：1. 首次阐明了莱斯格（C. K. Reisig, 1792—1829）创建语意学的学术背景与直接渊源；2. 彰显了布雷阿尔（M. J. A. Bréal, 1832—1915）《语义学探索》（*Essai de Sémantique*, 1897）的价值；3. 首次提炼了洛克（J. Locke, 1632—1704）关于"词语意义"的观点；4. 厘清了英国"意义语境论"的形成和发展轨迹；5. 首次探索了美国语义学史，重点是吉布斯（Josiah Willard Gibbs, 1790—1861）和兰曼（C. R. Lanman, 1850—1941）的研究；6. 首次探索了俄罗斯语义学史，重点是巴克洛夫斯基（Михаил Михайлович Покровский, 1868—1932）的历史语意学研究；7. 首次揭示和阐明了语义场理论、语义解析方法和关系语义理论的形成过程及其背景；8. 追溯了欧美语义学传入中国的路径。

该研究具有相互联系的两大特色。一是基于一手文献翻译，就文评注，避免以往只有研究者的主观述评，而不见原著的泛泛而论。重点展示其原著的19世纪语义学家，包括创立语意学的德国莱斯格（1825）、再造心智语义学的法国布雷阿尔（1883, 1897）、美国第一位语义学家吉布斯（1847），以及俄罗斯历史语意学研究第一人巴克洛夫斯基（1895）等。二是基于学者生平及学术背景，知人论学。如：通过学术背景探索，揭开19世纪初的德国哈雷大学为何成为创立"语意学"的摇篮，并通过研读莱斯格专著，揭开其直接学术来源，从而解开聂利奇（1992）的疑问。通过对创立语义场理论的学者生平背景及学术背景考察，揭示出格式塔心理学与心智语义场，都是一次大战德国战败后寻求"民族复兴"的文化行为在心理学和语言学领域的反映（其学者都为国家社会主义德国工人党党员）。

纵观欧美语义学史，语义学研究的旨趣可从理论上概括为三种取向：历史取向（包括逻辑、哲学取向）突显的是积淀下来的语言知识，心理取向（包括认知、理解取向）突显的是不断变化的语言认识，语境取向（包括社会、行为取向）突显的是交际意图的语言行为。

研究显示，19世纪的欧洲语言学存在两条发展主线：一是历史语音比较，一是历史语义演变。语义学的诞生与古典学、阐释学氛围有关，与语源学、修辞学与词典编纂紧密联系，其成长得益于哲学、生物学、心理学、社会学、符号学和人类学等，而其成熟标记是交际语义学和理解语义学的形成。所谓当代语言学的若干新理论——形式（布雷阿尔1866）、功能（布雷阿尔1866）、心理（斯坦塔尔1855）、社会（梅耶1893、1921）、语境/情境（斯马特1831，斯托特1891，马林洛夫斯基1920）、话语行为（马林洛夫斯基1920）、隐喻（莱斯格1825，布雷阿尔1897）、语法化（布雷阿尔1883、1897，琉曼1927）、原型（核型）理论或语意域（斯托特1891，加德纳1932）、主观性（布雷阿尔1897）……皆尘封在这些往昔的语义学论著之中。

五、现代语言学史：比对博杜恩，终结"索绪尔神话"

现代语言学史重建首先围绕所谓"现代语言学之父索绪尔"，从宏观（史的梳理）与微观（论的比对）两方面展开梳理，以"还原索绪尔"。

研读使我们生疑，怀疑把我们引向思考。从研读《普通语言学教程》，对符号任意性原则提出质疑和批判（1985），到《语言文字应用》主编于根元先生约稿，李葆嘉的《论索绪尔符号任意性原则的失误和复归》（1994）引发20世纪90年代语言观大讨论。继而探究索绪尔理论的来源（1998），提出"四个索绪尔"：《教程》索绪尔、学术索绪尔、手稿索绪尔、心理索绪尔。

2010年以来认识到，10多年前提出的"四个索绪尔"属于"逐层考察模式"，从《教程》到"新发现手稿"，再从学术来源到精神分析，即采取的是由表及里、论文知人的层层剥笋方式。仅有这类研究是不够的，由此引进"群体考察模式"（李葆嘉、邱雪玫2013）。群体考察模式的预设是，某种重大理论或学术思潮的形成绝非一蹴而就，而是多个学者一代又一代相继探索的结果。具体而言，基于群体模式全景考察"现代语言学理论"的形成过程，也就是通过对洪堡特的人文语言学思想、德国民族心理学和法国社会心理学、青年语法学派的心理语言观、辉特尼的语言符号约定论、博杜恩的社会心理语言学，以及对结构主义三大流派各自来源的溯源沿流，走出把索绪尔奉为"开创者"的个体创始模式。

逐层考察与群体考察，无疑是学术史研究中的两种相反相成的模式。套用"《教程》索绪尔"中的术语，前者相当于"静态语言学"，而后者相当于"动态语言学"。显而易见，群体考察模式可以帮助我们揭开语言学史上的若干不惑之谜。

前两个阶段的研究，虽然思路明确，但还是倾向于泛泛而论，有待于一手资料的微观比对。

一方面，早在索绪尔开设普通语言学课程（1907—1911）之前几十年，波—俄语言学家博杜恩［1871（1870），1876，1877］已经提出现代语言学理论的一系列核心观点，并且在索绪尔开设普通语言学课程之前的30年（1877），博杜恩已在喀山大学正式讲授普通语言学课程。另一方面，《教程》并非索绪尔手稿，没有参考文献；而作为上课讲义，即使留下手稿，也并非就有参考文献，也不一定就将他人观点——注明，因为索绪尔从未把讲义视为其著作。由此要断定"《教程》索绪尔"的核心概念是否主要来自（包括雷同、阐发、修改等互文现象）博杜恩理论，唯一的途径就是对二者的相应论述加以比对。2011年以后，随着屠友祥力作《索绪尔手稿初检》（2011）、于秀英译索绪尔《普通语言学手稿》（2011）、杨衍春译博杜恩《普通语言学论文选集》（2012）的出版，文本比对的条件逐步具备。

《教程》索绪尔和博杜恩理论的比对，主要从以下方面进行逐一比对：（1）语言学的研究对象；（2）语言和言语的区分；（3）语言系统和要素价值（联想理论）；（4）语言的静态与动态；（5）语音理论。比对结果显示，《教程》的核心概念和主要理论处处留下了博杜恩理论的印记，证实了谢尔巴（Л. В. Щерба, 1880—1944）1923年的感觉——"索绪尔《教程》与我们所熟悉的原理在许多地方如此相同"（戚雨村1997：55），博杜恩才是创建现代语言学理论（其内涵大于索绪尔的静态语言学，包括心理语言学、社会语言学、应用语言学、对比语言学、民族语言学，以及病理语言学、胚胎语言学、神经语言学等）的枢纽人物。

由此进一步证实了李葆嘉（1989，2000，2013）的推定：在现代语言学理论上，《教程》并没有重大的原创性建树（但包含了个人的取舍），而《教程》的旨趣，正如索绪尔（1909）本人所言，"对语言提出这样或那样的见解并不稀奇，关键在于把各种观点整合成一个系统"（R. Godel, 1957：29—30；转引自胡明扬1999：79）——前一句已经表明采用了别人的观点，后一句说明了自己的目标所在。所谓"把各种观点整合成一个系统"，也就是：语言的语言学PK言语的语言学，前者胜出；内部语言学PK外部语言学，前者胜出；静态语言学PK动态语言学，前者胜出；语言形式PK语言实体，前者胜出。经过四场PK，索绪尔的所谓"现代语言学"，也就是"以语言符号形式为对象的、内部的、静态的语言学"。此种"层层分叉、二项对立、仅取其一"，未免显露出学理上的偏颇和心理上的偏执。

梅耶的学生，法国功能语言学家马尔丁内（A. Martinet, 1908—1999）早年推崇索绪尔理论，其《普通语言学原理》（1960）曾被毛罗（T. de Mauro）认为代表了索绪尔的观点。但是在《语言功能观》（1962）和《功能句法研究》（1975）中，马尔丁内彻底修正了《教程》中的"二项对立、仅取其一"的偏执，一针见血地揭出静态语言学的要害："科学研究的首先要求，就是不能因为方法上的苛求而牺牲研究对象的完整性"。（周绍珩译1979：182）由于《教程》的影响，要克服人们的思维定式步履维艰，马尔丁内如此慨叹："功能语言学获得的任何进展，不论在过去还是将来的一段时期内，都是顶着潮流而动的。"（周绍珩译1979：184）

也正是此种"二项对立、仅取其一"（偏执心理），符号任意性的"神秘主义"（臆想心理），还有《教程》讲授提纲的"随写随毁"（强迫心理），引发了我们最初的好奇心。并且由此追根求源，一步一步还原了现代语言学理论的形成过程。

六、学术史的正义之剑

纵观以往的西方语言学史研究，其根本问题在于存在不同程度上的民族主义倾向，其另一面也就是对更早前辈学者的研究全然不知，或视而不见，或故意贬低。长期以来，我们也一直以为语言学史中的种种谜团，主要由于研究者资料欠缺，但是后来发觉并非完全如此。

第一条：英国牧师法勒炮制"比较语文学伽利略"的动机

1869年3月，英国牧师法勒（Frederic William Farrar，1831—1903）在其演讲《言语的家族》（*Families of Speech: Four Lectures delivered before the Royal Institution of Great Britain in March, 1869*）中追授"琼斯是比较语文学的伽利略"。当代学者勒乌（Nigel Love）写道：

Comparative Philology grew directly out of and was nurtured by the political consciousness of the time and its particular requirements, especially those of various (sometimes competing) forms of nationalism. ...The point is that in the climate in which Comparative Philology was born and thrived...it was regarded as a matter of national honour to be foremost in establishing Aryan linguistic credentials. That was why Sir William Jones was posthumously elected a founder of Comparative Philology. As F.W. Farrar put it in his lectures to the Royal Institution of in 1869, Jones was the "Galileo" of the subject–a subject otherwise (unfortunately) monopolized mainly by Germans. Farrar expressed the pious hope that a new generation of English Comparativists "may save England from the discredit of failing and lagging behind in the splendid torch— race which she, most undoubtedly, had the honour to begin."（Love 2006: 57）

比较语文学直接植根于当时的政治意识及其特定要求，尤其是从各种（不时会竞争）形式的民族主义中发展而来。……问题就是，在比较语文学诞生和兴盛的氛围中……建构雅利安语的可信证书，被视为民族尊严的头等大事。这就是威廉·琼斯爵士身后被追授为比较语文学创始人的原因。正如法勒1869年在英国皇家学院演讲中的那样，把琼斯抬高到这一学科的"伽利略"——否则（很遗憾）该学科主要由德国学者垄断。法勒表达了虔诚而不切实际的希望，即英国的新一代比较语文学家"能够把英国从失败的耻辱和辉煌火炬接力赛的落后中拯救出来，而她无疑有过光荣的开端"。

法勒不满德国学者的垄断→寄希望于英国的新一代→宣称威廉·琼斯是"光荣的开端"。

然而，学术史就是学术史！法勒的希望必然落空，19世纪的英国，竟然没有一个知名的比较语文家。遗憾的是，这种炮制神话的心态，却被英美语言学家视为理所当然！

第二条：叶斯柏森揭示法英两国争夺殖民印度时期在文化上的代表人物

丹麦语言学家叶斯柏森（Otto Jespersen，1860—1943）在《语言的性质、发展和起源》（*Language: Its Nature, Development and Origin*，1922: 33—34）中认为，法国的格尔杜（Gaston-Laurent Cœurdoux，1691—1779）与英国的琼斯都是"梵语学术研究的先行者"，然而却把这两位的各自推崇视为法英两国在殖民印度时期对文化（梵语）研究领先权上的争夺。这一看法，大有深意！

琼斯在《两周年演讲》（*The Second Anniversary Discourse*，1785）中有一段话：

All these objects of inquiry must appear to you, Gentlemen, in so strong a light, that bare intimations of them will be sufficient; nor is it necessary to make use of emulation as an incentive to an ardent pursuit of them: yet I cannot forbear expressing a wish, that the activity of the French in the same pursuits may not be superior to ours… (*The Works of Sir Willam Jones*. 1807, Vol. Ⅲ: 20)

先生们，这些调查目标一定让诸位受到极大启示，稍加提示即已足够。我们不必以竞争为动力，顽强地追求这些目标——然而，**我无法克制自己表达一种愿望，那就是不要让法国人在相同领域的探究活动超过我们。**

琼斯的表态力求委婉，但是无法克制要表达的愿望。

第三条：本费鼓吹德意志精神天空中的最灿烂明星

1869年，德国梵文学家本费（Theodor Benfey，1809—1881）在《19世纪初以来的德国语言学和东方语文学的历史，以及对早期的回溯》（*Geschichte der Sprachwissenschaft und Orientalischen Philologie in Deutschland seit dem Anfange des 19. Jahrhunderts mit einem Rückblick auf die früheren Zeiten*. München: Cotta' schen Buchhandlung）中自吹自擂：

Sie hat sich sast in allen Zweigen der Wissenschaft geltend gemacht, vorzugsweise aber in derjenigen, deren neuere Geschichte wir kier zu behandeln haben. Auch die Wendung, durch weiche die Sprachwissenschaft im ersten Biertheil unsres Jahrhunderts so mächtig umgestaltet ward, beruht zu einem nicht geringen Theil auf den vorhergegangenen Arbeiten deutschen Geistes und ward einzig durch deutsche Männer ausgeführt. Der tiefsinnige und geistvolle Bionir der neuen Wissenschaft, Fr. d. Schlegel, die grossen Schöpfer derselben: Franz Bopp, der geniale Gründer der vergleichenden Methode, Jakob Grimm, der nicht minder geniale Begründer der historischen, der tiese Denker Wilhelm von Humboldt, welcher den Bersuch machte, die neuen Methoden mit der philosophschen Betrachtung des sprachlichen Lebens zu vereinigen, August Friedrich Pott, der umfassendste Sprachenkenner, dessen philosophisch und historisch gebildeter Geist sast kein Problem der Sprachwissenschaft unberührt und unbefruchtet gelassen hat, jie gehören zu den glänzendsten Gestirnen des deutschen Geistes himmels. Auch die übrige zahlreiche Genossenschaft ausgezeichneter Männer, welche zur Entwicklung dieser Wissenschaft beigertragen haben, sind fast ausnahmslos Söhne unsres Vaterlandes. (Einleitung, 1869: 15)

几乎所有科学分支都表明，我们所经历的现代史时期取得了更好的发展。在我们本世纪初叶，语言学术发生了**如此强烈的变革**，而有关德国学术的相当大部分前期工作，都是由**德国人单独完成的**。这门意义深远和充满活力的**新学科**，史勒格尔与以下学者同样是**伟大的开创者**——葆朴是比较法的辉煌创造者，格里姆毫不逊色，是具有独创性的历史语法的**创立者**，伟大的思想家洪堡特通过对语言生命的哲学思考，试图将这些新方法融会贯通，而波特则是最具全面理解力的语言学家，其富有哲学和历史教养的才智，几乎不可能对语言科学的问题不产生影响和效果，**他们都属于德意志精神天空中最灿烂的明星。为这一科学发展做出贡献的许多杰出人物团队，几乎一无例外地都是我们祖国的儿子。**

该书的出版（1869）正处于德意志民族主义高涨时期。三年前（1866），普鲁士用针击枪在康尼格拉泽战役中打败了奥地利，而两年后（1871），普鲁士在普法战争胜利中建立了德意志帝国。

在此，本费显露的并非仅是德意志的"傲慢与偏见"，而是张扬的学术上的"普鲁士针击枪"，以至于无视17—18世纪的荷兰学派。然而，如果与之相比，在语言历史比较的天空中，"德意志精神的最灿烂明星"顿时黯然失色。

语言历史比较天空群星图（1569—1833）

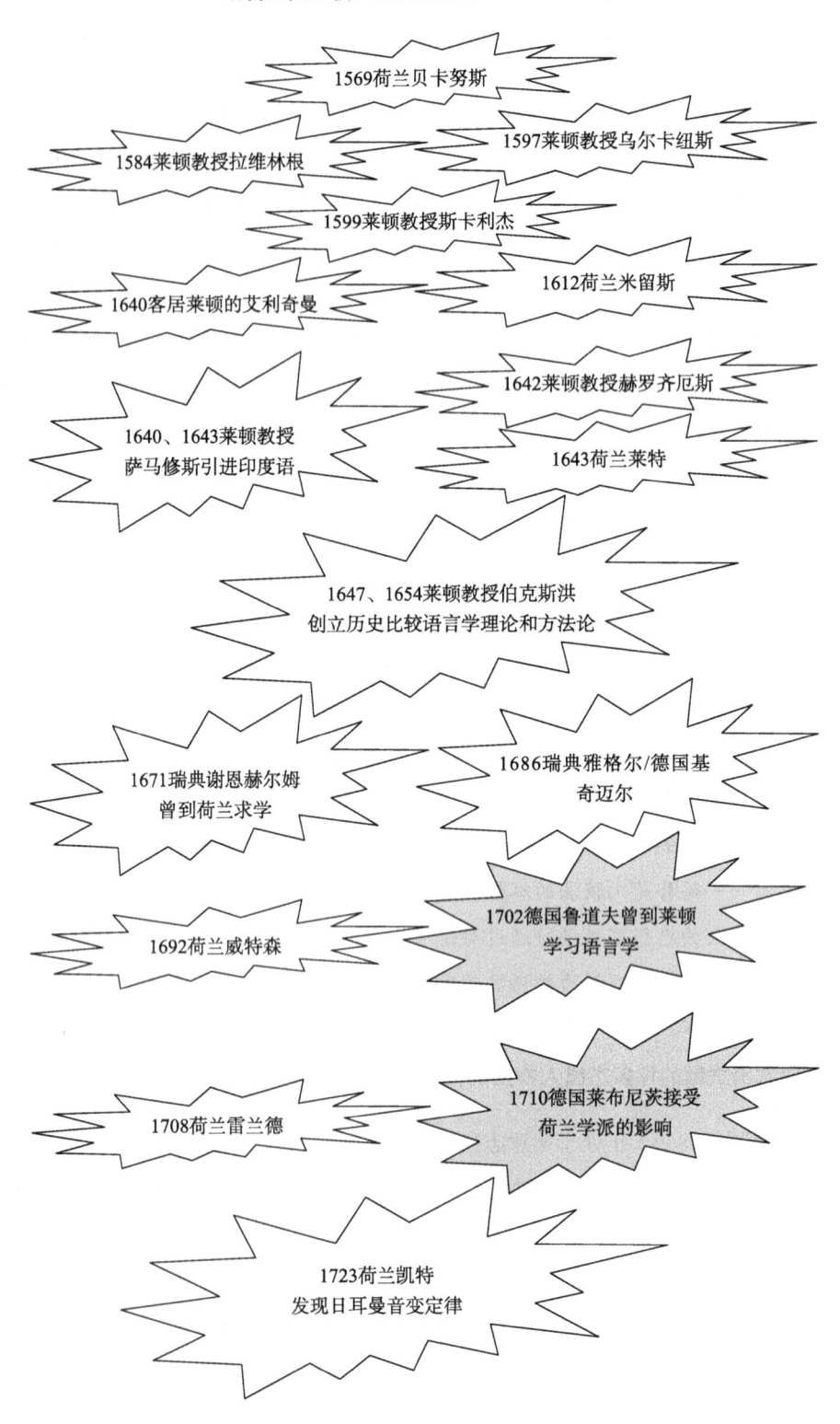

- 1569荷兰贝卡努斯
- 1584莱顿教授拉维林根
- 1597莱顿教授乌尔卡纽斯
- 1599莱顿教授斯卡利杰
- 1640客居莱顿的艾利奇曼
- 1612荷兰米留斯
- 1640、1643莱顿教授萨马修斯引进印度语
- 1642莱顿教授赫罗齐尼斯
- 1643荷兰莱特
- 1647、1654莱顿教授伯克斯洪 创立历史比较语言学理论和方法论
- 1671瑞典谢恩赫尔姆曾到荷兰求学
- 1686瑞典雅格尔/德国基奇迈尔
- 1692荷兰威特森
- 1702德国鲁道夫曾到莱顿学习语言学
- 1708荷兰雷兰德
- 1710德国莱布尼茨接受荷兰学派的影响
- 1723荷兰凯特 发现日耳曼音变定律

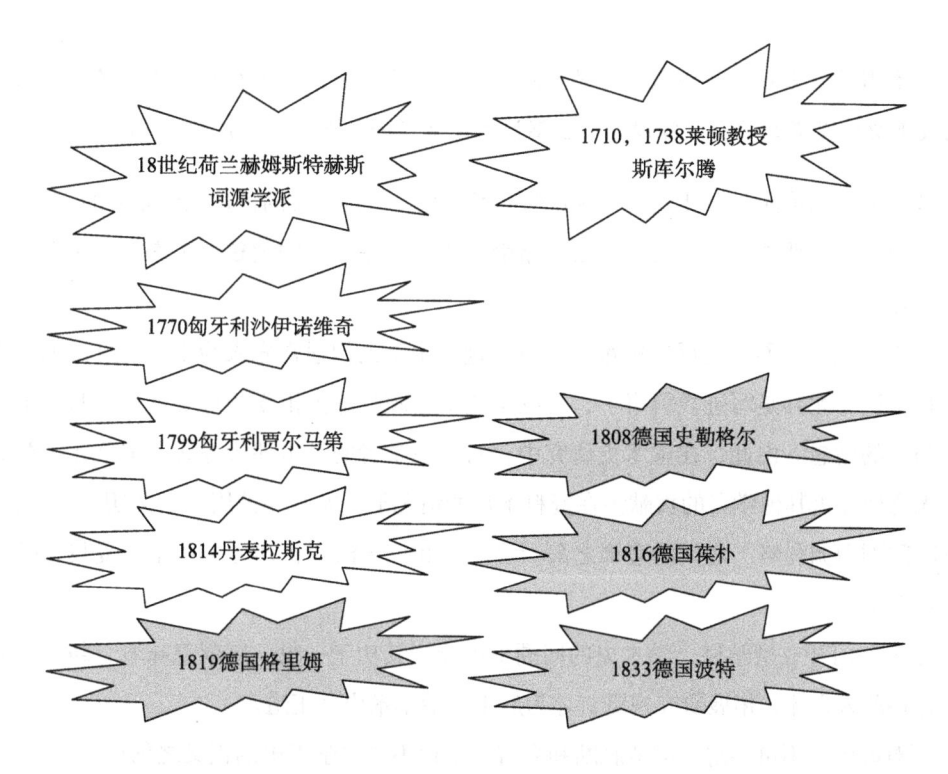

```
18世纪荷兰赫姆斯特赫斯          1710,1738莱顿教授
    词源学派                        斯库尔腾

1770匈牙利沙伊诺维奇

1799匈牙利贾尔马第              1808德国史勒格尔

1814丹麦拉斯克                  1816德国葆朴

1819德国格里姆                  1833德国波特
```

19世纪德国学派主要承袭的就是荷兰学派的理论方法。针对本费的"傲慢与无知",我们不得不一针见血——史勒格尔、葆朴、格里姆,还有丹麦的拉斯克都熟悉荷兰学派的论著,在理论和方法上,"德意志的儿子"没有任何新的原创性建树,主要在研究对象(主要是梵语)和研究精度上(比较细化)有新的进展。

第四条:罗宾斯把澄清其误导留给读者

罗宾斯《语言学简史》(1967)中涉及历史比较语言学史的部分,资料缺漏、引文未核、论述不当。然而,在20世纪80年代的几次修订中,对于50—80年代以来其他语言学史家所探索的新资料、新观点,他却委婉地表示"并不完全接受"——实际上是拒绝。

《语言学简史》第三版序言(1989)中说:

尽量把重点放在近十多年来同语言学传统观念的主要分歧上。我并不完全接受这些新观点,但是我希望本书能促使读者进一步学习有关文献,为他们提供学习的途径,让他们得出自己的结论。(许译本 1997:4)

罗宾斯宁愿故步自封,而把澄清其书中的误导留给读者。

罗宾斯在第四版序言(1996)中说:

对本书作者来说，第四版也就是最后一版了。这一版，除了纠正一些讹误，并根据最新的发展更新参考文献和注释以外，在篇幅上也做了一些调整。（许译本 1997：6）

读者会看到第四版中补充了一些新的参考文献，但是正文的论述仍然是旧的。

当我们一旦明白了这些玄机，自然就会推出："史料"的欠缺仅为表象，实际上欠缺的是"史德"……

轻率立论易，而对之反驳则难上加难。这是由于人们通常先入为主，一旦误说谬论成为通行常识（尤其是写进教科书），思维定式就会顽强地抗拒新的切实定论，乃至于引申一系列新的臆想。由此，在学术史研究中，对某一学者的学术评价务必力求公允，要避免有意无意地掩盖其他学者的贡献。在资料不足的情况下，尤其要慎用"之父/开创者/奠基人/鼻祖/哥白尼/伽利略"之类的夸饰之辞。当然，我们无法纠正西方一些学人爱找"爸爸"的心理需求。

作为一门开放型学科，学术史的回溯不可能毕其功于一役。这就意味着，纠正前人之失，弥补前人之疏，拓展研究视野，才为后来者治学术史之正道。

面对谜团，不可不解。澄清臆断和妄言，不得不亮出学术史的正义之剑！

2017年7月15日

目 录

总 论

西方"语言学"名称的术语演变 ……………………………………（003）

近现代西方语言学史的三张图
　　——走出罗宾斯式的个体创始模式 ……………………………（024）

西方比较语言学史论

语言历史比较之谜：打破"琼斯神话" ……………………………（063）

爱丁堡之谜：蒙博多的语言进化论和进化模式 …………………（135）

西方语义学史论

西方语义学史研究论纲 ……………………………………………（159）

19世纪西方语义学史之谜：从莱斯格到布雷阿尔 ………………（177）

布雷阿尔之谜：澄清语义学史上的一些讹误 ……………………（192）

西方现代语言学史论

论索绪尔静态语言学理论的三个直接来源 ………………………（211）

语言学大师之谜：心理索绪尔 ……………………………………（221）

现代语言学理论形成的群体模式考察 ……………………………（230）

静态语言学的神秘主义与吝啬定律 ………………………………（247）

"索绪尔神话"的终结
　　——《教程》索绪尔与博杜恩理论比对 ………………………（265）

"结构主义语义学"之谜

心智语义场理论的形成过程及其学术背景
　　——揭开"结构主义语义学"的第一个谜 ………………………（337）
德国心智语义场的创立者及其时代思想背景 ……………………………（352）
语义解析方法的形成过程及其学术背景
　　——揭开"结构主义语义学"的第二个谜 ………………………（361）
基于指称意义的特定关系联想的关系语义
　　——揭开"结构主义语义学"的第三个谜 ………………………（379）

参考文献 …………………………………………………………………………（398）
跋 …………………………………………………………………………………（440）

总　论

西方"语言学"名称的术语演变*

提要：前4世纪古希腊的Philologia，其含义：（关注知识的）语言学→语文学→文献学→古典学；前2世纪古希腊的Grámmatik，其含义：（基于读写的）语言学→语法学→狭义语法学；18世纪新造的德语Linguistik（Denis 1777），其含义是：（调研异邦语言的）语言学→（研究世界上各种语言的）语言学。19世纪初（1805）出现Sprachewissenschaft（语言科学），尽管都用，但各自含义不尽相同。本哈迪（Bernhardi 1805）基于有机体学说，莱斯格（Reisig 1825）认为是历史科学，斯坦塔尔（Steinthal 1850）认为是心理科学，缪勒（Müller 1861）认为是自然科学，辉特尼（Whitney 1867）认为是社会科学，博杜恩（Baudouin 1971）认为是心理社会科学，布雷阿尔（Bréal 1879）则认为是人文—心智学科。无须也无法将历史上的Philologia、Linguistik划分为"前科学"的语文学和"科学"的语言学，它们只是欧洲语言学在不同时期的名称。尽管研究对象和方法有所差别，但是欧洲只有一个语言学。

关键词：语言学；关注知识的；基于读写的；调研异邦语言的；科学方法的

A Study on the Term and Meaning of Western Linguistics

Abstract: The term of ***Philologia*** in BC 4 century of ancient Greek means (focusing on knowledge) linguistics →philology → bibilography→ classical studies; The term of ***Grámmatik*** in BC 2 century of ancient Greek means (based on reading and writing) linguistics →grammar →syntactics; The newly-born German term of ***Linguistik*** (Denis 1777) means (the study of unfamiliar languages) linguistics → (study various languages all over the world) linguistics. Although the term of ***Sprachewissenschaft*** (language science) is widely used, which appeared in 1805, its meaning is different. Bernhardi (1805) tends to organism theory；Reisig (1825) holds the idea of history science; Steinthal (1850) assumes it as psychological science; Müller (1861)

---

* 李葆嘉、邱雪玫合作。"语言科技应用与语言学科建设高层论坛"（辽宁师范大学文学院2016年9月22日）演讲，全国高校现代汉语教学研究会第十五届学术研讨会（广西师范大学文学院2016年12月11日）大会报告，中国英汉语比较研究会第十三次全国学术研讨会（广州外语外贸大学2018年11月9日）主旨发言。题名《西方"语言学"名义考论》，刊于《中国外语》2020年第3期，45—54页。

understands it as natural science; Whitney (1867) thinks it social science; Baudouin(1971) prefers it to be social-psychological science, while Bréal (1879) surmises it human-mental discipline. It is not necessary to distinguish Philologia from Linguistik in the history as "pre-science" linguistics and "scientific" linguistics, which are only different names of European linguistics at different times. Despite differences in research objects and methodologies, there is only one linguistics in Europe.

Key words: Linguistics; focusing language knowledge; based on reading and writing; study on unfamiliar languages; scientific methodology

尽管语言学界一直在使用Philology（通常译为"语文学"）、Grammar（通常译为"语法学"）、Linguistics（通常译为"语言学"），然而前两个术语（古希腊语Philologia，Grámmatik）在历史上是什么含义，什么时期变成现在这样的理解，第三个术语（德语Linguistik）到底出现在哪一年，为什么要出现，起初是什么含义，自然是三问三不知，词典上也查不到。此外，Linguistik（语言学）与Sprachwissenschaft（语言科学）这两个术语的出现先后顺序及其关系，常见国内外语言学词典也多为误说。可以认为，基本术语的出现时间、含义及演变，不仅与学术史的研究，而且与对该学科的准确认识密切相关。

一、古希腊的Philologia：关注知识的"语言学"

英语philology的来源：philology（英）< philologie（德）< philologie（法）< philologie（拉丁）< philologia（希腊）

西元[①]前560年，雅典就有了公共图书馆，前4世纪在希腊已经普遍。前259年，托勒密一世（Ptolemaios I, 前367—前382）始建亚历山大里亚学艺院和图书馆，收藏前300—前400年甚至更早时期的手稿。当时的学者对之校理研究，把这种知识活动称为philologia。

---

① 西元即西历纪元，标准名称为"基督/耶稣纪元"，意大利天文学家里利乌斯（Aloysius Lilius, 1519—1576）基于儒略历改革而成。1582年，教皇格列高利十三世颁行，专供基督教世界使用。迄今并无任何国际公约要求各国统一使用，很多国家一直沿用其传统历法。国家纪年是其民族文明久远的时间维度，采用西历纪元实为"去本土化"（可辅助使用）。至于将"西元"称为"公元"则为语盲，就像"西瓜、西餐、西装、西医"不得称为"公瓜、公餐、公装、公医"一样。

前234年，亚历山大里亚图书馆馆长埃拉托色尼（Eratosthenes，前275—前193），自称为philologos（爱好语言知识的学者/语言学家）。philologia由philo+logia组成，logia<logos，本义"说话"，故philo + logia的词源义＝"爱好+言语知识"。

当时研究的是近几个世纪的希腊语，故philologia的含义就是"（希腊语的）语言知识＝语言学"。至于有人译为"爱知识""爱智慧"，此为引申义。

前2世纪，罗马人继承了古希腊传统。拉丁语的philologie从"语言"延伸到"文学"，再延伸到"古典语言活动所成就的文明与历史记载"，也就是从古典语文学延伸到对古典文学所记历史的研究。文艺复兴（14—16世纪）以来，philologie成为专指古典语言文学（希腊—罗马）研究的"语言学/语文学/文献学"。

德国教育家约翰·博代克（Johann Bödiker，1641—1695），1673年回到早年就读的高中（Cöllnische）任副校长。他主张在学校使用德语教学，首次提出"德语语言学"（deutsche Philologie）这一概念。把Philologie与当时的德语联系起来，而不是指古典语言研究。

1777年，德国的沃尔夫（F. A. Wolf，1759—1824）到哥廷根大学申请攻读"古典学"，学校为其设此新专业。这一Philologie，指的是对希腊文明（包括文物和历史考古）进行考察的历史科学，以再现古希腊精神、信仰、生活以及生态，与Philologie原来的"语言学/语文学"传统概念有内在联系，但有所不同。

19世纪的早期欧洲语言学史研究，所用术语是Philologie。如，德国格拉芬罕（F. A. Grafenhan）的《古代古典语文学史》（*Geschichte der klassischen* **Philologie** *im Alterthum. 1843—1850*）、希尔策（K. Hirzel）的《古典语文学史鸟瞰》（*Grundzüge zu einer Geschichte der classischen* **Philologie**，1862）。

综上，基于历史上的引申，希腊语philologia逐步成为一个多义词：

1. 希腊的"爱好+语言知识"，汉译"语言知识/语言学"
2. 古典语言+文字研究，汉译"语文学""文字学""古典语言学"
3. 古典语言+文学研究，汉译"语文学""古典文学学"
4. 古典语言+文献研究，汉译"语文学""古典文献学"
5. 古典语言+文献、文化（历史/考古）研究，汉译"古典学"

后面的引申义总是包含前面的含义，作为内核语义的"语言知识"总是处于基础部分。

二、古希腊的Grámmatik：基于读写的"语言学"

古希腊时期，除了关注知识的philologia，还有一个grámmatik，指"读写知识/语言学"。两者都基于"语言"，但前者与"文学、文献"关系更密切，后者与"字母、读写"关系更密切。

英语grammar＜中古英语gramere＜古法语gramaire＜拉丁语grammatica＜希腊语grámmatik"语法"＜grámmatikós"读写者"＜grámmat"字母"＜gram"书写"

古希腊流传下来的最早语言学专著，是特拉克斯（Dionysius Thrax，前2—前1世纪）的 *Téchnē Grámmatiké*（《语法技艺》）。特拉克斯将Grámmatik定义为"**有关诗人和文学家使用语言的实际知识**"，包括语音韵律、解释词语、讲解熟语、探讨词源、归纳类比规则和评价作品。

4世纪，罗马学者多纳图斯（Aelius Donatus，320—380，353年前后居于罗马）的拉丁语《语法技艺》（*Ars Grammatica*），其内容包括语音、字母、拼音、诗律、重音、正误、诗歌语言、比喻等，其书名用拉丁语的ars对译Téchnē，用拉丁语的Grammatica对译Grámmatiké。6世纪，普里西安（Priscian，512—560，6世纪前期在君士坦丁堡讲授拉丁文）在《语法原理》（*Institutiones Grammatica*）提出语法研究的三种主体：1. 基本主体，构成单词的字母（即语音）；2. 综合主体，完整的话语（即语句）；3. 一般主体，有序列、有意义的声音（即语词）。1481年，西班牙内布利亚（A. de Nebrija，1441—1522）的《拉丁文基础》（*Introductiones Latinae*），包括形态、句法、正字法、韵律、修辞、词表六部分。1586年，英国印刷工布洛卡（William Bullokar）撰写了第一本《简明英语文法》（*Brief Grammar for English*）。英国传统语法的蓝本是拉丁语文法，通常包括五部分：正字法、正音法、词源学（含形态）、句法学、诗法学。

约1590年，西洋汉语文法学的第一部著作是西班牙传教士高母羡（Juan Cobo，1546—1592）在菲律宾马尼拉完成的《中语技艺》（*Arte de la Lengua China*）。1652年，意大利传教士卫匡国（M. Martint，1614—1661）的《中国文法》（*Grammatica Sinica*），是第一部以Grammatica题名的西洋汉语文法著作。该书第一章为语音，第二、第三章为词类和用法，其后附有330个部首、73个汉字的释义。1682年，西班牙教士万济国（F. Varo，1627—1686）完成《官话技艺》（*Arte de la Lengua Mandarina*），拉丁文增补稿题名《中语文法》（*Grammatica Lingae Sinensis*，1684）。1716年，旅法华人学者黄嘉略（Arcade Hoang，1678—1716）撰写的《中语文法》（*Grammaire chinoise*），第一编包括两部分：

一是语言文字知识（文法、词汇、汉字、官话与方言）；一是语言文字应用（礼仪用语、商贸会话、商品知识、信函诉状等）。

自法国阿尔诺（A. Arnauld, 1612—1694）和朗斯洛（C. Lancelot, 1615—1695）的《普遍唯理语法》（*Grammaire générale et raisonnée*, 1660）出版以后，德国坎兹（I. G. Canz, 1690-1753）出版《普遍语法教程》（*Grammaticae universalis tenuia rudimenta*,1737）、法国博泽（N. Beauzée, 1717—1789）出版《普遍语法，即语言必要元素的合理阐述，以作为研究所有语言的基础》（*Grammaire générale, ou, Exposition raisonnée des éléments nécessaires du langage, pour servir de fondement à l'étude de toutes les langues.* 1767），其术语"Grammaticae universalis、Grammaire générale"已相当于"普通语言学"。

直到19世纪，传统的grammatica仍然保有"广义语法学"或"语言学"之义。施莱歇尔（A. Schleicher, 1821—1868）的《印度日耳曼语诸语比较语法纲要》（*Compendium der vergleichenden Grammatik der indogermanischen Sprachen*,1861—1862），其"比较语法"即"比较语言学"。19世纪70年代，库尔提乌斯（Georg Curtius, 1820—1885）揶揄新一代学者为Jung-grammatiker（青年语法学派）。

1891年，英国斯威特（H. Sweet，1845—1912）的《新英语语法》（*A New English Grammar: Logical and Historical*）才把正字法、词源学、诗法学划出去，仅包括语音学、词法学和句法学三部分。直到1899年，美国里德（A. Reed）和凯洛格（B. Kellogg）的《英语高级教程：英语语法和作文》（*Higher lessons in English, A Work on English Grammar and Composition*），把语法和作文对举，才与现在的所谓"语法"基本相当。

综上，从古希腊到19世纪，Grammatik / grammatica /grammar的含义，并非现在所谓的"词法+句法"，而是——

语法（语言构造和使用之法）=文字（字母、正字法）+语音+词源（构词）+形态（词类）+句法（句子构造、句子变化）+用法（修辞、诗律、惯用语）。

尽管不同作者的实际研究有所取舍，但Grammatik囊括了后世术语"语言学"的所有研究内容。

三、1771年的Linguistik：异邦语言调查的语言学

16世纪以来，随着新航路的发现，逐步出现了一些记录遥远异邦语言的字母表、词典、语法书、会话手册等资料。在论著编目时，传统的Philology、Grammatik已经捉襟见

肘，1777年，Linguistik这一新术语应运而生。起初主要指陌生世界的语言，尤其是口语（多为无文字）调查，后来才指对世界上所有语言（主要指活的语言）的研究。

关于Linguistik / linguistique / linguistic(s)的出现时间，查到三种说法。

第一种，网络上的Sweetii《关于philology》（2009-10-13 15: 29: 29，http://www.iciba.com/ philology）写道：

查了一下词典，把两个词的词源贴在这里。……linguistics的词根是lingu(a)-tongue……linguistics迟至1777年才见诸学界使用。

遗憾的是，我们查阅了Crystal的《剑桥语言百科词典》（外语教学与研究出版社2001）、Bussmann的《语言与语言学词典》（外语教学与研究出版社2000）、Matthews的《牛津语言学词典》（外语教学与研究出版社2000）、Hoad的《牛津英语词源词典》（上海外语教育出版社2000）、Hartmann & Stor的《语言与语言学词典》（上海辞书出版社1982），皆未见关于linguistics的来历。也许，这些语言学词典学家认为，这一知识与"语言学"没有关系。

第二种说法，英国语义学家乌尔曼（S. Ullmann）在《语义学：意义科学引论》（*Semantics: An introduction to the science of meaning*，1962）中提及：

"语言学"（*linguistics*）这一术语的形成时间是——1826年出现于法国（*la linguistique*），并且11年后见于英语（起初没有s）。

11年后也就是1837年。乌尔曼的出处是：See the *New English Dictionary* and Bloch-Wartburg's *French etymological dictionary* (3rd ed., Paris, 1960). Cf. J. Perrot, *La Linguistique*, Paris, 1957（Ullmann 1962：14），未查阅德语资料。1826年出现于法国文献，并非最早。

第三种说法，法国语义学家拉斯捷（F. Rastier）在《三元素的符号学，三艺和语言的语义学》（2008）中说：

Historiquement, la sémantique est le secteur de la linguistique qui s'est constitué le plus tard. Un indice ténu, mais révélateur: le mot *linguistique* apparaît en français en 1812 et *sémantique* en 1883 seulement; en allemand, *Linguistik* est attesté dès 1777, et *Semasiologie* (supplanté plus tard par *Semantik*) en 1832. (http://epublications.unilim.fr/revues/as/ 1640>consulté le 18/08/2016)

从历史上看，语义学（la sémantique）是后来形成的语言学领域。一条隐隐约约但有启发性的线索是——术语"语言学"（*linguistique*）1812年见于法语，而"语义学"

（sémantique）1883年才出现。在德语中已经证实，"语言学"（Linguistik）最早见于1777年，而"语意学"（Semasiologie，后来换成Semantik）见于1832年。

拉斯捷提出"1812年见于法国"，比乌尔曼查到的早14年。拉斯捷未注文献出处，无法核查。但可以看出：sémantique见于1883年，指的是法国布雷阿尔（M. Bréal, 1832—1915）的《语言的心智规律：语义学简述》（*Les lois intellectuelles du langage: fregment de sémantique*）；Semasiologie见于1832年，指的是德国莱斯格（C. K. Reisig, 1792—1829）的《拉丁文语言学讲稿》（*Vorlesungen über lateinische Sprachwissenschaft*, 1839）的第二卷"语意学即意义科学"（**Semasiologie order Bedeutungslehre**）。该讲稿完成于1825年，刊于1839年。拉斯捷的"见于1832年"，未核查莱斯格的原书。虽然拉斯捷行文小误，但"Linguistik见于1777年"，与Sweetii的"linguistics迟至1777年才见诸学界使用"年份相合。

网络潜水，大海捞针！从关键词"Linguistik 1777"开始搜索，出现包含关键词的句子……点击，出现的是一片乱码，或无法继续阅读的网页……只有选择其中的只言片语，在界面上扩大搜索……出现残缺不全的句子，截取其中的词句搜索……出现新的残缺不全的句子，截取其中词句再搜索……反复截取、反复搜索……渐渐集句成段……

The claim for a german source is quite confirmed by the documents quoted by Moldenhauer (1957). First Moldenhauer notes the use of Linguistik by the Father Micheal Denis (1729-1800) in his *Einleitung in die Bücherkunde* (1777: 1274; 1778: II. 366). The word is synonymous with Sprachenkunde and is only a general label for the classification of books concerning vocabularies, alphabets, grammars and dictionaries.

莫尔登豪尔（Moldenhauer 1957）援引了来自德语的确凿文献。首先，莫尔登豪尔注意到神父迈克尔·丹尼斯（Micheal Denis, 1729—1800）在《书目引介》（*Einleitung in die Bücherkunde*, 1777: I. 274; 1778: II. 366）中使用了Linguistik（语言学）。该术语与德语的Sprachenkunde（语言学）同义，而仅用于那些**一般标注了某地区的词表、字母、语法和词典的书籍分类**。

Secondly Moldenhauer refers to J.S. Vater (1771-1826) for the use of the term in its modern meaning in his introduction to the second volume of Adelung's Mithridates (1809). The word had already been used in the title of an ephemeral journal founded by Vater and Johann Bertuch (1747-1822) a year before, the *Allgemeines Archiv für Ethnographie und Linguistik* (1808). The presentation of the journal gives the following definition for the science referred to by the word: [sie untersucht] die Eigenheiten der verschiedenen Sprachen, die sie demnach classificirt (untersucht) und daraus auf ihre Abstammung und Verwandschaft schließt.（Sylvain Auroux 1987: 450）

其次，莫尔登豪尔指出，伐特（J. S. Vater, 1771—1826）在介绍阿德隆的《语言大全》（*Mithridates*, 1809）第二卷中，在现代意义上使用了该术语。而在前一年（1808），该术语已被伐特和贝图克（Johann Bertuch, 1747—1822）用于所创办的一个短期杂志《人种志和语言学的综合归档》（*Allgemeines Archiv für Ethnographie und Linguistik*, 1808）的标题中。该杂志描述了该术语的科学定义：（审查）不同语言的特点及其相应分类，并且包括其祖先和亲属关系。

需要辨析的是：迈克尔·丹尼斯（1777）的Linguistik，指的是目录学中的语言资料类别（主要是异邦地区的）；伐特（1808）的Linguistik指的是一门语言研究的学科（处理这些语言的谱系分类）。换而言之，后者相当于"谱系分类的语言学"，即"语言谱系分类学"。

首次使用或创造术语Linguistik的丹尼斯（Michael Denis, 1729—1800），是奥地利天主教神父和耶稣会士、著名诗人、目录学家。丹尼斯幼时随其父学习拉丁文，十岁时被耶稣会帕绍学院录取。1747年毕业后，进维也纳耶稣会见习。1757年被任命为牧师，两年后任维也纳特蕾西亚耶稣学院教授。1773年耶稣会受压制，随后学院关闭，他仍然留下负责图书馆的工作。也就是在此期间，编撰出版了《书目引介》，1777年出版第一卷《参考书目》（*Bibliographie*, 304页），1778年出版第二卷《文学史》（*Literargeschicht*, 498页）。1784年被任命为奥地利宫廷图书馆副主管，七年后任主管。1800年逝世于维也纳。

莫尔登豪尔的《语言学（>lingüistica）和等效术语起源传播考》[*Notas sobre el origen y la propagación de la palabra linguistique (>lingüistica) y términos equivalentes. Anales del Instituto de Lingüística, Universidad Nacional de Cuyo, Mendoza, 1957, t. VI: 430-440*] 刊于阿根廷的库约国立大学《语言学研究所年鉴》。莫尔登豪尔（G. Moldenhauer, 1900—1980）是德国语言学家和中古史专家。1922年在哈雷大学研究古法语，获博士学位。1924—1929年任马德里大学德国和西班牙科学研究中心主任。1929年移居波恩大学，1930年任罗曼语

言学副教授。作为纳粹的追随者，1938年调往维也纳大学，1939年任教授。二战后移居阿根廷。1980年去世于德国贝恩堡。

德语Linguistik的主要传播者伐特（Johann Severin Vater，1771—1826）是一位神学家，更是一位语言知识博大精深的语言学家（linguistician）。早年在耶拿和哈雷大学研究神学，1794年获博士学位。1796年到耶拿继续研究，1798年任副教授。1799年任哈雷大学神学和东方语言教授。

1801年，在《试论普通语法学》（*Versuch einer allgemeinen Sprachlehre*）中，伐特提出建立"比较语法学"（vergleichende Sprachlehre），展开"语言比较研究"（vergleichende Sprachstudium），意在揭示各种语言的结构差异。1806年哈雷大学被法国占领军关闭后，他移居柯尼斯堡大学。在此期间，与出版商贝图克合办杂志《人种志和语言学的综合归档》，把人种（民族）研究和语言分类研究结合起来。1812年，成为普鲁士科学院通讯院士。1820年返回哈雷，直至去世。作为神学家，伐特出版过《圣经》注释和教会历史的此类神学著作，但他主要以语言学家蜚声学界，研究过世界各地区语言。撰有《希伯来语、叙利亚语、迦勒底语和阿拉伯语语法手册》（1801）、《俄语实用表解和规则语法，附语法分析练习》（1809）。1806年，德国学者阿德隆（J. C. Adelung，1732—1806）刊行《语言大全：附约500种语言和方言土语的主祷文样例》卷一后去世，由伐特负责编撰其余三卷（1809，1812，1817）。其中，第三卷（1812）包含了美洲语言谱系分类的500多种印第安语资料，首次展示了当时欧洲已知美洲原住民语言的所有信息。他还撰有《世界语言的语法、词典著作以及单词全集》（1815）。伐特借用丹尼斯的Linguistik，指称的是对世界各地语言进行调查研究的这一活动及其学科。

1777年是欧洲学术史上不平常的一年。这一年，沃尔夫到哥廷根大学申请攻读古典学，借用传统术语Philologie指称"古典学"。这一年，丹尼斯面对世界不同地区的语言调查资料，想到拉丁语的"舌头"（lingua），有舌头就会说话，有语言就有调查，从而新造了Linguistik。一个追溯西欧古典文明的重建，一个面向世界各地语言的调查。**如果要说"（世界）语言学"诞生于哪一年，那就只能是1777年。如果要说"世界语言学"的早期主要研究者有谁，那就是伐特（1806）。**

基于网络检索，可以补充的信息是：

（1）英语单词language（语言），13世纪末借自古法语langage，lang(u)age中的u是13世纪盎格鲁—法语添加的。

（2）始见于12世纪的古法语langage＜民间拉丁语linguistica＜拉丁语lingua＜tongue＜古拉dingua＜*donghwa-（舌头、讲话）。

（3）始见于12世纪的古法语linguaticum（讲话）＜民间拉丁语* linguā ticum（口头或手势的话语交流），泛指"民族语言"。

（4）Linguāticum由拉丁语*lingua*（舌头）+*āticum*（发音）构成，用舌头说话的声音。

由此推定：

英语linguisitic（1837，乌尔曼之文）

　＜法语*la linguistique*（1812，拉斯捷之文）

　　＜德语*Linguistik*（1806，伐特定义及传播）

　　　＜德语*Linguistik*（1777，丹尼斯首创）

　　　　＜古法语（12世纪）*linguaticum*

　　　　　＜民间拉丁语 *linguāticum*

在早期，linguistique和philologie 的区别是：（1）前者的对象是世界各地区的各种活语言；后者的对象是留存文献的古典语言（早期仅指希腊语、拉丁语，后来包括哥特语，再后来还有希伯来语、波斯语，最后还有梵文等）；（2）前者的方法以田野调查描写为主，后者的方法以古典文献考据为主。

据19世纪语言学史专著的书名，可以看出西欧学界区分philologie和linguistique的做法，以及linguistique逐步取代philologie的过程。

1807年，艾希霍恩（J. G. EichhornEichhorn）的《近代语言学史》（*Geschichte Der Litteratur Von Ihrem Anfang Bis Auf Die Neuesten Zeiten: Geschichte der neuern **Sprachenkunde***），用的术语是sprachenkunde（德语"语言学"）。

1843—1850年，格拉芬罕（F. A. Grafenhan）的《古代古典语文学史》（*Geschichte der klassischen **Philologie** im Alterthum*），用的术语还是philologie。

1863年，施坦塔尔（H. Steinthal）的《希腊和罗马语言学史》（*Geschichte der **Sprachwissenschaft** bei den Griechen und Römern*），用的术语是sprachwissenschaft（语言科学），由sprache（语言）+wissenschaft（知识、科学）构成。

1869年，本费（T. Benfey）的《十九世纪初以来德国的语言学史和东方语文学史，以及早期研究回溯》（*Geschichte der **Sprachwissenschaft** und Orientalischen **Philologie** in Deutschland Seit dem Anfange des 19. Jahrhunderts mit eim Rückblick auf die früheren Zeiten*），sprachwissenschaft指语言历史比较研究（语言科学），philologie对东方语言的研究。

1870年，劳默（R. Raumer）的《日耳曼语文学史》（*Geschichte der germanischen **Philologie***），用的是philologie，主要是历史比较语言学。

值得注意的是，1861年，缪勒（F. M. Müller, 1823—1900）在《语言科学讲座》（*Lectures on the Science of Language*）中，把语文学（Philology）和语言学（Linguistics）区分为不同性质的学科——前者属于历史科学，而后者属于自然科学。

最后，1883年，瑞典诺伦（A. Noreen）的《瑞典语言科学的历史概述》（*Aperçu de l'histoire de la science **linguistique** suédoise*），所用术语是法语的linguistque。据上述资料，1883年出现了用Linguistique取代Philologie的现象。

此外，寻找语言亲缘关系的历史比较学科，其名称变化轨迹大体如下：

Lexicum symphonum "词汇和谐"（Gelenius 1537）
　Linguarum affinitate "语言亲和"（Postel 1538）
　　l'Harmonie étymologique "词源和谐"（Guichard 1606）
　　　Gemeenschap "亲缘关系"（Kate 1710）
　　　　Vergleichende Sprachlehre "比较语法"（Vater 1801）
　　　　　Vergleichende Grammatik "比较语法"（A. Schlegel 1803, F. Schlegel 1808）
　　　　　　Vergleichende Sprachenkunde "比较语文学"（F. Adelung 1815）
→ 英语 Comparative Philology "比较语文学"（Müller 1849）
　Comparative Grammar "比较语文学"（Bendall 1874）
　　Comparative and Historical Grammar "比较和历史语法"（Jespersen 1924）
　　　Comparative Linguistics "比较语言学"（Whorf 1941）
　　　　Comparative and Historical Linguistics "比较和历史语言学" /
　　　　Historical-comparative Linguistics "历史—比较语言学"（当代）

从16世纪到18世纪，首先，波希米亚（捷克）学者杰勒纽斯（Sigismund Gelenius, 1497—1554）根据音乐术语，提出Lexicum symphonum "词汇和谐"（Gelenius 1537）；继而，法国学者波斯特尔（Guillaume Postel, 1510—1581）基于关系密切，提出Linguarum affinitate "语言亲和"（Postel 1538）。此后，法国学者基沙尔德（Estienne Guichard，生卒不详）用的是l'Harmonie étymologique "词源和谐"（Guichard 1606），而荷兰学者凯特（Lambert ten Kate, 1647—1731）用的Gemeenschap "亲缘关系"（Kate 1710）。

尽管比较工作早在进行，但是当时学者并未用"比较"这一术语称呼其方法。"比较"成为语言学方法术语，可能受到18世纪晚期生物比较解剖学的影响。据所见文献，最早使用"比较"（vergleichende）这一术语的是19世纪初的几位德国学者。首先是1801年，伐特在《论普通语法学》（*Versuch einer allgemeinen Sprachlehre*）中提出要建立一门"比较语法"（Vergleichende Sprachlehre），展开"语言的比较研究"（Vergleichende Sprachstudium），以揭示各种语言的结构差异，可谓"对比语言学"的倡导。1803年，奥古斯特·史勒格尔（August Wilhelm Schlegel, 1767—1845）在《评本哈迪的〈语法学〉》（*Of Bernhardi's Sprachlehre*）中提出"比较语法"（vergleichende Grammatik）这一术语。1808年，弗里德里希·史勒格尔（Friedrich von Schlegel, 1772—1829）在《论印度人的语言和智慧》（*Über die Sprache und Weisheit der Indier*）中沿用其兄的术语"比较语法"。1815年，德裔俄国语言学家和历史学家阿德隆（Friedrich von Adelung, 1768—1843）在《凯瑟琳大帝对比较语文学的重要贡献》（*Catharinens der Grossen Verdienste um die vergleichende Sprachenkunde.* St. Petersburgh）中使用的术语是"比较语文学"。1849年，德裔英国学者缪勒（F. M. Müller, 1823—1900）在《印欧语的比较语文学，与人类早期文明的关系》（*Comparative Philology of the Indo-European Languages, in its Bearing on the Early Civilization of Mankind*）中使用了英语术语"比较语文学"。1874年，英国学者本多尔（Herbert Bendall）将施莱歇尔的《印度日耳曼语比较语法纲要》（3rd German edition, 1870）选译为英文本《印欧语比较语法纲要：梵语、希腊语和拉丁语》（*A Compendium of the Comparative Grammar of the Indo-European, Sanskrit, Greek, and Latin Languages*），将德语vergleichende Grammatik译为英语。整个19世纪到20世纪初，通行术语就是"比较语法""比较语文学"。1924年，丹麦语言学家叶斯柏森（Otto Jespersen, 1860—1943）在《语法哲学》（*The Philosophy of Grammar*）中使用了"比较和历史语法"（Comparative and Historical Grammar）这一术语。1941年，美国语言学家沃尔夫（Benjamin Lee Whorf, 1897—1941）在《语言与逻辑》（*Languages and Logic*）中明确区分了"比较语言学"（Comparative Linguistics）与"对比语言学"（Contrastive Linguistics）。

中文通常使用的术语是"历史比较语言学"（Historical Comparative Linguistics）。就网络检索，常见的是Comparative and Historical Linguistics，亦可见Historical and Comparative Linguistics（如*The Dictionary of Historical and Comparative Linguistics,* by Robert Lawrence Trask. 2000, Edinburgh University Press），但最常见的却是Comparative linguistics（比较语言学）。而与中文相对的这种Historical Comparative Linguistics未见，要见到的也是Historical-comparative Linguistics。偶尔可见的Comparative Historical Linguistics，盖以Historical Linguistics为中心。

这门寻找语言亲缘关系的学科，当代学界从两方面加以限定：一是"比较的"，承袭19世纪初期所强调的方法论标签；一是"历史的"，依据20世纪初期所流行的共时与历时二分说，从而定型为"比较和历史语言学"或"历史－比较语言学"。然而，早期核心术语"词汇和谐""语言亲和""词源和谐""亲缘关系"等,关注的是本体论。就其而言,这门学科的恰当名称当为"亲缘语言学"(Kinship linguistics)。(李葆嘉2005)

四、Sprachwissenschaft(语言科学)的使用和传播轨迹

在西方,还有一个术语"语言科学",意在强调语言学的科学性质。

英国哈特曼和斯托克(R. R. K. Hartmann & F. C. Stork)的《语言与语言学词典》(*Dictionary of Language and Linguistics*, London: Applied Science Publishers, 1972)说:

语言科学(linguistic science)这一术语概括了上述研究以及语音学和语义学。(黄长著等译,201页,上海辞书出版社1981)

该词典编者注明:Linguistic Science是Linguistics的替换术语。可是不了解,Linguistic Science最早见于辉特尼(Whitney 1867, 1875)的论著,是为了强调自己研究的Linguistic(语言是社会制度),与一般或其他的Linguistic有别,比如缪勒、施莱歇尔接受生物学影响的语言科学。

德国布斯曼(Hadumod Bussmann)的《语言学词典》(*Lexikon der Sprachwissenschaft*, Alfred Kroner Verlag, Stuttgart, 1990)这样解释:

Sprachwissenschaft 语言科学 [也作→ Linguistik]。一门学科,其目的在于从理论和实践的各个重要方面对语言和言语,及其与其他相关科学的关系进行描写。(陈慧瑛等译,510页,商务印书馆2003)

可是不了解,Linguistik(1777)来自拉丁语,Sprachwissenschaft(1805)是后起的德语母语词。

戚雨春等《语言学百科词典》对"语言科学"的解释是:

语言科学 对语言研究的一般名称。这一用语(science of language)在国外的出现早于语言学("语言学"一词源自德语Sprachwissenschaft,于十九世纪上半叶开始使用),二者的含义基本相同。(459页,上海辞书出版社1993)

此说有误三:(1)英语的science of language(Müller 1861),晚于英语(1837)从法语借入的linguisitic(原来没有s),更晚于德语的Linguistik(1777);(2)英语的linguisitics,并非源自德语的Sprachwissenschaft(1805),而是借自法语的Linguistique(1812);(3)英语的Science of Language是对德语Sprachwissenschaft(1805)的仿译

（Müller 1861）。

下面就我们检索的信息，将"语言科学"这一术语分语种或国别大体梳理如下。

（一）德语Sprachenkunde → sprachwissenschaft

德语的Sprachwissenschaft（语言科学），由sprache（语言）+ wissenschaft（知识、学术、科学）构成。据文献检索，这一术语最早见于本哈迪（August Ferdinand Bernhardi, 1769—1820）的《语言科学原理》（*Anfangsgründe der Sprachwissenschaft*, Berlin：Heinrich Frllich. 1805）。在《前言》中，*Sprachwissenschaft*出现了一次。

Daher sind hier Materie, Ordnung und Form gänz lich verändert. Was in dem größern Werke kaum berührt war, z. B. die Periode, ist hier ausführlicher behandelt, mehrere wichtige Untersuchungen über die Buchstaben, über die Formenlehre, sind berichtigt und erweitert, so daß, wenn das größere Werk durch manche Anwendungen auf einzelne Sprachen, durch die Darstellung und Erläuterung mancher tie fer liegenden Ideen seinen Werth behalt und bei einem gründlichen Studio der ***Sprachwissenschaft*** nicht wohl entbehrt werden kann, das kleinere jenem zur Berichtigung dient und zugleich zur Ergänzung.（Bernhardi 1805, Vorrede：I）

因此重要的是，规则和形式在此完全改变了。在较大作品中几乎没有触及的东西，如对文稿的几项主要研究，将基于形式理论加以修正和扩充，以便当把一些应用程序用于有限的几种语言的大量作品时，通过对许多潜隐思想的揭示和说明，可加以细微修正并同时作为一种补充，潜隐思想的这种价值在周密的语言科学研究中是不可免除的。

据以上论述，"语言科学"具有几个特点：基于形式理论，制定应用程序，进行周密研究。

Die Form endlich in diesem Werke ist durchaus ***wissenschaftlich*** mit den gehörigen Unterabtheilungen und Hinweisungen um das Verständniß zu erleichtem und den Organis mus deutlich zu machen, versehen. Mein nächstes Geschäft aber wird seyn, den griechischen Sprachschatz ***wissenschaftlich*** zu ordnen und zu überschauen.（Bernhardi 1805, Vorrede：VI）

最后，这项工作的方式是完全科学的，用适当的细化和注明来帮助理解，并使语言有机体显得更清晰。而我接下来的事，将是科学地整理和核查希腊语词表。

其中的关键词是"有机体"，"科学地"研究的任务就是要把语言的有机体刻画清楚。可见，本哈迪提出的"语言科学"，接受了当时生物学有机体学说的影响。

本哈迪早年在哈雷大学（178？—1790）学习哲学。1791年起，任柏林弗里德里希韦尔德中学（Friedrichwerderschen Gymnasium）教师。1799年，与浪漫主义女作家索菲·蒂克（Sophie Tieck，1775—1833）结婚，由此进入浪漫主义社交圈。与史勒格尔兄弟等保持交往，创作关于柏林社会和文学人生的讽刺作品，撰写具有浪漫主义风格的故事和诗歌。其语言学著作还有：《拉丁语法全书》（*Vollständige lateinische Grammatik*，1795—1797）、《希腊语法全书》（*Vollständige griechische Grammatik*，1797）、《语法学》（*Sprachlehre*，1801—1803）等。伯恩哈迪传承了德国唯理主义和浪漫主义思想，拥有丰富的普遍语法知识，其语言学成就在当时很有影响。

Sprachwissenschaft这一术语为西方语义学的创始人莱斯格（1825），其学生哈泽（1840，1860）、哈泽的学生赫尔德根（1875）沿用。如：Ch. K. Reisig, 1825《莱斯格教授的拉丁文语言科学讲稿》（*Professor K. Reisig's Vorlesungen über lateinische **Sprachwissenschaft**. Pub. 1839*）；F. Ch. Haase, 1840《拉丁文语言科学讲稿》（*Vorlesungen über lateinische **Sprachwissenschaft**. Pub. 1874—1880*）；F. Heerdegen, 1875《语言科学的一般结构和适用范围，尤其是拉丁语语法系统》（*Üeber Umfang und Gliederung der **Sprachwissenschaft** im Allgemeinen und der lateinischen Gram matik insbesondere*）

此后的沿用者，有斯坦塔尔（1848，1850，1855）、施莱歇尔（1863）、波特（1876）、艾贝尔（1895）、饶姆尔（1990）、浮士勒（1904）和冯特（1911）等。如：H. Steinthal, 1848《洪堡特的语言科学和黑格尔哲学》（*Die Sprachwissenschaft Wilh.v. Humboldt's und die Hegel'sche Philosophie*）；A. F. Pott, 1876《洪堡特与语言科学》（*Wilhelm von Humboldt und die **Sprachwissenschaft***）；C. Abel, 1885《语言科学论集》（***Sprachwissenschaftliche** Abhandlungen*）；A. Zaumer, 1900《罗曼语的语言科学》（*Romanische **Sprachwissenschaf***）；K. Vossler, 1904《语言科学的实证主义和理想主义：语言研究哲理》（*Positivismus und Idealismus in der **Sprachwissenschaft**: Eine sprachphlosoiphische Untersuchung*）；W. Wundt, 1911《语言科学和民族心理学》（***Sprachwissenschaft** und Völkerpsychologie*）等。

施莱歇尔（A. Schleicher）的名作《达尔文理论与语言科学》（*Die Darwinsche Theorie und die **Sprachwissenschaft**, 1863*），其法文版为*La théorie de Danvwin et **la science du langage*** （traduit par M. de Pommayrol. 1868），其英文版为*Darwinism Tested by the **Science of Language*** （Transl. by A. V. W. Bikkers. 1869）。

而本费（Theodor Benfey，1809—1881）的《19世纪初以来的德国语言科学和东方语文学的历史，以及对早期的回溯》（*Geschichte der Sprachwissenschaft und Orientalischen Philologie in Deutschland seit dem Anfange des 19. Jahrhunderts mit einem Rückblick auf die früheren Zeiten.* München, 1869），区分了sprachwissenschaft（此书指"语言历史比较研究"）和philologie（此书指"语言文献研究"）二者的用法，意在突出德国学者历史比较研究的科学性。

（二）法语la science du langage → la science linguistique

1849年，比利时—法国学者查维（H. J. Chavée, 1815—1877）在《印欧语词汇学：或梵语、希腊语、拉丁语、法语、立陶宛语、俄语、德语、英语等词汇科学的探索》中提出语言的"自然家族"理论，以重建原始印欧语词表。

对于词汇科学（*la science lexiologique*），词表仅仅是进行详细比较研究的工具，通过分析以获得组成每种语言系统词表的简单而原始的词项知识和分类。（Chavée 1849: X）

1864年，法国语言学家鲍德里（F. Baudry, 1818—1885）发表《语言科学及其现状》（*De la Science du langage et de son état actuel*）。此后谢涅特（A. E. Chaignet, 1818—1901）、佩齐（D. Pezzi, 1844—1905）、布雷阿尔（M. J. A. Bréal, 1832—1915）沿用此术语。如：Chaignet《词语构造研究中的语言科学的哲学》（*La philosophie de la science du langage étudiée dans la formation des mots,* 1875），Pezzi《语言科学研究导论》（*Introduction à l'étude de la science du langage,* 1875），Bréal《语言科学》（*La science du langage,* 1879）。1883年，瑞典学者诺伦的《瑞典语言科学史概述》（*Aperçu de l'histoire de la science linguistique suédoise*）用la science linguistique替换la science du langage。

（三）英语Science of Language → Linguistic Science

英语中的"语言科学"术语是外来的，情况比较复杂。首先，德裔英国学者缪勒在《语言科学讲座》（*Lectures on the Science of Language,* 1861）中，用的是Science of Language，按照德语的sprache（语言）+ wissenschaft（科学）仿译。他还把语文学（Philology）和语言学（Linguistics）区分为不同性质的学科——前者属历史科学，后者属自然科学。英国塞斯（A. H. Sayce, 1845—1933）的《语言科学引论》（*Introduction to the Science of Language,* 1880）沿用这一术语。

其次，留德的美国学者辉特尼（W. D. Whitney, 1827—1894）在《语言和语言研究：语言科学原理十二讲》（*Language and the Study of Language: Twelve Lectures on the Principles* of Linguistic Science, 1867）、《语言的生命和成长：语言科学纲要》（The Life and Growth of Language: An Outline of Linguistic Science, 1875）中用的是Linguistic Science，而在《东方与语言研究：吠陀经；阿维斯陀经；语言科学》（Oriental and Linguistic Studies: The Veda; the Avesta; the Science of Language, 1873）中却是Science of Language。前者为了与德国学者的术语区别，后者则与缪勒的术语相同。

（四）俄语Языкознаниее → науки о языке

俄语中的"语言科学"，这里主要指博杜恩（Baudouin de Courtenay；俄文Бодуэн де Куртенэ，1845—1929）和克鲁舍夫斯基（Н. В. Крушéвский，1851—1887），即喀山学派在19世纪70年代以来使用的术语。因为博杜恩是现代语言学理论形成的枢纽人物或"创始人"（索绪尔《普通语言学教程》的主要观点都来自于他），因此他对"语言科学"（即现代语言学理论和方法）的阐述，尤其值得关注。

第一个俄语术语：Язык（语言）+ знание（知识、科学），来自德语sprache（语言）+ wissenschaft（知识、科学）的仿译。

1870年12月，博杜恩在《对语言科学和语言的若干原则性看法》（Некоторые общие замечания о языковедении и язык，刊于1871年）中提出：

> 在今天的（语言学——引注）课程简介中，首先，我尽量明确指出这门科学的范围：1. 什么内容不能从这门科学中期待得到；2. 什么是语言学的本质，从而努力确定这门科学所研究对象的本质，即语言的本质。（杨译本 2012：15。引文皆核对了俄文，有润饰）
>
> 广义上的技艺和科学的区别，一般等同于实践与理论之间、发明和发现之间的区别。技术规程和要求是技艺所特有的，而概括事实、作出结论和发现科学规律则属于科学的内容。（杨译本 2012：16）
>
> 总体而言，语言生活建立在力和规律的过程中。而这些过程正是生理学（一方面是解剖学，一方面是声学）和心理学的抽象研究对象。这些生理和心理范畴体现在一定的对象中，而这些正是在历史上发展起来的语言学的研究对象。任何时候，生理学家和心理学家都不可能触及语言研究者提出的大部分问题。由此语言学不能混淆于生理学和心理学，应视为独立的科学。（杨译本 2012：25）
>
> 我提出的语言定义如下：语言是基于肌肉和神经有规律行为的可听结果。或者，语言

是分音节的有意义音素，借助于民族感觉联系在一起的和谐综合体（感觉和无意识概括的单位的集合），隶属于以人类共同语言为基础的范畴和下位概念。（杨译本 2012：25）

实际上，这篇《对语言科学和语言的若干原则性看法》就是现代语言学的宣言书。既然语言学是一门科学，因此首先要确定这门科学研究对象的本质，即语言的本质。而博杜恩认为，语言是基于肌肉和神经有规律行为的可听结果，语言是分音节的有意义音素，借助于民族感觉联系在一起的和谐综合体。语言科学的任务就是概括事实、作出结论和发现科学规律。

1889年，博杜恩在《语言科学的任务》（*О задачах языковедения*）中进一步明确定义：

语言的基础是纯粹心理的、中枢—大脑的，因此**语言学属于心理科学**。然而，因为语言体现在社会中，因为人的心理发展只有在与他人的交往中才能够实现，所以有理由认为，**语言学是心理社会科学**。（杨译本 2012：152—153）

博杜恩所界定的"语言学是心理社会科学"，也就是现代语言学的本质。

1901年，博杜恩在《语言科学或19世纪的语言学》（***Языкознание, или лингвистика, 19века***）中同时使用了Языкознание（语言科学）和Лингвистика（语言学）两个术语。只要确定了语言学的本质，这两个俄语术语的内涵就是等同的。博杜恩进一步阐述了语言学成为科学的原因或条件。

语言学方法越来越接近精密科学方法——精确的分析和抽象的现象越来越多，数量思维应用越来越广。我们可以基于统计数字描述语言，引入无限小的值，无限小差异的概念，萌芽差异的概念，向一定方向发展的极限概念。

为了解释语言现象，我们还使用了力学的概念。比如，使用能量概念和确定其心理和生理能量，以便于我们衡量语言现象的稳定性及变化条件，即语言发展的可变性。**各门科学之间的联系越来越紧密，语言学因某种原因与其他毗邻科学的联系，是19世纪科学思想发展的标志**。确实，在研究问题的方面越来越专业化，但与此同时，出现了追求通常的综合、概括，以提炼普遍性观点的倾向。确认各种科学的共同思维基础越来越有必要……**科学方法应是有别的，但思维的基础却是共同而一致的**。（杨译本 2012：285）

并且展望了20世纪语言科学的任务：

在即将到来的20世纪，语言学需要解决以下问题：……2. 实现莱布尼茨的思想，为了

模仿自然科学家，在语言研究中，处处以能观察到的活语言为出发点……3. 只要有可能，**就使用实验方法**。……5. 需要在语言学中经常使用**数量思维**，这样才能使语言学越来越接近精密科学。6. 语言学成为越来越精密的科学的原因还在于，在语言学的基础即心理学中，**数量分析的方法越来越完善**。……8. 承认人类语言具有无条件的**心理性和社会性**，应是客观研究的第一根本要求。……15. 语言现象的概括将涉及越来越广的领域，**语言学与其他学科，如心理学、人类学、社会学和生物学的联系越来越多**。（杨译本 2012：291）

全面强调了语言科学的跨学科（自然科学、数量统计、心理学、人类学、社会学和生物学）特点。

1904年，博杜恩发表了题名《语言科学》（*Языкознание*）的论文。

狭义的"语言学"（языкознание, языковедение, лингвистика, глоттика, глоттология）就是系统地、科学地研究语言现象的因果关系。广义的"语言学"，应当理解为对语言现象的任何研究、对语言事实的任何思考，哪怕是非科学、非系统的。在俄语中从事语言学研究的人被称之为语言学家（языковед, лингвист, глоттолог, язычник）。**而作为一门科学，语言学包括认识语言或人类言语的各种形式，并且科学地研究这些语言。**（杨译本 2012：356）

然而，我们有理由认为，在不远的将来，语言学的应用犹如其基础学科——心理学一样，将在教育学和实际生活的不同领域发挥重要作用。人们至今常以物质主义观点看待社会生活的不同表现形式，如今轮到心理主义了，与心理学在一起的，首先是属于心理科学的语言学。（杨译本 2012：360）

此处的要义是，狭义的语言学才是"语言科学"，即系统地、科学地研究语言现象的因果关系。而且语言学要在教育学和实际生活的不同领域发挥重要作用。

第二个俄语术语：Науки о языке（语言的科学），来自法语的la science du langage的仿译。博杜恩的学生克鲁舍夫斯基的博士论文《语言科学概论》（*Очерк науки о языке*, *Каз*, 1883），用的是науки о языке（语言的科学）。

克鲁舍夫斯基声称"语言学属于自然科学，而不是历史科学"，在语言中有一些起作用的规律，完全等于其他领域起作用的规律，即没有任何例外和偏差的"自然规律"。（杨译本 2012：114）1881年底开始撰写博士论文，克鲁舍夫斯基当时的设想是：

还不知道我的论文该用什么题目。内容如下：1. 必须有另一个更普通的，类似于语言现象学的科学，与现代的语言学并存。2. 可以从新组成的青年语法学派中发现对这门科学的一些非自觉的预感，但是他们提出的原则不适合或不足以建构这样的科学。3. 在语言中，可以找到建立这门科学的牢固基础。（杨译本2012：118）

也正是基于这些设想，克鲁舍夫斯基在《语言科学概论》中论证了语言符号的系统性，提出了语言的能指和所指概念，发现了类比联想和邻接联想（索绪尔的联想关系和句段关系来自于此）。

（五）术语"语言科学"的传播轨迹

本哈迪1805德Sprache（语言）+ wissenschaft（科学）

  莱斯格1825→哈泽1840→赫尔德根1875 Sprachewissenschaft

   查维1849法la science lexiologique "词汇科学"

   鲍德里1864法la science du langage＜德Sprachewissenschaft

   诺伦1883法la science linguistique（将langage替换为linguistique）

   缪勒1861英→塞斯1880 Science of Language＜德Sprachewissenschaft

   辉特尼1867英Linguistic Science/1873 Science of Language

   博杜恩1870俄Язык+знание＜德Sprachewissenschaft

   鲁舍夫斯基1883 Науки о языке＜法La science du langage

需要注意的是，虽然名义上都是"语言科学"，但是各自使用的含义可能不尽相同。 本哈迪的语言科学接受了当时生物科学的有机体学说，莱斯格师生（Reisig 1825, Haase 1840, Heerdegen 1875）认为语言学是历史科学，缪勒（Müller 1861）、施莱歇尔（Schleicher 1863）等认为语言学是自然科学（生物学），斯坦塔尔（Steinthal 1855）、冯特（Wundt 1911）认为语言学是心理科学，辉特尼（Whitney 1867）认为语言学是社会科学（语言是社会制度）。同样以"语言科学"为题的论文，布雷阿尔的《语言科学》（*La science du langage*，1879）强调的是人文—心智属性，博杜恩的《语言科学》（*Языкознание*，1904）强调的是心理—社会属性。

由此可见，《剑桥语言百科词典》《语言与语言学词典》《牛津语言学词典》《牛津英语词源词典》《语言与语言学词典》，对Linguistics的解释都是根据现代论著的自说自话，未能考察语言学史上的用例——违背了词语解释的实指原则和语境原则。

五、西方只有一个语言学科

综上所述，尽管研究对象和理论方法有所差别，但是西方只有一个语言学科——从古希腊到19世纪称之为Philologia → philologie →Philology，或者Grámmatik → Grammatica → Grammar；1777年出现专指异邦陌生口语记录的Linguistik → Linguistique，此后泛化为世界上各种古今语言的研究，以至于英语的Linguistic → Linguistics在20世纪成为"语言学"的国际通行术语。

语言研究本来是一条历史长河，可以区分"古代语言学"和"现代语言学"，也可以区别"文献语言学"和"口语语言学"，也可以列出不同国家、不同流派的语言学，但是，似乎没有必要标榜某一阶段的研究才是"科学"的语言学。不难发现，西方语言学史研究中包含着某种国家或民族中心的心态，其标榜"科学"的背后，德人推崇的是葆朴，英美人推崇的是琼斯。至于推崇索绪尔，仍是英语世界的学者——19世纪的英国没有出现一位著名的历史比较语言学家，享有盛誉的牛津大学教授缪勒还是德裔学者——对"德国语言学中心"的逆反。我们何必纠结于此？

"前科学"的语文学和"科学"的语言学之划分，**本身就是一个虚构！语言学研究需要人文与科学的双重精神。**

近现代西方语言学史的三张图*
——走出罗宾斯式的个体创始模式

提要：依据主线梳理—群体考察模式以及新见资料，本研究绘制了近现代（16世纪到20世纪60年代）欧美语言学发展史的三张图。1. 历史比较语言学成熟于17世纪中期的荷兰，以伯克斯洪（Boxhorn 1647, 1654）创立的斯基泰理论和历史比较方法论为标记，而非英国琼斯的《三周年演讲》（Jones 1786）。2. 现代语言学理论的形成以博杜恩（Baudouin 1870—1880）及其学生克鲁舍夫斯基（Kruszewski 1883）创立的"心理—社会语言学"为标记，而非索绪尔的《普通语言学教程》（1909）。3. 现代语义学的形成发展可归结为一个源头（历史语文学源头）、两个背景（思维—语言心智主义、结构—功能主义）。4. 贯穿青年语法学派、现代语言学和心智语义学的主线是，从19世纪中期发生的语言学研究的"心理转向"。这三张图旨在为"重建西方500年语言学史"提供路引。

关键词：主线梳理；群体模式；历史比较；心理—社会；心智语义；重建

Three Maps of Modern Western Linguistics
——Out of the Schema of Individual Establishing by Robbins

Abstract: Based on organizing main line, group study mode and new information, this study draws three maps concerning western linguistics in modern times, that is, from the 16th century to the 1960s. First, Historical comparative linguistics became mature in Netherlands around the middle of 17th century marked by the Scythian theory and historical comparative methodology founded by Boxhorn (1647, 1654), rather than William Jones's *The Third Anniversary Discourse* delivered in 1786. Second, the formation of modern linguistic theory is marked by "socio-psycholinguistics" founded by Baudouin (1870—1880) and his student Kruszewski (1883), rather than Saussure's *Course of General Linguistics* published in 1909. Third, the formation and

---

* 此稿未刊，李葆嘉提交第五届当代语言学国际圆桌会议（The 5th CASS International Roundtable Linguistics，南京师范大学2013年10月17—20日）报告。2014年修订。

development of modern semantics can be attributed to one source (historical philology), and two backgrounds (mind-language mentalism, structure - functionalism). Fourth, the main line through Junggramatiker, modern linguistics and mental semantics is linguistics "psychological shift" from the mid-19th century. The three maps offer a guideline for the reconstruction of five hundred years of Western history of linguistics.

Key words: language history; main line's organization; historical contrast; psycho-society; mentalism; reconstruction

西方第一部语言学史专著是德国艾希霍恩（Von Johann Gottfried Eichhorn, 1752—1827）的《现代语言学史》（*Geschichte der neuern Sprachenkunde.* Göttingen, 1807），该书包括引论（S. 1—42）和亚洲语言学史（A. Geschichte der Asiatischen Sprachenkunde, S. 43—677）。据"亚洲语言学史"前面标注A.，作者似乎应有另撰的"B. 欧洲语言史"。亚洲语言学史包括两大部分：单音节语言（S. 43—132）和多音节语言（S. 133—677）。再次，把单音节语言分为：表意文字（S. 46—113）、使用印度音节字母（S. 114—132）。而把多音节语言分为：（1）蒙古诸语（S. 135—192）、（2）南亚和中亚的伊朗诸语（S. 193—402）、（3）西亚的闪米特诸语（S. 403—672）、（4）芬兰语（S. 673—677）。

德国本费（Theodor Benfey, 1809—1881）的《19世纪初以来的德国语言学和东方语文学的历史，以及对早期的回溯》（*Geschichte der Sprachwissenschaft und Orientalischen Philologie in Deutschland seit dem Anfange des 19. Jahrhunderts mit einem Rückblick auf die früheren Zeiten.* München, 1869），为西方第一部历史比较语言学史专著。根据该书内容，书名当是：（1）19世纪初以前的（欧洲、印度、东方）语言学史+（2）19世纪初以来的德国革新语言学的历史+（3）世界语言语系的研究。本费的论述充满着德意志的"傲慢和偏见"，在历史比较语言学史上造成了严重的负面影响。

1902年，丹麦语言学家汤姆逊（V. Thomsen, 1842—1927）出版《十九世纪末以前的语言学史》（原名《语言学史：简要回顾》，*Sprogvidenskabens Historie: En Kortfattet Fremstilling.* København）。1924年，其弟子裴特生（H. Pedersen, 1867—1953）出版《十九世纪的语言科学：方法和成果》（*Sprogvi denskaben i det Nittende Aarhundrede: Metoder og Resultater.* København）。1938年，苏联语言学家邵尔（P. O. Шор, 1894—1939）根据德文版翻译汤姆逊的《十九世纪末以前的语言学史》（Trans. by Hans Pollak. *Geschichte der Sprachwissenschaft bis zum Ausgang des 19. Jahrhunderts: kurzgefasste Darstellung der Hauptpunkte.* Halle, 1927），附上《从文艺复兴时期到十九世纪末的语言学说史梗概》。

1943年，林梨敬①参考裴特生、叶斯柏森等人的著作，编译成第一部世界性的《语言学史》专书。此后，岑麒祥（1903—1989）编撰更为详细的《语言学史概论》（1958）。

20世纪60年代以来，英国罗宾斯（R.H.Robins）出版《语言学简史》（*A Short History of Linguistics*，1967）。法国穆南（Georges Mounin，1910—1993）出版《语言学史：从起源到20世纪》（*Historie de la linguistique des origins au XXe siècle*，1967）。此后，俄罗斯康德拉绍夫（Н.А. Кондрашов）出版《语言学说史》（*История лингвистических учений: учебное пособие*，1979）。2003年，英国薇薇安·劳（Vivien Law）的《欧洲古代语言学史：从柏拉图至1600》（*The History of Linguistics in Europe: From Plato to 1600*）问世。此外，20世纪70年代以来，德国克尔纳（E. F. K. Koerner）总主编的"语言科学史研究"丛书（*Studies in the History of the Language Sciences*，Amsterdam: John Benjamins Publishing Company），以西方语言学研究传统为主，出版专著、选集和文献研究，从1973年到2014年已有122种。

20世纪80到90年代，中国学者出版了三部西方语言学史：冯志伟《现代语言学流派》（1987）、徐志民《欧美语言学简史》（1990）、刘润清《西方语言学流派》（1995），后皆有增订。2000年以来，又有四部出版：杜道流《西方语言学史概要》（2008）和《简明西方语言学史》（2012）、林玉山《世界语言学史》（2009）、姚小平《西方语言学史》（2011）。

关于俄罗斯语言学史研究，俄罗斯语言学家维诺格拉多（В. В. Виноградов，1895—1969）撰有《俄罗斯语言学史》（*История русских лингвистических учений*，Москва：Высшая школа. 1978），别列津（Ф. М. Березин，1930—2003）撰有《苏联语言学史》（*История советского языкознания*，Москва: Высшая школа. 1988），未有中文译本。2009年，郅友昌主编的《俄罗斯语言学通史》出版。

尽管语言学史研究是语言学史家之旨趣，但是面对具体课题时，研究者务必应对该课题研究史做一梳理。遗憾的是，许多学者缺乏这种"历史自觉"。比如，作为多年来研究热点的"话题"，皆"言必称赵元任、李纳（Charles N. Li）"，其研究沿革直到最近才有

---

① 林梨敬（1915—1975），广东潮阳人，生于上海。1941年毕业于暨南大学外文系。后在上海中学教书，从事文学创作。所译《比较文字学概论》（商务印书馆1937）和编译《语言学史》（世界书局1943），都是中国现代语言学史上的第一本译著。据说还撰有《印支语泛论》、译著《比较语言学》等。1949年以后，几乎停止文学创作。后从中学调到上海市教师进修学院（后改教育学院），担任汉语教学工作。"文革"期间又一次受到摧残。患肺癌去世。《中国现代文学专业词典》有林梨敬词条。《中国现代语言学家传略》《中国语言学大辞典》皆未见林梨敬词条。后人转抄或参照林梨敬编译的《语言学史》内容，也未见注明出处。

了一个详尽的溯源沿流。（邱雪玫、李葆嘉2013）

以往出版的西方语言学通史，在梳理大量问题的同时也留下了若干迷惑。毋庸置疑，学术史研究面临诸多困难，无论语言学史家，还是课题研究者，概莫能外。首先是材料的搜集和研读，尤其是一手文献——**难晓、难找、难读、难懂、难通**。这"五难"，不仅中国人有，西方人同样如此。就"难读"而言，勿论汉语文献，西欧语言学史家多目不识丁；即使是俄语文献，一些西欧语言学史家也极少涉及。由此难免导致井中之蛙、沿袭成说，甚至以讹传讹、弄假成真。比如，对历史比较语言学的形成"言必称琼斯"，对"现代语言学"的形成"言必称索绪尔"，对西方语义学的形成"言必称布雷阿尔"。

其次是主线的寻绎和贯穿。作为学术史，既要有史的记录，更要有论的阐明。文献的堆砌固然辛苦，但是更需要的是寻绎左右其发展的主线的智慧。比如，贯穿青年语法学派、现代语言学、现代语义学，以及生成语法学、认知语言学的主线是什么。

再次是视野的丰富和拓展。语言学史是人类学术史、思想史的一部分，语言学科与其他学科的相互影响可谓错综复杂。要避免只知其一，不知其二。比如，人们注意到19世纪生物学对历史比较语言学（施莱歇尔《达尔文理论与语言学》，1863）的影响，却不了解18世纪的历史比较语言学（蒙博多《语言的起源和进化》，1773，1774，1786，1787，1789，1792）为生物进化论奠定了理论基础。

语言学史的研究，难免要关注某种理论方法的"首创权"或者"开创人/奠基者"（我建议改为"枢纽人物"）。然而，像罗宾斯（1967）那样，仅就某人的某论著而研究某人学说，甚至在不了解其他更早重大成果的情况下，就断言某人为"开创/奠基"则失之武断。为了走出这种个体创始模式，李葆嘉（2012，2013）提出语言学史研究的群体考察模式，即把一种理论或学术思潮的形成过程看作群体探索的历史活动，个人的学术贡献只有在群体考察中才能适当定位。

依据主线梳理-群体考察模式以及基于新见资料（尤其是一手资料），本研究主要勾画了16世纪到20世纪60年代这一期间，历史比较语言学、现代语言学（心理-社会语言学/结构主义语言学）、现代语义学的形成过程和发展轨迹的三张图。

一、第一张图：比较语言学的形成和发展

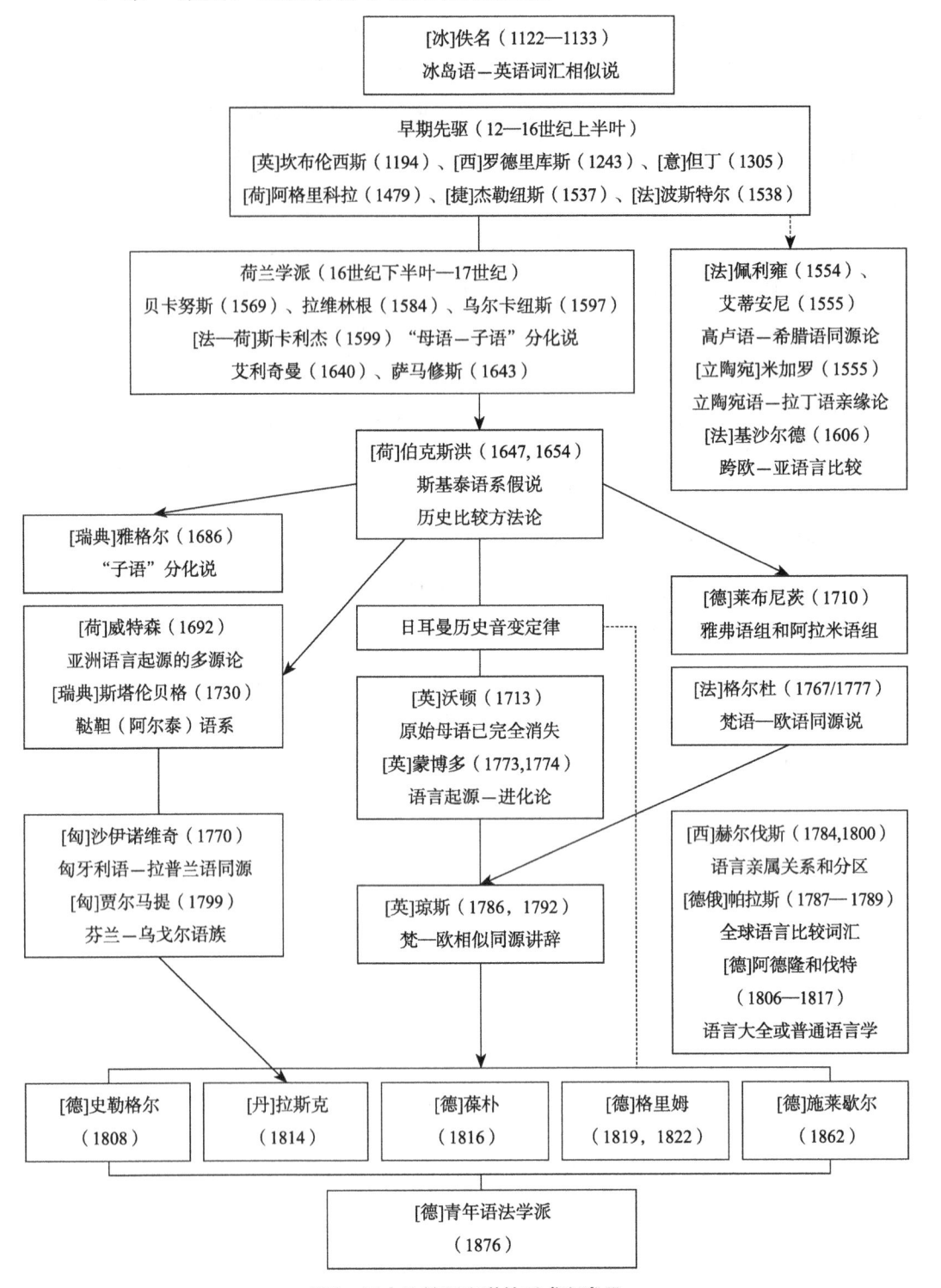

```
┌─────────────────────────────┐
│ [冰]佚名（1122—1133）       │
│ 冰岛语—英语词汇相似说      │
└─────────────────────────────┘
              │
┌─────────────────────────────────────────────────────────┐
│ 早期先驱（12—16世纪上半叶）                            │
│ [英]坎布伦西斯（1194）、[西]罗德里库斯（1243）、[意]但丁（1305） │
│ [荷]阿格里科拉（1479）、[捷]杰勒纽斯（1537）、[法]波斯特尔（1538） │
└─────────────────────────────────────────────────────────┘
          │                                    │
┌─────────────────────────────────────┐  ┌──────────────────┐
│ 荷兰学派（16世纪下半叶—17世纪）    │  │ [法]佩利雍（1554）、│
│ 贝卡努斯（1569）、拉维林根（1584）、 │  │ 艾蒂安尼（1555）  │
│ 乌尔卡纽斯（1597）                  │  │ 高卢语—希腊语同源论│
│ [法—荷]斯卡利杰（1599）"母语—子语"分化说│ │ [立陶宛]米加罗（1555）│
│ 艾利奇曼（1640）、萨马修斯（1643）  │  │ 立陶宛语—拉丁语亲缘论│
└─────────────────────────────────────┘  │ [法]基沙尔德（1606）│
              │                          │ 跨欧—亚语言比较  │
              ▼                          └──────────────────┘
┌─────────────────────────────┐
│ [荷]伯克斯洪（1647,1654）   │
│ 斯基泰语系假说              │
│ 历史比较方法论              │
└─────────────────────────────┘
     │         │         │
┌──────────────┐   ┌──────────────┐   ┌─────────────────────┐
│[瑞典]雅格尔（1686）│ │ 日耳曼历史音变定律│ │ [德]莱布尼茨（1710） │
│"子语"分化说 │   └──────────────┘   │ 雅弗语组和阿拉米语组 │
└──────────────┘         │            └─────────────────────┘
┌──────────────┐   ┌──────────────┐   ┌─────────────────────┐
│[荷]威特森（1692）│ │ [英]沃顿（1713）│ │ [法]格尔杜（1767/1777）│
│亚洲语言起源的多源论│ │ 原始母语已完全消失│ │ 梵语—欧语同源说     │
│[瑞典]斯塔伦贝格（1730）│ │[英]蒙博多（1773,1774）│└─────────────────────┘
│鞑靼（阿尔泰）语系│ │ 语言起源—进化论│
└──────────────┘   └──────────────┘
                         │            ┌─────────────────────┐
┌──────────────┐        ▼            │ [西]赫尔伐斯（1784,1800）│
│[匈]沙伊诺维奇（1770）│ ┌──────────────┐│ 语言亲属关系和分区   │
│匈牙利语—拉普兰语同源│ │[英]琼斯（1786,1792）││[德俄]帕拉斯（1787—1789）│
│[匈]贾尔马提（1799）│ │梵—欧相似同源讲辞│ │ 全球语言比较词汇    │
│芬兰—乌戈尔语族│ └──────────────┘ │[德]阿德隆和伐特     │
└──────────────┘                     │ （1806—1817）       │
                                      │ 语言大全或普通语言学 │
                                      └─────────────────────┘

┌────────┐┌────────┐┌────────┐┌────────┐┌────────┐
│[德]史勒格尔││[丹]拉斯克││[德]葆朴 ││[德]格里姆││[德]施莱歇尔│
│（1808） ││（1814） ││（1816） ││（1819,1822）││（1862）│
└────────┘└────────┘└────────┘└────────┘└────────┘
                         │
              ┌─────────────────────┐
              │ [德]青年语法学派    │
              │ （1876）            │
              └─────────────────────┘
```

图1 历史比较语言学的形成和发展

（一）对琼斯的评价：历史比较语言学的奠基人

罗宾斯在《语言学简史》（初版1967）中评价：

1786 has been declared by a contemporary scholar to have initiated the first of the four really significant 'breakthroughs' in the modern development of linguistics up to the present day. In that year, as is now well known, Sir William Jones, a judge in the British court in India, read his famous paper to the Royal Asiatic Society in Calcutta, wherein he established beyond doubt the historical kinship of Sanskrit, the classical language of India, with Latin, Greek and the Germantic languages （Robins 2001：168）.

当代一位学者宣称，语言学向现代发展迄今有四次真正有价值的"突破"，第一次发生在1786年。这一年，众所周知，印度的英国法院法官威廉·琼斯，在加尔各答皇家亚洲学会上宣读了他那篇著名的论文。在该文中，他无可置疑地断定印度古典语言梵文同拉丁语、希腊语和日耳曼诸语在历史上具有亲缘关系。

百度百科：

威廉·琼斯最早正式提出印欧语假说，揭示了梵语、希腊语、拉丁语、日耳曼语、凯尔特语之间的同族关系，成为历史比较语言学的奠基人，也有人认为他是语言科学的奠基人。

而文献考核表明，琼斯不仅并非历史比较语言学的奠基人，甚至也算不上从事过比较研究的历史语言学家。把琼斯吹捧为历史比较语言学的奠基人，简直是学术史上的莫大悲哀！

（二）语言历史比较的先驱

发端于西欧的语言历史比较的宏观背景，一般而言：1. 人类起源的探讨，《圣经》记载人类都是经历"大洪水"之后的诺亚（Noah）后裔；2. 原初语言的探讨，《圣经》记载巴比塔的兴建引发上帝变乱了人类的语言；3. 多种语言的发现，地理大发现、新航路开辟和探险家的记录，导致西方学者视野中的语言大发现。[①]

欧洲语言历史比较的先声是12世纪初的一位冰岛学者，他根据词形相似性推测冰岛语（古斯堪的纳维亚语言）与英语之间存在亲缘关系。这位佚名学者被后世称之为"第

---

① 今按：据意大利历史学家彭梵得（Giuliano Bonfante 1953）论述，15世纪时日耳曼人从罗马历史学家的著作中读到其首领阿尔米纽斯的事迹，对其祖先越发敬重，更加热爱其本族语，并希望进一步深入了解和研究。由此推定，早期语言历史比较的驱动力，来自日耳曼人等民族意识的觉醒及寻根意识。

一位语法学家"，有人认为他可能是冰岛学者泰特森（Hallr Teitsson，1085—1150）。这篇大约写于1122年到1133年之间的论文，被后世学者题名为《第一篇语法论文》（*Fyrsta Málfræðiritgerðin, Snorra-Edda ásamt Skáldu og þarmeð fylgjandi ritgjörðum*, Rasmus Rask edit. Stockholm，1818），1818年由拉斯克（Rasmus Rask，1787—1832）将其编辑刊出。

12世纪末，英国学者坎布伦西斯（Giraldus Cambrensis，1146—1223）在《威尔士记事》（*Descriptio Cambriae*，1194）中论述了威尔士语、考尼士语和布列塔尼语的词汇相似性。13世纪中期，西班牙学者罗德里库斯（Rodericus Ximenez de Rada，1175—1247）在《伊伯利亚纪事》（*De rebus Hispaniae*，1243）中描绘了欧洲的三种主要语言（拉丁语、日耳曼语、斯拉夫语）。14世纪初期，意大利学者但丁（Dante Alighieri，1265—1321）研究拉丁语方言，在1303—1305年完成《论俗语》（*De Vulgari Eloquentia Libri Duo*, Pub. 1577），把欧洲语言划分为：北方的日耳曼语组、南方的拉丁语组以及欧亚毗邻的希腊语组。15世纪下半叶，荷兰学者阿格里科拉（Rodolphus Agricola，1443—1485）在《方言的发现》（*De inventione dialectica*，1479）中研究希腊语、拉丁语和日耳曼语之间的关系。

（三）语言历史比较的进一步发展

1537年，捷克学者杰勒纽斯（Sigismund Gelenius，1497—1554）在《四种关系密切的欧洲语言的词汇和谐》（*Lexicum symphonum quo quatuor linguarum Europae familiarium*）中把欧洲语言归纳为四种。1538年，法国学者波斯特尔（Guillaume Postel，1510—1581）发表《希伯来语和古老民族的起源，以及各种语言的亲和性》（*De originibus seu de Hebraicae linguae et gentis antiquitate, deque variarum linguarum affinitate*）。

1554年，法国学者佩利雍（Joachim Périon，1498—1559）在《论高卢语的起源及其与希腊语的血统关系》（*Dialogorum de linguæ Gallican origine, ejusque çum Graecâ cognatione, libri quatuor*. Paris：Sebastianum Niuelliums）中提出了高卢语—希腊语同源论。1555年，法国学者艾蒂安尼（Henri Estienne，1528—1598）在《论法语与希腊语的相似性》（*Traicté de la conformité du langage Français avec le Grec*, Première édition: Paris, 1561; Seconde édition, 1569; Slatkine Reprints, 1853）中，提出法语是从希腊语演变而来。

1555年，立陶宛学者米加罗（Michalo Lituanus，真名Vaclovas Mikolajevičius，俄语名Mikhalon Litvin；生卒不详，估计1530—？）把他的著作献给波兰国王兼立陶宛大公的奥古斯都二世（King Sigismondus II. Augustus / Sigismund II. August，1520—1572）。1615年，在瑞士巴塞尔刊行的《论鞑靼、立陶宛、莫斯科公国的习俗》（*De moribus tartarorum, lituanorum et moscorum*. Basel, Switzerland）只是其中的部分文稿。米加罗比较了立陶宛语

与拉丁语的70多个同源词，揭示了二者之间存在亲缘关系，指出立陶宛语与罗塞尼亚人（Ruthenians，中世纪晚期移居立陶宛，臣属于波兰、奥地利或奥匈帝国的乌克兰人。罗塞尼亚语属于东斯拉夫语）的语言不同，并且进一步论证了立陶宛人源于拉丁血统的罗马人。在印欧比较语言学中，立陶宛语占有重要地位。它保留了古老的音高重音、曲折变化，特别是体词的形态区别；所保存的原始格变系统，比拉丁语和希腊语文献中的还要完整。

在17世纪初，对语言亲缘关系研究做出贡献的主要是法国学者基沙尔德（Estienne Guichard，生卒不详）。1606年，基沙尔德在《希伯来语、迦勒底语、叙利亚语、希腊语、拉丁语、法语、意大利语、西班牙语、阿勒曼语、佛拉芒语、盎格鲁语等语言的词源和谐》（*L'Harmonie étymologique des Langues Hébraïgue, Chaldaïque, Syriaque, Greque, Latine, Françoise, Italienne, Espagnole, Allemagne, Flamande, Anglosie, & c.* Paris: Chez Guillaume le Noir.）这部巨著中，将历史比较扩展到欧亚（西亚）诸语言，提出了这些语言的词源和谐论。

（四）历史比较语言学成熟于17世纪的荷兰

16世纪下半叶到17世纪中期，荷兰（莱顿）成为语言历史比较研究的中心。1569年，贝卡努斯（Johannes Goropius Becanus, 1518—1572）提出印欧语起源假说，把希腊语、拉丁语、日耳曼语、波斯语和印度斯基泰语视为一个整体，开荷兰学者探索"斯基泰理论"之先河。1584年，拉维林根（Frans van Ravelingen, 1539—1597）公布日耳曼语和波斯语的相似词表。1597年，乌尔卡纽斯（Bonaventura Vulcaniust, 1538—1614）证明荷兰语与波斯语的词汇对应。1599年，斯卡利杰（Joseph Justus Scaliger, 1540—1609）将欧洲语言划分为来自11个远古母语的不同语群，各自的远古母语分化为后世的若干子语。1640年，萨马修斯（Claudius Salmasius, 1588—1653）刊行艾利奇曼（Johann Elichmann, 1600—1639）的遗作，介绍了艾利奇曼的欧洲语言和波斯语关系研究。1643年，萨马修斯在印度斯基泰背景下把北印度语（即梵语）再度引进印欧语起源研究。

1647年，作为荷兰学派的集大成者，荷兰莱顿大学教授伯克斯洪（Marcus Zuerius van Boxhorn, 1612—1653）连续出版了三部书：

1.《迄今未知的女神尼哈勒尼亚之谜：若干年来甚至在更早时期被泥沙湮没，在泽兰的瓦尔赫伦岛海滩发现》（*Bediedinge van de tot noch toe onbekende Afgodinne Nehalennia, over de dusent ende meer Jaren onder het sandt begraven, dan onlancx ontdeckt op het strandt van Walcheren in Zeelandt*）；

2.《向伯克斯洪先生提问，就他最近提出的迄今未知的女神尼哈勒尼亚之谜》

(*Vraagen voorghestelt ende Opghedraaghen aan de Heer Marcus Zuerius van Boxhorn, over de Bediedinge van de tot noch toe onbekende Afgodinne Nehalennia, onlangs by Hem uytgegeven*)；

3.《对女神尼哈勒尼亚之谜提问的解答,关于希腊语、罗曼语和德意志语起源于斯基泰的清晰证明,以及这些民族各种古代遗存的发现和阐述》(*Antwoord van Marcus Zuerius van Boxhorn, Gegeven op de Vraaghen, hem voorgestelt over de Bediedinge van de Afgodinne Nehalennia, onlancx uytgegeven. In welcke de ghemeine herkomste van der Griecken, Romeinen, ende Duytschen Tale uyt den Scythen duydelijck bewesen, ende verscheiden Oudheden van dese Volckeren grondelijck ontdeckt ende verklaert worden*. Leyden: Willem Christiaens vander Boxe)。

尼哈勒尼亚是盛行于2—3世纪古罗马的神祇之一,而在当时的荷兰瓦尔赫伦岛海滩发现了这一女神雕像。伯克斯洪从考古文化入手,基于语言的历史比较,提出了历史比较语言学史上的第一个关于印—欧语系的假说——斯基泰语系(Scythisch)。"远古斯基泰人"生活在东欧大草原上,此后有一部分到中亚草原上游牧,其足迹遍及欧亚。伯克斯洪认为,他们是该地区最古老的居民,由此以"斯基泰"命名这一语系。这一横跨欧亚的庞大语系,包括梵语和当时已熟知的一些印欧语分支,即希腊语、罗曼语、凯尔特语、日耳曼语、波罗的语、斯拉夫语以及印度—伊朗语。当时荷兰学者的梵语知识,是依据古希腊学者克泰夏斯(Ctesias of Cnidus,前4—5世纪)记录的资料。

伯克斯洪病故的次年,即1654年,伯克斯洪的同事和继任者、莱顿大学历史学教授乔治·霍恩(Georgius Hornius,1620—1670)为之出版遗作《高卢的起源。古老而高尚的高卢民族的起源,关于其古迹、风俗、语言和其他情况及说明:附不列颠语—拉丁语中的古不列颠词语,关于古代德鲁伊教中的古不列颠智慧,以及古不列颠高卢的碑铭遗迹》(*Originum Gallicarum Liber. In quo veteris & nobilissimæ Gallorum gentis origines, antiquitates, mores, lingua & alia eruuntur & illustrantur: cui accedit antiquae linguae Britannicae lexicon Britannico-Latinum, cum adjectis & insertis ejusdem authoris Agadiis Britannicis sapientiae veterum druidum reliquiis, & aliis antiquitatis Britannicae Gallicaeque nonnullis monumentis.* Amstelodmi: Apud Joannem Janssonium)。

伯克斯洪不但清楚地阐述了具有发生学关系的这些语族来自同一原始母语，与其他语系的语言明显不同，并且提出了历史比较的方法论。追寻原始母语并非仅靠词汇比较，还要通过语法，特别是形态比较。在词汇比较中，他提出要辨别借词，揭示虚假同源和貌似同源。在形态比较中，他区别了本源形态、变异形态或更晚时期的其他类似形式，同时指出：作为反映更古形态系统的不规则孑遗，这些变异形态是共有本源形态不规则演变的结果。

这一形成于莱顿的斯基泰语系假说，比威廉·琼斯的《三周年演讲》（1786）要早140年。这一假说，经由一些学者，如瑞典的雅格尔（Holmiensis Andreas Jäger，1660—1730）和英国的沃顿（William Wotton，1666—1726）等在西欧到处传播。

1686年，来自瑞典乌普萨拉大学的雅格尔，在德国维滕贝格大学完成其硕士学位论文《欧洲语言的起源：斯基泰—凯尔特语和哥特语》（*De Lingva Vetustissima Europæ, Scytho-Celtica et Gothica, Sub Moderamine Georg.* Wittenberg: Schrödter），进一步论证了从原始母语中分化出希腊语、罗曼语、日耳曼诸语、凯尔特诸语、斯拉夫诸语以及波斯语这些"子语"，但是原始母语却早已消失了。这篇论文的导师或合作者（封面署名作者），是德国通才、维滕贝格大学教授基希迈尔（Georg Kaspar Kirchmaier, or Georg Caspar Kirchmaierus，1635—1700），他是通过荷兰学者了解到斯基泰假说的。

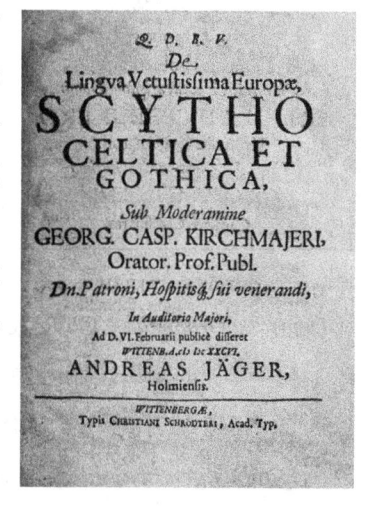

在18世纪的荷兰，历史比较语言学研究得到进一步的发展。荷兰学者凯特（Lambert ten Kate，1647—1731）在哈勒姆物理学院（Haarlem Collegium Physicum）完成学业，他是荷兰语言学家弗沃（Adriaan Verwer，1655—1717）的学生和朋友。1710年，凯特出版了《论哥特语和尼德兰语的亲缘关系》（*Gemeenschap tussen de Gottische Spraeke en de Nederduytsche, vertoont: I. By eenen brief nopende deze stoffe. II. By eene lyste der Gottische woorden, gelykluydig met de onze, getrokken uyt het Gothicum Evangelium. III. By de voorbeelden der Gottische declinatien en conjugatien, nieulyks in haere classes onderscheyden. Alles gerigt tot ophelderinge van den ouden grond van 't Belgisch.* Amsterdam: Jan Rieuwertsz.）。1723年，凯特在《以可靠基础和高雅名义介绍荷兰语的精要知识，深思熟虑和溯源沿流最有用的特性和规则变化，并对最重要的古老语言和存在至今的亲属语言，如古哥特语、法兰克—德意志语、盎格鲁—撒克逊语及当代高地德语和冰岛语进行比较》（*Aenleiding tot de Kennisse van het Verhevene Deel der Nederduitsche Sprake waer in Hare zekerste Grondslag, edelste*

Kragt, nuttelijkste Onderscheiding, en geregeldste Afleiding overwogen en naegespoort, en tegen het Allervoornaemste der Verouderde en Nog-levende Taelverwanten, als 't Oude Mœso-Gotthisch, Frank-Duitsch, en Angel-Saxisch, beneffens het Hedendaegsche Hoog-Duitsch en Yslandsch, vergeleken word. Amsterdam: Rudolph en Gerard Wetstein）中，首次提出了日耳曼语的历史音变定律。一方面，凯特强调音位系统和词法形态的变化都是规则变化，历史音变规则无例外；另一方面，强调历史音变的次序、根词元音的交替模式，以及历史音变对变格与变位的影响。这一研究成果，要比德国格里姆（Jakob Grimm）提出的历史音变定律（*Deutsche Grammatik*. Göttingen: Dieterich. 2nd edition, 1822）领先100年。

荷兰学派的斯基泰理论在欧洲传播。1710年，德国学者莱布尼茨（Gottfried Wilhelm von Leibniz，1646—1716）在《略论基于语言证据确定种族起源》（*Brevis designatio meditationum de originibus gentium, ductis potissmum ex indicio linguarum*）中认为，大多数欧亚语言，包括埃及语都是同一个原始语言的后裔。他进一步把欧洲大陆语言分为雅弗语组（Japhetic）和阿拉米语组（Aramaic），再把雅弗语系分为斯基泰语族（Sythian，包括希腊语、拉丁语、日耳曼语、斯拉夫语）和凯尔特语族（Kelto，主要是乌拉尔—阿尔泰诸语）。

（五）语言历史比较视野在18世纪的拓展

从17世纪末期开始，世界各地语言样本的采集成为一些学者的兴趣，到18世纪后期，大规模的语言样本采集形成一股浪潮，语言历史比较的视野随之逐渐拓展。

1692年，荷兰学者威特森（Nicolaas Witsen，1641—1717）在《鞑靼的北部和东部》（*Noord en Oost Tartarye, Ofte Bondig Ontwerp Van eenig dier Landen en Volken Welke voormaels bekent zijn geweest. Beneffens verscheide tot noch toe onbekende, en meest nooit voorheen beschreve Tartersche en Nabuurige Gewesten, Landstreeken, Steden, Rivieren, en Plaetzen, in de Noorder en Oosterlykste Gedeelten Van Asia En Europa Verdeelt in twee Stukken, Met der zelviger Land-*

kaerten: mitsgaders, onderscheide Afbeeldingen van Steden, Drachten, enz. Zedert naeuwkeurig onderzoek van veele Jaren, door eigen ondervondinge ontworpen, beschreven, geteekent, en in't licht gegeven. First print: Amsterdam, 1692; Second edition: Amsterdam, 1705. Reprint in 1785）中搜集了西伯利亚、东欧、高加索和中亚多种语言的词表和语料，首次明确提出了亚洲语言发生的多源论。威特森把如今熟知的阿尔泰语确定为鞑靼语的变种，并指出乌拉尔语、高加索语以及原始西伯利亚语之间存在明显的区别。然而就人种而言，他们都属于鞑靼后裔或与鞑靼有通婚关系的人群。

在波尔塔瓦战役（1709）之后，瑞典学者斯塔伦贝格（P. J. von Strahlenberg, 1676—1747）作为战俘被流放到俄罗斯东部，趁此机会调查当地的语言。1730年，斯塔伦贝格在《欧洲和亚洲的北部和东部》（Das Nord-und Östliche Theil von Europa und Asia, in so weit das gantze Russische Reich mit Siberien und grossen Tatarey in sich begreiffet, in einer Historisch-Geographischen Beschreibung der alten und neueren Zeiten, und vielen andern unbekannten Nachrichten vorgestellet, nebst einer noch niemahls and Licht gegebenen Tabula Polyglotta von zwei und dreyßiglei Arten Tatarischer Völcker Sprachen und einem Kalmuckischen Vocabulario. Stockholm: In Verlegung des Autoris）中，首次采用"鞑靼语系"这一术语来指土耳其语、蒙古语和通古斯语，即现在熟知的阿尔泰语系的三个语族。

威特森和斯塔伦贝格都已经意识到阿尔泰语与乌拉尔语的不同之处，然而明确提出"乌拉尔语系"雏形的是匈牙利天文学家沙伊诺维奇（János Sajnovics, 1733—1785）。他在前往北极观测天文经过挪威时，发现自己能听懂当地的拉普兰语。沙伊诺维奇采用语法和词汇相似性的系统比较方法，证明了匈牙利语和拉普兰语之间存在亲属关系。这一内容，其曾经在哥本哈根发表演说。1770年，其著作《匈牙利语和拉普兰语相同的证据》（Demonstratio Idioma Ungarorum et Lapponum Idem Esse. Trnava, Slovakia）在斯洛伐克的特那维出版。

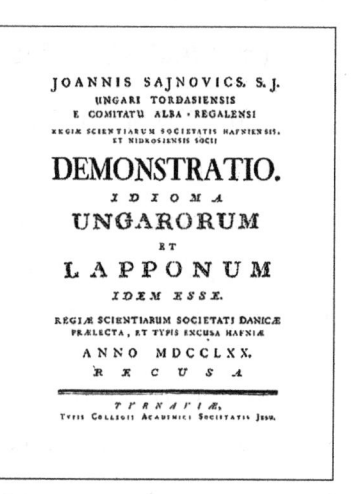

在沙伊诺维奇研究的基础上，1799年，匈牙利语言学家贾尔马提（Sámuel Gyármathi, 1751—1830）在《从语法上证明匈牙利语与芬兰语起源上的亲属关系》（Affinitas linguae Hungaruсae cum linguis Fennicae originis grammatice demonstrata: Nec non vocabularia dialectorum tataricarum et slavicarum cum hungarica comparata. Göettingen: Dieterich）中，将历史比较语言学的研究范围扩展到芬兰—乌戈尔语族（属乌拉尔语系）。

西班牙学者赫尔伐斯（Lorenzo Hervás y Panduro，1735—1809）的巨著《宇宙的观念》（*Idea dell' universo*，1778—1792），其中第17卷是《已知语言编目及其亲属关系和异同》（1784年出版）。1800—1804年，赫尔伐斯出版了6卷本的增订版《已知民族语言编目：据语言和方言的多样性，编号、分区和分类》（*Catálogo de las lenguas de las naciones conocidas：y numeracion, division,y clases de estas segun la diversidad de sus idiomas y dialectos.* Madrid：Ranz, 1800），意在通过语言证明民族之间的亲属关系或区别。

据说莱布尼茨曾经建议俄国女皇叶卡捷琳娜二世，组织多种语言的词汇对比调查研究。德国博物学家帕拉斯（Peter Simon Pallas，1741—1811）在俄罗斯主持编成《全球语言比较词汇》（*Linguarum Totius Orbis Vocabularia Comparativa.* St. Petersburg: Johannes Carolus Schnoor. 1787，1789）。1790—1791年，米里耶和（Jankiewitsch de Miriewo）主持修订的第二版刊行，共收录欧、亚、美、非的272种语言。

更为庞大的是德国学者阿德隆（Johann Christoph Adelung，1732—1806）和伐特（von Johann Severin Vater，1777—1826）主编的巨著《语言大全或普通语言学：附约500种语言和方言土语的主祷文样例》（*Mithridates, oder allgemeine Sprachenkunde. mit dem Vater unser als Sprachprobe in bey nahe fünfhundert Sprachen und Mundarten.* 1806、1809、1816、1817. Berlin：Vossische Buchhandlung）。

（六）琼斯通过二手文献了解到印欧语假说

英国学者琼斯（William Jones，1746—1794）是通过流传到英国的二手文献，了解到印—欧语系假说的。

沃顿（William Wotton，1666—1726）在《巴别塔之后语言变乱论》（*A Discourse Concerning the Confusion of Languages at Babel.* London: S. Austin & W. Bowyer，Written 1713; Pub. 1730）中写道：

My argument for genetic relationship does not depend on the difference of Words, but upon the Difference of Grammar between any two languages; the argument does not depend on the difference of Words, but upon the Difference of Grammar between any two languages; from whence it proceeds, that when any Words are derived from one Language into another, the derived Words are then turned and changed according to the particular Genius of the Language into which they are transplanted. I have shewed, for instance, in what fundamentals the Islandish [Icelandic] and the Greek agree. I can easily suppose that they might both be derived from one common Mother, which is, and perhaps has for many Ages been entirely lost. (Wotton 1730: 57)

我的论证并非取决于词汇之间的异同，而是依赖于两种语言之间的语法异同。当任一词语从某一语言进入另一语言中开始之时，这些衍生词于是根据其移植到的语言的特性发生转化和改变。例如，我已揭示海岛语（冰岛语）和希腊语一致性的基本原则。我才确定无疑地推定，**它们可能来自也许若干年前已经完全消失的某一共同母语。**

1773—1792年，苏格兰启蒙运动先驱蒙博多（James Burnet, Lord Monboddo，1714—1799）出版六卷本的《语言的起源和进化》（*Of the Origin and Progress of Language*. London: T. Cadell）。蒙博多接受了萨马修斯和伯克斯洪的斯基泰假说，在第二卷（Monboddo 1774: 530—531）和第四卷（Monboddo 1787: 25—26）中讨论了希腊语、拉丁语、日耳曼语、波斯语之间具有亲缘关系，而且推测梵语、希腊语、希伯来语之间也具有某种联系。基于语言起源—进化论，推导出人类进化论和心智进化论，成为进化论模式的创立者。

在威廉·琼斯爵士（Sir William Jones，1746—1794）来到印度之前，印欧语理论已在欧洲大陆学术界通行近一个半世纪，斯基泰假说已经众所周知，人们已经注意到梵语与其他印欧语言的相似性，并且要求用斯基泰假说对之解释。蒙博多与琼斯的岳父圣阿萨夫主教乔纳森·希普利（Jonathan Shipley，1714—1788）是老朋友。琼斯与希普利的大女儿安娜·玛丽亚·希普利（Anna Maria Shipley）谈恋爱期间（1766年相识，1783年结婚），蒙博多经常去希普利家，他们有可能讨论语言学、人类学问题。琼斯在去印度之前，应当知道蒙博多的《语言的起源和进化》。琼斯到印度以后，他们保持通信联系，讨论过语言关系问题。

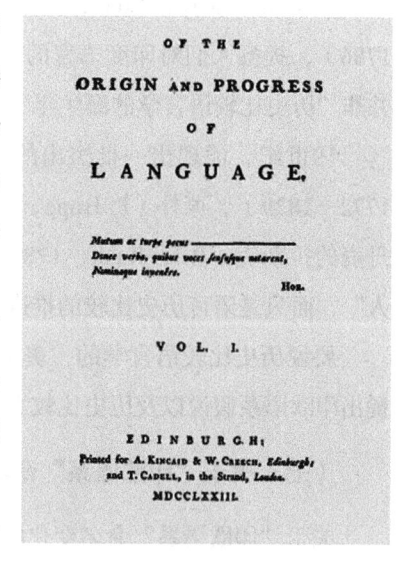

此外，在印度南部生活了大半辈子的法国耶稣会会士格尔杜（Gaston-Laurent Cœurdoux，1691—1779），1732到印度传教，终身没有再返法国。1767年，提交给法兰西科学一份"纪事"（*Memoire*），其中揭示了梵语与拉丁语、希腊语，甚至与德语、俄语诸语言之间的相似性。十年之后，即1777年，法国德斯沃尔克斯（Nicolas-Jacques Desvaulx，

1745—1817/1823）将格尔杜的"纪事"题为《印度人的教化和习俗》（*Mœurs et Coutumes des Indiens*）印行，却未署真正作者格尔杜的姓名。英国东印度公司对该书很关注，琼斯有可能看过格尔杜的著作。

琼斯在亚洲学会上的《三周年演讲：关于印度人》（*The Third Anniversary Discourse: On the Hindus.* Royal Asiatic Society, delivered 2d of February, 1786; *Asiatick Researches*, 1786），提醒人们对印度语言的关注，推动了印—欧语言历史比较的潮流。但是，1786年并非"历史比较语言学的诞生年"。

19世纪，涌现出一批杰出的历史比较语言学家，如德国的史勒格尔（F. Schlegel, 1772—1829）、葆朴（F. Bopp, 1791—1867）、格里姆（J. Grimn, 1785—1863），以及丹麦的拉斯克（R.K. Rask, 1787—1832）。不过，他们都不是历史比较语言学的"奠基人"，而只是语言历史比较的推进者。

要说历史比较语言学的"奠基人"，更为准确的术语是"枢纽人物"，只能是第一个提出印欧语系假说以及历史比较方法论的荷兰学者伯克斯洪。

（七）关于"印欧语系"命名的变化

关于"印欧语系"命名变化的轨迹，可以梳理如下：

斯基泰语系（1647）→ 印度—日耳曼语系（1810）→ **印欧语系**（1813）→ 梵语语系（1827）→ 雅利安语系（1855）→ 印度—古典语系（1857）。

1647年，伯克斯洪首创现代"印欧语系"意义上的"斯基泰语系"（Scythisch）。

1810年，旅居巴黎的丹麦地理学家马尔特–布戎（Conrad Malte-Brun, 1775—1826）用法语命名为"印度—日耳曼语系"（la Famille des langues indo-germaniques），以之称呼从恒河流域一直延伸到冰岛海岸的这一巨大语群（*Précis de la géographie universelle* Paris: François Buisson. Vol. II: 577）。1823年，德国语言学家克拉普罗特（Julius Heinrich von Klaproth, 1783—1835）把这一术语译成德文的indo-germanisch（*Asia Polyglotta*. Paris: A. Schubart. p. 42）。

1813年，被誉为"世界上最后一个无所不知的通才"的英国科学家托马斯·杨（Thomas Young, 1773—1829）在评论阿德隆的《语言大全》时，新造了英语的"印—欧语系"（Indoeuropean）这一术语。"由大量相似性而不是偶然性结合在一起的另一远古的多层级语群，可以称之为印欧语系，包括印度语言、西亚的一些语言以及几乎所有的欧洲语言"。（*Art. XII. Mithridates, oder Allgemeine Sprachenkunde*. The Quarterly Review. 1813. 10 (19): 255）

1827年，德国语言学家洪堡特（W.von Humboldt, 1767—1835）提出用"梵语语系"（Sanskritisch）替换"印度—日耳曼语系"（Ueber den Dualis [gelesen in der Akademie der Wissenschaften am 26. April 1827], *Abhandlungen der historisch-philologischen Klasse der Königlichen Akademie der Wissenschaften zu Berlin aus dem Jahre 1827*, 1830: 176）。

1855年，在牛津大学任教的德裔语言学家缪勒（Friedrich Max Müller，1832—1900）主张使用新的术语"雅利安语系"（Arian），坚持"雅利安才是这一语系先民的最古老自称"（*Languages of the Seat of War in the East, with a Survey of the Three Families of Language, Semitic, Arian, and Turanian*. London: Williams and Norgate. p. 27）。

1857年，德国语言学家葆朴（Franz Bopp，1791—1867）认为"印度—日耳曼语系"太俗气，表示更倾向于采用"印度—古典语系"（indo-klassisch）这一术语（*Vergleichende Grammatik des Sanskrit, Send, Armenischen, Griechischen, Lateinischen, Litauischen, Altslavischen, Gothischen und Deutschen* Berlin: Ferdinand Dümmler's Verlagsbuchhandlung. Vol. I, p. xxiv）。

1859年，法国古生物语言学家皮克戴特（Adolphe Pictet，1799—1875）把英文的Indoeuropean译为法文的indo-européen。（*Les origines indo-européennes ou les aryas primitifs: Essai de paléontologie linguistique*. Paris: Joël Cherbuliez）。此后，"印—欧语系"这一术语广为流行，"印度—日耳曼语系"也有人使用，而这个语系的最初名称"斯基泰语系"，以及后起的"梵语语系""雅利安语系""印度—古典语系"却被人遗忘。

（八）历史比较语言学逐步成熟的坐标

作为一门学科，成熟的历史比较语言学应当包括四个必要条件：1. 原始母语—子语假说；2. 语系假说；3. 历史比较方法论；4. 历史音变定律。实际上，学科的成熟是逐步的。排除早期的萌动和孕育，在语言历史比较逐步成熟的过程中，有三个明显的坐标。

第一个坐标：1599年，法—荷学者斯卡利杰提出"原始母语—子语假说"。将欧洲语言划分为来自11个远古母语的语群，从这些各自的远古母语中逐步分化为后代的若干子语。

第二个坐标：1647—1654年，荷兰学派的代表人物伯克斯洪提出"斯基泰语系"，阐述了具有亲缘关系的这些语族来自同一原始母语。在其过程中，提出并实践了历史比较方法论：（1）追寻原始母语并非仅靠词汇比较，还要通过语法，特别是形态比较；（2）词汇比较需要辨别借词，排除虚假同源和貌似同源；（3）形态比较需要区别本源形态、变异形态或晚期类似形式；（4）演变方式需要区别规则变化和不规则变化，变异形态是共有本源形态不规则变化的结果。

第三个坐标：1723年，荷兰学者凯特发现"日耳曼历史音变定律"。一方面，强调语音系统和形态变化都是规则变化，历史音变规则无例外；另一方面，强调历史音变的次序、根词元音的交替模式，及其对变格与变位的影响。

可以看出，伯克斯洪的研究处于承前继后的枢纽位置。一方面，他所提出的斯基泰语系假说发展了斯卡利杰的原始母语—子语假说；另一方面，他所提出的历史比较方法论开启了凯特的历史音变定律研究。由此得出如下结论：1. 历史比较语言学成熟于17世纪中期的荷兰；2. 伯克斯洪是历史比较语言学成熟的"枢纽人物"；3. 琼斯并非"历史比较语言学的奠基人"。

二、第二张图：现代语言学的形成和发展

"现代语言学"这一术语用时代冠名，其方便之处是具有包容性，不但可以囊括喀山学派的"心理—社会语言学"、日内瓦学派的"静态语言学"，以及结构主义语言学三大流派（布拉格结构—功能学派、哥本哈根语符学派、美国分布主义学派），而且可以包括20世纪诸如此类的其他流派（广义的"现代语言学"）。

"现代语言学"这一术语的弊端，在于无法反映"现代语言学"（狭义的）的本质属性。能够反映其本质属性的概念，在索绪尔《普通语言学教程》（1916）出版之前，是博杜恩（J.N.Baudouin de Courtenay，1845—1929）在19世纪70—80年代提出的"**语言学属于心理社会科学**"（1888，1889）；在《教程》出版之后，是雅柯布逊（R.Jakobson，1896—1982）在1929年提出的"**结构主义**"。而日内瓦学派的索绪尔（Ferdinand de Saussure，1857—1913），根据其《普通语言学教程》中的表述，所提出的则是"**静态语言学**"。

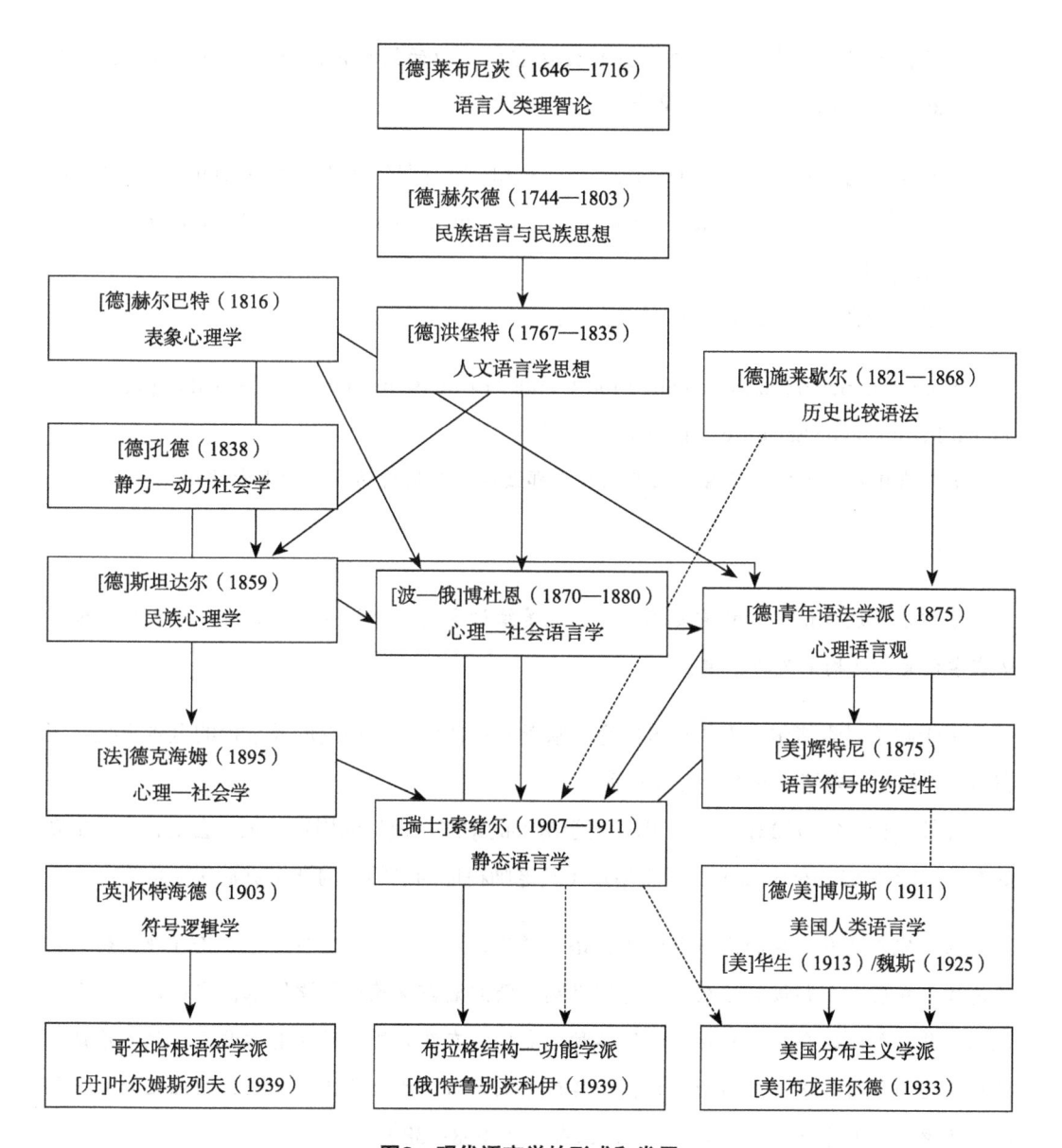

```
                    ┌─────────────────────┐
                    │[德]莱布尼茨(1646—1716)│
                    │    语言人类理智论    │
                    └─────────────────────┘
                              │
                              ▼
                    ┌─────────────────────┐
                    │ [德]赫尔德(1744—1803)│
                    │   民族语言与民族思想 │
                    └─────────────────────┘
                              │
                              ▼
  ┌──────────────┐    ┌─────────────────────┐
  │[德]赫尔巴特   │    │ [德]洪堡特(1767—1835)│
  │ (1816)       │    │    人文语言学思想    │    ┌─────────────────────┐
  │ 表象心理学   │    └─────────────────────┘    │[德]施莱歇尔(1821—1868)│
  └──────────────┘                               │    历史比较语法     │
                                                 └─────────────────────┘
  ┌──────────────┐
  │[德]孔德(1838)│
  │静力—动力社会学│
  └──────────────┘

  ┌──────────────┐  ┌─────────────────────┐    ┌─────────────────────┐
  │[德]斯坦达尔  │  │[波—俄]博杜恩        │    │[德]青年语法学派(1875)│
  │  (1859)     │  │  (1870—1880)        │    │    心理语言观       │
  │  民族心理学  │  │   心理—社会语言学   │    └─────────────────────┘
  └──────────────┘  └─────────────────────┘
                                                ┌─────────────────────┐
  ┌──────────────┐                              │ [美]辉特尼(1875)    │
  │[法]德克海姆  │                              │   语言符号的约定性   │
  │  (1895)     │                              └─────────────────────┘
  │  心理—社会学 │
  └──────────────┘    ┌─────────────────────┐
                     │[瑞士]索绪尔          │
                     │  (1907—1911)        │
                     │    静态语言学        │
  ┌──────────────┐   └─────────────────────┘   ┌─────────────────────┐
  │[英]怀特海德  │                              │[德/美]博厄斯(1911)   │
  │  (1903)     │                              │   美国人类语言学     │
  │  符号逻辑学  │                              │[美]华生(1913)/魏斯(1925)│
  └──────────────┘                              └─────────────────────┘

  ┌──────────────┐    ┌─────────────────────┐   ┌─────────────────────┐
  │哥本哈根语符  │    │布拉格结构—功能学派  │   │   美国分布主义学派   │
  │学派          │    │[俄]特鲁别茨科伊(1939)│   │ [美]布龙菲尔德(1933) │
  │[丹]叶尔姆斯  │    └─────────────────────┘   └─────────────────────┘
  │列夫(1939)    │
  └──────────────┘
```

图2　现代语言学的形成和发展

（一）对索绪尔的评价：现代语言学的奠基人

罗宾斯在《语言学简史》（1967）中评价：

But his influence on twentieth-century linguistics, which he could be said to have inaugurated, is unsurpassed. The publication of the *Cours* has been likened to a 'Copernican revolution' in the subject. 4（Robins 2001：224）

然而，可以说，索绪尔开创了20世纪语言学，他的影响是无与伦比的。人们把《教程》的出版，比作该学科中的"哥白尼革命"。

据罗宾斯的注解4，"哥白尼革命"这一比喻出自费尔堡（P. A. Verburg）的《葆朴语言学构想的背景》（The Backgrounds to the Linguistic Conceptions of Bopp, *Lingua* 2: 438-468，1950，p. 441）。

接着，其学生莱昂斯（J. Lyons）也说：

If any one person is to be called the founder of modern linguistics, it is the great Swiss scholar Ferdinand de Saussure.（Lyons 1968：38）

如果有谁称得上现代语言学的奠基人，那么他就是伟大的瑞士学者索绪尔。

百度百科：

索绪尔是现代语言学的重要奠基者，也是结构主义的开创者之一。他被后人称为现代语言学之父，结构主义的鼻祖。

由于缺乏对索绪尔本人的深入研究，缺乏对现代语言学理论形成过程的全景审视，罗宾斯、莱昂斯对索绪尔的评价言过其实。

此外，1963年2月22日，在日内瓦大学举办的索绪尔逝世50周年的纪念会上，应邀出席的本维尼斯特（E. Benveniste）对索绪尔（其老师梅耶的老师）的学术贡献这样总结：

在研究人文和社会的众多科学中，语言学已经成为一门重要科学，无论在理论研究，还是技术发展上，都极其活跃。**而这门焕然一新的语言学植根于索绪尔**，它通过索绪尔而认识自身并加以综合。在相互渗透的各种思潮中，在其旗帜下的所有学派里，无不承认索绪尔所起的作用。这一光明的火种，由其弟子们传薪，已化为万丈光芒，映照之处无不闪现着其身影。（《普通语言学问题》，王东亮译2008：38）

此为受日内瓦大学之邀出席纪念会，难免应景之辞。

其实，索绪尔的学生梅耶，始终也不认同《普通语言学教程》中的观点。梅耶及其学生本维尼斯特，都不研究索绪尔《教程》倡导的"静态语言学"，而是研究索绪尔所排除的"言语的语言学"（风格学、话语分析）或"外部语言学"（社会中的语言，而并非脱离了人的形式语言）。

（二）德国洪堡特的人文语言学思想

近代西欧人文语言学思想的渊薮在德国。17世纪到19世纪，德国相继出现了三位语言哲学家：莱布尼茨（G. W. Leibniz，1646—1716）、赫尔德（J. G. von Herder，1744—1803）和洪堡特（W. von Humboldt，1767—1835）。莱布尼茨（1666，1677）提出，语言是"人类理智"的镜子，有可能构建一份"人类思维字母表"。赫尔德（1767，1772）提出：我们在语言中思维，在语言中构筑科学，一定的语言与一定的思维方式相对应，民族语言与民族思想以及民族凝聚力紧密相关。洪堡特（1836）则进一步揭示，语言是人们的一种精神创造，"每一语言里都包含着一种独特的世界观""民族的语言即民族的精神，民族的精神即民族的语言"。（姚译本1997：50）这一人文语言学思想，成为德国民族心理学兴起的背景，而这些正是"现代语言学"思潮的基础。

博杜恩曾经提出，一方面，正是莱布尼茨的语言哲学思想为建立语言学的现代方法准备了充分条件；[1]另一方面，将洪堡特的语言哲学思想和赫尔巴特的心理学运用于语言现象研究，即从民族精神和心理角度来认识语言，才使语言学获得了其固有本质。（杨衍春2010：81）

（三）德国民族心理学和法国社会学

19世纪早期，德国哲学家和教育学家赫尔巴特（Johann Friedrich Herbart, 1776—1841）在《心理学教科书》（*Lehrbuch der Psychologie*, 1816）和《作为科学的心理学》（*Psychologie als Wissenschaft*, 1824—1825）中，首次将"心理学"从哲学母体中剥离出来，明确提出"心理学"应作为一门独立学科，创立了侧重于研究个体心理的表象心理学。

1851年，德国哲学家拉扎鲁斯（Moritz Lazarus，1824—1903）基于"民族精神本质"提出了"民族心理学"（Völkerpsychologie）这一术语。1859年，拉扎鲁斯（斯坦塔尔的姐夫）与斯坦塔尔（Heymann Steinthal，1823—1899）共同创办了《民族心理学及语言学杂志》（*Zeitschrift für Völkerpsychologie und Sprachwissenschaft*, 1860—1889）。他们提出，

---

[1] 博杜恩在《语言科学或19世纪的语言学》中赞赏莱布尼茨开拓了语言研究的视野。莱布尼茨主张将活语言的研究放在第一位。"不应按照其他原则，而应当根据科学原则研究语言。这就需要从已知开始研究，而不是从未知开始。更理智的做法就是从研究新的语言开始。"（杨衍春2014：5）

历史的主体是大众，大众的"整体精神"通过艺术、宗教、语言、神话与风俗等表现出来，而个体意识仅是整体精神的产物。要把语言学从逻辑学中解脱出来，从心理学角度来解释语言现象。（Lazarus & Steinthal. 1860, 1: 1—73）

作为洪堡特唯一的学生，斯坦达尔强调"语言并不属于个人，而是属于民族"。不但在研究个人言语时应依据个人心理，而且在研究民族语言时更应基于民族心理，以建立语言类型与民族思维、精神文化类型之间的联系。在《语法学、逻辑学和心理学：它们的原理和相互关系》（1855）和《心理学和语言学导论》（1871）这两本专著中，斯坦塔尔深入探讨了历史、心理、民族和语言的相互关系，建立了基于心理主义的语言学理论——或者说，创立了第一代心理语言学理论和方法。

1838年，德国哲学家孔德（A.Comte，1798—1857）首次划分了社会静力学和社会动力学。19世纪末，法国社会家德克海姆（E. Durkheim，1858—1917）强调语言是一种社会行为。社会学要研究的是独立于个人之外的集体心理，如带有强制性的语言、道德、宗教等。德克海姆社会学理论构成索绪尔语言学的哲学基础。

19世纪70年代，德国莱比锡大学的布鲁格曼（Karl Brugmann，1849—1919）、奥斯特霍夫（Hermannn Osthoff, 1847—1909）、莱斯金（August Leskien，1840—1916）以及保罗（Hermann Paul，1846—1921）、德尔布吕克（B. Delbruck，1842—1922）等发起了一场历史比较语言学的革新运动。1878年，在《形态学研究》（*Morphologische Untersuchungen*）创刊号的序言中，布鲁格曼使用了"青年语法学派"（Junggramatiker）这一名称，标志着这一学派的正式成立。他们认为，人类语言的变化因素不外乎心理、生理两种途径。在语言研究中提出了三个原理：1. 在语言中起作用的语音规律没有例外，即使有例外，也是因为其他各种因素造成的。2. 在新的语言形式构成的过程中，在语音形态的所有变化中，类推作用十分重要。3. 首先必须研究活的现代语言及其方言，因为它们可以作为确定语言学和心理学规律的基础。青年语法学派的哲学基础就是当时的心理学思潮——施坦达尔的民族心理学和赫尔巴特的表象心理学。

青年语法学派的理论家保罗1866年秋进入柏林大学求学，得益于施坦达尔（1863年起在柏林大学执教）的教诲。1867年复活节，转入莱比锡大学。在莱比锡，其深受青年语法学派成员莱斯金（施莱歇尔的学生）的影响。从斯坦达尔那里，保罗了解到赫尔巴特，并依据赫尔巴特观念联结的两种方式，对音变类推规则作了区分。在《语言史原理》（*Prinzipien der Sprachgeschichte.* 1880）中，保罗强调："心理要素是包括语言在内的一切文化活动的最重要因素，所以心理学是一种包括语言学在内的更高层次的文化科学所依赖的首要基础。"（转引自姚小平1993：28）

保罗把普通语言学分为历史语法和描写语法，主张历史研究才能把握语言的生命及其变化，揭示语言活动的因果关系；如果仅仅停留在描写"状态"（即静态）上，那就称不上科学的语言研究。作为"青年语法学派的叛逆"，索绪尔则反其道而行之，标举静态研究优先于历时研究，甚至把二者完全割裂。（李葆嘉2000）索绪尔认为："语言学家要研究的是语言状态，他不需要理会导致目前语言状态的历史事实，他应该把历时研究置于不顾。……历史的干预只能歪曲他的判断"（T. de Mauro 1972: 117；许国璋1991:151）；"我们必须做出反应，抵制老学派的邪道，而这种反应的恰当的口号是：观察在今天的语言状态和日常的语言活动中所发生的情况。"（R. Godel 1957: 252；许国璋1991:105）

（四）美国辉特尼的语言符号约定论

作为美国语言学研究的先驱，辉特尼（W. D. Whitney, 1827—1894）在1850—1853年，先后到柏林大学和莱比锡大学师从葆朴、罗特（Rudolf von Roth, 1821—1895）学习梵文与历史比较语法。在《语言的生命和生长》（*The Life and Growth of Language.* 1875）中，强调语言的社会因素。他与青年语法学派的思路相近，但是坚持符号的约定性以认定语言是一种社会制度，"我们把语言看成一种制度，正是许多这样类似的制度构成了一个社团的文化"。（刘润清1995：80—81）在此基础上，进一步提出了语言符号的"约定性—任意性""不变性—可变性"等。

索绪尔这样评价辉特尼的符号学说："为了使人感到语言是一种纯粹的制度，辉特尼曾很正确地强调符号具有任意性，从而把语言学置于它的真正轴线上。但是他没有贯彻到底，没有看到这种任意性才可以把语言同其他一切制度从根本上分开。"（高译本 1980：113）索绪尔并且认为："符号的任意性原则没有人反对，但是发现真理往往比为这真理派定一个适当的地位来得容易。"（高译本 1980：113）言下之意，尽管辉特尼发现了符号的任意性，但是给任意性"派定"适当地位的却是"我"。实际上把辉特尼的"约定性—任意性"偏执化。

（五）波—俄博杜恩的心理—社会语言学

作为俄罗斯第一个语言学学派——喀山学派（19世纪70—80年代）的创立者，博杜恩·德·库尔德内（Baudouin de Courtenay；俄文Бодуэн де Куртенэ, 1845—1929）提出了有关"现代语言学"的一系列核心概念和理论,这些思想受到20世纪中叶兴起的心理语言学、社会语言学、对比语言学和应用语言学的重视。

博杜恩先后取得两个硕士学位(华沙高等学校斯拉夫语言专业、彼得堡大学比较语法专业)和两个博士学位(莱比锡大学比较语法专业、彼得堡大学比较语法专业)。1866年,博杜恩在华沙高等学校(华沙大学前身)历史语文学系斯拉夫语言专业毕业,获得第一个硕士学位。此后被俄罗斯教育部选派出国进修,先后到布拉格大学、耶拿大学、柏林大学、莱比锡大学听课访学。跟随施莱歇尔学习比较语法,听了三学期的课,到柏林学了一学期的梵语。在施莱歇尔的指导下,完成了论文《波兰语变格中类推行为的若干现象》(*Некоторые случаи действий аналогии в польском склонении*,1868),并与莱斯金、布鲁格曼等人结识。

俄罗斯帝国不认可华沙高校的学位。1868年,博杜恩到彼得堡大学攻读硕士学位,师从斯列兹涅夫斯基(И. И. Срезневский,1812—1880)。1870年,以《关于14世纪以前的古波兰语》(*О древнепольском языке до XIX столетия*)获彼得堡大学比较语法硕士学位。同年,以《波兰语变格中类推行为的若干现象》获莱比锡大学博士学位。[①]1872—1874年他到奥地利和意大利调查斯洛文尼亚语方言,1875年以《列齐亚方言语音初探》(*Опыт фонетики резьянских говоров*)获圣彼得堡大学比较语法博士学位。

1870年,博杜恩以编外副教授身份,在圣彼得堡大学首次开设印欧比较语法课程。从1875年起,先后在多所大学任教:喀山大学(Kazan,1875—1883)、沙俄辖下的爱沙尼亚的多帕特市(Dorpat)的多帕特大学(Dorpat University,1883—1893)、奥匈帝国辖下的克拉科夫市(Kraków)的亚盖隆大学(Jagiellonian University,1893—1899),以及圣彼得堡大学(St. Petersburg,1900—1918)。1918年回到再次独立的波兰,担任华沙大学荣誉教

---

① 据博杜恩学生谢尔巴所记和美国百科全书(戚雨村1997:35页注①),1870年博杜恩又以《波兰语变格中类推行为的若干现象》获莱比锡大学哲学博士学位。而据维基百科:In 1870 he received a doctorate from the University of Leipzig for his Polish-language dissertation *On the Old Polish Language Prior to the 14th Century*(1870年,他以《关于14世纪以前的古波兰语》取得莱比锡大学博士学位)。

授（1918—1929），直至1929年在华沙逝世。①

博杜恩在莱比锡大学学习期间，受到斯拉夫历史比较语言学家莱斯金的影响。在青年语法学派形成（1878）之前，博杜恩已经在《波兰语变格中类推行为的若干现象》（1870）中，第一次明确强调了心理类推机制对语言变化的影响，而这正是青年语法学派的两大原则之一（另一原则是语音演变规律无例外）。因此，有人把博杜恩称为青年语法学派的创始人之一，博杜恩这样认为："如果在一系列问题上他（自指——引注）的观点与青年语法学派观点吻合，那么这只能归功于他们语言观形成的共同基础，即斯坦达尔著作的影响。"（杨衍春2010：98）

博杜恩接受了斯坦达尔和赫尔巴特二者的影响，其理论始终贯穿着一条线索：通过心理机制分析，对语言规则、语言功能和语言演变做出解释，主张把心理学和社会学糅合在一起作为语言学的基础，从而提出语言学是一门"心理社会科学"。博杜恩在《语言科学的任务》（1889）中阐述："语言基础是纯心理的，其中心即大脑，因此语言学属于心理科学。然而，因为语言可以体现在社会中，因为人的心理发展在与他人交往中实现，所以我们有理由说，语言学是**心理社会科学**。"（Бодуэн де Куртенэ：1963，1，217；转引自杨衍春2014：15—16）

索绪尔静态语言学中的概念并非独创或首创，若干年前博杜恩已经提出这些核心概念，并且创立了心理社会语言学的理论方法，而《普通语言学教程》采取二选其一的方式使其偏执化。

1871年（索绪尔14岁），博杜恩（《对语言科学和语言的若干原则性看法》）已经提

---

① 郅友昌主编《俄罗斯语言学通史》（2009：138）：博杜恩"并相继在喀山大学、克拉科夫大学、杰尔普特大学（尤里耶夫大学）、彼得堡大学和华沙大学任教"，有误。（1）没有克拉科夫大学，只有亚盖隆大学。波兰古城克拉科夫（1320—1609年为波兰首都），1795—1809年、1846—1918年两度受奥地利统治。亚盖隆大学是波兰最古老的大学，建于1363年。（2）杰尔普特是从俄语的Дерпт转译而来，准确的翻译是多帕特（Dorpat）。当1898年多帕特大学改名为尤里耶夫（Юрьев）大学时，博杜恩已经离开。多帕特所在地区的最初名字，爱沙尼亚语为塔尔巴图（Tarbatu）。爱沙尼亚先后被普鲁士、丹麦、瑞典、波兰、德国占领，1224—1893年，该地区在德语、瑞典语、波兰语中名为Dorpat（多帕特），即Tarbatu的变体。从1710—1918年，该地区受沙俄统治200多年。基辅大公雅罗斯拉夫一世（Yaroslav I the Wise，978—1054）始，俄语中称该地区为尤里耶夫，同时也用Dorpat的变体Дерпт（杰尔普特）。1893—1919年，沙俄改多帕特为尤里耶夫。爱沙尼亚独立后，1919年改为塔尔图。多帕特大学的前身是瑞典国王古斯塔夫斯二世1632年设立的古斯塔夫学院（Academia Gustaviana），曾一度称为古斯塔夫-卡罗来纳学院（Academia Gustavo-Carolina）。从1802年到1893年，校名为多帕特大学（Universität Dorpat）。1898年，沙俄改名尤里耶夫大学。1919年改名塔尔图大学（Tartu Ülikool）。（3）博杜恩先在多帕特大学，后在亚盖隆大学任教。

出了"语言"和"言语",以及"人类语言"的区分。

1876年(索绪尔在当年10月进入莱比锡大学),博杜恩(《普通语言学教学大纲》)已经提出了语言的"动态—静态"之分(1897年,索绪尔札记中才出现历时态、共时态等术语)。博杜恩主张静态从属于动态,二者不可能截然分开,提出"语言是一种符号系统"。

1883年(1881年起,索绪尔在巴黎高等学院任教),博杜恩在喀山大学的学生克鲁舍夫斯基(Н. В. Крущевский,1851—1887)在其博士论文《语言科学概论》中已经阐述了"词是事物的符号"和"语言是一种符号系统",这个系统既可以"在同时共存状态中"分析,又可以"在连贯状态中"分析。同时,提出了语言符号的"类比联想规则"和"邻接联想规则"(1907年,索绪尔讲授普通语言学时才讨论了"联想关系"和"句段关系")。

索绪尔在巴黎语言学会上听过博杜恩的学术报告,而且两人多次书信往来。日内瓦大学图书馆收藏着博杜恩和克鲁舍夫斯基的论著,其中一些就是作者寄给索绪尔的。索绪尔在日内瓦大学开课演讲(1891)中,提到他们才是"真正的语言学家";《教程》的某些段落,几乎一字不差地重复了博杜恩的表述,(屠友祥2011:3)然而,《教程》中却没有出现博杜恩的名字。

1929年,博杜恩的学生、俄罗斯语言学家谢尔巴(Л. В. Щерба,1880—1944)回忆:"1923年,当我们在列宁格勒收到索绪尔《教程》原版时,感到惊讶的是,索绪尔与我们所熟悉的原理在许多地方如此相同。"(戚雨村1997:55)博杜恩的另一位学生波利瓦诺夫(E. D. Poliyanov,1931)指出:"许多人将《教程》视为一种理论创新,但与博杜恩及其学派很早以前就取得的成果相比,就提出并解决普通语言学问题而言,没有任何新东西。"(屠友祥2011:1)雅可布逊(R. Jakobson 1960)指出:"索绪尔在认真研究和领会了博杜恩和克鲁舍夫斯基的理论之后,在日内瓦的讲义中使用了这些观点。在其作为理论基础的二分说中,索绪尔承袭了博杜恩的静态和动态二分的观点。"(杨衍春2010:123)雅可布逊(1998)评价:"克鲁舍夫斯基的观点比索绪尔更系统、更合逻辑学,更具有表现力。"(杨衍春2010:116)

博杜恩不但创建了喀山语言学派(1875—1883,培养了克鲁舍夫斯基、博戈罗季茨基、布里奇、亚历山德罗夫、拉德洛夫等),而且也是彼得堡语言学派(1900—1918,培养了谢尔巴、波利瓦诺夫、雅库宾斯基、伯恩斯坦、拉林等)、波兰语言学派(1918—1929,培养了多罗舍夫斯基、乌拉申、绍比尔等)的奠基者之一。此外,博杜恩的学说还是布拉格学派(1926—1939,马泰休斯、特鲁别茨科伊、雅可布逊等)理论的主要来源。

1922年到1923年，博杜恩先后在布拉格大学和哥本哈根大学讲学。博杜恩才是"现代语言学"（其内涵远远大于索绪尔的静态语言学）的"奠基者"，更为准确的说法是"枢纽人物"。

索绪尔建构静态语言学的技术路线是四层二项对立和逐层排除其一（语言的语言学PK言语的语言学；内部语言学PK外部语言学；静态语言学PK动态语言学；语言形式PK语言实体）。这些二项对立都前有所因，只是没有人排除其一，而索绪尔则偏执取一。索绪尔的"现代语言学"应定义为：以语言符号形式为对象的、内部的静态语言学。

李葆嘉（2008：236）提出："索绪尔（1909）曾说：'语言是一个严密的系统，而语言理论也应是一个与语言一样严密的系统。难就难在这里，因为对语言提出这样或那样的见解并不稀奇，关键在于把各种观点整合成一个系统。'（R. Godel，1957：29—30；转引自胡明扬1999：79）正是在德克海姆的社会学理论、博杜恩的语言学理论和辉特尼的语言符号学说的基础之上，索绪尔基于各种观点的整合而建构了静态语言学。""汲取+派定+排除"式的"整合"是索绪尔建构静态语言学的脚手架。在《教程》问世后，巴黎语言学会约请15位学者撰写书评，大多数学者对《教程》中的说法持保留态度，甚至否定多于肯定。

（六）结构主义三大流派的各自来源

作为布拉格学派（1926年创立）的创始人，马泰休斯（V. Mathesius，1882—1945）在《论语言现象的潜能》（*O potencialnosti jeva jazykových*，1911）中，已经包括了功能主义的基本观点。马泰休斯在《我们的语言学走向何方》（*Kam jsme dospěli v jazykozpytu*，1947）中认为，"索绪尔的两个主要思想——要求对语言进行共时分析和关于语言系统、语言结构的思想，以及博杜恩在索绪尔之前就已提出的关于语言功能的思想，毫无疑问，是建立新的语言学的基本支柱。"（戚雨村1997：70），其实，所谓"索绪尔的两个主要思想"——共时分析和系统结构思想，博杜恩在索绪尔之前也都已经提出。换而言之，共时分析、系统结构、语言功能，都是博杜恩首先提出来的。

在第一届国际语言学家大会（1928年海牙）上，布拉格学派不同意日内瓦学派关于共时与历时截然区分的观点，主张语言是由互相联系的单位所组成的"功能—结构"系统，形式和意义不可分割。流亡布拉格的俄罗斯语言学家特鲁别茨科伊（N. S. Trubetskoy，1890—1938）、雅可布逊（R. Jakobson, 1896—1982）多受博杜恩理论的影响，特鲁别茨科伊认为，正是博杜恩（1881）第一个区分了音素和语音表象，最早使用了现代意义上的"音位"这一术语（转引自杨衍春2010：9）。在给雅可布逊的一封信（1932）中，特鲁别茨科伊说："为了获得灵感，我重读了索绪尔，但这第二次阅读没有给我留下什么深刻印象。书中有价值之处相当少，大多是旧垃圾。而有价值之处则太抽象，没有细节阐释。"（转引自屠友祥2011：1）

哥本哈根学派（1931年形成）的叶尔姆斯列夫（L. Hjelmslev, 1899—1965）说过："很难说，索绪尔的观点是如何在思想中具体形成的，而我个人的理论和方法，许多年以前在我接触索绪尔的观点之前就已经形成了。"（转引自冯志伟1987：73）哥本哈根语符理论的形成，主要受怀特海德（A. N. Whitehead）和罗素（B. Russell）符号逻辑学的影响。

美国描写主义学派（1933年形成）的布龙菲尔德（L. Bloomfield, 1887—1949）虽然说过"（《教程》）为人类语言的科学建立了理论基础"（Review C. L. G, *Modern Language Journal* 8：317—319. 1924），但在《语言论》（1933）中则一笔带过。1924年成立美国语言学会时，其中的语言学家大致可分为青年语法学派和人类语言学两派。前者继承了辉特尼的传统，后者接受的是博厄斯（F. Boas, 1858—1942）的学说。美国描写主义有着美国人类语言学和行为主义心理学成长背景，所信奉的是语言结构的"分布主义"。

20世纪上半叶的语言学研究史表明，"结构主义"是借助布拉格功能—结构学派和美国描写主义的成长而名声大振的，音位功能—结构分析法和句法分布—层次分析法才使"结构主义"的理念落实为可操作程序。

三、第三张图：西方语义学的形成和发展

（一）对布雷阿尔的评价：语义学学科的创始人

罗宾斯在《语言学简史》（1967）中评价：

H. Paul's *Princilpes of the history of language* (1880) exemplifies this, and more strikingly so does M. Bréal's *Essai de sémantique* (1897), although he may claim credit in history for introducing into linguistics the now universally used term 'semantics' (sémantique). （Robins 2001: 209）

保罗的《语言史原理》（1880）就是如此例证，布雷阿尔《语义学探索》（1897）的做法更为明显，尽管他可以凭借把如今广泛使用的术语"语义学"（sémantique）引入语言学而载入史册。

在批评青年语法学派历史主义倾向时，罗宾斯强调布雷阿尔是"语义学"学科的创始人。

总论

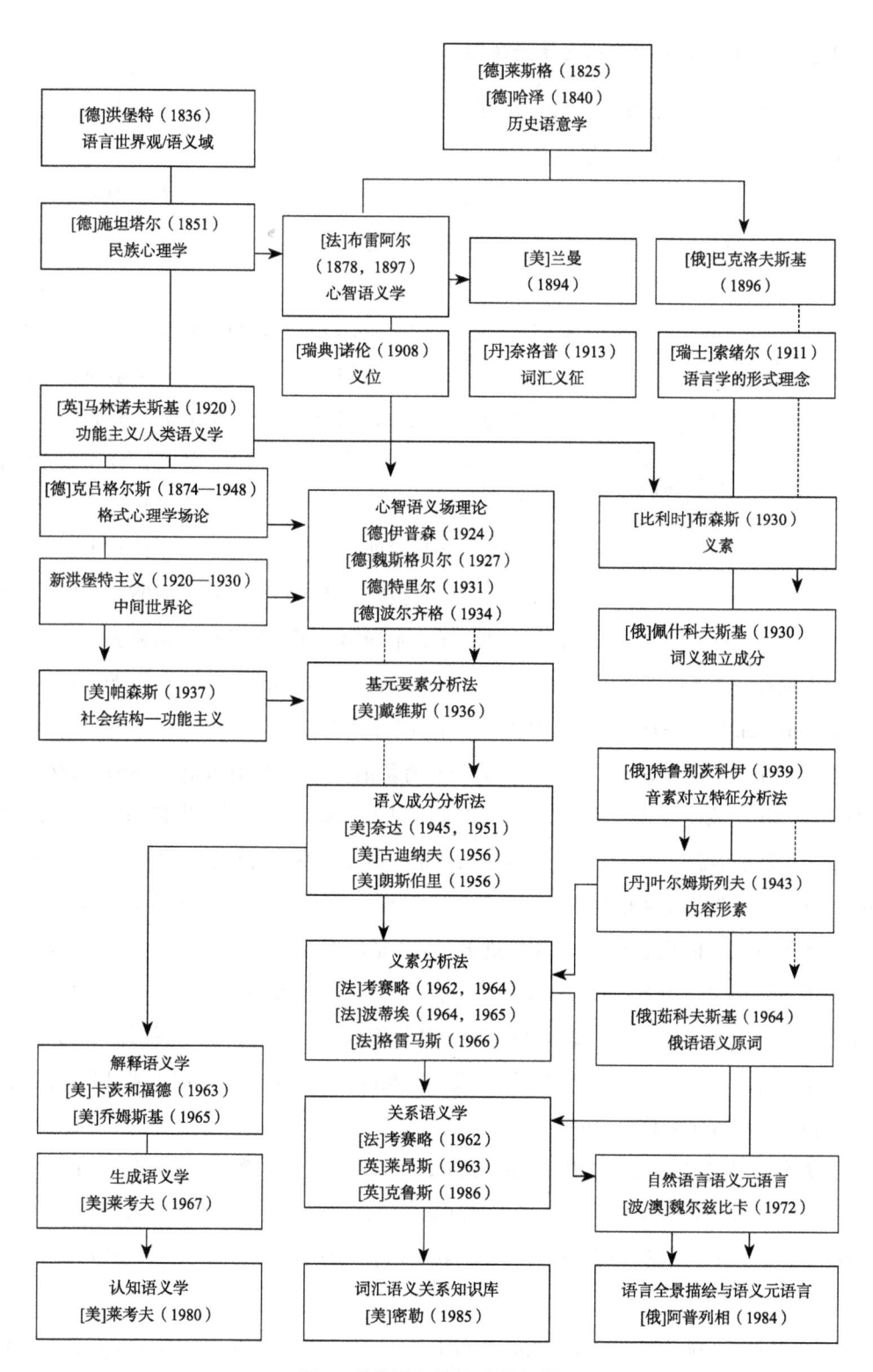

```
                                    [德]莱斯格(1825)
                                    [德]哈泽(1840)
                                    历史语意学
[德]洪堡特(1836)
语言世界观/语义域
        ↓                    ↙           ↓            ↘
[德]施坦塔尔(1851)      [法]布雷阿尔      [美]兰曼       [俄]巴克洛夫斯基
民族心理学              (1878,1897)      (1894)         (1896)
        ↓              心智语义学
                          ↓
                  [瑞典]诺伦(1908)  [丹]奈洛普(1913)  [瑞士]索绪尔(1911)
                  义位              词汇义征          语言学的形式理念
[英]马林诺夫斯基(1920)
功能主义/人类语义学
        ↓
[德]克吕格尔斯(1874—1948)    心智语义场理论           [比利时]布森斯(1930)
格式心理学场论               [德]伊普森(1924)         义素
        ↓                   [德]魏斯格贝尔(1927)
新洪堡特主义(1920—1930)      [德]特里尔(1931)         [俄]佩什科夫斯基(1930)
中间世界论                   [德]波尔齐格(1934)       词义独立成分
        ↓                        ↓
[美]帕森斯(1937)            基元要素分析法            [俄]特鲁别茨科伊(1939)
社会结构—功能主义           [美]戴维斯(1936)         音素对立特征分析法
                                ↓                        ↓
                            语义成分分析法            [丹]叶尔姆斯列夫(1943)
                            [美]奈达(1945,1951)      内容形素
                            [美]古迪纳夫(1956)
                            [美]朗斯伯里(1956)
                                ↓
                            义素分析法                [俄]茹科夫斯基(1964)
                            [法]考赛略(1962,1964)    俄语语义原词
                            [法]波蒂埃(1964,1965)
解释语义学                  [法]格雷马斯(1966)
[美]卡茨和福德(1963)             ↓
[美]乔姆斯基(1965)           关系语义学
                            [法]考赛略(1962)
生成语义学                  [英]莱昂斯(1963)         自然语言语义元语言
[美]莱考夫(1967)            [英]克鲁斯(1986)         [波/澳]魏尔兹比卡(1972)

认知语义学                  词汇语义关系知识库       语言全景描绘与语义元语言
[美]莱考夫(1980)            [美]密勒(1985)           [俄]阿普列相(1984)
```

图3 现代语义学的形成和发展

（二）现代语义学的源头和学术背景

欧美现代语义学的形成和发展，可以归结为一个源头（历史语文学）和两个背景（民族思维—语言心智，结构—功能主义）。

欧美现代语义学无疑从欧洲历史语文学中蜕变而来。1825年，德国哈雷大学教授、历史语文学家莱斯格（C. K. Reisig，1792—1829）在《拉丁文语言学讲稿》（*Professor Karl Reisig's Vorlesungen über lateinische Sprachwissenschaft*, Leipzig: Lehnhold, 1839）中，首次将语法学划分为词源学、语意学（Semasiologie）[①]和句法学三个部分。他认为，束缚在传统词源学和句法学内，语意研究不能充分展开，只有将其独立出来，才能从逻辑和历史上挖掘词意的发展。莱斯格36岁就英年离世。他的学术思想由其学生、布雷斯劳大学教授哈泽（F. G. Haase，1808—1867）继承下来。1839年，哈泽出版了莱斯格的《讲稿》。他自己于1840年也撰有一部《拉丁文语言学讲稿》（*Vorlesungen über lateinische Sprachwissenschaft*. Leipzig: Simmel. 1874—1880），在其去世多年后由友人帮助出版。

在莱斯格的学生中，从事语意学研究的还有班纳利（A. A. Benary，1807—1861）。1824—1827年，他在哥廷根大学和哈雷大学攻读古典文献学，深受莱斯格的影响。在哈泽的学生中，从事语意学研究的主要是理校莱斯格"语意学卷"的赫尔德根（F. Heerdegen，1845—1930）。作为莱斯格的传人，他们既肯定了语意学在语言学学科体系中的价值，同时作为德国新一代的语言学家，试图改进语意学以适应新的历史比较模式。

西方早期语义学史上的第一座里程碑，就是莱斯格首创的这门称之为"意义的科学"的语意学。从莱斯格到哈泽、班纳利，再到赫尔德根，可谓19世纪德国语意学的三代传承。为了与此后布雷阿尔再造的"心智语义学"相区别，可以把19世纪上半叶创立的这门新学科称之为"古典语意学"。

1879年，法兰西学院（Collège de France）的比较语法学教授布雷阿尔（M. Bréal，1832—1915）在给古贝尔纳蒂斯（A. de Gubernatis, 1840—1913）的私人书信中，使用了Sémantique（语义学）这一词语；1883年，在《语言的理智规律：语义学简述》（*Les lois*

[①] 为了有所区别，我们把德语的Semasiologie译为"语意学"，把法语的Sémantique译为"语义学"。在通常情况都是使用"语义学"这一术语。

intellectuelles du langage, Fregment de sémantique）中公开使用；1897年，出版了第一部现代语义学的专著《语义学探索：意义的科学》[*Essai de Sémantique*（*Science des Significations*），Paris: Hachette]。1857年，布雷阿尔曾到柏林大学，跟随葆朴（F. Bopp，1791—1867）和韦伯（A.Weber，1825—1901）学习历史比较语法和梵语，在那里有可能了解到莱斯格的Semasiologie。

作为巴黎语言学会的终身秘书，布雷阿尔是当时法国最有声望的语言学家。正因为如此，布雷阿尔的语义学研究很快得到国际学术界的瞩目。1893年，美国学者威廉斯（E. Williams）在翻译布雷阿尔的《论词源学研究的原则》（*On the Canons of Etymological Investigation*，译文刊于《美国语文学会学报》24卷）时，首次将Sémantique译为英文的Semantics。1894年，美国哈佛大学梵文教授兰曼（C. R. Lanman，1850—1941），在美国语文学会上宣读的《映射的意义：语义学要点》（*Reflected Meanings*：*A Point in Semantics*）收入《美国语文学会学报》1895年26卷。兰曼提出，研究词意发展过程的学说可称之为Semantics（语义学）或Semasiology（语意学）。根据后者，兰曼在德国求学期间可能受到莱斯格学说的影响。兰曼是辉特尼（William D. Whitney，1827—1894）的学生，1873—1876年，仿效其师年轻时留德的先例，在柏林、莱比锡等地，跟随梵文学家罗特（Rudolph von Roth）、比较语言学家库尔提乌斯（Ernst Curtius）等研习《吠陀》《波斯古经》和历史比较语法，而库尔提乌斯是莱斯格的再传弟子。

1900年，布雷阿尔的*Essai de Sémantique*（*Science des Significations*），由英国翻译家卡斯特夫人（Mrs Henry Cust，1867—1955）译成英文出版，书名译为*Semantics : Studies in the Science of Meaning*（London: William Heinemann 1900）。汉语译名是《语义学：关于意义科学的研究》。英国古典学家波斯盖特（J. P. Postgate，1853—1926）为英译本写了长序。卡斯特夫人是英国符号哲学家韦尔比-格雷戈里夫人（Lady Welby-Gregory，1837—1912）的女儿，其母对布雷阿尔的语义学研究有兴趣。

1895年，俄罗斯词汇语义学研究的先驱巴克洛夫斯基（М. М. Покровский，1868—1942）发表了《关于语义学方法》（*О Методах семасиологии*）的演讲；1896年，完成其硕士论文《古代语言的语义学研究》（*Семасиологические исследования в области древних языков*）。根据巴克洛夫斯基此前曾去德国访学，其术语译自德语的Semasiologie，可以推定其受到莱斯格学说的影响。当时的德国是语言学研究的中心，俄国学者十分关注其语言方面的研究。形成于1880—1890年的莫斯科学派，其基本观点与德国青年语法学派一致。巴克洛夫斯基致力于揭示词的语义变化的普遍性规律，构建历史—比较语义学理论。他指出，不能就孤立的个别词研究其语义变化历史，只有与与它相关的一系列词，特别是属于同一个概念范围内的其他词联系起来，才能真正理解这个词的意义。特别着眼于同一概念范围内的词，以希腊语、拉丁语等多种欧洲语言材料为实例，证明不同语言的语义变化具有的共同规律。除了从心理角度研究词义变化规律，巴克洛夫斯基还注意到社会文化因素对词义变化的影响。

莱斯格提出的德语术语Semasiologie，源自古希腊语词根sēmasía（σημασία，意义）+词缀lógos（λογοσ，学说）的组合。布雷阿尔使用的法语术语Sémantique，有人认为源自古希腊语词根sēmantik（σημαντικ，所指）。也有人认为，来自古希腊语的sēmantikós（σημαντικός）。但是布雷亚尔（Bréal，1883）自己说的是：Sémantique来自古希腊语动词sêmainô（σημαίνω，所指）。

巴克洛夫斯基将德语的Semasiologie译为俄语的Семасиология，威廉斯、兰曼将法语的Sémantique译为英语的Semantics。由此，前者常见于德、俄学者的著作中，而法、英学者则多用后者。如，同为20世纪50年代出版的语义学专著，克罗纳瑟（H. Kronasser）的德文书为*Handbuch der Semasiologie*（《语意学手册》，1952），兹维金采夫（B. A. Звегинцев）的俄文书为*Семасиология*（《语意学》，1957）；乌尔曼（S. Ullmann）的英文书为*The Principles of Semantics*（《语义学原理》，1951）。法国50年代出版的语义学专著未见，格雷马斯（A. J. Greimas）60年代出版的法文书为*Sémantique Structurale*（《结构语义学》，1966）。

现代语义学的早期学术背景首先是民族思维—语言心智思潮，主要包括：洪堡特的"语言世界观"与新洪堡特主义的"中间世界论"；赫尔德的"民族思维论"与施坦塔尔的"民族心理学"；以及韦特海默尔（M.Wertheimer，1880—1943）、考夫卡（K. Koffka，1886—1941）和克吕格尔斯（F. Krügers，1874—1948）的格式塔心理场论。

现代语义学的晚期学术背景是结构—功能主义，主要包括马林诺夫斯基（B. K. Malinowski 1920）的人类学的功能主义以及人类语言学、帕森斯（T. Parsons 1937）的社会学的结构—功能主义、布拉格结构—功能主义代表人物特鲁别茨科伊（N. S. Trubetskoi 1939）的音素特征分析法和叶尔姆斯列夫（L. Hjelmslev 1943）的内容形素说，以及索绪尔的形式—结构主义。

（三）语义场理论与格式塔心理场论

心智语义场的"场"理论，不是从物理学中直接引入的，而是来自格式塔的心理场论。1922年，伊普森（G. Ipsen，1899—1984）以《格式塔理解：桑德四边形问题的讨论》（*Über Gestaltauffassung. Erörterung des Sanderschen Parallelgramms*）获莱比锡大学心理学博士学位，其导师克吕格尔斯是冯特（W. Wundt，1832—1920）在莱比锡大学教授职位的接任者。作为格式塔心理学莱比锡学派的创始人，克吕格尔斯认为：意识先具有完形性，在完形性感知的基础上再区分各个部分。作为语义场理论的创始者，伊普森（Ipsen，1924）认为一个"场"是一个完形，"场"内的词语覆盖了完整的、封闭的概念空间，小"场"包含在大"场"之内。

为了展示语言的世界图景，在新洪堡特主义学者伊普森以及魏斯格贝尔（L. Weisgerber，1899—1985）、特里尔（J. Trier，1894—1970）、波尔齐希（W. Porzig，1895—1961）的努力下，语义场理论在20世纪20—30年代的德国建立起来。心智语义场的场论来自格式塔心理场论，格式塔心理场论来自物理学场论。反之，格式塔心理学受物理学的影响，心智语义场受格式塔心理学的影响。从物理世界到心理世界，再到语言世界，完全符合新洪堡特主义的"三个世界"或"语言中间世界论"的观点。

综上，心智语义场理论的背景可以追溯到洪堡特的语言世界观和语义域，以及施坦塔尔的民族心理学理论；心智语义场理论植根于新洪堡特主义的中间世界论或语言世界图像论，同时借鉴了格式塔心理场论，并非来自索绪尔的"结构主义"。

（四）基元要素分析与社会学的结构—功能主义

语义解析方法的形成存在不同的学术背景和需求驱动。美国流派称之为"成分分析"（componential analysis），而法国流派称之为"义素分析"（seme analysis），前提都是词汇语义可解析为"基元"（primitive），而基元观在西方学术史上源远流长。

有趣的是，尽管以布龙菲尔德为代表，美国描写主义排斥语义分析，但是却无法阻挡社会学家、翻译学家、人类学家对语义研究的深入。20世纪30年代，美国社会学家戴维斯（K. Davis，1908—1997）率先采用"基元要素"和矩阵图分析了亲属称谓（K. Davis，1936；K. Davis & W. L. Warner，1937），其背景是美国社会学的结构—功能主义。其后，翻译学家奈达（E. A. Nida，1945，1951，1964，1975）基于翻译问题中的语言学和人类文化学立场，发表了一系列有关语义分析的论著，人类学家朗斯伯里（F. G. Lounshbury，1956）与古迪纳夫（W. H. Goodenough，1956）用"成分分析"来定义印第安人和密克罗尼西亚土著的亲属称谓。1963年，卡兹（J. Katz）和福德（J. Fodor）在《语义理论的结构》

中，将这一"成分分析"导入转换生成语法研究，从而形成了解释语义学。

20世纪60年代，法国语义学家波蒂埃（B. Pottie）、格雷马斯（A. Greimas）以及罗马尼亚—德国语义学家考赛略（E. Coșeriu）等提出，在词汇场中可以析出由功能对立加以区别的"词汇要素"，建立了义素分析方法。该方法受布拉格学派音位对立原理，以及叶尔姆斯列夫（*Prolegomena to a Theory of Language*, 1943）提出的"内容形素"（éléments de contenu）的启迪，其背景是欧洲语言学的结构—功能主义。

美国流派的驱动是"要想获得亲属系统的知识，就必须借助某种符号手段的帮助"；法国流派的需求是"词汇场理论要用词汇语义的区别性对立功能来补充"。从而，美国流派强调词汇语义的"成分/构成性"，而法国流派强调词汇语义的"要素/特征性"。

（五）系统意义建立在指称意义基础之上

倡导"系统意义"或关系语义研究的理论先导是考赛略（Coșeriu. *Teoría del lenguaje y lingüística general: cinco estúdios*, 1962; *Pour une sémantique diachronique structurale*, 1964），英国语义学家莱昂斯（Lyons. *Structural Semantics*, 1963）将之推到了前沿，而对之详加描述的是克鲁斯（Cruse. *Lexical Semantics*, 1986）。

与基于新洪堡特主义的心智语义场理论不同，关系语义学才是基于形式—结构主义的结构语义场。关系语义学的"系统意义"（bedeutung）建立在"指称意义"（bezeichnung）基础上。系统意义并非阐释词汇语义的基础，只是基于词汇指称意义的几种特定关系的心理联想。作为储存词汇语义的数据知识库，"词网"采用计算技术手段刻画了词汇语义关系。但是词汇语义关系的描述，不可能代替词汇语义特征的分析。

（六）基于基元观的语义元语言学派

自然语义元语言理论（Natural Semantic Metalanguage, NSM）的创立者是魏尔兹比卡（A. Wierzbicka）。魏尔兹比卡原籍波兰，1964年至1965年在莫斯科学习期间，与梅里丘克（И. Мельчук）等建立了联系。1966年至1967年在美国访学时，正逢生成语义学崛起。1973年起在澳大利亚国立大学任教。NSM理论主要源自波兰语义学家博古斯拉夫斯基（A. Boguslavski）普遍成分语义，以及俄罗斯语义学家茹柯夫斯基（А. К. Жуковский）俄语语义原词（23个）的思想。在《语义原词》（1972）中，魏尔兹比卡阐述了构建普遍元语言的思想。其语义观主要表现为：1. 语义元语言由语义原词和元句法构成；2. 每个复杂的词义单位都可以表现为语义元语言的还原释义；3. 元语言释义可以体现不同语言文化的概念原型。

多年来，魏尔兹比卡与戈达德（C. Goddard）、皮德尔斯（B. Peeters）等一批学者，致力于语义元语言研究。俄罗斯学界将这一群体称之为"波兰语义学派"，但是魏尔兹比卡本人未接受。依据以所在城市命名学派的通例，可称之为"堪培拉元语言语义学派"。

20世纪60年代以来，俄罗斯的一批语言学家，基于工程语言学背景，在理论语义学、语义元语言、系统词典学和机器翻译系统等领域取得一系列成就，形成了以梅里丘克和阿普列相（Ю. Д. Апресян）为首的莫斯科语义学派。20世纪80年代以来，阿普列相在主持ЭТАП系列机译系统的研发和词典编撰过程中，提出了语言图景的整合性描述思想（идея интегрального описания естественного языка）和词汇语义研究句法化—句法结构研究语义化的思路，将基础研究定位在研制一种全效形式的语言模型，逐步形成了"莫斯科语言整合性描写和系统词典学研究语义学派"。其理论除了基于茹科夫斯基和梅里丘克的"意义⇔话语"模型，还继承了谢尔巴（Л. В. Щерба）、维诺格拉多夫（В. Виноградов）等人的思想，同时吸收了博古斯拉夫斯基、魏尔兹比卡的元语言研究思想，以及美国语言学界的解释语义学、生成语义学和题元结构理论等。

（七）现代语义学的主要理论

依据下图，可以把20世纪以来的现代语义学主要理论定名为：心智语义场理论、语义解析方法（包括基元要素—成分分析法、义素分析法、元语言分析法）与关系语义学。也可以采取二分法，即语义场理论（心智语义场理论、关系语义场理论）和语义解析方法（包括基元要素—成分分析法、义素分析法、元语言分析法）。还可以进一步区分为六个流派：德国语义学派（心智语义场理论）、美国语义学派（基元要素—成分分析法）、法国语义学派（义素分析法）和英国语义学派（关系语义场理论）、堪培拉语义学派（自然语义元语言理论）、莫斯科语义学派（语义元语言）。

表1 现代语义学的主要理论及其流派

理论方法	名称	流派	理论基础
语义场理论	心智语义场	德国语义学派	新洪堡特主义/格式塔场论
	关系语义场	英国语义学派	形式结构主义
语义解析法	基元要素—成分分析	美国语义学派	社会学的结构—功能主义
		解释/生成/认知语义学	生成主义/认知主义
	义素分析	法国语义学派	语言学的结构—功能主义
	元语言分析	堪培拉语义学派	基元主义
		莫斯科语义学派	基元主义

四、19世纪中期：语言学研究的心理转向

面对19世纪70年代到20世纪30年代的语言学研究，我们试图寻找一条贯穿青年语法学学派、现代语言学以及现代语义学形成的主线。这条主线就是心理学，包括德国表象心理学、民族心理学、格式塔心理学以及法国社会心理学的影响。换而言之，所谓"现代语言学"与传统语言学的不同之处，就在于把语言看作与民族精神密切相关的社会—心理现象，而正是博杜恩（1888，1889）提出"语言学属于心理社会科学"。

19世纪初期，赫尔巴特（1816，1824—1825）将"心理学"从哲学中剥离出来，明确提出"心理学"是一门独立学科。其心理学思想主要来源于莱布尼兹（1646—1716）、康德（1724—1804）以及英国哈特莱（D. Hartley，1705—1757）的联想主义心理学体系。首先，赫尔巴特继承了莱布尼兹的单子观念和自我发展原则，心灵通过各种感官获得感觉，感觉的现实状态在意识中形成观念，全部的心理活动是各类观念的运动。其次，赫尔巴特继承了康德关于经验感觉是知识唯一源泉的主张，认为"感觉是唯一我们所能把握的本源事件"。再次，赫尔巴特吸收了英国联想主义的思想和力学原理。

1851年，拉扎鲁斯提出"民族心理学"。与赫尔巴特的个体心理学有别，民族心理学是社会人的心理学或是人类社会的心理学。其旨趣是从心理学角度去认识民族精神的本质和作用，阐明民族特质以及在艺术、生活、科学上所表现的民族精神和规律；其目的是要发现民族历史的发展规律，并以此建立所谓的"社会科学"。语言的差异大都反映了民族之间的差异，因此语言是民族心理学最重要的研究对象。1860年，施坦塔尔和拉扎鲁斯共同创办《民族心理学及语言学杂志》，语言被认为是重现"民族精神"和"整体精神"最重要的特征。可以基于民族语言、宗教、神话及艺术等方面的研究，以探索民族的心路历程。

施坦塔尔继承和发扬了"民族语言即民族精神"的思想。施坦塔尔有两本著作：一本是《语法学、逻辑学和心理学——它们的原理和相互关系》（*Grammatik Logic und Psychuologie: ihre principien und ihr verhältniss zu einander*. Berlin: Ferd. Dümmler's Verlagsbuchhandlung. 1855）；一本是《心理学和语言学导论》（*Einleitung in die Psychology und Sprachwissenschaft*. Berlin: Ferd. Dümmler's Verlagsbuchhandlung.1871），都是阐释语言学和心理学关系的。此外，冯特（W. Wundt，1832—1920）主张通过语言的分析去理解社会群体心理，在《民族心理学：对传说与习俗演化规律的考察》（*Völkerpsychologie, Eine Untersuchung der Entwicklungsgesetze von Sprache Mythus und Sitte*. Leipzig: Engelmann, 1900）中努力用心理学原理来解释词的形式及语义等问题。

（一）青年语法学派的学术背景

19世纪70年代，德国莱比锡大学青年语法学派认为，人类语言的变化因素不外乎心理、生理两种途径。其哲学基础主要是赫尔巴特基于个人心理联想的表象心理学。

保罗对其师斯坦达尔的民族心理学不甚满意，但从斯坦达尔那里了解到赫尔巴特的表象心理学。德国青年语法学派的心理语言观，就是保罗（1880）强调："心理要素是包括语言在内的一切文化活动的最重要因素，所以心理学是一种包括语言学在内的更高层次的文化科学所依赖的首要基础。"（转引自姚小平1993：28）

19世纪末与20世纪初，格拉蒙（M. Grammot, 1866—1946）和梅耶（A. Meillet）建立的法兰西学派（French School），同样强调语言是社会现象，语言演变有心理、生理因素等，以之解释历史比较语言学的基本原则。梅耶指出，词义演变是心理过程，但是原因是社会性的。

（二）现代语言学理论的学术背景

与保罗的心理语言观来源相似，博杜恩也以赫尔巴特表象心理学为基础，不同的是又吸收了斯坦达尔民族心理学的观点。一方面，博杜恩认为，将洪堡特的语言哲学思想和赫尔巴特的心理学运用于语言现象研究，即从民族精神和心理角度认识语言，才使语言学获得了其固有本质。另一方面，博杜恩认为，之所以在一系列问题上，自己的观点与青年语法学派观点吻合，是因为他们语言观形成的共同基础都受到了斯坦达尔著作的影响。

博杜恩（1888，1889）强调：人类语言的本质完全是心理的，语言的存在和发展受纯粹心理规则的制约。人类言语或语言中的任何现象，同时又是心理现象。语言学的任务就是：通过心理机制分析，对语言规则、语言功能和语言演变做出解释。从而主张把心理学和社会学糅合在一起作为语言学的基础，认为语言学应当属于"心理—社会科学"。

（三）心智语义场理论的学术背景

19世纪下半叶至20世纪初，许多学者都以洪堡特学说的继承者自居。他们最赞赏的就是洪堡特关于语言属于精神创造活动，把语言视为精神产物和思维手段的论述，这才使语言问题有可能转移到心理学立场上来。而这一"**语言学研究的心理转向**"的代表人物，前有洪堡特的学生施坦塔尔（民族心理学），后有新洪堡特主义的代表人物魏斯格贝尔（中间世界论）。心智语义场理论的创立者伊普森、魏斯格贝尔、特里尔、波尔齐希，都是新洪堡特主义者。率先提出语义场理论的伊普森就是心理学博士，其博士论文研究的就是格式塔心理学，其导师克吕格尔斯就是格式塔心理学莱比锡学派的创始人。

总而言之，现代语言学其实是19世纪下半叶语言学"心理转向"的结果，而生成语言学、认知语言学，则是20世纪下半叶语言学再次发生的"心理学（认知科学）转向"。显而易见，群体考察模式可以帮助我们揭开语言学史上的若干疑惑之谜。依据本文的三张图，可以改写近现代欧美语言学史。

西方比较语言学史论

语言历史比较之谜：打破"琼斯神话"*

提要： 只有查阅了威廉·琼斯之前的历史比较语言学主要著作，在对其学术沿革大体了解的基础上，才能给琼斯演讲中的"相似—同源"讲辞准确定位。基于溯源沿流，本研究旨在打破"琼斯神话"。1.《三周年演讲》（1786）是一位博学的东方学家的讲座，其中第10节（一个由141个单词组成的英语长句，汉译5句）提及语言的"相似—同源"，并非语言历史比较专题的学术报告。琼斯的相关陈述，其依托是欧洲学界以往的历史比较传统。2. 就语言历史比较知识而言，凡琼斯周年演讲（11次）中说得对的，都是前人已经提出的；凡琼斯周年演讲中说错了的，都是他臆想的，即前人尚未进一步研究的。3. 最早建立印欧语系假说和历史比较方法论的是荷兰伯克斯洪（1647，1654），最早提出日耳曼音变定律的是荷兰凯特（1723）。4. 最早研究阿尔泰语系、芬兰—乌戈尔语族的是荷兰威特森（1692）、瑞典斯塔伦贝格（1730）和匈牙利沙伊诺维奇（1770）；最早提出闪米特语族雏形的是德国莱布尼茨（1710），最早建立"东方语言"理论和方法的是荷兰斯库尔腾（1706—1738）；荷兰雷兰德（1708）最早推测马达加斯加、东印度群岛诸语言同源。5. 历史比较语言学成熟于17世纪的荷兰学派，19世纪的德国学派（及丹麦学者等）熟悉其理论方法。6. 在琼斯演讲以后的一个世纪中，英国没有出现一位知名的历史比较语言学家。琼斯并不希望自己仅被视为语言学家，并且一再提及语言只是实现其他意图（主要是亚洲民族学）的工具。总之，西方语言学史研究中的民族情结导致了"琼斯神话"，中国学者对此应有清醒认识。

关键词： 语言历史比较；琼斯神话；伯克斯洪；斯基泰语系；学术传承

The Mystery of Historical-comparative Linguistics: Breaking up "Myth of Jones"

Abstract: Only by examining major historical-comparative linguistic works before William Jones to have a general understanding of its history, can we accurately define the "affinity-common

---

* 此稿未刊。李葆嘉完成于2013年10月到2014年4月，2016年4月修订。

source" in Jones's discourse. Based on tracing to sources, this study aims to break up "myth of Jones". 1. *The Third Anniversary Discourse* (1786) is a learned scholar in oriental regions, in which section 10 (141 English words, A long sentence in English, translated into Chinese as 5 sentences) mentions the "similarity-homology" of language is not special academic sessions on historical- comparative study of languages. Jones's related statements were based on European previous comparative tradition. 2. In terms of the knowledge concerning language history comparison in Jones' *Annual Discourses* (11 times), whatever were right delivered by Jones had been proposed by his predecessors; while whatever were wrong had not been further studied by his predecessors yet. 3. The first scholar establishing Indo-European family hypothesis and historical comparative methodology is Dutch scholar Boxhorn (1647,1654), and the first scholar proposing Germanic law is Dutch scholar Kate (1723). 4. The earliest working on Altai language, the Finnish-Ugar family is Dutch scholar Witsen (1692), Swede scholar Stellenberg (1730) and Hungarian scholar Sajnovics (1770). The earliest putting forward Semitic family is German scholar Leibniz (1710), and the first scholar establishing "Oriental languages" theory and method is the Dutch Schultens (1706–1738); the earliest speculating the homology of Madagascar, the East-Indians and other languages is the Dutch scholar Reeland (1708). 5. Comparative historical linguistics grows into mature by Dutch (Leiden) School in the 17th century, while German School (and Danish scholars, etc.) in the 19th century had no original achievements as far as theoretical methodology. 6. During a century after John's *Annual Discourses*, there was no well-known comparative historical linguist in England. Jones does not want to be treated only as a linguist. He repeatedly mentioned that language is only the tool to achieve other intentions (Asian ethnology). In short, it is nationalist complex in the study of Western linguistics that led to the "myth of Jones". Chinese scholars should be clearly aware of it.

Key words: historical-comparative study of languages; myth of Jones ; Boxhorn ; Scythisch; academic heritage

长期以来，英国东方学家威廉·琼斯（William Jones，1746—1794），因《三周年演讲》（*The Third Aniversary Discourse*，1786）而闻名于学界，尤其是语言学界。在未曾梳理16—18世纪历史比较语言学文献的情况下，一些学者炮制出了一个扭曲史实的"琼斯构想"（Jones's formulation, Cannon 1993, Vol.I：XXXI）或"琼斯神话"（"1786年是现代语言学诞生的一年""历史比较语言学的奠基人""现代语言学之父"等）。

关于威廉·琼斯（William Jones），维基百科词条的导语是：

Sir William Jones was an Anglo-Welsh philologist and scholar of ancient India, particularly known for his proposition of the existence of a relationship among Indo-European languages. He, along with Henry Thomas Colebrooke and Nathaniel Halhed, founded the Asiatic Society of Bengal, and started a journal called *"Asiatick Researches"*.（http://en.wikipedia.org/wiki/William_Jones）

威廉·琼斯爵士是盎格鲁—威尔士语言学家和古印度研究学者，尤以提出印—欧语言存在亲属关系的命题而闻名于世。他与亨利·托马斯·科尔布鲁克和纳撒尼尔·哈尔赫德一起，创办了孟加拉国的亚洲学会与《亚洲研究》杂志。

亚洲学会每周年年会，琼斯都要发表专题演讲，题名曰"×周年演讲"（the anniversary discourse）。这样的周年演讲共有11次。关于语言"相似—同源"内容的讲辞，除了《三周年演讲》（1786年2月2日，主题是关于印度人）中的一小节，其余相关内容散见于《四周年演讲》（1787年2月15日，主题是关于阿拉伯人）、《五周年演讲》（1788年2月21日，主题是关于鞑靼人）、《六周年演讲》（1789年2月19日，主题是关于波斯人）、《八周年演讲》（1791年2月24日，主题是关于亚洲的边民、山民和岛民）和《九周年演讲：关于民族的起源与家族》（1792年2月23日）。

与20世纪以前的纸质文献查阅方式不同，在当今网络信息技术支持下，我们有可能尽量基于一手文献资料，拨开以往的若干迷雾，重建丰富多彩的语言学史。本专题研究，以琼斯的"相似—同源"讲辞为观察点，一方面，追溯琼斯之前的语言历史比较成就（彰显其本），另一方面，梳理琼斯之后的相关历史比较研究（纠正其误），以厘清16到19世纪西方学者语言历史比较探索的来龙去脉。

一、琼斯的语言相似同源说讲辞

1786年2月2日晚，在亚洲学会会议上（33人出席），琼斯发表了《三周年演讲》。该演讲的主题是"关于印度人"：第一部分讨论印度的语言，第二部分论述印度的宗教和哲学，第三部分探讨印度的建筑和雕塑，第四部分论及印度的艺术和工艺品，最后是推阐性的结语。

在第一部分的第10小节（英语的1句话，141个单词）讲辞中，提到梵语与希腊语、拉丁语，以及哥特语、凯尔特语、古波斯语之间的"相似—同源"：

(1) The Sanscrit language, whatever be its antiquity, is of a wonderful structure; (2) more perfect than the Greek, more copious than the Latin, and more exquisitely refined than either, yet bearing to both of them a stronger **affinity**, both in the roots of verbs and in the forms of grammar, than could possibly have been produced by accident; (3) so strong indeed, that no philologer could examine them all three, without believing them to have sprung from some **common source**, which, perhaps, no longer exists: (4) there is a similar reason, though not quite so forcible, for supposing that both the Gothick and the Celtick, though blended with a very different idiom, had the same origin with the Sanscrit; (5) and the old Persian might be added to the **same family**, if this were the place for discussing any question concerning the antiquities of Persia.

（1）梵语这一语言，无论如何古老，却具有绝妙之形态构造；（2）比希腊语更完善，比拉丁语更丰富，甚至比二者还要精细，然与其在动词词根和语法形态方面，皆存在很明显的**相似**，这不可能是偶然形成的；（3）这种相似如此明显，以至于仔细审察过这三种语言的语言学家，没有人不相信它们萌发于某一**共同源头**，也许，这一源头很早就消失了；（4）有同样理由认为，虽然不是特别令人信服，哥特语和凯尔特语尽管混合了一些迥然不同的土语，然亦与梵语同源；（5）并且，或许古波斯语也能纳入这**同一家族**，假如有空暇来论述有关波斯古代史的问题。

琼斯的这一长句，我们汉译为5句。

以往读到"梵语……比希腊语更完善，比拉丁语更丰富，甚至比二者还要精细"这句话时，颇觉突兀，直到知道蒙博多（Lord James Burnett Monboddo，1714—1799）《语言的起源和进化》（*Of the Origin and Progress of Languag*）中的论述，才恍然大悟。因为蒙博多认为，希腊语是最完美的语言，能够表达广泛领域的细微差别。针对蒙博多的这一评价，琼斯才有此"梵语……比希腊语更完善"的辩解。

在介绍琼斯的"相似—同源"讲辞时，一些作者往往举出梵语和希腊语、拉丁语的对应词，并且说明这是琼斯观察到的。例如英国学者麦克拉姆（Robert McCrum）等写道：

在英国统治印度时期，驻印度的英国法官，在加尔各答亚洲学会上发表了一个出色的演讲……他发现梵语与其所熟知的两种古典语言，拉丁语和希腊语之间具有惊人的相似之处。他观察到，梵文里的"父亲"这个词，把那种奇特的字母转写为pitar，与希腊语和拉丁语的pater惊人相似；梵语里的"母亲"matar，在古拉丁语中也是mater。经过进一步的考察，他发现了很多类似的对应成分。（McCrum, et al 1986: 51）

有的作者虽然没说这些词例是琼斯观察到的，但其做法仍然致使读者以为是琼斯所举。如《中国大百科全书·语言文字》"历史比较语言学"条目：

> 1786年英国学者W.琼斯在对梵语做了深入的研究之后指出：梵语同拉丁语和希腊语之间存在着非常有系统的对应关系。例如下表3组词在3种语言中的读音非常相近，就词首辅音而言，"三"在梵语、希腊语和拉丁语中都是t，"父亲"都是p。

意义	梵语	希腊语	拉丁语
三	trayas	treis	trēs
父亲	pitar	pater	pater
哥哥、弟弟	bhrater	phrater	frater

> 这种系统的对应现象非常普遍，绝不可能归结为偶然因素。琼斯同时认为，要解释这种现象，只有认为它们共同源自现在也许已经消亡了的某种语言。（陈平 1988：255—256）

实际上，《三周年演讲》中并未出现任何对应词例。非但如此，琼斯"从未把梵语词与他认为有关系的希腊语或拉丁语的词列在一起"，在琼斯的所有作品中，皆没有发现同源词对应的任何内容。（Cannon 1993, Vol. I: 19）

在这段讲辞中提及的哥特语、凯尔特语与梵语同源，琼斯在《第八次演讲》（1791）中提道：

> 因此，我相信哥特人和印度人原来的语言相同，他们给恒星和行星的命名一样，膜拜同样的神灵，举行同样的血祭，有着关于死后受到赏罚的同样观念。（Jones 1807, Vol.III: 177）

这些可以看作哥特语和梵语中的某些词语的同源证据，但是琼斯并未列出对应词例。换而言之，琼斯只是泛泛而论，只是把语言现象作为研究东方民族史和文化史的旁证，其志趣不在语言的历史比较。

有人将《三周年演讲》的此段讲辞，夸张为"琼斯构想"或"印欧语假说"。遗憾的是，在这段感想式的泛论中，其关键词是现象描述的affinity（**相似**）和common source（**共同源头**）、same family（**同一家族**），并没有出现Indo-European（**印欧语**）、Proto-Indo-European（**原始印欧语**），更未出现Mother Language（**母语**）、Daughter Language（**女儿语/子语**）等历史比较的术语。同样，琼斯也没有涉及"历史比较（comparative）"方法，所用字眼是examine（**审察**）、antiquities（**古代史**）。

此段讲辞的末句（5）中有"same family"，根据历史比较语言学的概念，family即"语系、语族"，但琼斯论著中并未出现过Indo-European（印欧语）或××family（××语系）这样的专名，再根据后续分句"假如有空暇来论述有关波斯古代史的问题"，还是理解为"家族"为宜。

或有进而认为，此段讲辞以及琼斯后来的散见论述，勾勒了印欧语系、芬兰—乌戈尔语系、阿尔泰语系以及闪—含语系的雏形，并提出了历史比较的某些原则和方法。**遗憾的是，这一系列假说，在琼斯只言片语之前都已有连篇累牍的研究。**如果注意到琼斯 ***so*** strong indeed, ***that no*** philologer could examine them all three, ***without*** believing them to have sprung from some common source 的措辞，采用的是致使结构 so...that（以致）和已然口气 no...without（没有不），就可以体察到——当东方学家琼斯研究东方民族文化时，翻阅了一些语言比较的论著，当他接触到梵文后，于是便做了这样一个感想式的概述，以期引起东方学者对语言历史比较的关注。显然，琼斯既没有标榜此"相似—同源"学说是自己的首次发现，参与创办亚洲学会的哈尔赫德（Halhed 1778）此前就有此类论述，也从未做过语言历史比较的具体研究。**实事求是地说，《三周年演讲》是一个知识渊博的英国东方学学者，所做的"关于印度人"的科普讲座，语言关系问题只是作为其民族研究的旁证。至于后人所炮制的"琼斯神话"，绝非琼斯本人之愿。**

二、琼斯讲辞所依托的学术背景

遗憾的是，琼斯的周年演讲都未列出参考文献，也就给后人的误解留下了可能。幸好琼斯演讲以前的古代文献流传至今，我们依然可以追根溯源、条分缕析，梳理出琼斯"相似—同源"讲辞所依托的学术背景：一是欧洲学界的梵语研究传统，二是欧洲学界的语言同源研究或语系假说传统，以证明所谓"琼斯构想"并非琼斯本人的构想。

（一）欧洲学界的梵语研究传统

西方人对印度的了解，可以追溯到西元前的古希腊。古希腊纪事家、米利都的赫卡泰库斯（Hecatacus of Miletus，希腊语 Εκαταῖος，前550—前476），在其《大地旅行》（Περίοδος γής）中已有关于印度情况的记载。前5世纪，古希腊医生和历史学家克泰夏斯（Ctesias of Cnidos，前444—前374），曾担任波斯王薛西斯二世尼门（Artaxerxes II Mnemon，前404—前358）的御医。著有《波斯志》《印度志》等。其中，《印度志》是从到过印度河流域的波斯官员那里了解到的趣闻故事，书中记有一些梵文词语。

16世纪中叶以来，来到远东的欧洲传教士和商人开始接触到印度斯坦语言和梵文。1541年，西班牙学者、意大利耶稣会东方使团的总负责沙勿略（St.francis Xavier，西班牙语San Francisco Javier，1506—1552），曾在印度果阿（Goa）学习婆罗门教神学和哲学。1579年，英国学者、耶稣会士史蒂芬斯（Thomas Stephens，1549—1619）来到果阿的葡萄牙东印度公司，他可能是第一个到印度的英国人。在给其弟兄的信（1583）中，史蒂芬斯提及梵文和希腊语、拉丁语的相似性。（Muller 1986: 14—15; Auroux et al. 2000: 1156）1585年，寓居果阿的意大利学者、商人萨塞提（Flippo Sassetti，1540—1588），在寄往佛罗伦萨的信中也提到印度的学术语言，列举了Sanscruta（梵文）和意大利语的许多相似词，如：deva：dio"神"；sarpa：serpe"蛇"；sapta：sette"七"；nava：nove"九"。（Marcucci 1855; Muller 1986: 6）1605年，意大利学者、耶稣会士诺比利（Roberto de Nobili，1577—1656）到达果阿，他不但学会了泰米尔语、泰卢固语，而且跟婆罗门教徒研习梵语。诺比利自称"罗马婆罗门"而被罗马教会视为叛教，最终客死麦拉坡（Mylapore）。

18世纪下半叶，法国东方学家德经（Joseph de Guignes，1721—1800）写道："许多旅行者已经注意到印度语言，乃至这些印度人的学术语言梵文，其中有许多拉丁语和希腊语的词语。"（Guignes 1770: 327；转引自Campbell 2001: 89）。

1. 德荷学者开启的梵文学术研究

欧洲学者的梵文学术研究始自17世纪中期，其先驱是德国洛特（Heinrich Roth，1620—1668）。洛特于1652年到达印度，在果阿、阿格拉等地传教直至去世。他通晓波斯语、印度的坎那达语（Kannada）、乌尔都语（Urdu）、印度斯坦语（Hindustani）和梵文语法及文学。1660年，洛特用拉丁文撰写的第一本梵语语法《东方印度婆罗门教的梵文语法》在维也纳出版。该手稿今藏罗马国家图书馆，1988年出版了复印本（Camps & Muller ed., Leiden）。1698年，荷兰传教士科特拉尔（Joan Josua Ketelaar，1659—1785）撰写了一部《印度斯坦语语法》（*Hindūstānī Grammar*），该书未曾刊行。

洛特去世后的第二年，即1700年，德国汉斯雷顿（Johann Ernst Hanxleden，1681—1732）到达印度，在萨姆帕娄（Sampallor）、帕拉尤尔（Palayoor）等地传教直至去世。他精通马拉雅兰语（Malayalam），还通晓拉丁语、古叙利亚语、葡萄牙语、梵文和泰米尔语。汉斯雷顿撰有《马拉雅兰语—葡萄牙语词典》（*Malayalam-Portuguese Dictionary*）、《梵文—葡萄牙语词典》（*Samskrutham-Portuguese Dictionary*），还研究过马拉雅兰语法。2012年，在罗马的加尔默罗修会修道院图书馆发现了汉斯雷顿的《梵文语法》（*Grammatica Grandonica*, 1707—1711）手稿。

德国传教士斯库尔策（Benjamin Schulze，1689—1760），早年在哈雷大学求学。1719年，被派往丹麦东印度公司，斯库尔策曾把《圣经》译成泰米尔语，并研究了其他许多印度语言。1725年，在信函中讨论了梵文的1—40与拉丁语的数字完全对应。1728年，斯库尔策在印度马德拉斯出版《东西方语言大全》（*Orientalisch und occidentalischer Sprachmeister*. Madras）、《泰卢固语语法》（*Grammatica telugica*. Madras）。1745年，在德国哈雷出版《印度斯坦语语法》（*Grammatica hindostanica*. Halle）。

奥地利传教士巴托洛梅奥（Paulinus a Sancto Bartholomaeo，俗名Johann Philip Werdin，1748—1806），1776—1789年在印度马拉巴尔一带传教。他通晓德语、拉丁语、希腊语、希伯来语、匈牙利语、意大利语、葡萄牙语、英语、马拉亚兰语、梵语，以及印度斯坦的多种语言，也注意到梵语和欧洲语言的相似之处。1790年，在罗马出版《梵文语法》（*Sidharubam seu Grammatica Samscrdamica*）。

2. 英国学者继起的梵文学术研究

1625年，英国传教士珀切斯（Samuel Purchas，1577—1626）在《世界上的海洋航行和荒野旅途记录》中，将Sanscretanae（梵文）转写为英语的Sanskrita。（Cannon 1993: 44—45）

然而，英国学者的梵文学术研究要比德国晚了一个世纪。18世纪70年代，也就是琼斯的几位朋友正在印度研习梵文。

1805年，英国东方学家科尔布鲁克（Henry Thomas Colebrooke，1765—1837）的《梵语语法》——用英文撰写的第一部梵语语法书——在加尔各答出版。科尔布鲁克1782年到英国东印度公司当职员，曾协助琼斯创办亚洲学会。科尔布鲁克还撰有，也可能是最早的《梵—英词典》（*Kosha, Or Dictionary of the Sanscrit Language*. by Umura Singha, with an English Interpretation and Annotations by H.T. Colebrooke. Calcutta: Haragobinda Rakshit, 1807）。

1806年，英国东方学家、浸信会牧师凯里（William Carey，1761—1834）在塞兰坡（Serampore）出版了《梵语语法，语法学家名作荟萃；附有学生练习的例子，及吠陀语和词根总表》。凯里在1793年（琼斯去世的前一年）抵达加尔各答。1800年迁居塞兰坡，在威廉堡大学（Fort William College）讲授梵语和孟加拉语。凯里撰写了一系列印度语言的语法书：《孟加拉语语法》（*A Grammar of the Bengalee Language*，1801）、《马刺塔语语法》（*A Grammar of the Murhatta Language*，1810）、《旁遮普语语法》（*A Grammar of the Panjabi Language*，1812）、《泰卢固语语法》（*A Grammar of the Tilungu Language*，1814）和《卡纳塔克语语法》（*A Grammar of the Kurnataka Language*，1817），这些著作皆在加尔各答出版。

1808年，英国东方学者维尔金斯（Charles Wilkins，1749—1836）在伦敦出版了第三部用英文撰写的《梵语语法》。维尔金斯在1770年到东印度公司做印刷工，很快学会了波斯语和孟加拉语，被任命为出版总管。他从1778年开始学习梵文，1783年到贝拿勒斯（Benares）进一步研习。1784年，在加尔各答协助亚洲学会的工作，曾帮助和指导琼斯学习梵语。（Jones 1807, Vol. IX：373）

在此之前，作为琼斯在牛津大学的同学，英国东方学家哈尔赫德（Nathaniel Brassey Halhed，1751—1830），在英国已学会波斯语、阿拉伯语等。1771年，哈尔赫德到东印度公司担任会计师兼波斯语译员，很快掌握了孟加拉语和梵文。1776年出版《印度人的法典》（A Code of Gentoo Laws），较为详细地介绍了梵语的结构。1778年在加尔各答出版《孟加拉语语法》（A Grammar of the Bengal Language）。哈尔赫德在前言中写道：

I have been astonished to find the similitude of Shanscrit words with those of Persian and Arabic, and even of Latin and Greek; and these not in technical and metaphorical terms, which the mutation of refined arts and improved manner might have occasionally introduced; but in the main ground-work of language, in monosyllables, in the names of numbers, and the appellations of such things as would be first discriminated as the immediate dawn of civilisation.（Halhed 1778, Preface iii-iiii）

我惊讶地发现，梵文的词与波斯语和阿拉伯语，甚至与拉丁语和希腊语的这些词如此相似；而且这些词语并非技艺性和比喻性词语，此类有可能随着高雅艺术的变迁和方式的改进间或借用；然而，这些相似的词是语言的基础，出现在单音节词、数字名称之中，以及在接近文明开端的最早识别事物的名称之中。

并且通过几组对应词的举例，暗示了梵语比希腊语、拉丁语更古老，有可能是希腊语、拉丁语的祖语。哈尔赫德与琼斯一起创办亚洲学会。在准备《三周年演讲》时，琼斯看过哈尔赫德的书。（Cloyd 1969；Cannon 1993, Vol. I: 16—17）

毫无疑问，琼斯的演讲与这一学术氛围密切相关。而琼斯本人，也是这批英国早期梵文研究学者中的一员。对英国学者的梵文语法研究，罗宾斯写道：

Two of the earliest Sanskrit grammars published in English, W. Carey's *Grammar of the Sungskirt Language*（Serampore, 1806），and C. Wilkins's *Grammar of the Sanskrita Language*（London, 1808），pay tribute to the work of Indian predecessors, which they had studied with the aid of living Sanskrit pundits in India（Robbins 2001［1997］：182）。

最早出版的两本用英语撰写的梵文语法是，凯里的《梵文语法》（塞兰坡，1806）和维尔金斯的《梵文语法》（伦敦，1808），幸亏有印度前贤的文献，他们曾在当时印度梵文专家的帮助下对之加以研究。

罗宾斯的追溯，遗漏了科尔布鲁克最先出版的《梵文语法》（1805），其后坎农（Cannon 1990：203）、刘润清（1995：32）、姚小平（2001：54）皆沿其误。另外，凯里的书名是 *A Grammar of the Sungskirt Language, composed from the works of most seteemed Grammarians; to which are added examples for the exercise of the Student, and a complete List of the Dhatoos or Roots*；维尔金斯的书名是 *A Grammar of the Sanskrita Language*。也许，罗宾斯并未看到这几本书。

在印度研习梵语的英国人，还有亚历山大·汉密尔顿（Alexander Hamilton，1762—1824），把梵语知识传播到法德的就是他。1783年，汉密尔顿成为英国东印度公司海军中尉，加入亚洲学会。1797年左右返回欧洲。1802年到1805年，汉密尔顿在法国巴黎国家图书馆整理梵文手稿。1806年，汉密尔顿任英国赫特福德（Hertford）学院教授，成为欧洲的第一个梵语教授。

1803年，英法战争爆发，在巴黎的汉密尔顿作为敌国公民被拘。由于法国学者康斯坦丁·沃尔内（Constantine Volney）的游说得以释放，让他继续完成研究工作。汉密尔顿住在德国诗人弗里德里希·史勒格尔（Friedrich von Schlegel，1772—1829）的寓所内，沃尔内和史勒格尔向他学习梵文，而史勒格尔方有著名的《论印度人的语言和智慧》（1808）。史勒格尔的兄长奥古斯特·史勒格尔（August Wilhelm von Schlegel，1767—1845）受其弟影响，约在1810年也来到巴黎向法国东方学家谢赛（Antoine-Léonard de Chézy，1773—1832）学习梵文。谢赛1799年起，在国家图书馆东方文献部任职，约在1803年开始学习梵文（老师也是汉密尔顿）。1815年，法兰西学院任命他为法国的第一位梵文教授。而奥古斯特·史勒格尔，波恩大学1818年为之设立德国的第一个梵语教授席位。奥古斯特·史勒格尔在巴黎研习期间，得到一位年轻同学的帮助，他就是葆朴（Franz Bopp，1791—1867）。1812年，葆朴由巴伐利亚政府资助到巴黎学习梵文，主要导师也是谢赛。葆朴艰苦学习五年，几乎一直住在巴黎国家图书馆内。1816年，发表其第一篇梵语与欧语比较研究的论文。不久前往伦敦，拜会英国前辈梵文学家威尔金斯和科尔布鲁克。此后通过洪堡特的推荐，葆朴1821年被任命为柏林大学的梵文和比较语法教授。

3. 未到印度的欧洲学者的梵欧语言比较

1569年，荷兰语言学家贝卡努斯（Johannes Goropius Becanus，1518—1572）在《安

特卫普语或贝尔吉卡辛梅里安语的起源》中提出"**安特卫普—布拉班特假说**"（Antwerpian Brabantic）。贝卡努斯具有两大贡献：一是运用比较方法发现了拉丁语、希腊语、哥特语和印度斯基泰语（Indoscythica，相当于北印度语或梵语）以及其他一些语言之间的亲属关系；二是受到欧洲人的摇篮靠近高加索一带的影响，认为欧洲人的古老历史在"北方的海"（黑海）的周围。既然贝卡努斯强调"斯基泰语"是这几种语言的来源，也就开创了把印欧诸语作为一个语系加以识别的概念。实际上，也就是贝卡努斯开启了众多荷兰学者从16世纪下半叶到17世纪中期对"**斯基泰理论**"的探索之门。

1643年，荷兰莱顿大学教授萨马修士（Claudius Salmasius，1588—1653）在《希腊文化评论：希腊语衰落之争，及希腊语方言起源的探讨》（1643）中，继法国学者卡佩尔（Louis Cappel，1585—1658）开启的希伯来语与其他古代东方语言的比较研究道路，将希伯来语与德语、希腊语和波斯语加以比较，由此涉及古代北印度语（梵语）的起源，并尝试"重建原始语言"。（Salmasius 1643: 366—396）

16世纪晚期，在印度的传教士和商人（Stephens 1583，Sassetti 1585）已经观察到梵文与希腊语、拉丁语或意大利语在词汇和语法上有联系。萨马修士虽然没有去过印度，却公开提出北印度语言是印度—斯基泰语系的成员，其印度语的资料来自克泰夏斯前5世纪的记录。

Reliquae omnes dictiones, quas pro Indicis recenset Ctesias in opere cog-nomine, in Persica hodierna lingua deprehenditur minima mutatione. Inde apparent Indica illa Ctesiæ Indoscythica esse, & Persicam proinde linguam quæ hodie viget ab illis Indoscythis manasse: vel ab iisdem Scythis qui in Indiam descenderunt, cum in Parthicam quoque ejusdem gentis homines migrassent, originem traxisse. (Salmasius 1643: 379—380)

我们能见到的流传下来的所有印度语资料，都是克泰夏斯在《印度志》中记载的，只需稍作修改，就可在现代波斯语中发现。显而易见，克泰夏斯记载的印地语就是印度—斯

基泰语，由此推定，现代波斯语是印度—斯基泰人所说语言的后裔，或者是克泰夏斯所记的印度人，从先前进入印度的斯基泰人那里传下来的。同样，迁移到帕提亚的人们，其起源也可追溯到同一血统。

萨马修斯把北印度语引进印欧语言关系的形成画面，在斯基泰理论中加以具体化。

1647年，荷兰莱顿大学教授伯克斯洪（Marcus Z.van Boxhorn，1612—1653）公布的"斯基泰假说"（Scythian），接受了萨马修士的这一看法。由此，伯克斯洪的斯基泰语言家族，不但囊括了希腊语、拉丁语、日耳曼语、波斯语、凯尔特语、斯拉夫语和波罗的语，也包含了北印度语。

1713年，英国学者沃顿（William Wotton，1666—1726）受斯基泰假说的影响，对希腊语、拉丁语和梵语进行了比较研究（Wotton 1730）。

1774年，英国历史比较语言学家、进化论模式的创始人蒙博多，不但讨论了希腊语、拉丁语、日耳曼语、波斯语之间的亲缘关系，而且推定梵语、希腊语、希伯来语之间也具有某种联系。（Monboddo 1774：530—531）根据其论证，蒙博多当时的梵文知识来自在印度的耶稣会士庞斯（Père Pons / Fr J. Françia Pons，1698—1752），1740年11月22日给杜赫德（Pere du Halde，1674—1743）的一封信。庞斯在信中没有提到希腊语，而蒙博多发表了关于希腊语和梵语相似性的论述。他并非凭借词语的声音和意义，而是根据这两种语言结构的相似性——在词根和语素中发现了"语言类比的远距离相似关系"。在将希腊语与梵语联系起来时，蒙博多的论断隐含了梵语与其他印欧诸语的亲属关系，因为此前他已将希腊语与其他西欧诸语关联起来。蒙博多进一步知晓梵文，是来自哈尔赫德的《印度人的法典》（1776），哈尔赫德在引言中，比庞斯更详细地描述了梵文的曲折变化和词源。此后，约1786年，蒙博多到伦敦向威尔金斯学习梵文，在《语言的起源和进化》第四卷（Monboddo 1787：25—26）中，主要通过希腊语"pl动词系列"与梵文中相似组群的比较，更有力地支持了其观点。

4. 寓居印度的欧洲学者的梵欧语言比较

1725年，德国传教士斯库尔策在从南印度塞兰布尔（Tranquebar）写给哈雷大学教授弗兰克（Th. A. Francke）的一封信（1725年8月23日）中，指出梵文的1—40与拉丁语的数字完全对应。该信收录于《来自东印度的丹麦皇家传教士提交的详细报告》（1728：696—710；Muller 1984：37—43）中。

Als ich kurz darauf Kirendum (= Sanskrit) anfing zu lernen, so befand ich, dass sie in ihrer Numeration fast lauter pure lateinische Wörter hätten. Hier fragt sichs: Woher die Brahmanen diese

Wörter gekriegt? Ob sie selbige von der Portugiesischen Sprache abgeborgt, die nun mehro 200 Jahr in Indien bekannt worden, oder ob sie selbige vor vielen Jahren her von den Römern und alten Lateinern bekommen？(Schulze 1728：708; Quoted in Droixhe 1978：76—77)

我学习梵文不久，便发现梵文中的数字几乎全是拉丁词，不免产生疑问：印度婆罗门究竟从何渠道获得此类数字词？近两百来年，印度人一直熟悉的是葡萄牙语，是否使之废弃了印度的原本此类词，或者说，婆罗门很早以前就从罗马人和古代拉丁人那里接受了这套数词？

另一位德国传教士沃尔特（Christoph Theodore Walther，1699—1741），长期在印度马拉巴尔海岸（Malabar）一带传教，通晓泰米尔语、梵文等。据说，在1733年揭示了梵语、希腊语和波斯语数词的相似性，并且用斯基泰假说加以阐释（见于何书何文，我们一直没有检索到）。我们检索到的相关内容是：德国古典学者巴耶尔（Gottlieb Siegfried Bayer 1694—1738），1726—1737年任柯尼斯堡大教堂牧师和柯尼斯堡图书馆馆长；1726—1737年任俄国圣彼得堡科学院汉学、希腊和罗马考古学教授。在其1730年出版的《中国语言和文字的阐释》（Theophili Sigefridi Bayeri, *Mvsevm sinicvm in quo sinicae linguae et litteraturae ratio explicator*. Petropoli）中，记有在印度传教的德国沃尔特关于梵语、波斯语和希腊语数词相似性的研究内容。巴耶尔认为这些词其实借自希腊语，从而批评斯库尔策从拉丁语中找答案的做法。

1732年，法国耶稣会会士格尔杜（Gaston-Laurent Cœurdoux，1691—1779）到印度南部的马杜赖（Madurai）等地传教，直至终老印度。据说，法兰西铭文与美文皇家学术院曾经向他提出："何以梵文中有这么多与希腊语和拉丁语，尤其是与拉丁语相同的词？"1767年，在提交给法兰西铭文与美文皇家学术院的"纪事"（*Mémoire*）中，格尔杜揭示了梵语、拉丁语、希腊语，甚至与德语、俄语之间的存在相似性，他列举了一批梵语与拉丁语的相似词（岑麒祥1958：99）：

Deva：deus（神）；mrityu：mors（死）；ganitam：genitum（产生）；gânu：genu（膝）；dattam：datum（给予）；dânam：donum（礼物）

格尔杜还写道：

Ce n'est donc ni de l'Egypte, ni de l'Arabie, que je suis porté à faire venir les brahmes : je crois qu'ils sont les descendans, non de Sem, comme d'autres l'ont supposé, mais plutôt de Japhet. C'est par le Nord, selon moi, qu'ils pénétrèrent dans l'Inde ; et il faut chercher le premier séjour de leurs ancêtres dans le voisinage de cette longue chaîne de montagnes connue en Europe sous le nom de Mont Caucase." (Dubois 1825 [Cœurdoux 1767] vol. 1: 130)

迁到此处的既不是埃及人，也不是阿拉伯人，我倾向于婆罗门人：我相信他们并非闪米特的后裔，正如其他人猜测的，而是雅弗的后代。我推测他们从北方进入印度，我们必须寻找其祖先起初在欧洲称为高加索山脉附近生活的地区。

这一北印度语言来源于高加索地区移民的观点，与伯克斯洪的斯基泰假说大体一致。

法国大革命结束以后，即十年之后的1777年，法国学者德斯沃尔克斯（Nicolas-Jacques Desvaulx，1745—1817/1823）将格尔杜"纪事"以《印度人的教化和习俗》（*Mœurs et Coutumes des Indiens*）的书名印行，但是未署真正作者格尔杜的姓名。1808年，法国传教士杜波瓦（Jean-Antoine Dubois, Abbé Dubois, 1766—1848）竟然把格尔杜纪事，以20000法郎卖给英国东印度公司的马杜拉斯（Madras）政府。1816年译为英文本，题名《印度人的性格、风俗和习惯，及其制度、宗教和民间》（*Description of the Character, Manners and Customs of the People of India, and of their Institutions, religious and civil*）在伦敦出版。1825年，杜波瓦又在巴黎出版了法文版的《印度人的习俗、制度和仪式》（*Mœurs, institutions et cérémonies des peuples de l'Inde*）。长期以来，该书被认为是西欧印度通（indianist）所撰写的第一部记叙印度情况的专著，杜波瓦甚至由此被称为英属殖民地民族志研究的创始人。直到1987年，法国语言学家穆尔（Sylvie Murr）将格尔杜"纪事"重新编辑出版（Murr ed. 1987a），并为之撰写《导言》。通过戈弗雷（Godfrey 1967）和穆尔（Murr 1987b）的深入研究，格尔杜揭示梵文和欧洲古代语言亲属关系的历史地位得以重新确定。

此外，1808年，法国杜伯龙（Anquetil-Duperron，1731—1805）主编的《铭文和美文皇家学术院文学纪事精选》（*Memoires de littérature de l'Académie Royale des Inscriptions et Belles-Lettres* 49：647—679），收录了格尔杜《对以前"纪事"的补充》（*Supplément au mémoire précédent*），此为1771年写给巴泰勒米神父（Abbé Barthélémy，1716—1795）的信函，其中有格尔杜研究梵文语法、印度哲学和科学的内容。格尔杜的"纪事"与格尔杜写给巴泰勒米神父的信函《对以前"纪事"的补充》很容易混淆。

（二）欧洲学界的历史比较传统

根据现有资料，欧洲学者关于语言的"相似和同源"研究，最早可以追溯到12世纪对日耳曼语言的关系研究。

1. 亲属关系探索的萌芽

12世纪初，冰岛的一位佚名语言学家——有人提出可能是泰特森（Hallr Teitsson，

1085—1150）——识别了冰岛语（古斯堪的纳维亚语言）与英语之间的大量词汇的相似之处。这篇大约写于1122年到1133年之间的论文，被后世学者题名为《第一篇语法论文》（1st Grammatical Treatise）。近700年后，才由拉斯克（Rasmus Rask ed. 1818）刊出。**可谓日耳曼语亲属关系的最早研究。**

12世纪末，诺曼底和威尔士混血的英国神父坎布伦西斯（Giraldus Cambrensis, 威尔士语Gerallt Gymro杰拉尔德，1146—1223），在《威尔士记事》（Descriptio Cambriae; 英语 Description of Wales. 1194）中论述了威尔士语（Welsh）、考尼士语（Cornish, 康沃尔人的凯尔特语）和布列塔尼语（Breton）的词汇相似性。坎布伦西斯一方面认为，这些语言是"不列颠母语的古老语言"（antiquum linguae brittanicae idioma）的后裔；另一方面认为，这些语言和希腊语、拉丁语存在亲属关系。**可谓凯尔特语亲属关系的最早研究。**

13世纪中期，西班牙罗德里库斯（Rodericus Ximenez de Rada，1175—1247）在《伊伯利亚纪事》（De rebus Hispaniae，1243）中描绘了欧语分布，提及三种主要语言（拉丁语言、日耳曼语言、斯拉夫语言）。图巴尔的子孙说的是拉丁语言，而雅弗的其他后裔形成其他语言。

14世纪初，意大利诗人但丁（Dante Alighieri，1265—1321）首次对拉丁语方言进行了比较研究，在1303—1305年之间完成了《论俗语》（De Vulgari Eloquentia Libri Duoi, Pub. 1577）。但丁提出，不同方言是同一源语由于时间推移和人群迁徙所造成的结果，并且首次把欧洲语言划分为三组：北方的日耳曼语组、南方的拉丁语组，以及欧亚毗邻的希腊语组。

15世纪下半叶，北欧人文主义之父、荷兰阿格里科拉（Rodolphus Agricola，1443—1485）在《方言的发现》（De inventione dialectica，1479）中注意到多种印欧语言之间的对应性，研究过希腊语、拉丁语和日耳曼语之间的关系。其友人德国达尔贝格（Johann von Dalberg，1445—1503）据特里特米乌斯（Trithemius，1462—1516）等之说，收集了几千个日耳曼语与希腊语对应的词汇。

2. 语言比较的词汇和谐论

1537年，捷克学者杰勒纽斯（Sigismund Gelenius, Sigmund Gelen；捷克语Zikmund Hrubý z Jelení，1497—1554）在《欧洲大家族四种语言的词语和谐，希腊语、拉丁语、日耳曼语和斯拉夫语的协和一致分类》中，把欧洲语言归纳为四种（增加斯拉夫语）。

1554年，法国学者佩利雍（Joachim Périon，1498—1559）在《论高卢语的起源及其与希腊语的血统关系》中，提出了高卢语—希腊语同源论。根据《圣经》记载，自巴比塔之后变乱的语言有72种语言，其中没有高卢语或法语。因此，佩利雍认为高卢语或法语是从希腊语演变而来。他并且引用恺撒的《论高卢之战》来证明法国古代凯尔特祭司所说的是希腊语，由此产生出现代法语。

1555年，法国学者艾蒂安尼（Henri Estienne，1528—1598）在《论法语与希腊语的一致性》（Pub.1561）中提出，从词法和句法方面加以说明的希腊语中的许多不规则表现方法，都可以用法语中的类似词语加以解释，由此试图证明法语从希腊语变化而来。

1548年，瑞士学者彼布里安德（Theodore/ Theoder Bibliander，1509—1564）在《语言的共同原理和字母说明》中提到，威尔士语和考尼士语来自希腊语；人们从法国马赛把希腊语带到了英伦。彼布里安德通晓希腊语、拉丁语、希伯来语、阿拉伯语以及其他东方语言。

1555年，瑞士学者盖斯纳（Conrad Gesner, 1516—1565）编撰的《不同语言大全》（*Mithridates*[①] *de differentis linguis*），收录约130种语言，附有22种语言的主祷文。此外制作了从拉丁语演变而来的几种罗曼语及《旧约全书》希伯来语的比较词表。**可谓大批量语言的词汇比较发端。**

1555年，立陶宛学者米加罗（Michalo Lituanus；真名Vaclovas Mikolajevičius，生卒不详）把其著作献给波兰国王兼立陶宛大公的奥古斯都二世（1520—1572），其中比较了立陶宛语与拉丁语的70多个同源词，指出二者之间存在亲缘关系。其部分文稿题为《论鞑靼、立陶宛和莫斯科公国的习俗》1615年在巴塞尔刊行。

1579年，苏格兰历史学家布坎南（George Buchanan，1506—1582）在《苏格兰历史》（Pub. 1582）中对海岛凯尔特语（Insular Celtic languages）进行了研究，并且讨论了英语和高卢语的关系。

1606年，法国学者基沙尔德（Estienne Guichard，生卒不详）出版了巨著《论希伯来语、迦勒底语、叙利亚语、希腊语、拉丁语、法语、意大利语、西班牙语、阿勒曼语、佛拉芒语、盎格鲁语等语言的词源和谐说》。阿勒曼语即古代德语的一种，佛拉芒语即古代荷兰语的一种。[②]基沙尔德把这些欧亚语言分为四组，即闪米特语组（希伯来语、迦勒底

[①] 密特拉达梯（Mithridate）的本义为"密特拉的馈赠"，密特拉（Mitras）是波斯琐罗亚斯德教信奉之神。安纳托利亚古国本都（Pontus）的国王常以之为名（含义是神所赐给的土地和权力）。其中，密特拉达梯六世（前132—前63）通晓25种语言，能流利使用其统治22个民族中的任一语言。由此后世用密特拉达梯比喻"语言通晓""普通语言学"。据说他每天服食解毒剂以预防中毒，因此古罗马凯尔苏斯（Aulus Cornelius Celsus，25—50）在《医学论》（*De Medicina*）中，将这种万应解毒剂也称为"密特拉达梯"。

[②] 阿勒曼尼（Alemanni）是日耳曼的一支，始见于罗马人213年的记载。496年，阿勒曼尼被克洛维征服，并入法兰克王国。法语中的"德语（Allemagne）"一词即来自Alemanni。佛拉芒语原为比利时弗兰德地区佛拉芒人的语言。在历史上，荷、比曾是一国，佛拉芒语即相当于南部荷兰语。

语、叙利亚语）、希腊语组、意大利语组（拉丁语、法语、意大利语、西班牙语）和日耳曼语组（阿勒曼语、佛拉芒语、盎格鲁语）。比但丁（1303—1305）提出的多了闪米特语组。基沙尔德认为，希伯来语无疑是一切语言的母语，我们需要解释的是它怎样分化为这么多的语言，又怎样由现在这么多的语言，如希腊语、拉丁语、科普特语、波斯语，去追溯其共同来源的希伯来语。（岑麒祥1958：52）

1616年，德国神学家和语言学家克鲁斯基尔（Georg Cruciger，1575—1637）在《四种主要语言的和谐：希伯来语、希腊语、拉丁语和日耳曼语》中，列出了2000个希伯来语词根，认为从中派生出拉丁语、希腊语和日耳曼语（高地德语和荷兰语）的词语。

"词汇和谐论"可以称之为历史比较语言学的第二阶段。这些学者包括一些语言学家、诗人、神学家、历史学家、旅行家和人文主义学者。基沙尔德在近1000页的巨著中，已经将历史比较扩展到西亚的希伯来语、迦勒底语和叙利亚语，提出了基于更大范围的词源和谐论。

3. 语言起源的伊甸园假说

《圣经》旧约中记载的"大洪水"事件和"巴比塔"事件，隐喻了人类语言的"同源—分化模式"，由此促使欧洲学者试图理清所有语言之间的关系，寻找在伊甸园或天堂里所说的最初语言。从古罗马基督教思想家圣奥古斯丁（Saint Augustine，354—430）开始，学者接受了所有语言都是从"古希伯来语"分化而来的观点，并把欧洲语言视为诺亚三子之一雅弗（Japhetic）的后裔。16—17世纪的部分欧洲学者在寻找语言祖先时，仍然与发现"伊甸园"联系在一起。

荷兰语言学家贝卡努斯（Johannes Goropius Becanus，1519—1572）原在鲁汶大学学习的是医学专业，1554年放弃医生职业，决定全力从事古代语言研究，1569年出版《安特卫普语或贝尔吉卡辛梅里安语的起源》。他认为，斯凯尔德河（Scheldt）和莫塞墨兹河（Meuse）之间这一地区的语言①即荷兰语，就是伊甸园里说的最初语言。依据大多数古代语言都是由短词构成的简单语言，他推定，既然布拉班特话的数词比拉丁语、希腊语和希伯来语更短，那么布拉班特话就是更古老的语言；自然是所有的语言都从布拉班特话派生而来，那么伊甸园的位置就在布拉班特地区。贝卡努斯宣称——"谁不热爱自己的父语？"（Quis est enim qui non amet patrium sermonem?），莱布尼茨还专门为之造了一个术语"格罗佩斯主义"（Goropism）——来自贝卡努斯的名字Goropius——用来指把其母语说成始源语的倾向。不过，贝卡努斯运用比较方法，发现了拉丁语、希腊语和梵语以及其

---

① 安特卫普位于斯凯尔德河河畔，布拉班特位于比利时中北部和尼德兰南部。

他一些语言的亲属关系，可以视为识别印欧语的最初探索。

1671年，瑞典文坛领袖斯提恩希尔姆（Georg Stiernhielm，1598—1672）在《乌尔菲拉—哥特语词表，语言的亲和》的前言"语言的起源"（De Linguarum origine Praefatio）中，试图证明哥特语（他视同为古斯堪的那维亚语）是所有语言的源头，从而认为**北欧是人类的起源地**（vagina gentium）。斯提恩希尔姆在德国格赖夫斯瓦尔德（Greifswald）大学取得学位，也曾到荷兰求学，有条件接触到贝卡努斯的假说，其哥特语起源论同样陷入了贝卡努斯主义。不过，斯提恩希尔姆发现爱沙尼亚语和拉普兰语在许多方面类似于芬兰语，而芬兰语也与匈牙利语共享许多词汇。大约同一时期，德国学者沃格尔（Martin Vogel，1632—1675）也对芬兰语、拉普兰语和匈牙利语进行了比较，试图证明它们之间的关系，但其著作从未发表。这两位学者已经认识到后来被称为芬-乌戈尔语系的轮廓。作为一位活跃的语言学家，斯提恩希尔姆写有许多语言学论著但刊行极少。

1717年，瑞典博物学家老鲁德贝克（Olof Rudbeck，1630—1702）在《哥特语的使用示例，找出并说明〈圣经〉的模糊之处：与哥特语类比的是汉语，而匈牙利语和芬兰语不符》中，提出汉语与哥特语之间的相似性。秉承斯提恩希尔姆的思路，鲁德贝克企图证明古代沉入大西洋的亚特兰梯斯（Atlantis）就是斯堪的纳维亚半岛，坚持**瑞典地区是人类文明的发源地**。

1674年，法国学者贝尼耶（Pierre Besnier，1648—1705）在《语言的团聚性》中，坚持**最古老的语言就是希伯来语**。（Eichhorn 1807: 11）次年，即1675年，该书译为英文版《语言团聚性的哲学探索，或精通语言的技艺》出版。波兰耶来尼亚古拉城（Jelenia Góra）希施贝格（Hirschberg）教堂的德国牧师亨泽尔（Gottfried Hensel，拉丁语Godofredus Henselius，1687—1767）追随贝尼耶的观点，相信**所有的语言来自希伯来语**。在《所有语言概览：包括世界各地语言的主要群体及其亲和性奥秘，从字母、音节、自然发音和结构衰变等方面对比》（1741）中，展示了当时西方已知的所有语言及其书写系统，并附有4幅世界语言地图。

记录《圣经》旧约的古希伯来语，无疑相对古老。原始闪米特语与原始印欧语（原始高加索语）的分化，应当是相当遥远的事（估计新旧石器交替时期，距今10000年前）。西方早期人类的迁徙大势是从南（热带、亚热带）向北（北温带、寒带），以中东为基准，再分为向东或向西迁徙。如果有"语言起源的伊甸园"，当然不会在西部的荷兰-比利时、北部的斯堪的纳维亚，也只能在中东地区。

4. 伯克斯洪的斯基泰假说

1584年，荷兰学者拉维林根（Frans van Ravelingen，拉丁语Francisci Raphelengii，1539—

1597）在给莱顿大学教授利普修斯（Justus Lipsius，1547—1606）的信函中，提供了一份著名荷兰学者所认可的具有强烈相似性的日耳曼语和波斯语对应词表，并且认为"这种相似性可能来自与起源有关的密切关系"。拉维林根与贝卡努斯为友，估计这份词表是贝卡努斯草拟的。拉维林根通晓希伯来语、阿拉伯语和波斯语，1587年任莱顿大学希伯来语教授。

1597年，荷兰莱顿大学教授乌尔卡纽斯（Bonaventura Vulcanius of De Smet，1538—1614）在《盖蒂或哥特人的文学和语言》中，利用某编纂的《摩西五书》四语（含波斯语）对照，举22例证明波斯语与荷兰语词汇对应。乌尔卡纽斯与拉维林根有过交流。

1599年，荷兰莱顿大学教授斯卡利杰（Joseph Justus Scaliger，1540—1609）在《欧洲语言论集》（Pub. 1610）中，建立了"母语（Matrices）—子语（Porpagines）"模式，每一远古"母语"分化为若干"子语"而形成后来的不同语群。基于"上帝"（God）一词的比较，他将欧洲语言划分为十一个语群。其中四个较大的语群是：罗曼语群（Deus语群）、希腊语群（Theos语群）、日耳曼语群（Gott语群）、斯拉夫语群（Bog语群）；七个较小的语群是：阿尔巴尼亚语群、鞑靼语群、匈牙利语群、芬兰语群、爱尔兰语群、威尔士语群以及巴斯克语群。一方面，他认为这十一个语群的远古母语之间没有亲属关系，其词汇的相似性可能来自借用，例如，拉丁语借自希腊语，欧洲各近代语言借自拉丁语，等等；另一方面，他又基于许多古代词语的词源分析，试图证明这些语言源于更古老的希伯来语。

1640年，客居莱顿的德国东方学家艾利奇曼（Johann Elichmann，1600—1639）的《塞贝斯书板：希腊语、阿拉伯语以及毕达哥拉斯的黄金诗句》在莱顿出版。艾利奇曼曾在波斯宫廷行医，熟悉波斯语。他从形态学角度研究了欧洲语言和印度—伊朗语言之间的关系，使用了"来自相同源头"（*ex eadem origine*, Elichmann 1640: iii）这样的表述。

1643年，萨马修斯在《希腊文化评论：希腊语衰落之争，及希腊语方言起源的探讨》中，介绍了艾利奇曼关于希腊语等语言起源的观点，且在印度斯基泰的背景下，把梵文引进印欧语起源研究。此外，基于波斯语、希腊语、拉丁语和日耳曼语的平行词语和语音对应，萨马修斯尝试"重建原始语言"。（Salmasius 1643: 366—396；Muller 1986: 11）

毋庸置疑，从贝卡努斯（1569）开始，经由拉维林根（1587）、斯卡利杰（1599）、艾利奇曼（1640）、萨马修斯（1643）等，荷兰莱顿成为当时的语言历史比较研究中心。如果以提出语系概念和历史比较方法论为标准，那么直到1647年，历史比较语言学才在荷兰莱顿最终成熟。

1647年，荷兰莱顿大学教授伯克斯洪连续出版了三本书：

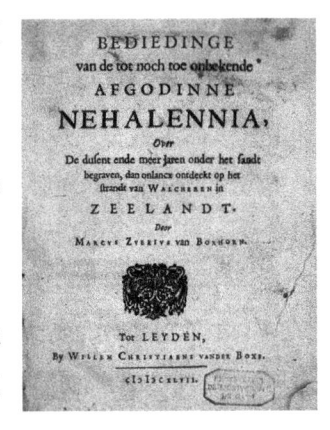

1.《迄今未知的女神尼哈勒尼亚之谜：若干年来甚至在更早时期被泥沙湮没，在泽兰的瓦尔赫伦岛海滩发现》（*Bediedinge van de tot noch toe onbekende Afgodinne Nehalennia, over de dusent ende meer Jaren onder het sandt begraven, dan onlancx ontdeckt op het strandt van Walcheren in Zeelandt*，1647）。

伯克斯洪是以给阿玛莉亚·范·索尔姆斯（Amalia van Solms）伯爵夫人的优雅长信公布该书的，从描述尼哈勒尼亚的祭坛与雕像开始……

2.《向伯克斯洪先生提问，就其最近所提迄今未知的女神尼哈勒尼亚之谜》（*Vraagen voorghestelt ende Opghedraaghen aan de Heer Marcus Zuerius van Boxhorn, over de Bediedinge van de tot noch toe onbekende Afgodinne Nehalennia, onlangs by Hem uytgegeven*，1647）。

3.《对女神尼哈勒尼亚之谜提问的解答，关于希腊语、罗曼语和德意志语起源于斯基泰的清晰证明，以及这些民族各种古代遗存的发现和阐述》（*Antwoord van Marcus Zuerius van Boxhorn, Gegeven op de Vraaghen, hem voorgestelt over de Bediedinge van de Afgodinne Nehalennia, onlancx uytgegeven. In welcke de ghemeine herkomste van der Griecken, Romeinen, ende Duytschen Tale uyt den Scythen duydelijck bewesen, ende verscheiden Oudheden van dese Volckeren grondelijck ontdeckt ende verklaert worden*，1647）。

伯克斯洪病故的次年，即1654年，伯克斯洪的同事和继任者、莱顿大学历史学教授乔治·霍恩（Georgius Hornius，1620—1670）为之出版遗作《高卢的起源。古老而高尚的高卢民族的起源，关于其古迹、风俗、语言和其他情况说明：除了古代不列颠语中的不列颠-拉丁语词汇，新增古代不列颠德鲁伊教文物中的学识，以及古代不列颠的高卢石碑》（*Originum Gallicarum Liber. In quo veteris & nobilissimæ Gallorum gentis origines, antiquitates, mores, lingua & alia eruuntur & illustrantur: cui accedit antiquae linguae Britannicae lexicon Britannico-Latinum, cum adjectis & insertis ejusdem authoris*

Agadiis Britannicis sapientiae veterum druidum reliquiis, & aliis antiquitatis Britannicae Gallicaeque nonnullis monumentis）。

尼哈勒尼亚是盛行于2—3世纪古罗马的神祇之一，而在当时的荷兰瓦尔赫伦岛海滩发现了这一女神雕像。伯克斯洪从考古文化入手，基于语言历史比较，提出了历史比较语言学史上的第一个关于"印—欧语系"的假说——斯基泰假说。

当今荷兰莱顿大学教授德利姆（George van Driem）指出：

In 1647, the 'Scythian' family specifically included Sanskrit, known to van Boxhorn through the vocabulary recorded by Ctesias of Cnidos in the fifth century BC, and all then known branches of Indo-European, viz. Latin, Greek, Celtic, Indo-Iranian, Germanic, Baltic and Slavonic.（Driem 2005：285）

在1647年提出的"斯基泰"语系中，明确包括了梵语，伯克斯洪查阅的是克泰夏斯西元前5世纪所记录的梵语词，并且囊括了当时已熟知的印欧语系的所有分支，即拉丁语、希腊语、凯尔特语、印度—伊朗语、日耳曼语、波罗的语以及斯拉夫语。

斯基泰人（Scythians）发源于东欧草原，其迁徙足迹遍及欧亚。伯克斯洪认为他们是印欧语言的最古老居民，由此以之命名这一横跨欧亚的庞大语系。

伯克斯洪不但清楚地阐述了具有发生学关系的这些语族来自同一原始母语，并且提出了历史比较方法论。追寻原始母语并非仅靠词汇比较，还要通过语法，特别是形态比较。在词汇比较中，他提出要辨别借词，揭示虚假同源和貌似同源。在形态比较中，他区别了本源形态、变异形态或更晚时期的其他类似形式，同时指出：作为反映更古形态系统的不规则孑遗，这些变异形态是共有本源形态的不规则演变结果。**凭借提出斯基泰语系和历史比较方法论这两项贡献，伯克斯洪可以当之无愧地被称为"历史比较语言学理论和方法论的创始人"。**

此后，对历史比较语言学作出巨大贡献的是发现日耳曼语历史音变定律的荷兰学者凯特（Lambert ten Kate，1647—1731）。1710年，凯特发表了前期研究成果《哥特语和尼德兰语的亲缘关系》；1723年，凯特出版了后期研究成果《以可靠基础和高雅名义介绍荷兰语的精要知识，深思熟虑和溯源沿流最有用的特性和规则变化，并对最重要的古老语言和存在至今的亲属语言，如古哥特语、法兰克-德意志语、盎格鲁-撒克逊语及当代高地德语和冰岛语进行比较》。在这一论著中，**凯特首次提出了日耳曼语历史音变定律**。在强调音位系统和词法形态的变化都是规则变化，历史音变规则无例外的同时，对历史音变的次序、根词元音的交替模式，以及历史音变对变格与变位的影响进行了研究。（Driem 2005）近100年后，拉斯克（Rasmus Christian Rask，1787—1832）和格里姆（Jakob Grimm 1819；2nd ed.，1822—1840）才重新证明，从而形成蜚声学界的"格里姆定律"。

荷兰东方学家雷兰德（Hadrian Reland, Adriaen Reeland，1676—1718），11岁在阿姆斯特丹学习拉丁语，13岁进入乌特勒支大学学习神学和哲学，对希伯来语和迦勒底语尤感兴趣，后又自学阿拉伯语。取得博士学位后，曾到莱顿工作（估计由此了解斯基泰假说）。25岁的雷兰德已经通晓希伯来语、阿拉伯语和其他闪米特语，担任乌特勒支大学东方语言教授。1708年，基于荷兰航海家勒梅尔（Jacob Le Maire，1585—1616）提供的词表（1622），雷兰德首次揭示了马来语和西太平洋岛屿语言之间的联系。

此外，荷兰古典学者仑肯或卢凯纽斯（David Ruhnken，拉丁语David Ruhnkenius，1723—1798）是研究德语起源的专家。1744年到莱顿大学任教，1761年担任拉丁讲座教授。坎贝尔（Campbell 2006: 256）提到，卢凯纽斯熟悉历史语言学的一般情况，了解梵文与多种印欧语言存在亲属关系。

伯克斯洪的斯基泰假说，比琼斯的《三周年演讲》（1786）要早140年。这一假说，除了在荷兰流传，同时经由一些学者，主要是瑞典和英国学者得以在西欧传播。

5. 斯基泰语系假说的旁证

斯基泰人是古史记载中的最早游牧民族，自称"斯古罗陀"（Skolotoi）。古波斯-印度称之为塞克（Saka），分为戴尖帽塞克、饮豪麻汁塞克、海那边的塞克。古亚述称之为阿斯库哉（Ashkuzai），希伯来文转写为Ashkenaz。古希腊称之为斯库泰（Σκύθαι, Skutai、Skuthoi）或Sacae。中国《史记》中称之为"塞人"或"萨迦人"。匈牙利语言学家切梅雷诺（Szemerényi 1980）证明，伊朗四种民族的名称"Scythian, Skudra, Sogdian, Saka"都源于印欧语的古老词"弓箭手"。

前8世纪—后3世纪，斯基泰人活跃于中亚的广大区域。古希腊史学家希罗多德（Herodotus，约前484—前425）、斯特拉波（Strabo，约前63—前24）和古罗马史学家尤斯丁（Marcus Junianius Justinus，西元后3世纪）等在其著作中均有记述，他们称斯基泰是远古北方海上（里海和黑海流域）的种族。犹太历史学家约瑟夫斯（Titus Flavius Josephus，37—100）及早期基督教学者认为，斯基泰人是诺亚三子雅弗的后代。斯基泰人身材高大，蓝眼隆鼻多须。据人种考古和基因分析，其祖先是分布在东欧森林—草原交界地带的原始欧洲人（父系单倍群R1a1-M17）。他们很早就居住在伏尔加河—顿河流域（估计在前7000年，从南部迁来。中纬度地区的冰后期从1万年前开始。北欧、波罗的海沿岸的冰盖从1万年前开始向北退却，前6500年退到瑞典中部）。他们善于养马，除了以游牧部族

为主，也有农业部族。斯基泰人在历史上有多次迁徙，其范围从中亚到欧洲以及北亚，对印欧语的传播具有深远影响。希罗多德时代的斯基泰人，主要包括三支：多瑙河到黑海北岸的斯基泰人（Sacae、Saka）、里海西北伏尔加河下游的萨尔马泰人（Sarmatia），以及里海以东、锡尔河南岸的马萨革泰人（Massagetae）。此外，史家还把里海东北的斯基泰人称为奄蔡人（Aorsi）、阿兰人（Alani）。

斯基泰人没有文字，古希腊和罗马作家记下的一些斯基泰语专名，其中可识别的大多数具有伊朗语特征。伯克斯洪提出原始印欧语为"斯基泰语"，可能受到希罗多德等古典学者记述的启迪。

上图为前7世纪—后4世纪斯基泰人的迁徙路线图。关于原始印欧人的形成和扩展路径，目前广为接受的是立陶宛考古学家金布塔斯（Marija Gimbuta 1956）通过对南俄和中亚草原古代坟冢的规格、葬制和陪葬品的比较，提出的库尔干假说（Kurgan hypothesis，坟冢假说），从考古文化角度进一步佐证了伯克斯洪的斯基泰假说。

根据《原始印欧语文化：西元前第五、第四和第三千纪的库尔干文化》（Gimbuta 1970），原始印欧人的形成和扩展分为四大阶段：第一阶段是前5000—前4500年左右伏尔加—顿河流域的萨马拉文化（Samara）和塞罗格拉佐沃（Seroglazovo）文化；第二阶段和第三阶段是前4500—前4000年的北高加索迈科普文化（Maikop）、乌克兰东部的斯列德

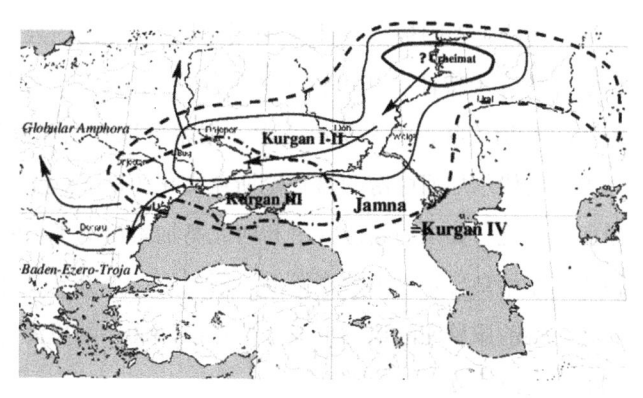

尼·斯托格文化（Sredny Stog），此时出现了马拉战车。第四阶段是前4000—前3000年，以分布更为广泛的坟冢文化为代表。主要的扩张有三次：第一次是从伏尔加河下游扩张到顿河流域；第二次是从北高加索扩张到北欧；第三次是从南俄草原向欧洲腹地扩张，远达匈牙利的多瑙河地区。此后，前3000—前2400年，从伏尔加河到莱茵河一带出现绳纹器文化（Corded Ware Culture）。该文化的创造者就是西支印欧人，即凯尔特人、日耳曼人、拉丁人、希腊人的祖先。同时，从前3000年开始，东支印欧人向东进入草原游牧，并且很快扩张到中亚，远达波斯、印度、西伯利亚和东亚。

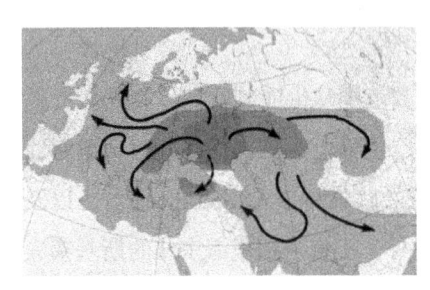

左图是原始印欧人约前4000年至前1000年期间迁移情况示意图。中心区表示原始印欧人的原住地，包括萨马拉文化及斯列德尼·斯托格文化。深灰色表示印欧语族群约前2500年可能已经定居的地区。浅灰色表示前1000年左右的分布情形。中心区向下的线表示"安纳托利亚迁移"可能经过的高加索地区或巴尔干半岛。

荷兰语言学家孔甫烈（Frederik Kortlandt）在《印欧人的扩张》（Kortlandt 1990）中，立足语言学证据提出了改进后的库尔干模式。斯列德尼·斯托格文化最有可能是印欧人的原住地。未向西、向东或向南扩张的印欧人，成为波罗的—斯拉夫语的使用者，其他咝音印欧语的使用者是亚姆纳文化（Yamna）的后裔，西部印欧语的使用者是绳纹陶文化的后裔。由此将波罗的—斯拉夫人的祖先与第聂伯河—顿涅茨河文化（Dnieper-Donets）联系起来。这一文化的来源如果是斯列德尼·斯托格文化、亚姆纳文化和特里波耶文化（Tripolye）之一，那么也就与咝音印欧语在西部印欧语影响下的变化过程相符。波罗的—斯拉夫语的分裂与印欧语的分裂相似，斯拉夫人向西、向南和向东迁徙，拉脱维亚人向北迁徙，普鲁士人则被德国日耳曼人同化。立陶宛语处于迁徙的中心位置，因此保留了原始印欧语的若干特征。如果将印度—赫梯文化和古欧洲文化分别与斯列德尼·斯托格文化的始、末相关联，那么从语言学证据就可以看出印欧语的历史不早过金布塔斯的第二原住地，而伏尔加河中游的赫瓦伦斯克文化（Kvalynsk）和北高加索的迈科普文化不属于原始印欧文化。如果原始印欧语和西北高加索语的类型相似性是区域共性，可将原始印欧语视为"原始乌拉尔—阿尔泰语系"假说的一个分支，并在高加索语底层影响下发生演变的产物。将前原始印欧语的形成定位在前7000年的里海北岸，本质上与金布塔斯（Gimbutas 1985）假说一致。

根据要塞聚落和坟墓铭文等遗存可以推定，库尔干文化扩张是对"旧欧洲母系社会文化"的武力入侵，从而导致"新欧洲父系武士社会"的形成。（Gimbutas 1982）原始印欧人扩散所到之处，原居民被迫迁移或趋于没落，或与库尔干文化融合。到前1500年，整个西—中欧仍在使用的非印欧语只剩下了巴斯克语。近4000年来，已消亡的有文献非印欧语有：阿基坦语（Aquitanian，与巴斯克语相似）、伊比利亚语（Iberian，一些专名与阿基坦语相似）、伊特拉斯坎语（Etruscan）及其亲属语、北皮塞恩语（North Picene）、埃泰尔塞浦路斯语（Eteocypriot）、埃泰尔克里特语（Eteocretan）。由此，可以将巴斯克语与伊利比亚语、格鲁吉亚语、西北高加索语（如车臣语），组成瓦斯科尼亚语系（Vasconic languages）。

与库尔干假说不同，遵循澳大利亚考古学家恰尔德（Gordon Childe 1929）的新石器农业扩散论，英国考古学家伦弗鲁（Andrew Colin Renfrew）在《考古学与语言：印欧语起源之谜》（1987）倡导的安纳托利亚假说（Anatolian Hypothesis），把原始印欧语的起源时间推到前7000年，与安纳托利亚的农业发端相联系。随着农业扩散，安纳托利亚先民取代了印欧原先居民。按照《时间深度，趋同理论及原始印欧语的革新》（Renfrew 1999）印欧语的传播进程，或源于安纳托利亚的印欧化步骤如下：前6500年左右，位于安纳托利亚的前原始印欧语（Pre-Proto-Indo-European），分化成安纳托利亚语和古原始印欧语（Archaic Proto-Indo-European）。这些古原始印欧语民不断迁徙，留下了巴尔干半岛的斯塔尔切沃—克勒什—克里斯文化（Starčevo-Körös-Cris culture）、多瑙河河谷的线纹陶文化（Linear Pottery culture），可能还有巴格—德涅斯特区域（Bug-Dniestr area）的东方线纹陶文化。前5000年左右，古原始印欧语分裂为多瑙河河谷的西北印欧语（意大利语、凯尔特语和日耳曼语始祖）、巴尔干半岛的中部印欧语（与金布塔斯的老印欧语文化对应），以及中亚的东部印欧语（吐火罗语祖先）。

2012年，新西兰奥克兰大学心理学研究员阿特金森（Quentin D. Atkinson）的团队，发表了一篇《印欧语系起源和扩张的谱系图》（Bouckaert, etc 2012）的报告。采用流行病学追踪病毒暴发地的统计方法，针对103种古代和现代印欧语言中的一些同源基本词，推演出印欧语系谱系树。结合这些语言的地理分布和时间信息，推定印欧语祖先的地区和时期，据说支持安纳托利亚假说。

9位专家跨13个学科（计算机科学，免疫学，语言心理学，大脑、认知和行为，心理学，文化、历史和语言，生物信息学，分子生态学与进化论，哲学，生物数学，生物统计学，人类遗传学，认知和进化人类学）采用流行病学统计方法，来研究一窍不通的历史比较语言学（无一人以历史比较语言学为专业），尽管勇气可嘉，还是需要质询。**首先，根**

据历史比较语言学方法论，仅基于词汇（即使基本词汇，也存在语言之间的借用）是不能完全确定同源关系的。其次，凭借流传至今的古代印欧语资料（约前1700年左右），根本无法追溯到前6500—前5000年。再次，凭借文献追溯的最古印欧语使用者，并非安纳托利亚的原居民，而是来自北高加索草原一带。以上这三条，就可以彻底否定《印欧语系起源和扩张的谱系图》的所谓结论。

现存最古老的印欧语文献是赫梯（Hittite）文献，在赫梯王国首都哈图沙（Hattuša）遗存中出土了大约30,000件泥版文书。根据考古研究，赫梯人并非安纳托利亚原居民。约前6000年，北高加索草原上的古印欧人在驯养马匹与发明轮子之后，开始向南翻越高加索山脉。约前3000年甚至更早，其活动范围扩展到南高加索与安纳托利亚一带。约前1900年，赫梯人从北面移居至安纳托利亚哈图沙一带。约前1700年左右，赫梯从亚述那里借用楔形文字，成为第一个拥有文献的印欧语民。这几位计算机科学、免疫学、生物统计学等专家的研究结果，就是不用流行病学追踪统计，也可以推出其结果——

∵ 第一个拥有印欧语文献的印欧人是赫梯，
∴ 赫梯语的词，是现在能见到的最古老印欧语的词。
∵ 赫梯居住在安纳托利亚哈图沙一带，
∴ 安纳托利亚，**可能**是印欧语共同祖先的地区。

但是，这个结果只是或然的。从理论上可以假定，假如在高加索—里海草原发现了比赫梯语更古老的印欧语的词（文字记录的），那么印欧语祖先的地区也就必然随之迁到高加索—里海草原。当然，因为文字的发明者处于南部两河流域的苏美尔，赫梯有幸从亚述那里借用，而处于北部高加索—里海草原的印欧人此前无缘借用。

显而易见，《印欧语系起源和扩张的谱系图》不过是一个统计学游戏。实际上，统计学根本无法研究语言的起源。当数据本身不可靠（只有约3700年前的古印欧语词，没有6000年前的原始印欧语词），采用数学方法仍然免不了主观猜测。

远古人群的迁徙，主要基于三种基本动力：1. 生理动力——寻找新的食源；2. 社会动力——部落的分化；3. 技术动力——新的生产力、武力（扩张手段）、交通力（迁徙方式）等。而决定迁徙距离、时间和规模的，无疑是技术动力。基于以上前提，可以认为，安纳托利亚假说推定的是前7500—前6000年，伴随着早期农业人群迁徙而传播的原始安纳托利亚语言。然而，凭借双腿的迁徙速度缓慢、规模零散，由此对语言分化或语系形成的力度微弱。库尔干假说推定的是前4000—前3000年，伴随着游牧人群迁徙而传播的古原始印欧语。凭借驯马和马车，可在较短时间内实行成规模人口的远距离迁徙，因此对语言分

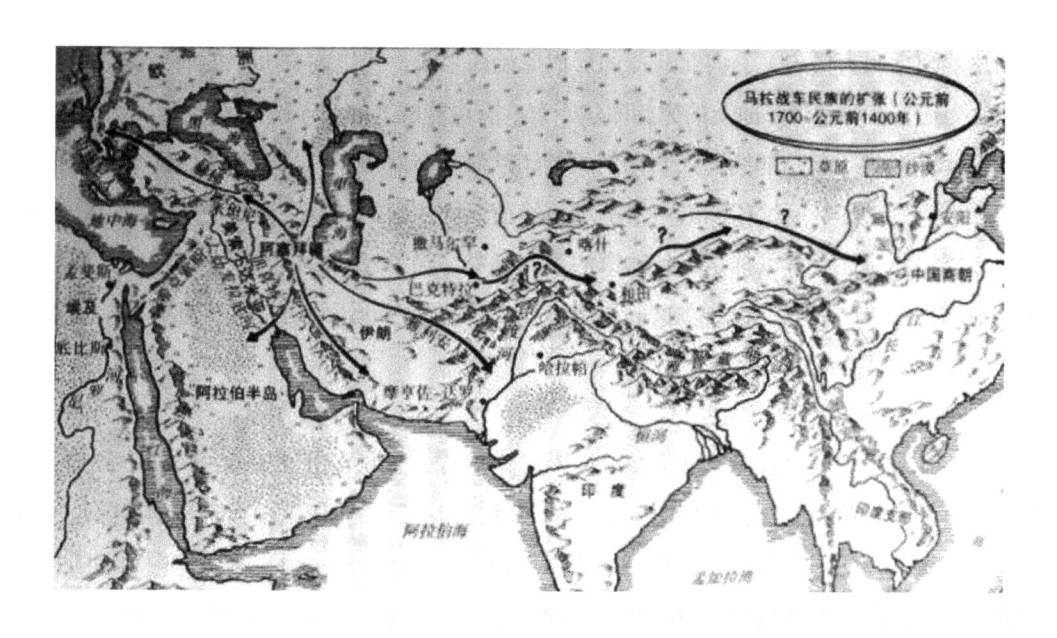

化或语系形成的力度强大。在位于乌克兰亚速海北岸的斯列德尼·斯托格文化中，出土了前4500年的马拉车（Blench & Matthews 1999）。在位于哈萨克斯坦北部南西伯利亚的辛塔什塔—彼德罗夫卡文化（Sintashta-petrovka）中出土了前2100—前1700年的14辆车遗物（Anthony & Vinogradov 1995）。

如果"前原始印欧语"纯粹是一个考古学家假定的概念（因为印欧语资料无法达到前7500—前6000年的时间深度），那么还不如采取库尔干假说（现有距今3700年前时间深度的语言资料。约前1900年甚至更早，赫梯人南下，与库尔干假说第四阶段末期的前3000年，相对比较靠近）相对可靠。

在原始印欧人（或斯基泰人）从东方迁徙到欧洲之时，欧洲各地已经分布着若干早期居民（古欧人）。现存的巴斯克语，已消亡但有文献的阿基坦语（Aquitanian）、伊比利亚语（Iberian）、伊特拉斯坎语（Etruscan）、北皮塞恩语（North Picene）、埃泰尔塞浦路斯语（Eteocypriot）、埃泰尔克里特语即米诺斯语（Eteo cretan）、塔特西语（Tartessian）、利古里亚语（Ligurian），还有一些系属不明的语言，如古地中海文化圈的环亚得里亚海一带的佛里吉亚语（Phrygian）、伊利里亚语（Illyrian）、艾利米亚语（Elymian）、利布尔尼亚语（Liburnian）、梅萨比语（Messapic）、西塞尔语（Sicel）、威尼托语（Venetic）、色雷斯语（Thracian）、达契亚语（Dacian），也许就是远古（距今20000—8000年前）陆续迁入欧洲的原始安纳托利亚语的后裔。如果我们假定有一种"原始安纳托利亚语"，那么发生在西元前7500—前6000年通过农耕推移而发生的迁徙，似乎应是向西迁徙的形成原始地中海语（以前3100年的地中海文明为代表）、向南迁徙的形成原始闪含语（以前5000

年的尼罗河文明为代表）、向北迁徙的形成原始库尔干语（以前4500年的斯列德尼·斯托格文化为代表）。南俄草原上的原始库尔干语，有可能成为原始印欧语的祖语。

公元前3000年起，陆续迁入欧洲的原始印欧语（新欧语）与早期从安纳托利亚语迁入的古欧语遭遇，尽管原始印欧语占了上风，然而不同地区的"新欧语"中却映射出"古欧语"底层的异质性。可以推定，新欧语的不同分支，除了迁入时期不同，还可能经历了与不同地域古欧语的融合过程。在这一历史过程中，若干古欧语纷纷消亡，唯有西南角伊比利亚半岛上的巴斯克语幸存下来。

6.斯库尔腾的谱系树假说

荷兰东方学家和语言学家艾伯特·斯库尔腾（Avec Albert Schultens，1686—1750），早年在莱顿大学接受教育，专门研究希伯来语及其同族语。后任莱顿大学神学院院长，他是当时整个欧洲的阿拉伯语首席教授。斯库尔腾撰有《在神学—语文学研究中利用阿拉伯语诠释神圣语言》（Written 1706，Pub. 1769）、《希伯来语主要方言变化的关键要素，特别是阿拉伯方言有时对希伯来语的偏离》（1733）、《研究希伯来语的古老成功方法，针对当前和本元学的新要求》（1738a）、《希伯来语的起源，以及古代阿拉伯语与希伯来语的姐妹关系》（1738b）、《所罗门箴言：希伯来文本的完整原始资料》（1748）等。埃斯库尔特（Josef Eskhult）在《斯库尔腾（1686—1750）和原始语言：传统危机和转折之处的话语》（2014）中，对其进行了详细、深入的梳理。

长期研究希伯来文与其他语言《圣经》的斯库尔腾，对"东方方言"（Oriental dialects，拉丁语*dialecti Orientales*）有着深刻的了解。他反对把希伯来语视为神圣语言，而东方方言与语言比较研究毫不相干的看法。由此，创立了其"东方方言"亲属关系研究的理论和方法。（Schultens 1738b：3—4）

首先，他依据其亲属关系程度把东方方言分成两组。一组包括迦勒底语（Chaldaic）、叙利亚语（Syriac）和阿拉伯语（Arabic），这些都是基于希伯来语词根的语言。另一组是埃塞俄比亚语（Ethiopic）、撒玛—叙利亚语（Sama Syriac ritan）、塔木德语（Talmudic），他将这些概括为类推的"同源方言"（dialect-analogy，拉丁语*analogia dialectorum*）。一些语言学家常常根据其智慧猜测闪米特语之间的关系，由此斯库尔腾建议以希伯来语《圣经》知识作为基础，与其他同源语言进行比较，通过其他文本资源来相互关照和鉴别（Schultens 1738b：205）。他认为，阿拉伯语并非希伯来语的侍女，在丰富性方面优于其他东方方言，利用其特点一定可以成功地反哺它的母语希伯来语。［Schultens 1769（1706）：2］

斯库尔腾进一步把"东方方言"即闪米特语之间的亲属关系概念化，描述了其原始语言（primeval language）特性和大洪水事件、巴别塔事件对语言变化的影响。斯库尔腾认为，原始语言是一种丰富的、具有能产性的、高雅的语言，能够通过词语表达心中的思想并与他人交流（Schultens1738a：50）。原始语言具有庄重性、生动性、精致性和权威性，以及各种各样的修辞手法和装饰成分（Schultens 1748: 74）。具体而言，原始语言的音节特征是一个辅音后面跟着一个元音。从这一音节特征，可以推导"东方方言"单词的三音节原则（triliterality）。他把这种假设的原始语言，称之为lingua primaeva（原始语言）或lingua antediluviana（大洪水语言），以之作为这些东方方言的未知共同母语（parentlanguage）。

毋庸置疑，在大洪水之前（before the Flood），人们没有任何高级文明，因为他们尚没有产生由语言造就的丰富的文学与艺术。斯库尔腾认为，原始语言在大洪水之前已经开始发生变化或呈现方言萌发状态：

According to the course of nature and of human speech, this language not only may, but also ought to have admitted some dialectal beginnings even before the Flood.（Schultens 1748：91）.

根据人类说话的自然规律，这种语言不仅可能，而且也应承认，一些方言在大洪水之前已从其中萌发。

斯库尔腾认为，希伯来语、阿拉伯语、阿拉米语（Aramaic）、叙利亚语、埃塞俄比亚语、撒玛利亚语（Samaritan）和犹太法典的塔木德语（Talmudic）都可以视为原始语言的历史方言。在他看来，这些东方方言在本质上并没有什么不同，只是在语音、形态、词汇、语义和语法等不同层次上偶有差异。依据以上研究，斯库尔腾对东方方言进行了谱系分类：

Now, let us summarize the point. The Hebrew language is a daughter and offshoot of the most ancient and rich language (*filia et propago antiquissimae atque copiosissimae illius linguae*) used for so many centuries by the antediluvian world. Arabic and Aramaic, which in turn are divided into Chaldaic and Syriac, are offshoots and daughters of the same primeval language (*ejusdem primaevae linguae propagines atque genuinae filiae*). (Schultens 1738a: 53)

现在让我们总结一下：这一在大洪水之前的世界中，希伯来语是那个使用了许多世纪的、最古老和最丰富的语言的女儿和分支。而阿拉伯语和阿拉米语，后者又分化为迦勒底语和叙利亚语，都是这一共同原始语言的分支和女儿。

在描述这些东方方言之间的关系时，他使用的术语是"血缘关系"（consanguinitas），意味着这些关系是从一个共同祖先承传下来的。除了血亲关系、父子关系，斯库尔腾描述这种假设的亲属关系时，也曾经借助于"一棵母亲树生长"的形象化比喻，东方方言从树根上（或"汁液"等元气，Schultens 1748a：80）共享相同的元气和精髓。参照希伯来语，斯库尔腾把古巴比伦语、叙利亚语和阿拉伯语解释为是"大洪水之前的三棵树干的分枝和分叉"。

In order to visualize this to everyone, I propose that the four dialects once occupying the Middle East are to be viewed as four major branches of one maternal trunk that extends very widely itself like a square tree throughout Babylonia, Syria, Palestine, and the deepest reaches of Arabia. The primeval language – it is easy to see – as a maternal trunk produced these four branches in these regions, when the family-nations were separated, and equally poured, together with an ample stuff of words, the same sap (idem succus) into them and the same nature of meanings with their original and innate force. (Schultens 1738b: 10-11)

为了形象化地展示给大家看，我建议将分布于中东的这四种方言，看作是一棵母亲树的主要四大枝干。原始语言就像一棵根深叶茂的立体树，其枝叶遍及巴比伦尼亚、叙利亚、巴勒斯坦地区，最远的延伸到达阿拉伯半岛。显而易见，原始语言在这些地区作为一棵母亲树产生的这四大枝干，当家族—民族分化以后，这棵母亲树仍然同样滋润着这四大枝干，给它们不断提供丰富的词汇资源。相同的活力（与"汁液"相同）与其原初和先天的力量一起，促使它们具有相同的意义的特性。

斯库尔腾的东方方言历时变化谱系树，可以图示如下（Eskhult 2014：11）：

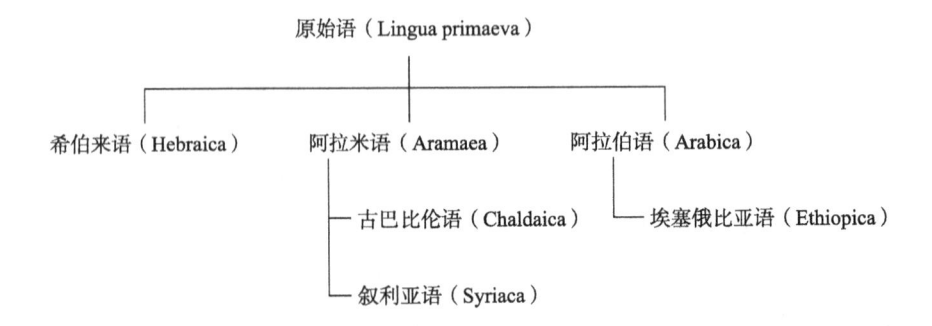

```
                原始语（Lingua primaeva）
        ┌──────────────┼──────────────┐
  希伯来语          阿拉米语         阿拉伯语
  （Hebraica）      （Aramaea）      （Arabica）
                    ├── 古巴比伦语（Chaldaica）    └── 埃塞俄比亚语（Ethiopica）
                    └── 叙利亚语（Syriaca）
```

"斯库尔腾"为荷兰莱顿三代相传的东方学家和语言学家。艾伯特·斯库尔腾的儿子雅各·斯库尔腾（Jan Jacob Schultens，1716—1788），1742年获莱顿大学神学博士学位，1744—1749年，任赫博恩（Herborn）大学东方学教授，此后继任其父在莱顿大学的教席，撰有《利用东方语言来维护希伯来文的完整性》（1742）、《精湛的研究成果与东方语言知识》（1749）。艾伯特·斯库尔腾的孙子亨德里克·斯库尔腾（Hendrik Albert

Schultens，1749—1793）在莱顿大学学习东方学，曾到牛津大学游学。回国后担任阿姆斯特丹大学和莱顿大学东方语言教授，翻译波斯学者赞马克莎利（Al-Zamakhsharii）的《阿拉伯箴言选集》（1772）、《印度哲学五卷书的寓言》（1786）。

此外，荷兰语言学家谢伊德乌斯（Everard Scheidius，1742—1794），1765年获莱顿大学神学博士学位，1766年担任哈得维克大学东方语言系教授，1769年担任《圣经》旧约教授。1776年担任希腊讲座教授，1780年担任《圣经》新约讲座教授，1793年移居莱顿大学。语言学论著有：《从词源考察早期希伯来语》（1772）、《阿拉伯语田园诗，或阿拉伯语和拉丁语及苏格兰语》（1786）等。谢伊德乌斯熟悉历史语言学的一般情况，了解梵文与多种印欧语言存在亲属关系。

综上，在17世纪上半叶，语言历史比较已经成为荷兰的显学，而莱顿便是历史比较语言学研究的中心。从贝卡努斯（1569）的"安特卫普—布拉班特理论"始，经由拉维林根（莱顿教授；1584）的"波斯语和日耳曼语同源"、乌尔卡纽斯（莱顿教授；1597）的"波斯语和荷兰语同源"、斯卡利杰（莱顿教授；1599）的"母语—子语模式"、艾利奇曼（客居莱顿；1640）的"欧洲语言和印度—伊朗语的亲属关系"、萨马修斯（莱顿教授；1643）的"希伯来语与德语、希腊语和波斯语比较，涉及印地语起源"，以及"重建原始语言"的探索，到伯克斯洪（莱顿教授；1647，1654）提出斯基泰语系假说和历史比较方法论，再到雷兰德（乌特勒支教授；1708）的"马来语和西太平洋岛屿语言的亲属关系"、凯特（荷兰语言学家；1723）的"日耳曼语历史音变定律"、斯库尔腾（莱顿教授；1738）的"东方方言谱系树"的研究。这一前赴后继的地域性学术群体，我们称之为"荷兰学派"或"莱顿学派"。

7. 瑞典的历史比较传统

在17到18世纪的瑞典，对斯基泰假说加以阐述的主要有雅格尔（Holmiensis Andreas Jäger，1660—1730）、小鲁德贝克（Olof Rudbeck the Younger，1660—1740）和伊勒（Johan Ihre，1707—1780）。

雅格尔在《欧洲最古老的语言：斯基泰—凯尔特语和哥特语》（德国维滕贝格大学硕士论文，1686）中，阐述了欧洲语言起源于高加索山区的一种远古语言，从这种早已消失的"原始母语"或祖语中分化出若干"女儿语言"或后裔。雅格尔写道：

An ancient language, once spoken in the distant past in the area of the Caucasus mountains and spreading by waves of migration throughout Europe and Asia, had itself ceased to be spoken and had left no linguistic monuments behind, but had as a "mother" generated a host of "daughter languages", many of which in turn had become "mothers" to further "daughters." (For a language tends to develop dialects, and these dialects in the course of time become independent, mutually unintelligible languages.) Descendants of the ancestral languages include Persian, Creek, Italic (whence Latin and in time the modern Romance tongues), the Slavonic languages, Celtic, and finally Gothic and the other Germanic tongues. （Campbell 2001: 88；Quoted in Metcalf 1974: 233）

在遥远的过去，高加索山区的人们曾经讲一种远古语言，移民浪潮把这种语言传播到欧洲和亚洲。尽管其自身不再有人说，并且此后也未留下语言的孑遗，但是作为"母语"，产生了众多的"子语"，而其中的许多又变成更晚"子语"的"母亲"。（因为一种语言趋向于发展为多种方言，而这些方言随着时间推移而变成了互相不能沟通的独立语言。）这一祖语的后裔，包括波斯语、希腊语、古意大利语（源于拉丁语，后来成为现今的罗曼语）、古斯拉夫语、凯尔特语，最后还有哥特语及其他日尔曼诸语。

秉承伯克斯洪假说，雅格尔把高加索的远古语言称之为"斯基泰—凯尔特语"（Scitoceltico）。

可以说，瑞典学者伊勒是雅格尔学说的继承者。1730年，雅格尔去世，而伊勒获乌普萨拉大学硕士学位（是否是雅格尔的学生未详，但不可能不受到其影响），其后到牛津、伦敦和巴黎等地求学。1734年起，回母校任教。受德国语言学家瓦赫特（Johann Georg Wachter, 1663—1757）《德语词源词典》（1737）的影响，伊勒编撰的《瑞典哥特语词源词典》（1769）也坚持与其他语言的同根词进行比较，以追溯古瑞典语的词源。在凯特（1723）之后，伊勒也认识到了日耳曼语音变化定律。伊勒认为，基于历史上推测的同时期且源于古冰岛语的共同常用词，古瑞典语可以追溯到北欧之神的奥丁（Odin）时代。

从斯提恩希尔姆（1671）的"古斯堪的纳维亚语源论"、老鲁德贝克（1717）的"瑞典语是亚当的原始语"，到雅格尔（1686）、小鲁德贝克（1727）和伊勒（1769）的斯基泰假说推阐，形成了瑞典的历史比较语言学传统。此后，北欧才出现了一批历史比较语言学家，如：瑞典学者斯塔伦贝格（P. J. von Strahlenberg, 1676—1747）、丹麦学者马尔特—布戎（Conrad Malte-Brun, 1775—1826）、匈牙利学者沙伊诺维奇（János Sajnovics, 1733—1785）和贾尔马提（Sámuel Gyármathi, 1751—1830）、丹麦学者拉斯克（Rasmus Christian Rask, 1787—1832）等。

8. 德俄的历史比较先驱

德国学者莱布尼茨（Gottfried Wilhelm Leibniz, 1646—1716）接受了斯基泰假说，采用渐变论研究语言的起源和分化。关于语言的历史比较研究，主要见于三部论著：《人类理智新论》（Written 1704, Pub. 1765）、《略论基于语言证据确定种族起源》（1710）、《古代凯尔特语、日耳曼语词源集释》（1717）。

在《人类理智新论》（1704）中，莱布尼茨说，欧洲语言与希伯来语或阿拉伯语之间存在的大量共同词根"不可能归之于偶然"，它们来自一个共同的原始语言。

> Or toutes ces langues de la Scythie ont beaucoup de racines communes entre elles et avec les nòtres et il se trouve que mème l'Arabique (sous laquelle l'Hébraïque, l'ancienne Punique, la Chaldéenne, la Syriaque et l'Éthiopique des Abyssins doivent être comprises) en a d'un si grand nombre et d'une convenance si manifeste avec les nòtres qu'on ne le sauroit attributer au seul hazard, ni mème au seul commerce, mais plutòt aux migrations des peuples. De sorte qu'il n'y a rien en cela, qui combatte et qui ne favorise plutòt le sentiment de l'origine commune de toutes les Nations, et d'une langue radicale primitive. Si l'Hébraïque ou l'Arabesque y approche le plus, elle doit ètre au moins bien altérée, et il semble, que le Teuton a plus gardé du naturel, et (pour parler le langage de Jaques Böhm) de l'Adamique : car si nous avions la langue primitive dans sa pureté, ou assez conservée pour ètre reconnoissable, il faudroit qu'il y parussent les raisons des connexions soit physiques, soit d'une institution arbitraire, sage et digue du premier auteur. (Leibniz 1840: 299-300)

而所有这些斯基泰语言之间以及与我们的语言之间都有许多共同词根。事实证明，甚至阿拉伯语（当包括希伯来语、古迦太基语、迦勒底语、叙利亚语，以及阿比西尼亚人的埃塞俄比亚语）中也存在大量的共同词根，并且显然与我们的语言相一致，**因此不可能归之于偶然**。甚至与其说仅归之于贸易交往，不如说归之于民族迁移。这是无可争议的，由此反而可以增强各民族对共同起源的认识，并且认识到其语言来自一个根本而原始的语言。如果希伯来语或阿拉伯语最接近这一原始语言，那么至少还是有了很大变化，然而条顿语言似乎更多地保持了自然的，及亚当式语言（用雅克·贝姆的话来说）的一些特性。如果我们认为有保存得较好的、可辨认出来的纯粹原初语言，那么就要揭出与之联系的理由，或具有足以表现初创者才能的强有力证据。

琼斯《三周年演讲》中的梵语、希腊语、拉丁语"皆存在很明显的相似，这不可能是偶然形成的"，与莱布尼茨的"因此不可能归之于偶然"何曾相似。

在《略论基于语言证据确定种族起源》（1710）中，莱布尼茨把大多数欧亚语言划分为雅弗语群（Japhetic）和阿拉米语群（Aramaic），雅弗语群包括斯基泰语族（希腊语、拉丁语、日耳曼语、斯拉夫语）和凯尔特语族（乌拉尔—阿尔泰语），而阿拉米语群包括含—闪诸语。莱布尼茨既驳斥了欧亚语言的希伯来语源说（a Hebrew root），也反对这些语言之间毫不相干的观点，认为它们全部来自一个共同源头。大多数欧亚语言，包括古埃及语，都是同一原始语言的后裔。

1736年到1740年，俄国学者罗蒙诺索夫（Михайл Васильевич Ломоно́сов，1711—1765）在德国留学，可能通过德国途径接触到斯基泰假说。在《俄语语法》（1755）第一部分"人类语言总论"（о человеческом слове вообще）中，罗蒙诺索夫比较了一些语组，如斯拉夫语（Старославянский）、波罗的语（курляндской）、米底语（Мидяне язык）、芬兰语（финский），以及东亚的汉语（китайский）和非洲南部的霍屯督语（готтентот）等。

罗蒙诺索夫写道：

Представимъ долготу времени, которою сіи языки раздѣлились. ... Польской и россійской языкъ коль давно раздѣлились! Подумай же, когда курляндской! Подумай же, когда латинской, греч., нѣм., росс. О глубокая древность!（Ломоно́сов 1952: 652-659）

想象一下，这些语言分离的时间深度！……波兰语和俄语分离的时间这么长！现在想一下波罗的海语在多久以前就分离啦！想一想拉丁语、希腊语、德语和俄语的分离时间！啊，时间太久远啦！

9. 英国的历史比较传统

在17、18世纪的英国，语言历史比较研究的主要学者有希克斯（George Hickes，1642—1715）、卢伊德（Edward Lhuyd，1660—1709）、罗兰·琼斯（Rowland Jones，1722—1774）、沃顿（William Wotton，1666—1726）和蒙博多（Lord James Burnett Monboddo，1714—1799）等。其中，沃顿和蒙博多对斯基泰假说大加阐述。

英国神学家希克斯是日耳曼语言历史比较的先驱，主要著作有《盎格鲁—撒克逊语和默西亚[①]—哥特语的语法体系》（1689）和《古代北方语言的语法辨析和词汇考证》（1703—1705）。根据希克斯的研究，约翰逊（Samuel Johnson，1709—1784）在《英语词典》（A Dictionary of the English Language, 1755）导言中，列出了哥特语（即日耳曼语族）谱系表（引自http:// johnsonsdictionaryonline. Com/? Page_id=42）。

---

① 默西亚（英语Mercia，拉丁文Moeso），是盎格鲁人建立的王国，其领土范围大体相当于今英国米德兰地区。该王国约形成于西元100年，其历史到国王彭达统治时期才清晰起来。此后势力范围扩展到韦塞克斯（645年）及东盎格利亚（650年），成为杭伯河以南的英格兰霸主。

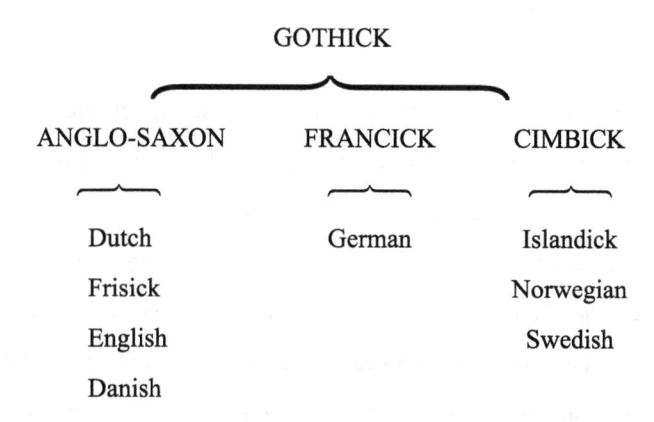

```
                          GOTHICK
        ┌───────────────────┼───────────────────┐
   ANGLO-SAXON          FRANCICK            CIMBICK
   ┌───┴───┐                │               ┌───┴───┐
     Dutch               German              Islandick
     Frisick                                 Norwegian
     English                                 Swedish
     Danish
```

第一支盎格鲁—撒克逊语，包括荷兰语、弗里斯克语、英语；第二支富兰西克语，包括德语；第三支西姆毕克语，包括爱尔兰语、挪威语、瑞典语和丹麦语。

英国博物学家和语言学家卢伊德对凯尔特语的历史比较作出了开拓研究，1707年出版了《大不列颠考古，对英国原住民的语言、历史和风俗的若干补充说明》。为了获得一手资料，卢伊德用四年时间走遍了说凯尔特语的乡村。他将凯尔特语族划分为两个语支：

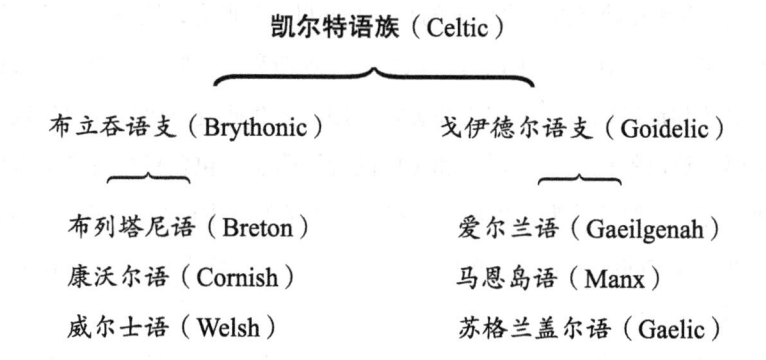

凯尔特语族（Celtic）

```
        ┌───────────────────┴───────────────────┐
   布立吞语支（Brythonic）            戈伊德尔语支（Goidelic）
   ┌─────┴─────┐                      ┌─────┴─────┐
   布列塔尼语（Breton）                爱尔兰语（Gaeilgenah）
   康沃尔语（Cornish）                 马恩岛语（Manx）
   威尔士语（Welsh）                   苏格兰盖尔语（Gaelic）
```

卢伊德提出，布立吞语支或P–凯尔特语支（P-Celtic）的语言，源于大陆的高卢语；而戈伊德尔语支或Q–凯尔特语支（Q-Celtic）语言，源于伊比利亚半岛的远古语言。现代凯尔特语源于史前凯尔特人的语言。卢伊德还比较了凯尔特语、日耳曼语、斯拉夫语和波斯语等，提供了一份同源词、语音对应、语音变化表格，据说他已经发现部分格里姆定律。

号称"神童"的英国学者沃顿，六岁前就会用英语、拉丁语、希腊语和希伯来语朗诵《圣经》中的诗歌。未满十岁就进入剑桥大学，被称为"剑桥有史以来年龄最小的本科生"。在大学期间，他又学会了阿拉伯语、古叙利亚语和迦勒底语。依据斯基泰假说，沃顿揭示了条顿语（Teutonic，即冰岛语）、罗曼语和希腊语之间的亲属关系，并且进一步把希腊语、拉丁语和梵语加以比较。沃顿在《巴别塔之后语言变乱论》（Written 1713, Pub.

1730）中写道：

My argument for genetic relationship does not depend on the difference of Words, but upon the Difference of Grammar between any two languages; the argument does not depend on the difference of Words, but upon the Difference of Grammar between any two languages; from whence it proceeds, that when any Words are derived from one Language into another, the derived Words are then turned and changed according to the particular Genius of the Language into which they are transplanted. I have shewed, for instance, in what fundamentals the Islandish [Icelandic] and the Greek agree. I can easily suppose that they might both be derived from one common Mother, which is, and perhaps has for many Ages been entirely lost. (Wotton 1730: 57)

我的论证并非取决于词汇之间的异同，而是依赖于两种语言之间的语法异同。当任一词语从某一语言进入另一语言中开始之时，这些衍生词于是根据其移植到的语言的特性发生转化和改变。例如，我已揭示海岛语（冰岛语）和希腊语一致性的基本原则。我才确定无疑地推定，**它们可能来自也许若干年前已经完全消失的某一共同母语**。

其中的"也许若干年前已经完全消失的某一共同母语"概念，比琼斯（1786）早73年。

1764年和1767年，英国威尔士语言学家罗兰·琼斯相继出版了《语言和民族的起源：从象形文字、语源和地形构造上来定义和确定。用此方法研究英语后，再确定凯尔特语、希腊语、拉丁语—英语的词汇》《语言和民族的起源附录：包含对更古老语言的说明或原始语言的重建计划》。罗兰认为，凯尔特的祖先是《圣经》中记载的歌篾（Gomer）[①]，试图证明威尔士语是人类的原初语言，并且提出了"原始语言的重建"（the restoration of the primitive one）这一概念。

萨马修斯（1643）的研究以及斯基泰假说（1647）影响了蒙博多。1774年和1787年，蒙博多在《语言的起源和进化》（第二卷、第四卷）中，讨论了希腊语、拉丁语、日耳曼语、波斯语之间具有亲缘关系，而且推测梵语、希腊语、希伯来语之间也具有某种联系。基于语言起源—进化论，推导出人类进化论和心智进化论，成为进化论模式的创立者。

从希克斯（1689）的"日耳曼语族谱系"、卢伊德（1707）的"凯尔特语族分支"，到沃顿（1713）的"共同母语"概念、罗兰·琼斯（1764，1767）的"原始语言的重建"，再到蒙博多（1774，1787）的"欧语和波斯语，梵语具有亲缘关系"，形成了语言历史比较的英国传统。

---

① 诺亚之子雅弗，雅弗之子歌篾。

10. 法国等学者的研究

1756年，法国学者杜尔哥（Anne Robert Jacques Turgot，1727—1781）承袭了斯卡利杰（Scaliger 1599[1610]）的观点，在狄德罗（Denis Diderot，1713—1784）主编的《百科全书》"词源"条的内容（Turgot 1756: 98—111）中，阐述欧洲语言的亲属关系。杜尔哥提及希腊语、拉丁语、德语和斯堪的纳维亚语之间存在大量相似之处，但是不主张把语言的亲属关系视为史前史的概念，只能用于时间深度相对较浅的，如罗曼语和日耳曼之间的语言分组。杜尔哥认为，即使有人知道其父语或母语，追溯到像希腊语、拉丁语、德语和日耳曼北方语言的对应词所证明的祖语，这些语言也只能归为"家族"。他将这些语言之间的相似性，解释为远古移民和语言接触的结果，而不是从祖语那里分化而来的后裔。

1776年，法国神父普罗亚特（Abbé Liévin-Bonaventure Proyart，1743—1808）采用斯基泰假说，在《卢安果、卡刚果的历史：以及非洲的其他王国》中指出，虽然卢安果语和卡刚果语在许多方面与刚果语（Kikongo）不同，但是"一些相似的冠词（可能是前缀），以及具有共同词根的许多数词，似乎或者肯定表明这些语言具有共同来源"。（Gregersen 1977: 97）

远在新大陆的美国神父爱德华兹（Jonathan Edwards，1745—1801）也接受了斯基泰假说的影响。他能够流畅地说马萨诸塞州斯托布里奇（Stockbridge）地区的莫希干语（Mohican, Mahican），并且拥有阿尔冈琴语（Algonquian）和易洛魁语（Iroquoian）的一手知识。1787年，爱德华兹在《莫希干印第安语考察：该语言在北美的显示度，其天然语法描写及其特殊性，以及与希伯来语之间的一些可类比实例》中，列举了60个词项、短语和语法特征，论证阿尔冈琴诸语之间的亲缘联系，并且指出阿尔冈琴语与其邻近易洛魁语的区别，开启了新大陆的语言历史比较研究。

（三）琼斯了解斯基泰语系假说

琼斯生活的年代，正是斯基泰假说在欧洲传播的时代。波兰王子恰尔托雷斯基（Adam Kazimierz Czartoryski，1734—1823），曾在英国接受过教育（1758年返回波兰）。1779年2月17日（琼斯未去印度前），恰尔托雷斯基写信询问波斯语和欧洲语言的关系。琼斯回信说：

How so many European words crept into the Persian language, I know not with certainty. Procopius, I think, mentions the great intercourse, both in war and peace, between the Persians and the nations in the North of Europe and Asia, whom the ancients knew by the general name of Scythians. Many learned investigators of antiquity are fully persuaded that a very old and almost primeval language was in use among these Northern nations, from which not only the Celtic dialects, but even the Greek and Latin are derived; in fact, we find πατής and μητής in Persian, nor is θυγατὴς so far removed from dockter, or even όνομα (ónoma) and nomen from nâm, as to make it ridiculous to suppose that they sprang from the same root. We must confess that these researches are very obscure and uncertain; and you will allow, not so agreeable as an ode of Hafez, or an elegy of Amr'alkeis. (Jones 1835, Vol. I: 273-274)

为何如此之多的欧洲词语悄悄混进波斯语，确切的原因我不知道。我想到的是，普罗科匹厄斯[①]曾经提及，无论战争还是和平，波斯人与欧亚北部民族之间都有过大规模交往，古人了解这些北部民族并统称为斯基泰。许多研治古代史的饱学之士完全相信，这些北方民族使用一种十分远古的和几近原初的语言，由此推定，不仅凯尔特诸方言，甚至希腊语和拉丁语也都来自于此。实际上，我们在波斯语中发现了πατης（希腊语"父亲"）和μητης（希腊语"母亲"），θυγατης（希腊语"女儿"）与dochter（荷兰语"女儿"）差距也不大，或者甚至认为òνομα（希腊语"名称"）和nomen（拉丁语"名称"）来自nâm（波斯语"名称"）。这就使得这些语言来自这一相同根源的假设显得可笑。我们必须指出，这些研究非常晦涩和不确定；你可以想到，这些不像哈菲兹的抒情诗或阿姆拉凯斯的挽歌那样令人动情。

这份回信表明，琼斯了解"许多研治古代史的饱学之士"都知道的斯基泰假说，尽管他颇有微词。费尔曼（Fellman 1975）提出，琼斯是通过莱布尼茨等了解到斯基泰假说的。德利姆（Driem 2005）则指出，琼斯是通过沃顿和蒙博多等了解到这一假说的。

毫无疑问，琼斯应当了解这些。蒙博多与琼斯的岳父希普利（Jonathan Shipley, 1714—1788）是老朋友，他们见面时可能讨论过语言历史关系问题。琼斯去印度后，他们之间保持通信，现在可以见到的有三封。（Cannon 1968, Cloyd 1969）

在《三周年演讲》中，琼斯有三次提及斯基泰，或为"斯基泰"（Scythians），或为"印度斯基泰"（Indoscythians），或为"斯基泰或哥特"（the Scythians or Goths）。

This trapezium, therefore, comprehends the stupendous hills of Potyid or Tibet, the beautiful valley of Cashmir, and all the domains of the old Indoscythians, the countries of Nepál and Butánt, Cámrùp or Asàm, together with Siam, Ava, Racan, and the bordering kingdoms...（Jones

---

① 普罗科匹厄斯（Procopius，约500—565），拜占庭历史学家。继承了希罗多德的史学传统，具有宽广视野。

1807, Vol Ⅲ: 29）

由此，这个不规则的四边形，由博特伊德或吐蕃的崇山峻岭，克什米尔的美丽山谷，和古老的印度**斯基泰人**的所有活动区域组成，包括尼泊尔和不丹、迦摩缕波或阿萨姆，与暹罗、阿瓦、拉康等毗邻王国……

The Scythian and Hyperborean doctrines and mythology may also be traced in every part of these eastern regions; nor can we doubt, that Wod or Oden, whose religion, as the northern historians admit, was introduced into Scandinavia by a foreign race.（Jones 1807, Vol Ⅲ: 37）

斯基泰语、极北教义和神话，也可以在这些东部地区的每处寻到踪迹。我们无法怀疑，沃德或奥登的信仰，就像北方历史学家所认为的，是外来种族引进斯堪的纳维亚的……

Of these cursory observations on the Hindus, which it could require volumes to expand and illustrate, this is the result: that they had an immemorial affinity with the old Persians, Ethiopians, and Egyptians, the Phenicians, Greeks, and Tuscans, the Scythians or Goths, and Celts, the Chinese, Japanese, and Peruvians.（Jones 1807, Vol Ⅲ: 86）

对印度人的这些粗略观察，可能需要通过多卷论著加以扩展和说明，其结论就是——他们与古波斯人、埃塞俄比亚人和埃及人，腓尼基人、希腊人和托斯卡纳人，**斯基泰人或哥特人**，以及凯尔特人、中国人、日本人，还有秘鲁人存在远古的亲缘关系。

当然，琼斯还有其他途径了解语言同源论。1773年，琼斯在伦敦成为约翰逊创立的文学俱乐部成员。约翰逊《英语词典》（1755）导言"英语史"中列出了哥特语谱系表，对于日耳曼诸语同源论，琼斯来印度以前应有所知。

此外，坎贝尔写道：

（1）在琼斯之前，早已观察到欧洲语言之间存在联系的学者，其中有：杰拉尔德（Giraldus 1194）、但丁（1305）、杰勒纽斯（1537）、夸美纽斯（1657）、贝卡努斯（1569）、斯卡利杰（1599[1610]）、斯提恩希尔姆（1671）、雅格尔（1686）、卢伊德（1707）、伊勒（1769）等。（Campbell 2006: 246）

其中，捷克学者夸美纽斯（John Amos Comenius，1592—1670）于1656年移居阿姆斯特丹。关于欧洲语言之间存在联系的内容，见于其在阿姆斯特丹出版的《学问大全》（1657）。

坎贝尔继续写道：

（2）在琼斯之前，早已认识到梵语和某些印欧语，尤其是希腊语、拉丁语之间存在亲属关系的，如史蒂芬斯（1583）、萨塞提（1585）、庞斯（1743）、斯库尔策（1760）、格尔杜（1768）、哈尔赫德（1778）、蒙博多（1774—1809）等。（Campbell 2006: 246）

依据学说发表年代，以上译文调整了一些学者的排序。我所查考的文献时间，与之不同的是：庞斯（1740）、格尔杜（1767）、蒙博多（1774，1767）。此外，在坎贝尔的参考文献中，斯库尔策的"Schul[t]ze, B.1760, [Cited in Benfey 1869: 261, 336—338]"，语焉不详。其中的"1760"应为"1728 [1725]"（Muller 1984: 37—43），斯库尔策1725年8月23日写给弗兰克的信，指出梵文1—40与拉丁语数字完全对应，收入1728年的《来自丹麦东印度公司传教士的详细报告》。

在坎贝尔（2006）的查考中，没有提及历史比较语言学发展的关键——伯克斯洪（1647）的斯基泰学说。此前，坎贝尔（Campbell 2001: 87）在"4.1斯基泰假说和印欧语的概念"中曾引简-克劳德·穆勒（Jean-Claude Muller）的论述："伯克斯洪基于词语和语法两者的相似性，以证明'这些人们所说的语言来自同一母语'（Muller 1986: 10）。"

遗憾的是，迄今为止，许多人并不知道伯克斯洪创立的斯基泰假说；或者知道伯克斯洪假说，但是不了解这一假说17—18世纪在欧洲的广泛传播。如，维基百科词条Indo-European languages：

In 1647, Dutch linguist and scholar Marcus Zuerius van Boxhorn noted the similarity among Indo-European languages, and supposed that they derived from a primitive common language he called Scythian. He included in his hypothesis Dutch, Albanian, Greek, Latin, Persian, and German, later adding Slavic, Celtic, and Baltic languages. **However, Van Boxhorn's suggestions did not become widely known and did not stimulate further research.**（http://en.wikipedia.org/wiki/Indo-European language_family）

1647年，荷兰语言学家伯克斯洪注意到印欧语言的相似性，假定它们来自他称为斯基泰语的原始共同语。他的假说包括荷兰语、阿拉伯语、希腊语、拉丁语、波斯语和德语，后来增加了斯拉夫语、凯尔特语和波罗的海诸语言。**然而，伯克斯洪的主张没有广为人知，没有促进进一步的探索。**

这段文字的撰写者，显然不了解斯基泰假说在17、18世纪欧洲的**"传播，促进了语言历史比较的进一步探索"**。

三、琼斯语言关系讲辞的正误辨析

除了《三周年演讲》,琼斯在其他几次演讲中也有若干之处提及语言关系。首先,我们把这些相关论述概括为六方面(印欧语言、鞑靼语言、闪含语言、汉藏语言、南岛语言、原始语言),然后逐一分析琼斯这些讲辞内容,辨析其正误,并进一步追溯琼斯之前和顺延琼斯之后的研究,以澄清琼斯的提法在历史比较语言学史上的位置。

(一)与印欧语系有关的语言

在《三周年演讲》(1786)中,琼斯提及波斯语或许可能归入梵语、希腊语、拉丁语组成的同一家族。在"关于阿拉伯人"的《四周年演讲》(1787)中,琼斯阐述了阿拉伯语与梵语属于不同家族。

as it is unquestionably one of the most ancient in the world, so it yields to none ever spoken by mortals in the number of its words and the precision of its phrases; but it is equally true and wonderful, that it bears not the least resemblance, either in words or the structure of them, to the Sanscrit, or great parent of the Indian dialects. (Jones 1807, Vol. III: 52)

无可非议,它(阿拉伯语)是世界上古老的语言之一,故在词汇数量和措辞精密上肯定绝不亚于人类的其他语言;但是同样真实和令人惊奇的是,在其词汇或结构方面,它与梵语,印度方言的伟大祖先毫无相似之处。

所谓"词汇和结构方面",琼斯提出:一是词汇构成,梵语(以及希腊语、波斯语和日耳曼语)的复合词多,而阿拉伯语的复合词少;二是动词的音节结构,梵语及其他同族语多为"二辅音结构"(biliteral),而阿拉伯语一般是"三辅音结构"(triliteral)。

在"关于波斯人"的《六周年演讲》(1789)中,琼斯从词汇和语法两方面讨论波斯语深受阿拉伯语的影响,应与梵语同源。

Having twice read the works of Firdausi with great attention since I applied myself to the study of old Indian literature, I can assure you with confidence, that hundreds of Parsi nouns are pure Sanscrit, with no other change than such as may be observed in the numerous bhashas, or vernacular dialects of India; that very many Persian imperatives are the roots of Sanscrit verbs; and that even the moods and tenses of the Persian verb substantive, which is the model of all the rest, are deducible from the Sanscrit by an easy and clear analogy: we may hence conclude, that the Parsi was derived, like the various Indian dialects, from the language of the Brahmans; and I must add, that in the pure Persian I find no trace of any Arabian tongue, except what proceeded from the known intercourse between the Persians and Arabs, especially in the time of Bahram, who was educated in Arabia, and whose Arabic verses are still extant, together with his heroic line in Deri, which many suppose to be the first attempt at Persian versification in Arabian metre; but, without having recourse to other arguments, the composition of words, in which the genius of the Persian delights, and which that of the Arabic abhors, is a decisive proof that the Parsi sprang from an Indian, and not from an Arabian stock. (Jones 1807, Vol Ⅲ: 114-115)

为了研究古代印度文学,我把波斯诗人菲尔多西的著作认真阅读了两遍,我可以满怀信心地向你保证,帕西人语言中有许多名词是纯粹的梵文词,其没有发生变化的情况也可在印度的帕沙话,或一些本地方言中看到。许多波斯语的祈使式都是梵语动词的词根;甚至波斯语实义动词的情态和时态,包括所有其他动词的范式,也可以轻而易举地从梵语中类推出来。我们可以由此断定:像诸多印度方言一样,帕西语源自婆罗门语言。我必须补充,在纯粹波斯语里,我没有找到阿拉伯语的痕迹。除了已知的在波斯人和阿拉伯人的交往过程中,尤其是巴赫拉姆时期,接受过阿拉伯教育的波斯人,他们所写的流传下来的阿拉伯诗歌,在用达里语撰写的英雄诗体中含有阿拉伯色彩,被许多人认为是以阿拉伯格律写波斯诗歌的首次尝试。然而,无须求助其他证据,这些作品中的波斯才子喜爱而阿拉伯人厌恶的词语,可以作为帕西语源自梵语,而非阿拉伯语的决定性证据。

约前2000年,雅利安人(Aryan)经中亚进入伊朗和印度,伊朗(Iran)之名即来自雅利安。"波斯"一词,始见于前844年亚述国王沙尔马内塞尔三世(前858—前824在位)的记载。前1000年左右移到南伊朗的印欧游牧民,亚述称之为帕尔苏阿什(Parsuash,边陲之意),古波斯语转为Pârsa(今伊朗语Farsi)。前6世纪,古希腊用Perses、Persica、Persis称呼居鲁士二世帝国,英语的Persian由此而来。较晚部分的《圣经》中,称波斯为"帕拉斯"(希伯来语פרס)。上古波斯语的代表为阿维斯陀语(Avesta,知识之意)和楔形铭文语。前者为东部波斯语,是琐罗亚斯德教(Zoroastrianism)《阿维斯陀经》的语言;后者为西南部波斯语,是波斯帝国(前550—前330)的官方语言。前4世纪,亚历山大灭波斯帝国后,上古波斯语演变为中古波斯语,即帕拉维语(Pahlavi)或法尔西语(Farsi),为萨珊王朝(226—652)的官方语言。7世纪,阿拉伯人灭萨珊王朝。其后,帕拉维语与帕提亚语(Pathian)融合成新波斯语即"达里语"(Dari,宫廷之意)。在8—10世纪,一部分坚持信仰琐罗亚斯德教的波斯人,不愿改信伊斯兰教而移居到印度西海岸古吉拉特一带。这些波斯移民在印度被称为帕西人(Persians,即波斯人)。帕西人所说的古吉拉特语

（Gujarati language）是源于通俗梵语的一种方言，其标准语形成于12世纪。

因为地理位置和文化交往的缘故，西欧学者对波斯语的了解远早于梵文，很早就有人注意到波斯语与欧语的关系。主张波斯语与欧洲语言同源的有：荷兰拉维林根（1584）、乌尔卡纽斯（1597）、艾伊利奇曼（1640）、萨马修斯（1643）和伯克斯洪（1647，1654）等。1665—1666年，奥斯曼帝国的外交家和旅行家瑟勒比（Evliya Çelebi，1611—1682），作为外交使团成员访问维也纳，也曾提及德语和波斯语的相似性。

在"关于亚洲的边民、山民和岛民"的《八周年演讲》（1791）中，琼斯推测亚美尼亚语与波斯语同源。

On the Armenian, which I never studied, because I could not hear of any original compositions in it, I can offer nothing decisive; but am convinced, from the best information procurable in Bengal, that its basis was ancient Persian of the same Indian stock with the Zend, and that it has been gradually changed since the time, when Armenia ceased to be a province of Iran. （Jones 1807, Vol. III: 178-179）

关于亚美尼亚语，我从来没有学过，因为我没有听说过用该语言书写的任何最初作品，所以我不能提出决定性看法；然而，从孟加拉国能够获得的最可靠资料使我确信，其基础是与印度语族和禅德语相同的古波斯语，并且自从亚美尼亚不再是伊朗的一个行省，其语言才逐渐发生变化。

前7世纪琐罗亚斯德教的圣书《禅德—阿维斯陀经》（*Zend Avesta*），是用一种古波斯阿维斯陀语书写的。《禅德—阿维斯陀经》注：Zend，古波斯语。琼斯所言"印度古老波斯语"可能指帕西人原先使用的古波斯语，并且认为亚美尼亚语也来自这一语言。

其实亚美尼亚语很独特，语言学家曾将其作为印欧语系中的独立一支。古亚美尼亚语并非与波斯语、梵语相近，而是与古希腊语存在一些共同特征，因此一些语言学家提出将希腊语、亚美尼亚语、弗里吉亚语、阿尔巴尼亚语合为"爱琴海语言"或巴尔干语族。由于亚美尼亚语在历史上受到伊朗西北语言，特别是帕提亚语（前247—前224帕提亚帝国的语言）的影响，许多词借自该语言，因此有人将亚美尼亚语、弗里吉亚语归属于印度—伊朗语族。

琼斯还提到与古希腊语相近的一些语言，比如小亚细亚的佛里吉亚语。

Having travelled round the continent, and among the islands, of Asia, we come again to the coast of the Mediterranean; and the principal nations of antiquity, who first demand our attention, are the Greeks and Phrygians, who, though differing somewhat in manners, and perhaps in dialect, had an apparent affinity in religion as well as in language.（Jones 1807, Vol.Ⅲ: 180）

在环绕亚洲大陆及其岛屿的旅行之后，我们再次回到地中海沿岸；首先值得我们注意的，是重要的古老民族希腊人和弗里吉亚人，虽然他们在风俗习惯，或者方言土语上有些区别，但是在宗教及语言方面却具有明显的亲缘关系。

a drum is called dindima both in Sanscrit and Phrygian; and the title of Dindymene seems rather derived from that word, than from the name of a mountain.（Jones 1807, Vol.Ⅲ:181）

在梵语和弗里吉亚语里，"鼓"都称之为"丁蒂玛"（dindima）；并且狄恩杜美奈（Dindymene）的头衔好像是从这个词派生而来的，而非来自一座山的名称。

弗里吉亚人原居巴尔干半岛中部，约前1200年迁到弗里吉亚。前8世纪建立弗里吉亚王国，前690年被吕底亚王国兼并，后又成为波斯、帕加马和罗马帝国的一部分。弗里吉亚语一直延续到6世纪。狄恩杜美奈是小亚细亚的母神，其圣山叫狄恩杜美奈山。

根据后人研究，希腊语族包括阿提卡希腊语和多立克希腊语两支。前者包括古希腊语（含通俗希腊语）、旁狄希腊语（Pontiaká）、耶万尼克语（Yevanic）；后者仅有特萨克尼恩语（Tsakonian）。而古地中海文化圈的环亚得里亚海（Mare Adriatico）巴尔干和亚平宁半岛一带，一些语言的系属不明。佛里吉亚语（巴尔干半岛北部，可能与色雷斯语有关）、伊利里亚语（巴尔干西北部），语族不明，或自成一族。艾利米亚语（亚平宁半岛北部）、利布尔尼亚语（巴尔干西北部）、梅萨比语（亚平宁半岛东南部)、西库尔语（原居亚平宁半岛中部）、威内托语（亚平宁半岛北部）没有分类。色雷斯语（巴尔干半岛北部）、达契亚语（巴尔干半岛北部）构成色雷斯语族。

此外，琼斯还暗示多利安人（Dorian）、爱奥尼亚人（Ionian）、伊奥利亚人（Eolian）的语言，可以归入古希腊语这一组。（Jones 1807, Vol.Ⅲ: 180）其实这些都是古希腊语方言。前19世纪左右，自北方迁入希腊半岛的是阿契亚人（Acheans），前12世纪左右迁来的是多利安人，后期移入的是爱奥尼亚人与伊奥利亚人，他们说的都是古希腊语。琼斯的这一说法，混淆了方言和语种。

琼斯《三周年演讲》（1786）中最为失误的，是提出了印度斯坦语并非从梵语分化而来，而是另有来源，只是这种语言可能受到征服者带来的梵语的影响。

The Mohammedans, we know, heard the people of proper Hindustan, or India on a limited scale, speaking a Báshá, or living tongue of a very singular construction, the purest dialect of which was current in the districts round Agrà, and chiefly on the poetical ground of Mat'hurà; and this is commonly called the idiom of Vraja. Five words in six, perhaps, of this language were derived from the Sanscrit, in which books of religion and Science were composed, and which appears to have been formed by an exquisite grammatical arrangement, as the name itself implies, from some unpolished idiom; but the basis of the Hindustáni, particularly the inflexions and regimen of verbs, differed as widely from both those tongues, as Arabick differs from Persian, or German from Greek. Now the general effect of conquest is to leave the current language of the conquered people unchanged, or very little altered, in its ground-work, but to blend with it a considerable number of exotick names both for things and for actions; as it happened in every country, that I can recollect, where the conquerors have not preserved their own tongue unmixed with that of the natives, like the Turks in Greece, and the Saxons in Britain; and this analogy might induce us to believe, that the pure Hindì, whether of Tartarian or Chaldean origin, was primeval in Upper India, into which the Sansicrit was introduced by conquerors from other kingdoms in some very remote age; for we cannot doubt that the language of the Vèda's was used in the great extent of country, which has before been delineated, as long as the religion of Brahma has prevailed in it. （Jones, 1807, Vol. III: 33-34）

我们知道，当时伊斯兰教徒到的是印度斯坦，本地人或原本印度人说的巴沙语，即一种具有独特结构的现存口语，作为今阿格拉附近地区的最纯正方言，主要通行于诗歌艺术的圣地马图拉；这种方言通常称为乌拉雅语。在此语言中，或许每六个词之中就有五个词来自梵语，用这种语言写成的宗教和科学著作，似乎已经具有相当精致的语法规则，正如其名称本身所表明的那样，它来自并未经过润饰的土语；然而，印度斯坦语言的底层，特别是动词的屈折和规则，与阿格拉一带的语言普遍不同，正如阿拉伯语不同于波斯语，或德语有别于希腊语一样。既然武力征服的一般性影响，是使被征服者的当时语言在其基础上保持不变或很少变化，仅在事物和行为表达上混入相当数量的外来名称；那么如同在每个国家发生的一样，我可以联想到的就是，从未有征服者能够一直保持其母语，而不与当地土著语言融合，就像入侵希腊的突厥人，以及占据不列颠的撒克逊人一样；这种类比使我们相信，纯正的印度人应是上印度的最初居民，无论他们源于鞑靼人还是迦勒底人，而梵语是在非常遥远的古代，由别的王国的征服者带来的；在这个国家广泛使用的吠陀语言，以前曾经描述过这种语言与梵天宗教流行的年代一样久远，对此我们不能怀疑。

从16世纪到18世纪初，阿格拉一直是印度的首都。巴沙话、乌拉雅话都属于早期现代印度—雅利安语，即现代印地语前身的布拉吉语（Brij Bhasha）。印度斯坦的主要语言，如印地语、乌尔都语、孟加拉语、阿萨姆语、奥里雅语等都源自梵语俗体，也有一些可能是从古雅利安方言中演变而来，如克什米尔语和信德语，保留了一些比梵文还要原始的特征。

关于琼斯提及的印欧语言分类，布棱奇（Roger Blench）这样评价：

在1786年关于梵语的演讲中，琼斯假设梵语（印度—雅利安）、波斯语（伊朗语）、希腊语、拉丁语、日耳曼语和凯尔特语这六个分支来自一个原始语。琼斯论著中的许多看法，并不比其前辈高明，比如他错误地把埃及语、日本语和汉语也囊括进印欧语言，然而排除了印地语。（Blench 2004: 57）

其实，琼斯（1786）仅仅就事论事、罗列名目、泛泛而谈，并没有树立语言谱系的层级观，更未区别底层同源和表层变化。因此，琼斯也不可能提出语系、语族名称。至于"把埃及语、日本语和汉语也囊括进"，则是作为虔诚的教徒，琼斯感到有必要根据《圣经》的信仰体系，尽量去解释语言关系（基本逻辑是：希腊语、拉丁语和埃及语有关系；汉语和埃及语有关系；日语和汉语有关系）。至于排斥印地语，则是拘泥于其所认为的结构差异。

综上，琼斯并没有提出"印欧语系"。在琼斯之前，经过一批荷兰学者，如贝卡努斯（1569）、斯卡利杰（1599）、艾利奇曼（1640）、萨马修斯（1643）、伯克斯洪（1647，1654）等的努力，印欧语言关系逐步明朗。在伯克斯洪建立的"斯基泰"语系中，已经囊括了当时已知的印欧语系所有分支，即希腊语、拉丁语、凯尔特语、日耳曼语、印度—伊朗语、波罗的语以及斯拉夫语。此后，凯特（1723）发现日耳曼语历史音变定律。在琼斯之后，则是19世纪德国和丹麦学者的进一步详细论证，以及20世纪初印欧语系成员赫梯语和吐火罗语的发现。

（二）鞑靼诸语来自同一源头，所有北方语言都源自鞑靼语

在"关于鞑靼人"的《五周年演讲》（1788）中，琼斯强调鞑靼语跟印度语言和阿拉伯语没有渊源关系，全部鞑靼诸语言来自同一源头。

What those dialects are, and whether they really sprang from a common stock, we shall probably learn from Mr. Pallas, and other indefatigable men employed by the Russian court; and it is from the Russians, that we must expect the most accurate information concerning their Asiatick subjects: I persuade myself, that, if their inquiries be judiciously made and faithfully reported, the result of them will prove, that all the languages properly Tartarian arose from one common source.

（Jones 1807, Vol. III: 84）

关于这些方言的性质，以及它们是否真的来源于同一血统，我们或许可以求教于帕拉斯先生，以及俄国宫廷所聘用的其他勤奋学者；正是从俄罗斯人那里，我们一定期望得到有关亚洲问题的最准确信息——我个人相信，如果他们的调查审慎并如实报告，那么其结果将证明，全部鞑靼人的所有语言都来自一个共同源头。

由俄国女皇叶卡捷琳娜大帝（Екатерина II Алексеевна，1729—1796）倡议，德国学者帕拉斯（Peter Simon Pallas，1741—1811）主编的《全球语言比较词汇》（1786—1789）就在琼斯《三周年演讲》的同年开始印行。

琼斯认为，只要通晓土耳其语，就可以听懂卡尔梅克和蒙古人的语言，因此这些鞑靼语言同源。

The only Tartarian language, of which I have any knowledge, is the Turkish of Constantinople, which is however so copious, that whoever shall know it perfectly, will easily understand, as we are assured by intelligent authors, the dialects of Tartaristan; and we may collect from Abulghazi, that he would find little difficulty in the Calmac and the Mogul.（Jones, 1807, Vol. III: 85）

我仅有的鞑靼语知识是关于君士坦丁堡的土耳其语，然而无论这种语言怎样丰富多样，如同聪明的作者使人相信的那样，通晓土耳其语的任何人，都能很容易地理解鞑靼斯坦的方言土语；并且我们从阿布尔加奇收集的材料中得知，他也许会发现在卡尔梅克人①和蒙古人之间，语言理解的困难很小。

在"关于亚洲的边民、山民和岛民"的《八周年演讲》（1791）中，琼斯还提到一个包括芬兰语、拉普语和匈牙利语，类似于芬兰—乌戈尔语族的语群。

I would not insist with M. Bailly, that the people of Finland were Goths, merely because they have the word ship in their language; while the rest of it appears wholly distinct from any of the Gothick idioms: the publishers of the Lord's Prayer in many languages represent the Finnish and Lapponian as nearly alike, and the Hungarian as totally different from them; but this must be an errour, if it be true, that a Russian author has lately traced the Hungarian from its primitive seat between the Caspian and the Euxine, as far as Lapland itself; and, since the Huns were confessedly

---

① 卡尔梅克（Calmac）是欧洲人对厄鲁特（Eleut），即卫拉特（Oyratt）蒙古人的称呼。卡尔梅克语就是蒙古语的一种方言。

Tartars, we may conclude, that all the northern languages, except the Gothick, had a Tartarian origin, like that universally ascribed to the various branches of Sclavonian. (Jones 1807, Vol. III: 178)

我不赞同巴伊①先生的观点，仅仅因为他们语言中的"船"词形相同，就认为芬兰人来自哥特人。而芬兰语的其他成分，似乎与哥特常用语中的形式完全不同——多种语言主祷文的编辑刊行者，都把芬兰语和拉普语描述成密切相似的语言，而认为匈牙利语与之完全不同；但是这肯定搞错了，不知是否是真的，据说不久前一位俄罗斯学者从匈牙利语远古所在的里海到黑海之间，对其进行追踪考察，最远抵达拉普兰；并且，既然公认匈人来自鞑靼，我们就可以推定，所有的北方语言，除了哥特语，都源自鞑靼语，类似于通常认为的斯拉夫语各个分支那样。

琼斯反对芬兰语与哥特语（日耳曼语）同源的说法，质疑匈牙利语与芬兰语、拉普语不同，而赞成芬兰语、拉普语、匈牙利语同源。进而认为所有北方语言（除了哥特语）都源自鞑靼语言，同时又认为斯拉夫诸语与鞑靼语言也很接近。问题就在于，学术界的看法是日耳曼语和斯拉夫语属于印欧语系，阿尔泰语与乌拉尔语要分开。

在琼斯（1788）之前224年，即1544年，德国缪恩斯特（Sebastian Münnster, 1488—1552）在《宇宙志》（*Cosmographey*）中，已经发现了芬兰语、萨米族语（即拉普语）和爱沙尼亚语（芬兰—乌戈尔语）之间的亲属关系，基于这些语言中的主祷文词语和语法结构的比较。**在琼斯（1788）之前117年，即1671年**，瑞典斯提恩希尔姆也已发现爱沙尼亚语、拉普兰语、匈牙利语具有亲属关系，识别出芬兰—乌戈尔语族。大约同一时间，德国学者沃格尔（Martin Vogel, 1632—1675）也对芬兰语、拉普兰语和匈牙利语进行了语法和词汇的对应比较。

在琼斯（1788）之前96年，即1692年，荷兰威特森（Nicolaas Witsen, 1641—1717）搜集了东欧、中亚、高加索和西伯利亚、远东等地区多种语言的词表和语料，首次提出了**亚洲语言发生的多源论**。作为第一个大规模描述北亚、远东和中亚语言文化的西欧学者，威特森在《鞑靼的北部和东部》中把阿尔泰诸语确定为鞑靼语言的变异，同时指出了鞑靼语与乌拉尔语、高加索语、西伯利亚语之间的区别。威特森认为，就人种而言，他们都属于鞑靼的后裔，或是与鞑靼通婚的种群。威特森曾经在莱顿大学学习法律，但是其兴趣却在语言学，无疑是伯克斯洪假说的阐述者之一。

---

① 巴伊（Jean-Sylvain Bailly, 1736—1793）是法国天文学家。他把东方神秘主义和天文学结合起来，提出埃及、巴比伦、中国和印度的古代文化是远古知识体系的后裔。前4600年大洪水之后，这一远古文明流传到北亚和印度，不过仍然保存在北欧文明（Nordic civilization）之中。琼斯所言巴伊认为"芬兰人来自哥特人"的出处没有查到。

在琼斯（1788）之前71年，即1717年，艾克哈特（Johann Georg von Eckhart, 1664—1730）在其整理出版的莱布尼茨遗作《古代凯尔特语、日耳曼语词源集释》序言中，提出芬兰语、爱沙尼亚语、利沃尼亚语（Livonian）、匈牙利语、坎特语（Xanty）和萨莫耶德语（Samoyed）之间存在亲属关系，从而把萨莫耶德语与斯提恩希尔姆（1671）识别的芬兰—乌戈尔语族联系起来，即相当于后来的乌拉尔语系。

在琼斯（1788）之前61年，即1727年，瑞典探险家和语言学家小鲁德贝克（Olof Rudbeck the Younger, 1660—1740）在《在爱沙尼亚语、芬兰语和拉普兰语的起源》中，提出约100个同源词。这些同源词中约40个，迄今仍然认为有效。（Collider 1965：34）

在琼斯（1788）之前58年，即1730年，瑞典斯塔伦贝格首次提出"鞑靼语系"这一术语。秉承威特森的思路，斯塔伦贝格在远东田野调查，研究了鞑靼人、雅库特人（Yakuts）、楚瓦什人（Chuvash）、克里米亚鞑靼人（Crimean Tartars）、乌兹别克人（Uzbeks）、巴什基尔人（Bashkirs）、柯尔克孜人（Kyrgyz）、土库曼斯坦鞑靼人（Turkmen Tartars）和蒙古人（Mongols）的语言和习俗。在《欧洲和亚洲的北部和东部》（*Das Nord und Östliche Theil von Europea und Asia.*1730）中，斯塔伦贝格根据结构相似性，将这些语言划分为乌戈尔、突厥—鞑靼、萨莫耶德、蒙古—满洲、通古斯、黑海—里海六个语族。该专著很快就被译为英语、法语和西班牙语出版。斯塔伦贝格是瑞典历史比较传统的继承者之一。

在琼斯（1788）之前18年，即1770年，匈牙利沙伊诺维奇（1733—1785）的《匈牙利语和拉普语相同的证据》在斯洛伐克的特那维出版。沙伊诺维奇采用语法和词汇相似性的系统比较方法，证明了匈牙利语和拉普语之间的亲属关系。此前，他曾在哥本哈根发表过这一成果的演讲。琼斯所言"最近一位俄国学者对匈牙利语进行追踪考察……最远抵达拉普兰"（Jones 1807, Vol. III: 178），盖来自关于沙伊诺维奇的传闻。在此基础上，1799年，匈牙利贾尔马提（Sámuel Gyármathi, 1751—1830）的《从语法上证明匈牙利语与芬兰语起源上的亲属关系》在哥廷根出版。除了充实了芬兰—乌戈尔语族的研究，更重要的是完善了历史比较方法论。

此后，丹麦拉斯克在《拉普语语法》（1832）中，将高加索语、巴斯克语等纳入斯塔伦贝格的"鞑靼语系"，称之为"斯基泰语系"。德国肖特（Wilhelm Schott, 1802—1889）在《鞑靼语言试探》（1836）中加以详尽研究，在《关于阿尔泰语或芬兰—鞑靼语言的系属》（1849）中用Chudic指称乌拉尔语，用Tatar指称阿尔泰语，合称为楚狄克—鞑靼语系（Chudic-Tatar Languages）。1839年，芬兰卡斯特伦（Matthias Alexander Castrén, 1813—1852）在《芬兰语、爱沙尼亚语和拉普语的亲缘关系》（1839）中，从语音、语法、词汇多方面寻找共性，把乌拉尔语、突厥语、蒙古语、通古斯—满语统称为"阿尔泰语系"，分为乌拉尔语族和阿尔泰语族。此后，又出版了《北欧田野调查与研究》（1849）。

直到20世纪中期，芬兰学者兰铁司（G. J. Ramstedt，1873—1950）在《阿尔泰语言学导论》（1952—1957）中提出阿尔泰语系四语族说，才意味着乌拉尔语系最终独立。该语系通常分为芬兰—乌戈尔和萨莫耶德两个语族。芬兰—乌戈尔语族包括两个语支：芬兰语支有芬兰语、拉普语、爱沙尼亚语；乌戈尔语支有匈牙利语、奥斯恰克语（Ostyak）和沃古尔语（Vogu）。

阿尔泰语系、乌拉尔语系的研究沿革如下：1544年，缪恩斯特发现芬兰语、萨米语和爱沙尼亚语之间的亲属关系——1671年，斯提恩希尔姆识别出芬兰—乌戈尔语族；沃格尔比较芬兰语、拉普兰语和匈牙利语——1692年，威特森把阿尔泰诸语确定为鞑靼语言的变异，指出与乌拉尔语、高加索语、西伯利亚语的区别——1717年，艾克哈特把萨莫耶德语与芬—乌戈尔语族联系起来——1727年，小鲁德贝克提出爱沙尼亚语、芬兰语和拉普兰语同源词——1730年，斯塔伦贝格提出"鞑靼语系"并分为六个语族——1770年，沙伊诺维奇证明匈牙利语和拉普语之间的亲属关系——**1788年，琼斯错误地认为全部鞑靼诸语来自同一源头，斯拉夫诸语与之很接近**——1799年，贾尔马提论证匈牙利语与芬兰语的亲属关系——1832年，拉斯克将高加索语、巴斯克语等纳入"鞑靼语系"并称为"斯基泰语系"——1839年，卡斯特伦把乌拉尔语、突厥语、蒙古语、通古斯—满语统称为"阿尔泰语系"，分为乌拉尔语族和阿尔泰语族——1952—1957年，兰铁司提出阿尔泰语系四语族说，而乌拉尔语系最终独立。

（三）埃塞俄比亚语与阿拉伯语、希伯来语是姊妹语

在"关于亚洲的边民、山民和岛民"的《八周年演讲》（1791）中，琼斯把埃塞俄比亚语看作阿拉伯语和希伯来语的姊妹语。

That the written Abyssinian language, which we call Ethiopick, is a dialect of old Chaldean, and sister of Arabick and Hebrew, we know with certainty, not only from the great multitude of identical words, but (which is a far stronger proof) from the similar grammatical arrangement of the several idioms. (Jones 1807, Vol. III: 166)

阿比尼西亚人的书面语，我们称为埃塞俄比亚语，是古迦勒底语的一种方言，无论从完全相同的大量词语，还是从几种方言的相似语法结构（此为更有力的证据），我们都可以确信，它是阿拉伯语和希伯来语的姊妹语言。

在阿克苏姆王国（Axumite Kingdom，西元前后建立的非洲东北国家）时期，闪米特系的塞巴人（Sabaeans）把吉兹文字（Ge'ez）引入埃塞俄比亚作为官方书面语。塞巴人与迦勒底人、希伯来人的语言有着紧密关系，都属于闪米特语言。

1538年，法国波斯特尔（Guillaume Postel, 1510—1581）发表《关于希伯来语和古老民族的起源，以及各种语言的亲和性》。1648年，德国拉维斯（Christian Ravis, 1613—1677）提出闪米特六种语言实际上就是一种语言。1659年、1661年，瑞士霍廷格（Johann Heinrich Hottinger, 1620—1667）从语法和词汇上研究闪米特语的和谐关系。德国鲁道夫（Hiob Ludolf, 1624—1704）曾到莱顿学习文献语言学，并专门向埃塞俄比亚阿姆哈拉州的僧侣学习语言，成为欧洲的第一位埃塞俄比亚语专家。1702年出版《埃塞俄比亚语与其他东方语言的和谐》。

1710年，即琼斯（1791）之前81年，莱布尼茨提出闪—含语系的雏形阿拉米语组。莱布尼茨在《略论基于语言证据确定种族起源》（1710）中认为，大多数欧亚语言，包括古埃及语，都是同一原始语言的后裔。莱布尼茨把大多数欧亚语言划为雅弗语群和阿拉米语群，而后者包括的就是含—闪诸语。莱布尼茨与鲁道夫之间经常书信往来，这些书信于1755年编辑出版（Michaelis ed. 1755）。莱布尼茨的阿拉米语言知识主要来自鲁道夫。

1738年，即琼斯（1791）之前53年，斯库尔腾专攻希伯来语及其同族语，创立了"东方方言"亲属关系研究的理论和方法，包括谱系树模式。

进一步研究闪—含语言、提出"闪—含语系"的是18到19世纪的德国学者，即哥廷根大学的施勒策尔（August Ludwig von Schlözer, 1735—1809）、艾希霍恩（Johann Gottfried Eichhorn, 1753—1827）、本费（Theodor Benfey, 1809—1881）和莱普修斯（Karl Richard Lepsius, 1810—1884）。

1781年，即琼斯（1791）之前10年，施勒策尔提出用"闪米特"（Semitic）这一术语指称希伯来人、阿拉米人、阿拉伯人的语言，以及近东的其他语言。此前，这些语言被称为"东方方言"（Albert Schultens 1738）。施勒策尔的"闪米特"说，最初见于艾希霍恩的《圣经与东方文学剧目》（1781: 161）中。此后，在艾希霍恩的《近代语言学史》（1807: 403—672）中，"闪米特"已成为一个固定术语。

1784年，西班牙赫尔伐斯（Lorenzo Hervás y Panduro, 1735—1809）的《已知语言目录及其亲属关系和异同》出版。这是他庞大的《宇宙的观念》（*Idea dell'universo*. 22 vols., 1778—1792）中的第17卷。经过修订增补，1800—1804年出版了《已知民族语言编目：据语言和方言的多样性，编号、分区和分类》（6卷本），其旨趣在于通过语言证明民族之间的亲属关系或区别。基于名词变格和动词变位，赫尔伐斯对希伯来语、迦太基语、叙利亚语、阿拉伯语、埃塞俄比亚语（Ethiopie）和阿姆哈拉语（Amharic，阿比尼西亚宫廷语）加以比较，证明它们是同属一种原始语言的方言。（岑麒祥1958：95—96）

1844年，德国本费提议将库希特语支（Cushitic，后来称之为埃塞俄比亚语支）加入闪米特语族。同年，纽曼（T. N. Newman, 1801—1890）提出豪萨语（Hausa）与乍得语（Chadic）之间存在联系，但很长时间未被广泛接受。（Pereltsvaig 2012: 207）

1855年，现代埃及学之父莱普修斯在《简化无文字语言和外国象形文字系统的标准字母表，适合欧洲字母的统一正字法》中，提出"闪—含语系"这一概念。1876年，奥地利维也纳大学教授弗里德里希·缪勒（Friedrich Müller, 1834—1898），在《语言学纲要》（1876）中提出的含米特（Hamitic）语族只包括埃及语、柏柏尔语人和库希特语，但不包括乍得语，并且他正式使用了"闪—含语系"（Hamito-Semitic languages）这一术语。这些分类在某种程度上依赖于非语言学的人类学和种族参考，由此受到一些质疑。（Lipiński 2001: 21—22）

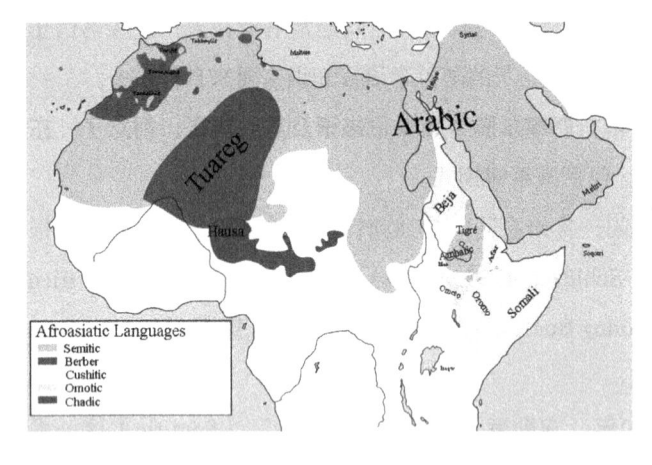

左图是现代学者提出的亚非语系（Afroasiatic Languages）即闪—含语系的分布示意图。其中，面积最大的浅灰色（Arabic）表示闪米特语族（Semitic），上部的深灰色（Tuareg）表示柏柏尔语族（Berber），下部的深灰色（Hausa）表示乍得语族（Chadic），东北非的浅色（Beja, Somali）表示库希特语族（Cushitic），其左侧的奥摩语族（Omotic）分布在埃塞俄比亚南部山地。

然而，最早对闪米特语言进行比较研究的并非欧洲学者。早在9世纪，出生于提亚雷特（Tiaret，位于今阿尔及利亚西北部）、生活在摩洛哥费斯（Fez）的希伯来语法学家库莱什（Judah ibn Kuraish[Quraysh]，生卒不详），其研究已涉及把柏柏尔语和闪米特语这两支联系起来。基于希伯来语、阿拉米语和阿拉伯语的音系和形态比较，他认识到所有闪米特语都来自同一源头，尽管其演变情况不同，但是受制于同样的语言规律。直到1857年，库莱什用希伯来语撰写的《学术论文》（*Risālah al-ḥakim*）才刊于巴黎。其比较工作分为三部分：第一部分比较了阿拉米语与《圣经》中的相似词语；第二部分比较了拉比希伯来语

（Rabbinic Hebrew）与《圣经》中的相似词语；第三部分，研究了《圣经》中的个别词在希伯来语和阿拉伯语中的不同结构，在其附录中，基于犹大语（Judah）考察了阿拉伯和希伯来语之间的同源关系。此外，他还探讨了闪米特字母的发音，包括某些弱读音素在词根中的出现和脱落，出现在时态、名词和数词的性中的音素变化，以及附加的元音或词中丢失的元音等。

闪—含语系的研究沿革如下：约9世纪，库莱什比较几种闪米特语之间的亲属关系——1538年，波斯特尔论述希伯来语和各种闪米特语的亲和性——1648年，拉维斯提出闪米特六种语言实际上就是一种语言——1659年、1661年，霍廷格从语法和词汇上研究闪米特语的和谐关系——1702年，鲁道夫论证埃塞俄比亚语与其他东方语言的和谐——1710年，莱布尼茨提出阿拉米语组——1738年，斯库尔腾创立"东方方言"亲属关系研究理论和方法——1781年，施勒策尔提出"闪米特语言"这一术语——**1791年，琼斯把埃塞俄比亚语看作阿拉伯语和希伯来语的姊妹语**——1800年，赫尔伐斯基于名词变格和动词变位，对希伯来语、迦太基语、叙利亚语、阿拉伯语、埃塞俄比亚语等加以比较，证明它们是同属一种原始语言的方言——1844年，本费提出将库希特语加入闪米特语族；纽曼提出豪萨语与乍得语之间存在联系——1855年，莱普修斯提出"闪—含语系"这一概念——1876年，1876年，弗里德里希·缪勒正式使用"闪—含语系"这一术语。

（四）藏缅语言古代属于梵语，受汉语单音节影响

在《三周年演讲》（1786）中，琼斯提到汉语和藏语语音结构的相似性。

the symbols of ideas, now used in China and Japan, and formerly, perhaps, in Egypt and Mexico, are quite of a distinct nature; but it is very remarkable, that the order of sounds in the Chinese grammars corresponds nearly with that observed in Tibet, and hardly differs from that, which the Hindus consider as the invention of their Gods.（Jones 1807, Vol. III: 36）

如今中国和日本使用的观念符号，以及原来埃及和墨西哥可能用过的，（与印度字母）具有完全不同的性质；但是值得注意的是，中文语法中的语音规则与在藏文语法中看到的语音规则密切一致，几乎没有差别，而印度教徒则认为藏文是其神灵发明的。

在《八周年演讲》（1791）中，琼斯又论及藏语跟汉语的关系。

their characters are apparently Indian, but their language has now the disadvantage of being written with more letters than are ever pronounced; for, although *it was anciently Sanscrit* and polysyllabick, it seems at present, from the influence of Chinese manners, to consist of monosyllables, to form which, with some regard to grammatical derivation, it has become necessary to suppress in common discourse many letters, which we see in their books; and thus we are enabled to trace in their writing a number of Sanscrit words and phrases, which in their spoken dialect are quite undistinguishable. （Jones 1807, Vol. III: 175-176）

他们（藏人）的文字显然来自印度，但是其语言现有不足之处，书写词语的字母比发出的音素要多一些；虽然**藏语在古代属梵语**且为多音节词，但是现在看上去受了汉语习惯的影响，也包括单音节词，为了形成这样的词，从语法派生考虑，在通常口语中有必要节缩一些音素，而我们在其书籍中仍然可以看到这些字母；由此我们能在其书面语中追溯若干梵文的单词和短语，而这些在其口语方言里已经很难识别。

琼斯所言"藏语古代属于梵语"显然错误。藏文中的梵文词和短语来自借用，特别是佛教文化的影响。至于藏语文献中的有些多音节词在口语中节缩音素而成为单音节，主要是藏语自身的语音变化。藏语的演变趋势之一是后缀音节与主元音合并，变成复元音韵尾而单音节化。当时西方学者对汉藏语的研究尚不成熟。由于缺少这方面的成果参考，琼斯的说法也就必然出错。同样，琼斯错误地认为，缅族可能源于印度部族，缅语与梵语非常接近。（Jones 1807, Vol. III: 176—177）。

西方学者对藏语的研究，始于威特森（1692）提供的第一份藏语词表。18世纪，一些西方学者开始注意到藏语和缅甸语二者文学语言之间的对应关系，而汉藏语言或东亚—南洋语言的发生学研究，要到19世纪才逐步展开。

1800—1804年，西班牙赫尔伐斯在《已知民族语言编目》中，识别了汉语与其他印支语的亲属关系。1806年，德国阿德隆在《语言大全或普通语言学》中提出，欧亚大陆所有不属于印欧—闪含语言的众多语言组成"聚合性家族"（Atactic family）。

1806年，英国苏格兰学者莱顿（John Casper Leyden，1775—1811）在给理查森（Lt. Col. Richardson）的信中，专门讨论了"关于印度的语言、文献及其作者个人历史和比较工作细节设计的研究计划"（Leyden 1806a），随后修改为"关于印度—支那国家的语言、文献、历史和古代史的调查计划"（Leyden 1806b）。1808年，在《论印度—支那民族的语言和文献》一文中，提出了几乎包括欧亚—大洋洲所有古老语言在内的"印度—支那语言"，已经涉及孟—高棉语、台—卡岱语（泰语、老挝语）、藏缅语（缅语）等语言的研究。与之类似，美国传教士布朗（Nathan Brown，1807—1886）在《印度—支那语言的比较》（1837）中也提出了类似"印度—支那语言"的概念，除了汉藏语、南亚语之外，还包括南岛语及日本语等。

1823年，德国克拉普罗特（Julius H. von Klaproth, 1783—1835）在《亚洲语言通晓》中详尽阐述了亚洲语言起源的多源论。克拉普罗特提出了由藏语、缅语、汉语以及被证明与这三种语言存在起源关系的语言组成一个语系，但是也没有对之命名。1852年，英国洛根（James Richardson Logan, 1819—1869）依据克拉普罗特确定的范围，首次在《印度—太平洋岛屿的人类文化学》中使用了"藏—缅语系"（Tibeto-Burman languages）这一术语。1858年，在《西喜马拉雅语或阿萨姆、缅甸和勃固的藏语部落》中增加了克伦语（Karen）及其相关语言。

英国霍奇森（Brian Houghton Hodgson, 1800—1894）1818年到印度，1820年到尼泊尔。追随克拉普罗特的思路，霍奇森搜集了喜马拉雅和东北印度的大量语言资料，注意到这些语言与藏语和缅甸语之间有亲缘关系。1853年发表《论印度—支那边界的居民，以及喜马拉雅人和藏人的联系》。1874年出版《尼泊尔和西藏的语言、文学和宗教杂记》。

1855年，德裔英国语言学家马克斯·缪勒（Friedrich Max Müller, 1823—1900）在《东方竞争中的语言地位，对闪米特、雅利安和图兰三个语言家族的俯瞰》中提出了"图兰语系"。"图兰"（Turan）一词源自古波斯语（ توران ）对中亚（南西伯利亚）游牧民族的泛称。除了闪米特语、雅利安语和汉语，图兰语系包括了其他的所有欧亚语，分为北方和南方两大语族。北方语族包括通古斯语支（Tungusic）、蒙古语支（Mongolic）、鞑靼语支（Tartaric）和芬兰语支（Finnic）；南方语族包括暹罗语支、马来语支、博特亚语支（Bhotlya）和泰米尔语支（Tamilic）。其中，博特亚语支又包括恒河支（Gangetic）和佬黑支（Lohitic）。1854年，缪勒在给本生（Chevalier Bunsen）的信中讨论过图兰语系的分类，拟把藏缅语分为喜马拉雅语支、佬黑语支，涉及的语言包括藏语、缅语、景颇语、库基钦语（Kuki-Chin）、那嘎语（Naga）和北阿萨姆方言。

1881年，德国汉学家葛禄博（Wilhelm Grube, 1855—1908）在《汉语的历史地位》中讨论了汉藏语言的系属问题。法裔英国伦敦大学教授拉古贝利（Terrien De Lacouperie, 1845—1894）在《汉文创制之前的中国语言》（1887）中讨论了汉藏语问题，他研究过彝语、纳西语、藏语、泰语、掸语、孟语等，发现黎语和台湾南岛语有发生学关系。

1889年，德国库恩（Ernst Kuhn, 1846—1920）在《论印度支那语言学》（*Beiträge zur Sprachenkunde Hinterindiens*）中提出印度支那语系的两个语族：

一方面我们的藏—缅语族（Tibetisch-Barmanische），要与汉—暹语族（Chinesisch-Siamesische）明确分开，然而两个相关的语族不得不合为一个语系。（Kuhn 1889: 189）

1896年，德国康拉德（August Conrady, 1864—1925）在《印度支那语系中使动名谓式之构词法及其与声调别义之关系：印度支那语系特别是藏语、缅语、泰语和汉语的比较语法研究》中正式提出"印度支那语系"（indochinesischen）这一术语，包括了库恩提出的藏—缅（Tibeto-Burman）和汉—暹（Chinese-Siamese）两个分支，只是对卡伦语的归属仍有疑问，另外把越南语排除在外。1909年，德国芬克（Franz Nikolaus Finck，1867—1910）的《全球语言家族》再次建议把卡伦语作为汉—暹语族的第三个语支。1911年，法国马伯乐（Henri Maspero，1882—1945）在《泰语语音系统研究》中，沿袭了东支"汉—暹语族"与西支"藏—缅语族"的做法。

直到1924年，法国普祖鲁斯基（Jean Przyluski，1885—1944）才提出法语的"汉—藏语系"（sino-tibétain）这一术语，在《世界的语言》（Antoine Meillet & Marcel Samuel Raphal Cohen. ed.）中以之为标题撰写了该章内容。基于康拉德的藏—缅和汉—台（Sino-Daic）两个分支，普祖鲁斯基把苗瑶语归入台—卡岱语中。1931年，普祖鲁斯基和卢斯（Przyluski, J. & G. H. Luce）的《汉—藏语系的数词"100"》首次把法语的sino-tibétain译为英语的Sino-Tibetan。

1930年，美国谢飞（Robert Shafer，1893—1973）以早期传教士和殖民地官员编写的词典和研究为基础，首次对藏缅语言进行系统研究，而后撰成初稿（1939—1941年）。1966—1974年出版的《汉藏语言导论》将泰语纳入汉藏语系，对藏缅语族作了详尽分类。同样以这些资料为基础，白保罗（Paul King Benedict，1912—1997）在《汉藏语概论》（初稿于1941年，由马提索夫编辑刊于1972年）中，一方面将泰语排除在外，另一方面将克钦语（Kachin），而不是克伦语（Karen）视为藏缅语言的辐射中心。

汉语亲属关系以及汉藏语系的研究沿革如下：1717年，老鲁德贝克提出汉语与哥特语存在相似性——1759年，德经推测汉语和埃及语之间存在联系——**1790年，琼斯错误地提出藏语（及缅语）古代属于梵语**——1800—1804年，赫尔伐斯识别了汉语与其他印支语的亲属关系——1806年，莱顿提出包括欧亚—大洋洲所有古老语言的印度—支那语区——1823年，克拉普罗特提出藏语、缅语、汉语等组成一个语系——1852年，洛根提出"藏缅语系"——1854年，缪勒把藏缅语分为两支（次喜马拉雅语、佬黑语）——1889年，库恩提出两个语族（藏—缅、汉—暹）——1896年，康拉德提出"印度支那语系"——1924年，普祖鲁斯基提出"汉藏语系"。

（五）南岛语言的祖语都是梵语

在《八周年演讲》（1791）中，琼斯提出南岛诸语的根源都是梵语。

from the very accurate and interesting account of it by a learned and ingenious member of our own body, we discover, without any recourse to etymological conjecture, that multitudes of pure Sanscrit words occur in the principal dialects of the Sumatrans; that, among their laws, two positive rules concerning sureties and interest appear to be taken word for word from the Indian legislators Nared and Harita; and, what is yet more observable, that the system of letters, used by the people cf Rejang and Lampun, has the same artificial order with the Devanagari; but in every series one letter is omitted, because it is never found in the languages of those islanders.

If Mr. Marsden has proved (as he firmly believes, and as we, from our knowledge of his accuracy, may fairly presume) that clear vestiges of one ancient language are discernible in all the insular dialects of the southern seas from Madagascar to the Philippines and even to the remotest islands lately discovered, we may infer from the specimens in his account of Sumatra, that the parent of them all was no other than the Sanscrit. （Jones1807, Vol. III: 174-175）

从我们学会的一位博学而具有创新精神的会员对其很准确和有价值的记载中，我们发觉无须求助于任何词源推测，在苏门答腊人的主要方言中就有大量的纯粹梵文词；在他们的法律中，有关"担保"和"利息"这两项建设性条文，就是从印度法学家纳勒德和哈里塔的文本中逐词逐句搬来的；更明显的是，拉让江①和楠榜②民间使用的字母系统，与梵文字母表的人为排序完全相同；仅仅在每个序列中都省略一个，因为那些岛民的语言中从来不用该字母。

如果马斯登先生已经证实（正如他坚信的，并且我们从其知识的准确性，能够公平地推测），从马达加斯加到菲律宾，甚至到近来发现的最遥远群岛，在这些南方海洋的所有岛屿方言中，可以识别某一古代语言留下的清晰痕迹，我们可以从马斯登搜集的苏门答腊语资料中推断，这些语言的根源不可能是别的，都只能是梵语。

英国东方学家马斯登（William Marsden, 1754—1836）1771年来到苏门答腊岛，担任英属殖民地总督秘书，在当地掌握了马来语。先后出版《苏门答腊史》（1784）、《马来语语法和词典》（1812）、《马斯登杂记》（1834），琼斯的参考资料应指前者。此后，马斯登在《论波利尼西亚语，或东部岛屿语言》（*On the Polynesian, or East-insular Languages*，1834）中把南太平洋一带的语言称为"近波利尼西亚语"（Hither

---

① 拉让江（Rejang）位于马来西亚沙捞越。大部分原住民，如乌鲁族的生活方式仍保留原始风貌。13世纪以后，当地使用来自阿拉伯字母的爪夷文（tulisan Jawi）即马来文。

② 楠榜（Lampug）位于印尼苏门答腊岛南端，西临印度洋，东濒爪哇海。该地原住民楠榜人，讲马来—波利尼西亚语系的楠榜语，其字母可能来自印度字母。

Polynesian），把印度尼西亚群岛的语言称为"远波利尼西亚语"（Further Polynesian）。马斯登提出从马达加斯加到菲律宾，及南太平洋岛屿的语言在古代属于一种语言是对的，错的是琼斯的推定——"这些语言的根源……都只能是梵语"。

德国洪堡特（W. von Humboldt，1767—1835）注意到卡维语的许多词语借自梵语，由此怀疑这些借词掩盖了深层次的发生学关系。葆朴（Franz Bopp，1791—1867）在《关于马来—波利尼西亚语言与印欧语系的关系》（1841）中，则认为洪堡特的材料及其比较研究足以证明"马来—波利尼西亚语言是梵语的退变"，因此"马来—波利尼西亚语是梵语的子语，而大多数印欧语是梵语的姊妹语"。1885年，新西兰学者特里盖尔（Edward Robert Tregear，1846—1931）在《雅利安语系的毛利语》中比较了毛利语和雅利安语言，把毛利语归入印欧语系的一员。1937年，瑞士学者布兰斯泰特（Renward Brandstetter，1860—1942）在《印尼语和印欧语的亲缘关系》中重提印欧—南岛语系假说。

向前追溯，1708年，即琼斯（1791）之前83年，荷兰东方学家雷兰德基于马达加斯加、东印度群岛、可可斯群岛等地的语言资料，在《东方岛屿语言的研究》中，首次揭示了马来语和西太平洋岛屿语言之间的联系，推测这些海岛语言出于同一源头。

再向后沿流，1801年，西班牙赫尔伐斯在《已知民族语言编目》第二卷中，专门描述印度洋和太平洋岛屿的语言，提出马来语和波利尼西亚语同属一个语系。（岑麒祥1958：96）

1827年，法国航海家迪尔维尔（Jules Sébastien César Dumont d'Urville，1790—1842）在南太平洋上探险时，提出马来西亚（Malaisia）、密克罗尼西亚（Micronesia）与美拉尼西亚（Melanesia）三个地理术语，以便与波利尼西亚（Polynesia）区分。在其多卷集的《奉国王命令的麾下迪尔维尔的"星盘号"航行发现：1826—1827—1828—1829》（1834）中，基于词汇统计方法发现与马达加斯加语关系更密切的是玻利尼西亚语，而不是处于中间位置的马来语。但在美洲和亚洲大陆，都没有发现与玻利尼西亚语具有亲缘关系的语言。

1828年，洪堡特（W. von Humboldt，1767—1835）在《论南洋岛屿的语言》（Humboldt 1839: 425—486）中，用"马来—波利尼西亚语系"（Malayo-polynesische Sprachen）来统括东南亚岛屿与南太平洋岛屿的语言。布龙菲尔德（Leonard Bloomfield，1887—1949）曾说："洪堡特伟大专著的第二卷建立了马来—波利尼西亚语系比较语法的基础。"（Bloomfield 1933: 19）经核查，应是洪堡特《论爪哇岛上的卡维语》的第三卷，由其助手布希恩（J. Buschmann）编辑，1839年付梓。

1850年，英国人类学家厄尔（George Windsor Earl，1813—1865）用Indu-nesians（印度尼西亚人）这个术语称呼东印度群岛居民（Earl 1850: 277—278），但他通常仍用

Malayunesians（马来西亚人）指东印度群岛及马来群岛居民。同年，洛根用Indonesia（印度尼西亚）指称东印度群岛（Logan1850：252—347）。

1885 年，英国科德林顿（Robert Henry Codrington，1830—1922）在《美拉尼西亚诸语》中，阐明了马来语、马达加斯加语、毛利语与美拉尼西亚的许多语言都存在发生学关系。

1886 年，荷兰柯恩（Hendrik Kern，1833—1917）的《斐济语与其在印度尼西亚和波利尼西亚的关系词比较》，论证了斐济语是一种马来—波利尼西亚语。

1899年，奥地利语言学家施密特（Wilhelm Schmidt，1868—1954）在《大洋洲（美拉尼西亚，波利尼西亚，密克罗尼西亚和印度尼西亚）语言关系对人类学的价值》《美拉尼西亚语与波利尼西亚语之间的关系》中，以"南岛语"（德语Austronesisch；英语Austronesian）这一术语取代"马来—波利尼西亚语"。该术语由拉丁文auster（南风）加上希腊文nêsos（岛屿）合成。施密特长期研究孟—高棉语以及南太平洋和澳大利亚的语言，"南岛语系"只是其南方大语系（Austric superstock）假说中的一个分支。孟—高棉语与南太平洋诸语之间的发生学联系，成为历史比较语言学领域最有价值的重要发现之一。20世纪30年代，德国语言学家谭波夫（Otto Dempwolff，1871—1938）采用历史比较方法构拟原始南岛语（Dempwolff 1934，1937，1938），把南岛语研究推向新的高度。

南岛语系的研究沿革如下：1708年，雷兰德推测马达加斯加、东印度群岛、可可斯群岛的语言出于同一源头——1791年，琼斯错误地提出南岛诸语言的祖语都是梵语——1800—1804年，赫尔伐斯提出马来语和波利尼西亚语同属一个语系——1827年，迪尔维尔发现玻利尼西亚语与马达加斯加语的关系更密切——1828年，洪堡特提出"马来—波利尼西亚语系"——1834年，马斯登区分"近波利尼西亚语"与"远波利尼西亚语"——1885年，科德林顿阐明了马来语、马达加斯加语和毛利语与美拉尼西亚语存在发生学关系——1899年，施密特提出"南岛语系"。

（六）诺亚的语言不可挽回地失去了，人类语言三大家族

《圣经》旧约记载的"大洪水"和"巴比塔"，隐喻的是人类语言"同源—分化模式"，促使欧洲学者试图证明亚欧非语言具有远古亲缘关系。

琼斯认为，人类原始语言的研究在词源上遇到障碍。在《九周年演讲，关于民族的起源与家族》（1792）中说：

Among fifty radical words (ma, taph, and ram being included), eighteen are purely of Arabian origin, twelve merely Indian, and seventeen both Sanscrit and Arabick, but in senses totally different; while two are Greek only, and one Egyptian, or barbarous: if it be urged, that those radicals (which ought surely to have concluded, instead of preceding, an analytical inquiry) are precious traces of the primitive language, from which all others were derived, or to which at least they were subsequent, I can only declare my belief, that the language of NOAH is lost irretrievably, and assure you, that after a diligent search, I cannot find a single word used in common by the Arabian, Indian, and Tartar families, before the intermixture of dialects occasioned by Mohammedan conquests.（Jones1807，Vol.Ⅲ：199）

在50个根词（包括ma"妈"、taph"尺"和ram"羊"等）中，有18个仅源于阿拉伯语，有12个只源于印度语，有17个既见于梵语又见于阿拉伯语，但是意义完全不同；还有2个仅见于希腊语，1个来自埃及语或未开化部落的语言——如果竭力主张这些词根是原始语言的珍贵孑遗（当然应该作出结论，但不是在分析质询之前），所有的其他语言皆源于这种原始语言，或者至少出现在其后，那么我只得宣布我的观点，诺亚的语言已经不可挽回地失去了，并且向诸位保证，经过用心搜寻，在伊斯兰教徒发动征战引发语言混合之前，我没有发现一个单词是阿拉伯人、印度人和鞑靼人共同使用的。

琼斯的这种根词列举式描述，是不可能窥见原始语言痕迹的。

1644年，荷兰赫罗齐厄斯（Hugo Grotius，1583—1645）在《旧约全书评注》中认为，希伯来语是迦南语（Cananite）和腓尼基语的一种方言。并且总结：

Therefore, it is more true that the primeval language does not exist in a pure form anywhere, and instead there are remnants of it in all languages. Moses translated the proper names of Adam, Eve and the others into the Hebrew language with the same meanings as those names had in the primeval language, out of consideration for the Hebrews. (Grotius 1644: 20)

由此更真实的是，原始语言并不以一种纯粹形式存在于任何地方，而是残留在其所有语言中。摩西把亚当、夏娃和其他专有名词译成与原始语言名称含义相同的希伯来语，是基于希伯来人的考虑。

法国哲学家休伊特（Pierre Daniel Huet，1630—1721）支持赫罗齐厄斯的观点，认可原始语言"已经完全失去了或已经散落在其他语言中"［Huet 1703（1679）：208］，而那种认为闪米特人和希伯来人没有参与建造通天塔，从而为自己和后代保有神圣原始语言专用权的说法，丝毫没有证据。

坎农曾经这样评价：

琼斯也并不想把所有语系联系在一起，形成一个像诺斯特拉语这样的超级语系，追溯

第一批语言中的第一种语言。（Cannon 1993, Introduction: XLI）

既然琼斯从未做过任何具体语言或语系的历史比较，"把所有语系联系在一起"又从何谈起？

实际上，作为虔诚的教徒，琼斯感到有必要根据《圣经》的信仰体系，去解释隐含在斯基泰假说中的现象，并以之解释在巴别塔之后，"诺亚的语言"是如何"不可挽救地失去了"。因此，尽管原初语言的孑遗无法寻觅，但琼斯信奉《圣经》中记载的人类及其语言的单源论。在《三周年演讲》结尾，琼斯是这样概括的：

Of these cursory observations on the Hindus, which it could require volumes to expand and illustrate, this is the result: that they had an immemorial affinity with the old Persians, Ethiopians, and Egyptians, the Phenicians, Greeks, and Tuscans, the Scythians or Goths, and Celts, the Chinese, Japanese, and Peruvians; whence, as no reason appears for believing, that they were a colony from any one of those nations, or any of those nations from them, we may fairly conclude that they all proceeded from some central country, to investigate which will be the object of my future Discourses.（Jones 1807, Vol Ⅲ: 46）

对印度人的这些粗略观察，可能需要通过多卷论著加以扩展和说明，其结论就是——他们与古波斯人、埃塞俄比亚人和埃及人，腓尼基人、希腊人和托斯卡纳人，斯基泰人或哥特人，以及凯尔特人、中国人、日本人，还有秘鲁人存在远古的亲缘关系；由此，没有理由认为，印度人是这些民族中任一民族的殖民，或者任一民族来自印度人的殖民，我们可以公正地推定，他们都是从某个中央领土出发迁徙的，对其研究将会是我未来演讲的目标。

托斯坎纳人（Tuscany，意大利语Toscana）自称罗散那（Rosanna），是希腊人以前的一支爱琴海远古居民，其文化远超当时的周围民族。罗马字母来自伊特鲁斯坎字母。伊特鲁斯坎人给古罗马留下了一份丰富遗产，罗马人又将之传给整个西方文明。此处的"秘鲁人"指的是建立印加古国的美洲印第安人。

根据琼斯《三周年演讲》提及梵语与希腊语、拉丁语、哥特语、凯尔特语、古波斯语之间存在"亲密—同源"关系（把斯拉夫语、印地语排除在外），《五周年演讲》《八周年演讲》提出鞑靼语包括突厥语、斯基泰语、斯拉夫语，《七周年演讲》提出中国人、日本人来自印度，早期与鞑靼混血，《九周年演讲》把诺亚语言的后裔分为闪米特语（印度人）、含米特语（阿拉伯人）、雅弗语（鞑靼人）三支，琼斯的最终结论是把人类语言归属于三个家族：波斯—印度语家族、叙利亚语家族、鞑靼语家族。琼斯认为"三大原始语言起先必定集中在伊朗地区"，不但亚洲、欧洲、北非的居民，而且地球上的所有族群都源于三大种族中的一支,也就是说,琼斯自以为其种族—语言谱系具有全球价值。这就是文化史家之荒谬,以为无须严格的语言历史比较就能给出一份自以为具有全球价值的种族—语言谱系。

如果了解历史语言的探索足迹,那么就会认识到超级语系假说 ≠ 人类语言起源的单源论。迄今为止,关于超级语系的探索,可以大致分为两个阶段:第一阶段是关注远距离语言之间的发生学关系,侧重于空间的广度研究;第二阶段是关注传统语系(其语言年代相当于新石器时期中晚期、金属时期以来)的更早期发生学关系(其语言年代相当于新石器时期早期,甚至旧石器时期晚期),侧重于时间的深度研究。

以上梳理显示,凡是前人已有研究成果的,琼斯演讲中的说法大体就是对的;凡是前人没有充分研究或说法不对的,琼斯演讲中的推测也就是错的。由此,推定1:不管对错与否,琼斯的这些说法,一定参考了前人的相关论著,尽管他没有列出参考文献;推定2:琼斯本人对语言的历史比较没有具体而细致的研究;推定3:琼斯也不可能承认自己是历史比较语言学的奠基人。

四、对琼斯讲辞评价的不同动机

对于琼斯在语言学史上地位的评价,最早可能见于19世纪中期的英国。1851年,牛津大学教授马克斯·缪勒在《比较语文学》中,除了推崇葆朴的比较语法研究,同时指出:

It must not be supposed that Professor Bopp was the first who discovered the connexion of the Arian languages. Close relationship which the ancient vernacular of India bears to Greek and Latin, did not escape the eye of our ingenious Oriental scholar. Sir William Jones, who was the first to point out the wonderful structure of the Sanskrit. (Müller 1851:317)

葆朴教授并非第一个发现雅利安语系关联的人。印度的古代本地话与希腊语和拉丁语之间的密切关系,没能逃脱我们睿智的东方学家的眼光。是琼斯,第一个指明了梵文的精妙结构。

马克斯·缪勒的说法没有任何根据。在琼斯之前,已经有多个学者研究梵语和欧洲语言的亲属关系。琼斯只是泛泛而论,并没有任何具体研究。

1866年10月,《伦敦评论季刊》(*The London Quarterly Review*, Vol. XXVII)刊载了一篇匿名评论,回顾学术界对琼斯《三周年演讲》的反应,宣称琼斯的发现"是通向现代比较语文学的一把钥匙"。此后,"学术界才把比较语文学视为一门科学,而把琼斯视为其

先驱"，而史勒格尔、缪勒等都是"琼斯的追随者"。（Cannon 1993: 30）

（一）先驱：基于琼斯后研究的评价

与马克斯·缪勒和匿名者的评价类似，一些学者在肯定琼斯为"先驱"的同时，强调历史比较方法及其重要成果是由后来的学者完成的。

丹麦语言学家汤姆逊在《十九世纪末以前的语言学史》（1902）中说：

就在十八世纪末，当英国人统治印度之后，他们把梵语介绍到了欧洲。这些学者当中，特别应当提到的是琼斯（1746—1794）的功绩，他**第一个**在印度透彻地研究梵语；他的另一功劳就是在加尔各答创办了亚洲学会。（黄译本1960：60）

需要指出的，最早把梵语学术介绍到欧洲的是德国学者，第一个在印度透彻研究梵语的英国学者并非琼斯。接着，汤姆逊引出了琼斯的"相似—同源"论述，但是未加任何评论。

其弟子裴特生在《十九世纪欧洲语言学史》（1924）中说：

英国统治印度以后，渐渐与之发生较多直接接触，英国学者开始将梵语知识传播到欧洲。该语言留给英国学者的印象，在琼斯爵士1786年所写的那段常被引用的叙述里显得十分清楚。……不过他对原始语言的存在可能性还保留待考余地，并且认为哥特语、凯尔特语与梵语之间的差异较大是由于语言的混合，这两点似乎还没有摆脱老一套的思考方法。

只是在1814年（1818）和1816年，拉斯克和葆朴二人井井有条地指出印欧语系中最远语言之间的亲属关系以后，语言学的新时代才开始了。（钱译本1958：18—19）

裴特生把琼斯和弗里德里希·史勒格尔相提并论，作为拉斯克和葆朴之前的两位对历史比较语言学的产生具有重要影响的人物。

与之不同，丹麦语言学家叶斯柏森（Otto Jespersen, 1860—1943）在《语言的本质、起源和发展》（1922）中，把格尔杜与琼斯相提并论，肯定他们都是"梵语学术研究的先行者"。在引用琼斯的"相似—同源"论述以后，叶斯柏森的评论是：

……（印欧语言的历史）比较由此开了头。但是琼斯爵士并没有从细节上进行任何比较，而是留给后人去追寻他所提供的线索。（Jespersen 1922: 33）

1979年，苏联语言学家康德拉绍夫（Н. А. Кондрашов）在《语言学说史》中写道：

欧洲学者掌握梵语，对于促成语言的历史比较研究具有重大意义。……在孟加拉国任法官的琼斯（1746—1794）作出了巨大的贡献。……琼斯没有通过对语音对应、对形式的语法分析和词汇分析，来证实自己的天才设想，这在不久以后，其设想是由其他一些语言学家完成的。（杨译本1985：32—33）

1986年，美国学者霍恩尼斯瓦德（Henry M. Hoenigswald, 1986：174—175）提出，琼斯为哥廷根学者"预言了（presaged）道路"。虽然不能说琼斯创立了历史比较方法——那是德国学者的精心创造——但是由于其巨大影响，他与哥廷根学者一起成为印欧比较语言学的杰出先驱（quintessential precursor）。

冯志伟（1987：7）说，"琼斯和史勒格尔是历史比较语言学的先驱者"，但是"他们未能找出梵语和欧洲语言的语音对应规律，因此，他们的研究还不能算是真正的历史比较语言学"，与裴特生、叶斯柏森、康德拉绍夫的评价类似。黄长著（1988：458）说，"W.琼斯首次提出印度的梵语跟欧洲的希腊语、拉丁语、哥特语等语言有亲属关系。其后，欧洲的语言学家把琼斯的经验性见解提高到科学的论证"，与霍恩尼斯瓦德的评价类似。

（二）拔高：错认的现代语言学之父

除了"历史比较的先驱""历史比较语言学的奠基人"如此美誉，一些英美学者把琼斯拔高为"现代语言学的奠基人"，甚至"现代语言学之父"。

1964年12月28日，刚上任的美国语言学会主席霍凯特（Charles F. Hokett, 1916—2000）在年会致辞中，提出了语言学近178年来（1786—1964）的"四个重大突破"的说法。

On 2 February 1786, in Calcutta, Sir William Jones delivered an address to The Asiatic Society, in which occurs a passage that has since repeatedly been hailed as the first clear statement of the fundamental assumption of the comparative method. We may justifiably take that event as the birth of modern linguistics. Between Sir William's address and the present Thirty-Ninth Annual Meeting of the Linguistic Society of America there is a span of 178 years. … Our fraternity has accomplished a great deal in the short span of 178 years; yet, in my opinion, there have been only four major breakthroughs.（Hockett 1965:185）

1786年2月2日，在加尔各答，琼斯爵士在亚洲学会上发表了一次演讲，其中有一段话，后来反复被称赞为比较方法基本设想的首次清晰宣言。我们可以**无可非议地**把此事视为现代语言学的诞生。从琼斯演讲到如今美国语言学会的第39次年会之间是178年……在这短暂的178年内，我们学界取得了大量成果，但是，我认为，其中只有四个重大突破。

霍凯特不但认为琼斯首次清晰地说明了历史比较方法（《三周年演讲》没有涉及历史比较方法），而且把琼斯推崇为现代语言学诞生的标记人物（霍凯特不了解现代语言学的形成过程）。所谓"四个重大突破"：1786年琼斯的第一个突破；1875年维尔纳（Eine Ausnahme der ersten Lautverschiebung）的第二个突破；1916年索绪尔（Cours de Linguistique Generale）的第三个突破；1957年乔姆斯基（Syntactic Structures）的第四个突破。霍凯特把第一个突破称作"起源假说"（the Genetic hypothesis）——"这第一个突破是由琼斯，以及稍后的贾亚马提、拉斯克、格里姆以及葆朴完成的"。（Hockett 1965:185）

1967年，英国语言学家罗宾斯（R. H. Robins，1921—2000）在《语言学简史》中说，"如果某一年能被视为当代语言科学世界的发端标志，尽管这是人为的，那么则是1786年，就在其世纪之交的十多年前"，并且援引"当代一位学者宣称，语言学向现代发展迄今有四次真正有价值的'突破'，第一次发生在1786年"。（Robins 2001:168）

在《语言的分类史》（1973）中，罗宾斯对琼斯还有更高的赞扬：

> 人们常说，"十九世纪的历史语言学"是以琼斯爵士1786年的演讲开始的。近来霍凯特提出，琼斯的演讲是整个语言学四个真正重大突破中的第一个。在琼斯的许多著作中，仅有这一篇的单独一节在现代各种出版物中多次引用，被誉为创立了科学的历史语言学和语言的历史分类法而享有头等重要的地位。然而从各方面看，**琼斯的地位并不取决于其实际的学术成就**（尽管巨大），也不仅在于历史语言学方面（只要读一读其文集就可以看到），而在于，他是第一位促使欧洲语言学家同时从描写和历史角度充分关注梵语的学者，而且是在人们热衷于梵语研究和历史语言学成功发展的最佳时机这么做的。……对琼斯学术思想的更广泛研究表明，他不仅是近代历史语言学理论和方法的**直接揭示者**，而且更是当时的一位伟大人物。他理应享有历史声誉的依据，比那段被人反复但单独引用的文字，要宽厚得多。（周绍珩译1983：11—12）

罗宾斯既认为琼斯创立（揭示）了历史比较语言学理论和方法（不了解伯克斯洪创立了历史比较理论和方法论），又认为其贡献在于：他是第一位促使欧洲语言学家同时从描写和历史角度充分关注梵语的学者（不了解德国学者比英国学者早100年的梵语学术研究）。

1978年，英国语言学家艾奇逊（Jean Aitchison）说：

> 许多人把1786年当成语言学诞生的一年。在那一年，英国人琼斯在加尔各答的皇家亚洲学会宣读了一篇论文，指出了梵语（古印度语）、希腊语、拉丁语、凯尔特语和日耳曼语的结构惊人相似。这些相似点如此显著，由此他得出结论：这些语言一定有着共同来源。（Aitchison 1978：32）

第一句重复的是霍凯特的致辞。第二句中在"亚洲学会"前冠以"皇家"，可证可能抄自罗宾斯。在琼斯创办的加尔各答"亚洲学会"添加"皇家",与1823年在伦敦成立的"大不列颠及爱尔兰皇家亚洲学会"(简称the Royal Asiatic Society),罗宾斯搞混了。

2002年,美国语言学家埃杰顿(Franklin Edgerton)说:

在琼斯以前**无人**作出这样的推测——这些相似点必须设想为都是从一个假定的、更早的、"可能不复存在"的语言承传下来的。通过这样的解释,由此现代比较语法**诞生**了。(Edgerton 2002: 6)

埃杰顿的"无人",出于对琼斯以前的大量历史比较语言学研究成果的"无知"。

最坚定地认为琼斯是"现代语言学之父"且不遗余力反复宣讲的,是美国得克萨斯大学的坎农(Garland Hampton Cannon)。1958年,他在《琼斯爵士和波斯语语言学》(*Sir William Jones and Persian Linguistics*)中提出:

希望通过本文,人们不但会得到一些关于琼斯的几乎尚不为人知的波斯语语言学的研究情况,而且会对其语言研究的方向和方法有更清晰的理解。而这一理解将有助于更深入地了解,或许是**第一个现代语言学家**的琼斯。(Cannon 1958: 273)

1990年,坎农研究琼斯的专著书名就是《东方琼斯爵士的生活和思想:威廉·琼斯爵士,现代语言学之父》(*The Life and Mind of Oriental Jones: Sir William Jones, the Father of Modern Linguists*)。该专著仅是一本文学作品类的传记,而不是深入研究的学术著作。1993年,坎农在为《威廉·琼斯爵士著作选》撰写的《导言》中,再次强调"琼斯真正可以被称为现代语言学之父"。(Cannon 1993: 39)这篇《导言》主要回顾关于琼斯研究的事件和人物,也并非基于语言学史的总体背景对琼斯语言学研究的准确分析。

1946年,范存忠在牛津大学《英国研究评论》上发表了 *William Jones' Chinese Studies*(T. C. Fan 1946)。该文中文版说:"(琼斯)他发现梵文语音和拉丁文、希腊文语音之间的对应关系,从而奠定了近代比较语言学的基础。"(范存忠1979: 250)其实,琼斯宣讲的是梵语和拉丁语、希腊语的"相似—同源",并未涉及一丝一毫的"语音之间的对应关系",更谈不上"奠定了近代比较语言学的基础"。作者并非历史比较语言学家,如此想当然也情有可原。《辞海》(1989年版,1371页)承袭了此类评价:威廉·琼斯"……发表著名的《三周年演讲》,证明梵语、希腊语和拉丁语有共同来源,为历史比较语言学的建立奠定了基础。"

(三)清醒:基于琼斯前研究的评价

作为中国老一辈的历史比较语言学家,岑麒祥(1958: 99—100)引出琼斯的"相似—

同源"讲辞，提出的则是历史比较需要进一步思考的问题。岑麒祥实事求是地陈述琼斯是当时东印度公司"最有名的"一个英国学者，但是没有一句夸张性评价。刘润清、封宗信（2002：59—60）尽管套用了罗宾斯（1967）的话："1786年可以作为当代语言科学世界的发端的标记"（Robins 2001: 168），但是留有余地——"这件事或许并非历史比较语言学的绝对开始"。

美国语言学家坎贝尔（Lyle Campbell）在回溯西方语言学史时，一针见血地指出学术界对琼斯的评价实为"极大的不幸误解"：

基于以上这段讲辞，通常认为琼斯创立了历史比较语言学，并且揭示了印欧语言之间的关系。然而，**这是对语言学史的极大不幸误解**（this is a most unfortunate misreading of the history of linguistics）。与其一百年前，即1686年安德利亚斯·雅格尔的极其类似的论述相比，琼斯既没有创立比较方法，也没有发现印欧语系。（Campbell 2001: 88）

坎贝尔揭示，琼斯的兴趣在于种族史研究。他只是凭借语言材料与其他证据，研究民族和种族的历史和分类。

其实，琼斯对语言学没有多少兴趣。他的计划是撰写一部亚洲民族史，而语言只是一种参考资源，与哲学和宗教、留存的雕塑和建筑，以及科学和艺术文献一起使用。（Jones 1798: 421）他的兴趣不在于语言，而在于人类"种族"史，这是18—19世纪学术的典型风格，莱布尼茨（Leibniz）、赫尔伐斯（Hervás y Panduro）、蒙博多（Monboddo）、伐特（Vater）、史勒格尔（Schlegel）、格里姆（Grimm）、洪堡特（Humboldt）皆如此。他们的语言比较，仅是更广泛的世界民族和种族史的一部分。把语言作为主要资源，结合其他可互证资源来确定民族和种族的历史及分类，一直延续到20世纪早期。事实上，这一取向导致琼斯对许多语言的分类错误，其中既有印欧语言，也有非印欧语言。然而，琼斯在去印度以前就是著名法官，他已写了一部著名的波斯语语法，并因其拥有丰富的东方语言学识而闻名。人们对他寄予了厚望，的确他也通过印度法律文献的翻译促使梵文为欧人共知。由此，人们对其贡献的评价过于夸大了。（Campbell 2001: 89）

坎贝尔进一步指出，琼斯的看法仅仅停留在词汇的相似，没有在语法结构上找出重大相似之处，更没有创立历史比较方法论。

琼斯既不是印欧语系的首倡者，也不是比较语言学方法的创立者，他只是反映了其时代的思潮。例如，1787年，克劳斯（Christian Jakob Kraus, 1753—1807）评价了那一时代关于语言比较研究的设想。他指出，单独是词汇相似，可能表明也可能不表明亲缘关系；

然而，如果被比较语言的语法结构包含了具有深远影响的相似之处，那么这样的推论才能支持谱系关系。（Campbell 2001: 89）

克劳斯是德国哥尼斯堡大学教授。在帕拉斯主编的《全球语言比较词汇》第一卷（1786）出版次年，克劳斯发表了《评〈帕拉斯的全球语言比较词汇〉》（1787），强调语言谱系关系的比较不能只限于词汇，而应注意语法结构的比较。有人认为，赫尔伐斯（1800—1804）"第一次提出语言的真正亲属关系主要应该取决于语法上的证据，而不是取决于词汇方面的相似"。（岑麒祥1958：95；刘国辉2000：24）赫尔伐斯的《已知民族语言编目：据语言和方言的多样性，编号、分区和分类》（6卷本）包括300多种语言，他整理了40多种语言的语法，并基于名词变格和动词变位，对希伯来语等闪米特语加以比较，证明它们同出一源。尽管赫尔伐斯的提议比克劳斯的论述要晚十多年，但是克劳斯同样并非语法结构比较的首倡者。在他们之前，早已有学者（Boxhorn 1647, Vogel 1671, Sajnovics 1770）论述过这些原则，并付诸历史比较实践。

五、"琼斯神话"的终结

霍凯特、坎农们可能一直没有意识到，只有查阅了琼斯以前的主要历史语言学著作，而不是囿于几篇语言学史论文或几本语言学史专著的浮光掠影，只有在对语言历史比较形成过程的全面了解基础上，才能够对琼斯演讲中的"相似—同源"论述给予切实的定位。

由于受所谓"琼斯构想"的遮蔽，人们往往误认为，19世纪之前的历史比较研究都是孤立的、分散的，在19世纪才成为集中的、有系统的研究。（赵世开等1990：18）然而，我们不能因为曲解、误解以及盲从，而沉浸于"琼斯神话"之中。为了追求学术公正，我们不得不打开尘封的历史，追溯学术前贤的足迹。

在琼斯《三周年演讲》（1786）之前，欧洲学者的语言历史比较已经跨越了三个阶段。

（一）第一阶段：亲属关系探索的萌芽（关键词：Affinity）

从12—15世纪，出现语言亲属关系探索的萌芽。他们是——冰岛佚名作者（1122—1133）、英国坎布伦西斯（1194）、西班牙罗德里库斯（1243）、意大利但丁（1305）、荷兰阿格里科拉（1479）及其友人德国达尔贝格（1500）。其中，最值得关注的是坎布伦西斯、但丁和阿格里科拉。然而，作为苏格兰前贤的坎布伦西斯，罗宾斯等竟一无所知。

（二）第二阶段：词汇和谐论的研究（关键词：Lexicum symphonum）

16世纪以来，已有一批学者，如杰勒纽斯（1537）、波斯特尔（1538）、缪恩斯特（1544）、彼布里安德（1548）、佩利雍（1554）、盖斯纳（1555）、艾蒂安尼（1555）、米加罗（1555）、皮卡德（1556）、拉兹乌斯（1557）、朱尼厄斯（1567）、基利安（1573,1574）、布坎南（1579）、基沙尔德（1606）、克鲁斯基尔（1616）、克吕维尔（1616）等研究语言的同源论。从高卢语、法语和希腊语的同源论，立陶宛语与拉丁语的同源论，到欧洲语言的远古母语说，再到希伯来语、迦勒底语、叙利亚语、希腊语、拉丁语、法语、意大利语、西班牙语、阿勒曼语、佛拉芒语、盎格鲁语等语言的词汇和谐论，等等。

杰勒纽斯（1537）称之为"词汇和谐"（Lexicum symphonum），波斯特尔（1538）称之为"语言亲和"（linguarum affinitate），佩利雍（1554）称之为"血统关系"（cognatione），艾蒂安尼（1555）称之为"相似"（conformité），基沙尔德（1606）称之为"词源和谐"（L'Harmonie étymologique），克鲁斯基尔（1616）称之为"和谐"（Harmonia），等等。

（三）第三阶段：理论和方法的成熟（关键词：ex eadem origine）

在16世纪下半叶到17世纪，以荷兰学者为主，已发现梵语、波斯语与拉丁语、希腊语等的相似之处，如贝卡努斯（1569）、拉维林根（1584）、乌尔卡纽斯（1597）、斯卡利杰（1599）、米留斯（1612）、施列克乌斯（1614,1615）、庞塔努斯（1616）、艾利奇曼（1640）、萨马修斯（1640,1643）、伯克斯洪（1647,1654）、夸美纽斯（1657）、舍费尔（1673）、拉布罗斯（1681）、弗伦塞利乌斯（1696），等等。18世纪有英国的希克斯（1689,1703—1705）、沃顿（1730）、蒙博多（1774,1787），等等。

这一阶段群星璀璨，形成了以莱顿为中心的"荷兰学派"。作为集大成者，伯克斯洪（1647,1654）提出历史比较语言学史上的第一个"印欧语言家族"假说——斯基泰语系，包括了拉丁语、希腊语、日耳曼语、凯尔特语、印度—伊朗语、斯拉夫语以及波罗的语，创立历史比较法。探索闪—含语言关系的先驱是法国学者波斯特尔（1538）、法国学者基沙尔德（1606）、德国学者拉维斯（Ravis 1648）、瑞士学者霍廷格（1659,1661）。德国学者鲁道夫（1702）对含—闪语言关系进一步加以研究。受斯基泰理论的影响，德国学者莱布尼茨（1710）提出了阿拉米语族（闪米特语族）。荷兰学者斯库尔滕（1738）则提出了"东方语言"（即闪米特语族）的谱系树模式和方法论。

探索乌拉尔语言的先驱是德国学者缪恩斯特（1544）、瑞典—芬兰学者维克雄纽斯（1650）。受荷兰学派的影响，瑞典学者斯提恩希尔姆（1671）发现爱沙尼亚语、拉普语、芬兰语与匈牙利语具有亲属关系。德—瑞典学者谢费尔（1673）进一步论证了芬兰语和拉普语的亲属关系，即识别出芬兰—乌语族。德国学者艾克哈特（1711）进一步提出芬兰语、爱沙尼亚语、利沃尼亚语、匈牙利语、坎特语和萨莫耶德语都存在亲属关系。把他的萨莫耶德语与斯提恩希尔姆的芬兰—乌语族联系起来，即相当于乌拉尔语系。荷兰学者威特森（1692）最早调研北亚语言。在威特森研究的基础上，瑞士学者斯塔伦贝格（1730）建立了"鞑靼语系"（相当于阿尔泰—乌拉尔语系），将其划分为六个语族。

此外荷兰学者雷兰德（1708），揭示了马来语和西太平洋岛屿语言之间的联系（相当于南岛语系的雏形）。

最关键的是，伯克斯洪（1647，1654）不仅提出了斯基泰理论，而且阐述了历史比较方法论。追寻原始母语并非仅靠词汇比较，还要通过语法，特别是形态比较；在词汇比较中要辨别借词，揭示虚假同源和貌似同源；在形态比较中区别本源形态、变异形态或晚期类似形式。卢伊德（1707）已发现部分"格里姆定律"。凯特（1710，1723）在7种日耳曼语或方言的基础上，提出日耳曼语历史音变定律。在强调音位系统和词法形态的变化都是规则变化，即历史音变规则无例外的同时，研究了历史音变的次序、根词元音的交替模式，以及历史音变对变格与变位的影响。17世纪中期以来，在斯基泰理论的传播和发展过程中，形成了瑞典、德国、英国等历史比较传统。

到了18世纪中期，语言历史比较进一步拓展到距离欧亚的其他遥远的地区。1776年，法国普罗亚特，基于相似冠词（前缀）以及同根数词，推定卢安果、卡刚果这些语言具有共同来源，开启了非洲语言的历史比较研究。1782年，意大利杰里伊，讨论了委内瑞拉的奥里诺科河流域几个语系的语音对应和语音变化，开启了南美语言的历史比较研究。1787年，美国爱德华兹论证阿尔冈琴诸语之间的亲缘联系，并指出阿尔冈琴语与其邻近易洛魁语的区别，开启了北美语言的历史比较研究。

在琼斯《三周年演讲》（1786）之前的，这些前辈的论著包括专题论文、专著、多卷本专著，其中伯克斯洪（1647，1654）的专著四本388页；威特森（1692）的专著2卷980页；蒙博多（1773—1779）的专著6卷3380页。这些前辈的论著都是正式出版的，而且产生了一系列影响。

与之相比，琼斯的"相似同源说"仅是《三周年演讲》一小节（141个单词）。因此，琼斯"第一次明确地用同源思想解释印欧语的相似性"，"琼斯的同源思想无论在覆盖语言的范围，还是在准确度上都超出了前人"，这些说法都是不明历史比较语言学的形成过程。

与之相比，琼斯的"理论方法"就是《三周年演讲》中的一句话（"印度斯坦语的基础部分，尤其动词的曲折变化和支配法，则与两类著作里的语言都不一样"），而且其结论("印地语不是派生于梵语,而是另有来源")却是错误的。因此,"琼斯第一次指出了这种同源认定的依据在于动词词根和语法形式方面""提出了历史比较语言学的方法",这些说法都是未查历史比较语言学的经典著作。

综上,"历史比较语言学的奠基人"(T. C. Fan 1946)、"1786年是现代语言学诞生的一年"(Hockett 1965)、"近代历史语言学理论和方法的直接揭示者"(Robins 1987)、"现代语言学之父"(Cannon 1993),诸如此类的评价,皆为夸大不实之词。

面对琼斯确实不是第一个提出"梵语和希腊语、拉丁语等语言相似同源"的学者的说法,美国语言学家克劳迪(E. L. Clody)在《蒙博多,琼斯与梵文》中如此辩解:

必须说的只是——如果琼斯不是第一个说这番话的人,或者,不是最有根据可以说这番话的人,那么,至少他在**合适的时间向合适的听众**讲了出来。或许,说到底,这才是真正的关键所在。(Clody 1969:1135)

此种巧舌如簧,实属无可奈何!

历史比较语言学的形成,绝不是在加尔各答的一蹴而就。诚实的学者,绝不会为了鼓吹某人而掩盖学术史的真实。"第一""奠基人""之父"这样的词语,除非真的查阅了若干历史文献,否则免用。如果"认孙作父",学术承传的谱系也就乱套了。

诚然,语言学史的研究有两个基本步骤。首先是某类学说提出的先后时间梳理,即学术思想的传承线索。其次是某人所提出学说的影响度评估,即学术思想的范围效应。前者是相对客观的,可以传世文献的年代为序(遗漏重要文献势必出错);后者是相对主观的,难免受学术信仰的倾向左右(文化中心主义可能干扰)。任何学术的形成和发展源流,伴随着传播方式的扩大化,一般总是后来居上,然而也有今不如昔的。伴随着17世纪以来的不列颠帝国的崛起和盎格鲁—撒克逊文化的全球传播,琼斯的《三周年演讲》(1786)固然有一定的影响,但是其见解的深度和准度却未曾超越其若干前辈学者(Boxhorn 1647、1654, Jäger 1686, Witsen 1692, Leibniz1710, Kate 1723, Wotton 1730, Strahlenberg 1730, Sajnovics 1770, Monboddo1773)。

叶斯柏森(Jespersen 1922:33—34)在肯定格尔杜与琼斯都是"梵语学术研究的先行者",却视为法英两国争夺印度殖民时期在文化上(梵语研究)的两位代表人物。这一看法,大有深意!对琼斯的吹捧多为英美学者,可能出于某种"学术信仰"或"盎格鲁—撒克逊文化中心主义"。

实际上,在琼斯《三周年演讲》(1786)之前,18世纪的英国出过蒙博多这样的伟大历史比较语言学家,而自琼斯《三周年演讲》(1786)以来,19世纪的英国很难找到一位知名的历史比较语言学家。欧洲的著名历史比较语言学家，除了匈牙利的贾尔马提、丹麦的拉斯克，绝大多数产生于德国（史勒格尔、葆朴、格里姆），甚至被称之为"哥廷根学者"（Göttingen Scholar）。19世纪中期是"莱比锡学派"（古尔提乌斯 Curtius，施莱歇尔 Schleucher，费克 Fick，波特Pott，劳默尔Raumer等），19世纪下半叶是"青年语法学派"（布鲁格曼Brugmann，奥斯特霍夫Osthoff，莱斯金Leskien，保罗Paul，维尔纳Verner等），19世纪末有斯密特、康拉德等。而在19世纪上半叶的英国牛津大学，执教历史比较语言学还是德国学者马克斯·缪勒。19世纪的法国学者（布雷阿尔Bréal）、美国学者（辉特尼Whitney，兰曼Lanman等）、瑞士学者（索绪尔Saussure）都是到德国求学，似乎未听说有去英国学习历史比较语言学的。

总而言之，琼斯的《三周年演讲》（1786）只是一个博学的东方学家在一定范围内产生影响的科普式演讲。19世纪的欧洲历史比较语言学，是在17到18世纪荷兰学派的理论方法传统上成长起来的。

爱丁堡之谜：蒙博多的语言进化论和进化模式*

提要：本文基于新的思路和资料追溯进化论的创始及流播，澄清进化论思想史上的迷茫。此跨学科案例——先驱的共同点是"爱丁堡情境"——可称之为"爱丁堡之谜"。（1）研究进化论思想史，务必区分：作为哲学思想和科学理论的一般进化论，以及作为某一学科理论的个别进化论。（2）基于语言历史比较，蒙博多（1773）首创语言进化论，继而推导出人类进化论、心智进化论。其核心概念"进化"与"环境适应"，构成了"进化的适应性改变"的进化模式——从超自然力的特创转向了自然的自创。（3）其后学者（哈顿1785/1794；E.达尔文1796/1803；韦尔斯1813；莱伊尔1830；马修1831；华莱士1855；C.达尔文和华莱士1858；C.达尔文1859等）都是基于这一模式，在地质学、生物学、人种学领域，利用所搜集的资料使其丰富化，从而形成了各自学科的个别进化论。（4）达尔文基于自然选择的物种起源说，不过是爱丁堡进化模式下的一个19世纪中期的新变种。

关键词：爱丁堡之谜；蒙博多；语言进化论；进化模式；全新世界观

The Mystery of Edinburg: Monboddo's Language Evolution and His General Evolutionary Model

Abstract: Based on rich material and a new thinking way, this paper reviews evolutionary theory's establishment and spread, clarifies the dazzles in the history of evolutionary idea. Early evolutionary forerunners generally related with "Edinburg intellectual atmosphere", and therefore the interdisciplinary case can be labeled as "The mystery of Edinburg". (1) When investigating the history of evolutionary theory, it is necessary to distinguish a general philosophical-scientific *evolutionary model* from a specific *evolutionary idea* in some discipline. (2) On the basis of

---

* 此稿李葆嘉完成于2014年5月。第十五届中国当代语言学国际研讨会（黑龙江大学2014年7月22日）主题报告；第五届中西语言哲学国际研讨会（黑龙江大学2014年7月24日）大会报告。修订稿《爱丁堡之谜——进化的适应性改变》（与孙晓霞合作）增加了"从'自然选择'到'适者生存'"一节，考证了达尔文把马尔萨斯的"生存竞争"引入生物界，而斯宾塞又将达尔文的"自然选择"引进人类社会的经过。主要内容在第10届演化语言学国际研讨会（南京大学2018年10月28日）上报告，全文刊于《汉语史与汉藏语研究》第四辑（北京：中国社会科学出版社，2018年），1—28页。

comparing languages' histories, Monboddo (1773) firstly proposed language evolutionary theory. The human evolutionism and mental evolutionism were deduced accordingly. The tenet of his idea was evolution and its response to the environment made up a model of evolutionary adaptive change —a turn from a special creation by supernatural power to a self-creation by nature itself. (3) The subsequent scholars (Hutton, 1785/1794; E. Darwin, 1796/ 1803; Wells, 1813; Lyell, 1830; Mathew, 1831; Wallace 1855; C. Dawin & Wallace 1858; C. Dawin 1859) inherited this model to develop ideas further on geology, biology and ethnology with collected information, and hence specific evolutionary ideas in specific disciplines were formed.

Key words: The mystery of Edinburg; Monboddo; language evolution; evolutionary model; a totally new world view

一、寻找失落的传承关系

达尔文（Charles Robert Darwin，1809—1882）学说或生物进化论的核心思想从何而来？是生物进化论早于语言进化论，还是语言进化论早于生物进化论？到底是生物进化论影响了语言进化论，还是语言进化论孕育了生物进化论？如果从施莱歇尔（A. Schleicher 1821—1868）的《达尔文理论与语言学》（1863）算起，这个问题已经令人们困惑了150年。

在进行学术史（科学史、思想史）探索时，我们经常陷入某种迷茫。一个重要原因就是，历史上的学者接受前人的思想观点，在其论著中并非一一注明。用现代学术规范衡量，明抄暗引、嫁接兼并、避重就轻、故意隐匿等，时有所见。然而，既然处于学术长河之中，难免留下蛛丝马迹，失落的传承关系可以依据相关材料加以推定。（李葆嘉 2014/2/27）

推定逻辑一：

∵ A在此前提出某说，B在此后阐发此说

∵ B听过A说的宣讲或看过A说的文献等

∴ B了解A说

→ B的此说并非首创，肯定受A的直接影响

推定逻辑二：

∵ A在此前提出某说，B在此后阐发此说

∵ 无直接证据表明B听过A说的宣讲或看过A说的文献等

∵ 但有间接证据表明B与A有联系

∴ B有可能了解A说

→ B的此说并非首创，可能受A的间接影响

推定逻辑三：

∵ A在此前提出某说，B在此后阐发此说

∵ 无直接证据表明B听过A学的宣讲或看过A说的文献等

∵ 亦无间接证据表明B与A可能有联系

∴ B是否了解A说不确定

→ B的此说并非首创，是否受A的影响不确定

研究某一专题时，应当梳理相关文献。如果知道前人成果而未注，难免瞒天过海；如果不知前人成果而失注，可谓闭目塞听——皆为诚实而严谨者所不取。即使所谓"独立发现"或"重新发现"，也不应就此认为B是首创。因此，学术史研究务必依据学说相关性、时间先后性、背景关联性，钩稽并梳理其发展线索。

这方面的典型案例有，1. 现代语言学创始之谜：索绪尔（F. de Saussure 1907）的静态语言学与博杜恩（J. N. Baudouin de Courtenay 1870，1876）的心理—社会语言学（李葆嘉 2001；李葆嘉、邱雪玫 2013）；2. 历史比较语言学奠基之谜：琼斯（W. Jones 1786）的印欧语同源论与伯克斯洪（M. Z. van Boxhorn, 1647）的印欧语系假说（李葆嘉 2010，2013）；3. 语义学创始之谜：布雷阿尔（M. Bréal 1879—1897）的语义学与莱斯格（C. K. Reisig 1825/1839）的语意学（李葆嘉、刘慧 2014）。

本研究基于新的思路（也就是学说进化论思路）和资料追溯进化论的创始及流播，澄清进化论思想史上的迷茫。作为一个跨学科案例——进化论早期先驱的共同点是"爱丁堡情境"（生活在爱丁堡，或求学于爱丁堡大学）——可以称之为"爱丁堡之谜"。

英国学者巴肯（Buchan 2003）曾提出——"爱丁堡如何改变了世界"这一命题。也就是说，18世纪的苏格兰爱丁堡涌现出了一批杰出的思想家，对世界发生了重大影响。进化模式的创始人蒙博多（Lord James Burnett Monboddo，1714—1799）就是其中最重要的哲人。在"上帝创造说"的宗教氛围中，蒙博多惊世骇俗的思想和特立独行的风格，致使时人将他视为"反常人"（eccentric），将其"人类的祖先可能曾是猴子"视为"疯话"。

二、生物进化论的苏格兰先驱

据《达尔文首创了他的理论？》（BBC News 2003）和《比达尔文要早60年的原初进化学说》（Connor 2003），英国生物学家皮尔森（Paul Pearson）指出，在达尔文（C.

R.Darwin，1859）公布物种起源学说之前，早有几位苏格兰学者阐明了自然选择原理，特别是爱丁堡的著名学者哈顿（James Hutton，1726—1797）。

现将提出生物进化论（或自然选择）的几位苏格兰先驱查考如下：

1785年，在爱丁堡皇家学会上，哈顿宣读了《地球理论》（第一卷）的主要内容，首次提出了地质均变论（Hutton 1788）。被后世尊为"现代地质学之父"的哈顿，除了以医生为业，同时还是一位农学家、博物学家和哲学家。在其晚年的三卷本巨著《关于知识原理和理性进化的考察：从意识到科学和哲学》（Hutton 1794）中，第二卷有一章专门论述了生物在生存中发挥优势的某些特征遗传给后代的可能性更大。尽管其术语是"繁殖变异"（seminal variation），但是阐明了自然选择原理。哈顿的地质进化论，比达尔文的生物进化论早73年；哈顿的生物进化论，比达尔文早64年。

1813年，苏格兰裔美国医生韦尔斯（William Charles Wells，1757—1817）在爱丁堡皇家学会上宣读了《一位白人妇女的局部皮肤类似黑人皮肤的报告：白人和黑人肤色和形态不同原因的观察结果》，揭示了自然选择原理。这份报告，收录在他去世次年出版的《关于复视和单视的两篇论文》（Wells 1818）一书中。韦尔斯的自然选择原理，比达尔文早46年。

1831年，苏格兰农场主、农艺师马修（Patrick Mathew，1790—1874）在《造船木材与树木培植》（Mathew 1831）一书中，提出了自然选择原理和物种起源学说。马修的这一学说，比达尔文早27年。

任何人都会发问——达尔文与哈顿、韦尔斯、马修这些苏格兰前辈之间，存在怎样的关系？皮尔森在给《自然》杂志的信中写道：

It may be more than coincidence that Wells, Mathew and Darwin were all educated in Hutton's home town of Edinburgh, a place famous for its scientific clubs and societies. There is no question of Darwin knowingly stealing Hutton's idea. But it is possible that a half-forgotten concept from his student days resurfaced as he struggled to explain his many observations on species and varieties made voyaging around the world in HMS Beagle.（www. http://freerepublic.com/focus/f-news/1001835/ posts#comment）

这不可能是巧合，韦尔斯、马修和达尔文都在哈顿的家乡爱丁堡受过教育，而当时的爱丁堡以拥有其科学社团和学会而著称。这并不是说达尔文故意剽窃哈顿的思想。但是很有可能，当他试图解释在皇家海军贝格尔号舰环球航行中观察到的物种和变异现象时，其学生时代接触过的这一淡忘的理论又浮出脑海。

这段话的含义是：1. 生物进化论的首创者哈顿的家乡在爱丁堡；2. 韦尔斯、马修、达尔文都曾在爱丁堡求学，且爱丁堡学会活跃；3. 他们都可能受到哈顿进化论的影响。

我们需要进一步揭示的问题是：

1. **基本线索**：达尔文学说与哈顿、韦尔斯、马修学说之间存在怎样的联系？
2. **线索背后**：他们都在爱丁堡大学接受过教育的这一共同点隐含了什么？
3. **追根寻源**：一般进化论或进化模式，到底从何而来？

这就是有关进化论的"爱丁堡之谜"的三个问题。

三、揭开进化论的爱丁堡之谜

所谓进化论，完整的表达是"起源—进化论"。研究进化论思想史，务必区分：作为哲学思想和科学理论的一般进化论（核心概念+模式），以及作为某一学科理论的个别进化论（资料+阐述）。要解开进化论的爱丁堡之谜，就必须找到谜底——谁首创了进化模式。

先逐一查考哈顿、韦尔斯、马修和达尔文的求学经历，寻绎达尔文学说与先驱之间的关系。在这一过程中将顺藤摸瓜，补充一些关联人——与进化论流播与丰富化相关、曾求学于爱丁堡的学者。

哈顿一生都生活在爱丁堡。14岁（1740）进入爱丁堡大学学习希腊语和拉丁语。18岁（1744）担任医生助理，同时在爱丁堡大学攻读医学专业。21岁（1747）去法国巴黎大学，随后去荷兰莱顿（Leiden）大学完成学业，23岁（1749）获莱顿大学医学博士学位。哈顿以医生为业，但是其志趣在地质学。哈顿的地质进化论，由后来到爱丁堡大学求学的莱伊尔（Charles Lyell，1797—1875）继承和发展。

1797年（此年哈顿去世），莱伊尔出生于苏格兰的邓迪（Dundee）19岁（1816）到牛津大学学习数学和古典文学，1816年改学法律，1821年进入林肯法学院获硕士学位。同年（24岁）来到爱丁堡大学，选听了博物学家、自然史学家詹姆森（Robert Jameson，1774—1854）的课程。詹姆森起初支持传统的地质水成论，但是后来接受了哈顿的地质均变论。1827年，莱伊尔根据哈顿（1785/1788）的均变论开展地质研究，主要成果是《地质学原理》（Lyell 1830—1833）。莱伊尔不仅是一位地质学家，而且对生物学，包括生物地理和生态学也十分精通。1831年登上贝格尔号时，达尔文带上了刚出版的《地质学原理》第一卷，1832年10月在乌拉圭收到第二卷。1836年，达尔文回到伦敦后结识了亦师亦友的莱伊尔（1822年当选为伦敦地质学会秘书，1849年当选为地质学会主席，1861年当选为英国皇家学会主席）。莱伊尔的地质进化论及环境变化导致生态变迁的思想，强烈影响了达尔文。换而言之，通过莱伊尔，达尔文完全有可能了解到哈顿的学说。当然还有更早途径。达尔文在爱丁堡大学听过詹姆森的自然史、地层地质学等课程，参加过詹姆森主持的韦氏自然史学会活动。

韦尔斯的父母为苏格兰人，1753年迁居美国。1757年，韦尔斯出生于美国的查尔斯顿（Charleston）。17岁（1774）返回故乡，先在敦夫里斯（Dumfries）中学接受预科教育，后入爱丁堡大学医学专业学习（与哈顿同专业）。22岁（1779）去荷兰莱顿大学完成博士论文，23岁（1780）获得医学博士学位（与哈顿同大学）。因此，韦尔斯存在了解哈顿学说的可能。达尔文在《论物种起源》第3版（Darwin 1861：13）中写道："在（韦尔斯的）这篇论文里，他明确认识到自然选择原理。这是对自然选择的最早认识。但是他把这一原理仅应用于人类，而且只限于某些性状。"达尔文说明，是罗利（Rowley）通过布雷斯（Brace）告知他，他才注意到韦尔斯的。

马修1790年出生于罗马，家乡在苏格兰的佩思郡（Perthshire）。马修先后在佩思学院和爱丁堡大学接受教育。后以管理农场和种植果树为业，成为一位林学家和园艺学家。1860年，马修在《园艺师记事》（*Gardeners' Chronicle*）上读到评介《论物种起源》（1859）的文章，给刊物写信，希望关注他（1831）的更早研究及自然选择学说。达尔文在《园艺师记事》（1860年4月7日）上读到该信后，立即给编辑部去信（Darwin to Gardeners' Chronicle, 13 Apr. 1860）："坦率地说，多年前，马修先生已经预见到我基于自然选择原理提出的物种起源说。……此前对马修先生著作的毫无所知，我只能表示歉意。假如接到本书的再版通知，我将补充说明以上情况。"（F. Darwin 1887: 302）在《论物种起源》第3版中，达尔文补充了马修的研究，但认为其观点十分简略且放在附录里。（Darwin 1861: 14—15）

1809年，达尔文出生于英格兰的什鲁斯伯里（Shrewsbury）。16岁到18岁（1825—1828），在爱丁堡大学医学院攻读医学专业。1828年10月进入剑桥大学神学院学习，1831年获得学士学位。达尔文家族与爱丁堡大学关系密切。其祖父伊拉斯谟（Erasmus Darwin, 1731—1802），于1750—1754年在剑桥大学学习，1754—1756年在爱丁堡大学医学院学习。其父罗伯特（Robert Darwin，1766—1848），1783年进入爱丁堡大学医学院学习，1785年去大学获得医学博士学位。其兄阿尔维（Erasmus Alvey Darwin，1804—1881），1822年入剑桥大学学习，1824—1828年在爱丁堡大学医学院学习。

1836年，贝格尔号环球航行结束后，达尔文（担任罗伊船长的陪聊；《论物种起源》出版后的第六年，罗伊以割喉自裁请求上帝宽恕他把达尔文带上贝格尔号）回到伦敦。此后的20年，从其笔记和通信中可以了解到他深知物种起源是进化的关键，但是这方面他并未发表任何论文。1837年，达尔文开始撰写关于"物种演变"的笔记；1844年撰写"关于处于原始状态的有机体的变异，论自然选择原理"的文稿。

1855年，在马来群岛研究物种的华莱士（A. R. Wallace，1823—1913）发表了《论新物种产生的控制规律》（Wallace 1855）。与达尔文一样，华莱士也是以莱伊尔的地质均变说、物种环境致变论为指导，以解决生物起源的多样性，得出了新物种的产生与原先亲缘关系很近的物种在空间和时间分布上具有一致性的结论。同年12月26日，莱伊尔读到华莱士的论文后受到极大震动，不久即到达尔文家中与之交谈。1856年4月16日，达尔文就其观点给莱伊尔写信，莱伊尔建议他尽早发表，以免他人捷足先登。5月，达尔文开始撰写"物种的书"。1857年春，华莱士给达尔文写信，并附上1855年的论文。达尔文在回信（Darwin to A. R. Wallace, 1 May 1856）中说："我很清楚地看出，我们的想法十分相似，而且在一定程度上得出了相似的结论。"（F. Darwin 1887：95—96）

1858年3—4月，华莱士把《论变种无限背离原种类型的趋势》邮寄给达尔文。并且在信中写道，如果这篇文章有足够的创见和价值，请转给莱伊尔帮助发表。6月18日，达尔文把华莱士的论文寄给莱伊尔，附信（Darwin to Charles Lyell, 18 June 1858）中的沮丧之情溢于言表：

Your words have come true with a vengeance that I should be forestalled. ...— I never saw a more striking coincidence. ... So all my originality, whatever it may amount to, will be smashed. Though my Book, if it will ever have any value, will not be deteriorated; as all the labour consists in the application of the theory.（F. Darwin 1887：116-117）

你的话竟然成真，我本应棋先一着……——我从未见过比这更惊人的巧合……由此我的原创权，无论出现什么结果，都被粉碎了。尽管我的书，如果它还有什么价值，将不会受影响；因为所有辛劳在于这一理论的功用。

达尔文的"首创权情结"略见一斑。如果不抓住My Originality，达尔文的一些言行则无法理解。

莱伊尔和胡克（J. D. Hooker，1817—1911）商定，将达尔文的一份未刊稿摘录（I. Extract from an unpublished Work on Species, consisting of a portion of a Chapter entitled, *On the Variation of Organic Beings in a State of Nature; on the Natural Means of Selection; on the Comparison of Domestic Races and True Species*, 1844）、一份给美国友人格雷（Asa Gray, 1810—1888）的私人信函摘要（II. Abstract of a Letter from C. DARWIN, to Prof. ASA GRAY, Boston, U.S., September 5th, 1857），连同华莱士的论文（III. *On the Tendency of Varieties to*

Depart Indefinitely from the Original Type）一同"打包"，题为《论物种形成变种的趋势；兼论变种的保持和物种的自然选择》，7月1日提交给伦敦林奈学会宣读，8月20日刊于《林奈学会动物学学报》。那段时间的通信显示，达尔文一直惴惴不安。在给胡克的信中（C. Darwin to J. D. Hooker, 13 July 1858），他庆幸自己的优先权得到维护，原以为两篇摘要作为华莱士论文的附录（F. Darwin 1887: 126），没想到华莱士的却附于其后。这种"兼并"难免成为学术史上的不耻。此后达尔文抓紧赶写，1859年11月，《论基于自然选择，或生存竞争优胜劣汰的物种起源》（简称《论物种起源》）出版。从理论来源上，达尔文与华莱士都是将均变论从地质学推广到生物学，同时受到马尔萨斯（Malthus, 1798）生存竞争说的启迪，推定新种通过世代更替而实现进化。

下面进一步揭示的就是，哈顿、韦尔斯、马修和达尔文，还有莱伊尔，都在爱丁堡大学接受过教育的共同点隐含了什么？这一共同点，隐含的就是——"爱丁堡的进化论思想"影响了他们。由此追问——"爱丁堡的进化论思想"从何而来？

一个重要的事实就是——作为爱丁堡大学的前辈学长、苏格兰高级法院的大法官、爱丁堡学术界的活跃人物、苏格兰启蒙运动的先驱之一，蒙博多在六卷本巨著《语言的起源和进化》（*Of the Origin and Progress of Languag.* 1773—1792）中，创立了**包括语言、人类、心智起源—进化的哲学思想或科学理论**。此前，蒙博多已在信函中论述了这一思想。（J. Burnett to J. Harris, 31 December 1772）蒙博多比哈顿年长12岁，哈顿的地质进化论（1785）比蒙博多的进化论（1773）晚12年，哈顿的生物进化论（1794）比蒙博多的进化论晚21年。作为先后在爱丁堡大学求学、生活在爱丁堡的同代学者，哈顿与蒙博多相当熟悉。

至于韦尔斯的人类进化论（1813）、马修的生物进化论（1831）、莱伊尔的地质进化论（1831），达尔文的生物进化论（1859），这些都是19世纪的事。他们都可能直接或间接受到蒙博多的影响。所谓直接，就是读过蒙博多的《语言的起源和进化》；所谓间接，就是通过在爱丁堡大学的听课或学术活动了解到蒙博多的思想。当然，不排除也接受了哈顿论著的影响。所谓影响，最低限度就是听说过关于进化论的只言片语。然而，一句话，就能贯通纷纭繁复的现象；一句话，就能指引一条崭新的思路。所谓影响，并非照本宣科，可以移植，可以嫁接，可以修正，可以进一步丰富化。

尽管达尔文对蒙博多的进化论一直缄默不语，但是可以推定他接受了蒙博多的思想——蒙博多是达尔文的真正先驱。蒙博多与法国博物学家布封（Georges-Louis Leclerc de Buffon，1707—1788）曾就人类与其他低级灵长类动物之间的关系发生过争论。布封认为，人类是与低级灵长类动物无关的物种。蒙博多却认为，人类是从低级灵长类动物进化而来。达尔文明明承袭的是源自蒙博多的进化论，但《论物种起源》提到的却是："近代学者能以科学精神讨论这个问题（物种）的首推布封。"（Darwin 1861:11）之所以如此，是因为布封并没有提出进化论，不影响达尔文的"首创权"。

　　现在要揭示的是，达尔文还有一条了解蒙博多的途径——通过其祖父的著作。作为进化论的先驱之一，老达尔文不但熟悉蒙博多的思想，而且引用过蒙博多的观点；不但阐述了环境影响能够改变物种，所有温血动物都源于生命丝状体（E.Darwin 1794），而且描述了从微生物到现代生物多样性的进化过程（E.Darwin 1803）。一方面，达尔文承认多次读过祖父的书，但是却否认受过其观点的影响，尽管《论物种起源》中的主要思想在其祖父著作中已有表述。另一方面，达尔文强调拉马克的著作"确实毫无价值……我从中没有汲取到事实证据或有益观点。"而心里又明白："我得出的结论与其结论相差并不太大，虽然进化的方式彼此全然不同。"（Rousseau1969；转引自涂长晟等译2010：235）并且还提出："奇怪的是，我的祖父伊拉斯谟·达尔文医生在1794年出版的《动物学》（Vol. I: 500—510）里，已经何等相似地持有拉马克关于这个问题的观点及其错误见解"（Darwin 1861:11），既暗示拉马克抄袭其祖父，又撇清二者与自己的学说无关。**为了维护自己的"首创权"，达尔文唯有切断与其祖父进化论思想的联系，才能掩盖影响其祖父的蒙博多。**因此在《论物种起源》的导言"本书初版前的物种起源见解沿革"中，对蒙博多只字不提。

　　然而"路不平，有人铲"。《物种起源》出版16年后，作为爱丁堡人，苏格兰高级法院法官和作家尼夫（Charles Neaves，1800—1876）提出，在进化论发展史上，蒙博多没有得到应有的地位和荣誉。在其著作《歌与诗》（Neaves，1875）中，他写了一首诗为之鸣不平：

尽管达尔文如今公布了进化法则，
　并且名扬四海，哦！
而第一个发现这个秘密的人，
　却是率真的老蒙博多。
建筑师抢先取走了，

他携带的砂浆桶，哦！

抬头直面这些，糕饼之国苏格兰，

我们将为蒙博多的首创作证。

毋庸置疑，蒙博多首创的起源—进化论，形成了一种与传统的"上帝创造说"完全不同的全新世界观。 进化模式——作为一种哲学思想或科学理论，作为对特创说的叛逆——只有一次原创，不存在多次重新发现。基于蒙博多的首倡模式，后来者的贡献就是在地质学、人类学、生物学等领域，利用所搜集的资料进一步具体化且丰富化，从而形成了"地质进化（哈顿、莱伊尔）""人类进化（韦尔斯）""生物进化（哈顿、E. 达尔文、马修、C. 达尔文）"的个别学科理论。

爱丁堡的"反常人"蒙博多，本名詹姆斯·伯尼特（James Burnett）。出生于以"冬青和喇叭"为族徽的"莱斯湖湾的伯尼特"（Burnett of Leys）古老家族，从14世纪到16世纪，一直居住在苏格兰东北部的莱斯湖湾。蒙博多父亲的宅居是爱丁堡的"蒙博多府邸"，由此采用"蒙博多"作为荣誉称号。

1714年，蒙博多生于苏格兰金卡丁郡（Kincardineshire）。他在市镇教区学校接受初等教育。然后到阿伯丁郡（Aberdeen）马歇尔学院学习，1729年（15岁）毕业。进入爱丁堡大学攻读法律专业，其间曾到荷兰格罗宁根（Groningen）大学学习。1737年（23岁），蒙博多成为苏格兰律师公会成员。不久，他担任"道格拉斯男爵继承权案"的律师。该案情涉及苏格兰、英格兰及法兰西等地，仿佛是一部错综复杂的悬念小说，历经多年终获胜诉。作为那个时代的里程碑式诉讼，蒙博多由此一举成名。

作为苏格兰启蒙运动的先驱，在当时的爱丁堡知识界，蒙博多是个活跃分子。1751—1756年，蒙博多担任苏格兰律师公会的图书馆馆长。1754年，蒙博多创办了爱丁堡教规门讲会。担任苏格兰最高民事法院法官后，蒙博多在其住处圣约翰大街13号组织"学术晚宴"沙龙，当地名流纷纷应邀出席。蒙博多每年都要骑马到伦敦，结识当时的知识界名流，并且去汉普顿宫拜访英国王室。据说，国王乔治对蒙博多的博学宏论颇感兴趣。

在蒙博多的时代，人类起源—进化观，因为企图摆脱"上帝造人"的教义而显得惊世骇俗。在进化论的传播过程中，蒙博多受到若干挫折。他说"人类曾是有尾巴的动物"，受到时人的讥讽。"言行反常"的蒙博多，在后世流行文化也有反映。1817年，英国小说家皮科克（T. L. Peacock, 1785—1866）在《梅林库尔》中，描述了一个自称豪特—通爵士的猩猩，当选为英国议员候选人的故事。1843—1844年，狄更斯（C. Dickens, 1812—1870）的连载小说《朱述尔维特历险记》，也曾提及"蒙博多的理论认为，人类的祖先可能曾是猴子"。

两百多年后,苏格兰人依然记得这位家乡先哲。2010年9月,音乐剧《蒙博多:哲人的音乐再现》(*Monboddo, the Musical Puts Philosopher Back on Map*)在苏格兰阿伯丁艺术中心公演。

四、历史比较语言学家蒙博多

蒙博多的专业是法律,职业是法官,而为后世所知的却是人类学的先驱、历史比较语言学的奠基人之一(国内对蒙博多语言学研究的介绍,参见姚小平2011)。其成果是六卷本的《语言的起源和进化》(1773—1792),以及同样六卷本的《古代形而上学:一般科学》(1779—1799)。

在《语言的起源和进化》前言中,蒙博多认为,语言的起源和进化仍是一个全新问题,迄今尚无学者对之做过透彻研究。这一研究可以分为三大步骤。第一步,探索语言的起源及其原初本质;第二步,讨论晚近的技艺成熟语言(欧洲、亚洲语言)与早期的技艺非成熟语言(美洲、大洋洲原居民语言)之间的差异;第三步,考察语言变异或语言进化的过程及其机制。**蒙博多提出,之所以我们为语言起源的问题所吸引,是因为我们对自身种属的起源感到好奇**(今按:研究动机);**由此希望通过了解人类的原本属性,进一步探讨是什么使得人类能在万物中成为一个特殊物种**(今按:研究目的)。

基于语言的结构分析和比较(今按:方法论),**蒙博多提出——人类语言的进化是对其环境变化和社会结构的适应**(今按:核心概念)。一方面,蒙博多把目光投向欧洲之外的多种原居民,包括爱斯基摩人(Eskimo,爱斯基摩—阿留申语系的爱斯基摩语)、休伦人(Huron,北美印第安易洛魁语)、阿尔冈昆人(Algonquian,北美印第安阿尔冈昆语)、加勒比人(Carib,中美印第安的阿拉瓦克语)、秘鲁人(Peruvian,南美印第安的艾马拉语和克丘亚语)和塔希提人(Tahitian,南岛语系波利尼西亚的塔希提语)的语言。他首次注意到在这些古老(或相对原初)的语言中,多音节词占优势(今按:复综结构),往往用很长的词来表达简单概念(今按:复综结构的词句),而以往学者把这些视为一连串音节的咕噜声,未能深入研究。蒙博多认为,在这些人类的早期语言中,为了力求表达清楚,增加了一些似乎不必要的音节而导致词语冗长。由此推定,当清晰的沟通一旦形成以后,语言的形式则随之发生进化,其中的不必要音节逐渐脱落(今按:语言结构从复综型向离散型方向发展,李葆嘉 2001:32—36)。另一方面,蒙博多追溯了欧洲(包括相关的西亚、中亚和南亚语言)语言的进化历程。他认为,希腊语是最完美的语言,其复合结构和说话语调，能够表达广泛领域的细微差别。琼斯因为看过蒙博多的书，所以才有"梵语这一语言……它比希腊语的形态更完善，比拉丁语的形态更丰富，甚至比二者还要精细"（Jones 1786）的辩解。蒙博多不但讨论了希腊语、拉丁语、日耳曼语、波斯语之间具有亲缘关系，而且推测梵语、希腊语、希伯来语之间也具有某种联系。基于梵语和希腊语结构的对比，蒙博多推测印度人和希腊人都是从埃及人那里获得成熟的语言和技艺。

法律专业的蒙博多，为何有兴趣从事语言的历史比较并提出语言起源—进化论？我们注意到一个细节，蒙博多早年曾求学于荷兰格罗宁根大学。这段经历，也许就是他后来成为历史比较语言学家的机缘。历史比较语言学孕育于16世纪的法国，而成熟于17世纪的荷兰。1647—1653年，荷兰莱顿大学教授伯克斯洪（Marcus Zuerius van Boxhorn, 1612—1653）提出了语言学史上第一个印—欧语系假说——斯基泰语系（Scythisch），并且阐述了历史比较方法论。这一假说，经由一些学者，如瑞典的雅格尔（H. A. Jäger, 1660—1730）、英国的沃顿（W. Wotton, 1666—1726）等在西欧传播。也许，蒙博多在荷兰求学期间接触过伯克斯洪假说。旁证就是，琼斯（1786）是通过蒙博多（1773）的传播才了解到这一假说的。（李葆嘉 2010，2013）琼斯的岳父希普利（J. Shipley, 1714—1788）是蒙博多的朋友，由此蒙博多与琼斯熟悉，讨论语言的信件流传至今。

综上，蒙博多的"起源—进化"这一哲学思想和科学理论的形成，首先是基于人类语言的历史比较研究。 发端于西欧的语言历史比较的背景是：1.《圣经》记载人类是经历"大洪水"之后的诺亚后裔；2.《圣经》记载巴比塔的兴建引发上帝变乱了人类的语言；3. 凯尔特、日耳曼民族意识的觉醒及寻根情结。语言同源的早期研究（Anonymous work 1122—1133; Dante Alighieri 1303—1305），比物种起源研究要早7个世纪。之所以起源—进化思想，首先出现在语言历史比较中，是因为这一研究与《圣经》的要义（语言一源论、语种分化论）不相违背。《创世记》中留下了一扇窗户，而蒙博多是发现并打开这一窗户的人，由此引发了人类思想史上的革命。遗憾的是，许多思想史家都不了解历史比较语言学的历史。当然，语言学界也很少有人问津语言历史比较的早期线索。不知道荷兰伯克斯洪（1647）是历史比较语言学理论和方法的奠基人，而纠结于要晚140年的英国琼斯的科普式报告《三周年演讲》（1786），并且对琼斯受蒙博多语言进化论的影响也鲜有所知。

五、进化模式创立者蒙博多

与所有的历史比较语言学先驱（联系考古文化和先民迁徙的人文社会背景）不同，蒙博多的研究并非止于语言的"起源—进化"，而是要进一步探索与语言密切联系的人类心智，以及作为物种的人类的起源—进化。蒙博多认为，语言并非人类的固有能力，而是基于人类的可获得性习惯（achieved habit）。假如人类不会使用理智和语言，也就不可能获得人性。既然语言存在"起源—进化"过程，那么与之密切相关的人类体质与心智，应当也存在这一过程。由此，蒙博多符合逻辑地推导出了人类起源—进化论、心智起源—进化论。这三个密切相关的起源—进化论，可以统称为"人的起源—进化论"，由此也就形成了作为哲学思想和科学理论的进化模式——一种全新的世界观（包括：动机+目的+方法论+核心概念）。

也许，**蒙博多（1773）是提出人类语言技艺源于低级灵长类动物的特性，并在人类早期阶段持续进化的第一人**（直到1837年，才发现第一个古人猿化石）。他阐述了语言能力随着时间变化而进化，不仅表现为语言技艺的进步，而且包括发音器官的形态进化。1772年，在给语法学家哈利斯（J. Harris，1709—1780）的信中，蒙博多就提出，语言进化论只是人类从低级灵长类动物逐渐向高级灵长类动物进化过程的一部分（J. Burnett to J. Harris, 31 December 1772）。1789年，在给琼斯的信中，蒙博多又强调，人类起源于低级灵长类动物是通过语言起源—进化的论证而推定的（J. Burnett to W. Jones, 20 June 1789）。蒙博多建立了详尽理论，以便阐述为了应对生态环境和社会结构需求，人类如何通过"进化的适应性改变"而获得语言能力。语言的发展与一系列事件相联系——首先是工具的进步，然后是社会结构的形成，最后是语言的成熟。根据当时的考古文化研究，蒙博多把古埃及人的语言看作人类最早的成熟语言。他不但通过语言进化论来理解人类如何从动物演化而来，而且还认为语言的成熟才使古埃及人有可能向其他人群传授语言技艺。

自从卡恩等（Cann, Stoneking & Wilson 1987）依据基因分析提出夏娃理论以来，人类的"单一起源假说"已经众所周知。**而在人类学史上，第一个从科学角度提出人类"单一起源假说"的就是蒙博多。蒙博多公开宣讲，动物为了生存而适应、而改变，而猩猩（orangutan，当时指各种猿类的通用术语）是人类的早期形态**。所有人类都起源于地球上的某个热带地区，早期人类是赤身裸体居于荒野的食草四足动物。蒙博多不但阐述了灵长类动物通过适应环境而获得的优势，甚至还研究了灵长类动物"社会结构"演化的复杂性。鲍勒（Bowler 1989）在《进化论：一种观念的历史》中肯定了蒙博多对人类进化论的贡献：

他认为，人类（包括野蛮人和猿人）与动物界的其他动物差别很大，首次提出了人类是由低级灵长类动物进化而来的观点。而直到1809年，拉马克才在《动物学哲学》中提出了相同的观点。

将近1个世纪以后，直到1871年，达尔文才在《人类的由来》中也说道：人类起源于类似于猩猩的始祖，可能是从古代一种披毛、长尾巴的四足树栖动物进化而来。

既然提出人类起源—进化论，蒙博多也就一直纠结于——没有上帝的干预"人如何从动物进化而来"的困惑之中，这也是自然神论者的普遍困惑。亨德森（Henderson 2000）这样评说：

蒙博多因为言行反常，在爱丁堡有些名气。但是提出了人类是进化而来的、不是上帝创造的的观点。这一观点未得到当时人的充分关注，是因为人们认为他在说疯话。在那个年代，人类进化而来的提法大逆不道。但是他觉得这个理论合乎逻辑，由此也给他的内心带来极大的恐慌。实际上，他也不情愿相信这一理论，因为他是一名虔诚的教徒。

一方面作为理性的学者，蒙博多认为这一观点合乎逻辑，既然基于语言历史比较可以确定语言是进化而来的，那么也就可以推定语言的使用者也是进化而来的；另一方面作为虔诚的教徒，蒙博多的内心深处难免对推论的结果产生极大的惶恐。为了在二者之间求得平衡，他只有求助于"上帝造人"或许仅是一个寓言，而自己并没有非议"上帝创造世界"。

1768年，罗伯森（W. Robertson）把法国作家埃凯（Marie-Catherine H. Hecquet）的《野居树林十年的女孩故事》（1755），译成英文《一个野居女孩的记录：香槟林荒野捕影》出版。蒙博多在该书《序言》中强调，这些"野居孩子"具有获得理性的能力。在《古代形而上学：一般科学》（1779）中，蒙博多提出，**人类把自己从动物性本能逐步提升到不囿于自身肉体的心智状态。实际上，蒙博多把"人是理性的动物"这一古典定义转化为"人是有能力获得理性的动物"**，尽管他知道，要使人们接受这一观点的过程相当缓慢。

不能说，蒙博多没有思考过生物进化论。作为一名农艺师和驯马者，蒙博多清楚地认识到"人工选种"的重要性。蒙博多在其论著中阐明，退化的特征可能世代遗传，而通过"性伴侣"的选择可能改善下一代。1777年，在其友人鲍斯威尔（J. Boswell, 1740—1795）选择伴侣时，他把选种理论介绍给鲍斯威尔。对"人工选种"的了解是悟通"自然选择"的起点，后来的许多进化论学者，包括达尔文同样如此。

尽管一些研究进化论思想史的学者（如，E. Mayr 1982）没有给蒙博多相应的地位，但是18世纪中期以来，还是有一批学者（如，C. Neaves 1875, W. F. Gray 1929, A. O. Lovejoy 1933, E.L.Cloyd 1972, E. A. Bailey 2002, E.J.Larson2004, J. A. Watts & G. D. Buss 2006）认为，蒙博多才是进化论的先驱，达尔文受了蒙博多的影响。格雷在《达尔文的先驱》（Gray 1929）中写道："蒙博多是苏格兰法官和人类学先驱，探索了语言和社会的起源，并且预言了达尔文进化论的原则。"贝利在《冬青和喇叭：伯内特家族及分支》（Bailey

2002）中提出："在一定程度上，达尔文受到蒙博多思想的影响。蒙博多应该得到的是'进化论者'的头衔，而不应是'反常人'的称号。"然而，如不"反常"，怎么可能有惊世骇俗的思想创造？

六、进化模式的传承线索

作为哲学思想和科学理论的进化模式，有两个核心概念：一是"进化"（evolution），一是"环境适应"（in response to the environment），合起来就是"进化的适应性改变"（evolutionary adaptive change）。**这些都是蒙博多首先提出来的**。evolution来自拉丁文的evolutio，本义是"像画卷展开"（to unroll like a scroll）。1762年，法国生物学家邦尼特（C. Bonnet，1720—1793）在《有机体组织的思考》中，首次用evolutio表示女性所携后代的"原初形成"（pre-formation）即"胚胎发育"。并非前人没有演化的见解，但是与所有思想家不同，蒙博多是基于语言的起源—进化论，推导出人类物种进化论和心智进化论的。在其理论中，"进化"不仅用来表达人类起源于低级灵长类动物，而且用来表达在漫长时期中，物种通过"环境适应"改变其特性。由此，蒙博多赋予了evolution以"发展中的进步（the development of progress）"的新义，Evolution= Progress= Development。

在蒙博多首创进化模式之后，进化论学说主要在地质学和生物学两个领域交织发展。在地质学领域，进化模式具体化为地质均变论。哈顿（1788）描述了经历深度时间，逐层地质状态的连续变化过程。史密斯（W. Smith，1769—1839）通过考察沉积岩层中的古生物化石确定地层顺序，将生物进化与地质变化结合起来，形成了生物地层学概念（Smith 1816）。其后，莱伊尔（1830）沿着哈顿的均变论继续研究，并影响了达尔文和华莱士。在生物学领域，哈顿（1794）将进化模式具体化为生物进化论，阐述了繁殖变异原理。同时，蒙博多的进化模式影响了伊拉斯谟·达尔文（1796，1802）。其后，拉马克（Jean-Baptiste Lamarck，1744—1829）提出了物种演化（transmutation of species）理论，以及"用进废退"与"获得性遗传"法则（Lamarck 1809），但是"进化"这一术语未见。同样如此，《论物种起源》前5版中也未出现"进化"一词，直到更名为《物种起源》的第6版（1872）中才出现了这一核心概念。

在《物种起源》第3版（1861）导言"本书初版前的物种起源见解沿革"中，达尔文依次列出了动物学家拉马克（1801，1809，1815）、动物学家圣提雷尔（É. G. Saint-Hilaire，1795，1828）、医学家韦尔斯（1813）、园艺学家赫伯特（Herbert，1822）、林学家马修（1831）、生物学家葛兰特（Grant，1834）、地质学家布赫（Buch，1836）、植物学家拉菲奈斯鸠（Rafinesque，1836）、博物学家霍尔德曼（Haldeman，1843—1844）、匿名者（1844，1853）、地质学家达罗（d'Halloy，1831，1846）、动物学家欧文（Owen，1849）、动物学家小圣提雷尔（I. G. Saint-Hilaire，1850）、生物学家弗瑞克（Freke，1851，1861）、哲学家斯宾塞（Spencer，1852）、植物学家诺丹（Naudin，1852）、地质学家凯萨灵（Keyserling，1853）、博物学家沙福豪生（Schaaffhausen，1853）、植物学家勒考克（Lecoq，1854）、博物学家鲍威尔（Powell，1855）、生物学家达尔文与华莱士（1858），以及动物学家贝尔（Baer，1859）、生物学家赫胥黎（Huxley，1859）、植物学家胡克（1859）等24位学者。从这份名单中可以看出：1. 这些学者或是生物学家（包括医学家），或是地质学家，也就是上文提到的：在蒙博多之后，进化学说主要在地质和生物两个领域交织发展。2. 这些见解都是19世纪的，与进化论的首创权无关。匿名出版的《自然创造史的痕迹》（1844），直到40年后年才知其作者是地质学家钱伯斯（R. Chambers，1802—1871）。**钱伯斯长期生活在爱丁堡，1840、1844年，先后成为爱丁堡英国皇家学会和伦敦地质学会会员，也浸透在"爱丁堡情境"中。**他不但将均变论原则应用于生物界，并且促使华莱士、斯宾塞等人成为进化论者。

至于18世纪的前辈，达尔文把他们安排在导言的注②中："歌德（Goethe）在德国，达尔文医生在英国，圣提雷尔在法国，于1794—1795年这一期间内，关于物种起源做出了相同的结论。"（Darwin，1861:11）尽管达尔文把蒙博多（通过其祖父著作可了解）、哈顿（通过莱伊尔著作可了解）排斥在外，这三位"同一期间、相同结论"的学者也不可能是进化论的创始者。

1796年，居维叶（G. Cuvier, 1769—1832）根据各大地质时代与生物各发展阶段之间的间断现象提出灾变论。但是为了保证生物的循序进化，达尔文仍然基于均变说，并信奉生存竞争而提出自然选择。所谓"自然选择"（natural selection），也就是蒙博多"环境适应"（in response to the environment）的另一表述。前者基于自然角度（自然环境对物种的选择），而后者基于物种角度（物种对自然环境的适应）。马尔萨斯（1798）的"**生存竞争**"（struggle for existance）、**钱伯斯（1844）的"进步性发展"**（progressive development）、**斯宾塞（1864）的"适者生存"**（survival of the fittest），**都是蒙博多"进化的适应性改变"**（evolutionary adaptive change）**的变异表述。**

法国拉马克的进化论与"爱丁堡情境"有没有关系？虽然没有发现直接证据，但是难免残留蛛丝马迹。其一，蒙博多与布封曾就人类与其他低级灵长类动物之间的关系发生过争论。布封强调动物与人类之间存在一道鸿沟，蒙博多坚持认为人类是从低级灵长类动物进化而来。后来，拉马克（1809）也提出了与蒙博多相同的观点。布封曾聘请拉马克为其子的导师，1788年为他在自然博物馆谋得助手职务。如果拉马克了解这一争论，也就有可能受到蒙博多学说的影响。其二，达尔文说拉马克的观点及其错误见解，与自己的祖父同出一辙。（Darwin 1861:11）拉马克在1799年的无脊椎动物课程开场白中仍然坚持物种不变，而在1800年5月的讲演中却展示了新的进化学说。是什么原因促使55岁的拉马克放弃原先的观点？不排除他看到了老达尔文的《动物学》（1794），所以才催生了与之类似的《动物学哲学》（1809）。后人才有如此评价：伊拉斯谟·达尔文预见了拉马克生物进化论的一些观点。

综上所述，爱丁堡进化论的学术传承线索，大致如下图示：

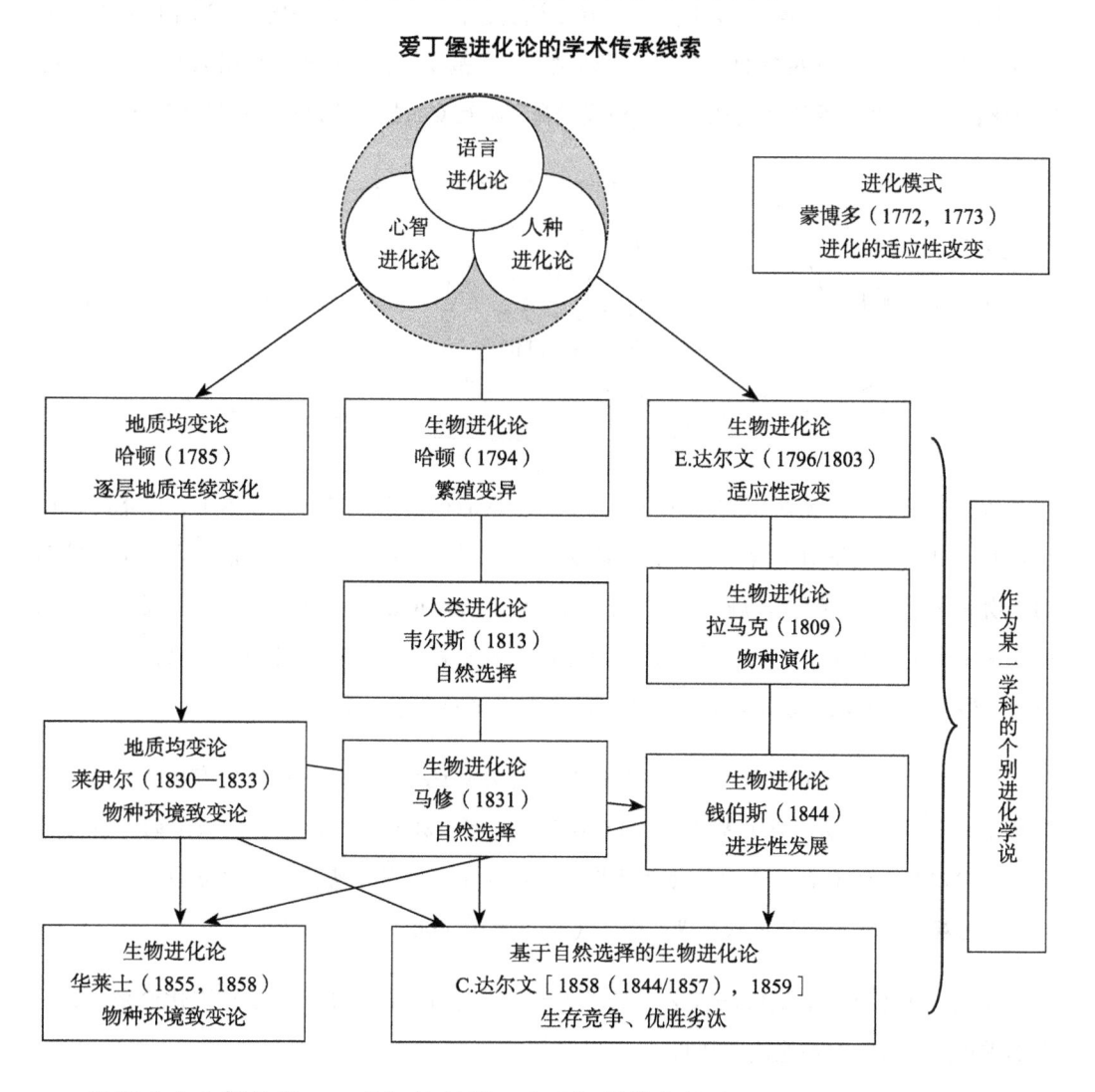

爱丁堡进化论的学术传承线索

```
         语言进化论
    心智进化论  人种进化论

进化模式
蒙博多（1772，1773）
进化的适应性改变

地质均变论           生物进化论           生物进化论
哈顿（1785）         哈顿（1794）         E.达尔文（1796/1803）
逐层地质连续变化     繁殖变异             适应性改变

                     人类进化论           生物进化论
                     韦尔斯（1813）       拉马克（1809）
                     自然选择             物种演化

地质均变论           生物进化论           生物进化论
莱伊尔（1830—1833） 马修（1831）         钱伯斯（1844）
物种环境致变论       自然选择             进步性发展

生物进化论           基于自然选择的生物进化论
华莱士（1855，1858） C.达尔文［1858（1844/1857），1859］
物种环境致变论       生存竞争、优胜劣汰
```

作为某一学科的个别进化学说

曾经令人生疑的是，18世纪的科学研究强调的是归纳法，而达尔文为什么采用的却

是演绎法？用达尔文的话来说，首先是"推测"；其次是进一步观察以便检验假说。（参见涂长晟等译2010：344）解开爱丁堡之谜之后，我们可以说，在达尔文之前已有前辈的"推测"，剩下的任务就是自己的积累观察了。就材料而言，可以说相当丰富；而就理论而言，主要是对前修时贤的修补。因此从方法论角度，也可以推定——达尔文的进化论思想并非原创或首创。

七、"达尔文神话"的终结

到底是生物进化论早于语言进化论，还是语言进化论早于生物进化论？这个问题的答案已经一清二楚。更为重要的是，我们梳理清楚了——**基于语言进化论推导出人类进化论、心智进化论；由此抽象为进化模式；进化模式孕育了相互交织的生物进化论和地质进化论。**

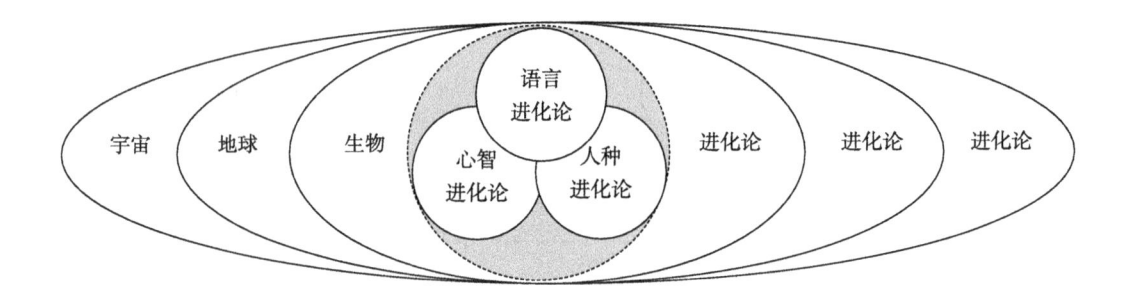

依据施莱歇尔的《达尔文理论与语言学》（1863德文本；1869英译本），学术界以往只知道19世纪生物学对语言历史比较的影响，却不了解18世纪的历史比较语言学家蒙博多为生物进化论提供了模式。施莱歇尔说过：I was a Darwinian before Darwin（我是达尔文之前的达尔文主义者），——在达尔文学说（1859）发表之前，自己已经具有语言进化观或自然发展史观，并用生物学概念解释语言的发展。施莱歇尔写道：

达尔文关于一般生命体的看法，我认为，总的来说几乎也适用于语言有机体。其实，在达尔文著作德译本问世的那年，即1860年，我有一次也讲到过语言领域里的"生存竞争"，即旧形式的衰亡、个别种的大规模繁衍和分化。如果不考虑"生存竞争"这一表达式，我的观点与达尔文的观点不谋而合。（姚小平译2008：373—374）

施莱歇尔不知历史比较语言学前辈蒙博多的语言进化论，更不知生物进化论来自蒙博多的进化论模式，但是他这样判断：

事实上，我觉得达尔文学说只不过是当代自然科学所遵循基本原理的必然结果。这一学说以观察为基础，本质上是一项发展史的实验。达尔文关于地球居民生命史的阐述，与莱伊尔关于地球生命史的阐述实出一辙。所以，达尔文学说并不是一个偶然现象；它不是一个充满奇思异想的头脑的发明，而是地地道道属于时代的产物。（姚小平译2008：376）

与达尔文亦师亦友的莱伊尔，其地质进化论及环境变化导致生态变迁的观点影响了达尔文，而莱伊尔的地质进化论则是哈顿地质进化论的发展，仍然植根于蒙博多的进化论模式。

新西兰奥克兰大学心理学系的阿特金森和格雷（Atkinson & Gray 2005）提出，达尔文（1871）注意到进化的历程并非仅限于生物领域：

The formation of different languages and of distinct species, and the proofs that both have been developed through a gradual process, are curiously parallel. ...We find in distinct languages striking homologies due to community of descent, and analogies due to a similar process of formation. (Darwin. 1871：89-90)

不同语种的形成和特殊物种的形成，都具有通过渐变过程得以发展的证据，两者由此存在奇异的平行状态。……我们发现，独特语种的显著同源性植根于血族社群，并且（语种形成和物种形成）这种类比归因于形成过程的类似性。

达尔文的这段话，可以看作是对施莱歇尔的回应。但是达尔文不懂历史比较语言学，因此只能浮光掠影，不可能展开论述。

为此，阿特金森和格雷撰写的《惊人平行和惊人关联：生物学和历史语言学的系统发生思想》（Atkinson & Gray 2005）一文，可以看作"达尔文理论与语言学"的最新版本。其提要如下：

在《人类的由来》（1871）中，达尔文观察到生物进化与语言进化之间的"奇异平行状态"。这些平行状态，意味着进化生物学家和历史语言学家寻求相似的答案，且面对相似的问题。因此，这两个学科的理论和方法形成了引人注目的相似道路。除了达尔文观察到的奇异平行状态的进程，还有许多同样的奇异平行状态和相互联系，存在于生物学和历史语言学方法论的发展历程之间。这里我们主要回顾了生物和语言进化论之间的平行性，以及系统发生方法的历史发展在两个学科中的差异。然后，侧重阐述了就语言数据应用系统发生方法的若干近代研究，并且提出了两个学科共有的一些现存问题。（Atkinson & Gray 2005: 513）

显而易见，由于他们不了解历史比较语言学的起源，同时对蒙博多的进化模式一无所知,因此也就难以真实反映历史比较语言学和进化生物学之间的学术渊源。当然这并不意味着,他们研究的达尔文之后的两个学科之间的相互联系也不成立。

迄今为止,许多学者仍然陷于进化论思想史的迷茫中。在进化生物学家迈尔(E. Mayr)的《生物学思想发展的历史》(1982)中,未见蒙博多的姓名。由此只能推定:或者是不屑一顾,或者是一无所知。

在第七章"非进化的起源观念"、第八章"达尔文以前的进化思想"中,迈尔提到哈顿(Hutton)5次:

1. 亚里士多德对Hutton所宣扬的:"开端既无证据,对结束也不要抱任何希望"的观点是会欣然赞赏的。(涂译本 2010:201)

2. 康德显然考虑的是无穷尽(无限),因而对改变当代的思想起了重要促进作用,后来这反映在地质学家休顿(Hutton)和拉马克的著述中,虽然他们谁也没有直接读过康德的著作。(涂译本 2010:207)

3. 拉马克的新进化思想得到了他以前所进行的地质学研究的有力支持……拉马克也是均变论者……这样的一幅逐渐变化着的世界图像和进化观念十分吻合。但是它和Hutton的稳定态世界形成了鲜明的对比,后者并不包括任何定向性的变化,因而也就不愿接受进化观点。(涂译本 2010:230)

4. 因为主要问题并不在于是否发生灾变,而是地质学上的发现究竟是支持Hutton及莱伊尔的稳定态世界学说,还是支持包括灾变论者和进步主义者在内的其他大多数地质学家的定向论。(涂译本 2010:247)

5. 莱伊尔从Hutton处采纳了稳定态世界的概念。这个概念被Hutton(1795)表述为"没有开端的遗迹,也没有结束的期望",而且这一概念在苏格拉底以前的哲学家中是普遍盛行的。(涂译本 2010:249)

讨论达尔文必然回避不了莱伊尔,而讨论莱伊尔难免不涉及哈顿的地质学理论。由此导致迈尔所引的"Hutton(1795)",仅仅局限于《地球理论》(第二卷)。至于哈顿(1794)论述生物"繁殖变异"和自然选择的内容,迈尔书中没有介绍。如果并非刻意缄默,那么则是一无所知。

迈尔在《前言——为中译本出版而作》(1990)中提出——

我能够期望我的这本书在中国将有怎样的反响呢?这很难预测。(涂译本,2010:1)

在揭开爱丁堡之谜之后,本文对迈尔问题作出的回应就是——**不了解进化模式的创始人，不了解历史比较语言学（语言的起源和进化研究）是进化模式的先导，纠结于众所周知的几位学者，囿于已有的学术视野，对进化论思想的渊源，或达尔文之前的进化论思想史，也就永远"无法充分理解"。因此，作者撰写该书的旨趣——进化生物学需要厘清其发展历程及其与相关学派、思想之间的关系，梳理进化论思想发展的脉络——也就成了镜花水月。归根结底，仅仅作为"达尔文主义者"，是无法厘清进化论思想史的。

迈尔提出：

先驱者应当是这样的人物，他们或者是提出'起源'的学说，或者是提出了展示模式内在潜力的原理。（涂译本 2010: 1）

毫无疑问，蒙博多的进化模式就是如此，因为它带来了一种全新的世界观——从超自然力的特创转向了自然的自创。

说来有趣，揭开"爱丁堡之谜"的思路，也就是华莱士（Wallace 1855）考察的新种产生结论——新种的产生与原先亲缘关系很近的物种，在空间和时间分布上具有一致性，即新学说的产生与原先亲缘关系很近的学说，在空间和时间分布上具有一致性。同时也是华莱士（Wallace 1858）提出的"变种无限背离原种类型的趋势"的演绎，即后来学说存在无限背离原型理论的趋势。换而言之，基于自然选择的物种起源说，不过是爱丁堡进化模式下的一个19世纪中期的新变种而已。

西方语义学史论

西方语义学史研究论纲*

提要：长期以来，西方语言学史专著皆未把语义学史纳入研究视野。现有的西方语义学史专著，尚未建构基于主线发展的研究框架，缺少俄苏语义学史的内容，一些重要问题存在疏漏与失误。中国学者关于西方语义学史简介的主要缺失是：对原始文献缺乏直接掌握；对形成与发展脉络未能清晰梳理；对理论方法的学术背景未能深入揭示，且有以讹传讹的现象。本文提出西方语义学史的重建思路：依据原始文献，基于群体考察—主线梳理模式，澄清长期以来存在的若干谜团，梳理西方语义学的发展轨迹及其趋势。

关键词：语言学史；西方语义学史；原始文献；群体—主线模式

A Discussion on the Study of Western Semantics History

Abstract: The Monographs of western linguistics history have not been considered semantics over time. The existing western semantics books have not established the framework yet based on principle lines' development. In addition, the researches in Russia and Soviet were lacking. Some omissions and errors existed in the statements on a few important issues. What lacks in Chinese scholars' introducing semantics history is the original literatures could not be grasped directly, the framework of coming into being and development was not organized clearly, and the academic background of methodology failed to be further revealed. This paper argues that the reconstruction of western semantics history should be on account of the original documents, based on the mode of investigating group and cleaning up the principle lines. It aims to clarify long-time mysteries, explore the law of western semantics development.

Key words: linguistics history; semantics history; original literature; the mode of investigating group and cleaning up principle lines

语言学史研究传统有两个：一是中国传统，一是欧洲传统，决定了语言学史研究从某

---

* 李葆嘉、刘慧合作。原题为《论西方语义学史研究》，刊于《南京师范大学文学院学报》2016年第1期，145—156页。

种语言或语系的语言学研究沿革，向东西方多种语言的语言学研究沿革，即世界语言学史研究的走向，由此呈现如下轨迹：

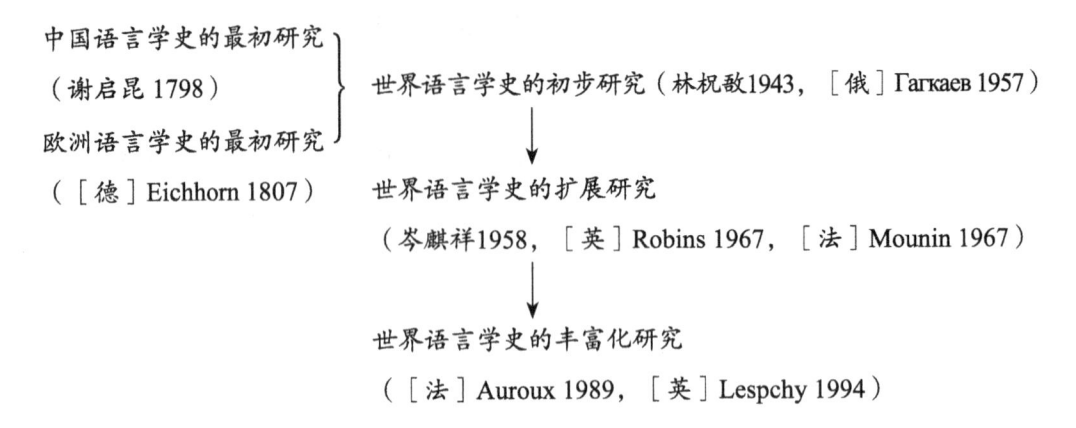

中国语言学史的最初研究
（谢启昆 1798）
欧洲语言学史的最初研究
（［德］Eichhorn 1807）

世界语言学史的初步研究（林枳敔1943，［俄］Гагкаев 1957）

世界语言学史的扩展研究
（岑麒祥1958，［英］Robins 1967，［法］Mounin 1967）

世界语言学史的丰富化研究
（［法］Auroux 1989，［英］Lespchy 1994）

纵观东西方语言学史研究，可以看出：1. 欧洲的第一本语言学史专著（1807），晚于中国的第一本语言学史专著（1798）；2. 欧洲的第一本世界语言学史专著（1957），晚于中国的第一本世界语言学史专著（1943）。

一部完整的语言学史，应是各分支学科研究的综合学术史，然而翻阅以往的语言学史论著，却发觉西方语义学史长期不在其研究视野之内。这不仅与西方语义学学科晚出有关，作为独立学科的"语义学"到19世纪20年代（Reisig 1825）才建立，而且与语义研究的曲折遭遇有关。尽管19世纪下半叶西方语义学成果丰硕，20世纪20—60年代先后出现了现代语义学的三大理论方法（语义场理论、语义解析方法、关系语义理论），但是20世纪的西方语言学主流，先是排斥实体研究的结构主义（尤其是美国描写主义），后是形式语法的盛行，以至于语义研究长期以来被排斥，语义学史研究也就难免被忽视。

20世纪60年代中期以来，随着西方语言学的语义转向，语义研究逐步得到关注。解释语义学、生成语义学、语义元语言学、句法语义学、认知语义学、计算语义学等，一起推动着当代语义学的发展。语义学史的研究也就逐步引起一些学者的关注。

不了解学术史，固然可以从事具体研究，但是难免井底之蛙。梳理语义学史，了解该学科的来龙去脉，可以提高理论自觉，明确研究方向，推进学术发展。本文首先梳理语言学史研究传统，揭出众多语言学史专著都没有把西方语义学史纳入视野状况。其次梳理西方语义学史的研究现状，以及中国学者关于西方语义学史简介的缺失。最后阐释西方语义学史的研究内容及目标。

一、语言学史的研究轨迹

语义学史是语言学史的一部分，要了解其进展，务必先考察其在以往语言学史研究的状况。

（一）中国语言学史的研究轨迹

中国传统学术，自西汉刘歆（《七略》，前5年）起，就注重其流派及传承。有清一代，章学诚倡明"辨章学术，考镜源流"，意在"以类求书，因书究学"（《校雠通义》，1779）。中国第一部传统小学通史的专著，首推谢启昆的《小学考》（1798）。至于推迹音韵学沿革之作，前有万斯同的《声韵源流考》（1701），后有莫友芝的《韵学源流》（约1861）。传统语义学沿革的梳理，先后有胡元玉的《雅学考》（1891）和黎经诰的《许学考》（1927）。20世纪30年代，深入梳理中国传统小学史的分科专著，相继有胡朴安的《中国文字学史》（1937）、张世禄的《中国音韵学史》（1938）、胡朴安的《中国训诂学史》（1939）。

20世纪60年代，王力的《中国语言学史》讲义在《中国语文》（1963）连载，1981年整理为专著出版。此后出现多部中国语言学史，其中都有关于中国传统语义研究的论述。而李建国的《汉语训诂学史》（1986）、符淮青的《汉语词汇学史》（1996），某种程度上可视为中国语义学史的专书。只是至今没有推出一部名为"中国语义学史"的专著。

（二）欧洲语言学史的研究轨迹

1. 欧洲语言学史的早期研究

欧洲语言学史研究晚于中国语言学史研究。1807年，德国艾希霍恩（J. C. Eichhorn, 1752—1827）编撰的《近代语言学史》（*Geschichte der neuern Sprachenkunde*）为西方第一部语言学史专著，其主要内容是对亚洲亲属语言比较或非亲属语言对比研究的论述。其后，出现了一批研究欧洲古典语言学史的专著。如克拉森的（J. Classen, 1805—1891）《希腊文法学之初》（*De Grammaticae graeca primordiis.* 1829）、莱尔希（L. Lersch，1811—1849）的《古典语言哲学》（*Die Sprachphilosophie der Alten.*1838, 1840, 1841）。此后，又有施坦塔尔（H. Steinthal，1823—1899）的《古希腊和罗马语言学史》（*Geschichte der Sprachwissenschaft bei den Griechen und Römern, mit besonderer Rücksicht auf die Logik.* 1863）等。1869年，德国本费（T. Benfey, 1809—1881）的《十九世纪初以来德国的语言学史和东方语文学史，以及早期研究回溯》，是第一部梳理德国学者语言历史比较研究的语言学史。此后，法国伯努瓦（A. Benoist, 1846—1922）的《从巴拉丁到沃热拉斯的法语句法研究》（De la syntaxe française entre Palsgrave et Vaugelas. 1877），梳理了法语句法研究史。瑞典诺伦（A. Noreen，1858—1925）的《瑞典语言科学史概述》（Aperçu de l'histoire de la science linguistique suédoise. 1883），描述了1652年以来的瑞典语法学史。而英国穆雷（J. A. Murray，1837—1915）的《英语词典编纂的演进》（The Evolution of English Lexicography. 1900），则梳理了词典编纂学史。

2. 西方语言学史的通史研究

19世纪末，丹麦汤姆逊（V. L. P. Thomsen，1842—1927）在哥本哈根大学开设"语言学引论"，1902年出版的《语言学史：简要回顾》（Sprogvidenskabens historie: En kortfattet Fremstilling）就是其讲义的一部分。作为西方语言学通史的第一部专著，作者历述古印度、希腊、罗马、中世纪和文艺复兴，直到19世纪末的语言研究，凸显了斯堪的纳维亚学者的历史比较研究。1927年，由德国波拉克（H. Pollak）译为德文，题名为《十九世纪末以前的语言学史：要点简介》（Geschichte der Sprachwissenschaft bis zum Ausgang des 19. Jahrhunderts: kurzgefasste Darstellung der Hauptpunkte）。1938年，苏联绍尔（Р. О. Шор，1894—1939）据此转译为俄文的《十九世纪末以前的语言学史》（《История языковедения до конца XIX в.》），插补了俄罗斯的语言学史内容，并另撰"近代语言学说史梗概"（Краткий очерк истории лингвистических учений с эпохи Возрождения до конца XIX в.）。中译本《十九世纪末以前的语言学史》（黄振华译，科学出版社1960）即俄译本的转译。

1924年，汤姆逊的弟子裴特生（H. Pedersen，1867—1953）刊行《十九世纪的语言科学：方法和成果》（Sprogvidenskabens i det nittende Aarhundrede: Metoder og Resultater）。1931年，由英国斯帕戈（J. W. Spargo）译为英文本《十九世纪的语言科学：方法和成果》（Linguistic Science in the Nineteenth Century: Methods and Results）。中译本《十九世纪欧洲语言学史》（钱晋华译，科学出版社1958）来自英文版的转译。书名增加了限定词"欧洲"和后缀"史"，却省略了副标题"方法和成果"。由此导致读者觉得，前五章更像"世界诸语言概述，而不像语言学史"，"7、8两章……似乎才进入正题"。（姚小平1995）其实，作者曾说明其内容主要是"十九世纪：北欧科学家的描绘"（Det nittende Aarhundrede: Skildret of nordiske Videnskabsmaend），重在介绍其"方法和成果"，并未把该书作为史来编撰。如果直译为《十九世纪欧洲语言科学：方法和结果》，也就可以避免中国读者徒生误会。

1964—1965年，苏联兹维金采夫（В.А.Звегинцев，1910—1988）主编的《19—20世纪语言学史概述和选读》（История языкознания XIX и XX веков в очерках и извлечениях: В 2-х частях）出版，简述19世纪以前的印度、阿拉伯的语言学研究，没有提及中国。

1979年，康德拉绍夫（Н.А. Кондрашов）的《语言学研究史：教学参考》（История лингвистических учений : учебное пособие. Москва: Просвещение），同样没有提及中国。

以上这些西方语言学通史研究，虽然涉及欧洲学者所熟悉的"东方语言"（希伯来语、阿拉伯语、梵语等）研究史，但是无疑都是以欧洲语言研究史为主体。也许，明晰的表述应是"以印欧语的研究史为主体，涉及亚—非某些语言研究的学术史"。

（三）世界语言学史的研究轨迹

欧洲学者的早期语言学史研究，从其熟悉的语言历史研究入手纯属自发。由于缺乏中国语言学史的学养，因此不可能出现一部"世界语言学史"专著。而欧洲语言学史研究传入中国以后，中国学者编译语言学史时必然会补充中国语言学史研究。由此决定了世界语言学史的初步研究，中国学者必然领先一步。

1. 世界语言学史的早期研究

1943年，林枧敬（1915—1975）编译的《语言学史》出版。该书主要参考的是彼德生（Pedersen）的《十九世纪的语言学》、耶斯柏森（Jesperson）的《语言的本质、起源和发展》、缪勒（Max Müller）的《语言科学》、杜若（Dauzat）的《语言哲学》及梅叶（Meillet）的《印欧语比较研究导论》（以上译名按作者原文）。全书分为通史、印欧语学史、非印欧语学史、比较语言学史、一般语言学史、文字学史六编。在通史的第一节"古代（五）中国"（11—17页）中，列出了《尔雅》以下的训诂类（意义学）、《说文》以下的字书类（文字学）、《广韵》以下的韵书类（音韵学），简述中国传统语言学史。此外，在非印欧语学史的第五节"印支语"（112—117页）中，介绍了利玛窦（M.Ricci）、金尼阁（N. Trigault）的中国语文研究，以及艾约瑟（J. Edkins）、武尔披利（F. K. Z. Volpicelli）、商克（S.H.Schaank）、马伯乐（H. Maspero）、高本汉（K. B. J. Karlgren）等的中国古音研究。作者说明，对中国传统语言学的论述做简要处理，是因为此前已出版了中国传统语言学的三部分科史。

俄罗斯学者对汤姆逊（1902）的欧洲语言学史研究忽视其成就不满，因此激发起他们研究语言学史的兴趣。20世纪50年代，苏联高校设置语言学史课程。1957年，加卡耶夫（К. Е.Гагкаев）在奥德萨大学开课的《语言学史讲义》（Курс лекций по истории языкознания）印行。在欧人撰写的语言学史专著中，首次介绍了中国古代语言学研究（pp. 28—36）。不过，真正可以称为世界语言学史的第一部成熟专著，当推岑麒祥的《语言学史概论》（1958）。该书的主体由三大部分组成："古代语言学史"介绍了希腊和罗马、印度、中国以及阿拉伯的研究成就；"历史比较语言学"阐述了历史比较语言学的产生、发展，介绍了世界各语系的历史比较研究；"普通语言学史"讲述从洪堡特到20世纪50年代的语言学流派。

2. 世界语言学史的中期研究

直到20世纪60年代，英法学者才开始撰写世界语言学史。1967年，英国罗宾斯（R.H. Robins，1921—2000）的《语言学简史》（A Short History of Linguistics）出版。该书以印欧语研究史为主体，一些章节穿插叙述简介了阿拉伯、中国、日本等的古代语言研究。不必说对中国语言学史知之甚少，就其印欧语言学史内容，其明显缺失也有三：第一，对史料把握不够严谨，史实方面错误太多，不能列为可信赖的参考书（Koerner 1978: 5；姚小平1995）。第二，对琼斯（W. Jones）、索绪尔（F. de Saussure）等人的评价夸大其词，违背史实。（李葆嘉、邱雪玫2013）第三，几乎没有涉及西方语义学史的研究。

同年，法国语言学翻译理论的创始人穆南（G. Mounin，1910—1993）的《语言学从起源到20世纪的历史》（Histoire de la linguistique des origines au XXe siècle）出版。在第一章"古代语言学"中有"古代中国"一节。罗宾斯的书有两个中译本（上海外国语学院外国语言文学研究所译《语言学简史》，安徽教育出版社1987；许德宝等译《简明语言学史》，中国社会科学出版社1997），而穆南的语言学史却至今未有翻译本。

1975年，苏联阿麦尔洛娃等（T. A. Amirova, B. A. Ol'chovikov, Ju. V. Rozdestvenskij）的《语言学史概论》（Abriß der Geschichte der Linguistik），在第二章"古代语言理论"中讨论了中国传统。1980年，苏联德希尼兹卡亚等（А. В. Десницкая, С.Д. ацнельсон, ред）主编的《古代语言学说史》（История лингвистических учений. Древний мир）出版。其中的中国古代语言学史部分由汉学家雅洪托夫（С. Е. Яхонтов）撰写，他提出，中国古代语言学是唯一的一种在不同于欧语系统基础之上形成的语言学传统，这一传统方法比欧语方法更适合描写一些东亚语言。但其影响仅涉及一些周边国家，不像印度传统对现代语言学的形成发挥过巨大促发作用。（姚小平1996）

3. 世界语言学史的近期研究

1989年，法国奥鲁斯（S. Auroux）主编的《语言思想史·卷一·东方和西方元语言的产生》出版，在第六章（远东）的第一、二节（共26页）叙述了中国语言学史。该部分的编写者是意大利汉学家卡萨齐（G. Casacchia）。叙述中国的篇幅，远不及独立成章的"印度传统"（共137页）详备。"前言"中说，一部语言思想史必须写进世界各民族思考语言问题的不同历程，但是又不可能穷尽一切，所以必然有选材问题。作者强调，中国部分的从简出于实际考虑，与"价值评判"无涉。何谓"实际"考虑？其实就是对语言结构类型和学术传统迥然不同的中国语言研究史"丈二和尚摸不着头脑"。

1991年，芬兰伊特孔恩（E. Itkonen）的《普通语言学史——印度、中国、阿拉伯、欧洲》（*Universal History of Linguistics: India, China, Arabia, Europe*），设专章论述中国语言学史（pp. 89—121）。作者在"前言"中承认自己对汉语一窍不通，只能根据翻译和二手材料，在"导言"中却断言：中国语言学只能视为其他语言学传统的陪衬。更是"手中没有金刚钻，又要揽这瓷器活"。

1994年，英国雷斯布奇（G. Lespchy）主编的《语言学史第一卷·语言学的东方传统》出版。第一章"中国语言学"由瑞典汉学家马悦然（G. Malmqvist）执笔，按照七段（先秦、秦汉、魏晋南北朝、隋唐宋、元、明、清）介绍中国传统语言学史，显然参考了中国学者的语言学论著。

需要强调的是——要使外国学者了解中国传统语言学的成就及价值，首先要基于语言类型与其研究方法的制约观（李葆嘉 2001：279），编撰一部"面向世界的中国传统语言学史"（不是面向中国大学教育或中国学者，而从哲学思辨和语言理论上超越西方语言学史家固有的"印欧语眼光"），译成英、法、德、俄等几种主要文字发行才能祛迷除妄。

以上这些语言学史专著，以罗宾斯的《语言学简史》为代表，都未把西方语义学史纳入研究视野。

（四）中国学者的西方语言学史研究

20世纪80年代以来，中国学者出版了三部西方语言学史：冯志伟的《现代语言学流派》（1987）、徐志民的《欧美语言学简史》（1990）、刘润清的《西方语言学流派》（1995）。冯著第一章"西方古代语言学简介"仅是引子。修订版（1999）增加"叶斯柏森的语言学理论"一章，是为独树一帜；增订版（2013）又补充了"俄罗斯现代语言学理论""认知语言学""语言类型学""计算语言学"等章节。徐著（2005修订版）突出的是洪堡特、索绪尔和乔姆斯基。刘著（2013修订版）突出的是索绪尔和乔姆斯基，着力剖析生成语法、系统功能语言学和认知语言学。除了冯著修订版（1999），其余的两本几乎没有提及俄苏语言学史。

2000年以来出版的西方语言学史，主要有王远新的《古代语言学简史》（2006）、王福祥的《语言学历史·理论·方法》（2008）、姚小平的《西方语言学史》（2011）等。王远新《简史》的特色是将阿拉伯、斯拉夫古代语言学列为专章。王福祥《历史》的特色是第五章的"俄罗斯语言学"。姚小平《西方》的一些章节，如"语言乌托邦""伯尼特谈语言的起源和发展"等皆有新意。此外，林玉山的《世界语言学史》（2009）包括中国语言学史，材料琳琅满目，然而缺少精到的史论。

总体而言，这些专著都未把西方语义学史纳入研究视野。究其原因，一是没有找到现成的西方语义学史的外语文献以供编译；二是西方语义学史的原始文献涉及德、法、英、俄多种语言，难以开展这方面的专题研究。

二、西方学者的西方语义学史研究

迄今为止，西方语义学史研究仍然是一个亟待深入的研究领域。关于西方语义学史的专著，我们检索到的只有两部半。

（一）开拓性的专著：戈登（1980）的《语义学史》

加拿大学者戈登（W. T. Gordon）的《语义学史》（1980），是第一本以"语义学史"命名的专著。对语言学史研究而言，戈登是第一个认识到语义学史重要性的学者。

该书研究了语义学史上的一些代表性学者，时间截至20世纪60年代。全书分为十九章，目录如下：1. 语义学说的开端；2. 达梅斯泰特和布雷阿尔；3. 索绪尔；4. 梅耶；5. 奥格登和理查兹的著作；6. 卡诺伊和斯特恩的著作；7. 特里尔与语义场理论；8. 特里尔与其他场论理论家的联系；9. 布龙菲尔德和意义问题；10. 弗斯的语义学著作；11. 哈林和瓦特堡的概念系统；12. 马特尔；13. 奈达；14. 形态语义场；15. 意义的成分分析；16. 朱斯的著作；17. 杜布瓦和音—义同构论；18. 魏因赖希的语义学；19. 魏因赖希以后的语义学。

作为初创之作，该书的主要特点及缺失在于：1. 以语义学研究者为单元加以描述，尚未建构语义学史研究框架；2. 以德、法、英、美的语义学研究为描述对象，缺少俄罗斯语义学史的内容；3. 创立重要理论的一些语义学家没有涉及。

（二）传统语义学史：聂利奇（1992）的《欧洲语义学理论》

英国学者聂利奇（B. Nerlich）的《欧洲语义学理论1830—1930：从词源说到语境论》（1992），是一部内容丰富的"传统语义学史"的专著。

在导论部分，作者主要讨论了：语义学史研究对语言学史的重要性，语义学文献综述，语义学在德国、法国和英国的发展，以及语义学的内部及相关学科之间的影响。全书主体分为三大部分。第一部分"语义学在德国的发展"，包括：莱斯格的开拓性构想；托布勒的词源—逻辑语义学；哈泽的历史—哲学语义学；赫尔德根的逻辑—历史语义学；海伊的心理语义学；语义学中的心理学传统；赫克特的心理语义学；托马斯的语义演变类型及其原因；施密特的语义演变原因；冯特的语义演变心理机制；魏格纳的语义与交际；保罗的规范语义学；斯脱克莱因的意义和句子上下文；埃德曼的意义复合性；师辟伯的情感意语义学；威兰德尔的意义和听者；古斯塔夫·巴利的命名心理学；莱乌曼对师辟伯语义学的超越；魏斯格贝尔与德国语义学的终结；斯特恩的意义及演变理论。第二部分"语义学在法国的发展"，包括：意识形态和词汇学；利特尔的语义学和词典学；布雷阿尔向人文科学语义学迈出第一步；达梅斯泰特关于语义学的构想；创新和争论的中心；布雷阿尔的《语义学探索》；法国心理语义学；法国社会语义学；从历时分析到共时分析。第三部分"语义学在英国的发展"，包括：斯玛特的语符学；加尼特对英语词典学的批判；通往意义的新的语文学途径；辉特尼对语义学的贡献；厄特尔重温欧洲语义学；斯托特的思维与语言学说；韦尔比夫人的符义学；奥格登和理查兹的意义的意义；马林诺夫斯基的人类语义学；加德纳的语境论。

聂利奇（1992：13）认为：在语义学史中心人物的展现方面，戈登完全遵循的是传统套路，而遗漏了一些看似次要实际上是重大理论的创新者。因此，聂利奇在其书中补充了一些语义学家。该书的主要特点及缺失是：1. 采用以国别分块的描述框架，而未能依据学科成长阶段或围绕重大理论创新来展开描述。2. 重点描述语义学在德、法、英（美国附此，但是与英国传统无涉）的发展，而对俄罗斯的研究仍然置之度外。3. 时期下限定为1930，现代语义学三大理论方法不在其视野之内，而语义场理论1924年（Ipsen 1924）已经萌发。

（三）词汇语义学史：吉拉兹（2010）的《词汇语义学理论》

作为欧美词汇语义学理论的综合性和纲领性专著，比利时学者吉拉兹（D.Geeraerts）的《词汇语义学理论》（2010）基于理论语言学和描写语言学的立场，回顾了欧美词汇语义学的历史发展。除了导论和结论，正文主体分为五章。第一章"历史语文语义学"，包括词汇语义学的诞生、历史语文语义学的意义观、语义变化的类型研究、历史语文语义学的超越；第二章"结构主义语义学"，包括结构主义的意义观、词汇场理论、义征分析方法、关系语义学、结构主义语义学的超越；第三章"生成主义语义学"，包括卡茨语义学、生成主义语义学的紧张状态、生成主义语义学的超越；第四章"新结构语义学"，包括新结构主义的释义分解方法、新结构主义的关系语义研究；第五章"认知语义学"，包括核型性和凸显性、概念隐喻和概念转喻、理想化认知模式和语义框架、词语用法与语义变化、基于语境的认知语义。

尽管该书按照语义学发展的历史顺序排列章节，但是作者指出其概述重点是词汇语义的理论语言学与描写语言学，并且强调：

本书也不是一部关于词汇语义学史的论著。关于这类词汇语义学史略，感兴趣的主要

是语言学史家。本书的旨趣并非综合描绘对这个学科做出贡献的所有学者,因此不可能对各个学者的思想历程,或者他们之间的相互影响逐一描述。(Geeraerts 2010: XV)

尽管重点论述的是认知语义学(全书正文共287页,其中第五章"认知语义学"182—272页,占三分之一),但是还是可以视为"半部语义学史"。

该书的主要特点是:1. 把词汇语义学的历史发展分为五个阶段,纲目分明,但是有些阶段或流派概括不妥,比如:"结构主义语义学"和"新结构主义语义学"。2. 与前两部语义学史一样,同样疏于对俄苏语义学史研究。3. 一些论述存在可商或缺漏之处。例如,(1)尽管布龙菲尔德(Bloomfield 1933)强调,在语言研究中,语义不是用还是不用的问题,而是如何恰当使用的问题,但是仍然难以掩盖其语义研究的"悲观情结"以及排斥语义研究;(2)尽管从逻辑上可以推定,语义解析方法可能受到布拉格学派音位对立分析法的影响,但实际情况却是:美国社会学家戴维斯(K.Davis 1936, K.Davis & W.L.Warner 1937)首创基元要素分析法以分析亲属关系称谓,其理论背景是其师帕森斯(T. Parsons)的社会学的结构—功能主义;(3)就基本哲学思想而言,魏尔兹比卡(A.Wierzbicka)的自然语义元语言研究属于基元主义,而不应杂糅在"新结构主义传统"之中。如果把莫斯科语义学派阿普列相(Ю.Д.Апресян)的语义元语言研究纳入,那么在框架中就可以另列"基元主义语义学"。

此外,第一章"历史语文语义学"所附"拓展阅读"(Geeraerts 2010:45—46),提供了西方语义学史研究的一些信息。如,科诺布洛赫(C. Knobloch)的《1850年至1920年德国的语言心理观念史》(*Geschichte der psychologischen Sprachauffassung in Deutschland von 1850 bis 1920*. 1988)、施密特尔(P. Schmitter)主编的论文集《语义学史探索》(*Essays towards a History of Semantics*. 1990),以及格里吉尔和科勒帕斯基(M. Grygiel & G. A. Kleparski)的《历史语义学的主要趋势》(*Main Trends in Historical Semantics*. 2007)。

综上,西方语义学史研究至少存在三个明显问题:**1. 切合该学科形成和发展、一目了然的研究框架尚未建构;2. 一些重大理论的形成过程及其学术背景未揭示;3. 俄苏语义学史研究不在其视野之内。**

三、中国学者的西方语义学史简介

国内通行的语义学著作主要有四部,其中,引进西方理论方法研究汉语的是贾彦德的《汉语语义学》(1992)、张志毅的《词汇语义学》(2001),专门介绍西方语义学的是束定芳的《现代语义学》(2000)、徐志民的《欧美语义学导论》(2008)。现就这四部书中关于语义学史的简介部分,加以列举、分析和归纳。关于外国人名的翻译,仍按作者原来行文。

(一)贾著(1992)的西方语义学史简介

贾著的第一章"语义研究的发展与现状",将语义研究分为三个阶段。第一阶段"语文学时期及我国的训诂学"。第二阶段"传统语义学(20世纪30年代以前的传统研究)"。1838年(今按:年份有误),莱西希(Reisig)就主张把词义研究建成一门独立的学科,把这门学科称为semasiologie,但其主张没有受到人们重视。1893年,布雷阿尔首先使用了sémantique这个术语(今按:缺论著题目),1897年出版了《语义学探索》。美国描写语言学一直回避语义研究,从布龙菲尔德到霍凯特,在语义面前都是知难而退。第三阶段"现代语义学的兴起和现状(20世纪30年代以后)"。现代语义学的流派主要有:(1)结构语义学。20世纪30年代初,特里尔提出语义场理论,开始了语义系统的研究。(2)60年代中期,乔姆斯基接受了卡兹、福德等人的意见,形成解释语义学。(3)60年代后期,莱可夫等提出生成语义学。(4)1966到1968年,菲尔墨提出格语法理论。(5)70年代蒙塔古创立了蒙塔古语法。

从刊谬补缺角度,贾著简介的主要问题是:1. 莱斯格(即贾著所译莱西希)1825年首创语义学这门学科,其论著于1839年刊行。其主张受到人们的重视,形成了德国古典语义学派。2. 语义场理论是由四位德国学者(Ipsen 1924,Weisgerber 1927,Trier 1931,Porzig 1934)创建的,其背景主要是新洪堡特主义和格式塔心理学场论。3. 对义素分析、关系语义学等,此处没有介绍。在第三章"义素分析法"中,提到叶姆斯列夫(Hjelmslev)20世纪40年代提出义素分析的设想、美国人类学家50年代提出义素分析法(今按:应是成分分析法,英语Componential Analysis),以及戴维斯1937年就作过类似的分析,但是未提法国学者60年代的义素分析法(Seme Analysis)。

(二)束著(2000)的西方语义学史简介

束著在第一章"现代语义学的特点与发展趋势"中简介语义学史。"1.0引言"开篇:

英语中现代意义上的"semantics"(语义学)一词最早是由法国语文学家Michel Brëal使用的。1894年,在美国语文学会的一次会议上,Brëal宣读了一篇题为《被呈现的意义:语义学中的一个要点》的论文,第一次使用了semantics这个词。(束定芳2000:1)

实际情况是:(1)法国布雷阿尔1879年在书信中首次使用法文术语sémantique,1883

年在《语言的心智规律：语义学简述》演讲中公开使用。（2）1894年12月，在美国语文学会上宣读论文的是美国语言学家兰曼（C. R.Lanman）。（3）1893年，美国学者威廉斯（M. E.Williams）翻译布雷阿尔的《论词源学研究的原则》，首次把sémantique对译为英语semantics。

在"1.1语义学发展的几个重要阶段"中，分为四个阶段。1.1.1 准备阶段（1825—1880）。提出语义学诞生的两个重要因素：一是历史比较语言学在德国的兴起；二是浪漫主义诗人对词语表现出的特别兴趣。德国学者Reisig曾提出语法的三分说，将语法内容分为符号学（semasiology）、词源学和句法学。1.1.2 词源学阶段（1880—1930）。Brëal（通常写为Bréal）在1883年发表的一篇论文把语义学明确规定为研究意义的变化及其原因。该阶段具有代表性的著作有：Darmester 的 *La vie de mots etudiee dans leurs signications*（《从词的意义研究词的生命》）和Brëal的*Essai de Semantique*（《语义学论文选》）（今按：通译《语义学探索》）等。20世纪的前30年最值得一提的是，瑞典语文学家Stern的*Meaning and change of meaning*（《意义和意义变化》）。1.1.3 结构主义语义学阶段（1930—1970）。用结构主义研究语义学的杰出代表是德国的Trier，他提出了"语义场理论"（今按：缺论著题目，缺年份）。此外，束著在69页提到Porzig（1934），在71页提到Porzig的语义组合关系观。1.1.4 多元化阶段（1970年至今）。

从刊谬补缺角度，束著简介的主要问题是：1.莱斯格接受的是康德倡导的人类心智一般规律的哲学取向，其术语semasiologie/ bedeutungslehre，应译为语义学，即"意义的科学"。2. 布雷阿尔的*Essai de Semantique*通常译为《语义学探索》，并非"论文选"。参考文献中所列"Brëal, M. Semantics. New York: Henry Holt."，信息不全。法文版原著书名*Essai de Sémantique (Science des Significations)*（Paris: Hachette. 1897），英译本书名*Semantics: Studies in the Science of Meaning*（Translated by Mrs. Henry Cust. London: W. Heinemann.1900）。3. 德国语义场理论的背景主要是新洪堡特主义和心理学场论。4. 此处没有介绍义素分析法的由来，在63页提到"最早提出语义成分分析的是丹麦语言学家Hjelmslev"（参考文献中没有其论著题目）。叶尔姆斯列夫在《语言理论导论》（1943）提出的是语义平面的"内容形素"分析，谈不上"最早"。此前已有语言学家（Nyrop 1913）尝试进行法语词语的语义特征分析，已有社会学家（K.Davis 1936, K.Davis & W.L.Warner 1937）创立了基元分析法。

（三）张著（2001）的西方语义学史简介

张著在第一章"语义学和词汇语义学简史"中，分为三节加以简述。第一节"传统语义学"。1825年雷西格（Reisig）草创"义符学"或"语义学"semasiologie。1893年布雷阿尔正式创造了术语"语义学"（今按：缺论著题目，此年份错），根据希腊语sēma创造法语词sémantique；1897年出版了第一部专著《语义学探索》。20世纪20年代是传统语义学的成长期，代表作有达尔梅司脱的《词的生命》（1922）（今按：此年份不是初版）、奥格登和查理德的《意义之意义》（1923）。从雷西格、布雷阿尔，后经弗雷格、胡塞尔、保罗、梅耶、奥格登、查理德、艾尔德曼等人的研究，传统语义学终于形成了一门科学。第二节"现代语义学"。这一时期产生了现代语义学的第一个流派——结构语义学。1924年伊普生提出"语义场"，1934年特里尔进一步发展了语义场理论模式（今按：*Der deutsche Wortschatz im Sinnbezirk des Verstandes*，1931）。20世纪60年代是现代语义学的成长期，产生了解释语义学和生成语义学。70年代是现代语义学的发展期。第三节"词汇语义学"。词汇语义学是现代语义学的分支。20世纪50年代，乌尔曼把语言符号区分为外部和内部，产生了词汇形态学和词汇语义学、句法形态学和句法语义学。苏联较早产生了词汇语义学，代表作有阿普列祥的《词汇语义学》（1974）等。

张著的简介增加了俄罗斯词汇语义学研究。主要问题是：1. 布雷阿尔不是根据希腊语sēma创造的sémantique。布雷阿尔（1883）说：sémantique来自古希腊语动词sêmainô（所指）。2. 达尔梅司脱的《词语的生命及其意义研究》初版于1887年，不能误入20世纪20年代的代表作。3. 务必区别"语言学的语言学"与"哲学/符号学的语义学"。弗雷格等人的研究属于后者，只能看作"语言学的语义学"发展的一条相关线索。

（四）徐著（2008）的西方语义学史简介

徐著的第一章是"语义学的研究对象和发展阶段"，其中的第二节"现代语义学的形成和发展"，分三部分介绍欧美语义学简史。1. 传统语义学。直至19世纪末，古代的语义研究大都附属于哲学、历史学、语文学、修辞学等学科的辅助性研究，并未能够成为一个独立学科（今按：语义学创立于1825年）。2. 现代语义学的开端。1883年，布雷阿尔在《语言的理智规律，语义学简述》中首次使用了sémantique这个术语。1894年，哈佛大学教授C.R.Lanman在美国语文学会所作的题为《反映意义——语义学的一个问题》（*Reflected Meanings—A Point in Semantics*）的报告中首次使用了英语的semantics这个术语。1987年，布雷阿尔的《语义学探索》在巴黎出版。1900年，该书的英译本问世。3. 现代语义学的发展阶段。现代语义学在发展过程中形成了几种流派。（1）历史语文语义学。其学术背景：一是心理学思潮；二是历史比较语言学企图把语音规律研究的方法和原则扩展到语义研究领域，保罗在《语言史原理》第二版（1886）中增加了论述语义演变类型和规律的一章。

历史比较语言学发展中出现的这种新倾向，是促使历史语文语义学诞生的直接原因（今案：保罗只是促进了语义学的发展）。（2）结构语义学和转换语义学。结构语义学在20世纪20—30年代逐步形成，在30—70年代得以充分发展，其理论基础是索绪尔的结构主义理论。其理论原则和研究方法有语义场理论、语义成分分析、分布分析、词汇感性分析、语义结构组合关系分析等。徐著在第五章介绍了特里尔的语言场、波尔齐希的组合语义场；在第六章介绍了美国人类学家提出成分分析法。（3）认知语义学。

从刊谬补缺角度，徐著简述的主要存在问题是：1. 语义学这门学科在1825年莱斯格已经创建。布雷阿尔首创的是法语术语sémantique，而不是首创语义学学科。2. 布雷阿尔的《语义学探索》出版于1897年，而不是1987年。3. 促使语义学或历史语文语义学诞生的原因是康德哲学思想的影响，所谓"历史比较语言学发展中出现的这种新倾向，是促使历史语文语义学诞生的直接原因"不切。4. 没有简介美国人类学家成分分析法的来源，没有涉及法国学者60年代的义素分析法。

现就西方语义学史上一些关键点，将四家简述的情况列表对照如下（黑底部分是错误或缺漏）。

西方语义学史关键点四家简述对照表

	关键点	贾1992	束2000	张2001	徐2008	备注
1	莱斯格首创语义学学科	提到（无文献）	提到（无文献）	提到（无文献）	未提	《拉丁文语言学讲稿》（1825），刊于1839。
2	德国古典语义学的发展	未提	未提	未提	未提	莱斯格—哈泽—赫尔德根三代传承。
3	德国心理语义学	未提	未提	未提	未提	斯坦塔尔（1855）、拉扎鲁斯（1856）、罗森斯泰因（1884）、海伊（1892）、师辟伯（1914）、埃德曼（1910）
4	布雷阿尔首用sémantique	1893（错）	1894（错）	1893（错）	1883（有文献）	布雷阿尔书信（1879）；演讲（1883）。
5	法国心理语义学	未提	未提	未提	未提	波朗（1886）、罗德特（1921）
6	法国社会语义学	未提	未提	未提	未提	梅耶（1893，1921）、查尔斯·巴利（1905，1913）、房德里耶斯（1923）
7	英国语境语义学	未提	未提	未提	未提	斯马特（1831）斯托特（1891）马林诺夫斯基（1923）、加德纳（1921，1932）、沃波尔（1941）
8	英语中首用术语semantics	未提	1894年布雷阿尔在美（错）	未提	1894年兰曼宣读论文（错）	威廉斯译文《论词源学研究的原则》（1893）。

	关键点	贾1992	束2000	张2001	徐2008	备注
9	心智语义场的创立过程及其学术背景	20世纪30年代初特里尔（含糊）	特里尔提出，波尔齐希提出组合语义	1924伊普生，1934特里尔	特里尔语言场，波尔齐希组合语义场	都未提魏斯格贝尔（1927），及新洪堡特主义、心理学场论的背景。
10	心智语义场的两个经典模式	未提	未提	未提	未提	伊普森（1924）马赛克模式；特里尔（1968）星状模式。
11	30年代社会学家戴维斯的基元分析	第55页提到（无文献）	未提	未提	未提	戴维斯《亲属关系社会学导论》（1936）；《亲属关系的结构分析》（1937）。
12	叶尔姆斯列夫的内容形素分析	第54页提到（无文献）	提到（无文献）	第23页提到（有年代）	未提	《语言理论导论》（1943）提出语义平面可析出"内容形素"。
13	50年代美国人类学家的成分分析法	第55页提到（无文献）	未提	第23页提到古迪纳夫（有文献）	美国人类学家提出成分分析法	朗斯伯里《波尼语亲属关系语义分析》、古迪纳夫《成分分析和意义研究》（1956）。
14	60年代法国义素分析法	未提	未提	第23页提到波蒂埃（无文献）	未提	波蒂埃（1964）、格雷马斯（1966）、考赛略（1962，1964）。
15	关系语义学	未提	未提	未提	未提	考赛略（1962）、莱昂斯（1963）。
16	俄罗斯早期语义学	未提	未提	未提	未提	以巴克洛夫斯基（1895）为代表。
17	俄罗斯现代语义学	未提	未提	阿普列祥（1959）	未提	以莫斯科语义学派为代表。

可以看出，这四部专著中的西方语义学史简介，张著较为系统。而其共同缺失可以归纳为四点：1. 对早期语义学史的原始文献，包括20世纪60年代以前的论著，直接掌握的太少。2. 对语义学史的发展脉络未能清晰梳理，对现代语义学三大理论方法的来源和学术背景未能深入揭示。（1）语义场理论的背景没有介绍新洪堡特主义，不清楚"场"论如何引进语义学领域（1922年，伊普森以《格式塔理解：桑德四边形问题的讨论》获莱比锡大学心理学博士学位，其导师克吕格尔斯是格式塔心理学莱比锡学派创始人），也不知语义场的两个经典模式。（2）戴维斯基于社会结构—功能主义创立基元分析法，只有贾著提到一句。对法国学者的义素分析法，除了张著提到波蒂埃，其他三本书未置一词。（3）考赛略、莱昂斯的关系语义学，都无介绍。3. 对俄罗斯语义学的创始人巴克洛夫斯基，皆无涉及。对其当代语义学研究，除了张著有介绍，其他三本书未置一词。4. 对西方学者的语义学史研究知之甚少，除了徐著参考了吉拉茨的文献，其余三本书都没有引用西方学者研究语义学史的参考文献。

尽管如此，这四本书还是为进一步研究提供了一些知识点或关键词。**在西方语义学史**

简介中，之所以出现一系列失误与缺漏，是因为中国学者所了解的西方语义学形成与发展线索，主要来自几位英国语义学家（Leech 1974, Palmer 1976, Lyons 1995）的论著，而他们从未专门梳理过西方语义学史（从其参考文献中可以看出），由此导致沿袭成说，甚至以讹传讹。

此外，关于俄国语义学史的研究，郅友昌主编的《俄罗斯语言学通史》（2009），其中第十五章"语义学"的第一节为"俄罗斯语义学的历史发展"（352—355页），提及俄罗斯语义学研究先驱波捷布尼亚（А. А. Потебня，1835—1891）、俄罗斯语义学的奠基人巴克洛夫斯基（М. М. Покровский，1868—1942），以及20世纪中叶的兹维金采夫和维诺格拉多夫（В. В. Виногралов，1895—1969）的语义学思想。另外赵爱国主编的《20世纪俄罗斯语言学遗产》（2012），其中第十章是"语义学"（300—320页），前面也有几页俄罗斯语义学发展简史的内容。不过，这两部书对俄罗斯语义学史的介绍都是蜻蜓点水，没有专题研究作为坚实基础。

毋庸置疑，学术史研究面临诸多困难。第一是材料搜集。学术史研究要有一手文献支撑，才能避免以讹传讹，但是原始文献难晓、难找、难读、难懂、难通。第二是主线寻绎。学术史既要有史的记录，更要有论的阐明，寻绎其发展主线有一定难度。第三是视野拓展。语言学与其他学科的影响错综复杂。以往研究提到"语义场"来自物理学的"场"论以及格式塔心理学的影响，但是物理学的"场"论如何被心理学借用，心理学的"场"论又如何被语义学借用，以往从未揭示。（孙晓霞、李葆嘉 2014）第四是学者定位。语言学史研究难免要关注某一学说的"首创权"，或某一学科的"开创/奠基者"。只有查阅了该领域的主要著作，在对其学说形成和发展过程大体了解的基础上，才能给出切实定位。像罗宾斯（1967）那样，仅就某人的某论著，在不了解其他更早重大成果的情况下，就轻言某人为"开创"难免违背史实。

四、西方语义学史的研究内容及目标

通过梳理上述，可以进一步明确西方语义学史亟待研究的一些主要内容。

1. 基于原始文献，揭开西方语义学史上的若干谜团，探索其学术背景或思想渊源。（1）到底是谁创立了语义学这门"意义的新学科"？其学术背景到底是语言历史比较还是康德哲学？布雷阿尔再造心智语义学的德国渊源是什么？布雷阿尔的sémantique与莱斯格的semasiologie之间存在怎样的关系？（2）语义学这门学科在19世纪的欧美（法、英、美、俄等）是如何传播的？（3）德国心智语义场理论的主要学术背景是索绪尔的结构主义吗？

语义场理论与新洪堡特主义之间存在怎样的关系？格式塔心理场论是通过何种具体途径被语义学研究所借用的？（4）语义解析方法最初产生于什么学科的研究之中，其学术背景是什么？美国人类学家的成分分析法与美国社会学家的基元分析法之间存在怎样的关系？美国流派的语义分析方法为什么不可能首创于语言学领域，而是最初出现在社会学、人类学以及翻译学领域？（5）语义关系的本质是什么？围绕这些谜团，通过对相关论著的仔细剖析，探索其学术背景或思想渊源，才能深刻阐释这些理论方法。

2. 依据群体考察—主线梳理模式，建构西方语义学史的研究框架。基于原始文献和学术背景考察，我们揭出如下线索：德国古典语义学（以19世纪上半叶的莱斯格为代表）——法国心智语义学和社会语义学（以19世纪下半叶的布雷阿尔、梅耶为代表）——19世纪语义学在欧美的传播——英国的语境语义学（从19世纪上半叶的斯马特到20世纪20—30年代的加德纳、马林诺夫斯基）——德国心智语义场理论（20世纪20—30年代）——美国语义解析流派（20世纪30—60年代）——法国语义解析流派（20世纪60年代）——关系语义学（20世纪60年代）——当代语义学研究的多元状态（20世纪60年代以后）。

属于"传统语义学阶段"的德国古典语义学、法国心智语义学，其主要特点分别表现为语义研究的哲学—历史取向和心智取向。语义场理论、语义解析方法、关系语义学，我们称之为"现代语义学的三块基石"。20世纪90年代以来，认知语言学（包括认知语义学）蓬勃发展，一般只了解它与认知心理学、认知人类学的关系，却不知它与早期语义学的关系。吉拉兹（Geeraerts 2010：42, 277）指出：在很大程度上，当今语义学的发展反映了对历史语文语义学关注点的回归。认知语义学中阐述的隐喻和转喻性质及类型，在传统语义学论著中几乎可以逐词逐句看到。

西方语义学史上的一些典型流派之间的关系，值得深入研究。如：哲学—历史取向的德国语义学流派和心智取向的法国语义学流派，德国心智语义场流派和英国结构语义场流派，基于社会功能—结构主义的美国成分分析流派和基于语言功能—结构主义的法国义素分析流派，传统历史语义学的隐喻研究和当代认知语义学的隐喻研究，对其异同加以对比，评析其利弊得失，可以寻绎西方语义学发展的规律性。

3. 将中国学者未了解，或听说过而没有读过的语义学经典论著译介过来。国内学者不仅对19世纪的德、法、俄的语义学论著知之甚少，就是20世纪60年代以前的英语文献，如戴维斯的《亲属关系的结构分析》（1937）、古迪纳夫的《成分分析和意义研究》（1956）的原文也无译介。我们的基础工作，就是译编一部《西方语义学经典论著选读（1825—1970）》。

4. 寻绎西方语义学传入中国的路径及影响。1930年，西方传统语义学通过三条路径传入中国："师辟伯bedeutungslehre →章士钊"的德国本土路径；"安藤正次semantics →王古鲁"的日本中介路径；"瑞恰慈significs →李安宅"的英人来华路径。但是，或仅提学科名称，或介绍不成系统，对中国语言学界未有触动。1947年，高名凯引进语义学理论方法并应用于汉语语义变化研究，西方语义学才真正传入中国语言学界，这就是"布雷阿尔sémantique →高名凯"的法国本土路径。至于西方现代语义学的语义场理论、语义解析方法等，20世纪60—70年代才逐渐传入中国，借鉴该理论方法的汉语语义学研究80年代才逐步展开。

开展西方语义学史研究的主要目标是：1. 通过学术史的研究，特别是早期文献的研读，进一步揭示传统语义学对当代语义学研究的影响。2. 借鉴西方理论研究中国语义学及其学术史。中国传统语义学研究源远流长，但是西方语义学对20世纪80年代以来的汉语语义研究发生了重大影响。要描述当代中国语义学史，必须以梳理清楚西方语义学史为前提。进一步而言，如果要对中国2000年来的传统语义学加以进一步的梳理，同样需要借鉴西方语义学理论。3. 为相关课程的开设提供坚实支撑。至今语言学史、语义学课程中对该方面的介绍言之甚少。深入开展西方语义学史研究，编撰一部较为完整的西方语义学史专著，实为当务之急。

语言学史是一门开放型学科，前贤筚路蓝缕，然不可能"毕其功于一役"，而作为薄弱环节，西方语义学史尤其需要开拓性研究。依据群体考察考察—主线梳理模式，基于原始文献，梳理西方语义学的形成与发展线索，重建西方语义学史，既可以拓展语义学史研究的视野，也可为一般语言学史研究提供借鉴，以促进当代语义学和语言学研究的发展。

总而言之，语言学史研究不仅要将前人的研究加以梳理综合，更重要的是设置框架和揭橥主线，尤需刊谬补缺，乃至颠覆成说。语言学史之价值，不仅在于描述史实，更重要的在于提供新的线索、引发新的思考。

19世纪西方语义学史之谜：从莱斯格到布雷阿尔*

提要：本文基于一手资料，梳理了早期西方语义学史（1825—1900）的来龙去脉：（1）19世纪20年代，德国莱斯格依据康德的人类纯粹理性，基于哲学取向和历史取向，首创了古典语意学（Semasiologie / Bedeutungslehre）这门新学科；（2）19世纪70年代以后，法国布雷阿尔以心理学思潮为背景，凸显语言心智规律的心理取向，再造为心智语义学（Sémantique）；（3）到1900年，这门"意义的科学"已经在美国（Semasiology，1847；Semantics，1893）、俄国（Семасиология，1895）、西班牙（Semántica，1899）和英国（Semantics，1900）流播开来。

关键词：语义学史；莱斯格；布雷阿尔；意义的科学；流播

From Reisig to Bréal: the History of Semantics in the 19th Century

Abstract: Based on the first-hand literature, this paper sorts out the cause and effect of early western semantic history (1825-1900). (1) In the 1820s, Reisig established the Classical Semantics (Semasiologie / Bedeutungslehre). His approach was philosophical, logical as well as historical, and inherited from Kant's pure reason. (2) After 1870s, Bréalcreated the Mental Semantics (Sémantique), which was on the background of psychology and highlighted the psychological orientation of language's mental rules. (3) Until 1900, the discipline of "the science of meaning" has been widespread throughout America (Semasiology, 1847; Semantics, 1893), Russia (Семасиология, 1895), Spain (Semántica, 1899) and England (Semantics, 1900).

Key words: the history of semantics; Reisig; Bréal; the science of meaning ; widespread

罗宾斯（R. H. Robins）的《简明语言学史》（1967/2001）几乎没有涉及语义学史，而国内的几种西方语言学史著作，同样没有把语义学的形成和发展纳入视野，以至于学界对西方语义学史上一些问题，长期以来雾里看花。直至近十年，我们通过查阅一手资料，撰

---

* 李葆嘉、刘慧合作。原题为《从莱斯格到布雷阿尔：19世纪西方语义学史钩沉》，刊于《外语教学与研究》2014年第4期，483—496页。

写"揭开结构主义语义学之谜"系列论文，对20世纪20—60年代的西方语义学研究加以新的梳理，多年来的迷茫和误解才有所消除。

至于19世纪早期西方语义学研究，依然困惑尤多。比如"语义学"这门学科的创始人，是否是法国学者布雷阿尔（Michel Bréal）？在批评青年语法学派历史主义倾向时，罗宾斯（1967）写道：

H. Paul's *Princilpes of the history of language* (1880) exemplifies this, and more strikingly so does M. Bréal's *Essai de sémantique* (1897), although he may claim credit in history for introducing into linguistics the now universally used term 'semantics' (sémantique). (Robins 2001: 209)

保罗的《语言史原理》（1880）就是如此例证，而布雷阿尔《语义学探索》（1897）的做法更为明显，尽管他可以凭借把如今广泛使用的术语"语义学"（sémantique）引入语言学而载入史册。

批评的同时，强调布雷阿尔是"语义学"学科的创始人。不过，罗宾斯对所谓"历史比较语言学的奠基者"琼斯（Sir W. Jones，1746—1794）、"现代语言学的奠基者"索绪尔（F. de Saussure，1857—1913）的评价都存在夸大其词（李葆嘉、邱雪玫2013）。语言学史上的一些重要文献，也许罗宾斯当时根本不知或尚未查阅。

一些文献中提及，最先把"语义学"这门学科独立出来的是德国学者莱斯格（Christian Karl Reisig）[①]。查维基百科得到：Christian Karl Reisig：who is credited with developing a new branch of linguistics known as "Semasiology"（莱斯格创立了称之为"语义学"的语言学新分支）；Michel Bréal：He is often identified as a founder of modern semantics（布雷阿尔常被认为是现代语义学的创始人）。这两种说法，前后关系如何？二者研究，各自特点又如何？

本文试图梳理早期西方语义学史（1825—1900）的来龙去脉，期盼外语界同人进一步加以丰富。需要说明的是：1. 本文所引主要文献力求一手，如有必要则附上书影；2. 就含义而言，英文的Semasiology（源自德文Semasiologie）与Semantics（源自法文Sémantique）统言不分，然析言有别。为示区别，把Semasiologie /Semasiology译为"语意学"，把

[①] 据维基百科"德语正字法"词条：g在-ig的结尾中发[ç]或[k]（南部德语）。Reisig出生于德国南部的维森塞，故汉译为"莱斯格"。

Sémantique / Semantics译为"语义学"①。统称这门学科时，仍用现在的通行术语"语义学"。

一、德国莱斯格首创Semasiologie

19世纪的西方语义学——"语言学的语义学"（Linguistic Semantics），无疑是从欧洲历史语文学或文献语言学（Philology）中蜕变而来。

19世纪20年代，德国古典学家莱斯格（Christian Karl Reisig, 1792—1829），首次将语法学分为词源学、句法学和语意学三部分。在其《拉丁文语言学讲稿》（*Vorlesungen über lateinische Sprachwissenschaft*）的《引论》中，莱斯格提出：

……语法学通常划分为词源学和句法学两部分，以下提出的包括三部分。依据一定原则来研究词的构成和形态，由此产生（1）词源学，即形态的科学。此外，依据一定原则来研究词与词的关联，由此产生（2）句法学。然而，词还有另外的属性，即意义。言语中的一些词，其意义在词源研究中既不涉及，在句法研究中也没有它的位置，因为其意义既不受制于词源，也不依附于句法。假如我们能提出一些揭示意义演化的原则，并且以之研究一批词语，构成语法学的另一部分将显示出来，可以称之为（3）**意义的科学**（*Bedeutungslehre*），**语意学**（*Semasiologie*）。（Reisig 1839：18）

这部讲稿煞笔于1825年，在莱斯格去世（1829）十年后，由其学生哈泽（Friedrich Haase, 1808—1867）整理，题名《莱斯格教授的拉丁文语言学讲稿》（*Professor K. Reisig's Vorlesungen über lateinische Sprachwissenschaft*），1839年刊于莱比锡。

该书用德文哥特字母排印，共899页。1—14页是哈泽的《序》。作者《引论》3—56

---

① 汉语"意（心意；意思）""义（礼仪；仁义）"有别。"意"，从心、从音。"义（義）"，从羊（祭牲）、从我（仪仗）。"意"属认知范畴，"义"属礼仪、道德范畴。宋代已有"语意"一词，朱熹《孟子集注》卷三："此与《大学》之所谓正心者，语意自不同也"。"语义"一词晚近始出，《清史稿》卷一五七："既因续订《章程》，德租界内制成货物征税一条，语义未尽"。"义"为"意"之借。遂有"语意学""语义学"二形。

页（54页）。正文56—839页（共784页），分为三部分，第一卷《词源学》，56—285页（共230页）；第二卷《语意学》，286—307页（共22页）；第三卷《句法学》，308—839页（共532页）。《附录》等840—885页（共46页）。关于"语意学"这一学科名称，在莱斯格《讲稿》中有两个术语。正文中的第二卷标题是 Semasiologie order Bedeutungslehre（语意学或意义学）。前者依据古希腊语新造，后者则来自其母语。德语的 Bedeutungs 为"意义"，lehre 为"学说"。

从1881到1890年，《讲稿》经理校后分三卷陆续再版（Benlin：Calvary）。1881年，第一卷词源学（*Etymologie*）再版，由哈泽的学生哈根（Hermann Hagen）理校。1888年，第三卷句法学（*Lateinsche Syntax*）再版，由拉丁文语法学家施迈茨（Joseph Hermann Schmalz）和兰德格拉夫（G. Landgraf）理校。1890年，第二卷语意学（*Lateinsche Semasiologie order Bedeutungslehre*）最后再版，由哈泽的学生赫尔德根（Ferdinand Heerdegen，1845—1930）理校。

莱斯格出生于德国南部的维森塞（Weißensee）。青年时代在莱比锡大学跟随德国古典学者赫尔曼（Gottfried Hermann，1772—1848）学习，并到哥廷根大学深造。1815年在耶拿（Jena）大学担任讲师。1820年到哈雷（Halle）大学担任副教授，1824年晋升为教授。1829年在威尼斯去世，时年36岁。莱斯格觉得，词意研究束缚在传统词源学和句法学内不能充分展开，只有建立一门新的分支学科"语意学"，才能从逻辑和历史上充分揭示词意的发展。这门"意义的科学"，一方面，体现了康德（I. Kant，1724—1804）倡导的人类心智一般规律的哲学取向；另一方面，体现了强调拉丁文本研究并考虑罗马人特点的历史取向。基于纯粹哲学的直觉原则，莱斯格还把"感觉"作为人类语言演化的第三种源泉，即体现了一定程度的心理取向。此外，莱斯格还继承了传统文体学的血脉，其语义研究涉及文本中的词语选用。

莱斯格以其超人天赋及其个人魅力，激发起学生对古典语言和文献学习的热情。他有两个特别著名的学生——里切尔（Friedrich Wilhelm Ritschl，1806—1876）和哈泽（Friedrich Haase，1808—1867）。1826年，里切尔从莱比锡大学来到哈雷大学，投在莱斯格门下。莱斯格早逝后，他在哈雷开始了其教学生涯。1839年，里切尔到波恩大学担任古典语文学教授。在此工作的26年间，培养了一大批19世纪下半叶的最重要学者。如，比较语法学家库尔提乌斯（G. Curtius，1820—1885）、施莱歇尔（A.Schleicher，1821—1868）、哲学家伯奈斯（J.Bernays，1824—1881）、古典学家吕贝克（J. Ribbeck，1827—1898）、历史学家伊内（W. Ihne，1821—1902）、考古学家赫尔比希（W. Helbig，1839—1915）以及哲学家尼采（F. W. Nietzsche，1844—1900）等。他们都是莱斯格的再传弟子。

莱斯格的语意学思想主要由哈泽承传下来。哈泽先后在哈雷大学、格雷夫斯瓦德（Greifswald）大学和柏林大学求学。1840年起，到布雷斯劳（Breslau）大学担任古典语文学教授。哈泽的《拉丁文语言学讲稿》，沿用了与其师同样的书名。哈泽去世（1867）后，由哈雷大学同门艾克斯坦（F.A.Eckstein，1810—1885）和彼得（H. Peter，生卒未详）帮助出版。第一卷刊于1874年；第二卷刊于1880年。

对语法概念的理解，莱斯格主要体现的是18世纪的哲学或逻辑取向传统，哈泽则进一步吸收了其同时代学者，如洪堡特（W. von Humboldt，1767—1835）、葆朴（F. Bopp，1791—1867）和格里姆（J. Grimm，1785—1863）的观点，强调的是历史取向。他把语言学分为语法学、修辞学、诗学三部分，又将语法学分为历史的（研究语法的特殊规律）、哲学的（基于演绎法研究语法的一般规律）、比较的（基于归纳法研究语法的一般规律）三门。语意学研究主要包括在历史语法内，而在修辞学、诗学部分也都有涉及。与莱斯格一样，哈泽要发现导致某个词的这一意义向其他意义演化的原理。哈泽认为，意义演化原理不应依据人类思维的一般逻辑规则加以推论，而要从历史积淀中引发出来。不仅要发现意义演化的一般规则，而且要揭示历史进步和语言生命的自然规律。在"修辞学"部分，哈泽区分了词义演化的三种途径：基于意义和形式之间关系引发的变化、基于意义和概念之间关系引发的变化、基于这一词的意义和与之联系的其他词关系引发的变化。在"诗学"部分，哈泽注意到判定一个词的意义需要借助其周围其他词的意义。

在莱斯格的学生中，从事语意学研究的还有1827年在哈雷大学攻读古典文献学，深受莱斯格影响的班纳利（Albert Agathon Benary，1807—1861）。在哈泽的学生中，从事语意学研究的主要是理校莱斯格"语意学卷"的赫尔德根。作为莱斯格的传人，他们既肯定了语意学在语言学学科体系中的价值，同时作为德国新一代的语言学家，试图加以改进以适应新的历史比较模式。

作为斯坦达尔（Heymann Steinthal，1823—1899）的追随者，托布勒（Ludwig Tobler，

1827—1895）同时受到洪堡特、库尔提乌斯的影响。他没有参照莱斯格的思想，也未采用Semasiologie这一术语，而是称之为"词源系统"。1860年，托布勒发表《词源系统的尝试：基于对心理学的特别考虑》（Versuch eines Systems der Etymologie: Mit besonderer Rücksicht auf die Völkerpsychologie. ZfVPs 1: 5: 349—387）后，施莱歇尔就此指出：很有必要认真考虑Semasiologie。

综上，西方早期语义学史上的第一座里程碑，就是莱斯格首创的这门称之为"意义的科学"的语意学。从莱斯格到哈泽、班纳利，再到赫尔德根，可谓19世纪德国语意学的三代传承。为了与此后法国布雷阿尔再造的Sémantique"（心智）语义学"相区别，我们可以把德国学者首创的Semasiologie称为"（古典）语意学"。

二、法国布雷阿尔再造Sémantique

1879年，法国学者布雷阿尔在给意大利古典学家古贝尔纳蒂斯（Angelo de Gubernatis, 1840—1913）的书信中，第一次使用了法语的Sémantique这一术语。

四年之后，即1883年，布雷阿尔发表了《语言的心智规律：语义学简述》（*Les lois intellectuelles du langage: fregment de sémantique*）。该文收入《比较语法和语义学：布雷阿尔1864—1898年发表的论文》（Ed. By P. Desmet & P. Swiggers 1995）。在第267页有一脚注：

Bréal avait déjà utilisé le terme "sémantique" en 1879, dans une lettre à Angelo de Gubernatis （cf. Giureanu 1955: 460）, mais la première attestation publique du terme figure dans ce texte-ci. （Bréal 1995: 267）

布雷阿尔1879年给古贝尔纳蒂斯的书信中（参见 Giureanu 1955：460），已经使用了sémantique这一术语，但是第一次公开使用是在该文中。

贝尔纳蒂斯与布雷阿尔，不但有着共同的求学经历（19世纪50年代在柏林研习古典文献语言），而且有着共同的研究志趣（70年代热衷于神话研究）。古贝尔纳蒂斯撰有《动物的神话》（*Zoological mythology*. London: Trubner, 1872）和《植物的神话》（*La mythologie des plantes*. Paris: Reinwald, 1878），布雷阿尔撰有《海格力斯和凯克斯：神话比较研究》（*Hercule et Cacus, études de mythologie comparée*, 1863）、《神话和语言的融合》（*Mélanges de mythologie et de linguistique*. Paris: Hachette, 1877）。布雷阿尔的目标是要分析关于海格力斯和凯克斯寓言或神话的起源和历史，在神话的发展或转变基础上以发现更普遍的符号演变规律。为了实现这一目标，仅仅依靠阐释是不够的。需要仔细研究赋予众神和女神名字的词语，追寻为什么具有这些含义，为什么创造和使用它们。而古贝尔纳蒂斯的《植物的神话》1878年在巴黎出版，故布雷阿尔次年与他提及Sémantique十分自然。

《语言的心智规律：语义学简述》原刊于《法国希腊研究鼓励协会年鉴》（Paris: Hachette，1883），似乎是一篇学术演讲。在该文中，Sémantique一共出现了三次。第一次出现在副标题中（*fregment de sémantique*）。第二次出现在开篇中：

En effet, c'est sur le corps et sur la forme des mots que la plupart des linguistes ont exercé leur sagacité： les lois qui président à la transformation des sens, au choix d'expressions nouvelles, à la naissance et à la mort des locutions, ont été laissées dans l'ombre ou n'ont été indiquées qu'en passant.Comme cette étude, aussi bien que la phonétique et la morphologie, mérite d'avoir son nom, nous l'appellerons la SÉMANTIQUE （du verbe [sêmainô]） c'est-à-dire la science des significations.（Bréal 1883：132）

实际上，大多数语言学家只关注词语的构成及其形态，对致使意义演化、选择新的表达形式，以及词组产生和消亡的规则，则未予注意或仅偶尔提及。这门研究，就像语音学和形态学一样，应当有其专名，我们称之为**语义学**（源于动词[sêmainô]），即意义的科学。

第三次出现在结尾煞句：

Nous arrêtons ici ces notes, heureux si nous avons réussi à montrer, par un petit nombre d'exemples, quelle sera un jour, pour la connaissance des lois psychologiques du langage, l'importance de la sémantique.（Bréal1883：142）

我们的简述就要结束了。如果我们用为数不多的例子就能成功地说明语言心智规律，那么有朝一日会认识到**语义学**的重要性。

在这一阶段，再造语义学已经成为布雷阿尔的学术目标。

然而，这一探索充满艰辛。直到十四年后，布雷阿尔的《语义学探索（意义的科学）》（1897年7月）才得以问世。该法文书名是*Essai de Sémantique（science des significations）*，内封页上的书名是*Essai de Sémantique*，因此可称之为《语义学探索》。全书349页。1—9页是"研究旨趣"；11—280页是正文；281—339页是所附论文两篇；342—344页是"索引"；"目录"在全书最后的345—349页。

该书正文270页，包括三大部分二十六章。在此不惮其烦，将该书章节目录罗列如下，以略见一斑。

第一部分　语言心智规律（11—108页）：第一章特化规律；第二章分化规律；第三章扩散；第四章屈折残存；第五章错误观念；第六章类比；第七章新的形式的获得；第八章无用形式的消失。

第二部分　词义如何界定（109—198页）：第九章词语的贬褒；第十章意义的缩小；第十一章意义的扩大；第十二章隐喻；第十三章抽象词及意义凝固化；第十四章多义现象；第十五章多义现象的特定起因；第十六章复合名词；第十七章固定词组；第十八章如何给事物命名。

第三部分　句法如何组构（199—280页）：第十九章语法范畴；第二十章及物的支配力；第二十一章语义感染；第二十二章特定语法手段；第二十三章词序；第二十四章语言逻辑；第二十五章主观因素；第二十六章语言是人类的导师。另外，附录论文两篇：《何谓语言的纯洁性？》（1897）、《词语的历史》（1887）。

在布雷阿尔看来，语义学的历史取向是不言而喻的：要充分了解词语的现在意义，就必须掌握其语义的历史。然而，更重要的是心理取向：一方面，词语意义被界定为一种心理现象；另一方面，意义变化是心理过程的结果（吉拉兹2013：17—18）。词语意义的变化这种机制，布雷阿尔称之为"语言的心智规律"。

在《语义学探索》出版的前一个月，即1897年6月15日，布雷阿尔发表了一篇概括全书内容的论文《新的科学：语义学》（Une science nouvelle: la Sémantique. Revue des deux mondes. 807—836）。该书出版后，1898年为之写书评的，有德国语义学家海伊 [Oskar Hey. Review of Bréal (1897). ALL 10：551—555]、法国语言学家托马斯（Antoine Thomas. Essais de philologie française；La sémantique et les lois intellectuelles du langage. Pari: Bouillon, 166—193）、雷尼奥 [Paul Regnaud. Review of Bréal (1897). La Revue de linguistique et de philologie comparée 32：60—67]，英国学者威布雷 [Charles Whibly. Language and Style. Fortnightly Review 101 (jan.).71；by Anonym., Athenaeum 1899. 185：3.114；186：2]。

《语义学探索》1899年再版，1904年出增订版，1908、1911、1913、1924年不断重印。1972、1976、1983、1995、2005、2009年又重印多次。此外，该书问世后很快就有了西班牙文译本（Madrid 1899）、英文译本（London 1900）。近年来又有了意大利文译本（Napoli 1990）、葡萄牙文译本（Campinas 1992）。

布雷阿尔的全名是米歇尔·朱尔斯·阿尔佛雷德·布雷阿尔（Michel Jules Alfred Bréal），1832年出生于巴伐利亚王国的兰道（Landau）。早年在法国的维桑堡（Wissembourg）、梅茨（Metz）和巴黎求学。1852年进入巴黎高等师范学院学习。1857年到柏林大学，师从葆朴和韦伯（A.Weber，1825—1901）学习比较语法和梵文。回国后在皇家图书馆东方手稿部工作。1864年到法兰西学院执教比较语法，1866年晋升教授。1868年到1915年，担任巴黎语言学会终身秘书。布雷阿尔的研究兴趣集中在比较语法、神话学及语义学领域。布雷阿尔的学术思想，影响了达梅斯泰特尔（J. Darmesteter, 1849—1894）、索绪尔（F. de Saussure, 1857—1913）、梅耶（A. Meillet, 1866—1936）等一批学者。

依据学术传播现象推定，布雷阿尔在德国求学期间，有可能了解到莱斯格的Semasiologie。依据其核心思想，意义的科学=语意学/语义学，莱斯格（Reisig 1839: 18）强调"构成语法学的另一部分将显示出来，**可以称之为（3）意义的科学，即语意学**"，布雷阿尔（Bréal 1883: 132）认为"这一研究应当有其名称，**我们将称之为语义学，即意义的科学**"。依据研究思路，莱斯格设想（Reisig 1839: 18）"**提出一些揭示意义演化的原则，并且以之研究一批词**"，布雷阿尔（Bréal 1883: 142）试图"**用为数不多的例子就能成功地说明语言心智规律**"。以上推定得到了证实，布雷阿尔读过莱斯格的著作（见Nerlich 1992: 20）。

可见，布雷阿尔与莱斯格关于"意义的科学"的思想一脉相承。莱斯格基于哲学—历史取向（已涉及心理取向），首创"古典语意学"；而布雷阿尔以19世纪下半叶的"语言心智"为其学术背景，凸显心理取向，再造"心智语义学"。

三、Semasiologie/Sémantique 的早期转播

早在19世纪上半叶的1847年，美国耶鲁大学的宗教文学教授、语言学家吉布斯（Josiah Willard Gibbs，1790—1861）在"论语言研究的主要思路"（*On Cardinal Ideas in Language*）中，就已经把德语的Semasiologie对译为英语的Semasiology。

The development of intellectual and moral ideas from physical, constitutes an important part of *semasiology,* or that branch of grammar which treats of the development of the meanings of words. It is built on the analogy and correlation of the physical and intellectual worlds. （Gibbs 1857: 18）

心智和道德观念的发展源于物质世界，由此构成**语意学**的重要部分。这一语法学分支

探讨词意的发展，而词意以物质世界和心智世界的类比性和相关性为基础。

吉布斯的语言学研究，除了受到英国语法学家哈里斯（James Harris，1709—1780）的影响，而且受到德国东方学家格塞纽（Wilhelm Gesenius，1786—1842）和文献语言学家贝克尔（Karl Becker，1775—1849）的影响。吉布斯精通德语，曾试图把格塞纽的《希伯来语词典》译为英语。而格塞纽（1811年起任哈雷大学神学教授，在哈雷生活到去世）与莱斯格是同事。因此，吉布斯有受到德国Semasiologie影响的条件。1877年，该术语收入《牛津英语词典》（*Oxford English Dictionary*）。

在吉布斯之后，耶鲁大学的语言学教授辉特尼（W.D.Whitney，1827—1894），年轻时留学德国有可能接触过Semasiologie。虽然他后来也研究过意义的变化，但是从未用过Semasiology这一术语。在其主编的《世纪词典和百科全书》（*Century Dictionary and Cyclopedia*, New York: The Century Co.1889—1891）中收有Semasiology，该词条内容由约翰霍普金斯大学的布洛姆菲尔德（Maurice Bloomfield，1855—1928）撰写（Nerlich 1992：230）。

布雷阿尔的语义学研究，唤起了19世纪末美国学界对语义学的再次关注。在《语义学探索》尚未出版前，Sémantique已经传播到大洋彼岸。1893年，美国学者威廉斯（Miss Edith Williams）在翻译布雷阿尔的《论词源学研究的原则》（*On the Canons of Etymological Investigation*）时，首次将Sémantique对译为英文的Semantics。布雷阿尔在文中写道：

Here I will cut short these reflections, which might be developed at great length; for all, or almost all, the chapter of linguistics treating of Semantics, or the science of meanings, has yet to be written. Yet, I would still call attention to one point. （Bréal 1893: 27）

在此，我要简短提及意义映射，这些内容可以进一步加以深入。探讨**语义学**或意义科学的语言学章节，对所有研究内容，或者几乎所有，仍然有待撰写。不过，我仍然提醒关注这一点。

该译文刊于美国语文学会学报1893年第24卷。次年即1894年12月27日，美国哈佛大学梵文教授兰曼（C. R. Lanman，1850—1941），在美国语文学会上宣读了"映射的意义：语义学的作用"（*Reflected Meanings: A Point in Semantics*）一文，后刊于美国语文学会学报1895年第26卷。兰曼提出：

The doctrine of the principles that underlie the processes of the development of the meanings of words may be called semantics or semasiology. （Lanman 1895: 11）

> 研究词意发展过程机制原则的学说，可以称之为语义学或语意学。

以上所引布雷阿尔提及Semantics的首尾两句话：（1）Here I will cut short these reflections；（2）I would still call attention to one point，其中的各一个词，reflections 和point也出现在兰曼论文题目中。由此推定，兰曼可能通过威廉斯译文受到布雷阿尔Semantics的影响。至于Semasiology，兰曼文中所引布洛姆菲尔德的一段话（Semasiology in all its various aspects does not offer much that is as regular even as the phonetic life of words），出现了这一术语。当然，兰曼有可能接触过莱斯格的Semasiologie。1873—1876年，兰曼仿效其师辉特尼年轻时的留德先例，曾到莱比锡师从库尔提乌斯研习比较语法，而库尔提乌斯是莱斯格的再传弟子，并且十分关注当时的语义学研究。

无论是威廉斯的译文，还是兰曼的论文，其影响范围相对有限。Semantics要在英语世界广泛传播，需要借助布雷阿尔语义学专著的英译本。1900年，布雷阿尔的《语义学探索》，由英国翻译家亨利·卡斯特夫人（Mrs Henry Cust，1867—1955）译成英文在伦敦刊行。英译本书名为Semantics：Studies in the Science of Meaning（《语义学：意义科学的研究》）。卡斯特夫人翻译这部专著，可能与三个因素有关。首先，她有语义符号研究的家学渊源。卡斯特夫人的母亲是英国符号哲学家韦尔比-格雷戈里夫人（Lady Welby-Gregory，1837—1912），其代表作有《意义和隐喻》（1893）、《感觉、意义与阐释》（1896）等。其时，韦尔比-格雷戈里夫人正在发起以符号作为意义媒介的哲学探讨，并提出了Significs（符义学）这一术语，有必要了解布雷阿尔的Sémantique。其次，要有了解这部新作的牵线人；再次，要有学识渊博的惠助者。卡斯特夫人在《译者题记》中写道："我对威布雷先生致以最诚挚的敬意，感谢他一直以来的建议和惠助。我也受惠于波斯盖特教授，感谢仁慈的他通读了全书校样"。英国学者威布雷1894到1900年常住巴黎，为法文版《语义学探索》写过书评（1899），也许由此建议卡斯特夫人翻译这部新作。至于惠助者，英国古典学家波斯盖特（J. P. Postgate, 1853—1926）精通多种古典语言，深知文献语义研究的重要。他不但通读全书校样，而且为英译本撰写了详尽的"前言"及"后记"。1900年版《牛津英语词典》收录了semantics词条。

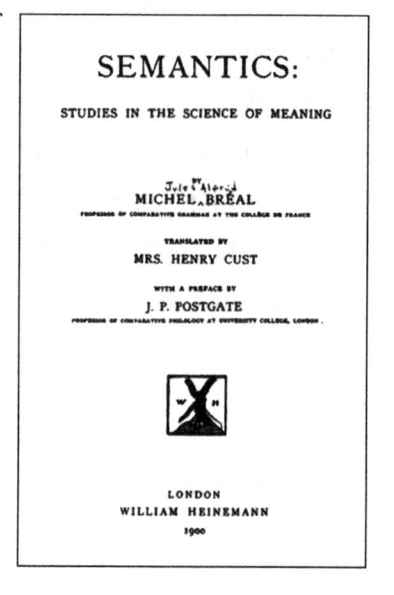

与英译本问世的时间差不多，《语义学探索》也有了西班牙文译本。尽管没有出现俄译

本，但是并不妨碍在19世纪的最后几年，*Semasiologie*已从发源地德国传播到俄罗斯学界。

俄罗斯语意学的研究先驱是莫斯科学派的巴克洛夫斯基（М. М. Покровский，1868—1942）。他在莫斯科大学历史语言文学系，跟随福尔图纳托夫（Ф. Ф. Фортунатова，1848—1914）等研究古典语言和比较语法。1892年曾到波恩、巴黎访学，1896年完成其硕士论文《古代语言的语义学研究》（*Семасиологические исследования в области древних языков*）。在论文答辩前的1895年，他在莫斯科大学做过"关于语义学方法"（*O Методах семасиологии*）的演讲。莫斯科学派多受德国语言学影响，根据巴克洛夫斯基去过德国访学，所用术语Семасиология译自德语的Semasiologie，并且其研究目标是构建"历史—比较语义学理论"，可以推定，巴克洛夫斯基的语意研究受到德国语意学的影响。与莱斯格—哈泽的思想几乎一致，巴克洛夫斯基致力于揭示词的语义变化的普遍规律。他指出，不能就孤立的个别词研究其语义变化历史，只有和与它相关的一系列词，特别是属于同一个概念范围内的其他词联系起来，才能真正理解这个词的意义。就同一概念范围内的词，基于希腊语、拉丁语等多种欧洲语言实例，证明语义变化具有共同的规律。除了从心理角度（即心理取向）研究词义变化规律，他还注意到社会文化因素（即历史取向）对词义变化的影响。俄罗斯语言学家维诺格拉多夫（В. В. Виноградов，1895—1969）曾经提出："19世纪下半叶，我国的语言学在历史词汇学领域，是走在西欧语言学前面的。正是我国的学者，提出并以材料论证了词语意义变化规律的原则"（转引自郑述谱2012）。显然，这一评价失之于缺乏莱斯格—哈泽学说的背景知识。

基于钩沉及梳理以上内容，"语意学/语义学"术语或学科的传播轨迹大体如下：

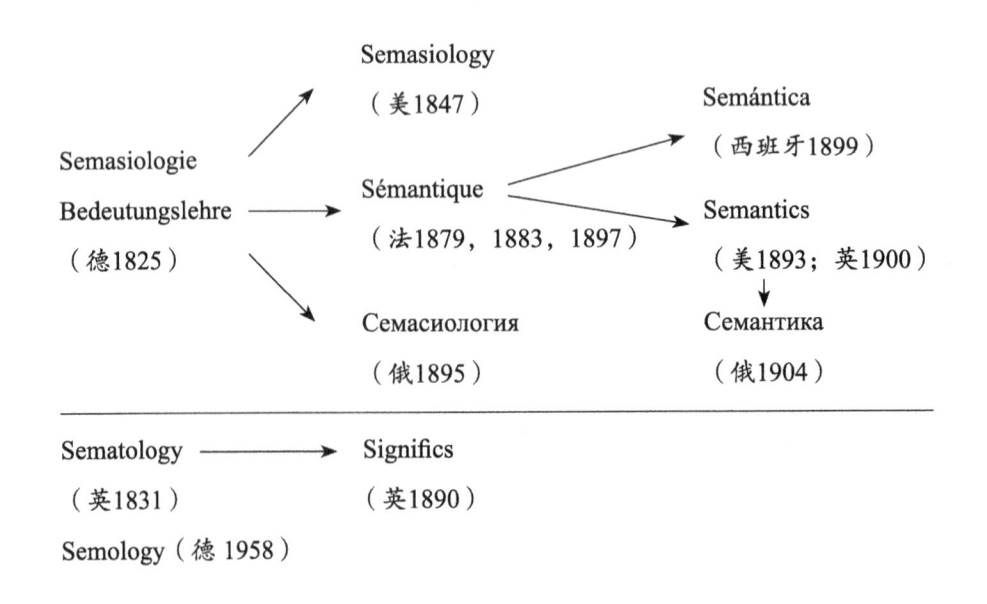

```
                          Semasiology
                        ↗ （美1847）              Semántica
                       /                       ↗ （西班牙1899）
Semasiologie          /                       /
Bedeutungslehre  → Sémantique ─────────────→
（德1825）          （法1879，1883，1897）    ↘
                       \                       Semantics
                        ↘                      （美1893；英1900）
                          Семасиология                ↓
                          （俄1895）               Семантика
                                                  （俄1904）
```
───────────────────────────────────────

Sematology ────→ Significs
（英1831）   （英1890）

Semology（德1958）

贾洪伟（2012）考证了"语义学"的六个术语：Semasiology、Sematology、Semology、Sémantique、Significs和Semantics。就严格意义上的"语言学的语义学"（不是符号学的、文艺学的）而言，Sematology（英国符号学家B. H. Smart 1831年提出）、Significs（英国符号哲学家韦尔比-格雷戈里夫人19世纪90年代提出）不在其范围之内，与Semology（德国语法学家Martin Joos 1958年提出）的研究对象有别，因此这三个术语可存而不论（现置于横线之下）。而就"语言学的语义学"术语而言，首先要补上莱斯格首创的德文术语（Semasiologie / Bedeutungslehre），其次要补上西班牙语的对译术语（Semántica）、俄语的对译术语（Семасиология / Семантика）。由此处于横线之上的术语共有八个。

"语言学的语义学"术语似乎有德、法两派，然究其根源还是一个（德语）。就术语词源而言，德语的Semasiologie源自古希腊语词根sēmasía（σημασία，意义）+词缀lógos（λογος，学说）的组合，另有德语自造的Bedeutungs（意义）+lehre（学说）；法语的Sémantique似乎源自古希腊语词根sēmantik（σημαντικ，所指）（孙淑芳2012），或来自古希腊语的sēmantikós（σημαντικός）。不过，布雷阿尔（1883）亲口说：Sémantique来自古希腊语动词sêmainô（σημαίνω，所指）。

威廉斯、兰曼、卡斯特夫人将Sémantique译为英语的Semantics；巴克洛夫斯基将Semasiologie译为俄语的Семасиология。前者常见于法、英学者的著作中，而德、俄学者则多用后者。20世纪50年代以来的语义学专著，乌尔曼（S.Ullmann, 1914—1976）的英文书为*The Principles of Semantics*（1951），格雷马斯（A. J. Greimas, 1917—1992）的法文书为*Sémantique Structurale*（1966）；而克罗纳瑟（H.Kronasser）的德文书为*Handbuch der Semasiologie*（1952），兹维金采夫（В.А.Звегинцев, 1910—1988）的俄文书为*Семасиология*（1957），可谓泾渭分明（孙淑芳2012）。

无论是Semasiologie，还是Sémantique，其研究内容皆主要指"词汇语义学"。但是也应看到，早期的Semasiologie在考察词义变化时已注意联系上下文；而20世纪30年代的心智语义场理论，已包括聚合语义场（词汇语义）和组合语义场（句法语义）。20世纪60年代以来，随着句法语义研究的兴起，Semantics的词义随之扩大。俄罗斯学者才用对译于Semantics的Семантика指"语义学"，而Семасиология则用来专指"（词汇）语义学"。

四、20世纪语义学的发展轨迹

19世纪上半叶，德国莱斯格（1825）基于历史取向，首创"古典语意学"；19世纪下半叶，法国布雷阿尔（1879，1883，1897）凸显心理取向，再造"心智语义学"。无论是历史取向，还是心理取向，皆认定"语义学＝意义的科学"，其目标都在于探索词汇意义的变化规律。19世纪末，这门"意义的科学"已经在美国（1847，1893）、俄国（1895）、西班牙（1899）、英国（1900）流播开来。

学术史的发展具有地域交替性。自古典语意学首创以后，德国语义学传统延续多年，但再度兴起高潮却在20世纪20年代。为了展示语言世界图景，在伊普森（G. Ipsen 1924）、魏斯格贝尔（L.Weisgerber 1927）、特里尔（J. Trier 1931）和波尔齐希（W. Porzig 1934）的努力下，以新洪堡特主义为背景，引进格式塔"心理场"，创立了心智语义场理论。同样，布雷阿尔再造心智语义学以后，法国语义学似乎多年沉寂，其再度兴起要到20世纪60年代。为了丰富语义场，在波蒂埃（B. Pottie 1964）、格雷马斯（A. Greimas 1966）以及考赛略（E. Coșeriu 1962，1964）等的努力下，形成了以语言学的结构—功能主义为背景的义素分析法。

在英国，20世纪上半叶，马林诺夫斯基（B. K. Malinowski 1920，1923，1935）强调语义是解释一切语言现象的基础，倡导建立"人类语义学"。20世纪50年代以来，逐步涌现语义学研究浪潮。首先是乌尔曼的《语义学原理》（The Principles of Semantics, 1951）、《法语语义学概论》（Précis de Sémantique Française, 1952）和《语义学：意义科学导论》（Semantics: An Introduction to the Science of Meaning, 1962）的出版。此后，莱昂斯（J. Lyons）的《结构语义学》（Structural Semantics, 1963）提出"关系语义学"（Relational Semantics）。70年代，利奇（G. Leech, 1974）、帕尔默（F. R. Palmer, 1976）、莱昂斯（1977）的同名专著《语义学》相继问世。此外，还有肯普森（Ruth M. Kempson）的《语义理论》（Semantic Theory, 1977）。

在俄罗斯，语义学长期依附于词汇学和语法学，哲学语义学一度被贴上"资产阶级学术"的标签。20世纪50年代"解冻"，语义学研究随之涌动。首先是兹维金采夫《语意学》（Семасиология, 1957）的出版，然后是维诺格拉多夫把语义研究引入句子层面。20世纪60年代以来，基于工程语言学背景，一批学者在语义学理论、系统词典学和机译系统等领域取得了一系列成就，形成了以梅里丘克（И. А. Мельчук）和阿普列相（Ю.Д.Апресян）为首的"莫斯科语义学派"。

在美国，由于布龙菲尔德（L. Bloomfield 1933）的语义研究"悲观情结"，海里斯（Z. S. Harris 1951）的绝对排斥语义，语义研究只能在其他学科领域中成长。20世纪30年代，社会学家戴维斯（K. Davis 1936，1937）率先采用基元要素和矩阵图分析了阿兰达人的亲属称谓，首创以社会学的结构—功能主义为背景的基元要素定义法。20世纪40年代，翻译学家奈达（E. A. Nida 1945，1951，1964）发表了一系列有关语义解析的论著。20世纪50年代，人类学家古迪纳夫（W. H. Goodenough 1956）、朗斯伯里（F. G. Lounshbury 1956）等采用成分分析法定义亲属称谓。此后，卡兹和福德（J. Katz & J. Fodor 1963）等将这一方法引入生成语法研究。

  从莱斯格到布雷阿尔——这一早期西方语义学，其主要成果是揭示了隐喻化、转喻化、概括化、特殊化等词义变化机制。在很大程度上，当今语义学的发展反映了对历史语义学关注点的回归（吉拉兹，李译本 2013：49）。认知语义学与早期历史语义学存在若干联系，尽管由于历史文献的古奥而难以觉察。究天人之际，通古今之变——这就是钩沉和梳理19世纪西方语义学史的意义所在。

布雷阿尔之谜：澄清语义学史上的一些讹误*

提要：本文基于一手资料和相关背景，澄清语义学史上的一些讹误。（1）法语术语 sémantique，始见于布雷阿尔1879年的书信，1883年在演讲中公开使用。1897年所刊专著的书名汉译为《语义学探索（意义的科学）》。（2）从布雷阿尔新创sémantique到美国威廉斯（1893）用英语对译semantics，在帕尔默（1976）的论述中尚未明晰，由此导致中国语言学界以讹传讹。（3）布雷阿尔担任巴黎语言学会秘书48年，对国际语言学界作出了巨大贡献。

关键词：语义学史；讹误；布雷阿尔；语义学探索；贡献

The Puzzle of Michel Bréal: Clear Palmer's Muddled Accounts

Abstract: This paper clarifies some misunderstandings in the Semantics history. (1) The term of "sémantique" appeared in Bréal's correspondence in 1879, and was used publically in 1883 for the first time in a speech. Tha title of his book published in 1897 was translated to Chinese as "语义学探索（意义的科学）". (2) From the French term "sémantique" coined by Bréal to Williams' equivalent English translation "semantics", they are messy to Palmer (1976). Furthermore, Robins (1967) didn't understand it thoroughly either. As a consequence, the linguists in China have been wrongly informed. (3) Bréal served as Secretary in Société de linguistique de Paris for 48 years and made a great contribution to international linguistic field.

Key words: Semantics history; muddled accounts ; Bréal; Essai de Sémantique; contribution

尽管描述语义学史务必提及布雷阿尔（Michel Bréal，1832—1915），遗憾的是，在国内学者的一些论著中，这位法国语言学家的姓名写法都有讹误。至于布雷阿尔探索语义学的过程，以及其他研究成果和学术活动贡献的介绍仅为只言片语。

最近看到封文和的《对几个语义学问题的考证》（2010），列出帕尔默（F. R. Palmer）的《语义学》、贾彦德的《语义学导论》、李瑞华等翻译利奇（G. Leech）《语

---

* 李葆嘉、刘慧合作。原刊于《山东外语教学》2015年第3期，8—20页。

义学》中的"译者的话"、李福印的《语义学教程》、汪榕培为莱昂斯（J. Lyons）《语义学引论》所写"导读"、束定芳的《现代语义学》，以及王寅的《语义理论与语言教学》等，发觉与布雷亚（我们用译名"布雷阿尔"）有关的三个问题，在这些书中的提法不尽一致。封文和（2010）所考结论是：1. 布雷阿尔的全名为Michel Bréal（今按：此非全名）；2. 布雷阿尔首次提出sémantique是在1883年（今按：此非首次）；3. 布雷阿尔1897年出版的语义学著作，其书名汉译为《语义学：意义科学研究》（今按：此非法文书名汉译）。这些质疑及查考，对中国学者了解西方语义学史无疑具有促进作用，不过，以上所考还可以加以补正，力求进一步准确。

本文首先逐一讨论"有关布雷阿尔的三个问题"，梳理其语义学的探索过程，对诸家之讹力求给出合理解释，进而揭示其根由。其次，讨论布雷阿尔的其他研究成果和学术活动贡献，包括布雷阿尔与索绪尔（F. de Saussure，1857—1913）、梅耶（A. Meillet，1866—1936）之间的关系，一并澄清以往的一些讹误。

一、关于布雷阿尔的姓名

问题一：提出sémantique的学者叫 Michael Bréal、Michel Brial，还是 Michel Bréal？

首先，提出sémantique这一术语的法国学者是Michel Bréal，全名是Michel Jules Alfred Bréal（教名+父名+自名+姓氏）。Michael Bréal 或 Michel Brial皆为误写。Michael（王寅，2001：1）中的a，为衍文。李瑞华等"译者的话"中的Brial（利奇/李瑞华等，1987：1），英文中没有é，故有可能将法文的éa写为英文的ia。封文和（2010）所引的Alred，漏掉其中的字母f。如果拷贝的是《哥伦比亚百科全书》（*The Columbia Encyclopedia*, Columbia University Press, VI Edition, 2002），则为原书排校之误。

需要提醒的是，首次提出法语术语sémantique的学者是布雷阿尔，然而首次提出"语义学"（德语：bedeutungslehre/semasiologie），即创立这门新学科的却是德国语言学家莱斯格（Christian Karl Reisig，1792—1829）。有必要区别时，我们把德语术语semasiologie译为"语意学"，而把法语术语sémantique译为"语义学"，通常情况下行文仍用"语义学"。

莱斯格首创的"语意学"，见于他在哈雷（Harley）大学使用的《拉丁文语言学讲稿》（Written 1825; Pub. 1839）:

Die grammatischen Theorien sind bisher wenig wissenschaftlich aufgefaßt, weil ihre Bestimmung war, eine zerstückelte Sprachkenntniß zu verschaffen, wie sie auf Schulen bewirkt wird; es ist daher auch nicht zu verwundern, daß ein integrierender Teil der Grammatik bisher gefehlt hat. Man teilt die Sprachlehre gewöhnlich in zwei Teile, in Etymologie und Syntax; die folgende Sprachlehre soll aus drei Teilen bestehen. Das Wort betrachten wir in seiner Gestalt nach gewissen Grundsätzen, und daraus entsteht (1) die Etymologie, Formenlehre; demnach seine Verbindungen mit anderen Wörtern, und dies bildet (2) die Syntax. Das Wort hat aber noch eine andere Eigenschaft an sich, die Bedeutung; es gibt eine Gattung von Wörtern, die in jeder Art der Rede in Anspruch genommen werden, deren Bedeutung aber weder in der Etymologie erörtert werden kann, noch auch in der Syntax Platz findet, weil ihre Bedeutung weder von etymologischen noch von syntaktischen Regeln abhängig ist. Lassen sich nun gewisse Grundsätze ausstellen, welche von einer Menge von Wörtern die Entwicklung ihrer Bedeutung und ihre Anwendung zeigen, so entsteht noch ein integrierender Teil der Grammatik, nämlich (3) die Bedeutungslehre, Semasiologie. ［Reisig 1839（1825）: 18］

迄今为止，能够科学地阐明语法理论的只是少数学者。不同学派的纲要囿于局部的语言知识，毫不足怪，致使目前的语法学仍然缺少一个组成部分。语言学通常划分为词源学和句法学两部分，而以下提出的语言学却由三部分组成。依据某些原则研究词的构形，由此产生（1）词源学，即形态的科学。再依据某些原则研究词与词的连接，由此形成（2）句法学。然而，词自身还有另外的属性，即意义。语言研究都要求划分词的类别，但是其意义在词源研究中既未涉及，在句法研究中也无位置，因为意义既不受制于词源，也不依附于句法。假如能基于一批词提出词语运用和意义演化的原则，就会显示语法学的另一组成部分，可以称之为（3）**意义的科学**（Bedeutungslehre），即**语意学**（Semasiologie）。

Bedeutungslehre（意义学）来自其母语，德语词根Bedeutungs（意义）+词缀lehre（学科）。Semasiologie（语意学）依据希腊语新造，希腊语词根sēmasía（σημασία，意义）+词缀lógos（λογος，学说）。

在莱斯格去世（1829）十年后，该著作由其学生哈泽（F. Haase，1808—1867）整理刊行。1881—1890年，经哈泽的学生赫尔德根（F. Heerdegen，1845—1930）等整理后分为三卷重版。哈雷大学是西方语义学的摇篮。从莱斯格到哈泽、赫尔德根，师生三代传承，成为西方语义学史上的第一座里程碑。

以往流传布雷阿尔为"语义学"的创始者，多受英国语言学家罗宾斯（1967：209）和帕尔默（1976：1）等人的误导，而他们从未追溯过早期西方语义学（1825—1900）的来龙去脉。不过，还有更匪夷所思的讹误。中国法语专家王秀丽在《法兰西语义学派综述》（1996）一文中提出："'语义学'一词本身就为法国语言学家Charles Bally首创"，此乃风马牛不相及。一是巴利（Charles Bally, 1865—1947）与Semasiologie的首创（Reisig, 1825）和sémantique的再造（Bréal, 1879）年代相距遥远，虽然他对社会语义学研究卓有贡献；二是巴利生卒皆于日内瓦，是地道的瑞士人。

王秀丽有两本专著：一本是《当代法国语言学研究动态》（北京语言大学出版社2010年6月第一版，215千字，286页，北京语言大学项目出版基金资助），另一本是《当代法国语言学理论研究》（北京语言大学出版社2011年5月第二版，215千字，246页，中央高校基本科研费专项资金资助），虽然装帧有别，但是内容相同。就目录而言，节标题全同，章标题仅增加二字，如：原"当代法国认知语言学研究动态"，改"当代法国认知语言学研究"。作者《前言》也一模一样；许均教授的《序》，除了所提书名与封面相应一致，其余字字皆同。《法兰西语义学派综述》（1996）一文的内容，见于以上两本书的第四章"当代法国语义学研究动态（2010：84）/当代法国语义学研究（2011：73）"，该章的开篇之论即"法国的语言研究一直以语义分析见长，'语义学'一词本身就为法国语言学家Charles Bally首创"。由此可见，作者对这句话从未有过疑问。

瑞士语言学家因何被误以为法国语言学家？原因在于，"Charles Bally was a French linguist from the Geneva School"此类表述包含歧义。如果只知道他研究法语，很可能理解为：巴利是日内瓦学派的"**法国的语言学家**"。如果还知道他是日内瓦人且日内瓦属法语区，那就清楚：巴利是日内瓦学派的"**法语的语言学家**"。

二、关于布雷阿尔的Sémantique

问题二：布雷阿尔何时提出sémantique这一法语术语？

大致而言，从1879年到1897年，布雷阿尔反对语言的自然主义，以心理学思潮为背景，凸显语言研究的心理取向，前后20年再造以探索语言心智规律为目的的"语义学"。

1879年，布雷阿尔在给意大利学者古贝尔纳蒂斯（Angelo de Gubernatis, 1840—1913）的书信中，首次使用sémantique这一术语。1883年，布雷阿尔在《语言的心智规律：语义学简述》（*Les lois intellectuelles du langage, Fregment de sémantique*）的演讲中，首次公开使用sémantique这一术语。1893年，美国学者威廉斯（Miss E. Williams）翻译布雷阿尔的《论词源学研究的原则》（*On the Canons of Etymological Investigation*），首次将sémantique对译为英语的semantics。1897年，布雷阿尔的《语义学探索（意义的科学）》[*Essai de Sémantique*（*Science des Significations*）]在巴黎刊行，首次以sémantique作为书名。

需要说明的第一件事，在《语言的心智规律：语义学简述》这篇演讲中，sémantique共出现三次。除了演讲题目，第二次出现在开篇的第二小节中：

En effet, c'est sur le corps et sur la forme des mots que la plupart des linguistes ont exercé leur sagacité: les lois qui président à la transformation des sens, au choix d'expressions nouvelles, à la naissance et à la mort des locutions, ont été laissées dans l'ombre ou n'ont été indiquées qu'en passant.Comme cette étude, aussi bien que la phonétique et la morphologie, mérite d'avoir son nom, nous l'appellerons la SÉMANTIQUE (du verbe [sêmainô]) c'est-à-dire la science des significations. (Bréal, 1883: 132)

实际上，大多数语言学家只关注词语的构成及其形态，对致使意义演化、选择新的表达形式，以及词组产生和消亡的规律，则未予注意或仅偶尔提及。这门研究，就像语音学和形态学一样，应当有其专名，我们称之为**语义学**（源于动词[sêmainô]），即意义的科学。

第三次出现在演讲的结尾之处：

Nous arrêtons ici ces notes, heureux si nous avons réussi à montrer, par un petit nombre d'exemples, quelle sera un jour, pour la connaissance des lois psychologiques du langage, l'importance de la sémantique. (Bréal, 1883: 142)

我们的简述到此就要结束了。如果我们用为数不多的例子就能成功显示语言的心智规律，那么有朝一日就会认识到**语义学**的重要性。

需要说明的第二件事，威廉斯所译《论词源学研究的原则》（《美国语文学会学报》1893年24卷17—28页），包含sémantique对译为英语semantics的句子，见于27页第二小节：

Here I will cut short these reflections, which might be developed at great length; for all, or almost all, the chapter of linguistics treating of Semantics, or the science of meanings, has yet to be written. Yet, I would still call attention to one point. (Bréal, 1893: 27)

在此，我不再多讲这些映射，这方面的内容可以进一步展开。**语义学**或意义科学的所有或几乎所有的语言学探讨篇章，仍然有待撰写。不过，我仍然提醒关注此点。

此段内容有译成：

这些见解本可撰成长文，如今简述如此。对所有语义学同人，抑或大多同人而言，语言学中研究语义学或曰意义科学的篇章，有待谱写。（贾洪伟2012）

其中的"for all, or almost all",理解为"对所有语义学同仁,抑或大多同仁而言",失之。另,起句中的"these reflections",译成"这些见解"欠妥。要理解"these reflections"的指代对象,务必基于上文所言:

Just think of the various meanings the word *matter* has assumed in English, used as it is in almost every art, every trade, every kind of activity or study. This word, through the intermedium of the French *matière*, derived from the Latin *materies*, which signified the new wood grown after grafting, or after the top of the plant has been tied up. Such is the explanation given by Columella in speaking of the culture of the vine. We have here an example of the double movement; that is to say, a special sense ending in a general sense, which, in its turn, is subdivided into an infinite number of special senses. (Bréal, 1893: 27)

只要想一想英语中的单词matter包含多个意义(译注:物质;事件;原因),它们几乎被运用于各种工艺、各种商品交易、各种活动或学习之中。这个单词以法语的matière为媒介,来自拉丁语的materies。原指植物在嫁接或施行顶端捆绑法之后长出的新枝干。此为科卢梅拉(Columella)在讲到藤本植物栽培时的解释。这里举的是一个双向变化的例子。也就是说,特殊意义最终引申为一般意义,反之,一般意义则被分化成若干特殊意义。

上文讨论的是词汇语义(general sense、special senses)的心理认知反映,下文才用these reflections(这些映射)来概括。

基于以上相关背景,接下来就可以对一些相关论述中的失误加以辨析。帕尔默写道:

The term *semantics* is a recent addition to the English language. (For a detailed account of its history see Read 1948.) Although there is one occurrence of *semantick* in the phrase *semantick philosophy* to mean 'divination' in the seventeenth century, *semantics* does not occur until it was introduced in a paper read to the American Philological Association in 1894 entitled 'Reflected meanings: a point in semantics'. The French term *sémantique* had been coined from the Greek in the previous year by M. Bréal. (Palmer, 1976: 1)

语义学(semantics)这一术语是晚近才进入英语的(参见Read 1948年文中对该词历史的梳理)。虽然"意义"(semantick)曾见于17世纪含有"占卜"意味的惯用语"意义哲理"(semantick philosophy)中,但是英语中原来并没有semantics一词。直至1894年,在美国语文学会上宣读的一篇题为《映射的意义:语义学的作用》的论文才将其引进。法语的这一术语sémantique(语义学),是布雷阿尔在**上一年**(此为译者加粗)基于希腊语新造的。

束定芳将以上这段内容转述为：

英语中现代意义上的"semantics"（语义学）一词最早是由法国语文学家Michel Brëal使用的。1894年，在美国语文学会的一次会议上，Brëal宣读了一篇题为《被呈现的意义：语义学中的一个要点》的论文，第一次使用了semantics这个词。（束定芳，2000：1）

把提出sémantique的布雷阿尔，嫁接为美国语文学会上的报告人，难免移花接木。

现补充相关背景知识。1894年12月27日，美国哈佛大学梵文教授兰曼（C. R. Lanman，1850—1941），在美国语文学会上宣读了论文《映射的意义：语义学的作用》（《美国语文学会学报》1895年26卷附录）。兰曼开门见山：

The doctrine of the principles that underlie the processes of the development of the meanings of words may be called semantics or semasiology. When one considers how much study has been devoted to the history of the form of words, it is astonishing that so little has been devoted to that of their logical contents. (Lanman, 1895：11)

研究词意发展过程机制原则的学说，可以称之为语义学或语意学。当有学者想了解词汇形式的历史研究情况如何时，令人惊讶的是，几乎未有专门致力于词汇逻辑内容的研究。

由此可见，"1894年"既不是布雷阿尔"第一次"使用sémantique，也不是英语中"第一次"出现对译词形semantics的年份。

束定芳的转述之误，从帕尔默的英文原著来看，可能与上下文中一直没有出现论文宣读人Lanman有关。至于为何如此？或贪图省事，或原本不知。而帕尔默的明显错误在于"法语的这一术语sémantique（语义学），是布雷阿尔**在上一年**基于希腊语新造的"。这个上一年即"1893年"，要说与semantics有关，那就是威廉斯把sémantique译为semantics的年份，而并非布雷阿尔新造术语sémantique的年份。引用时未及核查，难免误述。

关于semantics进入英语的年份，帕尔默（Palmer 1976：1）提到美国词源学家里德（Allen Walker Read，1906—2002）的《术语"语义学"的梳理》。里德回溯：（1）含有"占卜"意味的semantick见于1665年的英语文献，但与英语的法源词semantics毫无关系；（2）作为学科术语的semasiologie是莱斯格（1839年之前）提出的；（3）布雷阿尔1883年新造sémantique，艾伦（H. B. Allen，1902—1988）提出兰曼（1894/1895）最早使用英语的semantics一词；（4）依据布雷阿尔1883年以后多次提及sémantique，英语中的semantics在其后的这段时候都有可能出现。（Read 1948：79）此后，夏皮洛（Fred R.Shapiro）在《英语词形"语义学"和"语意学"的最初使用》中指出，威廉斯使用semantics要比兰曼早一年。(Shapiro 1984：265)(参见贾洪伟2012)今查，威廉斯的译文、兰曼的论文分别刊于《美国语文学会学报》的1893年第24卷、1895年第26卷，中间就隔了1894年的第25卷。里德只提出了"可能出现"，而没有翻检早期的《美国语文学会学报》。

现在的疑问是，帕尔默《语义学》中的这个"上一年"，即"1893"是从哪儿来的？也许，有两种可能：一是把威廉斯译文的年份"1893"误以为布雷阿尔新造sémantique的年份；一是把里德(1948)文中的布雷阿尔发表《语言的心智规律：语义学简述》的"1883"年误看/写成"1893"。考虑到帕尔默的《语义学》出版于1976年，自然不可能预先知道夏皮洛(1984)发现的威廉斯译文，如果排除其他学者还有更早的发现，更有可能是后者。今查，在《语义学》参考文献中，帕尔默既没有列出布雷阿尔(1883)的论文，也没有列出兰曼(1894/1895)的论文，而且"in the previous year by M. Bréal"用的是推算说法。由此可知，从布雷阿尔新创法语术语sémantique，到美国学者用英语对译semantics，这段历史在帕尔默那里是"一笔糊涂账"，因为他没有查阅原始文献。

除了转述之误，这笔"糊涂账"还有一个更早的汉语译文版本，见于周绍珩对帕尔默此节的译述：

1893年，法国人M. Bréal借用希腊语词根，新创了sémantique（语义学）。1894年，美国语文学会一篇题为Reflected meanings — a point in semantics（联想意义——语义学中的一个问题）的学术报告，首次引进了这个术语。(周绍珩译，1984：1)

这段译述有两个问题：一是译述中的"1893年"，据帕尔默"in the previous year"之误而推算；二是报告人兰曼依然空缺。只能推定，译述者没有查考到相关知识背景（纸质文本时代，早期外语文献难查）。其后，中国语言学界流传的布雷阿尔"1893年"提出语义学，比如贾彦德(1986：4)、汪榕培(2000：F13)等，盖皆沿袭"帕尔默糊涂—周绍珩译述"之误。

关于Semantics的来源，维基百科词条"Semantics 注[2]"的内容如下：

The word (semantics) is derived from the Ancient Greek word σημαντικός (semantikos), "related to meaning, significant", from σημαίνω (semaino), "to signify, to indicate", which is from σήμα (sema), "sign, mark, token". The plural is used in analogy with words similar to *physics*, which was in the neuter plural in Ancient Greek and meant "things relating to nature". (http://en.wikipedia.org/wiki/Semantics, 20140203查阅)

该词（semantics）来自古希腊语的σημαντικός（semantikos）"与意义、意味有关"；σημαντικός来自σημαίνω（semaino）"意思、指示"；σημαίνω来自σήμα（sema）"符号、

标记、记号"。通过类推，其复数可用于和"自然学"（physics）相似的话语中，physics 在古希腊语中为中性复数，表示"与自然有关的事物"的含义。[①]

该词条的撰写者认为 semantics 来自古希腊语 semantikos，难免向壁虚构，因为英语的 semantics 是法源词（sémantique）。而且，古希腊语中似乎也没有 semantikos 这个词，法语术语 sémantique 的创造者布雷亚尔说：sémantique 来自拉丁语动词 sêmainô。（Bréal 1883：132）之所以维基百科词条有此误说，可能都是因为一些英国语言学家未加考证，以讹传讹。

再看布施曼（H. Bussmann）《语言与语言学词典》中的 semantics 词条：

Term coined by Bréal (1897) for the subdiscipline of linguistics concerned with the analysis and description of the so-called 'literal' meaning of linguistic expressions. (H. Bussmann, 2000: 423-424)

这个术语是布雷阿尔（1897）为分析和描述语言表达的所谓字面意义的语言学分支学科新造的。

此1897年，依据的是布雷阿尔《语义学探索》的出版年份，撰者对布雷阿尔此前的研究未考。撰者所列的1952—1977年期间的35篇参考文献，包括：Dillon, G. 1977. *Introduction to contemporary linguistic semantics*.Fisiak, J. ed.）1985. *Historical semantics：historical word-formation* 等，似乎这些语言学家都不了解布雷阿尔的语义学探索历程。这与罗宾斯（1967：209）的"…and more strikingly so does M. Bréal's *Essai de sémantique* (1897), although he may claim credit in history for introducing into languistics the now universally used term 'semantics' (sémantique)"一样，在此问题上不求甚解。

《语言与语言学词典》在 semantics 词条之后，出现的是 semasiology 词条：

Obsolete（original）term for semantics.

语义学的过时（最初的）术语。

布施曼列出的参考文献是：Baldinger, K. 1980. *Semantic theory：towards a modern semantics*. Kronasser, H. 1952. *Handbuch der Semasiologie*。由此可见，布施曼同样不了解 semasiology 来自德语的 semasiologie，不了解莱斯格创立了语意学（semasiology）这门新学科。

---

① 英语 physics，今译"物理学"。希腊语 φυσικά（physiká，拉丁语 physica，法语 physique，德语 physik），当译"自然学"，古希腊语的原意是"自然、自然的产物、自然事物与现象"。

三、对布雷阿尔书名的翻译

问题三：布雷阿尔的书名汉译是《语义学：意义科学研究》，还是《语义学探索》？

首先，我们看束定芳的翻译。束定芳（2000：1）写道："1900年，Brĕal出版了英文版的《语义学：意义科学研究》……该书的法语原版出版于1897年。"接下来的一页（2000：2），把法语原版*Essai de Sémantique*的书名译为《语义学论文选》，不切。法语essai：①散文、随笔、短论；②尝试、实验、探索。此处应取义项②。参考文献（2000：230）中所列的英文版是"Breal, M. *Semantics*. New York: Henry Holt"。

布雷阿尔1897年出版的这部语义学专著，除了《研究旨趣》，正文包括三大部分二十六章。该法文书名是"*Essai de Sémantique*（ *Science des Significations* ）"，汉译为《语义学探索（意义的科学）》或《语义学探索：意义的科学》。其内封页上有"*Essai de Sémantique*"，即简称《语义学探索》。1900年，英国卡斯特夫人（Mrs Henry Cust，1867—1955）的英译书名*Semantics*: *Studies in the Science of Meaning*，汉译为《语义学：意义的科学研究》。

两者表达上的差别在于：法文原书名，"essai"位于正标题之首，引领其后词语，可能反映作者更有感触的是长达十多年的"尝试/探索"过程；而在英译书名中，"studies"移入副标题中，而"semantics"置于标题之首，可能反映译者更为关注的是"语义学"学科。尽管整个书名，法英二者表述的语义基本等值，但是在论述语言学史时，依据"名从主人"，使用法文书名汉译的全称《语义学探索（意义的科学）》或简称《语义学探索》，更为切合。

这本专著，除了英译本，先后还有三种语言的译本。（1）1899年的西班牙文译本（Madrid: La España Moderna. Biblioteca de jurisprudencia, filosofia é historia）；（2）1990年的意大利文译本（Napoli: Istituto universitario orientale. Introduzione, traduzione e commento di Arturo Martone）；（3）1992年的葡萄牙文译本（Campinas, São Paulo: EDUC/Editora pontes. Coordenação e revisão técnica da tradução: Eduardo Guimarães, Elmi Jacques Martins, Pedro de Souza）。

这三种译本的书名,都是原法文书名的逐词对译:

法兰西语 Essai de Sémantique（Science des Significations）
意大利语 Saggio di Semantica（Scienza dei significati）
西班牙语 Ensayo de Semántica（Ciencia de las significaciones）
葡萄牙语 Ensaio de Semâtica（Ciência das significaçoes）

这几种语言都属于罗曼语族,其词语和句法结构的亲缘关系较为密切,便于书名逐词对译。而英语属于日耳曼语族,其词语和句法结构与之稍异,故未能逐词对译。

四、布雷阿尔的其他学术研究与学术活动

中国学界对布雷阿尔相当生疏,常见的一些英国学者的语义学论著中,看到的仅是关于布雷阿尔的只言片语（Palmer 1976）,甚至一字不提（Leech 1974, Lyons 1995）。

布雷阿尔是历史比较语言学家（早期）、神话语言学家（中期）和语义学家（中晚期）。1852年进入巴黎高等师范学院（École Normale Supérieure）学习。1857年到德国柏林大学,师从葆朴（F. Bopp, 1791—1867）和韦伯（A.Weber, 1825—1901）学习比较语法和梵文。回国后在法国国家图书馆（Bibliothèque Impériale）工作。1864年到法兰西学院（Collège de France）执教比较语法,1866年晋升为教授。1875年,成为巴黎大学碑铭与美文学院（Académie des Inscriptions et Belles-lettres）院士。1879年担任法国高等教育督察。1890年担任法国荣誉军团司令。1915年在巴黎去世。

作为历史比较语言学家,布雷阿尔把其师葆朴（Franz Bopp）的四卷本《比较语法》（*Grammaire comparée*. Paris: Imprimerie impériale. Tome I, 1866, Tome II, Tome III, 1868, 1869, Tome IV, 1872）译为法文出版。在词源学领域,布雷阿尔编撰《拉丁语语源学词典》（*Dictionnaire étymologique Latin*, Paris: Hachette, 1885）,发表《拉丁语和希腊语的词源》（*Étymologies latines et grecques*. Paris: Imprimerie nationale 1892）、《词源的类型》（*Variétés étymologiques*, Revue politique et littéraire, 2. semestre 1909; 1er semestre 1910; 2. semestre 1910; 1er semestre 1911; 2. semestre 1911）等论文。作为神话语言学家,布雷阿尔著有《海格力斯和凯克斯:神话比较研究》（*Hércule et Cacus, étude de mythologie comparée*. Paris: Durand. 1863）、《神话的融合和语言》（*Mélanges de mythologie et de la linguistique*. Paris: Hachette, 1877）。

据德国语言学家吉森（H.W. Giessen，2010）编撰的《布雷阿尔论著目录》（1861—2010），从1861到1915年（包括部分文章的再刊），布雷阿尔共发表610篇（部）。

年份	数量	年份	数量	年份	数量	年份	数量	年份	数量	年份	数量
1861	1	1871	1	1881	12	1891	9	1901	10	1911	10
1862	4	1872	17	1882	15	1892	20	1902	7	1912	11
1863	7	1873	10	1883	11	1893	18	1903	18	1913	7
1864	3	1874	13	1884	22	1894	17	1904	4	1914	3
1865	0	1875	24	1885	8	1895	10	1905	12	1915	0
1866	8	1876	13	1886	12	1896	14	1906	4		
1867	2	1877	14	1887	10	1897	12	1907	6		
1868	15	1878	23	1888	15	1898	30	1908	9		
1869	8	1879	5	1889	31	1899	14	1909	9		
1870	3	1880	6	1890	14	1900	23	1910	6		
合计	51		126		150	合计	167		85		31

在布雷阿尔去世以后，还一直有论著再版与发表，其中2010年高达25篇。

除了影响深远的学术研究，布雷阿尔还对国际语言学界的学术活动作出了巨大贡献。作为巴黎语言学会（Société de Linguistique de Paris，1864成立）长期以来的组织者，布雷阿尔从1868年到1915年去世，担任学会终身秘书48年。根据《巴黎语言学会章程》，主席每年都要改选，学会工作由终身秘书负责。1868年，布雷阿尔主持创办了《巴黎语言学会集刊》（*La Société linguistique de Paris*），邀请名家为当时出版的语言学书刊撰写评介，评介对象遍及国际语言学界每年出版的语言学著作和代表性杂志，由此成为巴黎语言学会的传统之一。布雷阿尔的再传弟子，曾任《巴黎语言学会会刊》主编的房德里耶斯（J.Vendryes，1875—1960）引述其师梅耶的话：多年来，学会如此重视对各国语言学书刊的评介，与布雷阿尔的倡导分不开。（劳宁1965）

此外，布雷阿尔的学术思想，影响了达梅斯泰特（J. Darmesteter，1849—1894）、哈维特（L. Havet，1849—1925）、索绪尔（1857—1913）、梅耶等一批学者。1875年，索绪尔进入日内瓦大学，专修物理与化学。1876年10月，转学到德国莱比锡大学改修语言学。1878年7月到柏林大学（张绍杰2001，中译序III），学习凯尔特语和梵语。1879年末返回莱比锡大学。1880年2月通过博士学位论文《论梵语绝对属格的用法》（*De l'emploi du génitif absolu en Sanscrit*）的审查。令人困惑的是，在我们看到的有关索绪尔简介中，一直没有提及其博士学位论文的导师是谁。索绪尔进入莱比锡大学时，适逢布鲁格曼（K. Brugmann，1849—1919）发现希腊语的某些α由N演变而来不久。索绪尔却认为，这算不上新发现，早在三年前他已经发现了这一现象。在其《论印欧语元音的原始系统》（1879）发表后，奥斯托霍夫（H. Osthoff, 1847—1909）等指责索绪尔抄袭。照此推测，索绪尔的博士学位论文导师不可能是布鲁格曼或奥斯特霍夫。

就此疑问，我请教了屠友祥教授，得知索绪尔的博士学位论文导师是Hübschmann。今查，胡布施曼（Johann Heinrich Hübschmann, 1848—1908）是德国东方语言学家、亚美尼亚语专家。先后在耶拿大学、图宾根大学、莱比锡大学和慕尼黑大学学习。1876年担任莱比锡大学伊朗语教授。1877年担任法国斯特拉斯堡大学（University of Strasbourg）比较语法教授。主要论著有《关于亚美尼亚语在印欧语言中的位置》（Über die Stellung des armenischen im Kreise der indogermanischen Sprachen, *Zeitschrift für Vergleichende Sprachforschung* 23: 5—42, 1875）、《亚美尼亚语研究》（*Armenische Studien*, 1883）、《奥塞梯语的词源和语音》（*Etymologie und Lautlehre der ossetischen Sprache*, 1887）、《波斯语研究》（*Persische Studien*, 1895）、《亚美尼亚语语法》（*Armenische Grammatik*, 1895）等。（Gilman Et al., 1905）。此外，索绪尔发表过论文《论印欧语元音的原始系统》（*Mémoire sur le système primitif des voyelles dans les langues indo-européennes*,1879），而胡布施曼也出版过专著《印欧语元音系统》（*Das indogermanische Vokalsystem*, 1885）。

1881年秋，取得博士学位的索绪尔来到巴黎，选修了布雷阿尔的比较语法、达梅斯泰特的波斯语文学、哈维特的拉丁语文学等课程。次年，布雷阿尔向巴黎大学高等实验研究院（École pratique des hautes études，1868年成立）力荐索绪尔担任自己兼任的比较语法课程。（姚小平2011：296—297）1882年10月，索绪尔被高等实验研究院聘任为"哥特语和古高地德语讲师"。

巴黎语言学会的会址就在高等实验研究院。从1883年起，索绪尔协助布雷阿尔做过一些学会工作。但是以往的评介显得夸大其词，比如：

> 在Meillet加入学会之前，瑞士语言学家Saussure于1882年到1892年在法国高等实用学院执教十年。在这十年间，Saussure不但培养出不少法国语言学者，并且还在学会中担任过副秘书长，领导过学会的学术活动。……Vendryes认为，Saussure给予学会的支持和贡献，对促进法国语言学的发展起了决定性的作用；其后Bréal和Meillet对学会的学术领导，大体上可以说是继承了Saussure的精神。（劳宁，1965）

今查巴黎语言学会网站（http://www.slp-paris.com.20140210），只有《历届秘书名单》（Histoire → Présidents et secrétaires → Liste des secrétaires）。既然只有学会"秘书"职务，

没有"秘书长"一职，何谈有"副秘书长"一职？该表下有一说明：

À l'exception de Michel BRÉAL, tous ont été également secrétaires-adjoints. Ferdinand de Saussure a exercé cette dernière fonction de 1883 à 1891.

除了布雷阿尔，所有会员都可以担任秘书助理。索绪尔1883年到1891年承担过后一职责。

连作为学会负责人的布雷阿尔，"秘书"都不带"长"，可见索绪尔"担任过副秘书长，领导过学会的学术活动"，实为无中生有。为了以便"领导"，还要根据中国式"官本位"，给索绪尔一个带"长"的头衔。时为"小年轻"的索绪尔做点儿会务，也就是所有会员都可以担任的"秘书助理"。①

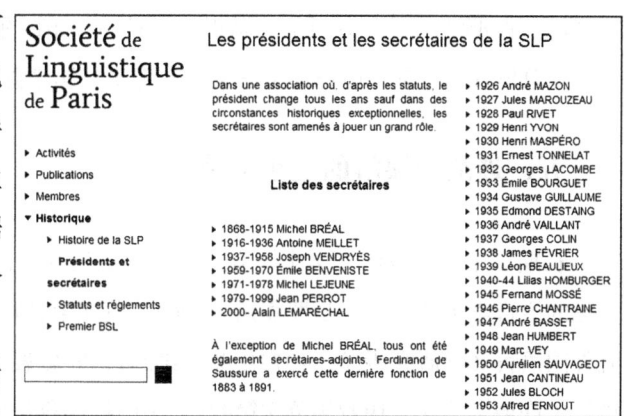

至于"Saussure给予学会的支持和贡献，对促进法国语言学的发展起了决定性的作用；其后Bréal 和Meillet 对学会的学术领导，大体上可以说是继承了Saussure的精神"（劳宁1965），可能是臆说。索绪尔1883年才参与学会工作，而作为前辈的布雷阿尔（此时已任秘书、主持《巴黎语言学会集刊》15年），怎么处于"其后"呢？索绪尔1881年由布雷阿尔推荐到高等实验研究院任教，继而担任讲师10年，直到1891年秋应聘日内瓦大学印欧语言学副教授（姚小平2011：297。与以往看到的应聘教授不同），而布雷阿尔此时已在法兰西学院担任教授15年，又有什么"精神"让前辈布雷阿尔"继承"呢？

中国学者通常只知道梅耶是索绪尔的学生，而不了解梅耶更是布雷阿尔的"亲学生"，关系更密切。下面提供一些背景知识：（1）1886年，梅耶始选听布雷阿尔的比较语法课程，梅耶成为布雷阿尔的学生；（2）1905年，布雷阿尔退休后，梅耶接任布雷阿尔在法兰西学院的比较语法教席；（3）1915年，布雷阿尔去世后，梅耶接任布雷阿尔的巴黎语言学会终身秘书职务。此外，梅耶对索绪尔《普通语言学教程》（1916）的批评是："太

---

① 本维尼斯特在《半个世纪以后的索绪尔》（1966）中提及，"此外，布雷阿尔不久就让他担任了语言学学会的副秘书长工作。"（王东亮等译《普通语言学问题》2008：26）这个"副秘书长"（secrétaires-adjoints）当译为"秘书助理"。在布雷阿尔和梅耶的时期，巴黎语言学会只有"终身秘书"。既然没有"秘书长"，何来"副秘书长"？

强调语言的系统性，以至于忘却了语言中人的存在"。（戚雨村1997：52—53）强调"语言中的人类"，是布雷阿尔早年就提出并且一直贯彻始终的主张：

  相反，人类语言的描述不允许我们遗忘人类，人类是语言的根源及目的。语言中的每件事，不是从人类出发，就是针对人类。（Bréal 1866：67）

也就是说，语言发展的起因不在于语言本身，而在于人类，在于主宰人性的生理和心理规律。梅耶继承了布雷阿尔的思想，只是与布雷阿尔将社会、历史和心理因素从属于语义演变总体理论有别，而梅耶将语义演变理论从属于群体的社会理论。

五、迷茫和误解的逐步澄清

长期以来，西方语义学史一直是语言学史研究的薄弱环节。20世纪80年代以来，国内常见的语言学史译著：一是罗宾斯（1967年英文第1版）的《语言学简史》（上海外国语学院外国语言文学研究所译，1979年英文第2版，安徽教育出版社1987），以及《简明语言学史》（许德宝等译，1997年英文第4版，中国社会科学出版社1997）两个译本；二是康德拉绍夫（Н.А. Кондрашов，1979年俄文第一版）的《语言学说史》（杨余森译，武汉大学出版社1985）。这两本语言学史都没有把语义学史纳入描述视野。中国学者编著的多种西方语言学史，也都没有语义学史的描述。

就罗宾斯的《简明语言学史》而言，其缺失有三。第一，史料缺失。对史料的把握不够严谨，史实方面的错误太多，不可列为可信赖的参考书（Koerner，1978：5）。（姚小平1995）第二，史论失实。西方语言学史阐述的重点是历史比较语言学和现代语言学，而恰恰是这两大阶段的史实线索，一直没有梳理清楚。1647年，伯克斯洪（Marcus Z. van Boxhorn，1612—1653）已经提出了印欧语系假说——斯基泰假说（Scythian）并阐述了历史比较方法论，称琼斯（William Jones，1746—1794）为"历史比较语言学的奠基者"背离史实。（李葆嘉2010）19世纪70年代，博杜恩（J.N.Baudouin de Courtenay，1845—1929）已经创立了"心理—社会语言学"，称索绪尔为"现代语言学的创始人"夸大其词。（李葆嘉、邱雪玫2013）语言学史上的一批重要文献，罗宾斯当时不知或尚未查阅。第三，分支学科史缺失，忽视了语义学史的描述。近年来，我们通过查阅一手资料，展开西方语义学史专题研究（李葆嘉2013；李葆嘉、刘慧 2014；刘慧、李葆嘉 2014；孙晓霞、李葆嘉2014），多年来的一些迷茫和误解才逐步澄清。

总之，立足20世纪下半叶向前回溯的语言学史研究起步不久。祈盼中国外语界（法语、荷兰语、瑞典语、德语、俄语、英语）的朋友，有兴趣做一些基于一手资料的专题研究，或把国外学者推翻成说而未见于现有语言学史专著的精彩内容翻译过来，诚大有益哉！

西方现代语言学史论

论索绪尔静态语言学理论的三个直接来源*

提要：本文认为：（1）结构主义大师索绪尔可以分解为《教程》索绪尔、手稿索绪尔、学术索绪尔和心理索绪尔。（2）静态语言学的讲授体系即《教程》索绪尔，静态语言学的理论来源即学术索绪尔。（3）索绪尔静态语言学理论具有三个直接来源，其哲学基础源自法国德克海姆的社会学理论，其理论框架源自俄国博杜恩的语言理论体系，其语言符号学原则源自美国辉特尼的语言符号学说。（4）当代语言学理论已经全面超越静态语言学体系。

关键词：索绪尔；静态语言学；直接来源；博杜恩；全面超越

A Study on three direct sources of Saussure's Static Linguistics

Abstract: This paper holds the ideas that: (1) Saussure, the structuralism master can be understood from three levels of "Course Saussure", "Manuscript Saussure", "Academic Saussure", and "Psychological Saussure". (2) The instruction system of static linguistics is "Course Saussure", and the theoretical source of it is "Academic Saussure". (3) Static linguistics has three direct sources. Its philosophical foundation derived from Durkheim's sociological theory. Its theoretical framework was based on Baudouin's language theory, and its semiotics principle came from Whitney's language semiotics doctrine. (4) Contemporary linguistics theory has been completely beyond the static linguistics system.

Key words: Saussure; Static linguistics; direct source; Boduen; completely surpass

一、四个索绪尔

1916年，《普通语言学教程》（以下称《教程》，引文皆据中译本）的出版，被喻

---

* 该文为"纪念方光焘先生百年诞辰学术研讨会"（南京大学，1998年12月）而作。后载于李葆嘉主编《引玉集：语言学和文献学研究论集》（南京师范大学文学院，2000年印行）。又收入李葆嘉著《理论语言学：人文与科学的双重精神》（南京：江苏古籍出版社，2001年）。

为语言学领域的"哥白尼革命"。作为"结构主义语言学"创始人的索绪尔（Ferdinand de Saussure, 1857—1913），其理论是通过《教程》而得以传播的。通常所认识的"现代语言学"理论，就是《教程》中所阐述的理论。作为"《教程》索绪尔"：1. 区分语言和言语，在语言语言学和言语语言学之间选择前者；2. 区分语言学的内部和外部，在内部语言学和外部语言学之间选择前者；3. 区分内部语言学的静态和动态，在静态语言学和动态语言学之间选择前者；4. 区分语言学的形式和实体，在形式和实体之间选择前者。因此索绪尔的"现代语言学"可以定义为：以语言符号系统为对象的、内部的、静态的、形式语言学。正如《教程》结尾的一句名言所揭示的那样："语言学的唯一的、真正的对象是就语言和为语言而研究的语言"。然而时间是变动的，用"现代语言学"作为流派的名称必然含混不清，而荷兰语言学家波斯1939年第一次使用"结构主义"不是索绪尔本人提出来的，合适的术语可能是《教程》中的术语：与言语的语言学相区别的"语言的语言学"（高译本第40页）、与演化语言学相区别的"静态语言学"（高译本第117页）或与历时语言学相区别的"共时语言学"（高译本第143页）。"语言"是语言学的研究对象，不代表索绪尔语言学的研究方法。"共时"的时间厚度无法确定，不可能反映索绪尔语言学的本质。语言的"静态"固然在生活中并不存在，但是可以作为科学思维的假设，代表索绪尔语言学中的核心观点，因此以"静态语言学"为最宜，索绪尔本人也这么称呼。

20世纪50年代起，经过瑞士戈德尔（R. Godel）、意大利毛罗（T. de Mauro）、瑞士恩格勒（R. Engler）和俄国留萨列娃（Н. А. Слюосарева）对新发现的索绪尔的手稿札记、学生课堂笔记、回忆录和信件等材料的研究，最终导致了毛罗所说的"索绪尔的语言学思想的重新发现"，即出现了一个与"《教程》索绪尔"不完全相同的"手稿索绪尔"。与索绪尔的手稿和学生课堂笔记对照，不难看出编者在整理编撰《教程》过程中对课堂笔记及有关讲稿的增删改拼痕迹。甚至有人认为，《教程》结尾的那句"灾难性"名言，也是编者擅自所加。然而，既然我们无法否认这句名言确实是对《教程》内容最精辟的总结，也就不能排除索绪尔生前曾经对他的学生确实说过类似的话。不见诸《札记》的话，只表明残存的《札记》中没有，并不能作为索绪尔生前没有说过的证据。

在发现者看来，"手稿索绪尔"的特点是：

1. 索绪尔主张既研究语言，也研究言语。索绪尔第三次讲授普通语言学的提纲手稿中，计划把课程分为三部分：第一部分标作《种种语言》，第二部分标作《语言》，第三部分他许诺讲授"个人的言语活动能力及其表现"。因此有人认为，言语语言学的不能很快建立不能归咎于他。

2. 索绪尔强调共时分析的重要性，但并不否定和排斥历时分析。

3. 索绪尔说过"语言学的内部研究和外部研究……语言学这一术语首先包含着二者统一的思想"（Engler 1967：59），由此推定他并没有否定外部语言学。

不可否认，1. 虽然"手稿索绪尔"并不反对且计划讲授言语的语言学，但是不可否认，言语语言学的不能很快建立确与"《教程》索绪尔"密切相关。2. 虽然早期索绪尔是一个富有创见的历史语言学家，但是在《札记》中，同样有索绪尔对历时研究深为不满的议论："语言学家要研究的是语言态（指静态——引注），他不需要理会导致目前语言态的历史事实，他应该把历时研究置于不顾。……历史的干预只能歪曲他的判断。"（Mauro 1967：117）又大声疾呼："我们必须做出反应，抵制老学派的邪道，而这种反应的恰当的口号是：观察在今天的语言和日常的语言活动中所发生的情况……"（Mauro 1967：252）索绪尔为何如此措辞强烈？3. 虽然索绪尔在《教程》和《札记》中都没有否定外部语言学，但也没有从事外部语言学研究。

索绪尔的新发现者忽视了一个显而易见的事实：问题的关键不在于索绪尔本人有没有否定言语的语言学、历时语言学和外部语言学，而在于不排除这些"杂七拉八"的干扰，《教程》的静态语言学体系就无从建立。不容否认，正是以《教程》为形式的索绪尔，才使其精辟论点引起了欧美语言学界的广泛瞩目，也正是"《教程》索绪尔"在对后几代语言学家产生了影响的同时限制了语言学研究的宽阔视界，才导致了言语语言学、外部语言学是顶着结构主义的压力而艰难诞生的状况。索绪尔的重新发现不过表明，批评、修正和企图突破静态语言学的那些"邪说"在"手稿索绪尔"中也存在过。人们在对《教程》编者表示不满的同时，切勿忘记一点：如果没有《教程》，索绪尔不会被奉为结构主义语言学的鼻祖；也正是有了《教程》，索绪尔因此才有资格或才有可能被《教程》阅读者来误读。

除了这两个"索绪尔"，还有尚未展开充分研究的"学术索绪尔"。静态语言学的讲授体系即《教程》索绪尔，静态语言学的理论来源即学术索绪尔。通过揭示"学术索绪尔"或寻求索绪尔语言理论直接渊源，可以了解索绪尔为何成其为"《教程》"和"手稿"的索绪尔及其在理论语言学史上的切实地位。因此在"《教程》索绪尔"与"手稿索绪尔"之后，研究"学术索绪尔"尤为必要，至于深层"心理索绪尔"研究，则可以打开索绪尔的"黑匣子"。

关于索绪尔的生平和学术风格，巴利（Charles Bally）的《序》和卡勒（Jonathan Culler）的《索绪尔》做了一些叙述。索绪尔思想非常活跃，从不留讲稿，他的语言学思绪有如一条流动的河，总在变化。关于索绪尔语言理论的来源，学者们也做了一些零碎的探讨。《教程》中采用了洪堡特反对唯理语法所提出的论点（高译本 1980：125页校注①），或指出索绪尔的理论与洪堡特的理论有一定关系。依据《教程》中的"价值"概念，或认为索绪尔接受了《资本论》学说的影响，其实索绪尔的语言价值说受以华尔拉斯（Warlars）等人为代表的瑞士正统经济学派理论的影响比较深，从中吸取了"一切研究价值的科学的内在二重性"的观点（高译本 1980：117页校注①）。特别重要的是，有可靠证据表明，索绪尔《教程》的理论体系与法国社会学家德克海姆（Emile Durkheim, 1858—1917）的社会学理论，与波兰—俄国语言学家博杜恩（Baudouin de Courtenay, 1845—1929）和克鲁舍夫斯基（N. Kruszewski, 1851—1887）的语言学理论，还有美国语言学家辉特尼（William Dwight Whitney, 1827—1894）的语言符号观有着直接的渊源关系。

二、法国德克海姆的社会学理论：索绪尔语言论的哲学基础

卡勒在英文本《教程·引言》（1974）中称弗洛伊德和索绪尔、德克海姆为近代三大思想家，其生年各为1856、1857和1858年，分别创立了现代心理学、现代语言学和现代社会学。俄国语言学家兹维金采夫和布达哥夫认为，索绪尔语言理论的哲学基础是德克海姆的社会学。索绪尔的学生梅耶（A. Meillet）等认为，德克海姆的《社会学研究准则》出版在1895年，而索绪尔1891年已经去了日内瓦，不大可能受其影响。然而，波兰语言学家多罗舍夫斯基①在法国《普通和病理心理学》杂志发表了《论社会学与语言学的关系：德克海姆与索绪尔》（1933），证明索绪尔对德克海姆与塔尔德（G. Tarde）之间的社会学论争很感兴趣，在形成其语言理论中有所反映。

1959年，方光焘先生基于多罗舍夫斯基的论述，在《涂尔干的社会学与索绪尔的语言学理论》②一文中认为，即使1891年（方书误为1881年，见《方光焘语言学论文集》495页）以后，索绪尔已不在巴黎，同样可以经由学术交流了解德克海姆的理论。根据方光焘先生的研究，再结合其他材料比照，索绪尔语言论的哲学基础是德克海姆的社会学理论确凿无疑。

1. 对言语活动与对社会事实的抽象的一致性。德克海姆认为："社会事实是在个人之外，对于个人有一种强制力的行动、思维和感觉的样式"；社会事实是个人的集合；社会事实通过个人表现，这种个人表现依靠个人生理、心理的构造。索绪尔认为"语言"本质

---

① 多罗舍夫斯基（Witold Jan Doroszewski, 1899—1976），方光焘文中译为"多罗雪夫斯基"。
② 方光焘将德克海姆（Emile Durkheim, 1858—1917）译为"涂尔干"。又，张景智译为"杜尔克姆"（卡勒《索绪尔》，北京：中国社会科学出版社，1977年）；许国璋译为"杜尔淦"（《许国璋论语言》，北京：外语教学和研究出版社，1991年）；狄玉明译为"迪尔凯姆"（《社会学方法的准则》，北京：商务印书馆，1995年）。

上是社会的,独立于个人之外的;语言系统是个人言语的集合(1+1+1+……=1);"共时语言学研究社会集体意识所感到的心理的逻辑的关系"。2. 对语言和对心理的社会属性认同的一致性。在心理学论争中,塔尔德强调个人意识,德克海姆强调社会意识。索绪尔认为,语言是社会的,言语是个人的。他以语言的社会性为基础建立语言的语言学,但又对言语的语言学适当让步。3. 对社会规律基本特征认定的相承性。《教程》说:"任何社会规律都有两个基本特征:它是命令性的,又是一般性的。"中译本校注:索绪尔对于社会规律的两个基本特征是按照法国社会学家涂尔干的理论来理解的。(132页)涂尔干认为,一切社会规律必须符合两个基本原则:强制性和普遍性。索绪尔所说的命令性等于强制性,一般性等于普遍性。4. 对社会和对语言的静态与动态划分的相承性。德克海姆继承了孔德(A. Comte)的社会静力学和社会动力学的区分,把社会学分为静态社会学和动态社会学。与之相应,索绪尔把语言学分为静态语言学与动态语言学。5. 对语言学属于社会心理学看法的相同性。德克海姆认为语言学是社会心理学的一部分,索绪尔认为符号学(语言学是其典型)是社会心理学的一部分。德克海姆认为社会学与心理学不可分割;索绪尔认为语言学与心理学不可分割,并提出语言符号不是事物与名称的结合,而是音响形象与概念的心理结合。

尽管他的继承者摆脱了社会心理学说,但是索绪尔认为自己的理论与社会心理学密切相关。苏联的语言学家大都把索绪尔归入"社会心理学派"或"社会语言学"流派。必须指出,这一以心理学说为哲学基础的"心理学派"与当代用心理学的方法研究语言的"心理语言学"不同;这一以社会学说为哲学基础的"社会学派"与当代用社会学方法研究语言的"社会语言学"不同。依据《教程》的观点,心理语言学和社会语言学属于外部语言学。令人感到有趣的是:以社会心理学理论为哲学基础的静态语言学系统建构以后,却导致了语言学的研究摈弃心理学与社会学具体研究方法的后果。

三、波—俄博杜恩的语言学理论:索绪尔语言论的理论框架

作为创建了喀山学派的波兰—俄国语言学家博杜恩,在索绪尔以前,很早就提出了"现代语言学"的一系列原则和系统理论。博杜恩1870年获得彼得堡大学比较语言学硕士学位和莱比锡大学哲学博士学位;1874年获得彼得堡大学比较语言学博士学位(1873—1875,索绪尔在日内瓦公立高中上学)。1887年当选为克拉科夫科学院院士,1897年当选为彼得堡科学院通讯院士,与梅耶、叶斯柏森以及索绪尔等都有通讯联系。

作为一位富有创造天分的辛勤探索者的博杜恩,正如其学生谢尔巴(Л. В. Щерба,

1880—1944)所说："他不是任何人的学生，也不属于任何学派，他自称是自修者"。他是一位多产的著作家，一生中写过600多部篇论著。主要著作有《对语言科学和语言的若干原则性看法》《语音交替理论探索》《语言学概论》。他的普通语言学、比较语言学研究，不仅对当时的历史比较语言学，而且对后来的结构主义语言学有着重要的影响。他的有关论述受到20世纪中叶兴起的心理语言学、社会语言学、对比语言学和应用语言学界的重视。由于他所处的时代还是热衷于历史语言学的时代，晚年又没有出版全面阐述自己理论的著作，他的声名一直为"《教程》索绪尔"所淹没。直到20世纪下半叶，国际语言学界才逐渐认识到他论著中的独创性观点和富有洞察力的见解。

作为自然主义语言学派代表人物施莱歇尔的学生，博杜恩不赞同把语言归结为自然科学。他认为："这两种理论（谱系树说和波浪说）都经不起推敲。因为一方面，它们都是从语言脱离人而存在这一前提出发的，另一方面，它们都没有充分考虑到语言现象的复杂性"。博杜恩的学术思想以德国哲学家赫尔巴特（J. F. Herbart）的个人心理联想学说（心理活动是基本感觉单位的表现）为基础，同时又吸收了拉扎撒鲁（M. Lazarus）的民族心理学观点（心理研究应着眼于社会整体），从社会学的角度来解释心理主义。他认为："人类语言的本质完全是心理的。语言的存在和发展受纯粹心理规则的制约，人类言语或语言中的任何现象，同时又是心理现象"。所创立的语言理论有着浓厚的社会心理学倾向，始终贯穿着一条线索：就是通过分析心理机制，对语言规则、语言功能和语言发展做出解释。他主张把心理学和社会学糅合在一起作为语言学的基础，并提出语言学属于"心理—社会科学"的看法。

早在1870年（索绪尔13岁），在《教程》出版（1916）前近半个世纪，博杜恩已经提出语言和言语的区分。与索绪尔后来的区分不完全相同，他区分为抽象的民族语言、具体表现个人语言的民族语言和在个人语言意识中反映的中间语。1876年（索绪尔进入莱比锡大学），他提出语言的静态和动态的区分（索绪尔1897年笔记中出现历时态、共时态和特殊共时态的术语）。他认为语言现象之间的联系，不仅存在于历时的发展之中而且存在于共时的语言状态之中，但不主张共时分析应该优先于历时分析。在他看来，"语言中没有静止不变的东西"，静态与动态并不截然分开，静态从属于动态。这种"静态寓于动态"的论断，比"《教程》索绪尔"切合语言事实。1876—1877年（1876年5月索绪尔加入巴黎语言学会，10月进入莱比锡大学），博杜恩提出语言是一个系统的学说，语言是其组成部分（语音、语义和形态）的总和。他的学生克鲁舍夫斯基（1851—1887）继承和发展了他的思想。1883年，在博士论文《语言科学概论》（1881年起索绪尔在巴黎高等学院任教）中，除了提出"词是事物的符号""语言……是一种符号系统"，不但强调符号的任意性问题，而且主张这个系统既可以"在同时共存（静态）中"分析，又可以"在连贯序列（动态）中"分析。同时，克鲁舍夫斯基还提出语言符号的类比联想和邻接联想规则，比索绪尔（1906年第一次讲授普通语言学）的联想关系和句段关系早二十多年。作为音位学的创始人，博杜恩（1881）提出必须明确区分两种不同的语言单位：音素和音位，但是他不止一次地指出，这两者的区分是克鲁舍夫斯基倡议的。受博杜恩的影响，布拉格学派特别注重音位的研究，集中体现在流亡布拉格的俄国语言学家特鲁别茨柯依的《音位学原理》一书中。《教程》对音位学并无实质性建树，与其说布拉格学派接受的是索绪尔的理论，不如说接受的是喀山学派的思想。

1881—1882年，作为巴黎语言学会永久会员的博杜恩，与曾任学会秘书的索绪尔在学会的几次会议上晤面。博杜恩不仅把他和克鲁舍夫斯基的论文提交给学会，而且索绪尔与博杜恩之间书信往来密切，博杜恩曾把他的和克鲁舍夫斯基的论著寄给索绪尔。索绪尔高度评价过喀山语言学派的学术思想，在一篇札记中写道："博杜恩和克鲁舍夫斯基比其他任何人更逼近于从理论上理解语言的意义，他们没有溢出纯粹语言学的范围"。

由于博杜恩的语言学理论早已存在，《教程》传到苏联时，语言学界认为并无新意。无怪乎谢尔巴不得不说："1923年，当我们在列宁格勒收到索绪尔《教程》一书时，使我们感到惊讶的是，索绪尔与我们所熟悉的原理在许多地方惊人的相似。"当时的博杜恩已经回波兰华沙，作为爱国者和政治活动家的他（1922年被推选为总统候选人），已经无暇顾及语言学理论。毫无疑问，博杜恩是"《教程》索绪尔"语言理论的先驱，他和克鲁舍夫斯基才是"现代语言学"（不仅指静态语言学）的真正开创者。

四、美国辉特尼的语言符号学说：索绪尔语言论的符号原理

索绪尔称赞博杜恩、克鲁舍夫斯基和辉特尼是他最推崇的同时代的三位语言学家。1894年，索绪尔起草过纪念一篇辉特尼的文章。斯利乌尔斯推因（M. Siliverstwin）主编的《辉特尼论语言》（1971）一书中，雅可布逊（Roman Jakobson）的《国际语言学界对辉特尼语言科学原理的反应》一文，论述了索绪尔语言理论与辉特尼的关系。

美国学者辉特尼认为，语言学属于人文科学，信息交换功能是语言的基本功能。他写道："语言……是说出来、听得见的符号。"由此在语言的"符号性"的基础上确立了符号的"约定性"与"任意性"、"不变性"与"可变性"等性质。

《教程》中提到辉特尼对欧洲语言学的影响："发出第一次冲击的是《语言的生命和发展》（1875）的作者美国人辉特尼。"（高译本 1980：24）《教程》中几处引用辉特

尼的符号学观点，阐述索绪尔的符号任意性原则："例如辉特尼就把语言看作一种社会制度，……在主要论点上，我们觉得这位美国语言学家是对的：语言是一种约定的东西，人们同意使用什么符号，这符号的性质是无关紧要的。"（高译本 1980：31）"为了使人感到语言是一种纯粹的制度，辉特尼曾很正确地强调符号有任意的性质，从而把语言学置于它的真正的轴线上。但是他没有贯彻到底，没有看到这种任意的性质把语言同其他一切制度从根本上分开。"（高译本 1980：113）"符号的不变性和可变性。"（高译本 1980：107）

据徐志民的论述，索绪尔起初是用辉特尼的"约定论"来解释语言符号，即认为只有约定可以把不同的声音与不同的意义结合成一个统一体；但他后来认为，无论是声音还是意义，在结合成符号之前，两者都是捉摸不定的。因此，索绪尔最终放弃了"约定论"，而归结为"任意性"，但并没完全放弃约定论。符号的"约定性"和"任意性"是对立的统一。辉特尼是以"约定论"为主导的，《教程》索绪尔对约定性和任意性都是肯定的，但是他批评辉特尼，没有把这种可以将语言同其他一切制度从根本上分开的任意性贯彻到底。在索绪尔符号学原理中，选取了"任意性"作为语言符号的基本原则，而后又通过把任意性分为绝对和相对，从而以"相对任意性"这一术语又把"约定性"纳入。符号的"不变性"和"可变性"也是对立的统一。同样，在索绪尔的符号学原理中，"符号的任意性本身实际上使语言避开一切旨在使它发生变化的尝试"。（高译本 1980：109）在索绪尔看来，符号的任意性决定了符号的不变性，并且指出了阻碍这种变化的4种因素。

索绪尔的语言符号学是在辉特尼的语言符号观基础之上改造建构的。索绪尔断言："符号的任意性原则没有人反对，但是发现真理往往比为这真理派定一个适当的地位来得容易"，（高译本 1980：103）辉特尼发现了"任意性"，但是没有"派定"这一真理适当的位置，而后者比前者困难。把任意性确定为符号的基本原则，索绪尔对此颇为自鸣得意。

五、当代语言学：对静态语言学的全面超越

以法国学者德克海姆的社会心理学理论为哲学基础，以波兰—俄国学者博杜恩和克鲁舍夫斯基的语言学理论为框架，以美国学者辉特尼的语言符号观为原则，排除语言的动态研究，把语言的静态研究放在首位，这就构成了《教程》的"静态语言学"体系。

虽然从《教程》出版以后，以布拉格学派、哥本哈根学派与美国描写主义语言学派为标志，结构主义语言学思潮成为欧美语言学的主流，但是人们也在以多种方式修正、批评

《教程》的一些主要观点。1939年，法国学者本维尼斯特证明，符号根本没有日内瓦学者所设想的那种任意性。1940年，瑞士学者巴利提出，符号的生命就存在于以内在必然的联想为基础的全约定和外部随意的联想为基础的全任意这两极之间。1954年以来，苏联学者布达哥夫、斯米尔尼茨基、兹维金采夫对符号任意性原则进行了进一步的批评。1986年，法籍华人学者游顺钊的《能指的起源——对手语"克拉底洛"思考》认为，应该把"不知道"与"任意性的"这两个概念分开来。这两个概念正好反映了能指演变过程其两端的特性，即源头"不清楚"了而从现状则似乎是"任意性的"。1986年，李葆嘉向全国首届青年现代汉语学讨论会提交了《论语言符号的可论证性》（分为两篇论文发表：《论语言符号的可论证性及其价值》，《江苏教育学院学报》1994年2期；《论索绪尔语言符号任意性原则的失误和复归》，《语言文字应用》1994年3期）。作为中国语言学界批评《教程》的第一篇专论，《失误和复归》的发表，引发中国大陆90年代语言观大讨论。

与索绪尔结构主义语言学首先对立的是功能语言学。伦敦功能语言学派的创始人弗斯（J.R.Firth，1890—1960）继承了马林诺夫斯基"意义是语境中的功能"的原则，不同意"语言"和"言语"的区分。弗斯区分"结构主义语言学"和"结构语言学"，他的倾向性在于后者。他认为语言是一个"社会过程"，是"人类生活的一种方式，并非仅仅是一套约定俗成的符号和记号"；语言的异质性和非联系性，要比大多数人愿意承认的还要严重得多。韩礼德（M. A. K. Halliday）接受了叶尔姆斯列夫"语言"和"言语"二者并容的观点。他认为语言是"社会行为"，主张走出语言，借助社会学理论来观察语言的使用，最终创立了既研究形式又研究意义的"系统功能语法"。梅耶的学生，即索绪尔的再传弟子法国语言学家马尔丁内（André Martinet，1908—1999），曾经推崇过索绪尔的语言理论，他的《普通语言学原理》（Eléments de linguistique générale, 1960）被毛罗认为突出地代表了索绪尔的观点。但是，在《语言功能观》（A Functional View of Language, 1962）和《功能句法研究》（Studies in Functional Syntax, 1975）中，马尔丁内修正了《教程》的主要观点：1. 语言学研究的对象是人类语言活动。与《教程》中的那句"语言学的唯一的、真正的对象是就语言和为语言而研究的语言"（高译本1980：323）相反，他提出"就人类的语言活动，为人类的语言活动而研究人类的语言活动"（Martinet. Studies in Functional Syntax, 1975: 11；转引自周绍珩译1979：184）的口号。所谓"语言活动"，既包括语言又包括言语。2. 语言研究要注重形式，同时也要兼顾实体。与《教程》强调"语言是形式而不是实体"（高译本1980：169）不同，马尔丁内认为语言形式固然要放在研究的首位，但在难以找到形式根据的情况下，也可以依靠实体来识别语言的功能。3. 语言研究要历时与共时并重。与《教程》共时与历时的绝对对立不同，马尔丁内认为："人类不断改变着的需要，时刻都在危及语言机制的平衡，并且使它在新的形势下恢复平衡"（Martinet. *A Functional View of Language*，1962: 2; 转引自冯志伟1987：133—134），语言的共时与历时是分不开的。

英—法功能语言学派，重视语言事实，不愿为了维护一种既定的理论而抛弃语言事实，马尔丁内一针见血地揭出静态语言学的要害："科学研究首先的要求，就是不能因为方法上的苛求而牺牲研究对象的完整性。"（周绍珩译1979：182）但是由于"《教程》索绪尔"影响太大，要克服人们头脑中的思维定式实在步履维艰，正如马尔丁内所说："功能语言学获得的任何进展，不论在过去还是将来一个时期内，都是逆着潮流的。"（周绍珩译1979：184）

从20世纪50年代开始，以"乔姆斯基革命"为导火线，当代语言学理论突破索绪尔《教程》的彻底束缚，最终导致了全面超越静态语言学体系的蓬勃局面。1."语言"和"言语"区分被二者并容的观点所取代（叶尔姆斯列夫、弗斯、马尔丁内、韩礼德）；2."内部"和"外部"的藩篱被冲破，大大扩展了语言研究的广阔视野的应用语言学和边缘语言学，至今方兴未艾；3.割裂共时与历时的静态语言观被"从空间发现时间"的动态语言观所替代（斯瓦迪士的语言年代学、王士元的词汇扩散理论和桥本万太郎的地理推移说）；4."语言是形式而不是实体"被纠正为形式和实体都要研究（马尔丁内、韩礼德）；5.语言的线性只是语言结构的表象，层次性才是语言结构的本质（美国描写主义语言学派）；6."组合关系"和"聚合关系"建立在静态语言学的线性结构理论之上，"结构关联"才是动态语言学理论的核心（徐通锵）；7.从结构系统转向语言机制或语言能力研究（乔姆斯基生成语言学）；8."语言同质说"被"有序异质论"所代替（弗斯、拉波夫语言变异理论）。9.符号的任意性原则被符号的本原可论证性和发展任意性倾向原则所取代（李葆嘉）。随着东西方文化的合流，语形和语义研究的合流成为世界性趋势，认知语言学应运而生。在世纪之交的语言学大旗上写着口号——"为人而研究语言"。

依据当代语言学的视界，语言研究可以分为三个层次：描写—阐释—模拟。描写研究可分为共时与历时。阐释研究可分内部和外部。内部阐释是系统和演变的阐释，外部阐释是心理、社会、文化和历史的阐释。模拟研究可分为语言形式化的研究和语言机制的研究，其目标是未来智能机的制造。无论如何，描写是语言研究的基础。但是描写并不是一切，应当扬弃的是"描写主义"而不是描写。无论如何，静态结构是科学研究的假设。但是静态结构并不是一切，应当扬弃的是"结构主义"而不是结构。随着全面超越静态语言学的实现，近一个世纪来广泛深入影响了众多人文科学的"结构主义"雄踞学术主流地位的时代一去不复返！

语言学大师之谜：心理索绪尔*

提要：本文是用精神分析法剖析结构主义大师索绪尔的尝试。除了所熟知的"《教程》索绪尔"、新发现的"手稿索绪尔"，以及探究索绪尔理论来源的"学术索绪尔"以外，还有一个依据索绪尔生平和《回忆录》、信件等材料，采用了精神分析法所揭出的"心理索绪尔"。只有抓住了"心理索绪尔"这条线索，才能读懂一心要冲破历史语言学藩篱、急于创立新的语言学理论、饱受探索者之苦恼的索绪尔，以及他的学生为他编辑出版的《普通语言学教程》，从而准确界定索绪尔在语言学史和思想史上的地位。从1916年《教程》出版以来，直至本文的研究才读懂了作为"人"的原型索绪尔。

关键词：索绪尔；静态语言学；神经症；首创权情结

The Mystery of Linguistic Master: Saussure in Psychological Sense

Abstract: This article is an attempt to analyze Saussure, the structuralism master with a psycho-analysis approach. In addition to the well-known "Course Saussure", the newly discovered "Manuscript Saussure", as well as "Academic Saussure" investigating his theory origin, there is also a "Psychological Saussure" which uses a psychoanalysis approach based on his life, memoir, letters and other documents. Only seize this clue, can Saussure be understood completely on his efforts to break through historical linguistics barriers, eagerness to create a new linguistic theory, and suffers from explorers' annoyance and neurosis. It also helps us to understand his students' edition of "*Course in General Linguistics*" to define his position in linguistics and philosophical history. Through the "*Course*" published in 1916 to this paper, Saussure finally is possible to be known as the prototype of the "human being".

Key words: Saussure; static linguistics; neurosis; origin authority complex

---

* 原文《心理索绪尔：精神分析的一个尝试》，载李葆嘉主编《引玉集：语言学和文献学研究论集》（南京师范大学文学院，2000年印行）。后题名《语言学大师之谜和心理索绪尔》，收入李葆嘉著《理论语言学：人文与科学的双重精神》（南京：江苏古籍出版社，2001年）。修订稿收录于赵蓉晖主编《索绪尔研究在中国》（北京：商务印书馆，2005年）。

随着"现代语言学鼻祖"索绪尔（Ferdinand de Saussure, 1857—1913）《普通语言学教程》（以下称《教程》，引文皆据中译本）1916年的出版，后来被称之为"结构主义"的索绪尔学说，对哲学、美学、人类学、文化学、历史学、文艺学、心理学、社会学等众多人文学科产生了巨大而深远的世界性影响，20世纪上半叶成为结构主义的时代。索绪尔理论是通过《教程》而得以传播的，通常所认识的"现代语言学理论"就是《教程》中所阐述的理论。

20世纪50年代起，经过瑞士戈德尔（R. Godel）和恩格勒（R. Engler）、意大利毛罗（T. de Mauro）以及俄国留萨列娃（Н. А. Слюосарева）对新发现的索绪尔的手稿札记、学生课堂笔记、回忆录和信件等材料的研究，最终导致了"索绪尔的语言学思想的重新发现"（毛罗语），即出现了一个与"《教程》索绪尔"不完全相同的"**手稿索绪尔**"。在发现者看来，索绪尔主张既研究语言也研究言语；强调共时分析的重要性，但并不否定历时分析；并没有否定外部语言学。

特别引人注意的是，虽然早期索绪尔是一个富有创见的历史语言学家，并且《札记》中有着并不否定历时分析的论述，但在《札记》中同样有着对历时研究深为不满的议论："语言学家要研究的是语言态（静态——引注），他不需要理会导致目前语言态的历史事实，他应该把历时研究置于不顾。……历史的干预只能歪曲他的判断。"（Mauro 1967：117）索绪尔甚至措辞强烈地大声振臂疾呼："我们必须做出反应，抵制老学派的邪道，而这种反应的恰当的口号是：观察在今天的语言和日常的语言活动中所发生的情况……"（Mauro 1967：252）这是为什么？！曾为历史语言学家的索绪尔，为什么要吹响反对历史语言学的激昂号角？为什么要高扬静态语言学的反叛旗帜？为什么要高倡"抵制老学派的邪道"的决裂口号？

关于索绪尔的生平和学术风格，他的学生巴利（Charles Bally）的《教程》（第一版序）和英国学者卡勒（J. Culler）的《索绪尔》做了一些叙述。索绪尔的思想非常活跃，从不留讲稿，他的语言学思绪有如一条流动的河，总在变化。在《教程》（第一版序）中，巴利写道："他没有因此出一本书，凡特别有幸听过这门内容充实课程的人都深以为憾。"（高译本 1980：11）也许，读过《教程》的每一位学人，同样会和他的学生一样，为索绪尔生前把《教程》讲授提纲的草稿"随写随毁掉"，没有加以整理，并进一步修订成为专著而深为惋惜。

感慨之余，也许会发出一系列疑问：1. 为什么在讲完课就把讲稿扔进字纸篓，而不保存下来加以整理呢？这是不是一种"怪癖"呢？2. 为什么没有以论文的形式来发表这些重要的理论呢？这是不是他认为没有必要呢？3. 为什么生前没有撰写一部阐述这些理论的专著呢？这是不是他愿意且能够写，却出于谨慎或没有时间写呢？4. 除了青年时代的《论印欧语元音的原始系统》(*Mémoire sur le système primitif des voyelles dans les langues indo-européennes*, Leipzig: Teubner, 1879)和博士论文《论梵语绝对属格的用法》(*De l'emploi du génitif absolu en Sanscrit*, Genève: Imprimerie Jules-Guillaume Fick, 1881),为什么没有再发表或留下其他重要论文呢?5. 索绪尔在日内瓦的几十年学术生涯是如何度过的呢,为什么离群索居呢?归根结底,是什么动力驱使原来醉心于语言历史比较的青年索绪尔一心要冲破青年语法学派的藩篱,企图创造新的理论呢?是什么原因致使中老年索绪尔把《教程》讲稿随写随毁,生前没有撰写静态语言学的专著呢?

本文将采取与索绪尔同时代的心理学家弗洛伊德所创立的精神分析法,通过剖析"**心理索绪尔**",尝试打开"索绪尔之谜"的黑匣子。

一、索绪尔身后留下的谜团

巴利在《教程》(第一版序)不无遗憾地写道:"他没有因此出一本书,凡特别有幸听过这门内容充实课程的人都深以为憾。"(高译本 1980:11)

也许,读过《教程》的每一位学人,同样会和他的学生一样,为索绪尔生前把《教程》讲授提纲的草稿"随写随毁掉",没有加以整理,并进一步修订成为专著而深为惋惜。由此会发出一系列疑问:1. 为什么在讲完课就把讲稿扔进字纸篓?2. 为什么没有以论文的形式来公开发表这些重要的理论呢?3. 为什么生前没有尝试写一部全面阐述这些理论的专著呢?4. 除了青年时代的两篇论文为什么没有再发表或留下其他重要论文呢?5. 索绪尔以后的几十年学术生涯他是如何渡过的呢?迄今为止,笔者没有看到学术界公布索绪尔公开发表其他论文的资料。甚至连哥本哈根学派的代表人物叶尔姆斯列夫(L. Hjelmslev, 1899—1965),在《语言的结构分析》(*Structural Analysis of Language*. Acta LinguisticaVI, 1940)中也深为困惑:"很难说,索绪尔的观点是如何在思想中具体形成的。"(转引自冯志伟1987:73)

通过对索绪尔学术风格的探讨,通过对索绪尔语言理论直接渊源的寻求,我又发现了一个"学术索绪尔"。有可靠证据表明,索绪尔《教程》的理论体系,其哲学基础是法国学者德克海姆(Emile Durkheim, 1858—1917)的社会学理论,其理论框架是波兰—俄国学者博杜恩·德·库尔特内(Baudouin de Courtenay, 1845—1929)和克鲁舍夫斯基(N. Kruszewski, 1851—1887)的语言学理论,其符号学原则是美国学者辉特尼(William Dwight Whitney, 1927—1894)的符号学说。通过揭出索绪尔语言理论的这三个直接来源,在了解到索绪尔"不断革新"的治学风格的基础上,如果对活生生的作为人的索绪尔进行精神分析，兴许可以解开这个"语言学家索绪尔之谜"。

首先，索绪尔在博采名家和不断探索中给学生讲课，对于流动的思想来说，以别人的学术观点和理论体系为基础编写的讲授提纲草稿没有必要保存。其次，这些主要理论原则不是他的独创或首创，在他还是学生之前，博杜恩与克鲁舍夫斯基已经把这些观点写成论文和专著发表了。和他相识以后，他们寄给了他一些论著。对别人已经发表的观点加以补正而敷衍成文，不是索绪尔这样一心要创立自己的理论的探索者愿意做的工作。再次，当时的欧洲还不盛行"网罗"（实质为抄袭或剽窃）别人的研究成果以编写自己署名的专著或教材。也许，他的学生既不了解博杜恩师生的研究——《教程》中提及众多学者的姓名，但是没有出现博杜恩师生的名字。到底是学生删除了博杜恩的姓名，还是老师没有提及博杜恩的姓名，无从详考——又不了解老师的烦恼，以至于在善意塑造"《教程》索绪尔"的同时留下了这些惋惜和一系列疑团。

二、中老年索绪尔神经症的缠绕

有证据表明，一心寻求变革的索绪尔陷入了深深的思考和长期的困惑。

1894年1月1日，索绪尔致书他在巴黎的学生梅耶（Meillet），谈到他不得已要交给编辑的一篇文章，极言思虑与写作之焦虑：

……可是我对这一切都厌倦了。厌倦的另一个原因是我，通常感到要在语言学问题上，即使仅仅写上十行言之成理的文字也感到困难。长期以来，我一直在首先思索：如何把语言诸现象加以逻辑分类，又如何把研究语言诸现象的各种观点加以分类。我越来越认识到，要阐明语言学家所研究的是什么，需要的工作量太大了……当前流行的术语极不妥当，有必要加以改进。为了改进这些术语，使我对语文学的兴趣越来越小，尽管我非常希望不要让我去概括语言的本质，这会使我违心地去著书立说。我毫无兴趣和缺少热忱，去解释语言学中使用的术语为何，对我来说没有任何意义。然而，坦白地说，我只有写成这部书[①]，

---

① 补注：此处（1894）指一本改进语言学术语的书，索绪尔只是假定，并不想写作，也写不成。据《普通语言学手稿》（布凯和恩格勒整理，于秀英译，南京大学出版社，2011年）的"编者前言"（第6页）所记，索绪尔此前（1891）提到，"将来有一本特别且很有意思的书要写，以探讨术语（mot），探讨那些作为术语科学（science des mots）的主要扰乱者的术语"（于秀英将mot译为"语词"）。而后来，索绪尔（1911）表示"为了发表，再开始长久的研究，那太愚蠢了"，实际上只有"丢在一堆杂物里的笔记"。中晚年的精神状态已经不允许他从事严谨的长篇写作，只能手记一些临时想到的东西。

才可能在我停止的地方重新开始工作。①

字里行间，可以看出索绪尔正处于极度不满、苦恼、厌倦、焦虑，甚至陷入"失思"和"失写"的颓唐之中。

此时的索绪尔38岁，正当盛年的他竟对自己的研究一筹莫展，陷入厌倦和焦虑的神经症。②也许，是多年来教学研究工作的殚尽思虑；也许，是对理论语言学期望值过高的困惑，造成了他的神经衰弱。也许，遗传基因导致了他的心理疾病；也许，早年生活中的种种不快所形成的潜意识，促使他此时已经进入了中年心理危险期，并一直延续到晚年。由此，本文试图揭出一个深层的"心理索绪尔"。也正是这个"索绪尔"，使他焦虑不安、无法定下心来，建构完整周详的语言学体系。

当他的学生里德林格（A. Riedlinger）问他为什么不把普通语言学讲授的内容（大概就是他给梅耶的信中说的"这部书"）写出来时，晚年的他微露笑容，接着说："我没有给自己规定要写出静态语言学"（Godel 1957：30，转引自许国璋 1991：106）。面对难以接受这一回答的学生，索绪尔只是反复重申这一工作的困难。也可能，他早就预感到自己确实难以超越博杜恩创立的喀山学派的语言学理论高峰了。

三、青年索绪尔的首创权情结

有一个早年的事实，可能与索绪尔中晚年的心理疾病密切相关。

1876年，索绪尔进入莱比锡大学求学，经胡布施曼（H. Hübschmann, 1848—1908）教授介绍，了解到著名历史比较语言学家、青年语法学派的首领之一布鲁格曼（Karl Brugman, 1849—1919）教授关于希腊语中的某些α由N变来的论文《论印度—日耳曼始源语中的响鼻音》。他对胡布施曼说："这一发现并没有特别的价值，也算不上是新的。"听者必定疑问：一个刚刚入学不久的新生何以出言如此不逊？其实，早在三年前，索绪尔

---

① 原文刊于《索绪尔研究集刊》21辑（1964），转引自张景智所译卡勒的《索绪尔》（12—13页），文字上有润色。

② 神经症或神经官能症是一组精神障碍的总称，包括神经衰弱、焦虑、抑郁、恐惧、躯体形式障碍等，病程大多为持续迁延性。典型症状是患者感到不能控制自认为应加控制的负面心理活动，如焦虑、缠人的烦恼、自认无意义的胡思乱想、恐惧、强迫观念等。患者虽自觉躯体不适，但临床检查没有器质性病变。一般能适应社会，其行为一般保持在社会规范的范围内，可为他人理解和接受，但其症状妨碍其发挥正常心理或社会功能。补记：2006年10月27—29日，王寅教授邀请我出席第七届全国语言和符号学研讨会（南通大学），我的大会报告是"四个索绪尔"。屠友祥教授问道："神经症患者能正常生活和研究吗？"我回复："如果是间歇性的，能够正常生活和一般思考。"

已经发现了σ=n这一等式。但是，他没有留下书面证据。《索绪尔》中写道："可自己又否定了。"根据未详，可能根据当时少年索绪尔的语言学知识把握不定。布鲁格曼的发现无疑会给他增加自信。索绪尔感到，他的构想比布鲁格曼受到人们赞赏的假说毫不逊色，这可能就是促使他急于撰写和自费刊行《论印欧语元音的原始系统》的直接动机。1879年，索绪尔的论文发表，其中自然包括1873年他发现的响音内容。但他不仅只字未提自己的独立发现（所谓"首创权"），反而违心地写上"感谢布鲁格曼和奥斯特霍夫的著作，我们知道了响音n和r"。历史证明，这是一篇天才的论文。50年以后赫梯语楔形文字的发现，印证了索绪尔对与σ相关的、但与e、o无关的"共协半元音"原始印欧语喉音h的天才推断。文章发表以后，他的老师布鲁格曼只写了一篇礼节性的短评。但是，后来有人说索绪尔这一不借助外力独立完成的论文抄袭甚至剽窃了别人的成果，尤以奥斯特霍夫教授为甚。然而，引起青年语法学派反感的深层原因，我以为并不在于σ=n这一具体发现，而在于"乳臭未干"的出言不逊——"我不是在空想费解的理论问题，而是在寻求这一学科的真正的基础。没有这个基础，任何研究都是没有根据的、武断的、不能确定的"（见《论印欧语元音的原始系统·序》，转引自张译本《索绪尔》1989：11）——触动了青年语法学派头面人物的某根神经。这些流言蜚语，来自他青少年时代一直推崇的青年语法学派的师辈名流，使21岁血气方刚、雄心勃勃、崭露头角的索绪尔感到非常愤慨、非常苦恼、非常失望。由此形成他后来对"老学派的邪道"即青年语法学派怒气冲天、出言不逊的潜意识压抑心理。

20多年过去了，当德国斯特莱特贝格（W. Streiberg，1846—1925）写信谈到《论印欧语元音的原始系统》时，尽管事隔多年，然索绪尔难以释怀，为了澄清与青年语法学派之间的关系，特别是为了洗刷"剽窃"的不白之冤，索绪尔还是写了一份《关于青少年时期和求学年代的回忆》（约于1903年，时46岁。布鲁格曼与奥斯特霍夫还在世），拟寄给斯特莱特贝格。在《回忆》中，虽然他一再申明，他对首创权并不介意，但是恰恰据此可以发觉他对"剽窃"中伤的耿耿于怀。正是这青年时代的所谓"剽窃"，在索绪尔心灵深处形成了"首创权情结"或"剽窃恐惧情结"（潜抑心理防卫机制）和"憎恶青年语法学派情结"（升华心理防卫机制），以至于他后来呼吁"应该把历时研究置于不顾……历史的干预只能歪曲他的判断"（Mauro 1967：117），以至于他几十年不写或极少写、更谈不上发表任何论著，唯恐因为观点的"不谋而合"，成为师辈指控他的"新证据"。

由此，一方面促使他"这位有造诣的新语法学家"力图冲破师辈所热衷的青年语法学派的藩篱，创立新的语言学，以证明自己的独创性才能；另一方面，当他了解到博杜恩崭新的语言理论时，也许在赞赏之余不免顾影自怜。证明独创性的热望，燃起了他寻找更新的突破口熊熊之火。永无休止的探索和困惑，又致使他陷入了深深的焦虑。一筹莫展的他，"对这一切都厌倦了"；忧心忡忡的他，不可能把普通语言学讲义编成专著。所有这些渴望、寻求、探索所带来的困惑和疑虑，导致他"仅仅写上十行言之成理的文字也有困难"，只得以"我没有给自己规定要写出静态语言学"的微笑（合理化心理防卫机制）来掩饰心灵深处的难言之隐。

四、探索者索绪尔的悲怆人生

中年的索绪尔，后来有没有去做他在给梅耶的信中所说的"只有写成这部书"的工作呢？非常遗憾，根本没有。厌倦焦虑的索绪尔却去以研究中世纪德国的传说文学为消遣，留下一些根本不想发表的笔记。晚年的他沉湎于研究拉丁诗人怎样在诗中隐藏专有名词的"字谜"之中，并且留下了大量"迷惑不解"的笔记。他在一封信中说："在最重要的问题上我仍然迷惑不解。也就是说，对字谜这种现象或假设，应该如何解释呢？"（转引自Jean Starobinskid的《言外之意》，138页；见张景智译《索绪尔》1989：146）

这种字谜把字母分散在文章里，有时按原词的字母顺序出现，有时变换字母先后顺序，出现次数不等。依据精神分析法，"字谜"的成因可能是：因为有一个关键词在作者潜意识中徘徊，以语音联系而影响到其他词语的选择。问题不在于索绪尔的发现证明了"字母在潜意识中的坚持性"，而在于索绪尔沉湎于"字谜"发现的行为反映了他的什么"人谜"或精神状态？无论是对语言研究厌倦的一种排遣，还是以"钻牛角尖"的方式在逃避什么，这一切都表明他事实上对"在我停止的地方重新开始的工作"的"可能"渐渐丧失信心，并以否定作用、转移作用这些心理防卫机制在减轻自己的心理痛苦，以保护自己。一个焦虑不安的人，通常会做出一些常人以为的"怪事"。难怪有一位评论家针对他研究"字谜"的情况说："索绪尔有些精神失常。"（转引自张景智译《索绪尔》1989：146）准确的说法是索绪尔长期患有身心疾病"神经症"。

在迷茫中的他，却始终没有发觉：除了共时与历时的对立，内部语言学之外的外部语言学是一条光明大道，20世纪中叶兴起的边缘语言学证明了这一点。

1906年，日内瓦大学普通语言学教授魏尔特海默（J.Werhtiemer，1933—1908）退休，1907年学校让索绪尔接替这门课程。从那时起，他隔年授课（1907，1908—1909，1910—1911），可能又燃起建构静态语言学的夙愿。不幸的是，长期的探索思虑和身心失调，致使他1912年夏罹于沉疴。1913年，索绪尔带着探索者的困惑和遗憾在疾病中离开了人世，终年56岁……

然而，这并不能否认索绪尔在探索和传播现代语言学理论过程中的创造性、系统化的发展，尽管以极端方式割断了历时和共时的关系，把共时放在绝对优先位置，但是纯粹的"静态语言学"的建立无疑是他的创造。更要感谢他的学生所编行的《教程》，毋庸置疑，是"《教程》索绪尔"把国际语言学和众多人文科学推向一个新的历史时期。需要特别强调的是，"学术索绪尔"是一个淡泊名利的人，《索绪尔》中有这样一段："虽然在老同事的要求下，他被授予勋级会骑士称号，可是这样的荣誉并没能把他留在巴黎。"（张景智译《索绪尔》1989：12）索绪尔认为，他毕生的任务就是从事学术探索和培养新一代语言学家。也许，学生们的善意来自老师生前的关爱；然而学生不知，老师对他们的关爱正是来自自身青年时代所深受伤害的隐痛。

"手稿索绪尔"表明，他是一个思想活跃、富有洞察力的、不断进取的学者。正如博杜恩对语言学研究的兴趣是随着时间的推移而改变，并不刻意写出全面系统阐述"现代语言学"观点的著作一样，以开放的、流动的思维面对"封闭的"（其实是封闭与开放的统一）、"静态的"（其实是静态和动态的统一）语言系统，写出一本系统的完全首创的专著对于索绪尔也是勉为其难。面对语言符号背后的庞大的认识系统，迄今为止，所有语言学家所做的一切研究还都是"划地为牢""盲人摸象"……"人生有涯，而知无涯"，企图以个人有限的认知能力处理人类无限的认知系统，这种"学术集体无意识"导致了所有探索者焦虑、困惑和遗憾的人生悲剧，任何博大精深的学者也概莫能外。然而，正是知识的无限性和科学的可证伪性，求知和创造的冲动才使一代又一代学者不无遗憾地舍弃人间的许多欢乐，心甘情愿地为悲凉而壮丽的科学事业贡献出有限的一生。

五、打开索绪尔的"黑匣子"

许国璋在《论索绪尔的突破精神》一文中自问自答：

一个有意思的问题是，一个仅是大学最优等毕业，写过一篇出色的论文（但这篇论文里的预言的证实，还有待几十年以后一种Hittite文物的出土[①]），还在大学教书但是尚未有专著问世的索绪尔，何以敢于这样富有自信地纵横议论呢？

我想，我们不妨把这种自信叫作哲学的自信！（许国璋 1991：139）

[①] 大约前19世纪，赫梯人从高加索一带到达安纳托利亚中部。19世纪，考古发现了前1200年至1650年期间以楔形文字记录在黏土版上的赫梯语。1915年，捷克学者豪兹尼（Bedřich Hrozný，1879—1952）发现赫梯语是一种印欧语。1927年，波兰语言学家库雷洛维奇（M. Kurylowicz，1895—1978）从中发现了h音位。据说验证了索绪尔50年前提出的原始印欧语的元辅音音位。

在《从两本书看索绪尔的语言哲学》一文中又修改了这一看法,而认为是索绪尔多年来的历史比较研究、多年来在大学的讲授,深知普通语言学的其中底细,晚年才试图创立新的理论。许国璋之所以提出这种根本不存在的"哲学的自信"的臆断和"深知其中底细"的揣测,是因为不了解索绪尔语言理论的直接来源和内心苦恼。因此,他虽然引用了索绪尔信中的"厌倦",却未能体察探索者的"悲怆"。

如果克鲁舍夫斯基不是英年早逝,如果博杜恩的学生谢尔巴们将老师的遗著编成全面阐释现代语言学的专著,那么,现代语言学鼻祖的桂冠也许不会落在索绪尔的头上。然而,"学术索绪尔"绝不是一个欺世盗名的人,以他"随写随毁掉"的习惯,生前根本不可能想到在他死后,由于担心老师所讲授的内容失传,出于学生们的善意,"《教程》索绪尔"才把他推上20世纪现代语言学"奠基者"的宝座;更没有想到与他的英名密不可分的"结构主义"会对语言学和众多人文学科产生如此巨大的影响。因此,只有分析了心理索绪尔,才最终打开了索绪尔的"黑匣子";只有了解了表层结构和深层结构四位一体的索绪尔,才真正读懂了作为人的索绪尔和他的《教程》。

当我们了解到这些,再来看卡勒的《索绪尔》(1976):"索绪尔一生过着平静的生活(?——问号是笔者加的)……他没有经历过什么思想危机(?)或决定性的思想转变时刻(?)……由于他十分谦虚(?),我们难于追溯他早期思想的形成过程(?)。他未能完成什么主要著作,这似乎可以典型地反映出其矛盾的经历(?)";"索绪尔的论文受到多方好评(?)……索绪尔在法国似乎感到不愉快(?)";"在日内瓦……他结了婚,后来有了两个儿子。他很少出游,好像在一个体面而又偏僻的地方隐居起来(?)。他动笔愈来愈少,后来感到写作十分痛苦,更懒于动笔了(?)"。

这本目前国际上关于索绪尔的唯一的一本评传,除了对上述疑问没有追根穷源,在《索绪尔理论的地位》一章仅仅将索绪尔与同时代的德克海姆、弗洛伊德平行比较,未免浅尝辄止。但要考虑到,作为文艺批评家而非语言学家的卡勒能够写出这样的第一本《索绪尔》评传已经颇具开创性。不过,兴许应该承认:与伦敦大学校长夸克(Randolph Quirk)"对索绪尔的理论作了出色的介绍"(张景智译《索绪尔》译者序,1989:5)评价相比,中国语言学家许国璋"此书解释索绪尔本人的学说并无独到之处"(许国璋1991:132)的评论较为恰如其分。

现代语言学理论形成的群体模式考察*

提要：本文是基于群体模式全景考察"现代语言学理论"形成过程的一个尝试。通过对德国洪堡特的人文语言学思想、德国民族心理学和法国社会心理学、德国青年语法学派的心理语言观、美国辉特尼的语言符号约定论、波—俄博杜恩的心理—社会语言学，以及结构主义三大流派各自来源的溯源沿流，走出了罗宾斯等把索绪尔称为"开创者/奠基人"的个体创始模式。将索绪尔定位为以"整合"为主的语言哲学家或"静态语言学"的倡导者，这也符合索绪尔本人对自己的定位。

关键词：群体模式；现代语言学；心理—社会；静态语言学

An Investigation of the Formation of Modern Linguistics Theory Based on the Model of Group Involvement

Abstract: This study is an attempt at clearing the formation of modern linguistics based on the group involvement model. With the analysis of humanism in German Humboldt's linguistic thought, German ethnopsychology as well as French sociopsychology, the mental language view in German Neogrammarians, the linguistic sign's conventionalism of American's Whitney, the mind-socio linguistics of Polish-Russian's Courtenay, and the sources of three main branches of structuralism. This study opens up a model different from the model of individual initiation Robins and others insist, which holds that Saussure is the founder of modern linguistics. It positions Saussure as one language philosopher majoring in "systematic integration" and the initiator of the static linguistics. Such assessment is in accordance with his self-evaluation.

Key words: the model of group involvement; modern linguistics; mind-socio; static linguistic

20世纪60年代以来，学术界通常将日内瓦学派（Geneva School）的代表人物索绪尔（F. de. Saussure，1857—1913）奉为"现代语言学的开创者/奠基人"，然而这并非20世

---

* 李葆嘉、邱雪玫合作。原刊于《外语教学与研究》2013年第3期，323—338页。

纪上半叶学界的看法。在《普通语言学教程》（Cours de linguistique générale，1916；以下简称《教程》）问世后的三年内，巴黎语言学会约请了叶斯柏森（O. Jesperson，1860—1943）、舒哈特（H. Schuchardt，1842—1927）及梅耶（A. Meillet，1866—1936）等15位学者撰写书评。大多数学者对《教程》中的说法持保留态度，有的甚至否定意见多于肯定。作为索绪尔的学生，梅耶一语道破："（《教程》）太强调语言的系统性，以至于忘却了语言中人的存在。"（戚雨村1997：52—53）对于索绪尔静态语言学的负面影响，作为梅耶的弟子，马尔丁内（A. Martinet，1908—1999）更为一针见血："科学研究首先的要求，就是不能因为方法上的苛求而牺牲研究对象的完整性。"（周绍珩译1979：182）

索绪尔静态语言学的核心概念或基本观点并非其独创或首倡。早在索绪尔之前若干年，喀山学派的博杜恩（Baudouin de Courtenay，1845—1929）已经提出了这些。作为博杜恩的学生，谢尔巴（Л. В. Щерба，1880—1944）在《博杜恩·德·库尔德内及其在语言科学中的重要地位》（1929）中回忆："1923年，当我们在列宁格勒收到索绪尔《教程》原版时，让我们感到惊讶的是，索绪尔与我们所熟悉的原理在许多地方如此相同。"（戚雨村1997：55）博杜恩的另一学生，波利瓦诺夫（E. D. Poliyanov）在《论马克思主义语义学》（1931）中指出："许多人将《教程》视为一种理论创新，但与博杜恩及其学派很早以前就取得的成果相比，就提出并解决普通语言学问题而言，没有任何新东西。"（屠友祥2011：1）

直至20世纪60年代，英国新一代的语言学家才对索绪尔学说推崇备至。罗宾斯（R. H. Robins，1967）提出："索绪尔对20世纪语言学的影响却是无与伦比的，可以说，是他开创了20世纪的语言学。"（上海外国语学院外国语言文学研究所译《语言学简史》1987：248）随后，莱昂斯（J. Lyons，1968）认为："如果有谁称得上现代语言学的奠基人，那么他就是伟大的瑞士学者索绪尔。"（戚雨村1997：59）以《教程》讲义"随写随毁"的习惯，索绪尔生前根本不可能想到，去世后学生会把课堂笔记整理成书刊行；更不可能想到，半个世纪以后会被推上现代语言学"开创者/奠基人"的宝座。

研究学术史，务必忠实于史实；而要忠实于史实，必须充分占有材料。由于仅仅就《教程》讲索绪尔，缺乏对索绪尔本人的深入研究，以及对现代语言学理论形成过程的群体考察或全景审视，罗宾斯、莱昂斯的此类评价难免言过其实。

一、逐层考察模式和群体考察模式

作为一种学术思潮或流派，"现代语言学"的形成是一个动态的历史活动过程。在"语言学"之上冠名"现代"，是为了与此前或当时盛行的"传统语言学"（文献语言学、历史比较语法）相区别。然而，这种以"现代"冠名的方式，当时人觉得十分自然，而后来者则使用不便。时代冠名无法反映一种理论的本质属性。而能够反映这一学术思潮本质属性的概念，在《教程》出版之前，是博杜恩19世纪70—80年代提出的"心理—社会语言学"；在《教程》出版之后，是雅柯布逊（R. Jakobson，1896—1982）1929年采用的"结构主义"。[①]这一思潮或流派主要关心的问题是：1.语言的性质；2.语言学的研究对象；3.语言学的研究方法；4.语言学与心理学、社会学的关系。

长期以来，在现代语言学理论研究中，索绪尔学说的研究一直作为重点。如果只知道《教程》，现代语言学理论的形成仿佛一清二楚；如果还知道其他的，现代语言学理论的形成则显得扑朔迷离。20世纪下半叶以来，一方面，索绪尔手稿和新的课堂笔记的发现，引发了欧洲语言学界的"索绪尔的重新发现"（[法] R. Godel 1957；[瑞士] R. Engler 1967；[意] T. de Mauro 1972）；另一方面，《教程》（1980）中译本的出版，促使中国语言学界对索绪尔学说展开了争论。还有一个更为值得关注的，就是俄罗斯语言学家对索绪尔学说与博杜恩理论之间关系的研究。（详杨衍春2010）

在《论索绪尔静态语言学的三个直接来源》（李葆嘉1998）、《心理索绪尔：精神分析的一个尝试》（李葆嘉1999）中，我曾经提出"四个索绪尔"的研究思路：1.教程索绪尔：依据《普通语言学教程》所了解的索绪尔；2.学术索绪尔：依据静态语言学理论的三个直接来源所探究的索绪尔；3.手稿索绪尔：依据新发现的手稿、札记等所新知的索绪尔；4.心理索绪尔：依据其学生时代遭遇与中老年心态所揭示的索绪尔。其中的主要内容题为《语言学大师之谜和心理索绪尔》（李葆嘉2005）收入《索绪尔研究在中国》，该论文集主编赵蓉晖（2005：19—20）评价："李葆嘉把索绪尔作为一个活生生的人来看待，力图通过对'心理索绪尔'的精神分析，揭开'索绪尔之谜'。……这种独特的分析角度为我们全方位地研究索绪尔提供了有益的启示。"

"四个索绪尔"的研究思路，是从长期以来在语言学界产生实际影响的《教程》（1916）本身出发，基于相关文献的比对以探究静态语言学的直接来源，然后再结合后发现的索绪尔手稿、札记等，深入到索绪尔的心理特征（主要解决索绪尔为什么要提出静态语言学的驱动力，拨开其学术生涯中的重重迷雾）。这种由表及里、由旧闻到新知的研究思路，可以称之为"逐层考察模式"。通过近几年的进一步思考，我的想法是：现代语言学理论形成过程的研究，不但要以某人做专题，而且要基于"群体考察模式"，个人的学

---

① 雅柯布逊在《浪漫的泛斯拉夫主义》（1929）中指出："如果要囊括当前各种科学的主导思想，再没有比结构主义更贴切的术语了。"（转引自钱军《结构功能语言学》，长春：吉林教育出版社，1998年，134页）

术贡献只有在群体考察或全景审视中才能准确定位。所谓"群体考察模式",就是把一种学术思潮或理论(除了现代语言学理论,还有历史比较语言学理论、现代语义学理论)的形成过程看作历史群体性的动态探索活动,通过梳理其理论的逐步形成背景和源流衍化线索,以深化对该学术思潮或理论的理解,并揭示个人在其中的学术贡献。而并非仅仅就某人的论著来研究某人的学说,甚至在不了解其他人研究成果的情况下,就轻言某人为"开创人/奠基者"(不仅是"言必称索绪尔",还有"言必称琼斯")。无论"逐层考察模式",还是"群体考察模式",都是为了走出罗宾斯等人夸大其词的"个体创始模式"。

基于前贤时修的研究,通过对相关资料的条分缕析,现代语言学理论的形成和衍化大体如下。

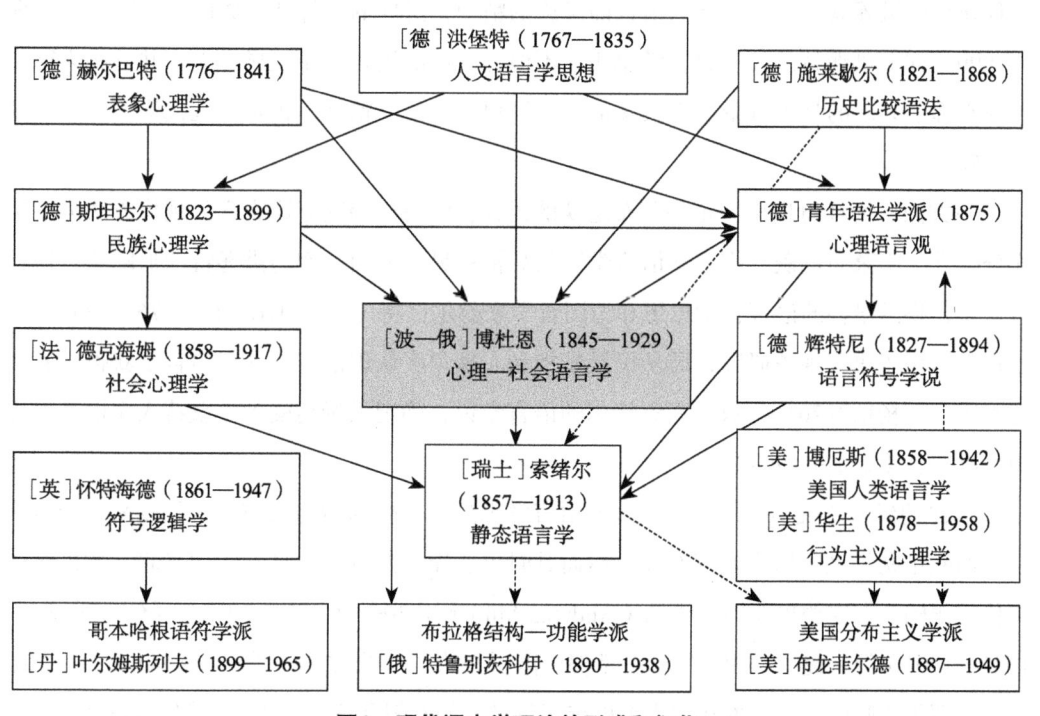

```
[德]赫尔巴特(1776—1841)      [德]洪堡特(1767—1835)      [德]施莱歇尔(1821—1868)
表象心理学                    人文语言学思想              历史比较语法

[德]斯坦达尔(1823—1899)                                  [德]青年语法学派(1875)
民族心理学                                                心理语言观

[法]德克海姆(1858—1917)      [波—俄]博杜恩(1845—1929)   [德]辉特尼(1827—1894)
社会心理学                    心理—社会语言学             语言符号学说

[英]怀特海德(1861—1947)      [瑞士]索绪尔                [美]博厄斯(1858—1942)
符号逻辑学                    (1857—1913)                美国人类语言学
                             静态语言学                  [美]华生(1878—1958)
                                                        行为主义心理学

哥本哈根语符学派              布拉格结构—功能学派         美国分布主义学派
[丹]叶尔姆斯列夫(1899—1965)  [俄]特鲁别茨科伊(1890—1938) [美]布龙菲尔德(1887—1949)
```

图1 现代语言学理论的形成和衍化

通过对19世纪上半叶到20世纪上半叶欧美语言学及其相关学术背景的全景审视,可以看出,现代语言学思潮发端于洪堡特的人文语言学思想;现代语言学思潮的理论背景主要是表象心理学、民族心理学和社会心理学;现代语言学理论创造的枢纽人物是喀山学派的博杜恩;而日内瓦学派的索绪尔是通过"系统整合"提出静态语言学的。显而易见,像罗宾斯、莱昂斯那样,主要就《教程》的内容,给索绪尔加上一顶现代语言学"开创者/奠基人"的桂冠,不符合学术发展的史实。

二、德国洪堡特的人文语言学思想

近代西欧人文语言学思想的渊薮在德国。17世纪到19世纪,德国相继出现了三位重要的语言哲学家:莱布尼茨(G. W. Leibniz, 1646—1716)、赫尔德(J. G. von Herder, 1744—1803)和洪堡特(W. von Humboldt, 1767—1835)。莱布尼茨提出,既然语言是"人类理智"的镜子①,那么就有可能构建一份"人类思维字母表"②。赫尔德对语言哲学的思考是:我们在语言中思维,在语言中构筑科学,一定的语言与一定的思维方式相对应。③强调语言和思想密不可分,民族语言与民族思想、民族文学以及民族凝聚力紧密相关。洪堡特(1829)则进一步揭示,语言是人们的一种精神创造,"每一语言里都包含着一种独特的世界观","民族的语言即民族的精神,民族的精神即民族的语言"。(洪堡特1999:50)洪堡特的人文语言学思想,不但为其后的语言学家发扬光大,并且成为德国民族心理学兴起的学术背景。而人文语言学思想及其民族精神,正是"现代语言学"思潮的基础。

一方面,博杜恩提出,正是莱布尼茨的语言哲学思想为建立语言学的现代方法准备了充分条件,将莱布尼茨看作"新语言学"的鼻祖;另一方面,作为洪堡特的追随者,博杜恩认为,将洪堡特的语言哲学思想和德国哲学家赫尔巴特(J. F. Herbart, 1776—1841)的心理学运用于语言现象研究,即从民族精神和心理角度认识语言,才使语言学获得了其固有本质。(杨衍春2010:81)而索绪尔的语言学说,确定无疑地受到洪堡特人文语言学思想的影响。(姚小平1993)

以往的研究忽视了一点,西欧人文语言学思想的产生固然与大航海时代以来、众多有别于西欧结构类型的语言发现有关,然而其时也适逢"西欧本土汉学"的兴起。17世纪60年代,德国学者安德里亚斯·缪勒(Andreas Müller, 1630—1694)、门采尔(C. Mentzel, 1622—1701)等,提出利用汉字部首掌握中国语文的"中文之钥"(Clavis Sinica)。莱布尼茨立即为之吸引,并把构建"人类思维字母表"的希望寄托在"中文之钥"的研究上。④

---

① 见莱布尼茨《人类理智新论》(陈修斋译),373页,北京:商务印书馆,1966年。

② 1666年,莱布尼茨在《论组合术》(*De Art Combinatoria*)中设想,用少数符号代表原始概念构成"人类思维字母表"。参见彭华《论莱布尼茨的通用字符及他对中国文字的理解》,《船山学刊》2005年第3期,122—124页。

③ E. Heintel (Hrsg.). Johann Gottfried Herder. *Sprachphilosophische Schriften*, p.91—102, Hamburg: Verlag von Felix Meiner. 参见姚小平《17—19世纪的德国语言学和中国语言学》,23页,北京:外语教学与研究出版社,2001年。

④ A.Müelle. 1674: *Propositio super Clave sua Sinica*; C. Mentzel .1697: *Clave sua Sinica*. 参见安文铸等编译《莱布尼茨和中国》,126—127页,福州:福建人民出版社,1993年。

尽管赫尔德对中国语文及传统文化颇有微词，但是同样认为，汉语对中国人那种造作的思维方式的形成起到了难以形容的巨大作用。哪一种民族的语言不是构造、储存和表达该民族思维的器物？[①]洪堡特更是精研过语法形式的通性以及汉语的特性。[②]由此可见，中国语文与西欧语文发生的撞击，无疑是近代西欧人文语言学思想形成的驱动力之一。（李葆嘉2008）

三、德国民族心理学和法国社会学

1859年，德国语言学家斯坦达尔（H. Steinthal，1823—1899）和哲学家拉扎鲁斯（M.Lazarus，1824—1903）创办了《民族心理学和语言学杂志》（1860—1890）。由此提出，历史的主体是大众，大众的"整体精神"通过艺术、宗教、语言、神话与风俗等表现出来，而个体意识仅是整体精神的产物，由此要从心理方面去认识民族精神的本质。同样，要把语言学从逻辑学中解脱出来，从心理学角度来解释语言现象。

作为洪堡特唯一的学生，斯坦达尔（1855）发展了"民族语言就是民族精神"的思想，提出了"语言并不属于个人，而是属于民族"。不但在研究个人言语时应依据个人心理，而且在研究民族语言时更应基于民族心理，以便最终建立语言类型与民族思维、精神文化类型之间的联系。对于个人言语和个人心理之间的联系，斯坦达尔则采用赫尔巴特的表象心理学原理来阐释。

民族心理与社会心理密切联系。德国哲学家孔德（A. Comte，1798—1857）在《实证政治体系》（*System of Positive Polity*，1851—1854）中，首次划分了社会静力学和社会动力学：前者着重研究社会事实和社会秩序；后者则着重研究社会演化和社会进步。（陶虹2010）

在19世纪90年代的法国社会学论争中，法国社会学家塔尔德（G.Tarde，1843—1904）主张社会学的研究对象是个人心理。与之相反，法国社会学家德克海姆（E. Durkheim，1858—1917）则强调，语言是一种社会行为。社会学要研究的不是个人心理，而是独立于个人之外的集体心理，如带有强制性的语言、道德、宗教等。（芦文嘉2011：13）德克海

---

① 夏瑞春《德国思想家论中国》（陈爱政等译），89页，南京：江苏人民出版社1997年。
② W. von Humboldt. 1826: *Ueber den grammatischen Bau der chinesischen Sprache*. 收于M.Böhler编《威廉·冯·洪堡特语言文集》，Stuttgart: Philipp Reclam Jun., 1973. W. von Humboldt. 1827: *Lettre a Monsieur Abel-Rémusat, sur la nature des formes grammaticales en général, et sur le génie de la langue Chinoise en particulier*. 收于A.Leitzmann编《威廉·冯·洪堡特全集》（IV），Berlin: B. Behr's Verlag, 1906.

姆的"集体心理"与德国浪漫主义者的"民族精神"近似，后者基于种族共祖的认同，而前者强调生活方式的共同。

尽管《教程》中没有出现德克海姆的名字，但是依据德克海姆社会学理论与索绪尔语言学观点的比对，可以看出，前者构成了后者的哲学基础。[①] 1. 对言语活动与对社会事实抽象、对语言属性和对心理属性认同的相承性。德克海姆（1895/1995）认为：社会事实是在个人之外，而对个人具有强制力的行动、思维和感觉样式；社会事实是个人表现的集合，社会事实通过个人表现。在与塔尔德的论争中，德克海姆强调的是心理的社会属性。与之相应，索绪尔认为：语言本质上是社会的，言语是个人的行为；语言系统是个人言语行为的集合；静态语言学研究社会集体意识所感到的语言心理逻辑关系。2. 对社会规律基本原则认定的相承性。德克海姆认为：一切社会规律必须符合强制性和普遍性这两个基本原则。与之相应，索绪尔认为："任何社会规律都有两个基本特征：它是命令性的，又是一般性的。"中译本校注：索绪尔对于社会规律的两个基本特征是按照法国社会学家涂尔干（即德克海姆）的理论来理解的。（高译本 1980：132）3. 对社会的静态与动态划分和对语言的静态与动态划分的相承性。德克海姆继承了孔德的思想，把社会学分为静态社会学和动态社会学。与之相应，索绪尔把语言学分为静态语言学与动态语言学。4. 对语言学属于社会心理学看法的相承性。德克海姆认为：语言学是社会心理学的一部分。与之相应，索绪尔认为：符号学（语言学是其典型）是社会心理学的一部分。德克海姆认为：社会学与心理学不可分割；索绪尔认为：语言学与心理学不可分割，从而提出语言符号是音响形象与概念的心理结合。

四、德国青年语法学派的心理语言观

青少年时代的索绪尔，感兴趣的是历史比较语言学。不过，正如对现代语言学的形成过程缺乏了解而"言必称索绪尔"一样，对历史比较语言学的形成通常也是"言必称琼斯"。通过研究"群体考察模式"，可以梳理清楚其形成过程。

历史比较的先声是12世纪冰岛的一位佚名学者，根据词形相似推测冰岛语与英语之间存在亲缘关系。14世纪初，意大利诗人但丁（A. Dante，1265—1321）在《论俗语》

[①] 方光焘在《涂尔干的社会学与索绪尔的语言学理论》（写于1959年，收入《方光焘语言学论文集》，北京：商务印书馆，1997年）中认为，波兰多罗舍夫斯基曾在1933年的法国心理学杂志发表《论社会学与语言学的关系：涂尔干与索绪尔》，证明索绪尔对德克海姆与塔尔德之间的社会学论争很感兴趣，在形成自己的语言理论中有所反映。"涂尔干"是德克海姆的另一中文译名。

（1303—1305）中对罗曼方言的比较研究，已经涉及不同方言是同一源语由于时间推移和人群迁徙造成的设想。历史比较语言学孕育于16世纪的法国：从佩利雍（J. Périon 1554）的高卢语—希腊语同源论，到基沙尔德（E.Guichard，1606）的跨欧—亚多种语言比较，再到斯卡利杰（J. Scaliger，1610）所划分的欧洲语言的11个语群及其远古"母语"同源说。

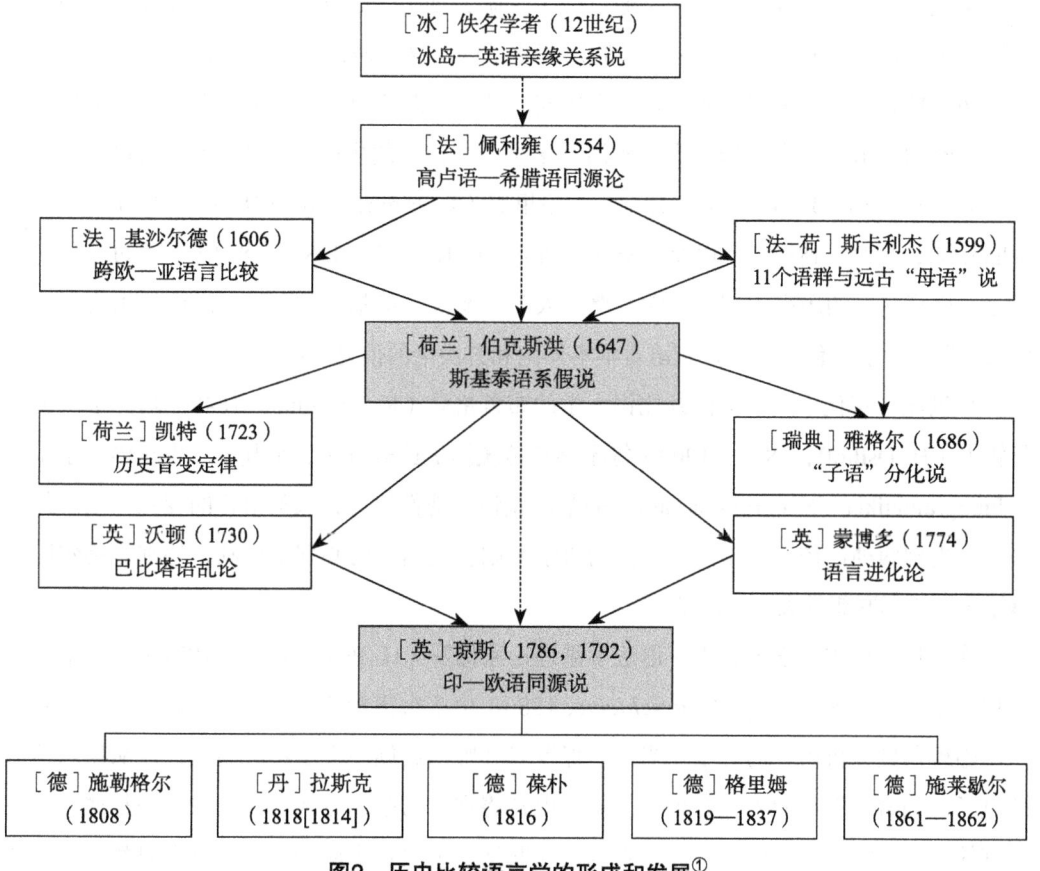

```
                [冰] 佚名学者（12世纪）
                   冰岛—英语亲缘关系说
                           ↓
                [法] 佩利雍（1554）
                   高卢语—希腊语同源论
                    ↙            ↘
    [法] 基沙尔德（1606）      [法-荷] 斯卡利杰（1599）
       跨欧—亚语言比较          11个语群与远古"母语"说
                    ↘            ↙
                [荷兰] 伯克斯洪（1647）
                   斯基泰语系假说
                    ↙            ↘
    [荷兰] 凯特（1723）         [瑞典] 雅格尔（1686）
       历史音变定律               "子语"分化说
                    ↓            ↓
    [英] 沃顿（1730）           [英] 蒙博多（1774）
       巴比塔语乱论               语言进化论
                    ↘            ↙
                [英] 琼斯（1786，1792）
                   印—欧语同源说
    ↙         ↙          ↓         ↘          ↘
[德]施勒格尔  [丹]拉斯克   [德]葆朴  [德]格里姆   [德]施莱歇尔
 （1808）  （1818[1814]）（1816）（1819—1837）（1861—1862）
```

图2 历史比较语言学的形成和发展[①]

---

① 补注：此图为2013年所绘，后续研究形成了新的看法。第一阶段：亲属关系（Affinity）探索的萌芽。主要是冰岛佚名作者（1122—1133）、英国坎布伦西斯（1194）、西班牙罗德里库斯（1243）、意大利但丁（1305）、荷兰阿格里科拉（1479）及德国达尔贝格（1500）。第二阶段：词汇和谐论（Lexicum symphonum）。主要是捷克杰勒纽斯（1537）、法国波斯特尔（1538）、德国缪恩斯特（1544）、瑞士彼布里安德（1548）、法国佩利雍（1554）、瑞士盖斯纳（1555）、法国艾蒂安尼（1555）、立陶宛米加罗（1555）、法国基沙尔（1606）等。第三阶段：理论和方法的成熟（ex eadem origine "来自共同来源"）。以荷兰（莱顿）学者为主，发现梵语、波斯语与日耳曼语、拉丁语、希腊语、凯尔特语等的同源性，如荷兰贝卡努斯（1569）、荷兰拉维林根（1584）、荷兰乌尔卡纽斯（1597）、法—荷斯卡利杰（1599）、比利时米留斯（1612）、德—荷艾利奇曼（1640）、法—荷萨马修斯（1640，1643）、荷兰莱特（1643）。集大成者伯克斯洪（1647，1654）创立了历史比较语言学的本体论和方法论。

历史比较语言学成熟于17世纪的荷兰：从荷兰学者伯克斯洪（M. Z. van Boxhorn，1647，1654）的斯基泰语系假说（Scythisch，即印—欧语系假说），到德国学者雅格尔（A. Jäger，1686）的"子语"分化说，再到荷兰学者凯特（L. H. ten Kate，1710，1723）的历史音变定律。（李葆嘉2010）

英国学者琼斯（W. Jones）是通过二手文献，如英国的沃顿（W. Wotton，1730）、蒙博多（Lord Monboddo，1774）等的论著才了解到这一假说的。毋庸置疑，琼斯的演讲（1786，1792）推动了印—欧语言历史比较的潮流，促使历史比较语言学在19世纪达到鼎盛。由此涌现出一批杰出的历史比较语言学家，如德国的史勒格尔（F. Schlegel，1772—1829）、葆朴（F. Bopp，1791—1867）、格里姆（J. Grimn，1785—1863）、施莱歇尔（A. Schleicher，1821—1868），以及丹麦的拉斯克（R. K. Rask，1787—1832）。不过，他们都不是严格意义上的历史比较语言学"奠基人"。要说"奠基人"，更为准确的术语是"枢纽人物"，只能是创立历史比较语言学本体论和方法论的伯克斯洪。

19世纪70年代中期，德国莱比锡大学的布鲁格曼（K. Brugmann 1849—1919）、奥斯特霍夫（H. Osthoff，1847—1909）等不满意传统历史比较方法，举起了"青年语法学派"（Junggramatiker / Neogrammarians）的革新旗帜。他们认为，人类语言的变化因素不外乎心理、生理两种途径。青年语法学派的哲学基础就是当时的心理学思潮，特别是赫尔巴特基于个人心理联想的表象心理学。

作为斯坦达尔的学生，青年语法学派理论家保罗（H. Paul，1846—1921）在《语言史原理》（Prinzipien der Sprachgeschichte，1880）中多次提到斯坦达尔的民族心理学，阐述了从心理角度分析语言的方法。当然，保罗对其师的民族心理学不甚满意，但从斯坦达尔那里了解到赫尔巴特的表象心理学。赫尔巴特将观念的联结方式分为两种：一是属于同一感官的观念联结；二是属于不同感官的观念联结，《语言史原理》第五章中对类推规则作了与之类似的区分。总之，保罗强调："心理要素是包括语言在内的一切文化活动的最重要因素，所以心理学是一种包括语言学在内的更高层次的文化科学所依赖的首要基础。"（姚小平1993：28）毫无疑问，保罗的心理语言观也是索绪尔社会心理语言观的来源之一。

此外，保罗把语言学的普通原理学科分为历史语法和描写语法，而索绪尔把普通语言学分为静态语言学和演化语言学，其中也有保罗的影响。然而，保罗主张优先考虑历史研究，认为只有历史研究才能把握语言的生命及其变化，揭示语言活动的因果关系。反之，如果仅仅停留在描写"状态"[①]上,那就称不上科学的语言研究。作为"青年语法学派的叛逆",索绪尔则反其道而行之,标举静态研究应优先于历时研究,甚至把二者完全割裂。索绪尔认为:"语言学家要研究的是语言状态,他不需要理会导致目前语言状态的历史事实,他应该把历时研究置于不顾。……历史的干预只能歪曲他的判断。"(Mauro,1972:117;转引自许国璋1991:151)又进一步呐喊:"我们必须做出反应,抵制老学派的邪道,而这种反应的恰当的口号是:观察在今天的语言状态和日常的语言活动中所发生的情况。"(Godel,1957:252;转引自许国璋1991:105)

索绪尔对青年语法学派的态度,一方面加以肯定:"人们已不再把语言看作一种自我发展的有机体,而是语言集团集体精神的产物";另一方面颇有微词:"然而,这一学派的贡献虽然很大,却不能说它对于全部问题都已阐述得很清楚。直到今天,普通语言学的基本问题还有待解决。"(高译本 1980:25)总之,尽管索绪尔与青年语法学派之间存在"剽窃/首创权"的心结,[②]但是"青年语法学派"的影子却始终难以在索绪尔心中拂去。

五、美国辉特尼的语言符号学说

作为美国语言学研究的先驱,辉特尼(W. D. Whitney,1827—1894)在1850—1853年到柏林大学从葆朴(Franz Bopp,1791—1867)、在图宾根大学从罗特(Rudolf von Roth,1821—1895)学习梵文与历史比较语法。在《语言的生命与成长:语言科学纲要》(*The Life and Growth of Language: An Outline of Linguistic Science*,1875)中,他强调语言的社会因素,反对施莱歇尔的自然主义语言观。辉特尼与青年语法学派的思路比较相近,并且对青年语法学派有所影响,但不同之处是,辉特尼坚持符号的约定性以认定语言是一种社会制度。"我们把语言看成一种制度,正是许多这样类似的制度构成了一个社团的文化";"动物的交流手段是本能的,而人的交际手段是完全约定的、惯例性的。"(刘润清1995:80—81)在此基础上,辉特尼提出了语言符号的"约定性—任意性""不变性—可变性"等。

起初,索绪尔试图用辉特尼的"约定论"来解释语言符号,即认为只有约定才能把特

[①] 此"状态"相当于静态。《教程》:"演化和演化语言学这两个术语比较贴切,我们以后要常常使用;与它相对的可以叫作语言状态的科学或者静态语言学。"(高译本1980:119)

[②] 索绪尔进入莱比锡大学时,适逢布鲁格曼(1876)发现了希腊语的某些α由N演变而来。索绪尔却认为:这一发现并没有特别价值,也算不上是新发现。因为早在三年前,他已经发现了这一现象。在《论印欧语元音的原始系统》(1879)发表后,奥斯托霍夫教授等指责索绪尔抄袭他人成果。由此在索绪尔心灵深处形成了"剽窃/首创权情结"以及"憎恶青年语法学派情结"。

定声音与特定意义结合成统一体。"在主要论点上，我们觉得这位美国语言学家是对的：语言是一种约定的东西，人们同意使用什么符号，与这一符号的特性无关紧要。"（高译本1980：31）但是，索绪尔后来认为，无论是声音还是意义，在结合成符号之前都是捉摸不定的。"为了使人感到语言是一种纯粹的制度，辉特尼曾很正确地强调符号具有任意性，从而把语言学置于它的真正轴线上。但是他没有贯彻到底，没有看到只有这种任意性才可以把语言同其他一切制度从根本上分开。"（高译本1980：113）因此，索绪尔最终选取"任意性"作为语言符号的基本原则。索绪尔断言："符号的任意性原则没有人反对，但是发现真理往往比为这真理**派定**一个适当的地位来得容易。"（高译本1980：103）言下之意，尽管辉特尼发现了符号的任意性，但是给任意性"派定"适当地位的艰难任务却是"我"来完成的。索绪尔的自鸣得意溢于言表。实际上，任意性原则是把辉特尼的"约定性—任意性"的绝对化或偏执化。不过，如果要建构静态语言学理论，首先就必须否决语言符号的可论证性，因为可论证性必然把人们引向语言符号的实体或历史演化研究。

索绪尔与年长30岁的辉特尼有着学术交往，还在德国见过一面。辉特尼逝世后，美国语文学学会曾经邀请索绪尔参加纪念辉特尼的会议（1894年12月）。索绪尔没有出席，但是草拟过一篇纪念文稿。1971年，雅可布逊（R. Jakobson）在《国际语言学界对辉特尼语言科学原理的反响》（M. Siliverstwin主编《辉特尼论语言》）中，专门讨论了索绪尔的语言符号学说与辉特尼语言科学原理之间的关系。

六、波-俄博杜恩的心理—社会语言学

作为喀山学派的创立者，博杜恩很早就提出了有关"现代语言学（注意——不限于静态语言学）"的一系列核心概念和理论，这些思想受到20世纪中叶兴起的心理语言学、社会语言学、对比语言学和应用语言学的重视。虽然博杜恩是施莱歇尔的学生，但是不赞同把语言归结为自然科学。与保罗的心理语言观来源相似，博杜恩也以赫尔巴特表象心理学为基础，不同的是同时又吸收了民族心理学的观点。

1870年，博杜恩以《波兰语变格中类推行为的若干现象》获莱比锡大学博士学位。该论文第一次明确强调了心理类推机制对语言变化的影响，而语音变化中的类推作用正是青年语法学派的两大原则之一（另一原则是语音演变规律无例外）。有人把博杜恩称为青年语法学派的创始人之一，博杜恩这样认为："如果在一系列问题上他（自指——引注）的观点与青年语法学派观点吻合，那么这只能归功于他们语言观形成的共同基础，即斯坦达尔著作的影响。"（杨衍春2010：98）青年语法学派通过斯坦达尔了解到赫尔巴特，最终

以赫尔巴特的表象心理学为基础，而博杜恩则接受了两者的影响。博杜恩认为：人类语言的本质完全是心理的，语言的存在和发展受纯粹心理规则的制约。人类言语或语言中的任何现象，同时又是心理现象。博杜恩的语言学理论始终贯穿着一条线索：通过心理机制分析，对语言规则、语言功能和语言演变做出解释。明确主张把心理学和社会学糅合在一起作为语言学的基础，并提出语言学属于"心理社会科学"。[①]

早在1870年（索绪尔13岁），在《教程》出版（1916）前近半个世纪，博杜恩已经提出了"语言"和"言语"的区分或"三分论"。就《第三次普通语言学教程》（1910—1911），一些评价者认为，索绪尔这次讲授的"语言理论趋于成熟，因而愈显珍贵"。在讲授总纲即"一般观念的划分"这一节，索绪尔开宗明义，列出了三个核心概念：

1. les langues 种种具体的整体语言 / 个别语言≈表现为个人言语的具体的民族语言
2. la langue 抽象的整体语言 / 语言≈抽象的民族语言
3. les individus 个体身上具有的群体语言（le langage）能力及其运用 / 个人的言语机制及其运用≈个人语言意识中反映的中间语

斜杠前是屠友祥（2002：6）的译文，斜杠后是张绍杰（2001：7）的译文，约等号之后列出的是博杜恩的三分论。这一讲授总纲，显然照搬了博杜恩的观点。一些"索绪尔的重新发现者"因为不了解博杜恩的成就，对索绪尔的某些评价也就难免失之偏颇。显然，如果就《教程》评价《教程》，而对博杜恩的学术思想一无所知，也就不可能了解现代语言学核心概念及理论的形成过程，对索绪尔在语言学史上的地位的评价势必流于无根之谈。

1876年（索绪尔在当年10月进入莱比锡大学），博杜恩提出了语言的"动态—静态"之分（1897年，索绪尔的札记中才出现了历时态、共时态和特殊共时态这些术语）。语言现象之间的联系，不仅存在于历时发展之中，而且存在于共时状态之中。"语言中没有静止不变的东西"，静态从属于动态，二者不可截然分开。博杜恩的这种"静态寓于动态"的关联观，显然比"《教程》索绪尔"的割裂观切合事实，更有利于促进语言学的研究。

1876—1877年，博杜恩提出了"语言是一种符号系统"。1883年（1881年起，索绪尔在巴黎高等学院任教），博杜恩的波兰籍学生克鲁舍夫斯基（Н. В. Крущевский，1851—1887）在博士论文《语言科学概论》中，不但阐述了"词是事物的符号""语言是一种符号系统"，而且主张这个系统既可以"在同时共存（静态）中"分析，又可以"在连贯

---

① 关于博杜恩的语言学研究成就，参见戚雨村（1997）、杨衍春（2010）等。

状态（动态）中"分析。同时，还提出了语言符号的"类比联想规则"和"邻接联想规则"，比索绪尔（1907年第一次讲授普通语言学）首次讨论"联想关系"（聚合）和"句段关系"（组合）要早20多年。雅可布逊（1998：260）的评价是："克鲁舍夫斯基的观点比索绪尔更系统、更合逻辑学，更具有表现力。"（杨衍春2010：116）

　　1881—1882年，博杜恩与索绪尔（曾任巴黎语言学会秘书助理）在巴黎语言学会的会议上见过几次，索绪尔听过博杜恩的学术报告。博杜恩不仅把他和克鲁舍夫斯基的论文提交给学会，还把他们的论著寄给索绪尔（在日内瓦大学图书馆收藏着若干部博杜恩和克鲁舍夫斯基的论著，其中一些就是作者寄给索绪尔本人的），而且相互之间有过多次书信往来。1891年，索绪尔在日内瓦大学的开课演讲中，提到博杜恩和克鲁舍夫斯基才是"真正的语言学家"。在索绪尔札记（1908）中有这样的评价："博杜恩和克鲁舍夫斯基比其他任何人更逼近于从理论上理解语言的意义，他们没有溢出纯粹语言学的范围。"（Godel，1957：51；转引自戚雨村1997：23）尽管《教程》的某些段落，几乎一字不差地重复了博杜恩的表述，（屠友祥2011：3）然而《教程》中却始终没有出现他的名字。换而言之，索绪尔在讲授普通语言学这门课程时，对博杜恩只字未提（有隐匿之嫌）。与《教程》中多次出现辉特尼的名字，并且明引其论述形成明显对比。

　　根据后来看到的资料，进一步证明索绪尔静态语言学的核心概念并非其独创或首创。1960年，苏联语言学家列昂季耶夫（А. А. Леонтьев）指出，博杜恩的观点在一定范围内超过了索绪尔的《教程》。（杨衍春2010：168）同年，雅可布逊撰文讨论了索绪尔承袭了博杜恩的理论，毫不客气地指出："索绪尔在认真研究和领会了博杜恩和克鲁舍夫斯基的理论之后，在日内瓦的讲义中使用了这些观点。在其作为理论基础的二分说中，索绪尔承袭了博杜恩的静态和动态二分的观点。"（杨衍春2010：123）

　　博杜恩不但创建了喀山语言学派（培养了Н. В.克鲁舍夫斯基、В. А.博戈罗季茨基、С. К.布利奇、А. И.亚历山德罗夫、В. В.拉德洛夫等一批语言学家），而且也是彼得堡语言学派（培养了Л. В.谢尔巴、В. О.波利瓦诺夫、Л. П.雅库宾斯基、С. И.伯恩斯坦、Г. А.拉林等一批语言学家）、波兰语言学派（培养了多罗舍夫斯基、乌拉申、绍比尔等一批语言学家）的奠基者。此外，博杜恩的学说还是布拉格学派（俄罗斯学者特鲁别茨科伊、雅可布逊等）的主要理论来源。① 1922到1923年，博杜恩先后应邀到布拉格大学和哥本

---

① 补注：莫斯科音位学派的阿瓦涅索夫（Р. И. Аванесов，1902—1982）、列福尔马茨基（А. А. Реформацкий，1900—1978）、库兹涅佐夫（П. С. Кузнецов，1899—1968）等，继承了博杜恩关于音位是词素语音结构可变成分的观点。详见王福祥《博杜恩·德·库尔特内与三个语言学派》，《中国俄语教学》2013第2期。

哈根大学讲学。

```
            博杜恩语言学思想
    ┌──────────┬──────────┼──────────┬──────────┐
  喀山语言学派  彼得堡语言学派  波兰语言学派  布拉格语言学派
 (1875—1883) (1900—1918) (1918—1929) (1926—1939)
```

图3　博杜恩语言学思想的影响

学术史就是学术史。任何人也无法否认——在索绪尔提出静态语言学理论（1907—1911）之前，博杜恩早已区分了语言和言语（1870）、区分了语言的静态和动态（1876）、提出了语言是一个符号系统（1876—1877）；克鲁舍夫斯基（1883）提出了语言符号的类比联想规则和邻接联想规则。（详见戚雨村1997：27—29）平心而论，如果要说谁是"现代语言学"（其内涵大于索绪尔的静态语言学）的"奠基者"，更为准确的说法是"枢纽人物"，博杜恩才当之无愧。

索绪尔建构静态语言学的技术路线是四层二项对立和逐层排除其一（语言的语言学PK言语的语言学；内部语言学PK外部语言学；静态语言学PK动态语言学；语言形式PK语言实体）。

这些二项对立都前有所因，除了上面提及的博杜恩的划分，把语言学分为内部和外部，最初见于施莱歇尔的论述；（康德拉绍夫 1979，杨余森译 1985：73）作为他的学生，博杜恩（1870）也有"语言的外部历史和内部历史"的论述。（杨衍春2010：64）"语言内部形式"这一概念是洪堡特提出并加以阐述的。只是，这些学者并没有采取"排除其一"的方式，而索绪尔则标新立异。语言的语言学基于语言符号的心理性；内部语言学基于语言符号的系统性；静态语言学基于语言符号的状态性；语言形式基于语言符号的组合—聚合性。由此可见，索绪尔的"现代语言学"应当定义为：以语言符号形式为对象的、内部的静态语言学。饶有趣味的是，一些学者却忽视了"《教程》索绪尔"中的这一核心概念。《教程》中译本（高名凯1980、裴文2001）所附的"索引"中，都没有"静态""静态语言学"这一术语。

对于索绪尔的学术定位，李葆嘉（2008：236）曾经提出：

索绪尔（1909）曾对他的学生说："语言是一个严密的系统，而语言理论也应是一个与语言一样严密的系统。难就难在这里，因为对语言提出这样或那样的见解并不稀奇，关键在于把各种观点整合成一个系统。"（Godel，1957：29—30；转引自胡明扬1999：79）

正是在德克海姆的社会学理论、博杜恩的语言学理论和辉特尼的语言符号学说的基础之上，索绪尔基于各种观点的整合而建构了静态语言学。

显而易见，"汲取+派定+排除"式的"整合"是索绪尔建构静态语言学的脚手架。具体而言，汲取德克海姆的社会学理论，汲取博杜恩心理—社会语言学的核心概念，把辉特尼的语言符号任意性"派定"为语言符号的唯一原则，进一步"排除"语言的外部的、动态的研究，把内部的、静态的研究切割出来，这就"整合"成了"《教程》索绪尔"中的"静态语言学"体系。

人们通常认为，研究某一时期或阶段的语言现象就是"共时语言学"，其实这种"断代研究"并非索绪尔的"共时/静态语言学"。索绪尔所要求的是研究"目前语言状态"，而且必须研究这一语言状态的形式，而并非描写其实体或功能。不过，不仅索绪尔本人并没有进行过某一语言的静态系统研究，而且听过他普通语言学课程的学生，似乎也没人做过此类研究。整理《教程》出版的瑞士语言学家巴利，其研究领域是法语词汇学和风格学，试图建立的却是与"语言的语言学"相反的"言语的语言学"。由此可见，所谓"静态语言学"只是一个理论框架。

七、结构主义三大流派的各自来源

在描述现代语言学时，通常先讲"《教程》索绪尔"，接下来介绍"三大流派"。给人的印象，仿佛是"《教程》索绪尔"的静态语言学思想发展为结构主义的三大流派。其实，三大流派各自理论的形成与《教程》都没有直接承袭关系。

作为布拉格学派的创始人，马泰休斯（V. Mathesius，1882—1945）在《论语言现象的潜能》（1911）的报告中，已经包括了功能—结构主义的一些基本观点。（戚雨村1997：72—73）当然，马泰休斯对索绪尔（共时角度、语言系统）和博杜恩（功能说）都有推崇之辞。在海牙召开的第一次国际语音学会议（1928）上，布拉格学派发表声明，不同意日内瓦学派关于共时与历时截然区分的观点，同时主张语言是由互相联系的单位所组成的"功能—结构"系统，语言规则只有在交际中发生作用时才有意义，语言形式和意义不可分割。由此布拉格学派又称之为"功能—结构学派"。

作为布拉格学派的中坚，俄裔学者特鲁别茨科伊和雅柯布逊多受博杜恩学说的影响。特鲁别茨柯依认为，正是博杜恩（1881）第一个区分了音素和语音表象，最早使用了现代意义上的"音位"这一术语。（杨衍春2010：9）1932年，特鲁别茨科伊在给雅可布逊的信中说道："为了获得灵感，我重读了索绪尔，但这第二次阅读没有给我留下什么深刻印象。书中有价值之处相当少，大多是旧垃圾。而有价值之处则太抽象，没有细节阐释。"（屠友祥2011：1；Trubetskoy, N. S. 2001. Studies in General Linguistics and Language Structure, Ed.by A. Liberman.Transl by M.Taylor and A. Liberman. Durham and London：Duke University Press.）

法国功能学派代表人物马尔丁内的学术观点与布拉格学派十分接近，同样认为功能在语言活动机制中具有关键作用，结构只是功能的一种表现。在《语言功能观》（1962）和《功能句法研究》（1975）中，马尔丁内彻底修正了《教程》中的"二项对立、仅取其一"的偏执倾向，由此提出：1.语言学研究的对象是语言活动；2.语言研究要注重形式，同时也要兼顾实体；在难以找到形式的情况下，也可依靠实体来识别功能；3.语言研究要历时与共时并重，语言的共时与历时分不开。与《教程》结尾的那句名言相反，马尔丁内的口号是"就人类的语言活动，为人类的语言活动而研究人类的语言活动"。（冯志伟1987：132）

作为哥本哈根学派或语符学派的代表人物之一，叶尔姆斯列夫（L.Hjelmslev，1899—1965）说过："很难说，索绪尔的观点是如何在思想中具体形成的，而我个人的理论和方法，许多年以前在我接触索绪尔的观点之前就已经形成了。"（冯志伟1987：73）换而言之，哥本哈根学派的理论有着自己的形成过程，主要受怀特海德（A.N.Whitehead，1861—1947）和罗素（B.Russell，1872—1970）符号逻辑学的影响。

美国描写主义的代表人物布龙菲尔德（L.Bloomfield，1887—1949）虽然曾经肯定过《教程》"为人类语言的科学建立了理论基础"（1924），但在《语言论》（1933）中则一笔带过。1924年成立美国语言学会时，其中的语言学家大致可分为青年语法学派和人类语言学两派。前者继承了辉特尼的传统，而后者接受的是博厄斯（F. Boas，1858—1942）和萨丕尔（E.Sapir，1884—1939）的学说。描写主义有着美国人类语言学的成长背景和分析原则，所信奉的实际上是"分布主义"。从理论和方法上，描写主义将结构具体化为层次，通过替换法、直接成分切分法等来描写语言单位的分布和结构。而英译本《教程》（W. Baskin译）直到1959年才在纽约出版，次年刊于伦敦。

应当看到，尽管结构主义三大流派各有其理论背景以及特色，但是"《教程》索绪尔"仍然为这些学派提供了一种可供参考的前期坐标。同时，也应看到，作为一本内容庞杂（语言学史、文字学、语音学、符号学、静态语言学、演化语言学、地理语言学、史前语言研究、语言类型学等）和理论抽象（社会心理学、价值系统、关系或形式等）的讲义汇编，《教程》中的静态语言学理论缺乏操作程序。20世纪上半叶的语言学研究史表明，

"结构主义"是借助布拉格功能—结构学派和美国描写主义的成长而名声大振的，音位功能—结构分析法和句法分布—层次分析法才使"结构主义"的理念落实为可操作程序。然而，从一定程度上，也就冲决了"《教程》索绪尔"的静态语言学羁绊。

　　在学术史研究中，对某一学者的学术评价，要避免有意无意地掩盖其他学者的贡献。在资料不足的情况下，尤其要慎用"开创者/奠基人"之类的溢美之词。与罗宾斯等依据"个体创始模式"对索绪尔的评价不同，"群体考察模式"对索绪尔的定位是以"系统整合"为主的语言哲学家或"静态语言学"的倡导者。不可否认，索绪尔具有超乎同时代语言学家的哲学思辨能力和系统整合能力，因此，方能自恃才高地坦言"对语言提出这样或那样的见解并不稀奇，关键在于把各种观点整合成一个系统"——这也是索绪尔对自己的定位。

　　"逐层考察模式"与"群体考察模式"，无疑是学术史研究的两种相反相成模式。套用"《教程》索绪尔"中的术语，前者相当于"静态语言学"，而后者相当于"动态语言学"。显而易见，群体考察模式可以帮助我们揭开语言学史上的若干疑惑之谜。依据《图2·历史比较语言学的形成和发展》和《图1·现代语言学理论的形成和衍化》，可以改写16世纪到20世纪上半叶的欧美语言学史。

静态语言学的神秘主义与吝啬定律*

提要：作为静态语言学的基石，符号任意性原则带有"集体无意识/神秘主义"色彩；把研究对象限定为静态中的形式，反映的是"吝啬定律/懒汉哲学"。这些都植根于索绪尔的叛逆个性、恃才自傲、首创情结，以及沉湎于通灵者的自造语研究、拉丁诗的专名谜猜测。作为离群索居的探索者，索绪尔以牺牲语言现象的完整性为代价，一步步缩小研究视野，以系统的静态同质性，将语言个人和语言实体逐出语言学领域。由于具有超乎同时代语言学家的哲学思辨和系统整合能力，因此索绪尔方能坦言"对语言提出这样或那样的见解并不稀奇，关键在于把各种观点整合成一个系统"——这就是他对自己的定位。

关键词：静态语言学；神秘主义；吝啬定律；思辨；整合

A Research on the Mysticism and the Law of Stinginess in the Static-Linguistics

Abstract: As the base of Static-Linguistics, the arbitrariness of signs is characterized as mysticism or group's unconsciousness. Such principle is the reflection of the Law of Stinginess or lazybones' philosophy due to research objects being the form in a status. This feature is rooted in F. de. Saussure's rebellious personality, self-conceitedness for talents and initiative complex. He indulges in the study of mediums' made-up language, the guess at names hidden in Latin poems. As an explorer, Saussure narrows language research boundary by ignoring language's completeness and thus expels humans and semantics from linguistics. Owing to having a deeper philosophical speculation and higher integrating capability than contemporary linguists, Saussure states that it's not strange to raise proposals on language when integrating varied ideas into a system. Such claim is his position defined by himself.

Key words: Static-Linguistics; mysticism; the Law of Stinginess; speculation; integration

---

* 本文应王寅教授惠邀而作，原题为《试论静态语言学的神秘主义与吝啬定律》，刊于《山东外语教学》2013年第1期，15—22页。

关于静态语言学的"神秘主义"与"吝啬定律/懒汉哲学"，2000年以来，除了在讲课时说过若干次，在阐述论述索绪尔（F. de. Saussure, 1857—1913）学说时也多有触及，但在付梓时又都删了，以免对结构主义语言学刺激太大，或读者基于通行说法而引起误解。

赫拉克利特（Heraclitus，约前530—470）说过："一个人不能先后两次跳进同一条河流。"在语言的长河中，不存在所谓"静态"。当然不排除把"静态"看作一种虚拟态，一种暂时的定格。在《中国语言文化史》（江苏教育出版社，2003）的"作者手记"中，我曾写道：

浩瀚碧空，群星璀璨……

何曾想到，此时映入我们眼帘的闪闪星光，却是从宇宙的不同地方分别出发的光粒子，经过长短不同光年的长途跋涉而同时到达的壮丽一幕……一个历时的动态过程展示为一个共时的静态存现——我们面对的世界现存诸语言的状况如此，我们面对的诸方言的关系如此，我们面对的某一语种内部的若干要素同样如此。

作为人类的创造物和使用物，语言符号自然有集体无意识的一面，但一旦背离符号的认知本质，势必滑向神秘主义。语言研究自然需要作出必要限制，但一旦背离实体而标榜形式为唯一对象，势必陷入懒汉哲学。语言符号首先基于语主（社会文化主体）的存在，皮之不存，毛将焉附？语言符号的本质属性首先是语义性，实体不存，形式安在？静态语言学的流弊，可能导致信奉者流于形式、困惑于形式。因此，有必要重新认知索绪尔的静态语言学。

一、索绪尔的叛逆个性与恃才自傲

2003年6月在北京大学汉语语言学研究中心论坛上，我发过一个帖子：

不同的遗传和早期教养导致不同的兴趣，不同的兴趣和机遇导致不同的知识结构，不同的知识结构导致不同的语言观，不同的语言观导致不同的学术视野，不同的学术视野导致不同的研究理论、方法和目标，不同的研究理论、方法和目标导致不同的研究结果。学术研究的旨趣不在于寻求公认，而在于坚持独立思考。

要了解索绪尔的语言学思想，仅靠《普通语言学教程》文本显然不够，就是这一文本要认真看懂也并非轻而易举。我们需要《普通语言学教程》的语境，即索绪尔时代的学术思潮，索绪尔的学术经历、学术个性及驱动力。

（一）源自家族的科学思维与叛逆个性

索绪尔出生在日内瓦的一个法裔家庭，这个家族出过生物学家、博物学家、物理学家和地质学家。索绪尔从少年起便受到科学思想的熏陶，学会了法、德、英、拉丁和希腊语等。作为其祖父的挚友，语言古生物学家皮克戴（A.Pictet，1799—1975）无疑对他产生了重要影响。15岁的索绪尔就写出了《论诸语言》（*Essai Sur Les Langues*），试图证明希腊语、拉丁语和德语的词，可以归结为有限的"C+V+C"词根。这表明少年索绪尔就有对语言现象的抽象思维能力，而这正植根于其家族的科学思维传统和皮克戴的影响。

1870年，索绪尔在马迪纳专科学校学习期间，发现了希腊语的响鼻音N在两个辅音之间可变成α。1873年，索绪尔进入日内瓦公立高中。在皮克戴的建议下自学梵语，阅读了葆朴（F. Bopp，1791—1867）的《梵语语法》和古尔替乌斯（G. Curtius，1820—1885）的《希腊语词源学基础》。1875年，18岁的索绪尔进入日内瓦大学，遵从家族传统主修化学和物理学，同时选修了语言学、哲学等课程。1876年5月，索绪尔加入巴黎语言学会。同年10月，转入莱比锡大学文学系。尽管一开始遵从家族传统，但最终还是转向了自己热衷的语言学领域。毛罗（T. de Mauro）认为："他对家庭传统的叛逆只涉及研究的内容，至于其科学思维方式，那是经由他父亲的直接教育继承下来的。这构成了索绪尔一生治学和著述的最典型特征。"（转引自陈振尧译1983：10）

据上述材料，已经可以看出：1. 索绪尔具有学术研究的天赋和超人的思辨想象力（隐含着恃才自傲、冥思苦想的倾向）；2. 索绪尔对语言历史比较的兴趣受到皮克戴的影响（隐含着兴趣至上、难免钻牛角尖的倾向）；3. 索绪尔具有叛逆天性（隐含着偏执一端、离群索居的倾向）。

（二）对青年语法学派的出言不逊与叛逆心理

当时的莱比锡大学是青年语法学派的中心。进校不久的索绪尔，就去拜访了胡布施曼（H. Hübschmann，1848—1908）教授。交谈中，胡布施曼提到布鲁格曼（Karl Brugman，1849—1919）在《论印度—日耳曼始源语中的响鼻音》中，对希腊语的某些α由N演变而来的新发现。索绪尔说："这一发现并没有特别价值，也算不上是新发现。"一个入学不久的新生，何以出言不逊？因为索绪尔自认为早在三年前已经发现了这一现象，只是没有成文。

索绪尔感到，他对原始印欧语元音系统的构想比布鲁格曼的假说毫不逊色，这可能就是促使他急于研究的直接动机。在《论印欧语元音的原始系统》（1879）中，他未提自己早前的发现，而是写上了"多亏布鲁格曼和奥斯托霍夫的研究成果，使我们知道了响音N

和r"。文章发表以后，布鲁格曼写了一篇礼节性的短评。但随后就有学者，尤其是奥斯托霍夫教授提出指责：这一篇没有任何教师指导完成的论文，显然抄袭了别人的成果。然而，引起青年语法学派教授们反感的原因，并不在于某一具体发现，而在于作为学生的索绪尔的恃才自傲：

> 我不是在空想费解的理论问题，而是在寻求这一学科的真正基础。没有这个基础，任何研究都是没有根据的、武断的、不确定的。（《论印欧语元音的原始系统·序》，转引自卡勒《索绪尔》张译本1989：11）

如此雄心勃勃的出言不逊，无疑触动了青年语法学派头面人物的某根神经。

与之类似的论述，在《普通语言学教程》中同样可以看到。索绪尔认为：

> （由于青年语法学派的努力）人们已经不再把语言看作一种自我发展的有机体，而是语言集团的集体精神之产物。……然而这一学派的贡献虽然很大，却不能说它对于全部问题都已经阐述得很清楚。直到今天，普通语言学的基本问题还有待解决。（高译本1980：25）

来自青年语法学派师辈的流言蜚语，无疑使21岁血气方刚的索绪尔感到苦恼和失望。20多年过去了，当斯特莱特贝格（W. Streiberg, 1846—1925）来信中提及《论印欧语元音的原始系统》时，索绪尔仍难释怀。为了澄清与青年语法学派之间的关系，特别是洗刷"剽窃"之冤，索绪尔还是写下了《关于青少年时期和求学年代的回忆》（约1903年，索绪尔时年46岁），但是当时并没有寄给斯特莱特贝格（索绪尔去世后，其夫人才寄给斯特莱特贝格）。在该文中，尽管索绪尔一再表明他对"首创权"并不介意，但是，恰恰流露出索绪尔对不白之冤耿耿于怀。正是这一青年时代的事件，在索绪尔心灵深处形成了"首创权情结"（剽窃恐惧纠结）以及"憎恶青年语法学派情结"。以至于他几十年不写或极少写，更谈不上发表任何重要论著，唯恐因为观点的"不谋而合"，成为师辈指控他的"新证据"。

青年语法学派的保罗（H. Paul, 1846—1921）把语言学的普通原理学科分为描写语法和历史语法，与之类似，索绪尔把普通语言学分为静态语言学和演化语言学。作为历史比较语言学家，保罗主张优先考虑历史研究，认为只有历史研究才能把握语言的生命及其变化，揭示语言活动的因果关系。如果仅仅停留在"状态（相当于静态）"描写上，那就称不上科学的研究。然而，作为青年语法学派的叛逆，索绪尔则反其道而行之，标举静态研究应优先于历时研究，甚至把二者完全割裂开来。索绪尔在札记中写道：

语言学家要研究的是语言态①，他不需要理会导致目前语言态的历史事实，他应该把历时研究置于不顾。……历史的干预只能歪曲他的判断。（Mauroo1967：117；转引自许国璋1991：151）

甚至措辞激烈地呐喊：

我们必须做出反应，抵制老学派的邪道，而这种反应的恰当口号是：观察在今天的语言和日常的语言活动中所发生的情况……（Godelo1957：252；转引自许国璋1991：105）

一方面他力图冲破"老学派的邪道"，试图创立新的语言学，以证明自己的独创才能；另一方面，当他了解到博杜恩（Baudouin de Courtenay，1845—1929）的理论时，也许在赞赏之余不免顾影自怜。证明独创性的热望，燃起了他寻找突破口的熊熊之火，而永无休止的探索和接踵而来的困惑，又使他陷入了深深的焦虑。

长期离群索居的索绪尔，"他关起门来研究，只是间或向朋友传递片言只语；但在国际学术交流面，几乎一言不发。"（转引自陈振尧译1983：11）他的学生和朋友都曾提到他在学术界长期沉默，提到他私生活上的某些特点，以及他与学生在最后几次见面和通信时所掩盖的忧愁，无一不是索绪尔孤独的表现。

（三）对辉特尼的恃才自傲与任意性偏执化

美国语言学先驱辉特尼（W. D. Whitney，1827—1894）强调语言的社会因素，他认为："我们把语言看成一种制度，正是许多这样类似的制度构成了一个社团的文化"；"动物的交流手段是本能的，而人的交际手段是完全约定的、惯例性的。"（刘润清1995：80—81）在此基础上，提出了语言符号的"任意性—约定性""不变性—可变性"等。

索绪尔与年长30岁的辉特尼有过交往，甚至还见过一面。起初，索绪尔试图用辉特尼的"约定论"来解释语言符号，但是后来认为声音与意义结合之前都是不定型的。索绪尔认为：

为了使人感到语言是一种纯粹的制度，辉特尼曾很正确地强调符号具有任意性，从而把语言学置于它的真正轴线上。但是他没有贯彻到底，没有看到这种任意性才可以把语言同其他一切制度从根本上分开。（高译本1980：113）

因此，索绪尔最终选取"任意性"作为语言符号的基本原则。索绪尔断言：

---

① 语言态（当前语言态），即相当于语言的静态。

符号的任意性原则没有人反对，但是发现真理往往比为这真理派定一个适当的地位来得容易。（高译本1980：103）

言下之意，虽然辉特尼发现了符号的任意性，但是给任意性"派定"适当地位的艰难任务却是由"我"来完成的。索绪尔的恃才自傲，由此略见一斑。

对自己的研究总是充满自信，是索绪尔的一贯风格。比如，他是这样评价自己的语音研究的：

说到我个人在语言学方面的进展，就其对语言学的重大部分而言，**必定是令人震惊的**……不是就类比的事实，而是指对语音的事实。（Saussure 1960：25；转引自屠友祥2011：30）

实际上，符号任意性原则是把辉特尼的"约定性—任意性"的绝对化或者偏执化。不过，如果要建构静态语言学，首先就必须否决语言符号的可论证性，因为可论证性必然把人们引向符号实体或历史演化研究。

在《普通语言学教程》中多次出现了辉特尼的名字，然而始终没有出现博杜恩及其学生克鲁舍夫斯基（Н. В. Крущевский，1851—1887）的名字。索绪尔与博杜恩见过面，听过博杜恩的演讲，相互有书信往来；博杜恩与克鲁舍夫斯基给索绪尔邮寄过自己的论著，在论著中曾提及索绪尔的《论印欧语元音的原始系统》。尽管索绪尔在札记（1908）中也曾写下："博杜恩和克鲁舍夫斯基比其他任何人更逼近于从理论上理解语言的意义，他们没有溢出纯粹语言学的范围。"（Godel1957：51；转引自戚雨村1991：25）但是《教程》中始终没有提及他们。因此只能推定，索绪尔在讲课中可能也只字未提。**早在索绪尔之前若干年，博杜恩（1870）已经提出《教程》中的主要概念及基本理论。"《普通语言学教程》的某些段落，几乎一字不差地重复了博杜恩的表述。"**（屠友祥2011：3）《教程》最初采用"静态—动态"，后来换用"共时—历时"这对术语，斯柳萨列娃（Н. А. Слюсарева，2004：87）推测，不排除索绪尔想避开博杜恩已经使用的"静态—动态"这对术语。（杨衍春2010：170）**根据课堂笔记整理出版《教程》的学生，何曾想到，担心老师讲授内容失传的善意，致使生前将讲义扔进字纸篓的索绪尔又陷入了"蹈袭门"。**作为博杜恩的学生，俄苏语言学家谢尔巴在《博杜恩·德·库尔德内及其在语言科学中的重要地位》（1929）写道："1923年，当我们在列宁格勒收到索绪尔的《教程》原版时，使我们感到惊讶的是，索绪尔与我们所熟悉的原理在许多地方如此相同。"（转引自戚雨村1997：55）

二、符号任意性原则与神秘主义

1986年10月，我提交给"全国首届青年语法学学术研讨会"（华中师范大学主办）的论文是《论语言符号的可论证性》。这篇长文后来分为两篇发表：一篇题为《论索绪尔符号任意性原则的失误和复归》，刊于《语言文字应用》1994年第3期（人大报刊复印资料《语言文字学》1994年第11期转载）；一篇题为《论语言符号的可论证性、论证模式及其价值》，刊于《江苏教育学院学报》1994年第2期（人大报刊复印资料《语言文字学》1994年第6期转载）。1998年12月，另一篇论文《论索绪尔静态语言学的三个直接来源》，提交给"方光焘百年诞辰纪念暨学术研讨会"（南京大学中文系主办）。

作为中国20世纪第一篇以专文形式批评索绪尔的文章，《论索绪尔符号任意性原则的失误和复归》认为：索绪尔对所指和能指不加历史性探讨，而以"任意性"一言蔽之，是任意性原则论证中的第一个失误。以不同语言系统之间能指和所指结合关系的差别，来证明同一语言系统之内能指和所指的结合关系是任意性，是任意性原则论证中的第二个失误。用共时的比例掩盖历史的溯源，在模仿的近似性和任意性之间画等号，把符号的历史演变性和不可论证性混为一谈，是任意性原则论证中的第三个失误。接下来，索绪尔把任意性一分为二：相对任意性和绝对任意性。把相对任意性定义为符号相对地可论证，是任意性原则向可论证性原则复归的第一步。把绝对任意性解释为"可论证性的转移或丧失"，是任意性原则向可论证性原则复归的第二步。把语言内部的演化运动阐述为不断地由论证性过渡到任意性和由任意性过渡到论证性，则是向可论证性原则的全面复归。由此可见，任意性原则的展开论述反证了语言符号的可论证性，符号任意性原则实际上是个虚构的原则。该文的发表，不期引发了20世纪90年代语言观的大讨论。

在以上几篇论文中，我都提到索绪尔语言研究观的神秘主义：

索绪尔说："我们对符号的任意性有一种非常敏锐的感觉，认为事情可能是这样。"（高译本 1980：102）**这种"敏锐"的"可能"不是神秘主义，又是什么呢**？因此，索绪尔的符号任意性原则实际上是个虚构性原则，除了给人们造成语言符号的形成过程不可捉摸的错觉，只有舍弃对语言符号的历时系统性研究之外，语言符号的任意性命题在实践上没有任何价值。

由于索绪尔立足任意性，因此他对整个语言系统的概貌只能做如下描述：整个语言系统都是以符号任意性的不合理原则为基础的。这个原则漫无限制地加以应用，结果将会弄得非常复杂；但是人们的心理给一大堆符号的某些部分带来一种秩序和规律性的原则，这就是相对论证性的作用。"语言机构"只是一个本来就很混乱的系统作局部的纠正的研究对象。(《教程》184页）果真如此，人们的心理只能给某些部分带来规律性的原则，而另一部分中的不合理原则是什么东西带来的呢？是谁在冥冥之中制造系统的混乱，而与人们的局部纠正抗衡呢？**索绪尔的描述会不会把人们导向神秘主义呢？**

可论证性抹去了命名方式或音义结合关系上的神秘主义色彩。初民们在自己的历史活动和认知过程中，绝不会对自己的认知对象的命名漠不关心，他们具有认识的能动性，符号具有内在的系统性。命名就是认知和抽象，名称牢牢烙下了认知的痕迹。当代人给新事物的命名过程可以看作是初民命名的模拟实验，新词的产生总是不断地向任意性原则提出挑战。

索绪尔的神秘主义，与当时欧洲学界关注的"无意识"（包括心灵主义）有关。辉特尼曾提出"语言系统是人类心智的无意识产物"。索绪尔则认为，语言符号价值（能指与所指之间的关系）的转移，纯粹出于无意识。在第一次讲授普通语言学时，索绪尔谈到语言创新的类比模式其心理过程是无意识的。索绪尔把这种无意识称为"**某种神秘的本质**"（Saussure 2002: 229），它源于对先前语言的继承、转移或暂时遗忘，以及内隐的语言机制。（屠友祥2011：93）

自1894年起，索绪尔的同事、心理学家弗卢努瓦（T. Flournoy, 1854—1920）连续六年对通灵者"丝迷黛"（H. Simth, 1861—1929）的表演进行观察和破译，写成了《从印度到火星》（1900）一书。其中收录了多封索绪尔与弗洛诺乙讨论丝迷黛梦游状态下说写"梵文"的书信。这些讨论反映了索绪尔对语言符号的无意识运作或"某种神秘的本质"的看法。[①]晚年索绪尔还对古印度的灵智学感兴趣，为欧特拉玛利德（P. Oltramarede）的《印度灵智学思想史：婆罗门灵智学》写过一篇书评（刊于《日内瓦日报》，1907年7月29日）。（屠友祥2011：269）

晚年索绪尔还沉湎于研究拉丁诗人怎样在诗中隐藏专有名词的"词谜"之中，并且留下了大量的笔记。这种词谜把字母分散在文章里，有时按原词的字母顺序出现，有时不按原词的字母顺序出现。索绪尔曾说："在最重要的问题上我仍然迷惑不解，也就是说，对词谜这种现象或假设，应该如何解释呢？"（卡勒《索绪尔》张译本1989：146）词谜的成因可能是：因为有一个关键词在诗人的潜意识中徘徊，以语音联系而影响到对其他词语的选择。

---

① 详屠友祥《索绪尔手稿检索》第六章"语言符号的无意识直觉和联想关系"，上海人民出版社2011年。

语言是人类心智与认知对象活动的产物，人类心智自然有无意识的一面。语言学家能够直接研究的只能是有意识的心智，即表现为语言符号的一面。专注于无意识的一面而冥思苦想，势必把语言研究引向神秘主义或者玄学。实际上，许多人津津乐道的符号任意性原则，在索绪尔学说中只是一个对原初符号的假设，对语言研究毫无实际价值。屠友祥是这样评价的：

语言符号的任意性这一首要真理，只在符号创制出来，以之与概念相对应的一刹那，确是首要真理；但一旦成为社会事实，任意性就无足轻重了。因为它与符号学系统攸关的社会事实不相干，那社会事实的核心就是对社会事物的被动接受。可见索绪尔一方面奉任意性为第一原则，另一方面又以为它并不真正存在，只是一个想象而已，因为语言永远是一种既存、已在的状态，我们面对或者身处的是社会事实。因此，符号对其所表示的概念而言是任意的，对使用符号的语言社会而言却是强制的，两者都是由集体决定的，这充分说明语言符号的本质是社会性。（屠友祥2011：251—252）

以上论述揭示了任意性"只是一个想象""语言符号的本质是社会性"，但是，正如辉特尼强调语言是一种社会制度、交流工具一样，因为特别关注语言符号的社会性，却遗忘了语言符号的认知性。语言符号的本质首先是认知行为及其成果，然后才是交际工具和语言系统。无论是原初语符，还是次生语符，都是人类认知的表现及产物。原初语符的这种认知痕迹，尽管可能磨灭殆尽，但是不等于在原初语符的产生过程中没有存在过。

与符号任意性原则相关的一个命题是"符号是空洞的"，即

符号的本质就是不出现符号内在的固有价值，而是抽空它，人们以集体约定的方式拿空洞化了的符号任意地表示事物及其意义。（屠友祥2011：254）

任何符号都是能指与所指结合的一体两面。没有内在固有价值的，根本就不是符号；既然要"抽空它"，符号就不可能是空洞的。这一命题的缺失在于，好像我们预先准备了一批空箱子，留着放东西。而这批空箱子，从何而来的呢？必然诉诸神秘主义。其实，从远祖那里开始，一开始制作出来的是实箱子，后来才逐步抽象成了空箱子。[①]

衡量一个观点是否有价值，其标准是看它推动还是限制（阻碍）学术研究的进展。接受任意性原则，也关上了语言符号论证性的大门，我们只能在能指与所指关系面前无所事事。因此，任意性原则不仅是一个"并不真正存在的想象"，而且是对语言符号拒绝深入

---

① 关于这一过程，详见"附：形式语言的离身性真相"。

研究的"懒汉哲学"。

三、静态语言学框架与齐嵩定律

关于静态语言学，在《中国转型语法学》（2008）的第三章中，我进行过如下论述。

虽然索绪尔提出"语言是一种表达观念的符号系统"（高译本1980：37），但是只有在区分语言和言语的前提下，才可能排除"乱七八糟的研究对象"（高译本1980：29），以建构对象具有同质性的静态语言学。在这方面，索绪尔借用了瑞士正统经济学派的"一切研究价值的科学具有内在二重性"的观点。《教程》提出："语言和言语互相依存，语言既是言语的工具，又是言语的产物，但是这一切并不妨碍它们是两种绝对不同的东西。"（高译本1980：102）

依据"**两种绝对不同**"的偏执，索绪尔提出的四个PK是：（1）语言的语言学PK言语的语言学；（2）内部语言学PK外部语言学；（3）静态语言学PK动态语言学；（4）语言形式PK语言实体。索绪尔的层层二项对立和仅选其一，图示如下：

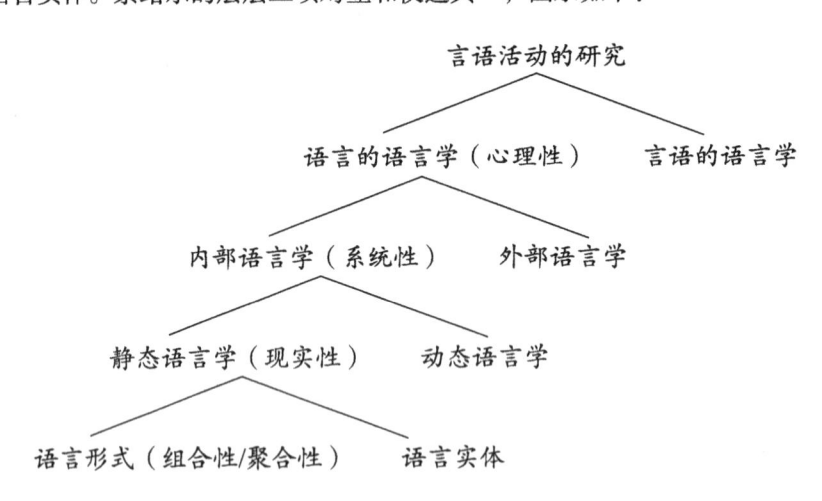

```
                          言语活动的研究
                          ╱          ╲
            语言的语言学（心理性）    言语的语言学
              ╱        ╲
     内部语言学（系统性）   外部语言学
       ╱        ╲
 静态语言学（现实性）  动态语言学
   ╱        ╲
语言形式（组合性/聚合性）  语言实体
```

根据层层分叉和选择，索绪尔的所谓"现代语言学"，其定义是：以语言符号形式为对象的、内部的、静态的、形式的语言学。用"现代语言学"作为名称含混不清，"结构主义"又不是索绪尔使用的。因此，合适术语应当是《教程》中的术语，比如：

1. 与历时语言学相区别的"共时语言学"（高译本1980：143）
2. 与演化语言学相区别的"静态语言学"（高译本1980：119）

很多人以为历时语言学中的任何一段都可视为"共时"，从而误解了"共时"就是

"现时态"这一概念。作为科学思维的一种假设,"静态"代表着该理论的核心,而索绪尔本人也习惯于这么称呼。[①]

索绪尔的四层二项对立和逐层仅选其一,尽管早已被语言与言语的结合、内部与外部的结合、静态与动态的结合、形式与实体的结合所代替。但关键在于,一个问题的两个方面,需要相互观照、融会贯通,为什么索绪尔要偏执一端呢?也许,这还是对青年语法学派的逆反所导致的结果。

静态语言学建构的层层分叉和仅选其一,将一个复杂系统硬要"纯洁"为一个单纯系统,将一个充满活力的语言生命硬要静态化为一个毫无生气的"僵尸",将基于认知的语言机制硬要与世界知识切割开来,仿佛少研究一点好一点,更深层的是"绝对不同"的偏执观。后来者还搞出一个"本体语言学"的名目,其描写仅限于分布分析与层次分析(后来增加了转化分析),而将其他研究打入"非本体语言学"或"边缘语言学"的另册。毫无疑问,语言研究的视野应当是语言系统和言语行为的体用合一、内部结构与外部功能的耗散状态,以及虚拟静态与实际动态、语言形式和语言实体的融会贯通。(李按:《中国转型语法学》印行时,此节删除)

马尔丁内曾经一针见血地揭出静态语言学的要害:"科学研究首先的要求,就是不能因为方法上的苛求而牺牲研究对象的完整性","功能语言学获得的任何进展,不论在过去还是将来一个时期内,都是逆着潮流的"。(周绍珩译,1979:182,184)20世纪下半叶,以乔姆斯基革命为导火线,当代语言学理论才突破了《教程》的束缚,最终导致了对静态语言学的全面超越。

在《理论语言学:人文与科学的双重精神》(江苏古籍出版社2001)的第四章中,我写道:

实际上,静态语言学、任意性原则、强调形式而排斥意义,都隐含着语言研究中的"吝啬定律"或"懒汉哲学",以及"语义恐惧"。所谓"懒汉哲学"就是避繁就简,**多提理论框架而少做具体研究,少研究一点好一点**。具体表现为——执意于"语言学家要研究的是语言态,他不需要理会导致目前语言态的历史事实,他应该把历时研究置于不顾",舍弃具有静态与动态的贯通研究;所谓"语义恐惧",就是拘泥于"语言是形式

[①] 一些学者却忽视了索绪尔理论中的这一"最核心概念"。如,《教程》高译本(1980)、裴译本(2001)的"索引"中,都没有"静态""静态语言学"术语。可能由于过分关注后人加封的"结构主义",对索绪尔本人反复提及的核心概念反倒视而不见。

（forme）而不是实体（substance）"（高译本1980：169），以"语言学家没有能力确定意义，只好求助于其他科学的学者或一般常识"（布龙菲尔德《语言论》，袁译本1980：174）为借口，把语义研究推给其他学科。（李按：《理论语言学》印行时，此节删除）

四层二项对立和逐层仅选其一，采取的是"排除"方法。毋庸置疑，在事实上的复杂性质与理论上的力求简约之间长期徘徊的索绪尔，其语言理论的研究目标是尽量简约。在一张破损的信纸上，索绪尔留下了这样的字句：

一种语言学理论越趋于精炼，越要简明地表达出来也就越困难。这一问题使我感到痛苦倍增。我实际上是在表明，在这门独特的学科内，没有哪一个术语曾简明定义过。以至于一句话，我要反复修改五六次……（索绪尔ms.fr. 3957/2，转引自屠友祥2011：139—140）

然而，在第三次讲授普通语言学教程时，**索绪尔还踌躇满志地说，根据内部语言学的几条一般原理，成功地阐述了语言静态的规律。**（屠友祥2011：140）

此前，这种探索的思虑之苦，索绪尔在给梅耶（A. Meille）的信（1894年1月1日）中已经坦然流露：

……可是我对这一切都厌倦了。在语言学问题上，即使仅仅写上十行言之成理的文句也感到困难。长期以来，我一直在思考：如何把语言现象加以逻辑分类，又如何把语言研究的各种观点加以分类。我越来越认识到，要阐明语言学家所研究的对象是什么，工作量太大了……当前流行的术语极不妥当，有必要加以改进。为了改进术语以及阐明语言的性质，我对语文学的兴趣越来越小，尽管我希望不去概括语言的本质，这会使我违心地著书立说。毫无兴趣和热忱去解释语言学术语，对我来说没有任何意义。[1]

此时的索绪尔38岁，而正当盛年的他竟陷入了"失写"和"失思"。可以推定，索绪尔陷入了长期的焦虑与忧郁。后来，当其学生里德林格（A.Riedlinger）问他为什么不把普通语言学课程讲授的内容写出来时，索绪尔微露笑容说："我没有给自己规定要写出静态语言学"，并且反复重申这一工作的困难。[2]

英国逻辑学家奥卡姆的威廉（William of Occam，1285—1349）提出的"奥卡姆剃刀"

---

[1] 原文刊于《索绪尔研究集刊》21辑（1964）。转引自许国璋《许国璋论语言》中的《论索绪尔的突破精神》，又参阅了张景智所译卡勒的《索绪尔》（第13页）。文字上有润色。

[2] 见许国璋《许国璋论语言》，第106页，北京：外语教学与研究出版社，1991年。

认为：如果有两个能得出同样结论的竞争性理论，那么简单的更好。奥地利哲学家马赫（E. Mach, 1838—1916）提倡的是"吝啬定律"是"奥卡姆剃刀"的另一版本，即"科学家应该使用最简单的手段得到研究结论，并排除一切不能被认识到的事物"，然而由此可能得出"某物存在但无法观测=某物不存在"的谬论。这就提醒人们不能盲目使用"奥卡姆剃刀"。保留简单的理论并不意味着对于现象的最简解释往往比复杂解释更正确，因为现象并不可能那样简单。**吝啬定律不能取代洞察力、逻辑和科学方法，永远也不能希望依靠"简单化"去创造一个理论。**[①]**语言系统是一个历史性的复杂系统，可以进行不同程度的抽象。尽管抽象度越高可能概括力越强，但是控制能力则越弱，因此我们需要的是适度抽象。**尽管结构主义促进了对语言系统的了解，特别是美国描写主义，揭示了语言结构的层次性，但结构主义无疑具有其先天缺陷。基于"语言是形式而不是实体"这种狭窄的语言观，结构的形式描写可能相对细致些，但是难免失之肤浅和单调。

四、系统整合：索绪尔对自己的定位

尽管自20世纪60年代以来，学术界通常称索绪尔为"现代语言学的开创者/奠基人"[②]，然而在《普通语言学教程》（1916）问世后的三年内，巴黎语言学会约请了15位专家撰写书评，大多持审慎态度，有的甚至否定多于肯定。由于静态语言学片面突出语言的静态同质性，梅耶指出："（《教程》）太强调语言的系统性，以至于忘却了语言中人的存在"（转引自戚雨村1997：53），一语道破了静态语言学的要害。1931年，波利瓦诺夫（E. D. Poliyanov, 1891—1938）在《论马克思主义语义学》（1931：3）认为："许多人将《教程》视为一本启示录，但与博杜恩及其学派很早以前就取得的成果相比，它在普通语言学的提出并解决问题方面没有一点新东西。"（转引自屠友祥2011：1）1932年，特鲁别茨柯依（N. S. Trubetskoy, 1890—1938）在给雅可布逊（R. Jakobson, 1896—1982）的信中写道："为了获得灵感，我重读了索绪尔，但这第二次阅读没有给我留下什么深刻印象。书中有价值之处相当少，**大多是旧垃圾**。而有价值之处则太抽象，没有细节阐释。"（Trubetskoy 2001: 2555；转引自屠友祥2011：1）

[①] 参见Phil Gibbs《奥卡姆剃刀》（柯南译），《教师博览》2004年第4期。
[②] 罗宾斯（R. H. Robins）《语言学简史》（1967：224）："索绪尔对20世纪语言学的影响却是无与伦比的，可以说是他开创了20世纪的语言学"。莱昂斯（J. Lyons）《理论语言学导论》（1968：38）："如果有谁称得上现代语言学的奠基人，那么他就是伟大的瑞士学者索绪尔"。皆未深入研究过索绪尔，更不知还有博杜恩。

倾向于把语言学作为哲学，还是倾向于把语言学作为科学，这是一个重要的问题。倾向于把语言学作为哲学，则基于心灵主义，势必产生一系列的宏观构想以及思辨抽象，所提出的观点可能只言片语，既不加严密论证（由后人去揣度、去争论），也不一定付诸操作。而倾向于把语言学作为科学，则基于经验主义，注重语言事实的描写、分析和阐释，其理论无疑要具有操作性。**根据这一分野，索绪尔本质上是一位基于心灵主义的语言哲学家。**

对于索绪尔的学术定位，我曾经提出：

> 索绪尔（1909）曾对他的学生说："语言是一个严密的系统，而语言理论也应是一个与语言一样严密的系统。**难就难在这里，因为对语言提出这样或那样的见解并不稀奇，关键在于把各种观点整合成一个系统。**"[①]正是在德克海姆的社会学理论、博杜恩的语言学理论和辉特尼的语言符号学说的基础之上，索绪尔基于各种观点的哲学整合而建构了静态语言学。确实，这一"如何整合"，不但需要哲人的智慧，而且不失理论创造的一种奥秘。[②]

给任意性"派定"一个绝对的位置，把言语的、外部的、动态的、实体的部分全部"排除"，把语言的、内部的、静态的、形式的部分凸显出来，这就"整合"成了索绪尔不留讲稿、而其学生依据课堂笔记整理出版的《教程》中的"静态语言学理论"。

"索绪尔的新发现者"忽视了一个事实：**问题的关键不在于索绪尔札记中是否存在肯定言语的语言学、外部语言学和历时语言学的论述，而在于不排除这些索绪尔批评的"乱七八糟的一堆离奇古怪、彼此毫无联系的东西"**（高译本1980：29—39），静态语言学也就无从建立。"索绪尔的重新发现"不过表明，批评、修正和企图突破静态语言学束缚的那些"异端邪说"，在"手稿索绪尔"中也同样存在。但是，在语言学界产生影响的是"《教程》索绪尔"，而与"手稿索绪尔"无涉。

人们通常认为研究某阶段的语言现象就是"共时语言学"，其实这种断代并非索绪尔的"静态"。索绪尔所要求的不仅是"现时态"，而且必须研究这一"状态"的基于无意识的形式，而并非描写实体、行为或功能。有趣的是，不仅索绪尔本人没有进行过某种语言的静态系统研究，而且听过他普通语言学课程的学生，似乎也无人做过此类研究。这使我们不得不认为，所谓"静态语言学"只是一个理论框架。"语言是形式"这一提法，

[①] 戈德尔《索绪尔〈普通语言学教程〉稿本溯源》，29—30页。转引自胡明扬主编《西方语言学名著选读》（第二版），第79页，中国人民大学出版社，1999年。

[②] 李葆嘉《中国转型语法学：基于欧美模板与汉语类型的沉思》，236—237页，南京师范大学出版社，2008年。

在理论上，显示出集体无意识或"神秘主义"色彩，很容易把人们引向虚无缥缈；在实践上，不仅束缚了语言视野，甚至成为研究语言能力、行为和功能的某种阻力，涉嫌把复杂现象一味简单化的"吝啬定律/懒汉哲学"。与棋赛规则的人工性和封闭性相比，语言符号系统是个自然形成的耗散性复杂系统。索绪尔的"棋赛规则"类比（《教程》第46、128、155页）将语言符号系统过于简单化，由此导致了理论的简约性与实际研究的复杂性之间的强烈反差。

总之，不必将索绪尔捧上"现代语言学的创始人/奠基者"的宝座，索绪尔是以系统整合为主的"静态语言学的倡导者"或精于思辨的"语言哲学家"。不可否认，正是这种超乎同时代语言学家的系统整合和哲学思辨，索绪尔方能自恃才高地坦言"对语言提出这样或那样的见解并不稀奇，关键在于把各种观点整合成一个系统"——这也就是索绪尔对自己的准确定位。

正常的学术生态应是多元状态，我们无权指责任何学术背景或理论方法下的语言研究。回到文章开头的发帖："学术研究的旨趣不在于寻求公认，而在于坚持独立思考。"索绪尔的探索精神，应为后来者所景仰——唯此，才是对这位逝世100周年哲人的最好纪念。

附：形式语言的离身性真相[①]

形式哲学家对自然语言存在严重误解，误认为语言就是用字母拼写的句子，其实这只是语言留下的痕迹（语迹）。作为话语行为，自然语言由语境—语旨—语义—语构—语用—语情—语姿—语效构成。[②]言语行为=语言（B. K. Malinowski, *The Problem of Meaning in Primitive Languages*, 1923），言语行为≠语言+行为（J. L. Austin, *How to Do Things with Words*, 1961）。之所以形式哲学家以为自然语言太模糊、有歧义、不严密，就是因为他们研究的对象，所丢失的话语行为要素太多。也就是说，他们所认定的"语言"是错误的。如要对语言进行形式分析，应当包括话语行为的所有相关要素。

下面我们试图揭开形式语言的离身性真相。

第一步，就一般自然语言符号而言，其形成过程是基于认知与事物的互动。图示如下：

[①] 摘自李葆嘉译序《永恒的灵肉：亲身离身集于一身》，原刊于莱考夫（G. Lakoff）和约翰逊（M. Johnson）原著、李葆嘉等译《肉身哲学：亲身心智及其向西方思想的挑战》，74—77页，世界图书出版公司，2018年。

[②] 详见李葆嘉《中国转型语法学》，南京师范大学出版社，2008年；邱雪玫《汉语话说结构句法学》，世界图书出版公司，2013年；李尧《幼儿话语行为效能研究》，世界图书出版公司，2013年。

```
本体 ←→ 认知  |  语言符号  |  现象 ←→ 物自体
```

据康德理论：认知主体通过认知手段（感性、知性、理性）整理经验（现象）而得到知识。

所谓可知即语言中的"可知"，无论知多知少，还是知对知错。所谓"不可知"即语言外的不可知。

第二步，自然语言符号之间实际上是错综复杂的语义网络关系，我们可以**简要处理**为词语之间的聚合关系和组合关系（已经作了二维化的简单处理）。图示如下：

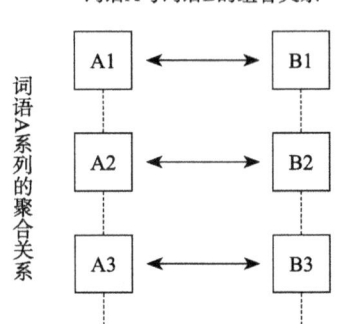

词语A与词语B的组合关系

```
       A1 ←→ B1
词      ↕      ↕
语      A2 ←→ B2
A       ↕      ↕
系      A3 ←→ B3
列
的
聚
合
关
系
```

第三步，就部分自然语言符号（实体且关系简明的）而言，形式逻辑把其中的内容A1、A2、A3……，以及B1、B2、B3……取出来，留下的是没有具体内容的空箱子，但是组合和聚合关系还在。图示如下：

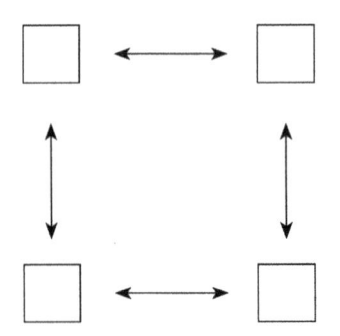

```
  □ ←→ □
  ↕     ↕
  □ ←→ □
```

它们则成为形式语言符号（无实质，无意义；有位置，有关系），被认为是客观存在的世界状态。

基本过程如下所示：

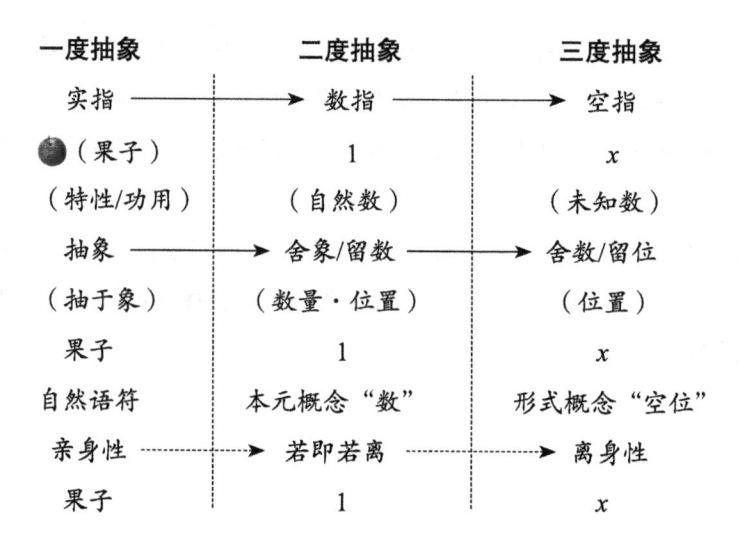

一度抽象	二度抽象	三度抽象
实指 ——→	数指 ——→	空指
●（果子）	1	x
（特性/功用）	（自然数）	（未知数）
抽象 ——→	含象/留数 ——→	含数/留位
（抽于象）	（数量·位置）	（位置）
果子	1	x
自然语符	本元概念"数"	形式概念"空位"
亲身性 ——→	若即若离 ——→	离身性
果子	1	x

实有事物●，通过一度抽象成为语符"果子"，二度抽象成为数字"1"，三度抽象成为空位x。

第三步，逻辑学家就是向"空箱子"中装东西（赋值）。取得某些成功（有实箱子支撑）后，进一步把形式逻辑针对全部自然语符，结果出现：自然语符不准确、有歧义、含混不清。怎么办？改造自然语言符号，使之可以形式化处理。

由此可见：一是来源遗忘（撇开自然语符形成过程）；二是买椟还珠（把能指留下，把所指抛弃）；三是以蛇吞象（把部分简单语符的可形式化处理，推广到自然语符系统）；四是怨天尤人（自然语符有歧义、含混不清）；五是削足适履（改造自然语符，使之可形式化处理）；六是履不完足（对自然语符的形式化处理不周）。归根结底，形式逻辑只是自然语言法则中的一小部分。

希尔伯特（D. Hilbert，1862—1943）方案的基础是一套"形式系统方法"（1920）。一个"无意义"的形式系统框架，通常由四部分组成：1. 初始符号，它们如同形式系统的字母表；2. 组合规则，规定哪些符号序列是合适的公式；3. 公理，从合适的公式中再挑选出来，以之作为系统推演的出发点；4. 变换规则，规定一个合适的公式之间怎样变换。

乔姆斯基的"形式句法"（1957）就像希尔伯特形式系统框架的山寨版：1. 语类符

号，句法结构成分的类别，包括单词语类和短语语类。2. 生成规则，用短语规则可以生成由语类组成的结构。3. 核心句，只能用强制性转换规则推导的是核心句，能同时用强制性和选择性转换规则的是"非核心句"。4. 转换规则，把该序列变成具有另一派生短语结构的新序列。

在实在系统的基础上，形式系统成为一种高度抽象的"空位"和"关系"的认知方式，形式化描写成为一种高难度技艺。在一定条件下可以发挥一定作用，但是形式系统永远不可能是自足系统。

"索绪尔神话"的终结*
——《教程》索绪尔与博杜恩理论比对

提要：现代语言学理论在索绪尔《普通语言学教程》（1916）中得到体系化呈现，但主要观点并非索绪尔原创。罗宾斯们炮制的"索绪尔神话"遮蔽了此前学者在该领域的巨大贡献。博杜恩《普通语言学论文选集》（2012）的出版，为索绪尔《教程》与博杜恩理论的比对提供了条件。本专题从五个方面，即（1）语言学的研究对象；（2）语言和言语；（3）语言系统和要素价值；（4）语言的静态与动态；（5）语音理论进行逐一比对。一言以蔽之，《教程》的核心概念和主要理论处处留下了博杜恩理论的印记，证实了谢尔巴（1923）当时的感觉——"索绪尔教材与我们平素熟悉的原理在许多地方如此相同"。由此进一步证实李葆嘉（1998，2000，2013）的推定：《教程》主要是"把各种观点整合成一个系统"（索绪尔1909），并没有重大的原创性建树（但包含了个人的偏执），博杜恩（1870—1880）才是创立现代语言学理论（其内涵大于索绪尔的静态语言学，包括心理语言学、社会语言学、应用语言学、对比语言学、民族语言学等）的枢纽人物。

关键词：现代语言学；索绪尔《教程》；博杜恩理论；比对；验证

The end of Saussure's Myth
——The comparison of "course Saussure" and Boduane's Theory

Abstract: Modern linguistic theory is presented systematically in Saussure's *"General Linguistics Course"* (1916), but whether main views are Saussure's original is in debate. "Saussure legend" created by Robbinsists disguised prior scholars' remarkable contribution. Boduen's *"Selected Anthology of General Linguistics"* (translated by Yanchun Yang, 2012) makes a direct comparison of Bodouin theory and "Saussure's Course" possible. From six aspects, this session

---

* 李葆嘉、叶蓓蕾合作。本专题由李葆嘉提出，叶蓓蕾完成《索绪尔语言学思想与博杜恩语言学理论的比对》（10万字，南京师范大学语言学及应用语言学专业硕士论文，2017年6月）。经李葆嘉调整结构、补充资料、核查俄英文献、提炼结论，反复修改而遂成本文（7万字）。其压缩本（1.5万字）题为《索绪尔〈教程〉与博杜恩理论的比对》，载《南开语言学刊》，2018年第2期，132—148页。

proves Sherba's comment (1923) on *"General Linguistics Course"* that "We are very surprised at many similarities between this course and the principles we are very familiar with." These five aspects are (1) the research object of linguistics; (2) language and speech; (3) (Linguistic system and elements of value; (4) static and dynamic; (5) phonological theory. In a word, the comparison shows that the key concepts and main theories in the *Course* mark Boduen's ideas everywhere, which confirms Л. В. Щерба's comment (1923) that "Saussure's text is so much the same in many places as our familiar principles."This finding further confirms previous presumption (Li Baojia1998, 2000, 2013) that the key of *Course* is "tointegrate various ideas into a system" (Saussure 1909), and it does not have significant originality (But includes personal paranoid). Indeed, Boduen (1870—1880) is the critical figure of establishment of modern linguistic theory, whose connotation is greater than that of Saussure's static linguistics, including psycholinguistics, sociolinguistics, applied linguistics, comparative linguistics, national linguistics, etc.

Key words: modern linguistics; Saussure's course; Boduen's theory; comparison; verification

1964年12月28日，新上任的美国语言学会主席霍凯特①，在年会致辞中，提出语言学近178年来（1786—1964）的所谓"四个重大突破"。

1786年 威廉·琼斯（*an address to The Asiatic Society*）的第一个突破；

1875年 维尔纳（*Eine Ausnahme der ersten Lautverschiebung*）的第二个突破；

1916年 索绪尔（*Cours de Linguistique Generale*）的第三个突破；

1957年 乔姆斯基（*Syntactic Structures*）的第四个突破。（Hockett 1965：185）

1967年，英国语言学家罗宾斯（R. H. Robins）据此断言："索绪尔对20世纪语言学的影响却是无与伦比的，可以说，是他开创了20世纪的语言学"（上海外国语学院外国语言文学研究所译《语言学简史》1987：248），其弟子莱昂斯（J. Lyons 1968）紧随其后："如果有谁称得上现代语言学的奠基人，那么他就是伟大的瑞士学者索绪尔"（1968：38）。由此之后，只要提及现代语言学理论几乎"言必称索绪尔"，由此导致中国学界30

---

① 霍凯特（Charles Francis Hockett，1916—2000），美国结构主义语言学家。1939年获耶鲁大学人类学博士学位。1940—1942年执教于密歇根大学。1942年入伍，编写军队使用的汉语教材和词典。1946年起，在康奈尔大学讲授语言学和人类学，曾主持基础汉语教学。1964年任美国语言学会会长。著有《音位学手册》《现代语言学教程》《语言·数学·语言学》《语言学的现状》《人在自然界中的地位》等。遗憾的是，没有语言学史方面的论著，并非语言学史家的霍凯特，在没有翻阅19世纪语言学家大量论著的情况下，遽然如此论断。

多年来的关于索绪尔理论研究的热潮。

语言学界对索绪尔理论的了解来自《普通语言学教程》（1916），即"《教程》索绪尔"（李葆嘉1998）。通常认为，索绪尔理论主要体现在："一是提出了语言学的基本研究方向，阐明了语言学的任务；二是明确界定了一系列语言学的基本概念，如共时与历时、组合与聚合等等。"（赵蓉晖2005：8）确实，这些观点在《教程》中得到较为系统的呈现，然而，问题在于——这些观点是否就是索绪尔的原创。实际上，罗宾斯们在对索绪尔做出评价时，既没有考虑到《教程》本身的性质（非索绪尔的遗稿，索绪尔并没有将其讲义视为著作，无"引用注释"，无"参考文献"），根本难以厘清，哪些是采用的别人观点，哪些是索绪尔自己的观点，哪些是学生记录和凑合的理解；更没有考虑到此前其他学者的理论创造——信奉的是狭隘的"个体创始模式"。由此导致，所炮制的"索绪尔神话"遮盖了此前学者在该领域的巨大贡献。学术史的旨趣本是为了铭记前人的艰辛探索，启迪后人的研究方向，而武断的评价则无异于扭曲学术史，搅乱后来者的认知视线。

李葆嘉（1989）明确指出：

（1）结构主义大师索绪尔可以分解为《教程》索绪尔、手稿索绪尔、学术索绪尔和心理索绪尔。（2）静态语言学的讲授体系即《教程》索绪尔，静态语言学的理论来源即"学术索绪尔"。（3）索绪尔静态语言学理论具有三个直接来源，其哲学基础源自法国德克海姆的社会学理论，其理论框架源自俄国博杜恩的语言理论体系，其语言符号学原则源自美国辉特尼的语言符号学说。

资料的缺乏导致对索绪尔《教程》与博杜恩理论之间关系的研究很难深入。近年来值得关注的是杨衍春的研究。一方面，翻译出版了博杜恩（Baudouin de Courtenay, 1845—1929）的《普通语言学论文选集》（2012），使中国学界有可能看到博杜恩的论述；另一方面，刊发了专著《博杜恩语言学理论研究》（2010）、《现代语言学视角下的博杜恩语言学思想》（2014），以及《克鲁舍夫斯基学术思想研究》（2011）、《博杜恩学术思想源流论》（2013）、《试论博杜恩与索绪尔学术思想的一致性》（2016）等论文。不过，立论的视角似乎应是"索绪尔（后来者）与博杜恩（前辈）学术思想的一致性"，因为是索绪尔《教程》借鉴或袭用了博杜恩的思想。

索绪尔在生前，从未发表普通语言学论文。《普通语言学教程》是在其身后，由几位学生根据课堂笔记整理而成，其理论仿佛一蹴而就。[1]与之不同，博杜恩的现代语言学理论

---

[1] 作为最受索绪尔器重的学生，梅耶（Antoine Meillet, 1866—1936）批评了《教程》，不相信作为历史比较语言学家的老师会写出这样的一本书，始终不认可《教程》中的观念。

存在于他几十年来（1868以来）的一系列论文中，其逐步成长过程有迹可循（对于原创性理论而言，可作明证）。

当然，近来发现的索绪尔的零散手记，丰富了对索绪尔的了解。不过，需要提醒的是，多年来对学界产生影响的是巴利版《普通语言学教程》（1916），并非近来发现的索绪尔的零散手记。这些零散手记，只适合做研究索绪尔的材料，不适合作为替《教程》中已产生负面影响的不妥之词辩护的证据。因为如果没有巴利版《教程》，也就没有所谓"创始人"。至于所谓《普通语言学手稿》（布凯和恩格勒整理，于秀英译2011）[①]，应理解为"索绪尔关于普通语言学的零散笔记"，而非——（1）索绪尔生前有一部"普通语言学"手稿遗失了，（2）我们深感遗憾，（3）现在"发现了部分手稿"。（于译本2011：5—6）其实，除了"备课笔记"的提纲，大多数是索绪尔对平时想法的一些随手记录。对于这批资料或"手稿"，无须夸张，或故意误导为"一本书的手稿"即"书稿"（书稿应有作品名称，有提纲或章节安排，有成篇论述，有修改痕迹）或"书稿残篇"，因为本来索绪尔就没有"《普通语言学》一书的手稿"（也就无所谓"遗失"，也就无所谓"遗憾"）。索绪尔生前（1891）只是提到，"将来有一本特别且很有意思的书要写，以探讨术语（mot），探讨那些作为术语科学（science des mots）的主要扰乱者的术语"（于译本将mot译为"语词"），并没有说是一本普通语言学的书。但是后来，索绪尔（1911）表示"为了发表，再开始长久的研究，那太愚蠢了"，实际上只有"丢在一堆杂物里的笔记"。（于译本2011：5—6）最主要的是，索绪尔的精神状态已经不允许他从事严谨的长篇著述（也只能手记一些临时想到的东西）。

20世纪90年代，李葆嘉就设想对索绪尔《教程》与博杜恩论著中的一系列核心观点进行直接比对，但是由于外语能力有限，无从实施。直到近年来，才有了这种可行性。老友屠友祥教授为研究索绪尔，自学法语多年。2012年12月，在纪念索绪尔逝世100周年暨索绪尔研究在中国学术研讨会（东北师范大学外国语学院）期间承蒙惠赠《索绪尔手稿初检》（2011）。南京大学于秀英教授在法国多年（大约2005年，曾不期而遇两次，交谈过现代语言学理论和索绪尔），翻译出版了《普通语言学手稿》（2011）。杨衍春博士虽未谋面，但在其论著中引用过拙见。杨博士留学俄罗斯，又到中央民族大学深造，专门研究喀山学派，翻译出版博杜恩的《普通语言学论文选集》（2012）。这些贡献都为索绪尔《教程》与博杜恩理论的比对提供了直接文献。

[①] 据屠友祥《索绪尔手稿检索》（2011：270）说明，布凯和恩格勒整理出版的《索绪尔普通语言学文集》（*Ferdinand de Saussure, Écrits de linguistique générale*），是索绪尔子女1958年捐赠给日内瓦公共与大学图书馆的手稿，以及1996年翻修日内瓦索绪尔私邸"橘园"时发现手稿的汇集。

本专题的任务，就是完成多年前的夙愿。第一步，阅读索绪尔与博杜恩的论著，前者是《普通语言学教程》（高名凯译，1980）[1]，后者是两卷本的《普通语言学论文选集》（杨衍春译，2012），将索绪尔和博杜恩的主要观点的原文分别摘录在案。第二步，参考学界的相关研究，研读其观点内涵，将摘录的原文条分缕析。第三步，将二者主要观点的相关论述进行比对，确定索绪尔《教程》和博杜恩理论之间的关系（承袭、阐发、有别）。

显然，本专题的基本方法就是作者文本（汉译）比对法。在博杜恩《普通语言学论文选集》（2012）出版之前，有关与博杜恩的观点，多为辗转引用的概括。杨译本《普通语言学论文选集》出版之后，学界才有可能直接引用博杜恩的论述。杨衍春（2016）对二者思想的一致性进行考察，仍然以概括性论述为主。牟彦霏（2016）从五方面展现博杜恩与索绪尔语言学思想的联系，仅为一页纸。本专题的原则之一：直接来源和学术背景相区别。索绪尔《教程》的形成，既要考虑当时的学术背景，更要关注其直接来源。以往研究中有一种倾向，把索绪尔思想的来源或渊源，远绍到康德、洪堡特等。作为19世纪下半叶的学者，索绪尔对这些背景知识自然知晓，然而这些并非《教程》理论的直接来源。本专题的原则之二：个人贡献和学术史论相结合。索绪尔《教程》和博杜恩理论的全面比对，已经并非属于"索绪尔思想来源"的研究范围，而是与"现代语言学理论的形成过程"密切相关。只有把个人的贡献置于学术史的长河中考察，才能确定其切实的历史地位。诚实的学者，不应让扭曲的学术史继续延续下去。

一、索绪尔与博杜恩的研究现状

德克海姆的社会学思想，《教程》中有明显印记；辉特尼的符号学说，《教程》中有明确引用。而渗透其中的博杜恩理论，《教程》中却没有提及博杜恩的姓名（在索绪尔手稿中有两处提及[2]）。就语言学立场来看，博杜恩对索绪尔《教程》的影响更直接、更全面。

---

[1] 参照《普通语言学教程，1910—1911索绪尔第三度讲授》（张绍杰译2001）、《索绪尔第三次普通语言学教程》（屠友祥译2002）、《普通语言学手稿》（于秀英译2011）的相关内容。

[2] 第一处，《在日内瓦大学的第一次讲座》（1891）："使我们对于语言的认识更为深刻的是这些语言学家，如……专门研究俄语和斯拉夫语的俄国学派，如博杜恩·德·库尔特内先生和克鲁舍夫斯基先生。"（于译本2011：121）第二处，《关于阿贝尔·薛施蔼理论语言学方法与课题》（1908）："有几位俄国语言学家，尤其是博杜恩·德·库尔特内和克鲁舍夫斯基，比起其他人，他们更接近于语言的理论视野，却未超出纯语言学的思考范围，而且他们也不为大多数西欧学者所了解。"（于译本2011：236—237）

（一）关于学术索绪尔来源的研究

据所见资料，对索绪尔语言学思想来源的探讨，最早是多罗舍夫斯基。1933年，他在《论社会学与语言学的关系：德克海姆与索绪尔》中，论述了索绪尔对德克海姆（E. Durkheim，1858—1917）与塔尔德（G.Tarde，1843—1904）之间的社会学论争很感兴趣，在形成其语言理论中有所反映。[1]中国学界对索绪尔思想来源的考察，始于方光焘（1959）。也正是受多罗舍夫斯基的启迪，方光焘认为，即使1891年（印刷误为1881年，见《方光焘语言学论文集》495页）以后，索绪尔已不在巴黎，同样可以经由学术交流了解涂尔干[2]的理论。

20世纪80年代以来，岑麒祥（1980）认为，从《教程》关于语言本身的一段话，即"所以我们可以想象，有一种研究社会生活中符号生命的科学，它将构成社会心理学的一部分，因此也是普通心理学的一部分；我们管它叫'符号学'……"（岑麒祥1980：33），可以很容易看出他所受到的德克海姆社会心理学的影响。刘润清（1995）从当时语言学理论环境的角度出发，认为《教程》自始至终体现了德克海姆的社会学思想。李葆嘉（1998，2001）认为，德克海姆的社会理论是索绪尔语言论的哲学基础，并从五个方面分析了二者思想的相似性，即对言语活动与对社会事实抽象的一致性，对语言和对心理社会属性认同的一致性，对社会规律两个基本特征认定的相承性，对社会和对语言静态与动态划分的相承性，以及对语言学属于社会心理学看法的相同性。21世纪以来，刘富华和孙维张（2003）、宋宣（2004）、龚晓斌（2005）、戴瑞亮（2005），左广明（2009）、吕红周（2010），基本上都在这一范围内加以讨论。

索绪尔《教程》曾多次引用辉特尼的话，并且高度评价辉特尼的贡献。因此，辉特尼对索绪尔的影响明显可见。卡勒（Jonathan Culler）的《索绪尔》（1976）在阐述索绪尔语言理论地位这一章节时提出，辉特尼确实促使索绪尔回到了符号这个问题上。（张译本1989：61）。刘润清（1995）认为，辉特尼关于语言的"符号性""惯例性""任意性""可变性"和"不可变性"概念，都是对语言学的重要贡献。除青年语法学派外，对

---

[1] 多罗舍夫斯基（Witold Jan Doroszewski，1899—1976），波兰语言学家。博杜恩在华沙大学的学生，波兰语言学派成员。1930年起任华沙大学教授，1947年起任波兰科学院院士。其理论认为，语言学的主题是"语言人"（Latin. homo loquens），而不是发生在语言中的关系。《论社会学与语言学的关系：德克海姆与索绪尔》（*Quelgues remarques sur les rapports de la sociologique et de la linguistique: Derkheim et F. de Saussure*）刊于法国《普通和病理心理学杂志》[Pierre Janet, Georges Dumas. *Journal de Psychologie Normale et Pathologique* 30 (1), 1933, pp. 82—91]。

[2] 涂尔干，即德克海姆（E. Durkheim，1858—1917）的另一汉译姓名。

索绪尔影响最大的就是美国语言学家辉特尼。李葆嘉（1998，2001）进一步阐述了索绪尔语言论的符号原则与辉特尼符号学说的关系。并认为，索绪尔的语言符号学是在辉特尼语言符号观基础上改造建构的。21世纪以来，屠友祥（2001）、戴瑞亮（2005）、左广明（2009）、吕红周（2010）、卢德平（2014）续有论述。屠友祥援引索绪尔给辉特尼信函的内容，证明索绪尔在学生时代就受其影响。卢德平把索绪尔提及辉特尼所做的评论和辉特尼的著作进行比对，得出索绪尔的语言符号学思想，其核心内容来自辉特尼。

与辉特尼的姓名和引文见于《教程》不同，博杜恩的姓名掩而不彰。因此，关于索绪尔《教程》与博杜恩理论的关系，长期以来鲜有涉及。尽管"《教程》索绪尔"中的一系列核心观点，在博杜恩的论著中都可见到，但是《教程》对博杜恩只字未提。此前，苏联学者（如谢尔巴1923年）对《教程》与博杜恩理论的雷同已有觉察。作为索绪尔的学生，梅耶不相信自己的老师会写出这样的书，至死也不认可《教程》中的观念。这可从另一方面作为觉察到《教程》中的主要概念是别人提出的证据。作为法国社会心理学派代表人物，梅耶熟悉博杜恩及其学生克鲁舍夫斯基（Н. В. Крущевский，1851—1887）的论著。挪威语言学家萨默费特（Alf Sommerfelt，1892—1965）认为，梅耶的研究有三个特点：（1）用精密的比较方法研究印欧语史；（2）从社会学角度说明语言演变的原因；（3）指出语音变化导源于心理机制。而这三个观点，正是博杜恩在论著中一直倡导的。随着索绪尔手稿的发现，人们看到，索绪尔曾认为博杜恩及克鲁舍夫斯基的视野，比其他语言学家更接近语言理论的高度，由此才见到索绪尔熟悉喀山学派的一丝丝间接证据。

布拉格学派代表人物雅可布逊（R.Jakobson 1960）指出："索绪尔在认真研究和领会了博杜恩和克鲁舍夫斯基的理论之后，在日内瓦的讲义中使用了这些观点。在其作为理论基础的二分说中，索绪尔承袭了博杜恩的静态和动态的二分观。"（杨衍春2010：123）雅可布逊（1998）还评价："克鲁舍夫斯基的观点比索绪尔更系统，更合逻辑学，更具有表现力。"（杨衍春2010：116）1979年，康德拉绍夫指出，索绪尔熟悉博杜恩的著作，在《教程》中采用了博杜恩的许多原理。（杨译本1985：127）屠友祥（2007a，2011）搜集了很多材料，表明博杜恩和索绪尔彼此了解。郅友昌（2009）提到博杜恩与索绪尔语言学观点上的一致性。杨衍春（2010，2014，2016）认为，博杜恩的著作中已经体现了语言是符号系统，语言符号的任意性，语言和言语之分，静态和动态之分等观点，完全有理由认为博杜恩是结构主义的创始人之一。

关于索绪尔语言学思想的来源，还有人提及洪堡特、保罗、弗洛伊德。洪堡特（W. von Humboldt，1767—1835）通常被称为普通语言学的奠基人。姚小平（1993）通过学生记录的索绪尔原话，断定索绪尔读过洪堡特的作品，并吸取了洪堡特语言观的某些成分。

赵日新（1996）认为，洪堡特是注意到语言系统性的第一人，索绪尔正是在其基础上阐明了语言系统学说。徐海铭（1998）、戴瑞亮（2005）、杨文秀和杨志亮（2009）、吕红周（2010）等，都把洪堡特的整体理论看作是索绪尔语言系统观的来由之一。作为青年语法学派的理论家，保罗（H. Paul，1846—1921）的《语言史原理》被"青年语法学派视为圣经"。姚小平（1993）指出，保罗的有关"状态与历史的差别"的论述是索绪尔共时观的直接来源。

也有人把弗洛伊德（Freud Sigmund，1856—1939）关于"集体心理"和"下意识"的理论与索绪尔的语言思想联系起来，认为索绪尔理论与弗洛伊德的理论有渊源关系。刘富华和孙维张（2003）指出，弗洛伊德的思想理论也是构成索绪尔和结构主义语言学产生的时代背景和环境因素之一。赵蓉晖（2005）认为，弗洛伊德强调的人们对心理底层系统的无意识观点，与索绪尔关于语言是一种个人意识无法控制的惯例系统，语言作为一种社会心理现象的观点颇为相似。左广明（2009）将弗洛伊德的影响列为索绪尔语言哲学思想的心理学背景，除了青年语法学派和格式塔心理学之外的第三种路径。除此之外，李开（2007）认为，康德哲学为索绪尔学说的形成提供了保证。小松英辅（《〈第三度教程〉编者前言》，张绍杰译2001）、徐海铭（1998）都认为，胡塞尔（E. Edmund Husserl，1859—1938）的思想是索绪尔语言学说的来源。张绍杰（2004）、左广明（2009）将格式塔心理学和索绪尔语言理论联系在一起。向明友（2000）、封宗信（2006）则认为索绪尔的语言系统和语言价值的概念都可以在经济学中找到。

此类关于索绪尔思想来源的研究，仅限于理论分析。**关键在于，索绪尔《教程》理论的"直接来源"与"学术背景"要加以区别。**

（二）关于博杜恩师生理论的研究

1. 对博杜恩语言学理论的研究

虽然博杜恩一生坎坷，但他用俄语、波兰语、德语、法语等发表了一系列论著，在语言学上取得了丰硕成果。

1868年（当时索绪尔11岁），博杜恩在《波兰语变格中类推行为的若干现象》中，第一次明确提出了心理类推机制对语言变化的影响。

1870年（当时索绪尔13岁），博杜恩开始逐步形成语言是其组成部分和范畴构成的综合体的观点。在《1876—1877详细讲课大纲》（1877年发表）中提出"语音系统"。

1871年（当时索绪尔14岁），博杜恩在《关于14世纪以前的古波兰语》中，区分了语言历史的外部和内部（30年后，索绪尔《教程》出现内部语言学和外部语言学）。

1871年（为1970年的讲稿），博杜恩在《对语言科学和语言的若干原则性看法》中，提出人类语言、具体语言和个体语言的"三分法"，提出语言研究的"年代原则"，区分了"描写研究"和"历史研究"，成为语言"静态"与"动态"划分的萌芽，建立了应用语言学理论。

1876年（索绪尔19岁，刚转入莱比锡大学改修比较语法），博杜恩明确提出了语言的静态和动态（索绪尔1897年的笔记中才出现"历时态""共时态"等用语）。1881年（索绪尔24岁，取得博士学位），博杜恩在《斯拉夫语言比较语法中的若干章节》中，区分了音素和音位，以及人类语音学和心理语音学。

1883年（索绪尔26岁，在巴黎任教），克鲁舍夫斯基在博士论文《语言科学概论》中发展了博杜恩的思想，不但阐述了"词是事物的符号""语言是一种符号系统"，而且主张这个系统既可"在同时共存（静态）中"分析，又可"在连贯状态（动态）中"分析。同时提出了语言符号的"类比联想"和"邻接联想"（索绪尔1907年第一次讲授普通语言学课程时，首次讨论"联想关系"和"句段关系"）。

1888年（索绪尔31岁，在巴黎任教），博杜恩在《克鲁舍夫斯基的生活及其科学著作》中，肯定了克鲁舍夫斯基的"类比联想"和"邻接联想"，并且进一步推广到整个语言系统或语言学的分支学科研究。

1889年（索绪尔32岁，在巴黎任教），博杜恩在《语言科学的任务》中，阐述了语言学是心理社会科学的概念，进一步阐述了语言的系统性。

在斯大林时代，博杜恩的思想处于尘封之中，博杜恩的一些学生惨遭迫害。直到1963年，苏联科学院才组织出版了博杜恩的《普通语言学论文选集》。此后，博杜恩研究也受到了波兰的重视，出版了多罗舍夫斯基（Doroszewski）作序的《博杜恩文集》（六卷本）、斯坦克维奇（Stankevich）的《博杜恩与现代语言学基础》等。

在中国，早期译介和评价博杜恩的论述主要有：魏任《博杜恩·德·库尔德内》（1965）、陈重业《博杜恩·德·库尔德内》（1981）、郭谷兮《钻研·创新·贡献——纪念博杜恩·德·库尔德内诞生140周年》（1985）、戚雨村《博杜恩·德·库尔德内与喀山学派》（1988）、信德麟《博杜恩·德·库尔德内的生平与学说》（1990）、刘耀武《论鲍杜恩学术思想的先驱性》（1998），以及李葆嘉《论索绪尔静态语言学理论的三个直接来源》（1998）。

近年来，在俄罗斯语言史研究中提到博杜恩的，如王福祥和吴汉樱《语言学历史·理论·方法》（2008）、郅友昌《俄罗斯语言学通史》（2009）、赵爱国《20世纪俄罗斯语言学遗产》（2012）。论文有周长雨《读俄国语言学史——看博杜恩的语言观》

（2011）、王福祥《博杜恩·德·库尔特内与三个语言学流派》（2013）等。

作为学位论文，主要有三篇。刘华荣的硕士学位论文《博杜恩·德·库尔特内是现代语言学的奠基人》（浙江大学外国语言学及应用语言学专业，2003；指导教师：许高渝教授），提要如下：

波兰和俄国语言学家博杜恩·德·库尔特内（1845—1929）在其早期的作品中，就批判了历史比较语言学和青年语法学派的一些错误观点，并在十九世纪七八十年代提出了一系列富有远见卓识的语言学见解。他的很多观点几十年后出现在索绪尔的理论中，之后为以结构主义语言学为代表的现代语言学所广泛讨论和继承。博杜恩的语言学理论超越了同代人几十年，甚至整整一个世纪。他同许多语言学家保持学术联系，创立了喀山和列宁格勒语言学派，造就和影响了俄国语言学界中许多学者。他是与索绪尔齐名的、当之无愧的现代语言学的奠基人。

朱蓓蓓的硕士学位论文《博杜恩·德·库尔特内的语言思想》（吉林大学俄语语言文学专业，2007；指导教师：金城教授），提要如下：

博杜恩·德·库尔特内……他在语言学界热衷于语言历史比较研究之时，天才地提出了许多新的思想和观点，如语言和言语、语言的符号性和系统性、静态和动态、语言的心理生理机制等，尤其是他的音位理论和语音交替理论更是开辟了一个全新的研究领域，对后世产生了深远的影响。……他的语言思想是开放的，符合当今多学科、多领域交叉的研究趋势。一个世纪过去了，博杜恩的语言思想仍然具有重要的现实意义。本文通过广泛阅读、分析、比较20世纪60年代初苏联出版的《普通语言学文选》，以及谢尔巴、维诺格拉多夫、列昂捷夫等学者论述博杜恩语言观的著作，较详细地分析、介绍了博杜恩的语言观与索绪尔普通语言学观点的相似之处，较全面地总结了博杜恩的语言思想。

目前，中国学界对博杜恩语言学理论潜心研究的，当推杨衍春博士。其博士学位论文《博杜恩·德·库尔德内语言学理论研究》（中央民族大学语言学及应用语言学专业，2009；指导教师：季永海教授），2010年由复旦大学出版。此后，又出版专著《现代语言学视角下的博杜恩·德·库尔德内语言学思想》（2014）。

2. 对克鲁舍夫斯基理论的研究

作为喀山学派的另一代表人物克鲁舍夫斯基，一方面继承了其导师的语言学思想，另一方面形成了自己的语言学思想。

受博杜恩"语言系统说"的影响，克鲁舍夫斯基在博士论文《语言科学概论》（*Очерк*

науки о языке，1883）中将语言系统划分为三个子系统：语音系统、语义系统和形态系统，并且提出了词语的联想理论：

我们说出来的句子并不是一个孤立的概念，而是由整体上的一组概念构成的代替物；如果一个人只能想象出一些零散的词语，那就谈不上掌握和使用语言。词语是靠"类比联想"和"邻接联想"相互联系，由此生成词族或词系以及词列。语言不是别的事物，而是**一套符号系统**。（转引赵爱国 2012：64）

该理论也就相当于"组合关系"与"聚合关系"。在博杜恩的语言静态和动态理论的基础上，克鲁舍夫斯基提出了语言的静态规律和动态规律。同时，克鲁舍夫斯基也是音位理论的倡导者之一。

克鲁舍夫斯基的语言理论长期处于被遗忘状态，直到1998年出版了克鲁舍夫斯基的《语言学论文集》（*Очерки по языкознанию*，1891—1893）。雅可布逊（1998：225）认为，克鲁舍夫斯基不仅影响了结构语言学，而且在"分析方法的严谨性、哲学性、严肃性和准确性方面，超越了自己的老师"。克尔纳（Koerner1978：262—263）认为，正是雅可布逊对克鲁舍夫斯基的高度评价，才使其重新引起世人关注。

陈重业（1981）译述了克鲁舍夫斯基的语言学观点，包括语言的社会性、系统性和语音交替理论。屠友祥（2007a）考察了克鲁舍夫斯基和索绪尔之间的学术交流。杨衍春（2011）介绍了克鲁舍夫斯基的主要语言学思想。王福祥（2013）也提及，克鲁舍夫斯基阐明并发展了博杜恩关于语言是一个系统的学说，同时也是音位理论的倡导者之一。此外，王福祥和吴汉樱的《语言学历史·理论·方法》（2008），郅友昌的《俄罗斯语言学通史》（2009），赵爱国的《20世纪俄罗斯语言学遗产》（2012）也都不同程度地涉及克鲁舍夫斯基。

二、索绪尔与博杜恩比对的必要性

李葆嘉（1989）指出："博杜恩是'《教程》索绪尔'语言理论的先驱，他和克鲁舍夫斯基才是'现代语言学'（不仅指静态语言学）的真正开创者"。李葆嘉、邱雪玫（2013）进一步指出："索绪尔静态语言学的核心概念并非其独创或首倡。……平心而论，如果要说谁是'现代语言学'（其内涵大于索绪尔的静态语言学）的'奠基者'，更为准确的说法是'枢纽人物'，博杜恩才当之无愧。"

（一）索绪尔的论著数量和精神状态

索绪尔在现代语言学中的名望与其论著状况存在明显的反差。岑麒祥指出：

> 索绪尔是一位著名的语言学家，但并不是多产的作家……自从1879年发表了他那篇引人注目的论文《论印欧系语言的元音原始系统》以后，包括他1881年所写的博士论文在内，并没有写过什么重要的著作。1922年他的学生曾把他发表过的全部论文编成一本论文集在日内瓦出版，全书约600页，大都像1881年在日内瓦发表的《论梵语绝对属格的用法》那样，不过是一些着重资料和技巧的论著，表现不出他的独特思想。（岑麒祥1980：29—33）

"不过是着重资料和技巧的论著"，也就是说，索绪尔没有发表过理论性的专门文章。

学生时期的索绪尔，曾因《论印欧语元音的原始系统》（1879）的发表，而遭遇一场"剽窃"风波。索绪尔的名望主要来自《教程》，而这本书却并非出自索绪尔手笔。卡勒（Culler 1977）有这么一段评论：

> 索绪尔的一生虽然是成功的，但绝不是非凡的。所发表的论文会使他在比较语法学史上占有一席之地，但不过像布鲁格曼和维尔纳等优秀新语法学家的那种地位而已，今天只有语文学家知道他们。幸运的是，索绪尔的学生和同事想到，应该把他研究普通语言学的成果保留下来，编辑出版了《普通语言学教程》，从而使他成为一位富有创建、影响深远的思想家。（张译本1999：13—14）

虽然这部《教程》使得索绪尔在学界熠熠生辉，但也正因为如此，更加反衬出他的语言学论著数量单薄，由此令人困惑。

从有关索绪尔生平的一些记述来看，似乎他一直都在从事语言学研究，这主要是从他所学专业、学位论文及任职经历得出的印象。其实，他的语言学活动主要集中在早年，也就是他在德国求学和巴黎任教阶段（19岁—33岁）。而在其中后期，没有刊发值得一提的任何成果。本维尼斯特（E.Benveniste）也曾提道：

> 然而，一个有案可稽并令人扼腕的事实——不久以后，他的创作活动就减缓下来。他发表文章的间隔越来越长，并且只是为了应付朋友的稿约。回到日内瓦大学以后，他差不多完全停止了写作，而他却从未停止过研究工作，是什么东西妨碍他去发表呢？（《普通语言学问题·半个世纪以后的索绪尔》，王东亮译2008：27）

索绪尔回到日内瓦是1891年（时年33岁）。尽管本维尼斯特推测，索绪尔此后"从未停止过研究工作"，但是在好多年中，其精力主要放在字谜和通灵术上，陷入了神秘主义。这些与他之前的语言学研究并无联系，而且最终也不了了之。

如果仅就索绪尔早期的语言学论著以及中后期活动，根本看不到他创建现代语言学理论的轨迹，很难将他与"现代语言学之父"联系在一起。仅凭一本据学生课堂笔记整理的《教程》（在索绪尔本人看来，就是没有发表价值的讲义）就创建了现代语言学理论，也不得不令人困惑。

实际上，索绪尔一生中有一系列"搞不清"的状况：

（索绪尔）于1881年在莱比锡通过博士论文《论梵语绝对属格的用法》。常住巴黎，在巴黎高等研究学院讲授比较语法，在那里培养了众多的比较语言学专家。嗣后返日内瓦（1891—1913），索绪尔的研究者们**一直没怎么搞清这期间的情况**——本来在巴黎异常活跃、充满活力、学术多产的科学家，此时却变得心灰意冷，深居简出，沉默寡言，**与以前的索绪尔判若两人**。对此众说纷纭。有说（Benvenist和De Mauo）他在普通语言学课堂上，对他的一些挚友发表过一些革命思想，但没人理会，没有知音，眼前犹如横亘一堵高墙，与世隔绝，感到泄气。有说他和上流社会一个爱浮华善交际的女性结合，不称心的配偶对他的科学生涯影响和牵扯颇大。**有说是由于严重的，但并不引人注目的酒精中毒所致**。索绪尔于1913年死于喉癌。（李忆民1980：33）

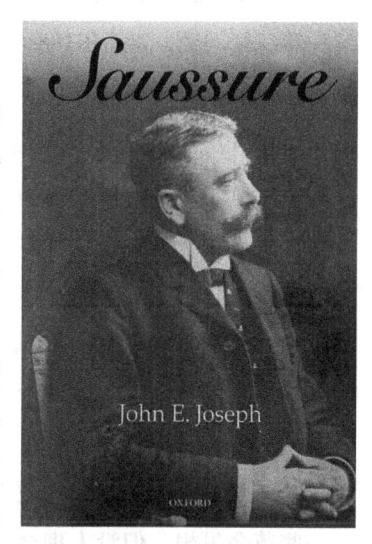

此段记述疑点重重。1. 索绪尔的博士学位论文导师是谁？是在莱比锡大学通过博士论文的吗？2. 索绪尔是怎么留在巴黎任教的？是什么职称？3. 索绪尔在巴黎十年学术多产吗？4. 回到日内瓦的索绪尔，是由于以上三点猜测（没有知音、家庭不睦、酒精中毒）而变得心灰意冷吗？

第一个问题，索绪尔1876年10月，到莱比锡大学改修比较语法。1878年7月到柏林大学学习凯尔特语和梵语。1879年末返回莱比锡大学。1880年2月通过博士学位论文《论梵语绝对属格的用法》（De l'emploi du génitif absolu en Sanscrit）的审查。[①] 在有关索绪尔的介

[①] 一说1880年2月通过学位论文并"取得博士学位"。今查，索绪尔提呈莱比锡大学哲学系的博士学位论文（THÈSE POUR LE DOCTORAT, présentée à la Faculté de Philosophie de l'Université de Leipzig），1881年印于日内瓦。论文后附《简历》（Cvreicvlvm Vitae）所记：je revins à Leipzig à la fin de l'année 1879 et y subis les épreuves du doctorat en février 1880.（我在1879年年底回到莱比锡，在1880年2月通过学位论文的审查）。准确的说法，1880年2月通过论文审查，1881年印刷并提呈论文才取得博士学位。

绍中，一直未见提及其博士学位导师。索绪尔的《论印欧语的元音的原始系统》（1878）发表后，奥斯托霍夫等指责他抄袭布鲁格曼的研究，因此其导师不可能是这两位青年语法学派的代表人物。屠友祥教授告知，索绪尔的博士学位论文导师是比较文法学家胡布施曼（Johann Heinrich Hübschmann，1848—1908）[①]。胡布施曼1876年任莱比锡大学伊朗语教授；1877年任法国斯特拉斯堡大学比较语法教授。

第二个问题，索绪尔1881年秋来到巴黎，选修了布雷阿尔（Michel Bréal，1832—1915）的比较语法、达梅斯泰特（J. Darmesteter，1849—1894）的波斯语文学、哈维特（L. Havet，1849—1925）的拉丁语文学等课程。1882年，布雷阿尔向巴黎大学高等实验研究院（École pratique des hautes études）力荐索绪尔担任自己兼任的比较语法课程讲师。（姚小平2011：296-297）1882年10月，索绪尔被聘任为"哥特语和古高地德语讲师"。

第三个问题，1891年秋，索绪尔应聘日内瓦大学印欧语言学副教授（姚小平2011：297），与以往所宣扬的"应聘教授"不同。从1882年秋到1891年秋，索绪尔担任讲师十年，如果在巴黎十年学术多产（有提交巴黎语言学会年会的几篇论文），为何没有任命为教授呢？[②]

至于第四个问题，本维尼斯特和毛罗等人的猜测，索绪尔在普通语言学课堂上，发表过一些革命思想，但没人理会……感到泄气。索绪尔回到日内瓦的时间是1891年，开讲普通语言学课程是在1907—1911年，这其中17年主讲的是印欧语言比较和印欧系古代语言[③]，

[①] 据索绪尔博士论文所附《简历》："我后来去了莱比锡大学，听了四个学期的课程。包括布劳内（Braune）、布鲁格曼（Brugman）、库尔提乌斯（Curtius）、埃德扎迪（Edzhardy）、弗里奇（Fritzsche）、胡布施曼（Hübschmann）、莱斯金（Leskien）、奥斯特霍夫（Osthoff）、奥维贝克（Overbeck）、舍尔（Schoell）和温迪施（Windisch）等，并参加了库尔提乌斯教授指导的文法学会的活动"。

[②] 有人说，布雷阿尔要把教授职位让给索绪尔，又说他拒绝加入法国籍才不能聘任教授，皆不合实情。布雷阿尔1905年退休后，梅耶才接任其在法兰西学院的比较语法教席；1915年去世后，梅耶才接任其巴黎语言学会终身秘书职务。索绪尔家族即为法国迁往瑞士的后裔，为日内瓦学术世家。时索绪尔久居巴黎不归，33岁仍未成婚。作为长子，索绪尔回日内瓦主要是其父的催促。其父与日内瓦大学周旋，才为其子谋得一个副教授职位。索绪尔的曾祖父霍奥拉斯·贝内迪克特·德·索绪尔（Horace-Bénédict de Saussure，1740—1799），22岁成为日内瓦学院（Schola Genevensis，1873年更名为大学）博物学教授，34岁任院长。索绪尔的伯祖父尼古拉·泰奥多尔·德·索绪尔（Nicolas-Théodore de Saussure，1767—1845），曾任日内瓦大学的化学、植物学、地质学、物理学教授。

[③] 索绪尔开设的课程如下：1891年印欧语言比较；自1892年起每年教授梵文；1892年希腊与拉丁语音学，印欧语动词；1893年希腊与拉丁语源学研究，希腊语动词；1894年古希腊铭文选读，希腊语名词的性数格变化研究；1895年波斯诸王碑文、希腊方言与古希腊铭文，荷马史诗的语源与文法研究；1896—1903年希腊文学作品中的方言；1902—1903年欧洲地理语言学（古代与近代）；1904—1905年英语与德语的历史语法；1906年日耳曼历史语言学、古英语、古高地德语。

故"没人理会……感到泄气"的猜测毫无根据。至于说他"和上流社会一个爱浮华善交际的女性结合",可视为对他家庭不睦的传闻[①]。至于说他"酒精中毒",可视为对他嗜酒的传闻。据后两种传闻,可推定索绪尔的家庭或个人生活"糟糕",原因到底何在?

据索绪尔的学生里德林格(A. Riedilnger)1909年的记录,索绪尔在私下交谈中曾说,他探索静态语言学大约始自15年前,也就是说1894年前后(36岁,从巴黎回到日内瓦的三年后)。不过,索绪尔在中后期没有撰写语言学论著,可能与其精神状况有关。索绪尔在与梅耶的通信(1894年1月1日)中,诉说到他当时陷入了难以克服的精神危机:

……然而,我对这一切都**厌倦**了。另一个原因,我常常感到要在语言学问题上,**即使仅仅写上十行言之成理的文字也觉得困难**。长期以来,我一直首先思考的是:如何把语言现象加以逻辑分类,又如何把研究语言现象的各种观点加以分类。我越来越意识到,要向语言学家阐明他所做的是什么,这项工作太艰巨了。而能将每项研究活动都归入预期的范围,认识到语言学最终所能做到的一切之时,又使我心生莫大虚荣。

总之,只有语言生命的这一方面,才使某一特定语言有别于其他语言,并且只有属于某一民族语言来源的那一方面,也就是近乎民族学研究的那部分,才可能使我感兴趣。然而,问题在于,我**不可能再有兴致**,义无反顾地投入到这一研究中,而以研究特定环境中的特定语言事实为乐趣。

当前通行的这些术语极其荒谬,有必要加以改进。要揭出语言学在一般情况下的研究对象是什么,使我对语文学的兴趣越来越小。尽管我**极不希望**由我去概括语言的本质,如果这样,会使我**心不由衷**地著书立说。而我对阐明语言学中所使用的术语却**缺少热情,索然无味**,对我来说这些**没有任何意义**。然而,坦率地说,我只有写成这部书,才可能把我一度丢弃的东西重新拾起来研究。

这就是我现在的处境,也许是**一种极其愚蠢的状态**,可以此向迪沃(Durau)解释,为何发表一篇文章[②],我要**拖上一年多**,其实,从写作到发表本应一点儿困难都没有——该文中也没能避免那些逻辑上难以立足的表述方法,除非进行一次彻底的革新不可。(转引自本维尼斯特《普通语言学问题·半个世纪以后的索绪尔》,王东亮译2008:28)

本维尼斯特谈到索绪尔中后期生活中的"令人痛苦的危机",而且逐年加重,以至于

[①] 索绪尔回到日内瓦的次年(1892),与表妹玛丽·菲施(Marie Faesch)成婚。玛丽出身于日内瓦名门望族,喜欢上流社会的社交生活。这与索绪尔的内向个性形成明显的反差。他们育有二子。

[②] 1894年,即索绪尔回到日内瓦三年后,组织第十届国际东方学大会,并为参会撰写了一篇关于波罗的语的研究论文,这是索绪尔最后公开发表的一篇语言学论文。

妨碍了索绪尔的写作，但认为主要是由其学术上的"思想危机"引起的。

他脱离了自己的时代，因为他渐渐掌握了自己发现的真理，而这真理又使他厌弃当时关于语言教学的所有内容。然而，与此同时，在他认为有必要对之彻底修正的任务面前，他又犹豫不决。如果对理论基础不能十分有把握，便不能贸然发表任何论文。这一危机深深地打击了他，甚至有时几乎使他心灰意冷。（本维尼斯特《普通语言学问题·半个世纪后的索绪尔》，王东亮译2008：27）

到底是掌握真理使他厌弃教学内容，还是厌弃教学内容使他掌握真理？到底是修正任务使他犹豫不决，还是犹豫不决使他无法修正？到底是这些现象使他心灰意冷，还是心灰意冷导致这些现象？本维尼斯特带有美化成分的主观臆想，显然进退失据。

与之不同，李葆嘉（2000）指出，此时的索绪尔才36岁，却"处于极度的不满、厌倦、焦虑，甚至陷入'失思'和'失写'的颓唐中"，其实是身患"神经症"的症状。这一推定，当时仅仅基于对索绪尔与梅耶的以上通信内容。

如今，我们在约瑟夫（J. E. Joseph）撰写的《索绪尔》（*Saussure*, 2012）中看到了一些新资料。翻开索绪尔的家族史，遗憾地发现，这种"神经症"曾经一度是笼罩在其家族上的阴云。索绪尔的外高祖父患有抑郁症，不幸自溺而死。

死亡的阴影扰乱了质朴的田园诗般生活。1766年10月，人们发现简·雅克·布瓦西耶（Jean Jacques Boissier）在罗讷河（Rhône）溺水而亡。按索绪尔的看法（Letter to Haller, cited by Freshfield, pp. 85—86），当时他66岁并"仍处于人生的黄金期"。其医生认为他患有严重的忧郁症（melancholia），并且在他去世前两天，还写信说服他尝试改变环境——其医生并没想到罗讷河底。经过调查，确定布瓦西耶——费迪南·德·索绪尔的外高祖父系自杀身亡。（Joseph 2012：20）

不幸的是，索绪尔的父亲亨利·索绪尔[①]似乎也有心理障碍。从约瑟夫的记述中，可以想见索绪尔的父亲在对妻子和孩子的态度上时好时坏，情绪上起伏不定。

亨利的个性很复杂。他的性格缺陷从其极端渴求科学探险的动力中显露出来，我们能够知道这些情况，是因为他如实记录了不加掩饰的情绪。接下来的章节将展示亨利的性格

[①] 亨利·索绪尔（Henri Louis Frédéricde Saussure, 1829—1905），瑞士矿物学家、昆虫学家和分类学家。在霍夫维尔接受小学教育。在日内瓦大学学习昆虫学。获德国吉森大学博士学位。1854年前往西印度群岛，到墨西哥和美国进行科学考察。1856年返回瑞士。1858年参与创立日内瓦地理学会。1872年被任命为伦敦昆虫学会荣誉会员。他有九个孩子，费尔迪南·德·索绪尔是其长子。

对其妻儿的正面和负面影响。即使当他处于冷漠无情的臆想症（relentless hypochondria）中大笑或大叫时，或者妻儿也曾怨恨过，感觉到似乎是其武断主宰了他们的生活，但是他们也从未中断过对亨利深深的挚爱。尽管长时间地忍受其病态，但他也不会成为反面角色。（Joseph 2012：67）

在这种家族遗传背景下，幼年的费尔迪南·德·索绪尔在性格上就不太一样。虽然在他父亲眼中，费尔迪南是几个孩子中最聪明的，但是他的性格沉默、内向、永远不知道他在想什么，还是让其父深感不安。原本性格内向的费尔迪南，再加上自己的一些不愉快经历，在他心理上留下了阴影。

然而，亨利不安地发现他的儿子变得多么内向："他总是非常沉默，非常内向；你从来不知道他在想什么。对问题很少作出反响"。费迪南德在霍夫维尔（Hofwyl）学院曾受到欺负，1876年（费尔迪南20岁——引注）就关闭了其心门，很可能强化了其内向性格，以至于他觉得，即使那些他可以信赖的熟人或学校，也都可能攻击和出卖他，因此最好的保护便是在自己周围筑起一道围墙。与此同时，亨利指出，"这种性情与相反的倾向过度地结合，以至于当接触到有趣的主题时，疯狂的笑声和紧张的激动就表现出来"。（Joseph 2012：117）

1876年，也就是他到莱比锡大学改修比较语法的那一年。而三年后《论印欧语元音的原始系统》（1879）的发表，遭遇教授们指责索绪尔是"剽窃者"。

因此，无论是索绪尔36岁时的信件自述，还是其家族遗传、个性与早年经历，都表明索绪尔极有可能患有抑郁症。而一个长期受抑郁困扰的人，最直接的表现就是心灰意冷，很难有对某一专题保有持续兴趣及专注的思考力。尽管可能有所心得，偶尔记上几笔，但是又何谈独立创建一套完整的理论体系呢？

（二）《普通语言学教程》的性质

虽然《教程》如此著名，但并非索绪尔本人所撰，而是巴利（Ch. Bally）[①]、薛施蔼

[①] 查尔斯·巴利（Charles Bally，1865—1947），瑞士语言学家。1889年在德国柏林大学完成博士论文《关于欧里庇得斯悲剧抒情的探讨》。1895年在日内瓦卡尔万中学任教，此后与索绪尔结识。1913年接任索绪尔的比较语法和普通语言学讲席。在《日内瓦杂志》的采访中（估计1917年）说："毫无疑问，遇见索绪尔是具有决定性的事件，决定了我的思想方向……然而，这位无与伦比的大师，却没有特别关注后来令我着迷的问题，尤其是关于语言的情感思想表达。此后一直令我痴迷的是，具有生存功能的言语从何而来？"（quoted by Chiss 1987: 193）巴利研究的是《教程》所排除的"言语的语言学"，或语言风格学。

（A. Sechehaye）和里德林格（A. Riedlinger）整理编辑的，其中前两位并未听过索绪尔的普通语言学授课[①]。在《教程》第一版序言里，巴利和薛施蔼用"天才""顽强""独到见解""不断革新"（高译本1982：11，13）来描述索绪尔。作为晚辈与学生，难免带有个人情感。以至于不可能去考虑，为什么没有"引用注解"呢？为什么没有"参考文献"呢？而是信以为——老师课堂上讲授的（即学生课堂笔记中记录的），就是老师本人提出（发现）的理论。

遗憾的是，学生们善意塑造的"《教程》索绪尔"的理论原创性，同时也就不知不觉地把索绪尔（生前根本未想到发表讲义）再次推上了"剽窃嫌疑人（第一次是1879年发表《论印欧语元音的原始系统》受到责难）的被告席"。（李葆嘉2000）其实，印行这样的讲义是索绪尔极不情愿的事。当然，巴利们更不可能想到，博杜恩的学生读到他们编印的这部《教程》时，会感十分惊讶，因为书中的思想，他们早在博杜恩那里就接触到了。

博杜恩在圣彼得堡大学的老学生、苏联语言学家谢尔巴（Л. В. Щерба，1880—1944）回忆道：

1923年，我们在列宁格勒收到索绪尔《普通语言学教程》初版时，感到**十分惊讶**的是，索绪尔教材与我们平素熟悉的原理在许多地方**如此相同**。（Щерба 1957：94，转引自咸雨村1997：55）

谢尔巴的表情十分惊讶，但措辞还算委婉（未说"袭用"）。

博杜恩和谢尔巴的老学生，天才的语言学家波利瓦诺夫（Евгений Дмитриевич Поливанов，1891—1938；惨遭斯大林政权迫害、枪决）当时也认为，与博杜恩的理论相比，《教程》中没有任何新东西。

无须认为这些西方语言学思想的最新成果，对苏联语言学家而言是某种新东西，俄罗斯科学界在普通语言学研究的很多方面早已超越西方。比如，索绪尔去世后刊行的那本影响很大的书，我们可以自信地确认，其中没有任何新理论，我们早已从博杜恩学说中了解到这些。（Поливанов 1968：185；转引自杨衍春2014：160）

俄罗斯当代心理语言学的代表人物列昂季耶夫（А. А. Леонтьев，1936—2004），在1963年通过的副博士论文《博杜恩·德·库尔德内的普通语言观》中证明，博杜恩在杰尔普特时期（1883—1893，任教于多帕特大学）所主张的语言观，在某种程度上已经超过后

[①] 里德林格等提供的是索绪尔第一、第二期授课的课堂笔记。第三期授课的课堂笔记是薛施蔼依据德加里耶、约瑟夫以及自己妻子阿尔贝尔的笔记汇编的。《教程》的主要编辑工作应为薛施蔼承担。

来的索绪尔《教程》（1907—1911）。

美国音系学家安德森（Stephen R. Anderson 1985）认为：

在索绪尔开始正式专注于普通语言学问题之前的若干年前，其中的许多问题，已经成为波兰语言学家博杜恩及其学生和同事（最值得注意的是克鲁舍夫斯基）所关注的核心。（曲译本2015：56）

在喀山学派的著作中，我们看到许多后来被归功于索绪尔的相同观点。并且在很多情况下，博杜恩对这些问题的构想及解决，留下了一步步的探索足迹。

《教程》的内容基于学生课堂笔记的编辑，其性质也就是索绪尔授课讲义的二手资料。既然是授课讲义，根据常识，没有必要一定是授课者自己的原创成果（不排除其中有自己的看法）。如果是索绪尔的一部专著，那么为什么未见完整书稿呢？如果其中包含了索绪尔的原创思想，又是什么原因使他不便公开发表呢？李葆嘉（1989）曾探讨了这个问题：第一，作为博采名家的讲义来说，没有必要像自己的专著那样保存；第二，这些学术观点和理论并不是他首创的，发表别人已经提出的学术成果不是索绪尔的追求；第三，索绪尔可能借助别人的学术成果编写授课讲义，若拿去发表那就属于抄袭行为。何况，索绪尔学生时期的《论印欧语元音的原始系统》，曾被指责为抄袭布鲁格曼的观点，尚久久难以释怀。为了洗刷"剽窃"的不白之冤，索绪尔约于1903年（46岁），写了一份《关于青少年时期和求学年代的回忆》。

也许，正是因为作为讲义的《教程》对原创性没有特别要求，所以才会发现其中的内容总有别人思想的影子。由此，我们需要对索绪尔《教程》和博杜恩理论加以对比分析，厘清二者之间的关系。

（三）索绪尔与博杜恩师生的学术交往

尽管《教程》只字未提，然而相关记载显示，索绪尔与博杜恩、克鲁舍夫斯基师生是熟识的，他们对彼此的学术观点是相互了解的。索绪尔与博杜恩的会面，有记载的是两次：

……本维尼斯特已经指出，这两位语言学家分别在1881年12月和1882年1月的巴黎语言学会上见过两次，也可能在同一年中见过两次以上。（Koerner 2015）

除此之外，相互之间还通过书信进行过交流。

俄罗斯学者斯柳撒列娃（Nataliia A. Sliusareva）在《语言学札记》第三部分"索绪尔的书信遗产"中，披露了索绪尔（1889）写给博杜恩的两封信，再一次证明了索绪尔与博杜恩之间的交往是实际存在的。因为在其中一封信中，索绪尔专门提到了1881年他与博杜恩在巴黎相识的情景。（杨衍春2014：161）

同时，博杜恩和克鲁舍夫斯基还给索绪尔寄过一些自己的论著。

至今为止，在日内瓦大学的图书馆内，还珍藏着若干部博杜恩和克鲁舍夫斯基的论著，包括《列齐亚方言语音初探》《语音交替理论初探》《1876—1877详细讲课大纲》《1877—1878详细讲课大纲》《语言学札记》《元音规则问题》等，其中一些就是他们寄给索绪尔本人的。（杨衍春2014：162）

因此，索绪尔对博杜恩和克鲁舍夫斯基的语言学思想有相当的了解，而且此时博杜恩师生的现代语言学理论已经成熟。

虽然《教程》中未见，但在残存的索绪尔手稿中却两处提到俄国学派。一处见于"在日内瓦大学的第一次讲座"（1891年11月）：

> 那些在其论著中涉及世界上所有民族语的语言学家，如维也纳大学的弗里德里希·缪勒（Friedrich Müller），从未使人对语言的了解更为深入。**而使我们对语言的认识更为深刻的是这些语言学家**，如罗曼语语言学家斯东·帕里斯先生（Gaston Paris）、保罗·迈耶（Paul Meyer）先生、舒哈特（Schuchardt）先生，日耳曼语语言学家赫尔曼·保罗（Hermann Paul）先生，**专门研究俄语和斯拉夫语的俄国学派**，如博杜恩·德·库尔德内（N. Boudouin de Courtenay）先生、克鲁舍夫斯基（Krusewski）先生。（于译本2011：121）

另一处见于"关于阿尔贝·薛施蔼的理论语言学的方法与课题"（1908）：

> 我之所以浏览了从洪堡特直到保罗，以及心理学家伍德的论著，目的在说明，这一篇篇论著都充满了可用来建构大厦的材料，而却没有一篇能够勾勒出大厦的基础。而有几位俄国语言学家，尤其是博杜恩和克鲁舍夫斯基，比起其他人，他们的视野更接近语言理论的高度，却未超出纯粹语言学的思考范围，然而，大多数西欧学者不了解他们的研究。（于译本2011：226—227）

1908年，索绪尔刚刚开讲"普通语言学"课程（1907—1911），正在浏览或参考一批语言学论著。前一处称"专门研究俄语和斯拉夫语的俄国学派"，后一处提出"他们的视野更接近语言理论的高度，却未超出纯粹语言学的思考范围"。由此显示，索绪尔不但熟悉博杜恩、克鲁舍夫斯基的著作，而且推崇"俄国学派"（以上引文的比较对象是从洪堡特直到保罗的论著）。我们有理由相信，索绪尔《教程》与博杜恩理论的相似并非出于偶然的冥合。①

正如克尔纳所言：

有足够的理由可以认为，博杜恩的语言分析原则确实促进索绪尔理论概念的形成，从根本上奠定了其普通语言学课程（1907—1911）的基础，可能90年代早期已在构思，正如哥德尔在其1957年的学位论文中所揭示的那样。（Koerner 2015）

在这里，没有理论创造的"任意性"！博杜恩的普通语言学理论不但帮助索绪尔的理论体系塑形，甚至"《教程》的某些段落，几乎原封不动地重复了博杜恩的表述"。（屠友祥2011：3）尽管《教程》（即课堂讲授）中隐去了博杜恩和克鲁舍夫斯基的姓名，尽管用"共时"与"历时"替换博杜恩的"静态"与"动态"，用"联想关系"与"句段关系"替换克鲁舍夫斯基的"类比联想"和"邻接联想"，但是学术史就是学术史！

（四）索绪尔与博杜恩关系研究中的问题

索绪尔《教程》与博杜恩理论之间的关系虽然逐渐引起学界关注，但是对此关系的研究和理解都存在一些问题。

第一，关于索绪尔与博杜恩关系的展示，主要还是基于一般印象和概括性论述，未逐一根据二者的文本进行比照。如郭谷兮（1985）、屠友祥（2007）、郅友昌（2009）等都指出二者语言学观点的相似性，但对博杜恩理论未能直接引用其文章中的论述。

第二，大多数研究者承认这种相似性体现了博杜恩对索绪尔的影响，但是对于在哪些具体方面或观点上，以及在多大程度上或怎样影响，缺少全面深入的研究。

第三，囿于索绪尔在语言学史上的既定地位，有些学者虽然看到二者之间的相似，但是对索绪尔是否受博杜恩的影响，实际上仍持迟疑态度。李侠（2008）认为，我们不能因为博杜恩所处时代先于索绪尔就"妄下断言"，认为索绪尔的许多语言学观点受到博杜恩的影响。提出如此感想仅仅表明，感想者既不知道学术史上的首创以年代先后为原则，也不了解索绪尔熟悉博杜恩师生的观点。然而，即使索绪尔对博杜恩师生的观点一无所知（也就是如李侠预设的，索绪尔是一个闭目塞听的人，索绪尔没有收到博杜恩师生邮寄给他本人的论著），首创权仍然只能根据论著发表的年代先后。

第四，尽管有些比较工作已经细化，然其结论仍然不够明朗。如刘华荣（2003）的结论是博杜恩"他是与索绪尔齐名的、当之无愧的现代语言学的奠基人"，朱蓓蓓（2007）

---

① 据信德麟（1990），索绪尔个人藏书中，保存的博杜恩和克鲁舍夫斯基的著作就有12种。

的结论是"一个世纪过去了,博杜恩的语言思想并没有过时,仍然具有重要的现实意义"。或者和稀泥,既承认索绪尔对博杜恩的观点是知晓的,又主张"博杜恩和索绪尔共同开创现代语言学的先河",岂不是说19世纪七八十年代与20世纪初(1907—1911)年代"共同"?

长期以来,言必称索绪尔为"现代语言学之父",难免形成思维定式,乃至造成认知障碍。在"索绪尔神话"下难以认清博杜恩的贡献。即使注意到索绪尔《教程》与博杜恩理论之间的雷同,但提出有违"定论"的异见,担心受到攻讦。历史的经验告诉我们,提出一个误论可能是信口开河,而要澄清、纠正这个误论则要苦口婆心。尽管李葆嘉20世纪90年代就有文本对比的思路,然苦于没有条件。2010年以后这种条件逐步具备:屠友祥教授惠赠《索绪尔手稿初检》(2011),于秀英教授所译索绪尔《普通语言学手稿》(2011)出版,杨衍春博士翻译的博杜恩《普通语言学论文选集》(2012)面世。

三、关于语言学研究对象的比对

(一)语言学的研究对象

关于语言学的研究对象,《教程》第三章"语言学的研究对象"中并未说清,只能从相关表述中将其概括性的称为"语言"。而对于"语言"具体是什么,索绪尔《教程》则始终强调这个问题的复杂性,并认为"难以回答"。《教程》里很多章节都有与之相关的内容,都是为了搞清楚语言学研究的最基础、最重要问题——什么是语言学的研究对象。

1. 言语循环过程分析

"言语循环"指一个完整的言语活动过程。为了在整个言语活动中找出与语言相当的部分,索绪尔对"言语循环"过程进行了考察。索绪尔所分析的言语循环最低人数为两个,包括心理过程、生理过程和物理过程。

假设某一个概念在脑子里引起一个相应的音响形象,这完全是一个**心理现象**。接着是一个**生理过程**——脑子把一个与那音响形象有相互关系的冲动传递给发音器官;然后把声波从甲的口里播送到乙的耳朵——这是纯粹的**物理过程**;随后循环在乙方以相反的程序继续着——从耳朵到脑子,这是音响形象在**生理上的传递**;在脑子里,是这一形象和相应的概念在**心理上的联结**。(高译本1980:32—33)

博杜恩在《关于语言变化的一般原因》(1890)中提及个体语言行为的三个方向:

这三个方向的行为体现在哪里呢?

1）在从神经中枢向外运动时，这是**运动神经的行为**，还有**肌肉行为**，完成运动、言语、发音。2）在从外部向神经中枢运动时，我们接触的是**感觉神经行为**、**敏感神经行为**。感觉神经紧张、听觉敏感，而在向神经中枢过渡时，注意力指向所听的内容。3）最后，在最神经中枢处的语言行为就是注意力、记忆力，保持表象的多样性，必要时汲取表象。这同时还是大脑本体的**中枢神经行为**。（杨译本2012：160）

博杜恩在这里强调的是运动神经的行为、感觉神经行为和中枢神经行为，不涉及言语传播即物理过程。

索绪尔进一步将言语循环划分为外面部分和里面部分、心理部分和非心理部分、主动部分和被动部分、执行部分和接受部分。

（a）外面部分（声音从口到耳的振动）和包括其余一切的里面部分。

（b）心理部分和**非心理部分**，后者既包括由发音器官发出的**生理事实**，也包括个人以外的**物理事实**。

（c）主动部分和被动部分：凡从说话者的联想中枢到听者的耳朵的一切都属于主动部分，凡从听者的耳朵到他的联想中枢的一切都属于被动部分

最后，在脑子里的心理部分中，凡属主动的一切（c→i）都可以称为执行的部分，凡属被动的一切（i→c）都可以称为接受的部分。（高译本1980：34）

博杜恩也有关于外部（言语器官运动和言语声学）和内部方面（与发音表象和听觉表象相连的心理）的划分，见于《语言科学的任务》（1889）。

语言学研究部落语言这个理想画面的哪些方面呢？首先，我们应当划分出与自动反映和习惯有关的言语器官运动组合，只与中枢神经、大脑发生联系的运动。另一方面，这些器官的运动与声音和**言语声学**紧密相关。……与这些**外部方面**相反，还有**内部的（神经中枢）方面**，即**心理方面**。这方面与发音表象和听觉表象密切相连。**第一方面**是发音和说话阶段。**第二方面**是语言思维阶段或者言语。（杨译本2012：148—149）

索绪尔内部与外部、心理和非心理区分与博杜恩的几乎一致。索绪尔的言语循环还包括一个物理过程，即非心理部分除了发音器官运动，还有语音传播的物理过程。而博杜恩提到的是更为贴切的"**言语声学**"。

2. 语言现象的二重性

要想搞清语言学的研究对象是什么，在索绪尔看来特别困难。"别的科学都是对预先

确定了的对象进行工作……在我们的领域里情况却不是这样。"（高译本1980：28）即使将言语活动分析为三个过程（心理过程、生理过程和物理过程），语言学仍然没有认清它真正的研究对象。由此提出语言现象的二重性或二元性。

不管我们采用哪一种看法，语言现象总有两个方面，这两个方面是相互对应的，而且其中的一个要有另外一个才能有它的价值。（高译本1980：28）

在《普通语言学手稿》中，索绪尔认为语言可以还原成五六个二元性，实际列出的只有三对（于译本2011：254）。《教程》表达得比较明确，它将语言现象的二重性总结为四个：1. 发音动作的和音响形象的；2. 生理的和心理的；3. 个人的和社会的；4. 已定的和演变的（高译本1980：29）。而这些问题，博杜恩都早有论述。

（1）发音动作—音响印象

索绪尔提出，一方面，发出声音需要发音器官配合，发音器官的不同运动产生不同的音响印象；另一方面，"撇开了音响印象，也就无从确定发音器官的动作"（高译本1980：29）。

博杜恩在《对语言科学和语言的若干原则性看法》（1871）中论述：

当人在讲话时（语言的存在与此有关），我们发现，首先是人的器官在运动。器官的运动带来了空气的流动。而这种运动的差异决定了作用于听话人和说话人感觉的**印象差异**。（杨译本2012：34）

博杜恩已经把发音器官和音响印象的关系表达得很清楚。索绪尔所说的"音响形象"，相当于博杜恩所说的"作用于听话人和说话人感觉的印象"。

（2）生理—心理

语言现象是生理和心理的复合单位，索绪尔要表明的是，语言是声音和观念的结合，分析声音需要生理学的帮助，而观念则属于心理部分，因此生理和心理是语言现象的又一个二重性。（高译本1980：29）

博杜恩在《对语言科学和语言的若干原则性看法》（1871）、《适用于一般雅利安语，尤其是斯拉夫语的普通语言学教学大纲》（1876）、《斯拉夫语言世界评述，与其他印欧语言的联系》（1884）中，对语言活动包含生理和心理两方面展开了阐述。

总的来说，语言生活是建立在过程中的。而这些过程正是生理学（一方面是解剖学，一方面是声学）和心理学的抽象对象。**这些生理和心理的范畴体现在一定的对象中，而这**

一对象正是历史上发展起来的语言学研究对象。（杨译本2012：25）

在分析语言的音素时，必须区分两个因素：（1）严格意义上的生理学因素。（2）生理—心理学因素。可以从三个部分分析语言的音素：（1）声学—生理学。（2）心理学（构词的、形态的）。（3）历史的、词源的。（杨译本2012：38）

在每一种语言中都可以区分两方面：语音方面和心理方面。（杨译本2012：86）

博杜恩已经将语言包括生理和心理的二元性特征表述得相当明了，生理和心理范畴同时体现在语言学的研究对象——语言中。作为研究对象的语言，无论是在音素研究中，还是在其他研究中，都应区分生理和心理两方面。

总之，在索绪尔之前，生理和心理的术语在博杜恩论文中就以较高频率出现，从这些论述中可以看到索绪尔这一观点的来源。

（3）个人—社会

索绪尔认为，言语活动是个人和社会两方面的混合体，这两个方面相互依存，因为"没有这一面，就无从设想那一面"（高译本1980：29）。

在《普通语言学手稿·二元性》（1908—1909）中也可以看到：

语言这一自在之物，与大众不相干，然而却与大众息息相关。

其他种种的形式：语言是社会的，不然就不存在。语言首先需得到**集体**的接受和认可，以便对**个体**的精神施加影响。（于译本2011：255）

语言独立于"大众"而存在，但是"大众"的言语行为却与语言息息相关。也就是说，语言存在于社会之中，却又通过这种社会性影响个体精神。

关于语言的社会和个体二元性，博杜恩在《论与人类学相关的发音领域的语言逐渐人类化的一个方面》（1905）、《语言作为研究客体的意义》（1906）也有论述，语言不仅是社会的，同时还与个体不可分割。

（一方面，）应在某一个语言化社会成员的**个体心理**中，另一方面，还应在语言社会成员的**社会心理交际**中，去寻找语言现象的真正因果关系。（杨译本2012：372）

语言是**社会或心理—社会表现**中最简单、最丰富的现象，同时却又是**每一个人精神世界**中经常的、持续存在的现象。（杨译本2012：385）

语言既是社会或心理—社会现象，又是个人精神世界现象。只有从个体心理和社会心理交际两方面，才能够找出语言现象的因果关系。

已定的和演变的，即语言的共时和历时二元性，更是来自博杜恩的语言的静态和动态，在后文中加以比对。

3. 语言学的主要任务

索绪尔认为语言学的任务有三个：

（1）对一切能够得到的语言进行描写并整理它们的历史，那就是整理各语系的历史，尽可能重建每个语系的母语；（2）寻求一切语言中永恒地普遍地起作用的力量，整理出能够概括一切历史特殊现象的一般规律；（3）确定自己的界限和定义。（高译本1980：26）

博杜恩在《对语言科学和语言的若干原则性看法》（1871）中提出语言学的任务。

语言学如同归纳科学一样：（1）概括语言现象；（2）寻找在语言中起作用的力量，以及语言发展和活动的规律。（杨译本2012：20）

索绪尔的（1），说的是语言的历史的母语重建（历史比较语言学的特殊任务）；索绪尔的（3），说的是语言学的学科界定（语言学学科的建设任务）。其中最重要的任务，索绪尔的（2）与博杜恩的（2）完全一致，即语言学的任务（普通语言学的任务）是找出语言发展的动因以及规律。

对于某一时期的语言重建，博杜恩在《关于14世纪以前的古波兰语》（1871）早有相关表述：

语言研究者应当基于一定时期的文献，借助所掌控的科学手段，重建该语言一定时期的生动语言。当然，在现今的活语言中实现这一切，远比在已经不存在的语言那里容易得多。（杨译本2012：13）

在语言学的研究任务方面，索绪尔概括的内容与博杜恩并无太大差别，重要任务就是——概括语言现象，发现语言活动规律。

4. 语言学的内部和外部

把语言学分为内部和外部，最初见于施莱歇尔（A. Schleicher，1821—1868）的论述。（康德拉绍夫1985：73）作为他的学生，博杜恩在《关于14世纪以前的古波兰语》（1871）中，秉承师说，也将语言历史区分为"外部"和"内部"。

语言历史具有两方面：外部的（民族—地理的）历史和内部的（语法的）历史。在很大程度上，语言外部历史的材料与历史和文学史的材料是吻合的。**作为语言学的研究对象，则是语言内部历史的材料。**（杨译本2012：13）

"内部语言学"与语言规则和系统相关,博杜恩在《对语言科学和语言的若干原则性看法》(1871)中,已经阐明了语言的"内部历史"研究是对科学必须研究的那些现象进行抽象化和系统化。

第一种方法,是在人类言语的不同领域,或者是在研究者所接触到的所有语言中,或者是在特定的语系中所选择的类似现象,从根本上确定和诠释语言的普遍范畴、规律和力量,从而以之解释语言的若干现象。另一种方法,就是遵循语言领域的自然发展,主要是对科学必须研究的那些现象进行抽象化和系统化,在其他方面仅仅勾画出客体发展的科学画面(或者从远古时期,或者只是在某一稳定的时期),这是一种语言或若干语言的内部历史。(杨译本2012:29)

"内部历史"研究关注语言内部的变化,而外部历史研究会涉及民族学、地理学、文学、历史学等相关领域。特别是民族学,博杜恩有进一步的阐述:

从理论民族学角度来看,外部历史只研究语言载体的命运,因此属于应用研究的一部分,即语言分类学附加民族学和理论民族学的内容(所以,外部历史是用语言学材料研究其他科学领域中的问题)。(杨译本2012:30)

虽然这里区分的对象是语言的历史,但是这种区分是为了界定语言研究的对象。由此,对语言的历时和共时都同样适用。

《教程》第五章"语言的内部要素和外部要素"中介绍"外部语言学"时,也提到民族学、政治史、各种机构(教会、学校),以及语言在地理上的扩展和方言分化,认为这些都属于外部语言学的范围。至于内部语言学,情况却完全不同——

它不容许随意安排。语言是一个系统,它只知道自己的固有程序。把它跟国际象棋相比,更可以使人感觉到这一点。在这里,要区别什么是外部的,什么是内部的比较容易:国际象棋由波斯传到欧洲,这是外部事实,反之,一切与系统和规则有关的都是内部事实。(高译本1980:46)

从区分目的上来讲,索绪尔与博杜恩是一致的。通过比对可见,博杜恩的区分方法以及内部和外部包括的内容,同样适用于索绪尔对"外部语言学"和"内部语言学"的划分。

博杜恩强调,"作为语言学的研究对象,则是语言内部历史的材料"。而索绪尔《教程》表明，关于语言的定义要排除"外部语言学"内容，只有与语言组织或系统相关的部分，即"内部语言学"的这些内容才真正与语言的性质有关。

总之，为了明确什么是语言学的研究对象，索绪尔探讨了言语循环过程、语言现象的二重性、语言学的任务，以及语言学的内部和外部，通过与博杜恩相关论述内容的比照，发现二者的观点几乎完全一致。

（二）语言学的学科性质

美国语言学家哈里斯（Zellig S. Harris, 1909—1992）曾经说过，如果读者期待《教程》告诉他们什么是语言学，那么肯定会失望，因为《教程》讲的是"语言学不是什么"。对语言学的确认取决于语言学在若干学科（如人类学、社会学、心理学等）组成系统中的位置。（马壮寰2008：10）为了界定语言学，索绪尔《教程》努力想把语言学与其他学科的关系阐释清楚。

1. 语言学与语文学的关系

在《教程》"语言学史一瞥"中，索绪尔认为，在认识其真正的、唯一的对象之前，在环绕语言事实建立起来的科学之前，语言研究经历过语法、语文学和比较语法三个阶段（高译本1980：17）。

关于语言学和语文学的关系，博杜恩进行了探讨，《教程》的观点在博杜恩论文中已经提及，有些地方已做比较详细的说明。

博杜恩在《语言科学的任务》（1889）中认为，语言只是语文学广泛研究对象中的一部分：

不论哪一个民族或部落的语言成为语文学研究的对象，都是将研究人类社会的其他科学领域的各自信息集于一身。这是一部特殊的**百科全书**，涵盖了：一般观念史或哲学史；文学创作和心智发展史或文学史；社会和社会政治斗争史，即所谓的通史；法制史、生活方式制度史和法律史；民俗和习俗史、民族史；信仰或宗教史；语言史或广义语法史，即语言学史。（杨译本2012：142）

其中"百科全书"一词，足以看出语文学研究对象的宽泛性。

索绪尔《教程》也认为，一方面，语文学和语言学"这两门学科也有其接触之点"（高译本1980：13）；另一方面，"语言不是语文学的唯一对象"（高译本1980：4）。

语文学首先要核定、解释和评注各种文献；这第一项任务还引导它去从事文学史、风俗和制度等方面的研究，到处都要运用自己的考订方法。（高译本1980：18）

在语文学和语言学的研究对象上,博杜恩和索绪尔都持这样的观点,语言仅是语文学的研究对象之一,而真正的语言学将语言作为唯一的研究对象。

虽然语文学的研究对象不纯粹是语言,尽管其研究方法并不一定科学,但是它为语言学的产生奠定了基础。博杜恩在《语言科学的任务》(1889)中认为:

> 语言学的来源要归功于最初为了这一目的,即将语言看作认识一个民族心智生活手段而加以研究的那些语文学家。但在后来,他们逐渐摆脱了其他目的,开始喜欢研究语言的自身,并且创建了比较语法。……正因为如此,语言学长期以来一直带有脱胎于语文学的印记,迄今仍然如此。由此产生了残留语文学方法特性的——被扭曲的、不科学的——语言学研究方法。(杨译本2012:142)

博杜恩强调了一些语文学家在语言学形成中的作用,但是不赞成语文学方法。他反对像语文学那样过度看重古典语言,认为更重要的是研究在各方面都能接触到的鲜活语言。

> 语言史退化为文献史或语言著作编年史,还有渊博的知识、章句的索引以及文献的通晓。由此看到的是,对于周围世界、民族语言的蔑视,以及对待语言事实的贵族态度。试问,谁孕育了语言?语言是否就因为拥有古代文献而高傲?数十代人为了文学目的而运用语言,语言是否就以此罗列其历史?难道语言需要通过如此途径来证实其贵族身份,只有这样才值得学者加以研究?由此可见,在研究其语系的早期发展阶段语言时,对梵语的重要性评价过高;而在研究该语系中的晚期语言发展阶段时,则过度重视拉丁语、希腊语、哥特语和斯拉夫语。无论如何,更重要的任务,应是研究我们在各方面能直接接触的鲜活语言。(杨译本2012:143)

索绪尔认为,语文学在语言研究上作出过贡献,但同时认为,语文学的考订方法太拘泥于书面语,而忽略了活语言。

> (语文学)如果接触到语言学问题,那么主要是不同时代文献的比较,包括确定每个作家的特殊用语,解读和说明用某种古代或晦涩的语文书写的碑铭。毫无疑问,这些研究曾为历史语言学做好准备……但是在这一方面,语文学的考订存在缺点,就是太拘泥于书面语,而忘却了活语言。此外,语文学关注的几乎全是希腊语和拉丁语的古代文本。(高译本1980:18)

博杜恩主要从研究对象和方法两方面考察语言学和语文学的联系和区别,索绪尔《教程》也是从这两方面论述,其观点与博杜恩大体上无异。

施莱歇尔探讨过语言学和语文学的关系，提出的"**语言学完全不同于语文学**"，博杜恩在《奥古斯特·施莱歇尔》(1870)中表明了自己的看法。

一个研究语言的人，如果他想探知真理，无论自认为是语文学家，还是语言学家，都应坚持同一条道路。况且研究语言的方法多种多样：一种方法可以不研究详情，而只是尽量抓住主要的东西，而另一种方法则与之相反；一种方法是通过仔细研究古代文献，达到认识语言发展的旨趣，而另一种方法则是通过研究语言在某一时期的结构，通过与其他语言的对比来认识语言的发展。还有一种古老的方法，想从语言观念中发现其表现形式。这些方法都是正确的，只是针对同一对象的不同方面，只是通往同一目标的不同途径。研究对象还是一个，即语言；研究目标也还是一个，即认识语言。(杨译本2012:6)

在此，博杜恩认为，语文学和语言学虽然研究方法不同，但是研究对象和目标都是相同的。这种看法更为通达。

2. 语言学与社会心理学的关系

19世纪末与20世纪初，格拉蒙(M. Grammot，1866—1946)和梅耶(A.Meillet，1866—1936)建立的法兰西学派(French School)，强调语言是社会现象，语言演变有心理、生理因素等，以之解释历史比较语言学的基本原则。梅耶指出，词义演变是心理过程，但是原因是社会性的。梅耶和格拉蒙都是索绪尔的学生，通常也认为索绪尔属于社会心理学派。

《教程》认为：

我们也应该把语言学同人类学区别开来，人类学是从人种的观点研究人类，而语言却是一种社会事实。但是这样一来，我们是否要把语言学归入社会学呢？语言学和社会心理学究竟有什么关系呢？**语言中的一切，包括其物质的和机械的表现，比如声音的变化，归根到底都是心理的。**(高译本1980:26—27)

尽管在论及语言符号的性质时，索绪尔指明了语言的社会性，但在这里更加强调语言的心理性。索绪尔认为语言学向心理学提供资料，语言学属于社会心理学科。

此前，博杜恩在《克鲁舍夫斯基的生活及其科学著作》(1888)中已经思考了语言学和社会心理学的关系。博杜恩不仅认为语言是一种社会心理现象，而且提出语言学属于**心理社会科学**。

但如果笼统地认可这样的区分（当时流行的"语言学属于自然科学，而不是历史科学"——引注），那么语言学应当属于心理科学，或者准确地说，语言是心理—社会的

或心理—公众的。语言学的基础纯粹是心理的,……语言只能在社会中存在。(杨译本2012:115)

当然,随着时间的推移,还需要承认语言是纯粹的、同类的心理社会现象。(杨译本2012:139)

所有与人类语言有关的东西都集中在大脑中。没有大脑则没有语言,没有心灵,人只是会说话的机器,但不是会思考的、社会性的人。思维和社会是现实语言的必要条件。(杨译本2012:148—149)

在强调语言的心理性同时,博杜恩还提到社会交往,即语言的社会性。尽管从上面引文看来,社会的和心理的两方面在语言中似乎并驾齐驱。但是在《语言科学的任务》(1889)中,博杜恩强调语言的心理性更重要。

因为语言基础是纯心理的,其中心即大脑,因此语言学属于心理科学。但是因为语言可以体现在社会中,因为人的心理发展在与其他人交往中实现,**因此我们有理由说,语言学属于心理社会科学。**

有鉴于心理因素和社会因素在语言中都起作用,我们应当明确,**语言的辅助学科主要是心理学,其次才是社会学**,即关于人与人在社会交往中的科学,关于社会生活的科学。(杨译本2012:152—153)

在语言学和社会心理学的关系问题上,博杜恩比索绪尔表达得更明确。在此必须指出,博杜恩所认为的现代语言学就是"心理社会语言学",而索绪尔的现代语言学则是"静态语言学"。

3. 语言学与生理学的关系

这里的生理学特指发音生理学。《教程》在"音位的种类"中,分析了发音器官及其功用,以及按照口部发音对语音的分类。这些都是发音生理学向语言学提供的解释。但是,索绪尔认为:

因为语言的研究要求用发音生理学作出某些解释,而它自己对发音生理学却什么也不提供。无论如何,把这两种学科不可能混为一谈——我们可以看到,语言的本质跟语言符号的声音性质没有关系。(高译本1980:27)

在博杜恩那里可以看到与之类似的论述。博杜恩在《语言科学的任务》(1889)中认为,理解语言的发音阶段需要求助于生理学等学科。

为了正确理解语言的外部方面或发音阶段,还需要解剖学、生理学及声学中的一些资料。(杨译本2012:153)

但语音现象和语言存在区别:

总体来说,音素及其组合属于感性的、外部的、边缘的现象,本身没有什么意义。比如,尽管我们能够对我们不懂的一种未知语言准确区分音素,但对于我们来说,这并不是作为语言而存在的。(杨译本2012:152)

博杜恩认为,生理学和大脑组织学研究有利于理解语言的心理活动。

如果生理学与微观解剖学或大脑组织学能合在一起替换心理学研究,如果这些能够研究大脑组织并将其加以分类,如果这些可以展示大脑组织的运动和变化,包括言语和语言思维所伴随的物理和化学的运动变化,那么这种研究可能有利于理解语言的心理活动。(杨译本2012:153)

据我们所见,在语言学文献中,博杜恩(1889,1890,1903)关于语言学、大脑组织学、生理学和心理学协同研究的论述为最早,并预言大脑神经元的动态变化与化学变化或物理能量的联系如被发现,两个领域的研究成果则会结合成一个共同的科学体系,实为"神经语言学的先声"。[①]

四、关于语言和言语的比对

索绪尔《教程》中的一些思想在学界颇具影响,语言和言语的区分是其重点。在20世纪50年代末60年代初,中国语言学界曾对语言和言语展开激烈的讨论。但是,早在索绪尔之前,博杜恩就已有语言和言语的划分以及相关探讨。

(一)语言和言语的划分

索绪尔《教程》将语言和言语的区分视为言语活动的第一分叉,由此他区分了"语言的语言学"和"言语的语言学",从中可以看到博杜恩理论的明显痕迹。

早在1871年,博杜恩在《对语言科学和语言的若干原则性看法》中已经提出人类语言、具体语言和个体语言的"三分法"。

[①] 详见李葆嘉《语言科学的传播及神经语言学的先声》,"中国神经语言学研究会成立大会暨第一届年会"(徐州·江苏师范大学2018年6月30日)论文。

我想预先提请大家注意的，一方面，作为在某时某地存在过的所有语言集合体的**人类语言**和**具体语言**、方言、土语，以及个别人的**个体语言**的区别；另一方面，作为局部和范畴的某种**集合体的语言**，与作为**不断重复过程的语言**之间的区别。（杨译本2012：35）

除了人类语言、具体语言和个体语言，博杜恩还对集合体的语言（相当于"语言"）和不断重复过程的语言（相当于"言语"）加以区别。

后来，博杜恩在《语言科学的任务》（1889）中采取的是"二分法"，强调个体语言（相当于"言语"）与民族语言（相当于"语言"）之间的区别。

我们要区分**个体语言与民族或部落语言**——我们得出了个体语言和民族或部落语言的区别，个体语言的发展和整个民族或部落语言历史的区别。（杨译本2012：144）

《教程》将言语活动划分为语言和言语：

言语活动的研究包含两部分：一部分是主要的，以实质上是社会的，不依赖于个人的语言为研究对象，这种研究纯粹是心理的；另一部分是次要的，以言语活动的个人部分，即言语为研究对象，其中包括发音，它是心理·物理的。（高译本1980：41）

《教程》中的这种区分与博杜恩的"二分法"相合。

有评价者认为，《第三次普通语言学教程》（1910—1911）讲授的"语言理论趋于成熟，因而愈显珍贵"。在讲授总纲"教程的一般观念的划分"[①]这节，索绪尔开宗明义，摆出三个核心概念（等号后是李葆嘉加上去的博杜恩的三分）：

1. 种种具体的整体语言（les langues）= 具体语言（民族或部落语言）
2. 抽象的整体语言（la langue）= 人类语言
3. 个体（les individus）的言语（le langage）能力及其运用 = 个体语言

以上也就是《第三次教程》的三部分大标题，索绪尔实际上讲授了第一和第二部分，第三部分"个体的言语活动能力及其运用"并未讲授。这就是专家们认为更深刻而合理的《第三次教程》的"明显框架"。

显而易见，这一"框架"完全照搬了博杜恩（1871）早期的语言三分论。在这里，不得不再次提醒，一些"索绪尔的重新发现者"因为不了解博杜恩的成就，评价《教程》的

[①] 《索绪尔第三次普通语言学教程》，屠友祥译，第6页，上海：上海人民出版社，2002年。

某些观点也就难免失之偏颇。

（二）语言的基本特性

索绪尔《教程》中把语言和言语进行比较并概括其特点，其主要特点在博杜恩论文中均可见到。

1. 语言具有规约性

索绪尔《教程》中多次表明，语言其实是一种社会制度或规约。在这方面，索绪尔表明同意辉特尼的观点。

（语言）它既是言语机能的社会产物，又是社会集团为了使个人有可能行使这机能所采用的**一整套必不可少的规约**。（高译本1980：30）

博杜恩在《斯拉夫语言比较语法》（1902）中，以俄语为例，认为语言应当是完整而稳定的整体，需要从属于一定的规则。

作为术语的"语言"肯定应指**完整而稳定的整体**。正因为如此，"俄语"这一术语不能用于所有以俄语为载体的个人上，因为俄语的言语具有多样性。作为术语的"俄语"只能指其标准语，即**遵循一定规则的规范化语言**。（杨译本2012：303）

2. 语言具有同质性

博杜恩在《语音规律》（1910）中认为，"语言"应该是同质的，而俄语的言语具有多样性，即异质的。虽然在交际过程中，说话人会受到多种因素的影响，但是语言的同质性在具体实现过程中依然有所体现。

在传递过程中，尽管有波动和偏离，但我们可以令人惊奇地确认，实际上，**同质性与规律性经常吻合**，以及一定语言现象之间存在因果关系。

同质性和规律性既体现在同一发音和听觉组合的**稳定性**中，也体现在波动和变化中。……应当将表现在个人大脑和语言交际中的同质性和规律性，看成存在于社会语言交际部分的某些条件中，从静态角度确认的相吻合事实，而不是视为由"语音规律"准确公式支配的依赖关系。（杨译本2012：440—441）

索绪尔同样强调语言的同质性。在《教程》中认为言语活动是混杂的，因为"言语"是个人的，有许多不确定因素，是许多特殊情况的综合。而语言则是这混杂总体中的确定对象。

言语活动是异质的，而规约的语言却是同质的——它是一种符号系统。在这一系统里，只有意义和音响形象的结合是重要的；在这一系统里，符号的两方面都是心理的。（高译本1980：36）

3. 语言具有概括性

博杜恩在《语言科学的任务》（1889）、《语言与众语言》（1904）中不止一次提到，民族语言具有概括性。

部落语言或民族语言就是一个整体，集中了所有属于它的一切。（杨译本2012：148）

部落语言和民族语言是纯抽象的，**由一系列现存的个体语言组成的概括性结构**。（杨译本2012：337）

在谈及语言发展时，博杜恩（1889）认为，我们"只能讨论个体语言特点的发展。对于部落语言而言，根本不可能谈论发展。"（杨译本2012：145）原因就在于"语言"是抽象的、概括的，不可能找出实际存在的"语言"。

在《语言作为研究客体的意义》（1906）中，博杜恩认为，语言只能存在于人们的心灵中，它本来就不是一个实际上的整体。

首先，**语言只能存在于人们的心灵中**。假如我们出现在这里而停止说话，假如礼堂里鸦雀无声，那么人们的语言，尤其是俄语是否就不存在呢？它不可能停止存在，因为它本来就不是一个实际上的整体。（杨译本2012：382）

在《语言类型》（1910）、《语音规律》（1910）中，博杜恩认为语言没有实际上的存在，只存在于个体—心理世界中。

其实还没有彻底强调，任何清醒的人都能看到的这一事实，即所谓的**语言没有实际上的存在**，这种实际上的存在只有独立的个体才有。（杨译本2012：429）

所谓的部落语言和民族语言（如波兰语、俄语、德语、法语等），似乎脱离了现实的基础，在我们看来是中和的结果。这种语言是摆脱了客观存在的纯粹假象，作为模糊的和不确定的观念，只存在于个体—心理世界中。（杨译本2012：432）

一方面，索绪尔把语言比作"平均数"（还有"社会晶化"），语言是从说话者当中提取的"相同印迹"，也就是语言具有概括性。

在由言语活动联系起来的每个人之间，会建立起一种平均数——每个人都在复制（当

然不是很确切,而只是近似地)与相同概念结合在一起的符号。(高译本1980:34)

另一方面,索绪尔却认为:

语言这个对象在具体性上比之言语毫无逊色,这对于研究特别有利。语言符号虽然只是心理的,但并不是抽象的概念。由于集体的同意而得到认可,其全体即构成语言的这些种种联结都是实在的,它们存在于我们的脑海里。(高译本1980:37)

这段论述含混不清:语言与言语一样具有具体性(?),语言符号不是抽象的概念(?),语言全体都是实在的(?),语言存在于我们的脑海里(比较博杜恩"语言只能存在于人们的心灵中")。也许,索绪尔要表达的是,语言是实实在在的存在,即这一"具体性"相当于"实存性"。

(三)语言和言语相互依存

索绪尔认为,语言和言语是两种绝对不同的东西。作为一种社会规约,语言是个体言语得以交流的前提;而语言的建立需要对言语进行概括,所以语言又以言语为基础。

要使言语为人所理解,并产生其一切效果,必须有语言;但要使语言能够建立,也必须有言语。……由此可见,语言和言语是相互依存的。语言既是言语的工具,又是言语的产物。但这一切并不妨碍它们是两种绝对不同的东西。(高译本1980:41)

博杜恩认为,虽然民族语言是概念的、抽象的,但它是一个整体(相当于"系统"),而个体语言只是其中的一部分。在《语言科学的任务》(1889)中写道:

部落语言或民族语言就是一个整体。它集中了所有属于它的一切。这种语言只存在于理想状态中。一种语言的概念和它的体现不完全一致。可能有一些属于波兰语概念的东西,在任何时候都不会得到体现,在任何时候都不会表现出来。这里我们再一次与晶体[①]进行比较。

一个波兰人在自己大脑中存入的母语成分只是整体的一部分,就像现实中遇见的晶体一样。个人存入大脑中的母语成分,仅仅是理想化晶体的一部分。(杨译本2012:148)

无论是从语言和言语的区分,还是从二者的特点和关系上来看,索绪尔《教程》中的观点,我们在博杜恩那里都能找到类似的表达。总体看来,索绪尔对语言和言语区别的论

[①] 索绪尔《教程》也把语言比作"社会晶化"(高译本1980:34),估计来自博杜恩的这一比喻。

述更清晰，但在博杜恩论著中，更能显示出这一区分逐步形成的轨迹。

这好比手机（无线移动电话），中国人在20世纪90年代使用的已经是成熟的手机，而手机发明的轨迹（从1902到1973年，再到1985年），在中国找不到。这就是李葆嘉提出的语言学史上的所谓"手机现象"（在成熟的理论之前，往往有更早的创始者）。

五、关于语言系统和要素价值的比对

（一）语言系统观

通常认为，索绪尔最早提出语言系统的概念。（胡壮麟等1989）至少20世纪语言学把语言看作系统的认识，受到索绪尔语言系统思想的很大影响。（张绍杰 2004）马壮寰（2006）认为，"在索绪尔完整的语言理论中，'语言系统'的思想贯穿始终，是诸多概念的理论支点。"

的确，《教程》中不止一次地表达了"语言是一个系统"的观点。

语言是一个系统，它的任何部分都可以，而且应该从其共时的连带关系方面加以考虑。（高译本1980：127）

然而，也有学者早已指出：

博杜恩全面研究过语言的系统性问题。早在19世纪70年代，即在索绪尔《普通语言学教程》正式出版（1916）前几十年，他就把语言的系统性作为解释语言学理论的基础。（赵世开1990：228）

从1871年以来，博杜恩就开始逐步形成语言是一个系统的学说，其表述是——语言是其组成部分的综合体、集合体、整体。在《对语言科学和语言的若干原则性看法》（1871）中，博杜恩写道：

亲属语言是从一种原始语发展而来，是在不同条件的影响下，所形成的同一原始语言材料的不同变体。……应当将这些语言视为**个别语言**，或借助于民族意识结合在一起，且具有独立意义的音素和音节的**综合体**。（杨译本2012：31）

博杜恩指出要区别二者：一是语言是由若干组成部分和范畴构成的**集合体**；二是语言是说话人在交际过程中不断重复的过程。（杨译本2012：35）前者可比较索绪尔的"语言是符号系统"；后者可比较索绪尔的"言语"。

博杜恩观察到语言内部组成部分之间的关联性、互相制约性，即语言的系统性。他在《1876—1877学年度详细教学大纲》（1877）中写道：

在不同语言中，生理特征上一样的音素，由于受制于整个**语音系统**，以及与其他音素之间的不同关系，从而具有不同的意义。（信德麟1990；杨译本2012：48）

1883年，克鲁舍夫斯基进一步阐述和发展了博杜恩的这一思想。在其博士论文《语言科学概论》中，克鲁舍夫斯基不但阐述了"词是事物的符号""语言是一种符号系统"的观点，而且主张这个系统既可以"在同时共存（静态）中"分析，又可以"在连贯状态（动态）中"分析。同时，还提出了语言符号系统的"类比联想"（ассоциацияпо сходству）和"邻接联想"（ассоциацияпо смежности），而索绪尔在第一次讲授普通语言学课程（1907）时，才开始讨论了"联想关系"和"句段关系"。

1888年，在《克鲁舍夫斯基的生活及其科学著作》中，博杜恩介绍过克鲁舍夫斯基的语言"系统"思想。

"我们从历史发展的角度研究音素，可以确认**语音系统**的再整合"，因此，"一个语音系统是再整合另一个语音系统的结果"。（杨译本2012：127）

1889年，博杜恩在《语言科学的任务》写道：

语言现象与其他所有系统现象一样，第一眼看去总是显得杂乱无章，而人类智慧天生就能理清这些看似混乱的现象，发现其中的规律性、顺序性、**系统性**和因果联系。人类智慧应用于语言现象，所揭示的规律性、**系统性行为**，正是语言学的研究内容。（杨译本2012：143）

在喀山学派看来，语言的系统性主要表现为邻接性和类比联想，换而言之，支撑语言系统的是联想理论。这一"联想理论"的创始人就是克鲁舍夫斯基，博杜恩在《克鲁舍夫斯基的生活及其科学著作》（1888）中肯定了他在这方面的贡献。

经常使用联想理论或表象结合理论是克鲁舍夫斯基的贡献之一。据我所知，在克鲁舍夫斯基之前，与之类似的尝试完全没有，至少像这样大规模的尝试完全没有。（杨译本2012：126）

在我们大脑中，如果基于类比联想规律，这些词语形成系统或词族，那么基于邻接联想规律，这些词语就会构成序列。（杨译本2012：126）

克鲁舍夫斯基提出的两类联想囿于词语，而博杜恩看到了这两种联想在语言系统中具有更大的价值。

像类比联想和邻接联想这样的类似区别，不仅仅适用于词语。一方面，可以适用于词语的各个部分或词素；另一方面，可以适用于句子和句子组合。这一区别甚至还适用于生理语音学单位、音位或音素及其组合。在这些单位中的每一部分，借助于类比联想都能找到系统或词族，借助于邻接联想都能找到序列。（杨译本2012：127）

在此，类比联想形成"词族"，即聚合关系；而邻接联想形成"序列"，即组合关系。博杜恩在《语言科学》（1904）中提出，语法应当分为语音学、语义学、形态学、词汇学、词源学五个部分，因此，这两类联想也分别在相应部分发挥作用。

在语义学和词源学中，我们只考虑类比联想，在语法的其他三个部分中，两类联想即类比联想和邻接联想都在起作用。（杨译本2012：359）

另外，在语言单位划分方面，博杜恩也考虑到两类联想的功用。他认为，主要根据邻接联想划分语言、句子和词语等，而类比联想在划分中承担辅助作用。在探讨形态同化时，博杜恩认为是类比联想推进了邻接联想，注意到了两类联想之间的关系。

在索绪尔《教程》中，用"联想关系"（聚合关系）和"句段关系"（组合关系）这两个术语替换了"类比联想"和"邻接联想"，并以比喻方式解释如下：

一个语言单位可以比作建筑物的某一部分，例如柱子。一方面，柱子跟它支撑的轩橡有某种关系，这两个同样在空间出现的单位的排列，会使人想起**句段关系**。另一方面，如果这柱子是多里亚式的，它就会引起人们在心中把它跟其他式的（如伊奥尼亚式、科林斯式等）相比，这些不是在空间出现的要素——其关系就是**联想关系**。（高译本1980：171）

尽管《教程》中的句段关系和联想关系，与喀山学派的邻接联想和类比联想，在表述上不同，但是不难发现两者之间的一致性。对此，雅可布逊曾说："克鲁舍夫斯基的邻接联想使语言成分形成序列，索绪尔的句段关系与之相应，而类比联想……索绪尔的联想关系之相应"。（转引自杨衍春2011：69）

《教程》中谈到这两类关系时，认为其适用于所有的语言单位，但在实际讨论时以词语为材料加以解释。

词虽然同语言单位的定义不完全相符，但至少可以给我们一个近似的观念，并且有一个好处，就是具体。因此，我们将把词当作与共时系统实际要素相等的标本；由词引出的

原理对于一般实体也同样有效。（高译本1980：159）

这是袭用克鲁舍夫斯基（1883）早期划分所留下的痕迹。

此外，索绪尔也认为，句段关系和联想关系可以作为语法系统基础的分类方式。

形态学、句法学和词汇学相互渗透，可以用一切共时态事实都具有根本相同的性质加以解释。它们之间不能有任何预先划定的界限。只有我们在上面所确立的句段关系和联想关系间的区别，才能就自身提出一种并非外加的分类方式，即唯一可以作为语法系统基础的方式。（高译本1980：188）

这是模仿博杜恩（1888，1904）把"联想理论"推广到语言系统的各部分。

索绪尔的阐发是——语言系统具有恒定性：

这些历时事实甚至没有改变系统的倾向。人们并不愿意由一种关系的系统过渡到另一种关系的系统；变化不会影响到安排，而只影响到被安排的各个要素。（高译本1980：124）

变化永远不会涉及整个系统，而只涉及它的这个或那个要素，只能在系统之外进行研究。（高译本1980：127）

索绪尔认为，语言的变化永远不会涉及整个系统，有关要素的研究只能在系统之外进行。显而易见，要素的变化日积月累，可能导致系统的变化。系统的形成与变化都基于要素。**与符号任意性一样，索绪尔的系统恒定性（自古就有的，永远不变的），同样把人们导向神秘主义。**

（二）要素价值观

索振羽（1983）认为，索绪尔强调语言是纯粹的价值系统。语言价值理论是索绪尔语言学理论的核心，对现代语言学的发展有着深远影响。徐思益（1980）认为，语言系统思想是索绪尔语言学思想的灵魂，语言价值理论是透析语言系统构成部件装置的钥匙。

在此必须指出，"语言价值理论"概括不当，应是"要素在语言中的价值理论"，即语言要素和语言系统之间关系的理论，所以合适的术语当是"要素价值理论"。

《教程》中强调，离开语言系统，要素也就没有语言价值。

语言既是一个系统，它的各个要素都有连带关系，而且其中每项要素的价值，都只因为有其他各项要素同时存在的结果。（高译本1980：160）

他以棋子和棋盘的关系解释语言要素和语言系统之间的关系。

比方一枚卒子，本身是不是下棋的要素呢？当然不是。因为只凭它的纯物质性，离开了它在棋盘上的位置和它下棋的条件，它对下棋的人来说毫无意义。（高译本1980：155）

博杜恩也曾多次提到要素或成员的语言价值问题，虽然没有索绪尔详细，但《教程》中的主要观点都已涉及。

博杜恩《语言学概论》（1917）写道：

从语言思维和以此为基础的语言学学科的思维角度出发，音位及一般的发音——听觉要素本身没有任何意义。它们只有成为所有活的语言成分组合中的一员时，也就是成为与语义表象和形态表象联想在一起的词素中的一员时，才具有**语言价值**。（杨译本2012：504）

"所有活的语言成分"让人联想到语言系统，音位只有成为系统中的一员才能具有语言价值。

博杜恩强调，语义表象和形态表象的语言价值需要依靠邻接联想和类比联想来确定，也就意味着表象的价值需在系统中才能实现。

这类表象首先可以通过邻接联想或者上下文确定，也就是与其他词语发生的关系，或者以该语言集体成员之间的相互交际为基础，借助于俄语的社会交流为基础。……接着，可以借助于类比联想确定这一表象——或者根据说话人的随机内部动机而确定，或者根据与言语综合体的联系而确定。（杨译本2012：505）

在此，博杜恩还提到语言集体成员之间的相互交际，说话人的内部动机。换而言之，要素的价值并不仅仅依赖语言系统，还要关注语言中的人的主体性。这些思想，显然比"《教程》索绪尔"更全面，更深刻。

归根结底，语言要素的语言价值，依赖于相关要素之间的关系。

博杜恩在《适用于一般雅利安语，尤其是斯拉夫语的普通语言学教学大纲》（1876）中指出：

这里研究一些音素对意义的影响，反之，则是意义对音素性质的影响。这里首先以音素的并列，即以音素的发音生理**对立**为前提。比如，首先以元音和辅音的**相互依存性**为基础的软音和硬音的**区别**，长音和短音的区别，重读音和非重读音的区别，浊音和清音的区别，诸如此类。（杨译本2012：40）

在同一种语言内，**这些语言要素处于"对立""区别"的"相互依存"状态中，才能**

具有各自的价值。

索绪尔《教程》的类似说法是：

在同一语言的内部，所有表达相邻近观念的词都**互相限制着**。如法语的同义词，redouter"恐惧"、craindre"畏惧"、avoirpeur"害怕"，只是由于它们的**对立**才有各自的价值。假如redouter不存在，那么它的全部内容就要转到其竞争者方面去。（高译本1980：161—162）

索绪尔所举的例子是法语的同义词（严格说，是近义词）。如果是绝对等义词，则需要引入义位和变体来加以解释。

要素的语言价值的实现还得依靠语言的使用群体，因为语言最终要服务于社会交际，所以使用群体的认可和采用是实现语言价值的必要条件。

除了以上引文中的"或者以该语言集体成员之间的相互交际为基础，借助于俄语的社会交流为基础"，博杜恩在《语言学概论》（1917）中还有进一步的明确。

无论在书写或者书写—视觉语言，还是在发音—听觉语言领域，所有这些心理的内聚力，**所有这些导致语音化、语义化和形态化的联想**，都是一般社会化过程的独立表象。因为无论在整体上，还是在各部分中，**语言只有服务于人与人之间的交际目的之时才有价值**。（杨译本2012：507）

索绪尔也意识到了这一点。

价值只依习惯和普遍同意而存在，所以要**确立价值就一定要有集体**，个人是不能确定任何价值的。（高译本1980：159）

博杜恩在《词语和所谓的"词语"》（1914）中还强调了意义在语言价值中的重要作用。

然而，这些（单纯的声音形式）是词语吗？难道这是活的人类言语吗？不，这只是出自人口腔的语音排泄或者射出，在语言价值上甚至还不如与活人很像的蜡人。（杨译本：474）

单纯的声音形式或字母没有意义，因此没有语言价值；只有具有完整的声音形式和意义表象组合的词，才具有语言价值。由此可见，博杜恩不但基于语言系统确定要素的价值，而且主张从语言要素本身出发来考虑其语言价值，突出了意义在语言价值中不可或缺。

对于要素的语言价值，索绪尔从概念方面、物质方面等方面加以考虑。索绪尔认为，尽管一个词的价值与其概念很容易混淆，但是二者依然不能等同。概念和听觉形象一样，是词的内部要素，而"一个词的价值取决于封闭个体之间的相互对立"。简而言之，价值和意义两者不能等同。（高译本1980：161）

总而言之，博杜恩提出的要素的语言价值包括：意义价值、系统价值、群体价值[①]。**而"《教程》索绪尔"陷入了形式主义，不承认要素的意义也是语言价值之一。**

由此联想到乔姆斯基在《句法结构》（1957）提出，合乎语法的句子不一定有语义。如：

（1）Colorless green ideas sleep furiously.
　　　无色的　绿色的观念　睡眠　疯狂地。

根据博杜恩的语言价值观，这只是"语音排泄或者射出"（杨译本2012：474）。根据李葆嘉（2016）的看法，这就是"一堆语符垃圾"。[②]

（三）语言符号的线条性

在《教程》的绪论中，索绪尔将语言描述为"一种表达观念的符号系统"（高译本1980：24），并认为要了解语言的特殊性质必须援引符号现象或符号学。学界认为语言符号说是索绪尔的一大创举，其实索绪尔的语言符号说主要来自辉特尼的学说。

除了语言符号的任意性，索绪尔认为语言符号还有另一个原则——能指符号的"线条性"。

能指属听觉性质，只在时间上展开，而且具有借自时间的特征：（1）它体现一个长度，（2）这长度只能在一个向度上测定——**它是一条线**。（高译本1980：106）

索绪尔强调的"线条性"是语言符号能指的特征，是从听觉方面加以考虑的。

博杜恩在《论俄语文字和俄语的关系》（1912）中揭示了发音—听觉语言的"连续性"特点。

[①] 大体而言，意义价值相当于符号学的语义，系统价值相当于符号学的语形，群体价值相当于符号学的语用。

[②] 极端形式主义的荒唐竟至于此。每个人从襁褓始，就在编织一张有界无边、可疏可密的认知语义网络。有意义的词语或范畴之间的组合并非随意堆砌，而是基于认知语义网络中的语义结构。凡不符合语义结构的词语组合并非语言符号序列，只能是符号垃圾（因为并非"人话"）。

借助于发音—听觉语言进行的语言交际，每时的过程都是**连续的、封闭的、完全的整体**。而借助于书写—视觉语言进行的语言交际过程，在各个环节之间有不同程度的较大间歇。

在一个接一个同时发生的一系列行为组合中，在与这些组合相应的复杂音响印象的行为中，发音—听觉现象被理解和显示出来。

同时，发音—听觉语言具有一个接着一个音位，从一个音位向另一音位不断过渡的性质。这种现象不仅出现在独立的词中，而且出现在词语组合及日常言语中。（杨译本2012：450）

与索绪尔的"线条性"相比，博杜恩的"连续性"更妥帖。

首先，博杜恩的"连续性"包括了语言发音在时间上的不间断。在《语言与众语言》（1904）中，博杜恩清楚表明，他说的"连续性"主要指的是时间上的连续性，且这种时间连续性是语言单位划分的依据。这种"连续性"描述为"一个接着一个"的，音位之间"不断过渡"，无疑具有定向性。

划分现行语言、划分词语和句子等，而且这些词语和句子一定是含有思想的，只是偶然说出来的。这是根据邻接联想进行的划分，准确地说，根据**时间连续性**进行的划分。（杨译本2012：341）

其次，在《论俄语文字和俄语的关系》（1912）中认为，博杜恩认为，这种连续性只是语音显示的一种本性，如果从个体—心理方面来看，语言现象是可以离析的。

因此，不间断的、不可分解的现象存在于人之外的事物的本性中，而单位的分离则发生在人的心理中。

这就是说，发音—听觉和书写—视觉之间的差异只表现在显现和感知中。从个体—心理方面，应当确认语言活动的这两个领域——书写—视觉领域和发音—听觉领域——存在相似性。（杨译本2012：451）

相比而言，博杜恩的表述更全面，不仅考虑了语言符号在发音生理上的连续性，而且揭示了语言现象在心理上具有分离性。

六、关于静态和动态的比对

（一）静态和动态的区分

在《教程》第一编第三章，索绪尔详细探讨了静态语言学和演化语言学，强调了共时和历时区分的必要性。

共时态和历时态分别指语言的状态和演化的阶段。（高译本1980：130）

演化和演化语言学这两个术语比较贴切，我们以后要常常使用；与它相对的可以叫作**语言状态**的科学或者**静态语言学**。（高译本1980：119）

《教程》向学者们提出警告，其口吻仿佛"同时轴线""连续轴线"的这一区分是自己的首创：

对研究价值的科学来说，这种区分已成为实际需要，在某些情况下并且成了绝对需要。在这样的领域里，我们可以向学者们提出警告，如果不考虑这**两条轴线**，不把从本身考虑的价值的系统，与从时间考虑的这同一些价值区别开来，则无法严密组织他们的研究。（高译本1980：118）

这里的"同时轴线"和"连续轴线"，与静态（共时态）、动态（历时态）都一致。关键在于，《教程》导演了一场"静态语言学PK动态语言学"：

共时语言学研究同一个集体意识感觉到的各项存在并构成系统的要素间的逻辑关系和心理关系。历时语言学相反地研究各项不是同一个集体意识所感觉到的相连续要素间的关系，这些要素一个代替一个，彼此间不构成系统。**共时语言学是语言研究的重点。对说话者来说，唯一存在的现实是语言的共时一面。**（高译本1980：130）

PK的结果是静态语言学胜出——

必须把产生这种状态的一切都置之度外，而不管历时态。他要排除过去，才能深入到说话者的意识中去。**历史的干预只能使他的判断发生错误。**（高译本1980：120）

早在1870年（当时索绪尔13岁），博杜恩在《关于语言科学和语言的若干总论》（刊于1871年）中已经区分了"描写研究"和"历史研究"。

作为科学的第一步或基础工作，描写研究是必须的。（杨译本2012：19）

通常而言，不同语言的语法描写只关注语言史上的某一时刻，并且尽量展示语言在这一时刻的状态，但是只有研究这一时刻与语言的全部历史发展之间的联系，这样的语法才可能是科学的。（杨译本2012：30）

对语音研究而言，博杜恩更明确地指出"音素的静态性"和"音素的动态性"：

语音学的第一部分生理和第二部分形态，是研究和分析在某一时刻语言状态下的音素规律和存在条件（音素的静态性）；语音学的第三部分历史，是分析和研究在一段时期内的音素规律和发展条件（音素的动态性）（杨译本2012：28）

早在《教程》出版的四十年前，也就是索绪尔到莱比锡大学改修比较语法的那一年，博杜恩在《适用于一般雅利安语，尤其是斯拉夫语的普通语言学教学大纲》（1876）中重申了这一理论：

可以从三个部分来分析语言的音素：（1）声学—生理的部分；（2）心理的（构词的、形态的）部分；（3）历史的、词源的部分。第一部分是生理学的分析，第二部分是心理学的分析。语音学的这两个部分，研究和分析语言中存在于某一时刻的音素的规律（静态性）及其活动条件。第三部分是历史的分析，研究语言中存在于较长时期的音素的规律（动态性）及其发展条件。（杨译本2012：39）

博杜恩的静态和动态之分，起初是就语音研究而言，并通过"某一时刻"和"较长时期"两个关键词，定义了静态和动态。

次年，在《1876—1877学年度详细教学大纲》（1877）中，博杜恩对形态学和句法学也有同样的区分。

句法学的这两个部分就像形态学一样：
1. 静态：（1）短语、句子及句子的类型；（2）短语、句子及句子的意义。
2. 动态：短语、句子及句子的起源。（杨译本2012：58）

可见，作为语言的静态和动态之分普遍适用。

在音素的静态性研究中，博杜恩区分了狭义的音素生理学的静态方面和动态方面。关于前者，主要涉及的是音响形成以及音节或词语中的音素分析，或者一个人、一种民族语言中的音素分析，这些都限定在一定时刻或条件之内。关于后者，博杜恩主要指的是同化、置换以及简洁等现象，这些受制于音素的物理（生理）特性。最重要的是，这些现象都是在同一语言中同一时间段发生的。

在《适用于一般雅利安语，尤其是斯拉夫语的普通语言学教学大纲》（1876）中，提出静态性研究中的音素动态方面。

从生理角度解释音素的变化。通过抽象和直观的心理机制，以解释同化、置换和追求简洁的现象。将其与日常生活以外的时间进行比较，这里的现象都是同时发生且具有独特性。而同样的内容由说话的个体重复多次以后，就会使语言发生根本性变化。在这里偶然

出现的现象，在一定条件下可能会成为语言中的永久习惯。（杨译本2012：41）

在《1876—1877学年度详细教学大纲》（1879）中，区分了音素的"静态稳定性"和"动态稳定性"。

（1）音素的静态稳定性，也就是与在语言存在时刻的各种变化相对立。（2）音素的动态稳定性与历史变化相对立。音素变化具有一定的界限。（杨译本2012：47）

音素的稳定性具有两种，包括静态的稳定性和动态的稳定性。（杨译本2012：66）

从博杜恩提出的静态的动态方面以及动态的稳定两方面，可以看出其考察全面和细致。这两点内容在索绪尔《教程》中未见。

总之，博杜恩在1871［1870］年就提出区分语言的静态和动态，而索绪尔1897年笔记中才出现历时态、共时态和特殊共时态。

（二）静态和动态的研究地位

在博杜恩这里，音素的静态和动态研究同等重要。正如博杜恩在《1876—1877学年度详细教学大纲》（1877）中所言，音素共有三个发展方向。

音素共有三个发展方向：（1）从古代状态到新状态的历史方向；（2）地理上、方言上的方向；（3）静态的，在同一时间和同一土语中的方向。（杨译本2012：48）

博杜恩在《1877—1878学年度详细教学大纲》（1879）进一步明确：

静态是研究语言的平衡规律，动态是研究在时间上的运动规律，语言的历史运动规律。（杨译本2012：66）

博杜恩进一步从哲学层面，即语言生活的实际层面，在《观察和研究语言现象得出的若干普遍结论》（1897）写道：

在语言中没有静止……犹如自然界一样，语言中的一切都处于活跃的运动状态。一切都在发生变化。静止、停滞都是表面现象，这些仅仅是最小条件下的个别运动状态。**语言的静态不过是其动态，或者准确地说，是运动的特定情况。**（杨译本2012：257）

从具体操作上，博杜恩在《对语言科学和语言的若干原则性看法》（1871）中提出语言研究（当时称之为"语法"）的"年代原则"（хронологический принцип）。第一，特定的语言是语言不同时期的特殊发展阶段，语言发展的各个时期相互交替。每一时期创造的新现象，在逐渐向下一时期的过渡中，这些又会成为继续发展的基础。区分这些语言层次，成为语言学的主要任务之一。第二，某一时刻的语言机制、语言结构和组成，是以前的语言机制及结构历史发展的结果。与之相应，这些语言的继续发展取决于一定时期的语言机制及结构。第三，不应该用过去的或未来的范畴，去衡量某一特定时代的语言结构。科学不应该把毫不相干的范畴强加给研究对象，而只能以对象的结构和组成为前提，从中寻找它本身实际存在的东西。（杨译本2012：29）

我们可以分别概括为"层次原则"（层次性）、"历史原则"（连续性）、"特定原则"（当时性）。所谓这一"特定原则"也就相当于"当时态原则"，或"静态/共时态原则"。①提示，索绪尔1897年笔记中，出现历时态、共时态和特殊共时态的术语。②

然而，索绪尔割裂了语言的静态和动态，他更强调语言的静态或共时态。索绪尔在《教程》的"静态语言学和演化语言学"说：

因为语言是一个纯粹的价值系统，除了它的各项要素的暂时状态以外，并不决定于任何东西。……我们就可以从时间上追溯这价值到一定地步，不过要随时记住，它在任何时候都要取决于同时代的价值系统。（高译本1980：118）

徐思益（1980）提出，索绪尔强调语言共时研究比历时研究更重要，并非忽视语言的历史，而是作为一种方法论的手段暂时撇开。既然如此，我们不得不重温《教程》的下面

---

① 信德麟在《博杜恩·德·库尔特内的生平与学说》（1990：5）写道：博杜恩认为，为了揭示语言机制，分析语言系统，静态方法比历史分析更有成效，因为语言系统是语言成素的稳定状态。在《对语言学和语言的若干原则看法》（1871）中提出了"时代原则"（хронологический принцип），强调对于某一特定时代的语言结构，不应该用它过去的或未来的范畴去衡量，科学不能把毫不相干的范畴强加给研究对象，而只能在对象中寻找实际存在的、制约其结构的东西（1，67—68）。现经核查，在博杜恩的这段论述中：（1）博杜恩的年代原则包括三个子原则；（2）博杜恩并没有说静态方法比历史分析更有成效，而只是说第三个子原则"只能以对象的结构和组成为前提，从中寻找它本身实际存在的东西"；（3）第二个子原则突出的是语言的历史或连续性。总体而言，博杜恩阐述的语言年代原则，就是语言静态和动态划分的理论基础。

② 前3世纪，阿基米德奠定了物理静力学基础；1687年，牛顿奠定了物理动力学基础。前者主要研究物体的平衡及其条件；后者主要研究物体的运动状态和力之间的关系。1842年，德国社会家孔德按照物理学理论，划分社会静力学和社会动力学。1870年，博杜恩（Бодуэн 1963 T. I: 65—66）把这对概念引进语言研究领域，区分了语音的静态（статика звуков）和语音的动态（динамика звуков）。1880年，德国语言学家保罗（Paul 1886：21—22）区分了"历史语法"（historische grammatik）和"描写语法"（descriptive gramniatik）。1895年，法国社会家杜尔凯姆沿用孔德的静态社会学和动态社会学。1908年，法国语义学家格拉塞列（Grasserie 1908：2）提出动态语义学（sémantique dynamique）、静态语义学（sémantique statique）、比较语义学（sémantique comparée）的三分。1908年，瑞士心理学家马蒂（Marty 1908: 52）提出描写语义学（deskriptive Semasiologie）和遗传语义学（genetische Semasiologie）的二分。

一段：

我们在研究语言事实时，第一件引人注目的事就是，对说话者来说，语言事实在时间上的连续是不存在的。摆在他面前的是一种状态。所以语言学家要了解这种状态，**必须把产生这种状态的一切都置之度外，而不管历时态**。他要排除过去，才能深入到说话者的意识中去。**历史的干预只能使他的判断发生错误**。（高译本1980：120）

此类疾言厉色，亦见于索绪尔札记手稿：

语言学家要研究的是**语言状态**，他不需要理会导致目前语言状态的历史事实，他应该**把历时研究置于不顾**。……历史的干预只能歪曲他的判断。（Mauro 1972：117）

我们必须做出反应，抵制老学派（青年语法学派——引注）的邪道，而这种反应的恰当的口号是：观察在**今天的语言和日常语言活动中所发生的状态**。（Mauro 1972：252）

此文中的"状态"即"共时态"。显然，索绪尔《教程》并非作为一种方法论手段暂时撇开历时，而是作为语言研究的本体论强调共时。显然，徐思益（1980）的看法只是自己的读后感，并非索绪尔的观点。

当然，《教程》中也提及绝对的不变性是不存在的。

事实上，绝对的不变性是不存在的；语言的任何部分都会发生变化。每个时期都相应地有或大或小的演化。尽管这种演化在速度上和强度上可能有所不同，但是无损于演化原则本身。（高译本1980：194）

这只能说明，索绪尔构设的静态语言学排斥语言的动态变化，以至于将共时和历时割裂。

实际上，在语言的所谓共时状态中，既包含历史上变化的孑遗，也正在经历各种强弱不等的变化，或显示即将发生重大变化的先兆。《教程》所强调的"语言学家要了解这种状态，必须把产生这种状态的一切都置之度外，而不管历时态"，显得过于偏执。

在博杜恩看来，语言中没有静止的东西，静态与动态并不截然分开，静态不过是其运动的特定情况。而这一观点，正是《布拉格论纲》（1929）中的"我们不能像日内瓦学派那样，在共时和历时之间划上一条不可逾越的鸿沟"的理论基础。

七、关于语音理论的比对

（一）音素与音位

毋庸置疑，喀山学派最早提出现代意义上的"音位"概念，并对语音学和音系学的区别做了初步探讨。（赵忠德，马秋武 2011）在博杜恩的著作中出现过两种不同的音位理论：形态—词源音位理论和心理学音位理论。前一种音位理论在1881年已明确表达，后一种音位理论在1888年提出。音位的形态设想（音位是词素中的可变成分）成莫斯科音位学派的理论基础，而音位的心理解释（音位是语音的心理等价物）则由彼得堡学派和布拉格学派所接受。（陈重业1981）与之相比，索绪尔《教程》中的"音位"相当于"音素"。与现代意义上所说的"音位"概念似乎相当的，也许是《教程》中的"音种"（或音类）。实际上，《教程》中的所谓"音位学"就是当时的一些语音常识（音素的发音和组合）。

博杜恩在《斯拉夫语言比较语法中的若干章节》（1881）中提道：

> 他（克鲁舍夫斯基）产生了更加准确表达这个思想和确定特别的术语，用来表达不同类型语音交替的概念。他建议使用术语"相关关系""对应关系"（代替我以前使用的"反射"）和借用索绪尔的"音位"术语，但是索绪尔表达的是其他含义。（杨译本 2012：80）

在进行深入研究之后，博杜恩觉察到"音素"已无法满足需求。如果在交替过渡时期，存在同一语音单位的不同变体，也就需要一个这些不同变体的表示法，博杜恩由此提出了"反射"这个术语。从1881年的《斯拉夫语言比较语法中的若干章节》起，博杜恩采纳克鲁舍夫斯基的建议，开始使用"音位"这一术语，明确区别"音素"（звук或авук）和"音位"（фонема）两个概念。索绪尔（1878）使用过的"音位"（phonème）这个词，但博杜恩从心理等价物角度赋予了新义。[①]

博杜恩在《音位》（1899）中说：

> 但是，如果我们以在心理上不断存在的作为表象世界的实际语言为基础，那么对于我们而言，**音素**的概念就不够用了。我们将寻找另一个能够**表示音素的心理等价物**的术语，

[①] 信德麟（1990：6注①）：这个术语（phonème）始见于法国语言学文献。曾有人认为是1877年路易·阿维（L. Havet）最先使用的。但有人指出，首创此词的是迪弗里什—德斯热内特（A. Dufriche-Desgenettes），说他在1873年建议用这个简洁的术语来译德语的Sprachlaut"语音"，以代替法语的son de langage"语音"。1879年，索绪尔在《论印欧语元音的原始系统》中也使用了"音位"一词。此后，克鲁舍夫斯基首先从索绪尔那里借用此术语并赋予它以新的概念。

而这个术语就是**音位**。（杨译本2012：259）

索绪尔在音段分析时提出的"音种"，是从抽象角度考虑的一个不能再缩减的语音片段。

相反，一个不能再缩减的片段t，却可以在时间以外抽象地加以考虑。如果只注重表示区别特征，而不顾依存于时间上相连续的一切，那么我们可以说有一个一般的t，即T音种（我们用大写表示音种）。（高译本1980：69—70）

所谓"音种"，即"音位的不同种类"（高译本1980：74）。高译本的"索引"没有收录这个术语；岑麒祥、叶蜚声的校注也未涉及。裴译本翻译为"音类"[①]，如："人们就可以说一般的t，就像T音类（我们用大写字母来表示音的种类）。"（裴译本2001：44）其索引中同样没有收录这个术语。

尽管博杜恩和索绪尔在提出"音位"概念方面情况各异，前者源于语音交替过渡时期的需要，后者主要是从音段分析中产生，但是在概念和界定上却具有某种趋同性。

首先，音位具有概括性。索绪尔的"音种"是抽象的，与博杜恩所说的"概括"是一致的。音位与音素相比，只是剔除了音素的部分特征，而所谓的概括性则建立在剩下的区别特征基础上。博杜恩在《斯拉夫语言比较语法中的若干章节》（1881）说：

在表示音素时，我们尽可能准确和完整地表达它们所有的生理语音学特征；音位符号是语音类型的特征、**抽象的特征**，是剔除了现实存在且名副其实的诸特征**概括结果**的符号。……在音位中追求生理语音学的准确性，则是方法上的失误……（杨译本2012：78）

其次，音位具有区别性。音位的辨别依赖于区别性特征。博杜恩将音位分为可比音位和不可比音位，说明音位区别特征的重要性。

可比性音位指一个音素或若干音素特征的总和。这些特征总体上不仅可以与该语言中的其他音位（相关关系）进行对比，还可以与其他语言中的音位（对应关系或反射）进行对比。

不可比性音位不可能用同样的方式比较或对比，只能与0音位进行比较。……可以说，不可比性音位是一种沉淀物，是分离出所有可比性音位之后的残留。（同上：78—79）

---

① 据信德麟（1990）所言，博杜恩解释，术语"音素"旨在说明生理发音特征，而"音位"则是抽象的东西，它表示抛开具体特征而进行概括的结果，代表的是语音类型（фонетический тип）（1，122）。《教程》中的"音种/音类"即相当于"语音类型/语音种类"（phonetic type）。

按照博杜恩的描述，可比性音位可以凭借相同的语音特征聚合到一起，又依赖于区别性特征相互对立。根据索绪尔《教程》中的表述，与音素相比，"音种"只注重区别性特征。

再次，音位具有不可分离性。索绪尔的"音种"建立在"不能再缩减的片段"上。博杜恩同样强调音位的这一特征，但更多是从心理角度加以阐释。博杜恩在《拉丁语语音学讲义》（1890）中说：

> 无论是拉丁语的音位，还是原始雅利安语的音位，在心理上，即按照产生的印象和所保留的表象或心理画面都是不可分的。从心理角度而言，它们是最简单的、不可分的语音单位，或语言单位。（杨译本2012：185）

除此之外，博杜恩在《斯拉夫语言比较语法中的若干章节》（1881）中，举例说明了音位与音素关系的四种情况。

> 从生理语音学角度来看，音位等同于：（1）完整的、不可分的词素（最常见的情况），并且是抽象特征的总和。……（2）不完整的音素。……（3）完整的音素+另一个音素的特征。……（4）两个或多个音素。……（杨译本2012：77）

从心理学的角度来看，博杜恩认为，"音位"是音素的心理等价物。从《语言学概论》（1917）的论述中，也可以看到音位是音素的心理表象的论述。

> 这些语音单位在执行时被称为音素。而从在个人心理中持续存在的角度，它们被称为音位。（杨译本2012：484）

换而言之，语音单位具有生理语音上的（音素）和心理上的（音位）两方面的含义。

此外，索绪尔用术语"音位学"（phonologie）来取代当时的通行术语"语音学"（phonétique，phonetics），其理由是后者起初指语音演变研究（历史语音学的术语），现在要研究的是普通语言学的语音现象。现代意义上的音位，总是存在于特定语言的音位系统之中。由此，索绪尔的所谓普通"音位学"实际上也就是"语音生理学"，即现在的语音学。他只是将其所谓"音位学"分为**音种音位学**[①]和组合音位学。

> 除了**音种音位学**以外，应该有一门以音位的二元组合或连接为出发点的科学。……研究孤立的音，注意到发音器官的位置就够了……连接音种的自由，要受连接发音动作的可能性的限制。要了解组合中发生的情况，就要建立一门把这些组合看作代数方程式的音位

[①] 裴文译为"特殊音位学"（裴译本2001：56）。

学……由此可见，**组合音位学**对于普通语言学所应有的重要性。（高译本1980：82—83）

音素在语音链中，必然受到前后音素的影响而语音特征有所变化。在克鲁舍夫斯基的论文中将这一现象称为"同化"，包括"顺同化"和"逆同化"。根据博杜恩《语言学概论》（1917）的表述，一个音位在实现的过程中，在影响相邻音位的同时又受相邻音位的影响，这种相互依存的关系，也就是索绪尔所说的在语音研究中至关重要的组合音位学。

总之，博杜恩在《斯拉夫语言比较语法中的若干章节》（1881）中，区分了音素（звук）和音位（фонема）（杨译本2012：76）。与音素和音位的区别相应，在《语音交替理论初探》（1895）中划分了生理语音学（антрпофоника）和心理语音学（психофонетика）（杨译本2012：242—245）。前者从生理—声学观点研究音素；后者用心理学方法研究同意义相连的音位。到20世纪初，博杜恩在《语音规律》（1910）中把历史语音研究划分为人类语音学和词源语音学。前者是研究严格的发音和听觉（民族特点）的语音学，后者是与形态、语义表象发生联想的（在历史和民族学中运用的）语音学。（杨译本2012：433）。并且，博杜恩倾向于把音位分解为更小的单位。

音响特征的形成则是由发音行为表象一致化所致。我将这些发音行为表象称之为动素（кинема）；而从心理角度不可分的音响特征表象，称之为声素（акусма）。由动素与声素结合而成的整体便构成音位。音位不是个别分离的乐音，而是由各个元素合成的和声。（杨译本2012：441）

与博杜恩对现代音位学理论的不断探索相比，索绪尔《教程》对此一直含混不清。

（二）语音变化的原因

至于是什么原因导致了语音变化，博杜恩和索绪尔都有提及。但是索绪尔对一些普遍认同的原因基本上持否定态度。

（1）追求简洁或省力

博杜恩在《适用于一般雅利安语，尤其是斯拉夫语的普通语言学教学大纲》（1876）中将追求简洁（或省力）列为语音变化的首要原因，并且在论文中多次探讨。[①]

[①] 关于语言的"省力/经济原则"的提出者，以往的说法有：（1）省力观最早可能发端于法国，帕西（P. Passy）在1890年提出语音演变的经济原则；（2）丹麦叶斯柏森（Otto Jespersen）提出省力说，见于《语言的性质、发展和起源》（1922）；（3）第一个明确提出省力原则的是美国齐夫（G. K. Zipf），著有《人类行为和省力原则》（1949）；（4）语言经济原则最早是法国马尔丁内（A. Martinet）提出的，著有《语音演变的经济原则》（1955）。此处见到的更早提出者是博杜恩（1876）。

所有纯粹语音变化的主要取向，都是通过追求简洁、相互融合，以及用较简单音素替换较难音素而体现出来的。（杨译本2012：41）

博杜恩（《关于语言变化的一般原因》1890）还将由追求简洁而实现的语音变化划分为三个维度，即向心的、中心的和离心的，分别对应三个阶段（接收、神经中枢、发音）的语言行为。在语音接收阶段即向心维度上，简化的是听力行为。中心维度上追求的是节省记忆，离心维度上追求的是肌动省力。这三个维度上的节省行为常常相互交叉。

事实上，我所确定的语言行为和语言变化的三个维度经常是相互交叉、相互干扰的，或者说一起追求的是同一效果。这很自然，音位听者和说者（不是聋哑人）在三个维度上的行为一刻也未停止，在每一个言语行为中，所有三类语言行为都会出现。所以，一个维度上的追求可能会被另一维度上的追求所麻痹，这也没有什么值得惊奇。（杨译本2012：164）

索绪尔也谈到"语音的变化原因还被归咎于省力原则"。

无论如何，这一观念很值得考虑。它在某种程度上可以说明现象的原因，或者至少指出应该往哪个维度去探讨这种原因。（高译本1980：207）

但是，索绪尔随后便指出了省力律的局限，并列举语音变化的反例。

不过，我们也可以举出一样多的恰恰相反的情况。例如，与单元音化相对，我们可以举出德语的ī、ū、ü变成了ei、au、eu。如果说斯拉夫语的ā、ē，变成短音ă、ĕ是省力的结果，那么德语的相反现象就应该认为是费力的结果了。（高译本1980：207）

索绪尔认为，之所以省力律存在局限，是因为我们无法准确判定发音的难易度，不能只是从音长上，主观定义什么音易发，什么音难发。

博杜恩探讨的追求节省的语音变化是在某一特定语言范围内，而索绪尔考虑到跨语言中的语音变化对比，由此认为关于省力律还欠缺研究。

省力原则需要进行广泛的研究，要做得完备，有必要既考虑生理观点（发音的问题），又考虑心理观点（注意力的问题）。（高译本1980：208）

也就是，要想完备地探索省力规律，必须把生理和心理两方面结合起来。

（2）生态环境和民族机体结构

博杜恩在《适用于一般雅利安语，尤其是斯拉夫语的普通语言学教学大纲》（1876）

中，肯定了自然地理环境对民族机体结构具有影响力，而民族机体结构决定语言的性质。

一个国家的**自然和地理条件**，对决定语言性质的民族机体结构产生影响。相反，一种语言也会影响到言语器官结构，以及个别人甚至整个民族的面貌。由于语言自身的自然条件和个性化发展，在一些语言中追求的是首先使用言语的前部器官，在另外一些语言追求的是优先使用后部器官。这正是印欧语言中的亚洲语域与欧洲语域的区别所在。（杨译本2012：44）

博杜恩在这里主要想说明的是使用者的言语器官和语言之间的相互作用，所举印欧语的亚洲语域与欧洲语域的区别，只是地理分布的表象，并未揭示形成这些表象的原因。

索绪尔《教程》认为这一问题很复杂：

气候和人们的生活条件可能对语言有影响，但是仔细研究起来，问题却很复杂：例如斯堪的纳维亚的语言充满辅音，而毗邻的拉普人和芬兰人的语言，元音却比意大利语还要多。（高译本1980：207）

索绪尔对此说法心存疑惑，但是所举的例子存在问题：斯堪的纳维亚语言与拉普人、芬兰人的语言，虽然现在处于毗邻地域，但是却属于不同的语系，具有不同的来源，换而言之，双方的差异在迁徙到这一地区之前已经存在。

（3）外来词语的影响

博杜恩在《适用于一般雅利安语，尤其是斯拉夫语的普通语言学教学大纲》（1876）中列出了相关的内容。

对语音学的补充：

1. 外来语对一种语言的语音性质的影响。（杨译本2012：44）

除此之外，博杜恩在讲述形态学涉及外来词时，将纯语音的借用列为外来词借用的方法之一。

索绪尔《教程》讨论了外来语的影响，还援引了"先居民族语言底层"假设。

也有人援用"先居民族语言底层"假设，认为有些变化是由于新来民族并吞当地居民所产生的结果。……但是这一现象首先以很少见的情况为依据。其次还要明确：那是不是说，以前的居民在采用新语言时，曾引进了某些自己的语音习惯呢？这是可以接受的，而且是相当自然的。（高译本1980：210—211）

此外，索绪尔谈论到的语音变化原因，还有人种、语音教育、时代政治以及风尚方面的原因，但他认为解决不了问题。至于风尚指什么，没有人解释过，但索绪尔表示，它把语音变化的问题带入了心理领域。

（三）语音变化的分类

在谈到语言变化的分类时，索绪尔和博杜恩采用了系统的方法，而且术语一样。博杜恩（《音位学》1899）将语音变化分为"自发的"和"组合的"。

音位的历史变化有两类：一类是音位结构中所具有的、促进其向某一方向变化的原始因素，一类是该音位在发展初期已经受到相邻音位的影响，这一影响与该词语甚至句子的其他音位有关。我们将第一类变化看作**自发的**，而将第二类变化看作**组合的**。（杨译本2012：267）

索绪尔《教程》中同样是"自发的"和"结合的"。

此外，把变化分为绝对变化和条件变化，那是以对事物的肤浅看法为基础。比较合理的是像越来越多的人那样，称为**自发**的语音现象和**结合**的语音现象。由内在原因产生的是自发变化，由一个或几个别的音位引起的是结合变化。（高译本1980：201）

自发的变化来自内在原因，组合的变化则是由相邻音素引起的。

博杜恩还阐述了两类语音变化之间的关系。

第一类和第二类变化之间，有时很难分清界限。除此之外，只能在发生依存关系的第一时刻，谈论相邻音位和周围音位对该音位变化的影响。只要该音位由于外部影响改变了其特征，它就会成为另一音位，紧接着，作为已经变化和由于结构中存在的新成分而变得复杂的音位，开始在一定维度上实现自发的变化，而完全不顾及相邻音位或周围音位的任何影响。（杨译本2012：267）

自发的变化与组合的变化之间没有绝对界限，相邻音位的影响只发生在受影响的第一时刻，紧接着自发的变化就会占据主导地位。

（四）语音交替

"语音交替"的概念早在古印度语法学中已经出现，并被很多语言学家沿用，但是，博杜恩第一个从普通语言学角度对交替现象进行了理论探讨。关于语音交替（альтернация）

的概念，可以追溯到1868年博杜恩研究辅音（词尾）交替的《波兰语中的s//ch的变化》（*Wechsel des s mit ch in der polisehen Sprache*）。后来，在《1876—1877学年度详细教学大纲》《1877—1878学年度课程详细大纲》和其他论著中继续发挥这一观点，并把术语改为чередование（语音替换）。在《语音交替理论初探》（1894年波兰文版，1895年德文修订版）中，又把术语改为Alternation=альтернация。（信德麟1990）

博杜恩在《语音交替理论初探》（1895）中写道：

况且，我所指意义上的"语音交替"用语，有时出现在当代的语言学著作中。比如，索绪尔在《论印欧语元音的原始系统》（Leipsick，1879：12）中说道："把意大利诸语的使动词的词尾都变得一样，其目的在于从这些语言中发现弱形式和强形式的语音交替。"（杨译本2012：193）

博杜恩提及索绪尔的论著（1879），其意图在于，强调自己在索绪尔之前，即1877年，就已经阐明了"语音交替"这一概念。

在本文中常见的概念"语音交替"，是我在18年前提出的。也就是在那时，我开始在喀山大学和当地神学院讲授比较语法的若干内容和普通语言学课程。（杨译本2012：193）

并且，博杜恩在对克鲁舍夫斯基这方面的贡献加以肯定之时，也同样说明自己的先见之明。

1. 语音交替的界定

索绪尔对语音交替的定义比较简洁：

在两个系列共存的形式之间，有规则地互换的两个音素或音组的对应。（高译本1980：221）

很明显，索绪尔所讲的语音交替是属于共时态的因素或音组中的对应现象。

同样，博杜恩在《语言学概论》（1917）中所说的语音交替也属于共时现象。

对于那些毫无批评力的人，所理解的"过渡"或"变化"，都属于同一种语言思维中共同存在的现象。我们将这些共存现象称为语音交替。（杨译本2012：502）

但是，在对语音交替进行界定时，博杜恩则要复杂些，他主要从词源学和语音学两方面进行界定。首先，博杜恩（《语音交替理论初探》1895）认为，具有语音交替关系的交替项（альтернанты）之间必须在词源上具有亲属关系。

这些语音上不同的音位，在词源上具有亲属关系，即在起源上是一致的，它们在这些词素的语音结构中处于同一位置。我们称这样的音位为语音交替项，它们的相互关系为语音交替。（杨译本2012：198）

语音交替以词源上的亲属关系为前提。博杜恩认为，首先要判断的应是亲属关系，并将其称为音位的"相对同源性"。因为孤立的音位，只具有声学上的区别作用，只有在语音结构中，在词素的同源关系上意义相似，或语音相似，才能看出音位之间具有这种对应关系。

在不同语言中，词源上具有亲属关系的并都不是独立于词素的音位，而只是作为词语中最简单的、不能继续分解，且拥有独立心理活动的语义部分。……我们不是思考这些完全独立于词素的音位绝对同源性，而是考虑这些音位在固定的一组词素中的相对同源性。（杨译本2012：199）

两个音位之间并不是无条件地存在交替现象，语音交替需要组合条件。索绪尔在探讨交替规律时认为，交替通常只是有规则地分布于几项要素之间，无法确定一般原则。

我们可以谈到交替的语法规律，但这些规律只是它们所由产生的语音事实的偶然结果。（高译本1980：222—223）

从语音学方面看，语音交替产生于语音意图和实现之间的不对应。虽然这种替换有两类，一类来自具有语音亲属关系的音位替换，另一类来自模仿他人发音的音位替换，但在研究语音交替和交替项时，博杜恩认为只需要前一类。

或者以同源词语和形式为基础的意图不可能实现，那么这时就会发生可能的音位替换。从语音的亲属角度看，这个音位比较接近预测的音位。（杨译本2012：202）

以上博杜恩所说的语音交替都是属于同一语言内部的，但他还考虑到不同语言之间也存在这样的关系，为加以区别，将其命名为"对应关系"。

2. 语音交替的原因

关于语音交替的原因，博杜恩在《语音交替理论初探》（1895）中将其直接归因于生理语音学，语音在生理语音学上的性质是语音交替的原始原因。

第一动机或许永远是生理语音学的，但是这一动机经常出现在该语言的社团中，或者很少出现在同源的语言社团内部。这一语言社团借用了同源语言社团所有的语音交替，或者只是借用了语音交替的个别成分。（杨译本2012：203）

在考虑语音交替的原因时，博杜恩还谈到了发音意图和执行的不吻合，认为这是语音交替的源泉。其次，在语言传递过程中，一些统一的现象也可能会分化。

在索绪尔看来，语音方面也许可以解释部分语音交替现象，但它既不是唯一的原因，也不是主要的原因，语音交替更多地应当归因于语法，并且是共时态的。

仅仅因为声音构成交替的材料，以及声音更迭在产生交替中起作用，就认为交替属于语音方面是不对的。不少语言学家持有这一错误的看法。实际上，无论从其起点或终点来看，交替总是属于语法的和共时态的。（高译本1980：221）

毫无疑问，博杜恩对语音交替的原因论述得更详细。在论文《语音交替理论初探》中，他从因果关系角度将语音交替划分为六类，从不同意图之间的冲突角度划分了两类，还从形成过程，距离源头的远近角度、词源亲属关系角度、对比的简单和复杂角度，以及生理语音学角度等分别加以分类。并且，对其中一些类别专门加以讨论，如传统语音交替、转借语音交替、萌芽语音交替等。

与之相比，索绪尔没有这方面的专著，也就是在课堂讲授中有所涉及。在此，我们要提醒的是，专著的讨论与课堂讲义的涉及，不可等而视之。

博杜恩的语音交替理论是超越时代的。梅耶（1930）在悼念博杜恩的文章中慨叹，《语音交替理论初探》出版得太早了（1894、1895），当时的语言学界还都埋头于历史比较，对普通语言学几无兴趣，但书中的立论精当，所分析现象可见于各种语言，因此具有普遍价值。（信德麟1990）

（五）类推机制

关于语言中的类推现象，早在古希腊时期就已有阐述，但学界普遍认为，直到19世纪70年代青年语法学派崛起这一语言现象才受到真正重视。因此，有学者认为，"现代语言学的奠基人"索绪尔接受了青年语法学派的观点——"音变和类推"是促使语言变化的两大因素。（江青松 2003）更有甚者，"对类比的分析和解释最为精彩的当属索绪尔。他的论述缜密、睿智，充满辩证的哲学思考，且富有新意，是其他历史比较语言学家难以企及的。"（马壮寰 2006）

然而，这些学者全然不知，在青年语法学派形成之前，1868年，在施莱歇尔的指导下，博杜恩完成了论文《波兰语变格中类推行为的若干现象》（*Некоторые случаи действий аналогии в польском склонении*, 1868），并与后来组成青年语法学派的莱斯金、布鲁格曼等结识。1870年，博杜恩以该论文获莱比锡大学博士学位。在这篇论文中，博杜恩第一次明确强调了心理类推机制对语言变化的影响，而语音变化中的类推作用正是青年语法学派的两大原则之一（另一原则是语音定律无例外）。所以当时有人，把博杜恩称为青年语法学派的创始人之一。而博杜恩本人却这样认为：

如果在一系列问题上**他的观点**与青年语法学派观点吻合，那么这只能归功于他们语言观形成的共同基础，即斯坦达尔著作的影响。（杨衍春2010：98）

这里的"他"是博杜恩根据他人的口吻，指的自己。博杜恩明确指出，是斯坦达尔的语言心理学著作影响了19世纪下半叶的一代学人。

不过，我们现在打开《普通语言学论文选集》，第一篇论文《波兰语变格中类推行为的若干现象》（1868）只有一页纸的片段，已经无法看到博杜恩的精彩论述。

索绪尔《教程》在音素和音位的这一节，谈到音素的具体性时，曾涉及语音的同化现象。在博杜恩看来，类推也是一种同化，只不过是形态上的同化，民俗词源则属于语义上的同化，而克鲁舍夫斯基忽略了类推和民俗词源之间的这种区别。

索绪尔在《教程》将"类比"（即"类推"）定义如下：

类比形式就是以一个或几个其他形式为模型，按照一定规则构成的形式。（高译本1980：226）

从上述定义来看，主要包括两个要素，一是模型，即类推需要以特定范本，也就是所谓的一定规则；二是模仿，即按照规则才能推衍新的形式。从博杜恩所举的例子以及类推表达式来看，同样也是这两个要素，或者说要经过这两个步骤。

博杜恩和索绪尔都强调语言类推属于心理方面。索绪尔强调类推不仅属于心理方面，而且属于语法方面，类比必须有观念参与其事。

类比是属于心理方面的，但是这不足以把它跟语音现象区别开来，因为语音现象也可以看作属于心理方面的。我们还要进一步说，类比是语法方面的：需要我们意识和理解到各形式间的关系。观念在语音现象里没有什么作用，但是类比却必须有观念参与其事。（高译本1980：232）

博杜恩（《语言学概论》1917）也有类似的表述，认为类推现象和个人心理有密切关系，这是语音类推和语音交替的重要区别。

所有类比的替换，当然只有它们在个人心理中实现时，才归属于"类推"或者形态同化的概念。（杨译本2012：511）

索绪尔在《教程》中强调，类推现象不是变化，而是一种创造，原因在于通过类推产生的新形式可以和旧形式并存，它既不会立即取代原有形式，也不是以取代原有形式为直接目的。

语音变化引入新的形式，必须把旧的形式取消，而类比形式却不一定非使它的双重形式消失不可。（高译本1980：230）

博杜恩说的创造，则突出的是基于类比形成新的形式。

但与此同时，被称为"形态同化"的经常性语言创作，不是去复制已经习惯的形态整体，而是根据其他更加强势的和占有领先地位的形态类型创造了新的东西。（杨译本2012：509）

在探讨语言变化的过程中，博杜恩和索绪尔都谈及民俗词源。

首先，从概念来看，博杜恩认为民俗词源属于语义上的同化，它的外部形式不会改变，只在词语的理解方面产生新的变化。索绪尔的民俗词源比博杜恩的宽泛一些，除了获得新的解释，但形式不变之外，还包括一些形式上的变化和停留在半途的民俗词源。

其次，在民俗词源的作用范围上，博杜恩和索绪尔都认为具有局限性，只适用于语言中的少数词语。按照索绪尔的说法，一类是外来词，另一类是掌握得不完善的词。这也是博杜恩提到的民俗词源的适用范围。

因此，语义同化或同化现象，首先触及借用的、外来的，进入了该语言思维的词语。但是这个同化过程，并不仅仅局限于外来词语。而是无一例外地涉及所有含混不清，或不太明确的词语……（杨译本2012：512）

第三，从对民俗词源所持态度上看，可以明显发现博杜恩是积极的，并将其列为语言变化的情况之一。博杜恩在《关于语言变化的一般原因》（1890）写道：

当词语的外部不改变，还有第三类"民俗词源"的情况存在。尽管如此，这个词语首先被认为与其他词语不是同源的，这样一来，人们开始从新的角度，按以前未知的形式来理解该词语。（杨译本2012：175）

而从索绪尔的言辞中，可以感到他对民俗词源持排除态度。

乍一看来，它跟类比好像没有多大区别。……唯一的差别在于类比的构成是合理的，而民俗词源却多少有点近于乱弹琴，结果弄得牛头不对马嘴。（高译本1980：244）

与类推相比，索绪尔认为民俗词源的构成是不合理的，也就是"乱弹琴"。其原因在于，类推是规则的；而民俗词源是随机的。语言的系统性，在此撕开一道裂口。也就是说，索绪尔的二重性中，要增加"系统性—耗散性"。而这样一来，也就动摇了索绪尔静态语言学的根底。

八、索绪尔和博杜恩的切实定位

（一）索绪尔的语言学影响及定位

尽管《教程》的出版被喻为"语言学界的哥白尼革命"，索绪尔的名字成为现代语言学的标志，但是将索绪尔《教程》和博杜恩理论比对以后，就会发现"《教程》索绪尔"在理论上并无多少创新之处。纵观学界对索绪尔的过高评价，主要原因有：第一，**罗宾斯们并没有做过现代语言学理论形成过程的专题研究，甚至根本不知道世界上还有博杜恩**。第二，博杜恩的语言学论著多以多种语言发表，对于英语世界的学者来说，在传播和理解上可能存在阻滞。

一些英美语言学家，不喜欢或很少乐意做某一专题的学术史研究，未免井底之蛙。比如应用语言学理论，也是博杜恩（1871［1870］）首创，常见介绍仅仅一句话"19世纪末，博杜恩提出了应用语言学这个概念，但没有得到广泛的注意"。[①]而美国人经常炫耀的是，1946年密歇根大学建立英语学院，出版《语言学习》（*Language Learning*），副标题是"应用语言学杂志"（*Journal of Applied Linguistics*），主要研究的是语言教学问题；英国人经常提到的是，1958年爱丁堡大学研究生部设置应用语言学专业，开始成批培养应用语言学人才。遗憾的是，在语言学史知识上，中国学界往往盲从英美语言学家。

从两者的全面比对来看，博杜恩的理论基本上都远远出现（最远的早于30年）在索绪尔之前。在博杜恩那里，我们几乎可以找到索绪尔《教程》涉及的所有内容。如果认识到"《教程》索绪尔"的一系列核心概念并非其首创，那么他在语言学史上的地位应该重新斟酌，而不是将错就错、以讹传讹。

对于索绪尔的学术定位，李葆嘉（2008：236）曾经提出：

索绪尔（1909）曾对他的学生说："语言是一个严密的系统，而语言理论也应是一个

---

① 1870年12月17—29日，在俄罗斯圣彼得堡大学印欧语比较语法教研室的导论课上，博杜恩全面阐述了应用语言学的定义和任务，已经具体到我们今天所说的"语言技术"。详见邱雪玫、李葆嘉《博杜恩·德·库尔特内（1870）创建应用语言学考论》，《南京师范大学文学院学报》2019年第2期，138—146页。

与语言一样严密的系统。难就难在这里,因为对语言提出这样或那样的见解并不稀奇,关键在于把各种观点整合成一个系统。"(Godel,1957:29—30;转引自胡明扬1999:79)正是在德克海姆的社会学理论、博杜恩的语言学理论和辉特尼的语言符号学说的基础之上,索绪尔基于各种观点的整合而建构了静态语言学。

一方面,"汲取+派定+排除"式的"整合"是索绪尔建构静态语言学的脚手架。具体而言,汲取德克海姆的社会学理论,汲取博杜恩心理—社会语言学的核心概念,把辉特尼的语言符号任意性"派定"为语言符号的唯一原则,进一步"排除"语言的外部的、动态的研究,把内部的、静态的研究切割出来,这就"整合"成了《教程》索绪尔"中的"静态语言学"体系。(李葆嘉、邱雪玫2013)

另一方面,也正因为有索绪尔要开讲"普通语言学"课程的系统整理和介绍,使得我们能够接触到19世纪70年代博杜恩创立的普通语言学理论。所以,索绪尔的成就应该定位在对普通语言学思想的整合和传播上。尽管如此,"《教程》索绪尔"的偏执(排斥言语,排斥外部,排斥动态,排斥实体)应当引起人们的警惕,实际上,在20世纪上半叶对语言学的发展造成了一定的负面影响。

(二)博杜恩的语言学影响及定位

博杜恩学术研究的明显影响,主要体现在他先后创立了三个语言学派,并且其理论成为布拉格学派、莫斯科音位学派的主要理论来源。

1. 喀山语言学派 1874—1883年,博杜恩来到喀山大学历史语文系任教,在此期间经常邀集一批青年教师和学生在其寓所聚会,交流研究成果,由此形成一个语言学团体。主要成员包括克鲁舍夫斯基、博戈罗季茨基(В. А. Богородицкий,1857—1941),还有С. К. 布利奇、А. И. 亚历山德罗夫、В. В. 拉德洛夫、К. Ю. 阿佩里、П. В. 弗拉基米罗夫、А. И. 阿纳斯塔西耶夫和Н. С. 库拉诺夫等。也就是在这一期间,博杜恩进一步阐述了现代语言学的主要原则,关注活语言研究,主张从理论上思考语言现象和语言事实,区分语音要素和心理要素等。克鲁舍夫斯基传承和发展了博杜恩的理论,并提出了语言符号系统的联想理论。

2. 彼得堡语言学派 1900—1918年,博杜恩在担任彼得堡大学比较语言学教授期间,培养了一批在学术上有造诣的学者。主要有谢尔巴(Л. В. Щерба,1903年毕业于彼得堡大学,音系学的奠基人之一)、波利瓦诺夫(Е. Д. Поливанов,1912年毕业于彼得堡大学),以及谢尔巴的学生和继承者马图谢维奇(М. И. Матусевич,1895—1979)、津德尔(Л. Р. Зиндер,1904—1995)等。他们继承和发展了喀山学派的精神,把语言行为看作社会心理活动，承认语言的动态变化和语言现象的年代层次。

3. 波兰语言学派 1918—1929年，博杜恩回到独立的波兰任华沙大学教授，直至去世。先后培养了多罗舍夫斯基（Witold Jan Doroszewski，1899—1976）、乌拉申（H.Ułaszyn）、绍比尔（Saurbier）等一批语言学家。

4. 对布拉格学派的影响 1922到1923年，博杜恩先后应邀到布拉格大学和哥本哈根大学讲学。其语言学理论对布拉格学派产生了重要作用。布拉格学派的创始人马泰修斯（Vilém Mathesius，1882—1945）承认，他们的学术观点和博杜恩有着密切联系。马泰休斯在《我们的语言学走向何方》（Kam jsme dospěli v jazykozpytu，《Čeština a obecný jazykozpyt》，Preha，1947）中认为：

索绪尔的两个主要思想——要求对语言进行共时分析和关于语言系统、语言结构的思想，以及博杜恩在索绪尔之前就已经提出的关于语言功能的思想，毫无疑问，这些都是建立新语言学的基本支柱。（戚雨村1997：70）

其实，所谓"索绪尔的两个主要思想"：共时分析和系统结构思想，博杜恩在索绪尔之前早已提出。换而言之，共时分析、系统结构、语言功能，都是博杜恩首先提出来的。

布拉格学派的中坚人物，来自俄罗斯的特鲁别茨柯依（Н. С. Трубецкой，1890—1938）和雅可布逊（Р. О. Якобсон，1896—1982），尤其受到博杜恩的影响。特鲁别茨柯依认为博杜恩是现代音位学的先驱，雅可布逊则把博杜恩的音位学说看作欧洲语言学的重要组成部分。特鲁别茨柯依在《音位学原理》（1938/1939）中区分了语音学和音位学。有人认为"这固然是索绪尔学说的反映，也不排除博杜恩的影响"（见信德麟1990），其实，主要看看特鲁别茨柯依翻阅《普通语言学教程》的感受——"大多是旧垃圾"（屠友祥2011：1），就可知所谓"索绪尔学说的反映"为贴金之谈。特鲁别茨柯依的"语音学"和"音位学"，就是博杜恩的"生理语音学"和"心理语音学"的换名。此外，关于音位是一簇区别特征的做法，显然是在博杜恩理论（动素+声素）的基础上发展起来的。

在人们还热衷于语言的分化发展之时，博杜恩却注意语言的接触和混合[①]，在语言学史上第一个（1901—1904）提出语言的新分类概念——"语言联盟"（归并地理上邻近、互相影响的语言），这一理论由特鲁别茨柯依、雅可布逊等加以完善。（郭谷兮1985）

[①] 博杜恩研究过语言的谱系分类、形态分类和语言混合。博杜恩认为，语言的混合（语言之间的所有相互影响）是在一定的场合中，由于接触密切以及长期双语现象而产生的。各部落、部族、民族因为各种原因而接触，必定引起语言的混合。甚至世界上所有的语言都是由混合产生的。在语言混合中，往往是那种语法结构比较简洁的语言获胜。

5. 对莫斯科音位学派的影响　莫斯科音位学派继承了博杜恩关于音位是词素语音结构可变成分的观点。主要代表人物有阿瓦涅索夫（Р. И. Аванесов, 1902—1982）、列福尔马茨基（А. А. Реформацкий, 1900—1978）、库兹涅佐夫（П. С. Кузнецов, 1899—1968）、西多罗夫（В. Н. Сидоров, 1903—1968）、苏霍京（А. М. Сухотин, 1888—1942）等。（王福祥2013）

总而言之，博杜恩提出的现代语言学（心理—社会语言学）的一系列核心概念和理论，受到20世纪中叶兴盛的心理语言学、社会语言学、对比语言学和应用语言学的重视。显而易见，这些学科的奠基人或创始人都是博杜恩。

然而，英美语言学界对博杜恩的理论却很少有人提及。斯坦基耶维奇指出：

……这两位学者在20世纪语言学界的遭遇却截然不同。当索绪尔的著作和讲义反复编辑出版和讨论之时，博杜恩的著作几乎不为人知，甚至他的基本观点都是用非直接方法传下来，并进入语言学主流的。（Stankiewicz 1988）

所谓"博杜恩的著作几乎不为人知"，主要指20世纪英语语言学界的闭目塞听。所谓"语言学主流"，主要指20世纪30年代以来，英语语言学界（主要是美国）的自我标榜。[①]

关于博杜恩语言学思想为何遭到忽视，语言学史家克尔纳认为：

正如博杜恩的学生谢尔巴（1880—1944），在表彰其导师是国际性学者的讣告中指出的那样，当然有部分原因是因为博杜恩的论著，**不仅用俄语、波兰语、斯拉夫语、捷克语和立陶宛语，而且还用德语、法语和意大利语来写作**。限制了解博杜恩的原因还有：他的许多著作发表在俄国杂志上，其他国家的学者很难找到，正像豪斯勒（Häusler）和斯考格特（Schogt）指出的那样；一直没有出版博杜恩学说的综合性论著（汇集其学术研究成果的俄语文集，迟至1963年才编辑出版）；再加上他深邃的风格，博杜恩经常使用相当独特的术语（正像豪斯勒指出的）；并且其观点似乎经常变化。

[①] 名为"主流"，其实"随大流"，难免流于盲从。在科学史上，哥白尼、伽利略都并非当时的主流。英美语言学界不知博杜恩，就是因为他们自我标榜为"主流"。所谓西方现代语言学理论，几乎没有一项是原创——形式（布雷阿尔1866）、功能（布雷阿尔1866）、心理（斯坦塔尔1855）、社会（梅耶1893）、语境（斯马特1831，斯托特1891）、话语行为（马林洛夫斯基1920）、隐喻（莱斯格1825，布雷阿尔1897）、语法化（布雷阿尔1883、1897）、核型或语意域（斯托特1891，加德纳1932）、主观化（布雷阿尔1897）……皆尘封在往昔的语义学论著之中。乔姆斯基形式语法（1957）套用的是，德国数学家希尔伯特（D. Hilbert, 1862—1943）的"形式系统方法"（1920）和波兰裔美国数理逻辑学家波斯特（Emil Post, 1897—1954）的"波斯特生成系统"（1936）。这些既是乔姆斯基形式语法的直接灵感，也是其理论的数学基石（P. Rosenbloom, *The Elements of Mathematical Logic*. New York. 1950：152—154）。

正如我们所知，长期以来围绕他名字的一直是沉寂，正是由于这些原因：缺少能和索绪尔《教程》相匹敌的单部理论著作，他的论文散发在不知名的或无法找到的波兰语、俄语和斯拉夫语的刊物上，斯大林政权下对结构主义的压制，以及在西方对斯拉夫语言普遍不懂。（Koerner 2015）

"在西方对斯拉夫语言普遍不懂"的"西方"，仍然主要指英美。19世纪的语言学（历史比较语言学、语义学、普通语言学等）中心在德国和法国，博杜恩的许多重要论著都是用德文和法文撰写的。其时的英美语言学，总体上处于落后状态，除了专门研究英语的，非英语母语的语言学家都不可能用英语写作语言学论著。难道这些英美学者也不懂德语、法语吗？[①]

以上理由，实为两条：一条是我们（主要是英美学者）不懂俄语（也不懂德语和法语）；另一条是，我们（主要是英美学者）找不到这些论文。对于一般研究者而言，自然无可厚非。然而，作为语言学史家，这些都不称其为理由。你要写一本世界语言学简史，难道无须涉及俄罗斯或斯拉夫语言学家吗？你要为现代语言学确定起点，难道无须对此进行专题研究吗？也就是说，对于语言学史家而言，"不懂"和"找不到"都不是断言"索绪尔是现代语言学创始人"的理由。最重要的，仍然死抱住"索绪尔是现代语言学创始人"不放。

（三）《教程》处处留下博杜恩理论的印记

基于"群体考察模式"，应把一种学术思潮或理论的形成过程看作历史群体性的动态探索活动，从而揭示个人在其中的学术贡献，而不是仅就某人的论著来研究某人的学说，甚至在不了解其他人研究成果的情况下，就轻言某人为"开创人"。因而，关于博杜恩的在语言学史上的定位：

平心而论，如果要说谁是"现代语言学"（其内涵大于索绪尔的静态语言学）的"奠基者"，更为准确的说法是"枢纽人物"，那么只有博杜恩才当之无愧。（引李葆嘉、邱雪玫2013）

本专题就索绪尔《教程》与博杜恩理论的文本进行比对，由此进一步证明——早在索绪尔之前，博杜恩就已经提出了现代语言学理论中的一系列核心概念（李葆嘉1989）。《教程》索绪尔与博杜恩（及克鲁舍夫斯基）理论的相似性，可以归纳为五大方面。

[①] 1963年，苏联将博杜恩的主要著作编成《普通语言学论文选集》出版。1972年，节选的英译本《博杜恩·德·库尔特内文选》（*Selected Writings of Baudouin de Courtenay*, ed. E. Stankiewicz. Bloomington: Indiana University Press）问世。

第一，关于语言学的研究对象。1871年，博杜恩已经提到语言现象的二重性，并阐述了语言现象是发音动作—音响形象、生理—心理、个人—社会，以及静态—动态（1876）的二元结合体。提出了语言学的任务：概括语言现象；寻找在语言中起作用的力量，以及语言发展和活动的规律。为了界定语言研究的确切对象，区分为"外部"和"内部"。博杜恩还强调了语言学与语文学、社会学、心理学、生理学的区别和联系，提出语言学属于心理社会科学。索绪尔在《教程》中也论述了这些方面。

第二，关于语言和言语的划分。1871年，博杜恩提出人类语言、具体语言和个体语言的"三分法"。1889年，博杜恩采取"二分法"，强调个体语言与民族语言之间的区别。索绪尔《第三次教程》（1910—1911）提出的"框架"，完全照搬博杜恩早期的三分论。博杜恩还讨论了语言的同质性、社会性和概括性，以及语言和言语的相互依存等。索绪尔在《教程》中也论述了这些方面。

第三，关于语言是符号系统。1870年，博杜恩就开始逐步形成语言是其组成部分和范畴构成综合体（集合体、整体）的观点，1877年提出语音系统的制约。1883年，克鲁舍夫斯基发展了博杜恩的语言系统学说。不但阐述了"词是事物的符号""语言是一种符号系统"的观点，而且主张这个系统既可以"在同时共存中"分析，又可以"在连贯状态中"分析。同时，还提出了语言系统的"类比联想"和"邻接联想"。索绪尔在第一次讲授普通语言学课程（1907）时，才开始讨论了"联想关系"和"句段关系"。关于语言要素的语言价值，博杜恩（1876）提出"区别"和"对立"，阐述了语言要素的意义价值、系统价值、群体价值（1914，1917），而"《教程》索绪尔"则陷入形式主义，只承认语言要素的系统价值及集体价值。

第四，关于语言的静态和动态。博杜恩（1876）提出区分语言的静态和动态。在博杜恩看来，语言中没有静止不变的东西，静态与动态并不截然分开，语言的静态不过是其动态，或运动的特定情况。从具体操作上，博杜恩（1871）提出语言研究的"年代原则"，可以分别概括为"层次原则""历史原则""特定原则"。这一"特定原则"也就相当于"当时态原则"或"静态/共时态原则"。索绪尔1897年笔记中出现历时态、共时态和特殊共时态这些术语。然而，"《教程》索绪尔"将共时和历时割裂。《布拉格论纲》（1929）所主张的"我们不能像日内瓦学派那样，在共时和历时之间划上一条不可逾越的鸿沟"，正是基于博杜恩的理论。

第五，关于语音理论。提出现代意义上的音位概念要归功于喀山学派。博杜恩（1881）区分了音素和音位，与之相应，划分了生理语音学和心理语音学（1895）；此后，把历史语音研究划分为人类语音学和词源语音学；并倾向于把音位分解为更小的单位：动素和声素（1910）。与博杜恩对现代音位学理论的不断探索相比，索绪尔《教程》对此一直含混不清。此外，博杜恩对语音的变化原因和分类、语音交替、类推机制都有探讨，索绪尔《教程》的论述与其大部分内容吻合。

一言以蔽之，比对结果显示，《教程》的核心概念和主要理论处处留下了博杜恩理论的印记。

九、1870年是现代语言学的诞生年

1. 索绪尔是一位语言哲学的探索者，为讲授普通语言学课程编撰的讲义（没有保存），他本人并没有将此视为自己的著作。（李葆嘉1989，2000）

2. 是他的一些学生，误以为其中的主要观点都是索绪尔的创见，出于善意，编辑出版了这部《教程》。（李葆嘉1989）

3. 是个别英美语言学家（霍凯特1964，罗宾斯1967、莱昂斯1968），因为不了解现代语言学理论形成的过程，相继把索绪尔奉为"创始人、奠基人、哥白尼、鼻祖"。（李葆嘉1989）

4. 语言学史决不能将错就错、一错再错，应当给出公正的评价——现代语言学理论（准确地说是"心理—社会语言学"）形成的枢纽人物是博杜恩（包含其学生克鲁舍夫斯基的贡献），索绪尔绝不是现代语言学理论的创始人。

5. 索绪尔（1909）对自己的学术定位就是他曾对学生说的："语言是一个严密的系统，而语言理论也应是一个与语言一样严密的系统。难就难在这里，因为对语言提出这样或那样的见解并不稀奇，关键在于把各种观点**整合**成一个系统。"（李葆嘉2008）

6. 《普通语言学教程》在传播现代语言学理论（主要是"静态语言学"）过程中发挥了作用，同时应清醒地认识到——由于索绪尔的偏执（排斥言语，排斥外部，排斥动态，排斥实体），《教程》的"静态语言学"观点也产生了一系列的负面影响。（李葆嘉1998，2008，2013）

这些论点在以往的论文中都已一一明确，该研究只是基于文本比对进一步证实以前的推定，或者证实谢尔巴当时看到《教程》时的感觉。

作为天才的博杜恩，一生清苦，仍然坚持不懈地探索语言学，作出了划时代的贡献。1900年，博杜恩返回彼得堡大学，在那里度过18个春秋，生活相当拮据。他在给友人信中说：

我的大学同事中，没有一个人的经济状况像我这样糟糕……我连最起码的花销（饮食、子女学费等）都入不敷出。现在我得出结论——娶妻生子是我的一大罪过。（1906年9

月5日致A.A.沙赫玛托夫）

由于命运的捉弄，我这个"有知识的无产者"，为了糊口，仍不得不写些可怜的"政论文"。（1906年12月2日致谢尔巴，转引自信德麟1990a：2）

1913年，博杜恩因发表小册子《论自决权中的民族特征与地域特征》（写于1905年），被沙俄政府指控犯有"反对国家罪"，而身陷囹圄。数月后才获释，重返讲坛。

史实就是——现代语言学的大多数理论观点、分支学科或研究方法：如：理论语言学和应用语言学、语言研究的年代原则、语言的外部和内部、语言的静态和动态（1870），语言的三分法（1870）、二分法（1889），语言的系统性（1870，1877，1888），语言联盟理论（1872—1874），语言的省力原则（1876），神经语言学（1870，1885，1889，1890，1903），现代音位学（1881，1895），病理语言学和胚胎语言学（1885），语言学属于心理社会科学（1888，1889），进化语言学、生理语音学、语言的科学方法论（1901），对比语言学方法（1902），都是博杜恩首先提出来的，而主要观点多见于博杜恩的《对语言科学和语言的若干原则性看法》（*Некоторые общие замечания о языковедении и язык*）。此为1870年12月17—29日，博杜恩在俄罗斯圣彼得堡大学印欧语比较语法教研室讲授的导论课，讲稿次年刊于《国家教育部期刊》（*Журнал Министерства Народного Просвещения* 153，279—316）。可以认为，这篇论文就是"现代语言学的宣言书"。而1876—1877学年度、1877—1878学年度，博杜恩已在喀山大学讲授普通语言学课程——这比索绪尔（1907—1911讲授三度）整整早了30年。

"结构主义语义学"之谜

心智语义场理论的形成过程及其学术背景*
——揭开"结构主义语义学"的第一个谜

提要：本研究试图揭开"结构主义语义学"的第一个谜：语义场理论的形成过程及其学术背景。根据文献梳理：伊普森（1924）首次提出心智语义场理论，魏斯格贝尔（1927）进一步加以阐述，特里尔（1931）提出聚合场，波尔齐希（1934）提出组合场。马赛克模式和星状模式是心智语义场的两个典型模式。心智语义场的学术背景是新洪堡特主义、民族心理学思潮和格式塔心理场论。心智语义场理论，本质上是"新洪堡特主义语义学"，而并非"结构主义语义学"。

关键词：心智语义场；新洪堡特主义；民族心理学；格式塔场论

The Formation of Mental Semantic Field and Its Base
——A Solution to the First Maze of Structuralist Semantics

Abstract: The current study aims to solve the first maze of "structuralist semantics" that how the semantic field formed and what's the base. It is Gunther Ipsen (1924) who raised "semantic field (Bedeutungsfeld)" for the first time. Leo Weisgerber (1927) richened this notion by giving further explanations and it was completely established as a theory until the appearance of Jost Trier's paradigmatic analysis (1931) and Walter Porzig's syntagmatic analysis (1934). "Mosaic" and "star-like conception" are two typical models in the theory of semantic field. Neo-Humboldtianism, ethnopsychology and gestalt are the bases of the theory of semantic field. The nature of mental semantic field in German semantics is Neo-Humboldtian.

Key words: mental semantic field; Neo-Humboldtianism; ethnopsychology; gestalt

一、结构主义语义学之谜

语义研究导源于对意义的思考。作为欧洲语言学的原典，特拉克斯（D. Thrax, 前2—

---

* 李葆嘉、孙晓霞合作。原刊于《外语学刊》2014年第2期，35—44页。

前1世纪）的《读写技艺》（*Téchnē Grámmatiké*）包括语音韵律、词语解释、熟语讲解、词源探讨、类比规则归纳和文学作品评价六部分，其中的"词语解释、熟语讲解、词源探讨"属于语义研究。此后，瓦罗（M.T.Varro，前1世纪）在《论拉丁语》（*On the Latin Language*）中将语言研究分为词源学、形态学和句法学三部分，语义研究包含在词源学中。

在西方语义研究成为语言学的一门独立分支学科的历程中，有两个里程碑。第一个里程碑是，1825年，德国历史语文学家哈雷大学教授莱斯格（C. K. Reisig，1792—1829）在《拉丁文语言学讲稿》（*Vorlesungen über lateinische Sprachwissenschaftt*，Leipzig：Lehnhold，1839）中，首次将语言研究划分为词源学、句法学和语意学（Semasiologie）三个分支。其学生哈泽（F. G. Haase，1808—1867）继承了老师的学术思想，将莱斯格的讲稿整理出版。第二个里程碑是，1879年，法兰西大学比较语法学教授布雷阿尔（M.Bréal，1832—1915）在书信中，首次使用了Sémantique（语义学）这一词语；1883年，在《语言的心智规律：语义学简述》（*Les lois intellectuelles du langage, Fregment de sémantique*）中公开使用；1897年，出版了第一部以"语义学"命名的专著《语义学：意义的科学》（*Essai de sémantique：science des significations*）。①

1893年，美国语言学家威廉斯（E. Williams）翻译布雷阿尔的《论词源学研究的原则》（*On the Canons of Etymological Investigation*，译文刊于《美国语文学会学报》24）时，首次将Sémantique译为英文的Semantics。1894年，美国哈佛大学梵文教授兰曼（C. R. Lanman，1850—1941），在美国语文学会上宣读了《映射的意义：语义学要点》（*Reflected Meanings: A Point in Semantics*，刊于《美国语文学会学报》26），提出研究词意发展过程的学说可称之为Semantics或Semasiology。1896年，俄罗斯词汇语义学研究的先驱，莫斯科学派的巴克洛夫斯基（М. М. Покровский，1868—1942）在《关于语义学方法》（*О Методах семасиологии*）中也使用了семасиология这一术语，试图构建历史—比较语意学理论。

德国莱斯格提出的术语semasiologie，是古希腊语词根sēmasía（σημασία，意义）+词缀lógos（学说）的组合。法国布雷阿尔提出的术语sémantique，源自古希腊语sēmantikós（σημαντικ，所指）。俄国巴克洛夫斯基将德语的semasiologie译为俄语的семасиология，美国威廉斯、兰曼将法语的sémantique译为英语的semantics。由此，前者常见于德、俄学者著作中，而法、英学者则用后者。如，同为语义学专著，乌尔曼（S. Ullmann）的英文书为

---

① 为有所区别，德语的Semasiologie（1825）译为"语意学"，法语的Sémantique（1879）译为"语义学"。

The Principles of Semantics（《语义学原理》，1951）；克罗纳瑟（H.Kronasser）的德文书为*Handbuch de r Semasiologie*（《语意学手册》，1952），兹维金采夫（В.А.Звегинцев）的俄文书为*Семасиология*（《语意学》，1957）。

通常认为，欧美现代语义学的第一个流派是"结构主义语义学"，其主要理论方法包括语义场理论、语义分解方法，以及关系语义理论；这些理论方法，是将索绪尔（F. de Saussure，1857—1913）的"结构主义"延伸至语义领域而产生的。

中国大陆最早介绍语义场理论的是周绍珩的《欧美语义学的某些理论与研究方法》（1978），该文对乌尔曼（Ullmann 1973）、奈达（E. Nida 1975）等人的语义场定义进行了梳理，但是没有涉及语义场理论的形成过程及其背景。伍谦光曾经（1987：94）提及："德国学者特里尔最早提出语义场理论。"贾彦德（1992：8）则指出："语义场的理论并不是特里尔一个人提出来的，在他以前就有人在一定程度上提出了这一观念，他本人也并未使用semantics field这个术语。"贾彦德（1992：149）还提到，"语义场"借鉴了物理学中"场"的概念。以上这些介绍显得过于简单。

根据莱勒（A. Lehrer 1974）、莱昂斯（J. Lyons 1977）和克鲁斯（D. A. Cruse 1990）的有关论述，张建理（2000）讨论了特里尔（J.Trier）和波尔齐希（W.Porzig）的词义场理论，认为"显然受到现代语言学理论的影响"，主要是受到索绪尔"语言单位的值是同纵横轴上的其他语言单位相辅相成的，相参照而取得自己的值"思想的影响。

徐志民的《欧美语义学导论》则认为：

语义场思想主要来源于关于语言的结构观念和结构主义思潮，至少可追溯到洪堡特的某些论述，尤其是他的"世界图像"和"内部形式"的学说，与胡塞尔的现象学理论也有某种联系。其直接来源则是索绪尔语言理论中的系统论、"联想关系""价值"概念。特里尔就曾明确承认他的理论与两位伟大的先驱者——索绪尔和易卜生直接相关。（2008：72）

并且认为，在语义场理论成为较完整系统之前，"语义场" 这一概念在哲学、心理学、语言学、词典编纂学领域里已经萌生。

与之相同的论述，见于张燚（2002）的文章。经核查，张文的内容与徐志民《欧美语义学导论》（2008）的第五章"语义场论"基本一致。就是易卜生（G.Ipsen，本文译为"伊普森"）的德语姓名被误写成"G. Ipen"（张燚2002：95，第8行），也与徐书（2008：72）误同。据张文注释⑤⑥"转引自徐志民教授《语义学讲义》"，可以推定张文内容来自徐志民《欧美语义学导论》的初稿《语义学讲义》。

彭彧梳理了特里尔（Trier 1931，1932，1934）和魏斯格贝尔（Weisgerber 1957，

1962，1963，1964）的语言场研究，主要结论是：

特里尔对语言场的贡献在于第一次正式地提出了这一理论，指出了语言场的一些特性，并把共时研究和历时研究结合起来。魏斯格贝尔对语言场进行分类并举例说明，特别是加深了对德语的理解。（2009：42）

以上这些论述，比起1990年代相关论著的介绍有所丰富，但是其中有些说法无文献佐证，一些有文献而未查阅，难免有"想当然"之嫌。

罗宾斯（R. H. Robins）的《简明语言学史》（1967，1997第四版）摈弃了语义学史，当然不会涉及德国学者的语义场理论。而国内有影响的三种西方语言学史著作（冯志伟《现代语言学流派》，陕西人民出版社1987年，1999年修订版；徐志民《欧美语言学简史》，学林出版社1990年，2005年修订本；刘润清《西方语言学流派》，外语教学与研究出版社1995年，2013年修订本），同样都没有把结构语义学的理论方法纳入史论视野，对语义场理论皆未涉及。

长期以来，关于"结构主义语义学"的理论方法存在三个谜：1. 语义场理论的形成背景是语言学的结构主义吗？2. 语义成分分析法的形成背景是语言学的结构主义吗？3. 关系语义学的"系统意义"是建立在"结构意义"基础上吗？本文试图解开第一个谜：1. 是特里尔第一次正式提出语义场理论吗？2. 语义场理论直接借鉴了物理学中的"场"概念吗？3. 语义场理论来源于索绪尔语言理论中的系统论、联想关系、价值概念吗？

二、心智语义场理论的形成过程

现代语义学理论方法的第一块基石，无疑是20世纪20年代到30年代德国学者创立的语义场理论。基于文献考察，这一理论的形成轨迹如下：伊普森（1924）首次提出了"语义场"这一概念以及马赛克模型 → 魏斯格贝尔（1927，1939）进一步阐述了语义场理论 → 特里尔（1931，1934）提出了聚合场理论 → 波尔齐希（1934）提出了组合场理论，由此构成了经典语义场理论。

1924年，伊普森（Gunther Ipsen，1899—1984）在《古老的东方和印度日耳曼人》中，讨论"东西方语言交会中的迁徙词痕迹"时，为了将本族词与历史上通过外来语言文化接触获得的迁徙词相区别，提出了语义场（Bedeutungsfeld）理论及其"马赛克模式"。

在一种语言系统中，本族词从不七零八落，而是有序排列于语意群（Bedeutungsgruppen）之中。这并非某个语源的词族，至少不是按设想出来的某个"根词"而排列的一组词。在这样的语意群中，某个词的具体内涵或含义与另外一些词的内涵或含义之间存在联系。但是这种联系也并非指这些词在某条相联系的线索上逐一排开，而是指整个词群组成一个"语义场"（Bedeutungsfeld）。处于语义场内部的成员排列有序，如同一幅马赛克（einem Mosaik）拼图。加入语义场内的一个个词，每个词之间都有清晰的界限，但是每一界限之间都能互相配合。场内的所有词组成一个符合更高规则的意义统一体，而不是一个松散的抽象概念。（Ipsen 1924：225）

1927年，魏斯格贝尔（Johann Leo Weisgerber，1899—1985）在《语义理论：语言学的迷途吗？》中提出，一个词并不是孤立地存在于人们的意识之中，通常是与概念相近的词共同构成一个或一些具有某种结构、彼此相互关联的集合（Weisgerber 1927：161—168）。魏斯格贝尔使用的术语是"词场"（Wortfelde），强调的是语义的"力"：

词场理论强调的是一种能够连接一群词汇的"力"。在这种"力"的作用下，词汇的内容互相协调组合成意义的领域和认识生活的领域……（Weisgerber 1939：211）

其中"意义的领域"（Begreifen eines lebensbereiches）这一提法，来源于洪堡特（1836）的术语"义域"。

1931年，特里尔（Jost Trier，1894—1970）受伊普森"语义场"概念的启发，在其《智能语义域中的德语词汇：语言场的历史研究》中，采用了"语言场"（Sprachlichen Felde）、"语义域"（Sinnbezirk）和"词场"（Wortfelde）等术语。特里尔对"场/词场"的定义是：

每个词都处于其相关概念之间。这些词相互之间及其概括它们的那个词，共同构成一个自成体系的结构，这种结构称之为"词场"。（Trier 1931：31）

场是个体词语与整体词汇之间存在的语言现实。作为局部性的整体场，有与其他词语一起组合成更大结构体的共同特征，也有与其他词语一起划分成更小单元的共同特征。（Trier 1934：132）

这些共同特征，使得单个的词和整体的场能够互相衍生。单个词的意义可以组合（ergliedern）成更大的结构体，而整体场的意义能够划分（ausgliedern）成更小的单元。特里尔从聚合关系角度，主要讨论了某些德语词在"智能语义域"中的历史变迁。准确地说，特里尔主要研究的是词汇语义的聚合场。

1934年，波尔齐希（Walter Porzig，1895—1961）在《基本意义关系》中提出，词项中存在一种"基本意义关系"（Wesenhafte Bedeutungsbeziehungen）即语义搭配力，比如"名+动"和"名+形"之间的组合关系。波尔齐希列举了一些语义搭配实例：

就像"走路"预设了"脚"一样，"抓"预设了"手"，"看"预设了"眼睛"，"听"预设了"耳朵"……这并不只是连接关系，它意味着一个词可以轻易地唤起另一个词。有一种关系深植于词语意义的根部，我把它称为"基本意义关系"。（Porzig 1934：78）

这一"基本意义关系"即词汇语义之间的组合关系，相当于"组合场"这一概念。换而言之，词组成分之间不仅有形态语法联系，而且存在着语义搭配关系。不同的词语能够搭配，正是由于相互之间存在"基本意义关系"，这种关系才是词汇的内在属性。特里尔的聚合语义场（词汇语义场）和波尔齐希的组合语义场（句法语义场）相互补充，构成了完整的语义场理论。

经过伊普森、魏斯格贝尔、特里尔、波尔齐希等一批德国学者的努力，"心智语义场理论"在20世纪20—30年代的德国建立起来。这批学者可称之为现代语义学史上的"德国语义学派"。

三、心智语义场理论的学术背景

所谓"心智语义场"即基于心智主义而建立的语义场理论。这一理论形成的主要学术背景有：1. 洪堡特（W. von Humboldt，1767—1835）的"语言世界观"与新洪堡特主义的"中间世界论"；2. 赫尔德（J. G. von Herder，1744—1803）的民族精神论与拉扎鲁斯（M. Lazarus，1824—1903）、斯坦塔尔（H. Steinthal，1823—1899）的民族心理学；3. 韦特海默尔（M. Wertheimer，1880—1943）、考夫卡（K. Koffka，1886—1941）和克吕格尔斯（F. Krügers，1874—1948）的格式塔心理学及心理场论。

（一）语言世界观与中间世界论

心智语义场理论的萌芽，可以追溯至洪堡特的人文语言学思想。在《论人类语言结构的差异及其对人类精神发展的影响》（1836）中，洪堡特已经提出了类似"语义场"的概念"义域"（Bedeutungsbereich）。

严格地说，我们不可能用一种定义把这些词包括起来，而是往往似乎只能提出它们所属义域里所占据的位置。（姚译本 1997：221）

更为重要的是，洪堡特从理论上揭示了：

每一个人，不管操什么语言，都可以被看作是一种特殊世界观的承担者。世界观本身的形成，要通过语言这一手段才能实现。……每一种语言中都会包含着一种独特的世界观。（姚译本 1997：221）

这一"语言世界观"的思想为后来的德国学者所继承，并且进一步发展为新洪堡特主义。而创立语义场理论的一批德国学者，无论是伊普森、魏斯格贝尔，还是特里尔、波尔齐希，都是"新洪堡特主义"的代表人物。

作为新洪堡特主义中最有影响的人物，魏斯格贝尔引入了介于客观和主观之间的"中间世界"（Zwischen Welt）这一概念，提出了务必对"如何通过语言组织经验"加以探讨的任务。建立在语言思维共同体之上的中间世界，即语言世界。作为人与世界之间的连接，语言不是现实世界的简单反映，而是蕴含了语言者对世界的认知。语言成为一种创造性力量，通过词汇和语法这样的组织经验手段，把现实世界转变为精神世界。（Weisgerber 1927：161—184）由此，词汇场是建立在各组互相联系、互相作用的语言符号结合基础上的语言这一"中间世界"的一部分，语言系统不同则"世界图像"不同。语言学的任务就是通过语言分析，以揭示每种语言的世界观。在《德语词汇的意义结构》（1939）中，魏斯格贝尔进一步阐述了这一思想。

（二）民族精神论和民族心理学

心智语义场理论的另一学术背景，是19世纪下半叶的基于民族精神论提出的民族心理学。

一方面，德国的民族思维、民族精神研究具有深厚的传统。赫尔德认为：我们在语言中思维，在语言中构筑科学。语言和思维密不可分，民族语言与民族思维、民族文学以及民族凝聚力紧密相关。

语言界定了人类认知的边界并赋予其形态……因此，每一个民族都是以其思维的形式在言语，并且以其言语的形式在思维。（Herder 1767：99—100）

黑格尔（G.W.F. Hegel，1770—1831）在《精神现象学》（1807）中，也曾论及不同于个体精神的"绝对精神"。（贺译本 1997：65—66）这一"绝对精神"，即相当于赫尔德所阐述的"民族思维"。洪堡特（1836）进一步揭示，语言是人们的一种精神创造，"民族的语言即民族的精神，民族的精神即民族的语言"。（姚译本 1997：50）

19世纪初，德国哲学家和教育学家赫尔巴特（J.F.Herbart，1776—1841）率先将"心理学"（《心理学教科书》，1816）作为一门学科独立出来，创立了侧重于研究个体心理的表象心理学。1851年，哲学家拉扎鲁斯基于"民族精神本质"提出了"民族心理学"（Völkerpsychologie）这一术语，稍后，与斯坦塔尔共同创办了《民族心理学及语言学杂志》（1860—1889）。作为洪堡特唯一的学生，斯坦塔尔著有《洪堡特关于语言哲学的著作》（1848），继承和发扬了"民族语言即民族精神"的思想。既然语言是体现"民族精神"的最重要特征，语言的差异大都反映了民族之间的差异，那么就可以基于语言、宗教、神话及艺术研究探索民族的心路。（Lazarus & Steinthal 1860）

斯坦塔尔在《语法学、逻辑学和心理学：它们的原理和相互关系》（1855）和《心理学和语言学导论》（1871）这两本专著中，深入探讨了历史、心理、民族和语言的相互关系，建立了心理主义的语言学理论。斯坦塔尔认为历史和心理研究发现了人们获得知识，以及揭示心理现象中的因果联系的认知途径，这一方法也为语言学提供了基本原则，由此可以识别语言现象中的因果联系。此后，冯特（W. Wundt 1900）也主张通过语言的分析去理解一个社会群体，一个民族的词汇和语法本身就能揭示该民族的心理气质。

纵观以往的近现代欧洲语言学史研究，都忽视了一个基本史实——赫尔巴特的表象心理学和斯坦达尔的民族心理学，对19世纪下半叶到20世纪初期的语言学，主要指历史比较语言学（青年语法学派）和现代语言学（心理—社会语言学）的理论方法，都发生了极其重要的影响，导致了语言学研究的"心理学转向"。

19世纪70年代，德国莱比锡大学的布鲁格曼（K. Brugmann，1847—1919）、奥斯特霍夫（H. Osthoff，1847—1909）等不满意传统历史比较方法，举起了"青年语法学派"的革新旗帜。他们认为，人类语言的变化因素不外乎心理、生理两种途径。作为斯坦达尔的学生，青年语法学派的理论家保罗（H.Paul，1846—1921）在《语言史原理》（1880）中阐述了从心理角度分析语言的方法。当然，保罗对民族心理学不甚满意，但从斯坦达尔那里了解到赫尔巴特的表象心理学。赫尔巴特将观念的联结方式分为两种：一种是属于同一感官的观念联结；另一种是属于不同感官的观念联结。保罗在《语言史原理》第五章中，对历史音变的类推规则作了与之类似的区分。保罗强调："心理因素是包括语言在内的一切文化活动的最重要因素，所以心理学是一种包括语言学在内的更高层次的文化科学所依赖的首要基础。"（转引自姚小平1993：28）

1870年到1887年，波兰—俄罗斯语言学家博杜恩（Baudouin de Courtenay，1845—1929）提出了"现代语言学"的一系列核心概念和理论方法。博杜恩以赫尔巴特的表象心理学为基础，同时又吸收了斯坦达尔的民族心理学观点。博杜恩认为：将洪堡特的语言哲学思想和赫尔巴特的心理学运用于语言现象研究，即从民族精神和心理角度认识语言，才使语言学获得了其固有本质。（杨衍春2010：81）在《波兰语变格中类推作用的几种情况》(1870，莱比锡大学博士论文）中，博杜恩第一次明确揭示了心理类推机制对语言变化的影响，而语音变化的类推规则正是青年语法学派的两大原则之一（另一原则是语音演变规律无例外）。当有人把他称为"青年语法学派的创始人之一"时，博杜恩认为："如果在一系列问题上，他（自指——笔者注）的观点与青年语法学派的观点吻合，那么这只能归功于他们语言观形成的共同基础，即斯坦达尔著作的影响。"（杨衍春2010：98）

青年语法学派通过斯坦达尔了解到赫尔巴特，最终以表象心理学作为历史音变规则的理论基础，而博杜恩则接受了斯坦达尔和赫尔巴特的双重影响。博杜恩认为：人类语言的本质完全是心理的，语言的存在和发展受纯粹心理规则的制约。人类言语或语言中的任何现象，同时又是心理现象。博杜恩的理论始终贯穿着一条线索：通过心理机制分析，对语言规则、语言功能和语言演变做出解释。明确主张把心理学和社会学糅合在一起作为语言学的理论基础，并提出语言学属于"心理—社会科学"。

（三）格式塔心理学及其心理场论

除了洪堡特的人文语言学思想、新洪堡特主义以及民族心理学，伊普森提出语义场理论时，直接借鉴了当时兴起不久的格式塔心理学及其心理场论。

为了拯救古典物理学，法拉第（M. Faraday, 1791—1867）在1831年提出了"力场"，此后，物理学的"场"得到进一步的发展。作为物质存在的一种基本形式，"场"是某个物理量在空间中的一个区域内的分布。物理学的"场"对德国心理学产生了重要影响，诞生于1912年的格式塔心理学试图用"场"来解释心理现象及其机制。柯勒（W. Köhler, 1887—1957）在《静止状态中的物理格式塔序》(1920）中提出，脑是具有场的特殊的物理系统。物理学是理解生物学的关键，而对生物学的透彻理解又会影响到对心理学的理解。考夫卡（1935）认为：世界是心—物的：观察者知觉现实的观念可以称作心理场（psychological field），被知觉的现实可以称作物理场（physical field），合起来就是心—物场（psycho-physical field）。

1922年，伊普森以《格式塔理解：桑德四边形问题的讨论》（*Über Gestaltauffassung. Erörterung des Sanderschen Parallelgramms*）获得莱比锡大学心理学博士学位，其博士论文导师克吕格尔斯（F. Krügers, 1874—1948）是冯特在莱比锡大学教授职位的接任者。作为格式塔心理学莱比锡学派的创始人，克吕格尔斯认为：意识先具有完形性，在完形性感知的基础上再区分各个部分。作为语义场理论的创始者，其学生伊普森（1924）自然而然借鉴了格式塔理论，认为一个"场"是一个完形。"场"内的词语覆盖了完整的、封闭的概念空间，小"场"包含在大"场"之内。语义场中的每个词互为依存、互为制约，共同构成一个意义整体。毋庸置疑，心智语义场理论的建立借用了"场"理论，不过，并非直接从物理学中直接引入，而是借自格式塔心理学的心理场论。

为了展示不同语言的世界图景，揭示不同语言的世界观，一批新洪堡特主义者在20世纪20年代到30年代创立了语义场理论。基于学术背景的考察，我们把德国学者所构建的这一理论定名为"心智语义场"（*Sinnbezirkdes Verstandes*），与特里尔《智能语义域中的德语词汇：语言场的历史研究》（1931）中的关键词"智能"（*Verstandes*）吻合。

由此可见，心智语义场理论本质上是"新洪堡特主义语义学"，并非像通常所认为的那样——来自索绪尔的"结构主义"。

四、心智语义场的两个经典模式

心智语义场有两个经典模式：一是伊普森（1924）最初提出的马赛克模式（mosaic image），一块马赛克片材，只有置于整体背景上才能显示其价值；语义场中的词语，像马赛克片材那样间隔并以同样清晰的方式邻接成图；二是晚年特里尔（1968）提出的星状模式（star-like conception），语义场包括核心区和边缘区，核心词放出的光束可能达到毗邻语义场，从而形成从一个核心到另一核心的语义连续统。

早年特里尔（1931）接受的是伊普森的马赛克模式：

> 词汇场内的某一词语被有特定位置的相邻词语所环绕，这个事实给出了该词语的概念特异性。就其相邻词语而言，这个特异性必须基于对词汇场的划分。把这个词语作为一块装饰片，放在更大的马赛克的确切位置才能决定其价值。这个确切的位置，决定了词语划分的是在整团认知表征中的哪一具体部分，并对划分的这部分进行象征性表达。（转引自D. Geeraerts 2010：54）

研究者发现，马赛克模式并不恰当。首先，这一比喻暗含着马赛克覆盖了场的整个表面，即在词汇场中不缺任何一块片材。实际上，只要概念场内的部分真实成员的概念尚未词汇化，词汇场中就必然存在缺口。莱勒（A.Lehrer 1974）对英语中表烹饪概念的词语分析，显示这个场中的词项空缺。例如，没有表"锅里没有油和水来烹饪食物"的词，也没有表"用油在火焰上烹饪食物"的词。因此人们放弃了"封闭系统"的概念。（D.Geeraerts 2010：66）其次，从马赛克比喻中可以推出——无论在内部还是外部，词汇场都可以清楚地加以描述，即词汇场中的词语，像马赛克片材那样以清晰缝隙隔开，又以同样清晰的方式连接起来。吉佩尔（H. Gipper 1959）指出，概念之间的边界趋向于逐渐混合，因此要精确显示词汇场边界在何处终结实际上很难。通常只在词汇场的核心区域具有离散性，而在核心区域周围的过渡带，词汇场成员的资格就不易清楚界定。

吉佩尔研究了德语的Stuhl（靠背椅）和Sessel（安乐椅）。利用各式各样椅子的视觉表现，让几十个受试者对呈现给他们的坐具图片进行称名。结果显示，在Stuhl和Sessel的范围之间存在很多重叠。只有在少数情况下，不同受试者的称名结果才完全一致。同时，Sessel的场结构和Stuhl的场结构并非完全是任意的，称名模式表现为图中所设想的那种方式。下部内圈中是那些只能或近乎只能被称为Sessel的坐具。内圈周围是通常被称为Sessel，但也可以范畴化为Stuhl的一些坐具。上部内圈划定的是只能或近乎只能被称为Stuhl的坐具，内圈周围是通常被称为Stuhl，但也可以范畴化为Sessel的一些坐具。位于上下之间的那行坐具，其名称尤其模糊，被称为Sessel或Stuhl都不占明显优势。

在词汇场构造中，处于核心区域的事物构成范畴的典型，但是作为一个整体，范畴内的所有成员不可能像核心成员那样加以清晰界定。Sessel和Stuhl的典型成员之间的差异，在某种程度上仅仅是功能差异。如果着眼于舒适度，Sessel似乎更合适（如有扶手，有装饰）；如果着眼于实用性，Stuhl似乎占优势。在某种程度上，语言是人们强加给现实的一个结构。如果坚持马赛克模式，词汇场理论存在很大矛盾。（D. Geeraerts 2010：68）

1968年，特里尔在回顾词汇场理论发展时，不无遗憾地说到，他当时没有能纠正伊普森的失误。特里尔（1968）提出，词语吻合和场界清楚的马赛克镶图，应该被星状词汇场所取代。

迪沙奇科（O. Ducháček 1959）用图示法对星状场进行了形象化说明。在现代法语中，"美丽概念场"的核心区域，含有beau（美丽的）及形式上相关的一批词，被放射到毗邻概念场的光束所包围，并能从毗邻场中借用词语。由此显示，"场"不是一个可以简单划定明确边界的区域，而是从一个核心到另一核心的语义连续统。（D. Geeraerts 2010：68）

下图以简化方式体现了"美丽概念场"星状分析的局部。该场的核心词是beau（美丽的）、beauté（美丽的）、embellissement（美化的）、bellissime（美丽的）、s'embellir（变美的）。从圆圈的上方中端，顺时针方向看图。第一组包括divine（极好的）、déesse（女神的、美女的）、céleste（奇妙的）、divinité（美的）。第二组包括charmant（妩媚的）、ensorcelant（优雅的、动人的）、merveilleux（迷人的、出色的）、féerique（仙境

的、梦幻的、神奇的）、magie（魔法的、有魔力的）。第三组包括séduisart（有魅力的）、séduction（有诱惑力的）。第四组包括mignon（玲珑的）、gracieux（优雅的）、aimable（可亲的、亲切的）、amour（可爱的）。第五组包括harmonieux（悦耳的）、agréable（惬意的）、délicieux（美味的）、plaire（喜欢的、中意的）。第六组包括élégant（漂亮的）、élégance（优雅的）。第七组包括parfait（圆满的、完美的）、idéal（理想的）、impeccable（极好的）、perfection（完美的）。第八组包括fin（实现的）、accompli（完成的）、achevé（成功的）、achèvemement（完成的）。第九组包括joli（漂亮的、悦耳的）、galeté（喜悦的）。第十组包括sublime（崇高的）、grandiose（壮观的）、grandeur（宏伟的、壮丽的）。第十一组包括magnifique（豪华的）、majestueux（雄伟的）、pouvoir（有能力的、有权的）。第十二组包括gentil（客气的，亲切的）、noble（高贵的）和noblesse（高雅的）。

这些表达概念"美丽"的微殊词语，有些可能源于"魔法概念场"，有些可能源于"喜爱概念场"。在星状图中，词项与核心的距离反映了其所处位置是核心还是外围。对于美丽概念场而言，接近核心概念的词语，其表达"美丽"概念的意义比源于毗邻场的词源义显得更重要，其中有些词语与其词源义的联系已经消失。在 charmant（妩媚的）中，"有魔力的、有（魔术师）魅力的、有诱惑力的"等概念义已潜隐到背景中，凸显的是"优雅的、动人的"的含义。与之不同，在féerique（仙境的、梦幻的、神奇的）和ensorcelant（迷人的）等外围词例中，源于魔法概念场的"仙灵"和"巫女"概念义仍在发挥作用。

当然，主张边界清晰的倡导者可以提出边缘词兼属两个概念场。像merveilleux（迷人的）之类的词，在魔法场中有"神奇、奇妙、超自然力的"等的词面意义，而在美丽场中突出的含义是"出色的"。虽然某一词形在这两个场中都出现，但是两个意义分别只属于一个场。据此，美丽场和魔法场仍可分清。确实，一些词形可以同时分属两个场，或者处于二者之间。例如，noble（高贵的）指"高级的、优雅的"，不仅是"美丽"的一个下位词，而且是与nobility（贵族气质）这个概念相联系的一个词。作为贵族气质的典型特征，不管是从字面义还是比喻义，noble都可理解为一种"美丽"。作为美学意义上的特征，"美丽"就是具有noble那样的高贵气质。与之相似，achevé（成功的）不仅传递美学意义上的完美无缺，而且也能反映受过教育和富有艺术素养的无可挑剔。既然在美学意义上，achevé可以分别表达特定含义上的"美丽"和"成功"，那么它也就可以同时兼属两个概念场的成员。由此可见，概念场之间的界限模糊性是由语言事实本身构成的，而模糊性会在词汇语义研究中发挥重要作用。（Geeraerts 2010：65—69）。

无论马赛克模式还是星状模式，主要缺陷都是平面模式。前者表现的是词汇语义场内部的离散—匀质状态，后者表现的是词汇语义场内部的核心—边缘状态。这些都是语义场中的局部状态。总体而言，语义场是一个纵横交错的立体网状，而且节点大小不一、网眼疏密有别，甚至存在若干漏洞。（李葆嘉 2006：294）

五、语义场理论在当代的发展

在"新洪堡特主义语义学"那里，往往把语义场（semantic field）、词场（word field）或词汇场（lexical field）等当作同义术语使用。乌尔曼（Ullmann 1973：23—33）将语义场划分为词汇场和联想场（assoeiative field）：前者是"与一定的言语使用范围相适应、紧密结成一体的词汇部分"；后者则是"围绕一个词的联想网络"。莱昂斯（Lyons 1977）区别了概念场（conceptual field）和词汇场。前者是语义层面上的概念结构，而后者是涵盖某一概念场的词项集合。当一个词汇场不能彻底涵盖概念场时，就会出现"词汇缺口"。基于涵盖概念场的词项集合不仅由词构成，也可能包含固定短语等，莱昂斯进一步区分了词汇场（只包括单词）和语义场（包括单词、短语）。

而格兰迪（R.Grandy 1987）则强调，称为"语义场"更恰当。首先，语义场由词项对比集构成，而对比集的构成则基于对语义内容理解的共同直觉。其次，对比集所包含的语言单位，不仅是词单位，也包括词组单位。再次，语义场范围的大小可根据研究目的和用途而定。巴萨娄（L.W. Barsalou 1992）则提出，语义场既是词汇语义系统，也是基于概念的关系场，因此建议称为"概念场"。此外，为了与特里尔等宽泛的"意义"概念加以区分，莱昂斯（1964）基于结构主义理念，导入了"系统意义关系"（sense relations）这一概念，建立了关系语义学理论。克鲁斯（Cruse 1986）则详细描述了词汇的同义、反义、上下义、部分—整体关系。

就场的划分而言，在语言的词汇层面存在的是词汇场（包括词单位、词组单位）或语义场（词汇语义场），在认知的概念层面存在的是概念场（包括简单概念、复杂概念）。"概念"本是逻辑学或思维学术语，尽管"概念"存在"非语符化"和"语符化"两种形式，但是语言学研究的是"语符化概念"。因此，语言的语义学研究针对的是词汇场或语义场，概念场只能作为潜隐的认知背景。

之所以在"词汇场"与"语义场"之间纠结，其原因还在于，一些概念的语符化形式是词单位，一些概念的语符化形式是词组单位，而在语言系统中，词与词组属于不同层级的语言单位。不过，可以把词与词组视为语义场中的同等单位。首先，同一概念在不同语言系统中可能存在语符化单位的差异。如汉语中是词单位的"嫂子、嫂嫂"，而英语中是词组单位：sister-in-law, elder brother's wife。其次，即使在同一语言系统中，同一概念也可能存在语符化单位的差异。如汉语中的：邮政编码——邮编。由此可知，在表达同一概念的情况下，词单位与词组单位的语义实际上等值。因此，如果依据"一个概念一个语义词；一个语义词一个概念"的原则，就不必为之纠结。可以认定：以往的词单位是简单概念词；以往的词组单位（表达一个概念的）则是复杂概念词。在语义场研究中，基于对事物的认知，它们的地位实际上等值。

至于语义场的聚合与组合之分，前者关注的是词汇语义的类别关系，后者揭示的是词汇语义的搭配关系。无论聚合还是组合，都建立在人的联想机制之上。"围绕一个词的联想网络"，既包括词汇语义的类别联想（如，由"狮子"联想到"老虎、豹子、猫……"，属于同类联想），也包括词汇语义的搭配联想（如，由"狮子"联想到"吼叫、奔跑、吃肉……"，属于主体—行为联想）。可见，并没有独立于词汇场之外的所谓"联想场"。

根据语义语法学理论，语言学家研究的是包括语义词类范畴和语义句法范畴的广义语义场。虽然其基本操作是对语义实体和语义的聚合、组合关系的解析，但是其最终目标指向语义句法结构的生成。在这种趋势下，解析性的语义理论也就蜕变为生成性的义网理论。（李葆嘉 2013：9）

19世纪下半叶至20世纪初，许多学者都以洪堡特学说的继承者自居。他们最赞赏的就是洪堡特关于语言属于精神创造活动，把语言视为精神产物和思维手段的论述，这才使语言问题有可能转移到心理学立场上来。而这一"语言学研究的心理学转向"的枢纽人物，前有洪堡特的学生斯坦塔尔（民族心理学），后有新洪堡特主义的代表人物魏斯格贝尔（中间世界论）。

综上所述，德国学者所创立的语义场理论本质上是新洪堡特主义语义学。通常认为"结构语义学理论是将索绪尔的结构主义延伸至语义领域而产生的"，是因为未看相关的原始文献，不了解德国人文语言学思想、民族心理学思潮对19世纪下半叶到20世纪前期语言学的心理转向所发生的重大影响，不了解现代语言学理论形成的复杂过程（李葆嘉 邱雪玫2013），以至于夸大了"索绪尔结构主义"的影响。

德国心智语义场的创立者及其时代思想背景*

提要：作为欧洲名校教授或"德意志社会精英"，伊普森、魏斯格贝尔、特里尔、波尔齐希都是国家社会主义德国工人党党员。心智语义场理论有其不可回避的时代思想背景——德意志民族主义。黑格尔等一批学者，不但为纳粹主义提供了文化氛围，而且把对权威和领袖的崇拜哲学化，炮制了国家至上和极权主义的国家哲学。伊普森试图把格式塔心理学作为增强德意志民族精神凝聚力的手段；特里尔试图把语义场作为追溯德意志"智力"历史的途径。可以认为，格式塔心理学、心智语义场都是一次大战德国战败后，寻求"民族复兴"的文化行为在心理学和语言学领域的反映。索绪尔的结构主义对特里尔等有所影响，特里尔赞成"要素之间的相互依存"，但是反对"共时和历时的截然分开"以及"不考虑内涵的极端结构主义"。

关键词：心智语义场；格式塔心理学；德意志民族主义；国家哲学

The Founders of German Semantic Field and Its Ideological Background

Abstract: As professors at prestigious European universities or "Deutsche Social Elite", all of Gunther Ipsen, Johann Weisgerber, Jost Trier, and Walter Porzig are German National Socialism Workers'Party members. German Nationalism is the inevitable ideological background against mental semantic field theory. A group of scholars, such as Friedrich Hegel, not only established a cultural atmosphere for Nazism, but also philosophized the worship of authority and leaders, resulting in a national philosophy of state supremacy and totalitarianism. Ipsen tried to use Gestalt psychology as a means to strengthen German unity spirit; Trier tried to use semantic field to trace intelligence history in Germany. It is reasonable to argue that both Gestalt psychology and mental semantic field are a cultural behavior reflecting the pursuit of "national revival" in the science of psychology and linguistics after German defeat in the First World War. Saussure's structuralism has an impact on Trier et al., Trier favors "interdependence between elements", but

---

* 李葆嘉、刘慧合作，完成于2016年，未刊。

opposes " Synchronic and diachronic are absolutely separate " and "extreme structuralism without considering connotations."

Key words: mental semantic field; gestalt psychology; German nationalism; structuralism

一、语义场的首倡者伊普森

巩特尔·伊普森（Gunther Ipsen, 1899—1984），德国心理学家、语言学家、社会学家、人口统计学家和哲学家。出生于奥地利的因斯布鲁克①，其父是著名法医学家卡尔·伊普森②。1919年巩特尔随父迁居德国，进入莱比锡大学学习，1922年获莱比锡大学心理学博士学位。1926年任莱比锡大学社会学和哲学讲师，1927年任副教授，1930年任教授。1933年成为柯尼斯堡（Königsberg）大学教授，主持哲学研讨会、教育心理学研讨会。

伊普森在大学期间就表现出跨学科的强烈兴趣，最初的主要研究领域是格式塔心理学。他试图在整体模型的背景下解决认识论问题。他拒绝法国的理性主义，而认同基于黑格尔和黎耳③倡导的民族文化的德国理想主义。试图把格式塔心理学作为增强德意志民族精神凝聚力的手段。其后主要探索语言学和语言哲学，而被认为是语言学界的学者，特里尔称其为"语义场"概念的发明人。

1933年发表人口统计学和人口历史思考的论著，人口史学界称其为"历史—社会人口理论"的创立者，试图创建一个独特的"德国人口理论"，而这与国家社会主义意识形态相关。1937年加入国家社会主义德国工人党（Nationalsozialistische Deutsche Arbeiterpartei）。1939年，被派往奥地利，任维也纳大学心理研究所所长，取代布勒（Karl Bühlers, 1879—1963）。

二战结束后，从1945年起，在因斯布鲁克隐居了数年。1951—1961年任明斯特大学新创学科"社会调查和社会统计"研究中心主任。1959年任波恩大学荣誉教授。1959年退休后，在波恩大学的波罗的海研究所和空间研究和规划学院工作。1962—1965年再次执教慕

---

① 一战后，奥匈帝国被分割为多个国家。1938年纳粹德国实现了德奥合并，二战结束后，奥地利独立。因斯布鲁克（Innsbruck）是奥地利西南部城市，意为"因河"（Inn）上的桥。

② 卡尔·伊普森（Carl Ipsen, 1866—1927），医学博士。1894年任司法医学研究所所长。1904年创办德国法医联合协会。1905—1906年任医学院首任院长。1908—1909年任大学校长。1918年成为学术评议会委员。1909年成为维也纳最高卫生委员会委员，1919年成为哈雷德意志帝国科学院院士。

③ 黎耳（Wilhelm Heinrich Riehl, 1823—1897），文化民族学家，德国民俗学的创建人。1854年任慕尼黑大学国家经济学教授，1859年改任文化史教授。著有《民族自然史：德意志社会政治的基础》（四卷）。在其所处时代直到20世纪上半叶，黎耳在德国可谓无人不知、无人不晓。

尼黑大学。

二、阐述场理论的魏斯格贝尔

约翰·利奥·魏斯格贝尔（Johann Leo Weisgerber，1899—1985），德国语言学家和凯尔特学专家，新洪堡特学派的领军人物。魏斯格贝尔出生于梅茨（Metz），其父尼古劳斯·路德维希·魏斯格贝尔（Nikolaus Ludwig Weisgerber）是梅茨圣文森特（St. Vincenz）小学校长。1917年，魏斯格贝尔从梅茨圣阿努尔夫（St. Arnulf）教会学校毕业后应征入伍。一次大战结束后，其家乡梅茨已重新归属法国。[1]1918年，魏斯格贝尔进入波恩大学，学习印欧比较语言学、日耳曼语言文学、罗曼语言文学和凯尔特研究。又到慕尼黑和莱比锡大学学习，在德国凯尔特学创始人图尔奈森（Rudolf Thurneysen，1857—1940）的指导下，1923年获波恩大学文学院博士学位。1925年在波恩中学工作，兼任波恩大学讲师，完成《语言作为社会的认识形式》（*Sprache als gesellschaftliche Erkenntnisform*）的教授论文。1926—1927年任波恩师范学院德语讲师。1927年任罗斯托克（Rostock）大学比较语言学和梵文教授。1938年任马尔堡（Marburg）大学普通语言学和印欧语言学讲座教授。

1940—1944年，负责法国西北部城市雷恩（Rennes）的布列塔尼语[2]广播节目，同时兼任波恩莱茵地区历史研究所所长。二战期间，他的泛凯尔特观（pan-Celticist ideology）有利于协约国的前波兰和前捷克观[3]，从理论上支持了德国的战争。1942年任波恩大学凯尔特学研究和普通语言学讲座教授，直到1967年退休。1950年，联合创始曼海姆德语研究所（Institut für Deutsche Sprache, Mannheim）。

---

[1] 梅茨是法国东北部洛林地区的首府。1870年普法战争期间，法军在马斯拉图尔、圣普里瓦特和格拉沃格特等战役中连遭惨败，巴赞将军在梅茨投降，此地沦为德国的地盘。1918年，《凡尔赛和约》规定德国将占领的阿尔萨斯和洛林地区交还法国，梅茨重新成为法国领土。

[2] 布列塔尼语（Brezhoneg）是法国西部布列塔尼的民族语言，是欧洲大陆现存的唯一凯尔特语。赫门（Roparz Hémon）反对将布列塔尼语法语化，二战期间，希望在德国帮助下建立独立的布列塔尼国，进一步推行其现代化的布列塔尼语。

[3] 捷克的原居民为凯尔特的博伊人。1938年9月，《慕尼黑协定》同意，捷克斯洛伐克将苏台德地区和与奥地利接壤的南部地区割让给德国。1939年3月德国占领捷克斯洛伐克全境。

三、建立语义聚合场的特里尔

特里尔（Jost Trier，1894—1970），德国语言学家和中世纪德语专家。特里尔出生于医生家庭，早期求学经历不详。可能多年患病，1929年身体才康复。1930年任明斯特（Münster）威斯特法伦威廉大学日耳曼语言学教授。1932年任德国语言学学会主席。

1933年加入国家社会主义德国工人党；同年任威斯特伐利亚人种学委员会主席（1943年卸任），为纳粹主义的人种学理论提供学术支撑。1935年任特里尔大学院长。

1956—1957年任明斯特大学校长。1961年成为德意志研究联合会成员。曾任哥廷根科学院院士、德国正字法规则专业协会主席。联合创办曼海姆德语研究所，1968年被授予康拉德·杜登奖。

四、建立语义组合场的波尔齐希

沃尔特·波尔齐希（Walter Porzig，1895—1961），德国语言学家、印度日耳曼语专家。其父马克斯·波尔齐希（Max Porzig，1865—1910）是德意志帝国最高法院的法官、政治家。波尔齐希进入耶拿大学学习比较语言学，在索默尔（Ferdinand Sommer，1875—1962）的指导下研究古代拉丁语，并且到慕尼黑和莱比锡大学学习。1921年取得耶拿大学博士学位。1922年任莱比锡大学讲师。

1925年任伯尔尼大学教授，曾任伯尔尼国家社会主义德国工人党外事局负责人，因参加纳粹活动被免职。1935年调任耶拿大学。1941年调任斯特拉斯堡帝国大学（Reichsuniversität Straßburg），主要在德国占领的挪威。1944年调到耶拿带领人民冲锋队。1945—1946年被盟军拘禁。1949年在铲除纳粹化的过程中，被归入纳粹追随者一类。

1951年任美茵茨（Mainz）大学教授，直至退休。据施密特（Rüdiger Schmitt）撰写的"沃尔特·波尔齐希"（*Neue Deutsche Biographie*. Band 20, Duncker & Humblot, Berlin 2001）所述，作为曾经信奉"激进民族社会主义"的波尔齐希，"甚至没有理由相信，他

在1945年以后会重新调整其政治原则",但此前"做过没有政治倾向的语言学研究"。

五、关于索绪尔结构主义的影响

在19世纪下半叶到20世纪30年代的"语言研究的心理学转向"过程中,其枢纽人物,前有洪堡特的学生斯坦塔尔(民族心理学),后有新洪堡特主义的代表人物魏斯格贝尔(中间世界论)。20世纪20年代到30年代,一批新洪堡特主义者共同创立了语义场理论。他们最赞赏的就是洪堡特关于语言属于精神创造活动,把语言视为精神产物和思维手段的论述。魏斯格贝尔认为,语言不同则"语言世界图像"有所不同,由此可以"通过语言分析以揭示每个语言的世界观",而语义场正好是其研究手段。

基于学术背景的考察,我们把德国学者所构建的这一理论准确定名为"心智语义场",而其本质上是"新洪堡特主义语义学",并非像通常所认为的那样——来自索绪尔的"结构主义"。当然,由于《普通语言学教程》的传播,索绪尔的结构主义对特里尔和波尔齐希有所影响。

特里尔在《智力意义域的德语词汇:语言场的历史》(1931)提道:

> 强调在横轴维度上观察和研究语言的这些优势,是日内瓦语言学派的贡献。索绪尔明确指出,单词(与其所谓的符号,在本质上一致)在意义方面,是通过与其概念域里同时存在的邻居来决定的,单词研究在方法上应当符合其研究对象,必须更多地注重横轴关系,重视同时(共时)存在的词组结构。(Trier 1931:11)

【今按】特里尔肯定了共时研究的优势是日内瓦语言学派的贡献,而提出共时研究并非索绪尔的首创和贡献(1871年,波—俄学者博杜恩首次提出语言的"静态"和"动态"观,强调语言研究的年代原则),索绪尔的首创是割裂共时和历时研究(特里尔反对这一点,见下文)。索绪尔《教程》中说:"在同一种语言内部,所有表达相邻概念的词都是互相制约着的"(高译本1980:161),但是索绪尔反对研究语言的实体(特里尔反对这一点,见下文)。

> 单词研究必须探索整体结构中的整个概念群的语言表达,才能符合上述要求。此外,索绪尔明确划分了历史的(历时的)和同时的(共时的)观察方法,并把后者置于首位地位。这些观点将对以上探索有着积极的影响。(Trier 1931:11)

【今按】此处赞成索绪尔把同时置于首位地位,然而晚年特里尔却说:"但是,索绪尔反对将语言的共时和历时研究联系在一起的做法,我不能苟同。"(Trier 1968:15)

纯粹的历史研究如此，从单个词出发也一样，认识的对象会有局限性，单个词的研究可能会变得无法进行。然而这种研究，并没有把索绪尔关于混淆共时与历时观察的警告当作耳旁风。而索绪尔并没有像我这里尝试的，在各个截面间跳跃式地对某个词汇场给出其结构发展史。（Trier 1931：13）

【今按】索绪尔根本反对这样的研究——"在各个截面间跳跃式地对某个词汇场给出其结构发展史"。索绪尔的宣言是——"语言学家要研究的是语言状态，他不需要理会导致目前语言状态的历史事实，他应该把历时研究置于不顾。……历史的干预只能歪曲他的判断。"（T. de Mauro, 1972：117；许国璋1991：151）又进一步呐喊："我们必须做出反应，抵制老学派的邪道，而这种反应的恰当的口号是：观察在今天的语言状态和日常的语言活动中所发生的情况。"（R. Godel, 1957：252；许国璋1991：105）

波尔齐希在《论基本意义关系》（1934）提道：

首先可以弄清楚的是，词语之间必然存在关系，这种关系只能基于意义而产生。词语之间的词源同族关系（即由A词派生出B词，或A词、B词均由同一词派生而来）并不是处处可见。现在，摆在我们面前的只是搭建意义系统的一块块砖石。从索绪尔时期开始，我们就知道意义会在特定时期形成意义系统，某一意义只能通过与其他意义的区别和联系来确定。对这一系统的阐述有力反驳了那些质疑语言系统性的人，但是现在的问题是——这个系统如何才能更精确地建立。（Porzig 1934：79）

【今按】根据《教程》（高译本1980：169），索绪尔强调的是"语言是形式而不是实体"。波尔齐希理解的系统并非索绪尔的形式，而更多考虑的是在意义系统中，实体之间的关系如何更精确地建立。

晚年特里尔在《语言场的老模式和新模式》（1968）中提及：

形式系统为语言研究提供了方便，这种研究对象能够突出标记与其内容之间的相互依存。另一个是，有助于语言中的语音系统和音位系统研究。索绪尔关于要素之间相互依存的观念，恰好在音位学研究中得到充分发挥，这绝非偶然。如今，索绪尔学说和语音学研究实验（die Erfahrung der Phonologie）看上去似乎令人鼓舞，开始试图将相互依存的要素试用于词汇学，并从理论研究开始，着手进行关于场的研究。（Trier 1968：12）

【今按】音位学的思想来自波—俄语言学家博杜恩，俄国语言学家特鲁别茨柯伊和雅柯布逊多受其学说的影响。特鲁别茨柯依认为，正是博杜恩（1881）第一个区分了音素和语音的心理表象，最早使用了现代意义上的"音位"这一术语。（杨衍春2010：9）

1932年，特鲁别茨科伊在给雅可布逊的信中说道："为了获得灵感，我重读了索绪尔，但这第二次阅读没有给我留下什么深刻印象。**书中有价值之处相当少，大多是旧垃圾。**而有价值之处则太抽象，没有细节阐释。"（屠友祥2011：1；Trubetskoy, N. S. 2001. Studies in General Linguistics and Language Structure, Ed.by A. Liberman.Transl by M.Taylor and A. Liberman. Durham and London: Duke University Press. ）

我早就听说过索绪尔的《普通语言学教程》，这本书对我很重要。多亏了它，我才能清楚地理解了要素之间的相互依存观点。但是索绪尔反对将语言的共时和历时研究联系在一起的做法，**我不能苟同**。我必须努力避开这个观点，考虑到历史名称的起源，以及我对内涵相关的复合词、对历史同义词研究的探究，**我无法同意他的观点**。（Trier 1968：15）

因为场理论研究的基础是相互依存观，所以**其研究方法和结构主义有关，但是与那种不考虑内涵的、极端的结构主义没有关系**。这种结构主义只执着于所谓精确性，而场理论针对的就是语言内涵。

【今按】特里尔认为"索绪尔反对将语言的共时和历时研究联系在一起的做法，我不能苟同。我必须努力避开这个观点……我无法同意他的观点""与那种不考虑内涵的、极端的结构主义没有关系"。而索绪尔的观点，正是"那种不考虑内涵的、极端的结构主义"。（Trier 1968：18）

由此可见，特里尔赞成的是"要素之间的相互依存"，但是反对"语言的共时和历时截然分开"，反对"不考虑内涵的极端结构主义"。而波尔齐希并没有认真阅读索绪尔的《教程》。

综上所述，德国学者所创立的语义场理论本质上是新洪堡特主义语义学。通常认为"结构语义学理论是将索绪尔的结构主义延伸至语义领域而产生的"，是因为未看相关的原始文献，不了解德国人文语言学思想、民族心理学思潮、格式塔心理学场论对19世纪下半叶到20世纪20年代语言学的心理转向所发生的重大影响，不了解现代语言学理论形成的复杂过程，以至于夸大了索绪尔"结构主义"的影响。

六、不可回避的时代背景

在此，必须提及，作为欧洲著名大学的教授或"德意志社会精英"，伊普森（1937年加入纳粹党；其父著名法医学家、国家科学院院士）、魏斯格贝尔（其泛凯尔特主义从理论上支持了德国的侵略战争，雷恩电台布列塔尼语节目广播负责人[①]；其父是梅茨教会学校校长）、特里尔（1933年加入纳粹党；其父医生）、波尔齐希（伯尔尼、耶拿纳粹党组织负责人；其父是最高法院法官、政治家）都是国家社会主义德国工人党党员。换而言之，20世纪20—30年代在德国建立的"心智语义场理论"，还有其不可回避的时代思想背景——德意志民族主义，在纳粹那里推向极端民族主义。实际上，伊普森拒绝法国理性主义，而认同基于黑格尔和黎耳的文化民族思想的德国理想主义。伊普森试图把格式塔心理学（整体心理学）作为增强德意志民族精神凝聚力的手段；特里尔试图把语义场作为追溯德意志语言文化历史的途径（选择"智力意义域"并非偶然）。也就是说，不仅语义场理论，就连格式塔心理学的形成和发展，也都离不开德意志民族主义的这一时代思想背景，基于历史反思应当认识到，整体心理学、心智语义场都是一次大战德国战败后寻求"民族复兴"的文化行为在心理学和语言学领域的反映。

极端民族主义是纳粹主义的重要组成部分。而在德意志民族主义和国家主义的发展过程中，黑格尔（G. W. F. Hegel，1770—1831）、叔本华（A. Schopenhauer，1788—1860）、尼采（F.W. Nietzsche，1844—1900）等一批学者发挥了重要作用，不但为纳粹主义提供了适宜的文化氛围，而且把对权威和领袖的崇拜哲学化，炮制了国家至上和极权主义的国家哲学。有学者认为，黑格尔是一个"民族主义者"，他所宣扬的"国家主义"就是"日耳曼民族主义"。在黑格尔那里，对德意志统一和复兴的渴望与民族主义思想结合在一起。他把日耳曼民族视为优等民族的世界精神的完美体现，并且论证了战争的合理性和必然性。黑格尔说，历史发展的本原是民族精神，每一时代都有某一民族负起引导世界到达辩证阶段的使命，在现代这个民族当然就是德意志。此外必须考虑具有世界历史性的个人，即其目标体现当代应发生的辩证转变那种英雄，他可能违反平常的道德而也不为过。在国家制度方面，黑格尔认为王权是普遍利益的最高代表，强调国家制度的整体性和有机性，反对分权理论。个人的全部精神现实性，只有通过国家才能实现。黑格尔认为，不时发生战争是件好事，而和平则是僵化。国家之间的争端只能由战争来解决，因为国家之间处于自然状态，各国的权力在其

[①] 在网络资料检索中，没有看到魏斯格贝尔加入国家社会主义德国工人党的信息。而担任雷恩电台布列塔尼语节目广播负责人，似乎不可能不是国家社会主义德国工人党成员。

特定意志中有其现实性，国家利益就是最高法律。道德与政治没有关系，因为国家不受平常道德的约束。反之，战争却具有实际的道德价值或者崇高的意义。通过战争，人们才能理解现世财产的空虚无用；通过战争，国民不再热衷于各种规定的刻板化状况而保证道德健康。①这些思想不仅广泛影响了知识界，并且成为纳粹主义的思想基础。

在黎耳那里，德国民族学研究的历史倾向并不特别强烈，他的眼光还是停留在现实社会生活中。而在纳粹统治时期，为了满足独裁政府的意识形态需求，民族学研究转而刻意到古文献中去为日耳曼文化的优越性和历史承续性寻找根据。当时有个著名的"语言岛"研究计划，探讨散居在巴尔干地区的德意志遗民的语言与古代日耳曼语之间的关系，其目的就是要证明日耳曼民族的伟大性格和不屈不挠的生存意志。纳粹主义之所以猖獗，就是因为有一批德意志学者为之张目。

一方面，伊普森、魏斯格贝尔、特里尔、波尔齐希是德国理想主义和浪漫主义传统的追随者，即坚持理性和历史的兼容性；另一方面，他们不可能从其时代的学术与政治氛围中摆脱日耳曼主义或凯尔特主义。历史就是如此。由此推论，之所以这段语义学史几乎无人问津，可能就是因为这批语义学家都与纳粹有关。然而，语义学史就是语义学史，并不因为研究者（二战后不久仍回大学任教和从事学术研究）有污点就砍去这段学术史——应当直面学术史。

---

① 黑格尔的辩证法思想，受到赫拉克利特（Heraclitus，前540—前470）观点的影响。赫拉克利特反对"世界和谐"说，强调斗争才使世界充满生气。认为宇宙秩序由其"逻各斯"规定。由此鄙视人类，"牲畜都是被鞭子赶到牧场上去的"。由此崇尚战争，"战争乃万物之王，使一些人成为神，使一些人成为人；使一些人成为自由人，使一些人沦为奴隶"。黑格尔认为"在赫拉克利特那里，哲学理念第一次以其思辨形式出现"，赫拉克利特由此被称为"辩证法的奠基人"，其实就是"斗争哲学"的始作俑者。作为思辨哲学尚可，作为政治哲学必然给人类带来巨大灾难。

语义解析方法的形成过程及其学术背景*
——揭开"结构主义语义学"的第二个谜

提要：欧美词汇语义解析方法的形成，存在不同学术领域（哲学、逻辑学、欧洲汉学、社会学、人类学、语言学）的背景。（1）语义解析方法，无论是"成分分析"，还是"义素分析"，其哲学基础都是西方哲学史上源远流长的原子论—基元观。（2）美国社会学家戴维斯（1936）率先采用"基元要素"和矩阵图分析了亲属称谓，其背景主要是美国社会学的结构—功能主义。（3）法国语义学家（1960）的"义素分析"，其背景主要是欧洲语言学的结构—功能主义。（4）美国流派的驱动是"要想获得亲属系统的知识，就必须借助某种符号手段的帮助"；法国流派的需求是"词汇场理论要用词汇语义的区别性对立功能来补充"。从而，前者强调词汇语义的"成分/构成性"，而后者强调词汇语义的"要素/特征性"。

关键词：语义解析；基元观；矩阵图；结构—功能主义；元语言理论

The Formation of Semantic Analysis and its Base
——A Solution to the Second Maze of Structuralist Semantics

Abstract: The formation of semantic analysis comes from Structuralism in different academic fields. (1) Semantic analysis is termed "componential analysis" by American branch, and "seme analysis" by French branch. Both of these two specific terms presuppose that lexical meaning can be decomposed into "primitives", which has a long history in western trend. (2) K. Davis, an American sociologist, firstly used "primary elements" and matrices to analyze kinship terms in the 1930s with structural- functionalism of American sociology as background. (3) In the 1960s, French "seme analysis" was mainly enlightened by distinctive features of phonology in Prague School with European structural-functionalism of linguistics as background. (4) The motivation of the American branch is that "certain semiotic means are necessary to acquire knowledge of kinship

---

* 李葆嘉、邱雪玫合作，稿成于2014年。原刊于《江海学刊》2016年第3期，65—73页。

system". Comparatively, the French branch proposes that "the theory of semantic field needs to be complemented with distinctive functions of lexical meaning." Thus, American branch focuses on a "component-constitution", while French branch focuses on an "element-feature" of lexical meaning.

Key words: semantic analysis; primitives; matrix; structural-functionalism; theory of meta-language

现代语义学的第一块基石是基于新洪堡特主义的心智语义场理论，第二块基石是基于结构—功能主义的语义解析方法。美国流派称之为"成分分析"（componential analysis），而法国流派则称之为"义素分析"（seme analysis）。尽管术语不同，但是其理论假设都是词汇语义可以解析为若干"基元"（primitive），其哲学基础都是西方哲学史上源远流长的原子论—基元观。

英国语言学家罗宾斯（R. H. Robins）的《语言学简史》（1967，1997），未给现代语义学理论方法一席地位，仅在论述音位分析理论时提及，"这种方法运用到语义学研究中，是希望可以给语言的词汇所表达的、看来无边无际的语义功能和含义赋予某种形式。"[1]同样，国内有影响的几种欧美语言学史论著[2]，也都没有将现代语义学理论方法纳入史论视野，对语义解析方法未置一词。

20世纪70年代末，语义解析方法引进中国大陆。周绍珩（1978）一言以蔽之："这种词义分析方法，早在五十年代就为美国的人类语言学家所采用。"[3]伍谦光（1987）则笼统地说："语言学、逻辑学和哲学领域用义素分析来研究语义已有较长历史。"[4]贾彦德（1992）提及的是："义素分析法受到音位学中区别性特征分析方法的启示。"[5]

关于语义解析方法形成的较详细的学术背景介绍，见于刘谧辰和徐志民的论述。刘谧辰（1988）提出，"欧美较系统的语义分析方法受人类学和音位学的影响。"美国的成分分析受人类学的影响，1956年，古迪纳夫（W.H. Goodenough）、朗斯伯里（F. G.

---

[1] 罗宾斯《简明语言学史》（许德宝等译），北京：中国社会科学出版社，1997年版，第221页。
[2] 冯志伟《现代语言学流派》，西安：陕西人民出版社，1987年版、1999年修订版；徐志民《欧美语言学简史》，上海：学林出版社，1990年版、2005年修订版；刘润清《西方语言学流派》，北京：外语教学与研究出版社，1995年版，2013年修订版。
[3] 周绍珩《欧美语义学的某些理论与研究方法》，《语言学动态》，1978年第4期，第17页。
[4] 伍谦光《语义学导论》，长沙：湖南教育出版社，1988年版，第90页。
[5] 贾彦德《汉语语义学》，北京：北京大学出版社，1992年版，第44页。

Lounshbury）等人类学家率先（？）①对亲属词做了系统的语义成分分析。美国语言学家兰姆（S. Lamb）、奈达（E. A.Nida）以及卡兹（J.Katz）、福德（J.Fodor）等，很快注意到人类学家使用的成分分析方法，20世纪60年代初开始引入用以分析语义。虽然奈达（1964）的方法还存在着模仿痕迹，但是比人类学家提出的更为系统。而欧洲的义素分析法则是20世纪60年代，在音位分析法的影响下形成的。法国的波蒂埃（B.Pottie）、格雷马斯（A.Greimas）以及考赛略（E.Coșeriu）都注意到音位的区别性特征和义素之间有许多相似之处。②

徐志民（2008）对"语义成分分析"形成和发展线索梳理的要点是：1. 在语言学范畴的语义研究中，最早（？）提出成分分析问题的是叶尔姆斯列夫（1943）。2.美国人类学家朗斯伯里、古迪纳夫等，最先（？）在20世纪50年代从人类语言学角度采用成分分析法研究亲属名词之间的关系。3. 20世纪60年代，以法国的波蒂埃、格雷马斯和美国的卡茨、福特为代表的一批语言学家，在欧美两地对词义成分分析法作了相当深入的研究。4. 语义场理论是语义成分分析的来源之一，语义成分也就是语义场中的对立成分；成分分析显然也受到音位分析方法的启发，因为语义成分也就是将语义剖析至最小成分而得出的区别性特征。③

这些介绍带给我们的困惑是：1. 古迪纳夫和朗斯伯里所采用的成分分析法，是否就是美国语义分析流派的源头？此前有没有美国学者提出并实践过这种语义分析方法？2. 美国语义分析流派的学术背景，是否就是语言学的结构主义？其语义分析方法是否另有其他学术背景？3. 成分分析法和义素分析法的异同何在？或者，美国流派和法国流派在语义解析上各有何种需求和驱动力？以上这些问题，只是在最近几年查阅文献，尤其是在翻译比利时语言学家吉拉兹（D. Geeraerts）的《词汇语义学理论》（*Theories of Lexical Semantics*, 2010）的过程中，一方面吸收许多新知，另一方面发生若干碰撞，才对语义解析方法的形成过程及其背景有了进一步的深入了解。

通常称之为的"结构主义语义学"（这个名称并不贴切），其理论方法主要包括：心智语义场理论（20世纪20—30年代）、语义解析方法（20世纪30—60年代）以及关系语义学（20世纪60—90年代）。与之相应，"结构主义语义学"存在三个谜：1. 心智语义场理论形成的学术背景是索绪尔的形式结构主义思想吗？2. 语义解析方法形成的学术背景是语言学的形式结构主义吗？3. 基于形式结构主义提出的关系语义学，其"系统意义"可以撇开"指称意义"吗？本文试图揭开第二个谜——语义解析方法的形成过程及学术背景。

---

① 加下划线与问号之处，表存疑。
② 刘谧辰《义素分析综述》，《外国语》，1988年第2期，68—71页。
③ 徐志民《欧美语义学导论》，上海：复旦大学出版社，2008年版，第88页。

一、词汇语义解析思想的学术渊源

就西方学术思想史而言，试图寻找事物"基元"的思想，可以追溯到古希腊时代的原子论。这一古希腊哲学的经典理论，以泰勒斯（Thalês，约前625—前547）的元素论为发端，直到德谟克利特（Demokritos，约前460—前370）才最终创立。作为不可分之物，"原子"在"虚空"中彼此结合而衍生万物。通常认为，原子论就是主张"只求局部、不讲整体"的原子主义。并且语言学界有人认为，20世纪初期的学者就是因为对19世纪原子主义的研究理念感到不满，才提出结构主义的。其实，原子论包括三个核心概念：原子—组合关系—结构体，其目的在于寻求基于一定组合关系而构成各种结构体的原子。只要不是死死地盯住"原子"不放，同时关注原子之间的"组合关系"，也就可以意识到，原子论与结构主义实际上存在共通之处。

如果进一步探源，古希腊的原子论则脱胎于前15世纪闪米特字母中包含的"音素论"，而"音素论"则源自更为古老的古埃及文字中的"离素原则"。[①]中世纪语法学家普利西安（Priscian,约500年前后）在《语法原理》（*Institutiones Grammaticae*）中曾经写道：

> 正如原子集合起来产生一个个有形物体一样，语音要素则组成像某些有形实体一样的语言。（转引自罗宾斯《简明语言学史》，许译本1997：11）

由有限的音素构成无数词语的语音，依据"离素原则"解析出来的音素就是语音的"基元"，20多个字母就可记录某一语言中的所有词语。

前15世纪，人类历史上最早的闪米特字母表形成。前9世纪，腓尼基王子卡德摩斯（Cadmus）把字母传入古希腊。此后再传入古罗马，随着罗马帝国的扩张，拉丁字母流播欧洲。语音系统是封闭性的，其要素相对简单；语义系统是开放性的，其要素非常复杂。直到17世纪，在西方理性主义以及东西方语言文化的交流中，欧洲学者才萌发了探寻语义"基元"的设想。

一方面，法国哲学家笛卡儿（R.Descartes，1596—1650）和帕斯卡（B.Pascal，1623—1662）等都考虑过"概念基元"问题。1662年，哲学家阿尔诺（A.Arnauld，1612—1694）和尼柯尔（P. Nicol，1625—1695）在《波尔·罗雅尔的思维术》（*Art de Penser ou Logique de Port-Roal*）中，首次专门阐述了词语释义中的"不可界定的基元"这一概念：

> 对每一个词都进行界定是不可能的。因为如果界定一个词，就需要用其他的词清楚地说

---

① 详见李葆嘉《理论语言学：人文与科学的双重精神》，南京：江苏古籍出版社，2001年，333—334页。

明这一概念，而这一概念又与我们所要界定的其他词相联系。如果想要对那些用来解释这一概念的词语进行界定，还需要其他的词，以此类推而无穷。最终只能如此，不得不停留在一些不可界定的基元上。（转引自罗宾斯《简明语言学史》，许译本 1997：30）

另一方面，在当时欧洲人的心目中，遥远而古老的中国文化载体是神秘的中国语文。面对如此奇特而繁复的汉字，西欧汉学先驱试图找到一条学习捷径。17世纪70年代，德国学者安德里亚斯·缪勒（Andreas Müller, 1630—1694）、门采尔（C.Mentzell, 1622—1701）等相继提出"中文之钥"（Clavis Sinica），一时成为欧洲汉学界的热点。对中国文化充满兴趣的语言哲学家莱布尼茨（G.W.Leibniz, 1646—1716）认为，既然语言是人类理智的镜子，那么就有可能创立一份"人类思维字母表"，即从自然语言中寻求最小的基本概念或语义基元，并把这一希望寄托在中文之钥的研究上面。

德国学者的中文之钥灵感，来自中国字典的部首［当时传入欧洲的是明末学者张自烈（1597—1673）编撰的《正字通》，分为214个部首］。汉字的"部首"为东汉许慎（约58—约147）所创，《说文解字》以540个部首统领9353个汉字。其《后叙》曰：

其建首也，立一为耑。方以类聚，物以群分。同条牵属，共理相贯。杂而不越，据形系联。引而申之，以穷万原。毕终于亥，知化穷冥。

540个部首虽据文字字形（义符或类符）而立，其本质却是上古汉语的"字形基元"或"语义基元"。通过字音联系，部首不但反映了字形系统，而且反映了字形背后的语义要素系统。魏晋以降，随着字体楷化及字义变迁，这一语义要素系统的局部趋于模糊，部首的语义标记功能更多地蜕变为检字功能。不过，借助部首对学习汉语字词仍然可以起到提纲挈领、就简驭繁的引导作用。归根结底，汉字的系统性来自语义的系统性，语义的系统性来自认知的系统性，认知的系统性来自对象世界的系统性。当然，对于这些崇尚中国语言文化的西欧汉学家，不可能对中国文字、语义之学的理解如此深刻，但是他们至少感觉到，借助中文之钥有利于掌握汉语字词，甚至可以作为从自然语言中寻求最小的基本概念的基础。[①]

尽管17世纪西欧的理性主义者、汉学家都曾关注过"意义基元"，但是实际上并没有进一步展开全面、具体而细致的词汇语义研究。直到1908年，瑞典语言学诺伦（A.Noreen, 1854—1925）在《我们的语言》（*Vårt språk*, 1903—1924）中，才首次提

---

① 详见李葆嘉《中国转型语法学：基于欧美模板与汉语类型的沉思》，南京：南京师范大学出版社，2008年版，107—108页。

出"义位"（sememe）这一概念。1913年，丹麦学者奈洛普（K.Nyrop，1858—1931）在《法语语法学史卷四：语义学》（*Grammaire Historque de la Langue Française IV：Sémantique*）中，曾经尝试探讨法语的词汇语义特征分析。20世纪30年代，比利时学者布伊森（E. Buyssens）受人类语言学和心理主义的影响，导入了"义素"（seme）这一概念。与之同时，俄罗斯莫斯科学派的成员佩什科夫斯基（А.М.Пешковский，1878—1933），也曾提出词义可分解为独立要素的思想。

1943年，哥本哈根学派的叶尔姆斯列夫（L. Hjelmslev，1899—1965）在《语言理论导论》（英译本 *Prolegomena to a Theory of Language*，1961）中提出，与语音表达平面可以分析出数量有限的最小语音要素一样，语义内容平面也可以通过替换法析出数量有限的"内容形素"（éléments de contenu）。由此，可能借助数量有限的内容形素来描写数量无限的语符。比如，"母马"可析为："马"+"阴性"，"公牛"可析为："牛"+"阳性"。毫无疑问，内容形素说的提出，明显受到布拉格结构—功能学派的影响。就叶尔姆斯列夫本人而言，他也是布拉格学派的外围成员之一。具体而言，内容形素说接受的是布拉格学派的代表人物、俄裔语言学家特鲁别茨柯依（N.Trubetzkoy，1890—1938）在《音位学原理》（*Principles of Phonology*，1939）中所使用的音位特征对立分析法，或区别性特征分析法的启发。

二、词汇语义解析方法形成过程的质疑

关于语义解析方法的形成过程及其背景，吉拉兹在《词汇语义学理论》中从两方面进行了阐述。首先，吉拉兹提出——语义分析存在欧洲和美国这两个流派：[①]

语义特征分析是20世纪50年代后期和60年代初期，一些欧美语言学家在各自独立的情况下先后提出来的。虽然他们都在结构音系学中找到了灵感（？），但是欧洲的义征分析产生于词汇场理论，而美国的成分分析则源于人类语言学研究领域。在人类语言学研究领域出现的语义分析的美国流派，体现在克罗伯（1952）、康克林（1955）、古迪纳夫（1956）和朗斯伯里（1956）的论著中。而在欧洲，可以在叶尔姆斯列夫（1953）的著作中，看到向义素分析方法迈出的第一步（？）。直到20世纪60年代，在法国学者波蒂埃（1964，1965），尤其是在考赛略（1962，1964，1967）和格雷马斯（1966）的论著中，

---

① 参见吉拉兹《欧美词汇语义学理论》，李葆嘉、司联合、李炯英译，北京：世界图书出版公司，2013年版。

欧洲的语义分析才得到了长足的发展。（Geeraerts 2010：70）

这一论述存在如下问题：1. 欧美两地的语言学家都是在结构音系学中找到语义分析的灵感的吗？叶尔姆斯列夫从布拉格学派的结构音系学中汲取了灵感，但是早期美国学者也是如此吗？2. 既然奈洛普、布伊森、佩什科夫斯基早已提出过词义可分解的思想，叶尔姆斯列夫的内容形素说还是向义素分析方法迈出的第一步吗？3. 依据克罗伯、康克林、古迪纳夫和朗斯伯里的论著，可以梳理清楚美国成分分析法形成和发展的线索吗？

吉拉兹进一步提出，激发美国结构主义语义学诞生有两个因素：

激发美国结构主义语义学诞生的第一个因素，可能与布龙菲尔德对意义的探讨有关（？）。尽管在布龙菲尔德的影响下，美国结构主义朝着极端形式主义的方向发展，不利于把对语义研究作为语言学的一个分支，但是有两个因素最终导致了词汇语义分析的出现。首先，第一个因素，布龙菲尔德并没有排斥在语言学中考虑语义。（？）在《语言论》（1933）里有一章是讨论意义变化的，表明他并没有提倡从语言研究中排除语义。他还曾经提到，当专家提供了male-female的定义时，语言学家可以利用这些定义表达词语。也就可以确切地说出，在he-she、lion-lioness之间的差别了。可以认为，这些是对义素分析原理的简约观察。其次，也许受布龙菲尔德论述的启迪，奈达（1951）为意义描写所创造的结构主义术语中，虽然没有出现"义素分析"这一术语，然而奈达所用术语可以表明，语义分析是如何遵循结构音系学模式发展起来的。在奈达的这些论著里，可以发现激发美国结构主义语义学诞生的第二个因素。美国语言学界的人类学传统，对于所要调查的语言和所涉社区文化之间的关系，总是有着浓厚兴趣。（Geeraerts 2010：71—72）

这一论述存在两个问题：1. 布龙菲尔德的语义观，到底是促进还是阻碍了语义研究？2. 从奈达的这些论著中，能够梳理出美国学者语义成分分析的形成过程吗？

尽管布龙菲尔德（1933）曾经提及，在语言研究中，语义不是用还是不用的问题，而是如何恰当地使用的问题，但是仍然难以掩盖其语义研究的"悲观情结"：

Since we have no way defining most meanings and of demonstrating their constancy, we have to take the specific and stable character of language as a presupposition of linguistic study, just as we presuppose it in our everyday dealings with people. We may state this presupposition as the *fundamental assumption* of linguistics, namely: *In certain communities (speech-communities) some speech-utterances are alike as to form and meaning.*（Bloomfield 1933: 114）

由于我们无从界定大多数意义并显示其稳定性，我们必须把语言的明确性和稳固性作为语言学研究的前提，正如我们在与人们的日常交往中默契的那样。我们可以宣布把这个前提作为语言学的基本假设，也就是说：在特定的社团（言语社团）中，某些话语在形式和意义上是相似的。

Since we cannot with certainty define meanings, we cannot always decide whether a given phonetic form in its various uses has always the same meaning or represents a set of homonyms.… We have already seen that present-day knowledge does not suffice to unravel all the entanglements of meaning. (Bloomfield 1933: 148)

由于我们无法确定意义，所以我们往往不能决定用于各种场合的某个特定语音形式是否总有相同的意义或表现为一组同音异义词。……我们已经谈到，目前的知识还不足以解析意义的复杂性。

the meanings —in our example, the sememes of a language —could be analyzed or systematically listed only by a well-nigh omniscient observer . (Bloomfield 1933:162)

意义——按照我们的例子，就是一种语言的义素——只有几乎无所不知的通才，才能分析或者系统地排列。

关键在于，布龙菲尔德陷入了"语义研究的科学主义圈套"：

In order to give a scientifically accurate definition of meaning for every form of a language, we should have to have a scientifically accurate knowledge of everything in the speakers' world. The actual extent of human knowledge is very small, compared to this. We can define the meaning of a speech-form accurately when this meaning has to do with some matter of which we possess scientific knowledge. (Bloomfield 1933:139)

为了给一种语言的每个形式的意义一个科学的准确定义，我们对说话人世界里的每一事物都必须有科学的准确知识。与之相比，人类知识的这种实际领域太少了。只有当其意义与我们所掌握科学知识范围的一些事物有关，我们才能准确定义某一语言形式的意义。

当然，对可以依据一般常识解释词语，布龙菲尔德也并非一无所知：

Although the linguist cannot define meanings, but must appeal for this to students of other sciences or to common knowledge... (Bloomfield 1933:145)

虽然语言学家无法确定意义，但是可以求助于其他科学的学者或常识……

实际上，日常会话中谁也不会根据所谓"科学的准确定义"使用词语。普通人对语言意义的了解和运用都是基于日常感知经验，科学家在进行日常交流时同样如此，语言就是建立在这种"非科学定义"之上。尽管此后布龙菲尔德提及意义研究的重要性，但是他始终坚持——意义研究只是一种"未来事业"。依据"每一事物都必须有科学的精确知识"的"科学主义"原则，也就意味着语义研究属于无穷无尽的"未来"。由此可见，"科学主义"和"未来事业"，只是布龙菲尔德拒绝或畏惧日常语义研究的托词——因为一旦导入语义，纯形式的分布主义也就可能分崩离析。反之，布龙菲尔德把语义研究的任务推给了科学家，要等弄清每个概念的科学本质后再研究语义，实际上也就是推卸了语言学家探索词汇语义的使命。由此可见，布龙菲尔德是排斥语义研究的，美国学者语义分析方法的形成与布龙菲尔德的语言学思想无关。

这种"畏难情结"在其追随者中有增无减。霍尔（R. A. Hall）是这样评价的：

一般而言，美国语法学家都追随布龙菲尔德，对于以语义标准作为分析步骤的基础表示怀疑。在某些情况下，这就导致在语言学研究中绝对否定了考虑意义的必要性，甚至可能性（如海里斯、特雷格）。（转引自赵世开1989：81）

作为后布龙菲尔德学派的代表人物，海里斯（Zelig S. Harris, 1909—1992）在《结构语言学的方法》（Methods in Structural Linguistics, 1951）中则走向了绝对排斥语义的极端。

与排斥语义研究的布龙菲尔德学派相反，美国学界有一批关注语义研究的其他领域的学者。1909年，美国文化人类学大师克罗伯（A. L. Kroeber, 1876—1960）发表了《亲属关系的分类体系》一文。有人认为，该文率先使用了一种后来在认知人类学中广泛应用的成分分析方法。不过，这篇文章主要是就摩尔根（L. H. Morgan, 1818—1881）的亲属制度分类（1870）提出质疑。克罗伯通过12种美洲印第安人的（类别式）亲属制度，与英语亲属称谓（说明式）的比较，归纳出亲属划分的8个依据或基本原则：1. 世辈区分；2. 直系与旁系区分；3. 年龄区分；4. 两性区分；5. 称呼者本身的性别区分；6. 中介亲属的性别区分；7. 血亲与姻亲区分；8. 存殁与已未婚区分。虽然依据这些基本方面，可以对亲属称谓进行分类和定义，但是不能说已经提出或使用了语义成分分析方法。

作为民族生态学的创始人，康克林（H. Conklin, 1926—1978）在《哈努诺人与植物世界的关系》（1954）、《哈努诺人的色彩范畴》（1955）中，采用语言学方法对菲律宾哈努诺人的植物、颜色分类等进行了认知语义阐释。

作为著名翻译学家，奈达（E. A. Nida, 1914—2011）发表了一系列有关语义分析的论著，如《翻译问题中的语言学和人类文化学》（1945）、《语义要素的描写系统》（1951）、《试论翻译的科学》（1964）、《意义的成分分析》（1975）。1964年，奈达提出了成分分析的五个基本步骤：1. 选择一组有共同对比特征的词；2. 尽量精确地说明这组词的所指对象；3. 确定说明意义对立的区别性成分；4. 用区别性成分解释各词；5. 全面说明区别性成分之间的关系以及分类符号。1975年，奈达扩大了分析范围，不仅分析了亲属称谓词，而且分析了一批具体名物词和动作词。毫无疑问，奈达对成分分析的发展有所贡献，但是这显然不是美国流派成分分析法的来源。

总之，尽管美国学者的文化人类学研究、翻译学研究对语义分析起了促进作用，但是我们要寻找的是——哪一位美国学者最早采用了最接近现代语义分析的方法？

三、基于社会结构—功能主义的美国流派

如果拘泥于就语言学自身谈语言学史，从逻辑上似乎可以推定，成分分析法接受了布拉格学派的音位分析理论或结构音系学模式的影响。不过，由此产生的第一个质疑是——为什么法国语言学家的义素分析晚于而不是早于美国人类学家的成分分析呢？根据学术地缘影响的距离度，应当是法国语言学家便于接受布拉格学派的影响，而事实上却是美国人类学家的语义成分分析在先。换而言之，没有音位分析方法的影响，也可能在其他学术领域出现语义分析方法。

由此产生的第二个质疑是——美国人类学家的语义成分分析法又从何而来呢？语言学界熟知的是20世纪60年代，卡茨和福德在《语义理论的结构》（1963）中，将美国人类学家的"成分分析"导入转换生成语法研究，以挽救乔姆斯基理论，从而形成了解释语义学。所以，通常提到的就是1956年美国《语言》32号上同期发表的两篇采用"成分分析/语义分析"方法的人类学研究论文，即朗斯伯里的《波尼语亲属关系惯用法的语义分析》（1956）与古迪纳夫的《成分分析和意义研究》（1956）。前者是对北美印第安人波尼语的亲属称谓研究，后者是对西太平洋特鲁克岛上的密克罗尼西亚土著的亲属称谓研究。

对特鲁克语亲属称谓的语义分析，古迪纳夫使用了9个字母来标记9个特征：1. A=参照（自己）；2. B=辈分（B1长辈，B2同辈，B3晚辈）；3. C=性别（C1男性，C2女性）；4. D=与母系成员的对称性关系（D1对称，D2不对称）；5. E=与自己性别的异同（E1同性，E2异性）；6. F=血统（F1血亲，F2姻亲）；7. G=长幼（G1年长，G2年幼）；8. H=母系或父系（H1母系成员，H2父系成员，HI不属于这两者）；9. J=旁系或直系（J1直系，J2旁系）。依据这些特征标记，可以定义特鲁克语的亲属称谓。例如：semenapej（基于自我的父系长辈称谓）定义为AB1C1J1；jinenapej（基于自我的母系长辈称谓）定义为AB1C2J1。mwaani（基于女性自我的同胞兄弟或堂兄弟），定义为AB2D1E2F1C1；pwiij（基于女性自

我的同胞姐妹或堂姐妹），定义为AB2D1E1。

然而，美国人类学家的成分分析法，其来源却一直是个不解之谜。只是看到美国社会学家戴维斯（Kingsley Davis，1908—1997）在20世纪30年代，利用"基元要素"（primary elements）和矩阵图分析澳大利亚中部原居民阿兰达人亲属称谓的研究，才揭开了这一谜底。

作为结构—功能主义社会学的代表人物之一，戴维斯曾任美国社会学协会主席与人口学会主席。戴维斯善于将人口学、统计学、人类学和社会学的分析结合在一起。在理论上深受其师帕森斯（T. Parsons，1902—1979）的影响。作为社会家的结构—功能主义的创始人，帕森斯在伦敦大学求学期间（1924），听过英国人类学家马林诺夫斯基（B.K.Malinowski，1884—1942）的课，并且深受其人类学家的功能主义的影响，从而创立了社会学研究的结构—功能主义。1936年，戴维斯在哈佛大学完成了博士论文《亲属关系的结构分析：亲属关系社会学导论》，在1936—1980年之间，该博士论文作为专著再版8次。

1937年，戴维斯和瓦尔纳（K.Davis & W.L.Warner）在《美国人类学》杂志上发表的《亲属关系的结构分析》（"A Structural Analysis of Kinship". *American Anthropologist* 39: 291—313）一文，无疑是其博士论文的核心内容。在"亲属符号系统"这一节中，戴维斯提出：

要想获得亲属系统的知识，就必须借助不可缺少的某种符号手段（symbolical apparatus）的帮助。只有借助这一符号手段，才可以明确地表征亲属系统的范畴和次范畴。而一旦采用了范畴表征，就能写出任何一个亲属称谓的公式，并且概括出亲属系统的全部特性。为此，我们制订了以下一套符号。

（1）Birth-Cycle = C（辈分）

上辈=C^a（自我以上）；下辈=C^d（自我以下）；辈分总数，上辈加上下辈= C^{a+d}；代= C^{a-d}（从上辈分数减去下辈分数，即使没有包含在已知计算结果的准确数字中，其不同结果也可以推知）；上代= $C^{a-d=+}$；下代= $C^{a-d=-}$；从自我的任一方向的某一代= $C^{a-d=+}$。

（2）Birth-Order = O（长幼）

兄弟姐妹系列中的次序=O^n；兄姐= O^o；弟妹= O^y。注意：O常用在自我作为成员之一的兄弟姐妹系列中，它对证明在此系列中确定存在于哪一代很有用，比如 O^{ya}；或者对这个O与谁比较的辈分关系不计，比如O^y。

（3）Sibling-Link= L（兄弟姐妹链）

兄弟——兄弟= L♂♂；姐妹——姐妹= L♀♀；兄弟——姐妹= L♂♀；与兄弟姐妹的性别相同= L^u；与兄弟姐妹的性别不同= L^a。注意：这里的性别范畴看上去与兄弟姐妹链的范畴混淆，但是它要表明的是与其他关系类型稍有不同的性别范畴。有时更便于用它来表示作为另一范畴符号的一部分。已知兄弟姐妹关系标记= L^w；未知兄弟姐妹关系标记= L^x。

（4）Sex = S（性别）

自我性别= S^e；自我性别为男性= $S♂^e$；自我性别为女性= $S♀^e$；相关亲戚的性别= S^r；相关亲戚的性别为男性= $S♂^r$；相关亲戚的性别为女性= $S♀^r$；中间亲戚的性别= si；一致的= S^{iu}；交互的= S^{ia}；全部男性的= $S♂^{iu}$；全部女性的= $S♀^{iu}$；男性的、女性的等等= $S♂♀♀^i$；与自我性别一致的= $S^{i(ue)}$。

（5）Procreative-Union = U（姻亲）

（a）当处于连接线时= U　注意：当定位于亲戚关系连接线上时，作为表示"姻亲"的符号，U应当位于公式中实际存在于连接线上的婚姻联盟的点上。当它用来指明与谁存在可能或事实婚姻关系时，用 U^w 来表示，它应当一以贯之，并常用小符号加以调整。（b）当指明与谁存在婚姻关系时= U^w 与自我= U^e；与男性亲戚= U^k；与非男性亲戚= U^x；可能的= U^p；与我可能的等等= U^{pe}。（Davis & Warner 1937：304—305）

在该文的"分析亲属关系系统的建议方法"这一节中，作者写道：

以下列举的，是通常可能写出来的某一亲属系统中的普通称谓公式。而这样做，必然基于这些称谓之间在亲属系统中显露出来的区别。（Davis & Warner 1937：308）

阿兰达人（澳大利亚中部土著居民）称谓系统

1	2	3	4	5	6	7	8	9	10
Fixd number	Term number	Native term	English equivalant	Female speaking	Complete formula	Categories definite	Categories indefinite	Distance from Ego	Unit distance
1	1	Kate	Father		$C^{a-d=1}S^{(iu)(r♂)}U^2$	$C^{a-d}S^{ir}U$	$C^{ad}LS^e$	C+	1+
2	2	Maia	Mother		$C^{a-d=1}S^{(iu)(r♀)}U^2$	$C^{a-d}S^{ir}U$	$C^{ad}LS^e$	CS^a+	2+
3a	3	Itia	Elder brother		$C^{a-d=0}S^{(iu)}U^{6/18}$	$C^{a-d}LS^iU$	$C^{ad}L^wS^{er}$	C+	1+
3b			Younger brother						
4a	4		Elder sister						

1	2	3	4	5	6	7	8	9	10
4b			Younger sister						
5	5	Pala	Husband		$C^{2a/2d/0}S^{ie}U^{9/Ego}$	$C^{2a/2d/0}S^{i}U$	$C^{ad}LS^{er}$	$2CS^{a}+$	$3+$
6	6	Noa	Wife		$C^{a-d=0}S^{iar?}U^{3/Ego}$	$C^{a-d}LS^{ir}U$	$C^{ad}L^{w}S^{e}$	$4CS^{a}+$	$5+$
7	7	Allra	Son	21	$C^{a-d=-1}S^{iu}U^{15/71}$	$C^{a-d}S^{i}U$	$C^{ad}LS^{er}$	$C+$	$1+$
8	7		Daughter	21					
9	9	Aranga	Father's father		$C^{a-d=\pm 2}S^{iu}U^{5}$	$C^{a-d=\pm}S^{i}U$	$C^{ad}LS^{er}$	$2C+$	$2+$
10	10		Father's mother						
11	11	Tjimia	Mother's father		$C^{a-d=\pm 2}S^{ia}U^{12}$	$C^{a-d=\pm}S^{i}U$	$C^{ad}LS^{er}$	$2CS^{a}+$	$3+$
12	12	Ebmana	Mother's mother		$C^{\pm 2a\pm 2d\pm 2d}S^{ia}U^{49}$	$C^{\pm a\pm d\pm d}S^{i}U$	$C^{ad}LS^{er}$	$2C+$	$2+$

可以认为，该图表就是亲属称谓基元要素分析的矩阵图。[①]

戴维斯在论文结尾总结：

语言机制：至于把基本称谓用于直系亲属之外的其他家族对象，可以推定，这些称谓也是分类意义上的。如果所用的基本称谓很多，那么直系亲属的称谓与扩大的家族称谓就有可能融为一体。总之，如果这一亲属系统几乎都可以由基元要素组合的称谓构成，那么该系统总体上可能是一种描写性系统；但是，如果这一亲属系统由范畴要素组合的称谓构成，那么该系统则有可能是分类意义上的系统。（Davis & Warner 1937：313）

有了这一套"基元要素"并且符号化，就可能用简便格式，如矩阵图、定义式来准确地描写亲属称谓。尽管尚未清楚，人类学家古迪纳夫等是否看过戴维斯的《亲属关系的结构分析》，但是该文献发表在《美国人类学》杂志上。从学术渊源上，可以推定——美国人类学家的"成分分析"方法来自戴维斯的"基元要素"分析方法。

作为布拉格学派的代表作之一，特鲁别茨柯依的《音位学原理》（1939），比戴维斯的亲属称谓基元分析方法（1936）要晚3年。至于叶尔姆斯列夫的（1943）的内容形素说，则更晚了7年。显而易见，亲属称谓基元分析法与音位对立分析法以及内容形素说无关。

虽然20世纪30年代以前，欧洲语言学家已经萌发了语义分解的设想，但是最早从事这

[①] 可查看原文http://online library. wiley.com/doi/10.1525/ aa.1937.39.2.02a00090/pdf。

方面操作性实践的却是美国社会学家，继而才是美国人类学家、翻译学家。之所以语义解析方法首先在社会学/人类学领域出现，是因为合适的对象催生相应的方法。对社会学/人类学研究而言，至关紧要的亲属称谓，具有两个明显特点：一是系统的封闭性，二是语义要素的有限性。正是这两个特点，才使"亲属语义场"成为"语义成分分析方法"的典型对象，或词汇语义分析的天然切入口。

综上，亲属称谓基元分析法或语义成分分析法的学术背景，植根于美国社会学的结构—功能主义。尽管社会结构—功能理论属于广义的结构主义，但是毫无疑问，美国学者的基元分析法或语义成分分析法并非来自欧洲语言学的结构—功能主义。我们可以把戴维斯、古迪纳夫、朗斯伯里等人称为"美国语义学派"或"美国成分分析流派"。

实际上，语义分析方法只要具备两个条件就可以自发产生：一是基元要素观，二是矩阵图。前文已经阐述，基元要素或基元观在西方早已形成，至于矩阵图也就是普通数学知识。由此可见，即使没有结构主义，照样也可以自发形成语义分析方法。当然这并非说，戴维斯的亲属称谓基元分析法不存在美国社会学的结构—功能主义背景。

四、基于语言结构—功能主义的法国流派

基于语言学的结构—功能主义的语义解析方法，主要是法国学者建立起来的。波蒂埃、格雷马斯以及考赛略等提出，在词汇场中可以析出由功能对立加以区别的"词汇要素"（lexical elements）。

20世纪60年代以来，波蒂埃在《迈向现代语义学》（"Vers une Sémantique Moderne". *Travaux de linguistique et de littérature* 2: 107—137.1964）、《面向词典的定义语义学》（"La Définition Sémantique dans les Dictionnaires". *Travaux de linguistique et de littérature* 3: 33—39. 1965）、《普通语义学》（*Sémantique Générale*. Paris: Presses Universitaires de France. 1992）等论著中，发展了词汇语义分析理论。波蒂埃认为，词的所指由义位及语义特征组成，同时主张功能词也包含语义内容，并试图建立一种用元语言对词典中的词项进行释义的语义理论。波蒂埃将一个词位（lexème）界定为一个由义子（sèmes）组成的义位（sémème）。义子是词位所指的区别性特征，与古迪纳夫的"语义成分"是意义的构成要素有所不同。

波蒂埃对法语家具词汇场的坐具子场的描写，图示如下：[1]

---

[1] 转引自D. Geeraerts.*Theories of Lexical Semantics*. Oxford：Oxford University Press. 2010: 76.

	s1人坐	s2单人	s3腿子	s4靠背	s5扶手	s6硬材
siège	+					
chaise	+	+	+	+	−	+
fauteuil	+	+	+	+	+	+
tabouret	+	+	+	−	−	+
canapé	+	−	+	+	+	+
pouf	+	+	−	−	−	

这一坐具子场的上义词是siège（坐具），下义词包括chaise（装饰椅）、fauteuil（扶手椅）、tabouret（凳子）、canapé（长条椅）和pouf（高圆垫）。作为对该词汇场界定的词项或者上义词，siège的地位是宽泛词位，所包含的意义是宽泛义位。宽泛义位可以落实到该场中的任何一个下位词的义位上。上义词siège只刻画其共同特征s1（人坐），要在不同特征化的下位词之间加以进一步的区分，就需要增加其他区别性特征（s2~s6）。

除了表示实体特征的义子，波蒂埃在词汇语义分析中增加了与组合关系有关的三种义子：1. 涉及语法功能描写的功能义子（fonctèmes），比如词类；2. 涉及组合关系语义限制的类别义子（classèmes），比如eat（吃）需要一个"有生性"的主语和一个"及物性/可食"的宾语；3. 涉及词汇语义联想的潜在义子（virtuèmes）。

格雷马斯的代表作有《结构语义学》（1966）、《意义论》（1970）等。格雷马斯认为：1. 所有意义系统的语义都一样，图像所指和语言所指没有什么不同；2. 语义学能够有效地研究语义在话语中的各种表现；3. 语义学不是语言学的一个组成部分，而就是语言学本身；4. 句法分析以语义结构为基础。格雷马斯深入分析了意义的基本结构，如义征、义征丛、义征系统、义征与义位的关系、意义的表达步骤等。又将义征分为具象义征、抽象义征、情意义征，这些分类使义征形成不同层面上的类聚，体现了义征的系统性。格雷马斯同样关注元语言理论，试图建立以元语言为工具的词义分析系统。当然，作为符号学家的格雷马斯，更为关注的是话语分析。他把句法关系看成语义化的结果。在句子范畴内，词具有一个稳定的义征轴，在发生语义效果时再添加上下文义征；在上下文义征不变的情况下，句子成为几种义征兼容的组织。义征轴和上下文义征通常不变，使得语义层面保持同一性。几个句子信息表现出来的同一性意味着意义的整体连贯性。正是这种连贯性，才使人们对一般句子和歧义句的理解成为可能。

考赛略是罗马尼亚人，后加入德国国籍。他曾经编辑出版过法国功能学派代表人物马尔丁内（A. Martinet, 1908—1999）的论文集《功能句法研究》（*Wilhelm Fink Verlag. München. 1975*），其学术思想深受法国功能学派的影响。考赛略的语义研究论著有《语言理论与普通语言学》（1962）、《关于历时结构语义学》（1964）、《词汇结构与词汇教学》（1966）等。

考赛略（1964）指出，词汇场理论要用词汇语义的区别性对立功能来补充。通过七个连续性划分步骤，考赛略（1962）确定了词汇语义的分析对象是系统意义（bedeutung），而不是指称意义（bezeichnung），这一构想可以看作是运用结构主义理论方法对词汇语义进行描写的努力。

通过法国学者的努力，基于语言学的结构—功能主义的语义解析方法在20世纪60年代建立起来。我们可以把他们称为"法国语义学派"或"法国义素分析流派"。

作为一股学术思潮，在20世纪30年代，结构主义并非仅存在于语言学领域。词汇语义解析方法的形成，可能存在不同学术领域的结构主义背景。美国成分分析流派基于社会学的结构—功能主义的亲属分析理论；法国义素分析流派基于语言学的结构—功能主义的音位分析理论。美国成分分析流派的驱动是"要想获得亲属系统的知识，就必须借助某种符号手段的帮助"（K. Davis 1937）；法国义素分析流派的需求是"词汇场理论要用词汇语义的区别性对立功能来补充"（E. Coșeriu 1964）。通过对比分析，才能明白长期以来的一个纠结：美国流派的语义分析为什么强调词汇语义的"成分/构成性"，而法国流派的语义分析为什么强调词汇语义的"要素/特征性"？由此可见，学术背景不同、研究需求不同，语义解析的术语及意蕴则不同。

由于语义分析方法的形成过程及学术背景，比德国学者心智语义场理论的创立要复杂得多，由此，语义分析基本单位的术语，比语义场理论的术语还要复杂，如基元要素（primary elements）、语义成分（semantic components）、内容形素（éléments de contenu）、词汇要素（lexical elements）这些术语，同义术语还有义子（sèmes）、义素（seme）、语义原子（semantic atom）、语义特征（semantic features）、语义标记（semantic marker）等。语义场理论和义征分析法，引导语义研究逐步走上了系统化和形式化的道路。

五、层级性元语言理论的研究视野

在吉拉兹《词汇语义学理论》的概述框架中，魏尔兹比卡（A. Wierzbicka）的自然语义元语言研究（Natural Semantic Metalanguage），以及贾肯道夫（R.Jackendoff）的概念语义学（Conceptual Semantics）、比尔维施（M. Bierwisch）的双层语义学（Two-Level Semantics）和普斯特耶夫斯基（J. Pustejovsky）的生成词库范式（Generative Lexicon），

被纳入了所谓"新结构主义语义学传统"。[1]就其理论渊源而言,自然语义元语言理论主要源自波兰学者博古斯拉夫斯基(A.Boguslavski)的普遍成分语义思想,以及俄罗斯学者茹柯夫斯基(А.К.Жуковский)的俄语语义原词研究思想。就基本哲学思想而言,语义元语言研究并不属于结构主义,而是属于基元主义。如果吉拉兹的这本专著,把以阿普列相(Ю.Д.Апресян)为首的莫斯科语义学派的语义元语言研究也纳入其中,那么在概述框架中就可专门列出"基元主义语义学"或"词汇语义研究的基元传统",而不是将魏尔兹比卡的自然语义元语言研究杂糅在不伦不类的"新结构主义传统"之中。

李葆嘉(2002)提出的层级性元语言理论及其研究方法,依据所处层面和应用功能,一种自然语言的元语言系统可以划分为三种:习义元语言系统、释义元语言系统、析义元语言系统。基于多种语言的元语言系统研究成果,可以进一步抽象具有人类普遍性的认知元语言系统。元语言系统包括"元语言符号集"和"元语言句法集",首先重点研究的是前者(元句法相对简单)。习义元语言中的语元相当于日常语言的基本词项,称之为"词元"。释义元语言中的语元相当于词典释义中的必用词项,称之为"基元"。析义元语言中的语元单位即义素或语义成分,称之为"义元"或"义征"。认知元语言中的语元单位则称之为"知元"。习义元语言符号集是幼儿语言习得的经过词位合并的限量性词元集,反映日常基本事物、动作、性质及关系,主要功能是作为语言能力发展的检测标准和语言教学的择词依据。幼儿限量词汇集天然具有"元"性质,这些词元不但是个体理解其他词汇,而且也是衍生其他词语的基础。释义元语言符号集是解释对象语言的定量基元集,主要功能用于辞书中的词条释义。释义元语言的存在方式有两种:一种是传统词典中的"随机性释义用词";另一种是通过提炼和优化的"限量性释义基元"。析义元语言符号集是分析对象语言的语义特征集,主要功能用于义位区别以及义场建构。作为一套人工建构的形式化符号系统,可以用专门设计的人工符号全面转写,以便进行算法化处理。认知元语言系统符号集是以普遍认知范畴和跨文化交际研究为目标,基于多种语言的元语言系统研究成果的进一步抽象,用来解释人类语言中具有普遍性的意象单位及其关联的符号工具。

依据所研究对象的形式特点,可以把元语言研究区别为中观、微观和宏观三个视界。习义元语言的词元、释义元语言的基元,其形式是日常交际中的自然语符,可以视为中观研究的视界。析义元语言的义元,是通过对比分析而深入挖掘的语义标记,可以视为微观研究的视界。这一研究可称之为"微观语义学"或"分子语言学"。认知元语言的知元是

---

[1] D. Geeraerts. *Theories of Lexical Semantics*. Oxford: Oxford University Press. § 4. Neostructuralist Semantics. 2010: 124-181.

认知活动中的范畴，是对人类感知意象及其关联结构的再抽象，因此属于宏观研究的视界。为便于操作，层级性元语言系统研究的技术路线是从日常交际中的自然语符即中观层面切入，首先建构习义元语言和释义元语言。然后向下发掘微观层面的析义元语言，向上建构宏观层面的认知元语言。习义元语言和释义元语言为自然性语符，而析义元语言和认知元语言则为人工性语符。

20世纪60年代，随着国际上的"语言学研究的语义转向"，现代语义学的地位才得以最终确定。作为语言研究中最为精微和复杂的领域，语义反映了人类的认知过程、思维成果和意识形态。尽管20世纪以来的西方现代语义学研究有了一定的发展，但是语义研究依然困难重重。毋庸置疑，现代语义学仍然还是一门处于不断探索中的成长学科。

基于指称意义的特定关系联想的关系语义*
——揭开"结构主义语义学"的第三个谜

提要：本研究主要探讨关系语义学的形成背景以及"系统意义"的本质。（1）关系语义学的理论先导是考赛略（1962），莱昂斯（1963）将之推向前沿，而对关系语义详加描述的是克鲁斯（1986）；（2）与基于新洪堡特主义和格式塔心理场论的"心智语义场"理论相比，关系语义学的背景是形式结构主义，可称为"关系语义场"理论。所谓"系统意义"，仅限于词语"指称意义"中的几种特定关系的心理联想。（3）作为储存词汇语义的数据知识库，"词网"采用计算技术手段刻画了几种常见的词汇语义关系。词汇语义关系研究还面临着三大任务。

关键词：关系语义学；形式结构主义；系统意义；指称意义；词网

Lexical Relational Semantics: Systematic Meaning based on Referential Meaning
——A Solution to the Third Maze of Structuralist Semantics

Abstract: This study investigates the background of Relational Semantics, and the nature of "sense relations". (1) E. Coseriu was the pioneer of relational semantics and J. Lyons was the integrator of it. D. A. Cruse elaborated this field by giving further detailed explanations; (2) Different from Mental-Semantic-Field, which is based on Neo-Humboldtianism, Relational Semantics is Relational- Semantic-Field based on Formal-Structuralism.Actually, the "sense" have referential meaning as a foundation. (3) As a knowledge database storing lexical semantic, WordNet gives an account of these lexical semantic relations with computational technical application. Although there are difficulties in the analysis of semantic features and semantic syntagmatic, it's not possible for the description of lexical semantic relations to replace the analysis of lexical semantic features.

---

* 李葆嘉、刘慧合作。原题为《关系语义：基于指称意义的特定关系联想——揭开"结构主义语义学"的第三个谜》，刊于《南京师范大学文学院学报》2014年第2期，142—153页。

Key words: Relational Semantics; Formal-Structuralism; systematic meaning; referential meaning

西方现代语义学的理论方法，自周绍珩的《欧美语义学的某些理论与研究方法》（1978）介绍以来，中国学者熟悉的是语义场理论、语义分析方法，但对关系语义学理论方法不甚了解。吉拉兹（D. Geeraerts）提出：

在基于结构主义的"意义"概念而提出的总体路线中，出现了多种理论和描述方法，其中最著名的主要有三种：词汇场理论、语义分析和关系语义学（relational semantics）。（Geeraerts 2010：52）

在对关系语义的讨论中，首先要考虑的主要是"系统意义"（sense）的关系。（Geeraerts 2010：81）

通常认为，"结构主义语义学"是将索绪尔的"结构主义"（索绪尔从未使用过这一术语）延伸至语义领域而产生的，其实并非如此。此前，我们已经揭出：20世纪30年代产生的"心智语义场"，其学术背景是德国的新洪堡特主义、民族心理学和格式塔心理场论，心智语义场理论本质上是"新洪堡特主义语义学"。词汇语义可解析的基元观在西方源远流长，而现代语义学的词汇语义解析方法存在不同学术领域的结构主义背景。20世纪30年代，美国社会学家戴维斯（K. Davis）率先采用基元要素（primary elements）和矩阵图分析了亲属称谓，其背景是美国社会学的结构—功能主义。20世纪60年代，法国语义学家推进的"义素分析"，其背景是欧洲语言学的结构—功能主义。20世纪60年代，罗马尼亚—德国语义学家考赛略（E. Coşeriu 1962）和英国语义学家莱昂斯（J. Lyons 1963）相继倡导的"系统意义"研究或"关系语义学"，前者主要基于语言学的结构—功能主义，后者才是基于索绪尔的形式结构思想。

关系语义学的"关系语义"与"Kripke 语义"不同。模态逻辑系统这种关系语义或框架语义，是20世纪50年代晚期克利普克（S. Kripke）所建立的形式语义。关系语义学的"关系语义"与"语义关系"也有所不同。作为一个更广泛的概念，"语义关系"既包括词项单位之间的语义关系，即"词汇语义关系"，也包括句法范畴之间的语义关系，即"句法语义关系"。关系语义学的"关系语义"属于前者，但是关系语义学并非囊括词项单位之间的所有语义关系，仅限于几种特定的"系统意义"之间的关系。

"关系语义学"也不等同于"结构语义学"，尽管结构语义学可能以"关系语义"作为研究对象，比如莱昂斯的《结构语义学》（*Structural Semantics*，1963）；但是结构语义学并非只研究"关系语义",比如格雷马斯(A. Greimas)的《结构语义学》(*Structurale: recherche de méthode* 1966)。通常所认为的"结构语义学",包括语义场理论和义素分析方法,而将"关系语义"研究纳入聚合语义场。姑且认为,"关系语义"是指反映词汇系统内部的"价值"、词语之间相互制约的同义、反义、上下义、部分—整体义等几种特定关系的语义。为了进一步明确其含义,"关系语义学"可称之为"词汇结构关系语义学"。20世纪60年代,莱昂斯将其推到了前台,并且像语义成分分析方法那样,也通过生成语法汇入了理论语言学的主流。

石安石(1984)介绍过莱昂斯的一些语义研究观点,将词语聚合关系分为三种基本类型(包含、排斥和交叉关系),并结合汉语将这三种关系与可传递和不可传递关系进行了对应研究,不过,并没有提及这是"关系语义学"的研究内容。徐志民在《欧美语义学导论》第七章《词义关系》中,介绍了克鲁斯(D. A. Cruse 1986)关于词义聚合关系的四种基本类型(同一、包含、交叉、全异)(徐志民2008:110)。在论述转换语义学和结构语义学之间存在交叉关系时,徐志民提及"转换语义学范围内的分解法和公理法,跟结构语义学**语义场论**和**词汇关系分析**等是有关联的"。(徐志民2008:14)

罗宾斯(R. H. Robin)在《简明语言学史》(1967/1997)中,并没有给现代语义学一席地位,几乎没有涉及这方面的研究。同样,国内最有影响的三种西方语言学史论著(冯志伟1987/1999;徐志民1990/2005;刘润清1995),也都没有将现代语义学纳入史论视野,对其理论方法未置一词。由此可见,作为现代语义学主要理论之一的"关系语义学",中国语言学界尚未引起重视。

本文试图揭开"结构主义语义学"的第三个谜,试图回答:1. 关系语义学的形成过程及学术背景是什么?2. "关系语义"或"系统意义"的本质是什么?"系统意义"与"指称意义"存在怎样的联系?基于形式结构主义的关系语义场理论,与心智语义场理论有何异同?3. 采用计算技术手段刻画关系语义的"词网"(WordNet),具有怎样的价值以及不足?

一、形式结构主义的关系语义学

语义研究在英国具有传统。英国人类学家马林诺夫斯基(B. Malinowski)在《基里维纳语的分类小品词》(1920)、《原始语言中的意义问题》(1923)、《珊瑚园及其魔力》(1935)等论著中,阐述了人类语义学或普通语义学理论。马林诺夫斯基认为,语义学理论是解释语言现象的基础;形式标准既不能作为语法分析的基础,也不能作为词汇分类的基础。他在分析基里维纳语时说："在研究各种组织成分的语法特性时，务必时刻记住它们的意义。证明一个表达单位应该归入名词、动词、副词或指代词时，所用的是语义定义，而不是形式定义。"

20世纪50年代以来，英国的一批学者发展了现代语义学理论。首先是乌尔曼（S.Ullmann）的《语义学原理》（1957）、《语义学：意义的科学导论》（1962）的出版，促使英国语言学界关注语义研究。此后，莱昂斯（J.Lyons）的《结构语义学》（1963）和《语义学》（1977）、利奇（G. Leech）的《语义学》（1974）、帕尔默（F. R. Palmer）的《语义学》（1976）、肯普森（Ruth M. Kempson）的《语义理论》（1977）、克鲁斯（D.Cruse）的《词汇语义学》（1986）陆续出版。乌尔曼将语义场划分为联想场（associative field）和词汇场（lexical field）两大类，前者定义为"围绕一个词的联想网络"；后者定义为"与一定的语言运用范围相适应，紧密结成一体的词汇部分"。

通常认为，基于索绪尔的结构主义思想，莱昂斯（1963）首先导入"系统意义"（sense）和"系统意义关系"（sense relations）概念，建立了关系语义学。

索绪尔（F. de. Saussure 1916）曾经提出：

语言是形式而不是实体。（高译本1980：169）

词既然是系统的一部分，就不仅具有一个意义，而且特别是具有一个价值。……在同一种语言内部，所有表达相邻概念的词都是互相制约着的。（高译本1980：161）

换而言之，词汇语义包括两方面：一是反映词与外部世界关系的"意义"（指称意义、实体意义）；二是反映词汇系统内部关系的"价值"（系统意义、形式意义）。

吉拉兹（2010）指出，提出"系统意义"研究的先导是考赛略。考赛略（1962）强调，语义分析的对象应当是词的"系统意义"（bedeutung，英文systematic meaning），而不应是"指称意义"（bezeichnung，英文referential meaning）。通过七个连续性的划分步骤，考赛略确定了词汇语义分析的研究对象。第一步，划分了语言之外的现实和语言自身，把语言自身作为研究对象；第二步，在语言自身中排除元语言，把目标语言作为研究对象；第三步，在目标语言中，坚持共时研究优先于历时研究；第四步，俗语和谚语之类的固定表达加以排除；第五步，词汇语义分析应当针对同质的研究对象，即在空间、阶层、语体上无差异的功能语言；第六步，在功能语言内部，研究的对象是鲜活系统，而不是规约系统；第七步，语义分析的对象是词的系统意义，而不是指称意义。考赛略（1964）进一步认为，词汇场理论要用词汇语义的区别性对立功能来加以补充。依据结构—功能主义，考赛略明确排除了词汇的联想场，只承认由严格对立的词项，如"老—

幼、日—夜"这样的词项所构成的词汇场,而且指出在对此类词项进行语义分析时要避免指称意义的描写。(D.Geeraerts 2010:77—78)

虽然莱昂斯(1963)没有提及考赛略,但是强调描写词汇语义的对立关系无疑是对考赛略理论的扩展。为了与德国语义学研究先驱特里尔(J. Trier)、魏斯格贝尔(L.Weisgerber)关于"意义"的宽泛概念加以区分,莱昂斯也使用了"系统意义"这一术语。

莱昂斯在《结构语义学》(1963)中认为:

It seems to me that many of the difficulties experienced by semanticists in the treatment of meaning-relations such as synonymy or antonymy are of a similar nature, being caused by their view of 'meaning' as prior to these relations. Such scholars as Trier and Weisgerber, it is true, have developed a theory of semantics which implies the priority of the meaning-relations, but, as we have seen, by framing their theory in terms of an a priori conceptual medium, they have considerably weakened the force of their arguments. I consider that the theory of meaning will be more solidly based if the meaning of a given linguistic unit is defined to be the set of (paradigmatic) relations that the unit in question contracts with other units of the language (in the context or contexts in which it occurs), without any attempt being made to set up 'contents' for these units, This I should mark as one of the principal theoretical points that is being made in the present work. (Lyons 1963:59)

在我看来,语义学家在讨论诸如同义或反义的意义关系时,遇到的许多难题性质类似,都是由其"意义"先于此类关系的观点造成的。如特里尔和魏斯格贝尔这样的学者,实际上,所提语义理论已经暗含了意义关系优先,但是正如我们所见,他们的概念框架依据的却是先验概念媒介,从而在相当程度上削弱了其观点的力量。我认为,如果基于某个语言单位的意义,根据与其他语言单位(在其出现的语境或上下文中)之间的一系列(有例证的)关系加以界定,而不是试图为这些单位设立"内容",那么这一意义理论将会更坚实。这些我将视为当前工作中的首要理论观点之一。

在《语义学》(1977)中,莱昂斯引用过特里尔(J.Trier 1934:6)关于区别两种意义的论述:

一个词的价值(geltung),只有在联系其相邻的词和对立价值来定义时才能确定。只有作为词汇整体的一部分,一个词才能获得"词义"(sinn),因为只有处于场中的词才有"词意"(bedeutung)。(Lyons 1977:251)

所谓"词义"（sinn）即相当于"指称意义"，所谓"词意"（bedeutung）即相当于"系统意义"。

莱昂斯在《理论语言学导论》（1968）中进一步提道：

"X的系统意义是什么"这个问题……，在方法论上可以简化为一系列问题，其中每个问题都是关系性的——X和Y之间存在系统意义关系R吗？（Lyons 1968：444）

莱昂斯坚持，用来描写词语内容的传统宽泛"意义"，不是语言结构的某种内在东西，而是属于指称层面或百科知识层面上的东西。而结构主义感兴趣的，应当是语言结构内部的"系统意义"。

后来，莱昂斯（1977）把在理论上具有特定含义的"系统意义"与"具体意义"之间的区别，与语义学和语用学之间的区别联系起来。他的设想是，语义学负责把词语所包含的独立于语境之外的系统意义，处理为语言结构的一部分，而语用学负责处理词语在特定话语中所体现的、依赖于情境的具体意义。实际上，所有的词汇语义都是基于语境中的语义的概括，只是有些是常用语境中的语义（在人们记忆中积淀的、习以为常的语义关系），而有些是特殊语境中的语义（在具体情境中唤起的、需要识别的语义关系）。因此，独立于语境之外的系统意义与在特定话语中所体现的具体意义，这样的划分没有多大的价值，在实际操作中可能纠缠不清。

二、系统意义关系的常见类型

在莱昂斯之后，对系统意义关系研究做出更多探讨的是克鲁斯（D. A. Cruse）的《词汇语义学》（1986）。该书讨论了几种常见的系统意义关系：同义、反义、上下义、整体—部分关系。

（一）同义关系

同义关系和反义关系，本来就是传统词汇学研究的主要内容。同义关系是不同词语之间的语义等同（或近似）关系。完全同义关系意味着，同义词具有相同的意义范围，在所有相关语境中可以相互置换，而总体上不改变整个句意。克鲁斯（1986）认为，同义词在主要意义特征上相似，但在次要意义特征上不同。这些次要意义特征，涉及蕴含、预设、选择限制、搭配限制、语域、风格和方言等。

无论确认同义词具有相同的意义范围，还是辨析近义词之间的细微差别，都要涉及词汇的指称意义。也就是说，同义关系基于词汇指称意义的描写内容。

（二）反义关系

如果说同义关系是基于指称意义的相似性联想，那么反义关系则是基于指称意义的相反（或相对）性联想。克鲁斯（1986）对反义关系的分类如下：

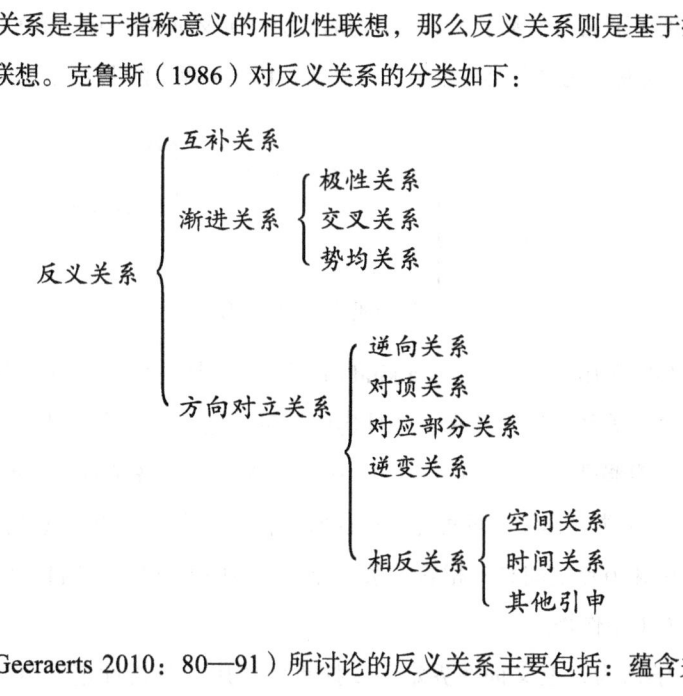

$$
\text{反义关系} \begin{cases} \text{互补关系} \\ \text{渐进关系} \begin{cases} \text{极性关系} \\ \text{交叉关系} \\ \text{势均关系} \end{cases} \\ \text{方向对立关系} \begin{cases} \text{逆向关系} \\ \text{对顶关系} \\ \text{对应部分关系} \\ \text{逆变关系} \end{cases} \\ \text{相反关系} \begin{cases} \text{空间关系} \\ \text{时间关系} \\ \text{其他引申} \end{cases} \end{cases}
$$

吉拉兹（D.Geeraerts 2010：80—91）所讨论的反义关系主要包括：蕴含关系反义、非对称关系反义、互补关系反义、视角关系反义、反向关系反义等。吉拉兹提出，尽管习以为常的反义关系似乎符合结构主义的对立理论，但是在实际话语中，梅廷杰（A. Mettinger 1994）却发现了许多"非习以为常"或"非系统"的反义关系现象，是在具体情境中被唤起的。如：

（1）oral（口腔的）—rectal（肛门的）

在量体温的情景下出现对立关系。这种语境性对立关系，在语篇很常见，又如：

（2）listening（听）—looking（看）

（3）romance（浪漫故事）—real life（现实生活）

（4）scholarship（学术工作）— domesticity（家庭生活）

依据特定语篇的具体理解，一些词语可以具有不同的对立关系。如：nature（自然）在某一语境中与art（艺术）对立，而在另一语境中却与civilization（文明）对立。

由此可见，词汇语义对立关系的理解依赖于百科知识和语篇情景，而不是形式结构和纯语言知识。换而言之，所有的反义关系，都涉及对一个对等的真实世界情景或语言知识中的视角转换问题，关系语义本质上是基于指称意义的描写内容。

（三）上下义关系

词语之间的上下义关系基于人们对事物的分类，上义词相当于"统称"，下义词相当于"类称"，所以也称之为"分类关系"。克鲁斯（1986）提出的上下义关系，图示如下：

$$
上下义关系 \begin{cases} 分类关系（自然项） \begin{cases} 民俗分类 \\ 科学分类 \end{cases} \\ 非分类关系（命名项） \end{cases}
$$

克鲁斯（1986）用"是一种（is a kind of）"与"是一个（is a）"的格式，把"分类关系"与"非分类关系"区别开来，并且建议只对"是一种"的情况进行分类关系研究。在克鲁斯看来，能够进入"A X is a kind / type of Y"这一格式的，X和Y之间就有分类关系，X就是Y的一个类。作为一种可分支的层级结构，分类关系的特点是：母子节点之间是上下位关系，姐妹节点之间是不相容关系。分类关系中的词项是"自然项"，既包括自然物种，也包括人工制作物。

传统词汇学认为，上义词在界定中发挥重要作用，分析性定义由所接近的"种+属差"组成。这一定义模式，既是语义场理论的基础之一，也是语义特征分析的基本原则之一。与同义、反义关系一样，上下义关系也并非词语之间的纯粹形式结构关系，而是词语在具体理解即指称意义中的种属关系。

克鲁斯认为，并不是所有的上下义关系都能构成分类关系。如：

（1）？A queen is a type of monarch.（？女王是一种君王。）

（2）？A kitten is a type of cat.（？小猫是一种猫。）

（3）？A waiter is a kind of man.（？侍者是一种男人。）

monarch与queen，cat与kitten，man与waiter之间都存在上下义关系，但是它们都不能进入分类关系的鉴别格式，因此不具有分类关系。需要提醒的是，这种"非分类"的上下义关系，更是基于事物的指称意义，尤其是事物的不同特征。比如，"女王"突出的是女性特征；"小猫"突出的是年龄或形体特征；"侍者"突出的是职能特征。

事物的分类，并非像克鲁斯所设想的那样一清二楚。猫科动物大约有35种，关于猫的分类法（参见《百度百科》），比较流行的有四种类型：

1. 据品种：纯种猫和杂种猫。［品种类］
2. 据毛长：长毛猫和短毛猫。［体毛类］

3. 据产地：西方品种和外来品种。［产地类］

4. 据环境：家猫和野猫（两者之间并无严格界线）。［饲养类］

基于日常认知，猫的分类方法可以进一步梳理如下：

1. 据外貌特征

1.1 据形体：大猫、小猫［命名项］

1.2 据毛色：黑猫、白猫、狸花猫（狸猫）、虎斑猫（豹猫）［自然项/民俗分类］

1.3 据毛形：长毛猫、短毛猫、卷毛猫、无毛猫（斯芬克斯猫）［自然项/民俗—科学分类］

1.4 据耳朵：折耳猫、卷耳猫［自然项/民俗—科学分类］

1.5 据尾巴：短尾猫［自然项/民俗—科学分类］

2. 根据生理特征

2.1 据年龄：小猫、老猫［命名项］

2.2 据性别：公猫、母猫［命名项］

2.3 据品种：纯种猫、杂种猫［自然项/民俗—科学分类］

3. 根据生活特征

3.1 据饲养：家猫、野猫［命名项］

3.2 据生态：沙漠猫、森林猫［自然项/民俗—科学分类］

3.3 据产地：埃及猫、波斯猫、英国猫、美国猫、暹罗猫、东方猫、喜马拉雅猫［自然项/民俗—科学分类］

其中，哪些是猫的自然项或物种分类，哪些是猫的命名项或非物种分类，需要鉴别。另外，自然项的物种，还要区别民俗分类和科学分类。到底是民俗的品种分类，还是生物学意义上的物种分类，难以把握。更重要的是，生物分类不仅是一项科学活动，历史、文化、物种保护、社会伦理等因素都对其产生一定的影响。

就制造物而言，比如提琴（西洋擦弦乐器），大致可分为小提琴（violin）、中提琴（viola）、大提琴（violoncello / viola da gamba）、低音提琴（contrabass），它们之间有很多相似之处，但是存在体积、音色、弹奏方式及其功能的差别。制造物的命名和分类，基于日常感知和行业知识，在自然项还是命名项之间，也并非一清二楚。

可以看出，克鲁斯的所谓"非分类关系"，强调的是事物的特征性；所谓"分类关系"，强调的是事物的品种性。而这一品种性，也基于事物的多种特征。其实，根据品种特征的"分类关系"，只是"上下义关系"中的一个特例。这种"品种特征"，就生物而言,需要基于生物学分类;就制造物而言,需要基于外形和功能等特征分类。因此,克鲁斯提出的"民俗分类"与"科学分类",在实际操作中邈然难定。日常语言的使用者并非都是科学家,日常语言的使用和理解并非建立在科学知识谱系的基础上。在日常语言的词汇语义关系研究中,除了那些与日常感知相近的,或者已经日常化的科普知识,要避免套用"科学分类"。语义学家并非生物学家,词汇语义研究并非科学术语研究。因此,把上下义关系分为自然项的"分类关系"和命名项的"非分类关系"两大类没有什么价值,因为日常语言词汇中的所有上下义关系,都是基于日常感知的特征分类关系。

(四)部分—整体关系

基于日常感知和经验,人们都知道事物通常由若干部分构成整体,或者整体可以分解为若干部分。

克鲁斯(1986)区分了具体物体与非具体实体的整体—部分关系(克鲁斯的表述是整体在前,部分在后),前者是典型的整体—部分关系,后者是不典型的整体—部分关系。另外,还有类似于整体—部分的集合—成员关系。一种是团体—成员关系(group-member),比如"团队、陪审团"有很多成员;一种是种类—成员关系(class-member),比如"神职人员、贵族"有自己的成员。团体有共同的目的;种类有共同的特征。还有一种是聚合—成员关系(collection-member)。聚合一般都是无生命事物,比如"树"是"森林"的成员。还有一种物体—成分之间的关系,当整体是不可数名词时,部分可称为成分或配料,如"酒精"是"葡萄酒"的成分,"面粉"是"面包"的配料;当整体是可数名词时,部分可称为材料,如"玻璃杯"的材料是"玻璃"。而当整体是不可数名词,而组成部分是离散颗粒时,可称为物质—颗粒关系(substance-particle),如"沙"和"沙粒"。克鲁斯(1986)的区分,大体如下:

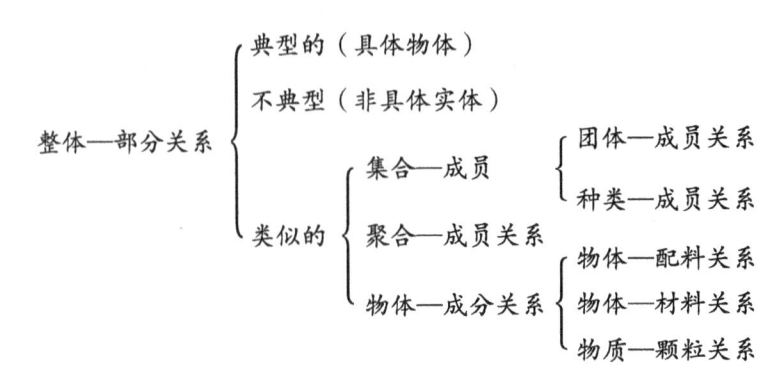

整体—部分关系
- 典型的(具体物体)
- 不典型(非具体实体)
- 类似的
  - 集合—成员
    - 团体—成员关系
    - 种类—成员关系
  - 聚合—成员关系
  - 物体—成分关系
    - 物体—配料关系
    - 物体—材料关系
    - 物质—颗粒关系

如果说上—下义关系总体上是特征区别关系,那么部分—整体关系总体上也就是"组构关系"。我们对组构关系的分析如下:

1. 构件—整体关系

键盘—电脑 [构件—整体/用具]

大门—房子 [构件—整体/建筑]

把手—大门 [配件—主件/建筑]

纽扣—褂子 [配件—主件/衣服]

首都—国家 [构件—整体/建制]

场次—戏剧 [构件—整体/作品]

骨骼、肌肉、血管—人体 [构件—整体/解剖]

构件是可以分离的独立实体。

2. 配件—主件关系

把手—大门 [配件—主件/建筑]

纽扣—褂子 [配件—主件/衣服]

配件是可以分离的独立实体。

3. 分解—整体关系

袖子—褂子 [分解—整体/衣服]

壶把/壶嘴/壶盖—茶壶 [分解—整体/用具]

手指/手掌/手腕—手 [分解—整体/肢体]

头部/躯干/四肢—人体 [分解—整体/物体]

分解物并非可以独立的实体，与整体的其他部分连在一起。

4. 成员—阶层关系

公爵/伯爵—贵族 [成员—阶层/身份]

主教/神父—神职人员 [成员—阶层/职业/宗教]

成员是处于阶层中的独立实体。

5. 成员—团体关系

士兵—军队 [成员—团体/军事]

陪审员—陪审团 [成员—团体/法律]

队员—团队 [成员—团体/组织、运动、演出]

成员是处于团体中的独立实体，可以退出团体。

6. 个体—聚集关系

树—森林［个体—聚集/植物］

沙—沙滩［个体—聚集/物质］

个体是可以独立的实体。

7. 成分—物体关系

酒精—酒［成分—物体/食物］

成分并非可以独立的实体，与整体的其他部分混合在一起。

8. 材料—物体关系

木头—木门；玻璃—玻璃杯［材料/质料—物体/用具］

高粱—酒；面粉—面包［材料/原料—物体/食物］

酱油—红烧肉［材料/配料—物体/食物］

材料原是可以独立的实体，制作为物体后不可再独立。

9. 流程—事件关系

付款—购物［流程—事件/交易］

流程是事件中的一个环节。

显而易见，整体—部分关系也并不是词语之间纯粹的形式结构关系，而是指称意义中的实体组构关系。

三、系统意义关系的本质

（一）系统意义并非独立于指称意义之外

所有的形式结构主义者，总是设想有一种可以脱离实体（而不是依附于实体）的纯粹形式。关系语义学家提出系统意义独立于指称意义之外，也就是设想在语义层面上存在一种纯粹的形式描写，而实际上并没有这种可以脱离实体的形式结构关系。就词汇语义而言，"指称意义"与"系统意义"之间的区分，远没有形式结构主义所认为的那样明显。（Geeraerts 2010：80—91）

划分以上几种常见的系统意义关系，都会要求辨析所涉词语之间的内容即指称意义。比如，要确定"手指"与"手"之间存在部分—整体关系，首先必须辨析"手指"和"手"的指称意义：

手指［+人体］［+四肢］［+上肢］［+手的前端］［+长条形］［+分叉］［+指甲］［+弯曲］

手　［+人体］［+四肢］［+上肢］［+臂的前端］［+椭圆形］［+手掌］［+手指］［+把持］

然后才能够确定"手指"是"手"的一部分。

"整体—部分"这一表达方式，是基于人的历史认知过程，先知道整体，后区别部分；而"部分—整体"这一表达方式，是基于人的日常表达习惯，先提及部分（焦点），后涉及整体（背景）。人们常说"指头是手的一部分"，而不常说"手的一部分是指头"；人们常说"乌鸦是一种聪明的鸟"，而不常说"一种聪明的鸟是乌鸦"。

（二）系统意义的纯粹结构描写方法并不存在

关系语义学无法提供不必诉诸百科知识或语言使用就能建立系统意义的方法，因此也就不可能全面实现为意义提供形式结构主义描写的理想化目标。恰恰相反，"关系描写"正是基于"内容描写"才能进一步归纳所谓"系统意义"。既然需要系统意义以外的其他因素来确定词语的含义，那么就不可能用系统意义的"关系描写"取代指称意义的"内容描写"。由此可见，语义关系分析无法、也无须做到把指称意义的描写与关系语义的描写截然分开。

所谓意义之间的对立关系，与其说是积淀在心理层面上的词汇语义结构的稳定性，不如说是以百科知识和情景知识为背景，在语境上加以归纳的结果。换而言之，词汇语义的形式结构不具有独立性与自足性，系统意义只是基于词汇语义的某种特定关系语义。词汇语义关系研究，没有必要割裂系统意义与指称意义的血肉相连。从更大范围来说，形式结构主义框架中的任一理论方法，都没有、实际上也无法在语言知识与百科知识之间作出明确的划分，因为我们所认识的世界就是语言中的世界。

（三）系统意义是特定关系的心理联想

心智语义场强调，一种语言中的词语聚合为若干语义场，有一种心智的"力"把词语联系在一起。这种心智力既包括基于体验所形成的事物或现象的指称意义，也包括基于联想所形成的几种特定关系的关系意义（主要是同义、反义、上下义、部分—整体义）。而关系语义学把后者加以放大，并且试图撇开指称意义来研究关系意义。

实际上，无论指称意义，还是系统意义都是基于词汇语义的心理联想。指称意义的联想基础是人们对事物的外形与功能等特征的认知。比如"凳子、椅子、沙发"，其共同特征是用来坐的用具，而不同特征在于"凳子"没有靠背，"椅子、沙发"有靠背。"椅子、沙发"的不同特征在于，前者是硬座，后者是软席。系统意义的联想基础则是人们基于指称意义对词语语义关系的评价。比如，不同词语所指称事物具有同一性，则存在同义关系；不同词语所指称事物具有排斥/相反/相对性，则存在反义关系；不同词语所指称事物具有种属/类属性，则存在上下义关系；不同词语所指称事物具有组构性，则存在部分—整体关系。考赛略（1962）排斥词汇语义的联想场，只承认由严格对立的词项所构成的词汇场，却没有意识到，像"老—幼、日—夜"这样的对立性词项，也是基于事物的相反或相对关系的联想结果。

（四）与系统意义类似的其他词汇语义关系

既然承认部分—整体关系是系统意义关系，与之类似的其他语义关系应该怎么办？比如，在"烹饪—饭菜"之间存在"动作—成事"关系，在"作曲家—音乐"之间存在"施事—作品"关系。如果把这些语义关系也纳入，那么"系统意义关系"可能就需要重新界定。因此，关系语义学家通常不把"烹饪—饭菜""作曲家—音乐"这样的语义关系识别为系统意义关系，而认为它们之间涉及的是指称实体之间的关系。

根据聚合—组合理论，词汇语义之间包含两种"关系"：一种是聚合关系，另一种是组合关系。如果把组合关系也纳入词汇系统意义关系，那么词汇语义关系与句法语义关系在某些方面势必混同。因此必须区别：1. 可以直接构成句法结构的语义关系，属于句法语义关系；2. 不可直接构成句法结构的语义关系，属于词汇语义关系。"烹饪"与"饭菜"可直接构成句法结构（如：他在烹饪饭菜），属于句法语义关系；而"作曲家"与"音乐"不可以直接构成句法结构，属于词汇语义关系。如果作出这样的区分，词汇语义关系也不仅有同义、反义、上下义、部分—整体关系这几种。由此可见，常见的系统意义只是人们熟知的以及关系语义学家加以研究的指称意义关系中的几种特例。

实际上，系统意义或关系语义也是心智语义场中的一部分，即基于特定关系语义联想的心智语义场类型（同义语义场、反义语义场、上下义语义场、部分—整体义语义场）。为了与新洪堡特主义的心智语义场加以区别，可以把关系语义学研究的语义关系称之为"关系语义场"。

四、刻画词汇语义关系的"词网"

美国普林斯顿大学的"词网"（WordNet，1985）是一个基于语义关系描述的词汇知识库。作为研制的主持者，密勒（G. A. Miller）的最初兴趣在探索"概念原子"，曾提出一种自动化词典的设想，但是一直没能给出一份完整的"语义要素"清单。而当时的许多认知心理学家和人工智能专家，开始以网络模型来作为知识表征。密勒由此想到，除了利用"语义要素"表示词汇语义，还可以利用"语义关系"表示词汇语义，即依据词汇节点体现语义关系，依据关系模式推导词汇语义。

词网工程的理论前提是：1. 语义要素假设，即词汇语义要素可以离析出来加以研究；2. 语义关系模式假设，即人们对词汇的掌握是基于语义系统中所存在的关系模式；3. 广泛性知识假设，即计算机要获得像人那样的自然语言处理能力，就要尽可能多地储存词汇知识。其基本思路就是用同义词集（synset）代表概念，通过概念之间的关系指针以表达同义、反义、上位—下位、整体—部分，以及属性、蕴涵、致使等词汇关系语义。词网没有采用义素分析法、框架分析法，只是基于聚合场将词汇语义关系形式化，其描述对象包括单词、复合词、短语动词、惯用语和词语搭配。

词网吸收了词汇语义学理论，即根据词汇的关系语义来组织词汇信息。作为词网的基本部件，同义词集反映的是最基本的关系语义——同义关系，并非指在不同语境中的可替换性，而是指一般性的同义或近义关系。进入词网的同义词集形成词汇层级，如：

{robin, redbreast} @→{animal, animate_being}~→{ organism, life_form, living_thing}
{知更鸟，知更鸟} @→{   动物，生物   }~→{ 生物体，生存型，活的事物}

符号@→读作is a（是一个）或is a kind of（是一种）；符号~→读作subsume（包含）。一个名词的词项只有一个直接上位词，因而可以用这个上位词来定义该名词。

虽然多数词汇学家和计算机专家认为，词汇层级是表示名词语义继承性关系的方式，但是认知科学家却对人脑词库中如何识别这些关系的认知过程表示怀疑。据考林斯和奎连（A.M.Collins & M.R.Quillian 1969）的心理实验，人们理解A robin is a bird（知更鸟是一种鸟）要比理解A robin is an animal（知更鸟是一种动物）所需时间要短。由此提出，词汇层级距离越远，需要的思考时间越长。斯密史和梅丁（E. E. Smith & D. L. Medin 1981）则提出，理解 a chicken is a bird（鸡是一种鸟）比理解 a robin is a bird（知更鸟是一种鸟）所需时间更长。虽然chicken、robin与bird的分类关系一样，但是robin比chicken更具鸟类成员的典型性。

实际上，心理实验和典型解释忽视了一个基本问题——"日常认知"和"科学认知"处于不同的认知层面，甚至存在不同的知识谱系。日常认知和科学认知越趋于一致，被试的思考时间越短，反之越长。在日常认知中，人们储存的是"知更鸟是一种鸟"，因此理解速度快。在心理学实验时，理解"知更鸟是一种动物"耗时长，是因为被试需要求助于科学知识。同样，在日常认知中，人们所熟知的"鸡"是"一种肉类食品或家禽"，所以理解"鸡是一种鸟"比理解"知更鸟是一种鸟"所需时间要长。

尽管一些认知科学家认为词汇层级并非揭示词汇语义关系的合适框架，但是并未能阻止词网研制者很快就确信——名词的词汇层级适用于语言事实。如：

a. A pistol is more dangerous than a rifle.（手枪比步枪更危险）

b. *A pistol is more dangerous than a gun.（手枪比枪更危险）

c. *A gun is more dangerous than a pistol.（枪比手枪更危险）

b、c两句之所以难以理解，是因为比较句中的比较项（*gun, pistol*）是上下位关系，而比较句中的比较项不应是上下位关系。一些动+名的搭配关系，同样表明了名词上下位关系的作用，如drink（喝）的对象可以是beverage（饮料）的任一下位词。

计算语言学家坚信词汇层级，即上下位语义关系有助于自然语言处理，由此进一步推动了词网的开发。每个同义词集表示一个概念，每个概念节点都标有表示上位、下位、反义、部分等关系的指针。

1. 上位关系用指针@表示，下位关系用指针~表示。如：

{tree, plant@ , conifer, ~ alder, ~ …}

{树，植物@，针叶树，~赤杨树，~…} 含义：植物是树的上位词，针叶树是树的下位词，赤杨树是针叶树的下位词，赤杨树可能还有其他的下位词。

2. 反义关系用指针！表示。如：

[man, woman,!], person, @

［男人，女人，！］，人，@含义：男人与女人是反义词，人是上位词。

3. 部分关系用指针#（p /m/ s）→表示，主要有三种方式。如：

（1）branch # p→ tree

　　树枝#部分→树　含义：树枝是树的部分。

（2）tree # m→ forest

　　树#成员→森林　　含义：树是森林的成员。

（3）aluminum # s→ aircraft

　　铝#材料→飞机　　含义：铝是飞机的材料。

通过WordNet浏览器中查询father，可以找到与该词的同义词集之间存在各种语义关系的其他同义词集。如（──▶ 表上下关系；◂┈┈▶ 表反义关系；──▶ 表成员关系；┈┈┈▶ 表部分关系）：

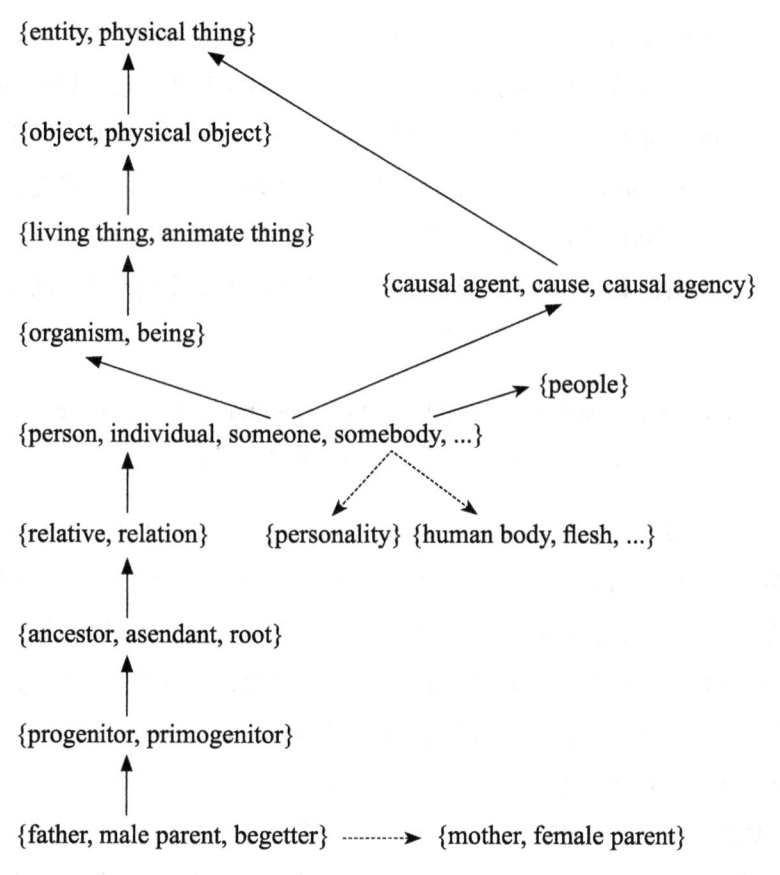

{entity, physical thing}
↑
{object, physical object}
↑
{living thing, animate thing}
↑　　　　　　　　　{causal agent, cause, causal agency}
{organism, being}
↑　　　　　　　　　　　　　　　　　{people}
{person, individual, someone, somebody, ...}
↑　　　　　　　　{personality}　{human body, flesh, ...}
{relative, relation}
↑
{ancestor, asendant, root}
↑
{progenitor, primogenitor}
↑
{father, male parent, begetter} ┈┈┈▶ {mother, female parent}

词网中的形容词，分为描写性形容词（descriptive adjectives）和关系性形容词（relational adjectives）。描写性形容词的语义关系，包括属性等级关系、反义关系、近似关系等。如属性"温度"分为：torrid（酷热）、hot（热）、warm（温暖）、tepid（不冷不热）、cool（凉爽）、cold（冷）、frigid（寒冷）等。

如果把形容词和与之相应的表属性的名词用指针联系起来，就形成一个多维空间。如，用指针将属性名词length（长度）和所有表示这一属性的形容词long/short（长/短）连接起来。此外，词网用!→和&→分别表示描述性形容词的反义关系和近义关系。如：

heavy!→light 含义：heavy（重的）与light（轻的）反义关系。

moist&→wet 含义：moist（潮的）与wet（湿的）近义关系。

在多维空间中，一个关系性形容词可以指向若干名词。如，关系形容词country（乡村的），可以指向名词village（村庄），也可以指向名词cultivation, farming（耕作）。

词网中的动词，分为15个义类：1. 身体动作，275个同义词集；2. 变化，750个同义词集；3. 交流，710个以上的同义词集；4. 竞争，200个以上的同义词集；5. 消费，130个同义词集；6. 接触，820个同义词集；7. 认知心理，未知；8. 创造，250个同义词集；9. 运动，500个同义词集；10. 情感心理，未知；11. 状态，200个同义词集；12. 感知，200个同义词集；13. 领属，300个同义词集；14. 社会交互，400个同义词集；15. 气象，66个同义词集。不同义类的动词有不同的语义关系模式。变化、状态类动词，多为同义或反义关系模式；通信、创造、竞争、接触、运动、社会交互类动词，多为上下位关系模式。

动词同义词集的词汇语义关系，首先还是继承关系。在大多情况下，动词的层级不超过4层。如：

Communicate - talk - [babble / - mumble / - slur / - murmur / - bark] - write

交流类—交谈—［儿语 / 咕哝 /含糊 / 低语 / 咆哮］—书语

其次是相反关系，关系指针OPPOSITION（相反、对立）可以表示多种相反的语义关系。此外还有致使关系，即关联因—果（如give-have）两个动词概念的语义关系。

动词的语义关系可以通过逻辑推演来表示。根据时间关系，动词的逻辑推演可以分为：具有时间包含关系的推演和没有时间包含关系的推演，然后再进一步区分，便可以把动词按照推演关系组织起来。具有时间包含关系的推演，如：由"开车"可以推演出"乘车"，两个动词发生的时间是同时的。没有时间包含关系的推演，如：动词"击中"可推演出动词"瞄准"，因为"瞄准"是"击中"的先决条件，二者之间存在逆向预设关系。再如：动词"举高"可推演出动词"升起"，因为"举高"是"升起"的原因，二者之间存在着因—果关系。

一方面，尽管通过关系语义描述词义，也就必然反映词语的类别特征以及可能涉及的某些语义特征，但是词网的语义关系分析仍然只是浅层次分析，并没有深入到丰富的语义特征深层，仍然需要语义特征的分析为关系语义提供充盈性支撑。另一方面，句法语义研究的薄弱性，反证了WordNet就是一个局限于语义聚合的"词网"。换而言之，仍然需要句法语义范畴的分析为语义组合场提供表达性支撑。尽管由义位向下的词汇义征分析和向上的语义结构关联具有相当难度，也没有语言学家的现有成果可供词网研制者使用，但是关系语义分析不可能代替语义特征分析和句法语义分析。无论对语义系统的描写，还是对语言信息的处理而言，词网的作用仍然局限在浅层次分析语义知识，即主要是关系语义层面，还称不上"语义网络"。

综上所述，与基于新洪堡特主义和格式塔心理场论的"心智语义场"理论相比，关系语义学的背景是形式结构主义，可称之为"关系语义场"理论。所谓"系统意义"，仅限于词语"指称意义"中的几种特定关系的心理联想。"词网"则采用计算技术手段刻画了几种常见的词汇语义关系。

词汇语义关系的研究尚待深入。其一，如何基于一定规模的语料库，来抽取词汇语义关系。在排除了句法语义关系以后，一种语言的词汇语义关系到底有多少种？或者说，除了同义、反义、上下义、部分—整体义这些已有研究的词汇语义关系之外，还有哪些词汇语义关系？其二，如何基于脑神经科学实验仪器，对这些词汇语义关系的心理认知机制加以描述？其三，在自然语言处理中，词汇语义知识库如何全面反映各类语义关系？这些仍然需要不断探索。

参考文献

1. 所有文献分为中文文献、中译文献、外文文献三部分，按照作者音序排列。
2. 文献标类如下：专著［M］，文集［C］，词典等工具书［Z］，期刊文章［J］，收入文集内的论文或专著内的章节［A］，学位论文［D］，未刊论文等［R］，馆藏写本［L］，网络文献［OL］。
3. 早期（主要是16—18世纪）语言学的文献（拉丁语、荷兰语、德语、法语、俄语等）难知、难找、难懂。尽管我们已经拥有几百种外文古籍，但有些尚在寻觅，列入参考文献意在为有兴趣者提供索引。如果某论著的出版年份和成稿年份不同，则将成稿年份用方括号附注于其后。

一、中文文献

鲍贵、王立非2002：《对索绪尔语言系统价值观的诠释与思考》［J］，《山东外语教学》（3）：11—13。

岑麒祥1958：《语言学史概论》［M］，北京：科学出版社。

岑麒祥1980：《瑞士著名语言学家索绪尔和他的名著〈普通语言学教程〉》［J］，《国外语言学》（1）：29—33。

陈重业1981：《博杜恩·德·库尔德内》［J］，《国外语言学》（2）：76—78。博杜恩·德·库尔德内的英文Baudouin de Courtenay，俄文Бодуэн де Куртенэ，其中Courtenay也有译为库尔特内、库德内。

陈满华2008：《威廉·琼斯与历史比较语言学》［J］，《当代语言学》（4）：340—346。

陈平1988："历史比较语言学"词条，载《中国大百科全书·语言文字》［Z］，北京·上海：中国大百科全书出版社，512页。

陈群秀1998：《一个在线义类词库：WordNet》［J］，《语言文字应用》（2）：93—99。

戴瑞亮2005：《索绪尔语言理论溯源》［J］，《石油大学学报》（6）：59—61。

董秀芳2009：《词汇语义学导读》［A］，载D. A. Cruse《词汇语义学》（*Lexical Semantics*），北京：世界图书出版公司。

范存忠1979：《威廉·琼斯爵士与中国文化》［A］，载范存忠《英国语言文学论集》，南京：南京大学学报编辑部印行，250—267页。英文版T. C. Fan.1946, "Sir William Jones' Chinese Studies" ［J］, *The Review of English Studies* 22：304—314。

方光焘1997［1959］：《涂尔干的社会学与索绪尔的语言学理论》［A］，载方光焘《方光焘语言学论文集》，北京：商务印书馆，494—502页。

封文和2010：《对几个语义学问题的考证》［J］，外国语言文学（4）：241—243。

封宗信2006：《现代语言学流派概论》［M］，北京：北京大学出版社。

冯志伟1987：《现代语言学流派》［M］，西安：陕西人民出版社；1999年修订版。

龚晓斌2005：《对索绪尔语言理论根源的再思考——兼与姚小平先生商榷》［J］，《江南大学学报》（2）：104—106。

郭谷兮1985：《钻研·创新·贡献——纪念博杜恩·德·库尔特内诞生140周年》［J］，《外国语文教学》1—2: 42—50。

胡壮麟、朱永生、张德禄1989：《系统功能语法概论》［M］，长沙：湖南教育出版社。

黄长著1988："印欧语系"词条，载《中国大百科全书·语言文字》［Z］，北京·上海：中国大百科全书出版社。458页。

贾洪伟2012：《"语义学"称谓考》［J］，《语言与翻译》（2）：25—30。

贾彦德1986：《语义学导论》［M］，北京：北京大学出版社。

贾彦德1992：《汉语语义学》［M］，北京：北京大学出版社。

江青松2003：《论语言类推的实现》［J］，《语文学刊》（3）：55—56。

劳宁1965：《巴黎语言学会成立百年》［J］，语言学资料（5）：33—35。

李葆嘉1986：《论语言符号的可论证性》，（1）全国首届青年语法学学术研讨会（华中师范大学1986年10月）论文；（2）提要载研讨会论文集《语法求索》，华中师范大学出版社1990年版。

李葆嘉1994[1986]：《论索绪尔符号任意性原则的失误与复归》［J］，《语言文字应用》（3）：22—28。

李葆嘉1998：《论索绪尔静态语言学理论的三个直接来源》［A］，（1）纪念方光焘先生百年诞辰学术研讨会（南京大学1998年12月）论文。（2）李葆嘉主编《引玉集·索绪尔语言学理论研究·贰》，南京师范大学文学院2000年版。（3）李葆嘉著《理论语言学：

人文与科学的双重精神》第四章第一节，南京：江苏古籍出版社2001年版。

李葆嘉2000：《心理索绪尔：精神分析的一个尝试》[A]，(1)李葆嘉主编《引玉集·索绪尔语言学理论研究·叁》，南京师范大学文学院。(2)改名《语言学大师之谜和心理索绪尔》，李葆嘉著《理论语言学：人文与科学的双重精神》第四章第二节，南京：江苏古籍出版社2001年版。(3)赵蓉晖主编《索绪尔研究在中国》，北京：商务印书馆2005年版。

李葆嘉2001：《理论语言学：人文与科学的双重精神》[M]，南京：江苏古籍出版社。所引论文《静态语言学的来源和心理索绪尔》，135—165页；《东西方文化的本原差别及其分野》，315—356页。

李葆嘉2002：《汉语元语言系统研究的理论建构及其应用价值》[J]，《南京师大学报》(4)：140—147。

李葆嘉2005：《从同源性到亲缘度：历史比较语言学的重大转折——<汉语的祖先>译序》[A]，载王士元主编1995，李葆嘉主译2005《汉语的祖先》，北京：中华书局。

李葆嘉2003：《中国语言文化史》[M]，南京：江苏教育出版社。

李葆嘉2007：《语义语法学导论：基于汉语个性和语言共性的建构》[M]，北京：中华书局。

李葆嘉2008a：《中国转型语法学：基于欧美模板与汉语类型的沉思》[M]，南京：南京师范大学出版社。

李葆嘉2008b：《静态语言学与结构主义》[A]，李葆嘉著《中国转型语法学：基于欧美模板与汉语类型的沉思》第三章第一节，南京：南京师范大学出版社。

李葆嘉2010：《亲缘比较语言学：超级语系建构中的华夏汉语位置》[A]，潘悟云等主编《研究之乐：庆祝王士元先生七十五寿辰学术论文集》，上海：上海教育出版社。

李葆嘉2012：《结构主义语义学之谜》[R]，纪念索绪尔逝世100周年暨索绪尔研究在中国圆桌会议演讲，东北师范大学2012年12月。

李葆嘉2013 a：《词汇语义学史论的壮丽风景》[J]，《江苏大学学报》(1)：1—14。

李葆嘉2013 b：《试论静态语言学的神秘主义与吝啬定律》[J]，《山东外语教学》(1)：15—22。

李葆嘉2013 c：《现代汉语析义元语言研究》[M]，北京：世界图书出版公司。

李葆嘉2013 d：《近现代欧美语言学史论的三张图》[R]，第五届当代语言学国际圆桌会议论文（中国社会科学院语言研究所《当代语言学》编辑部、南京师范大学语言科技研究所联办，2013年10月21日）。

李葆嘉2014：《学术传承关系的推定逻辑》[OL]，给西安外国语大学郭威的电邮，2014年2月27日。

李葆嘉、刘慧2014：《从莱斯格到布雷阿尔：十九世纪西方语义学史钩沉》[J]，《外语教学与研究》（4）：483—496。

李葆嘉，刘慧2018：《西方语义学传入中国的四条路径》，《汉语学报》（1）：2-11。

李葆嘉、邱雪玫2013：《现代语言学理论形成的群体模式考察》[J]，《外语教学与研究》（3）：323—338。

李开2007：《试论索绪尔语言学说的康德哲学渊源》[J]，《语文研究》（4）：18—22。

李侠2008：《博杜恩与索绪尔的语言观探析》[J]，《俄语语言文学研究》（3）：32—36。

李忆民1980：《对索绪尔生平的一点补充》[J]，《国外语言学》（1）：33。

林枞敔1943：《语言学史》[M]，上海：世界书局。

刘富华、孙维张2003：《索绪尔与结构主义语言学》[M]，长春：吉林大学出版社。

刘国辉2000：《历史比较语言学概论》[M]，成都：四川大学出版社。

刘华荣 2003：《博杜恩·德·库尔特内是现代语言学的奠基人》[D]，浙江大学外国语言文化与国际交流学院外国语言学及应用语言学专业（指导教师：许高渝教授），硕士学位论文（俄文）。

刘慧、李葆嘉2014：《关系语义：基于指称意义的特定关系联想——揭开"结构主义语义学"的第三个谜》[J]，《南京师范大学文学院学报》（2）：139—150。

刘慧、李葆嘉2015：《布雷阿尔之谜：澄清语义学史上的一些讹误》[J]，《山东外语教学》（3）：8—20。

刘谧辰1988：《义素分析综述》[J]，《外国语》（2）：68—71。

刘润清1995：《西方语言学流派》[M]，北京：外语教学与研究出版社；2002年再版；2013年修订版。

刘润清、封宗信2002：《语言学理论与流派》[M]，南京：南京师范大学出版社。

卢德平2015：《符号任意性理论溯源：从辉特尼到索绪尔》[J]，《符号与传媒》（1）：65—83。

芦文嘉2011：《加布里埃尔·塔尔德的传播思想探析》[D]，兰州大学传播学专业硕士论文。

吕红周2010：《索绪尔的语言系统观研究》［J］，《外语学刊》（4）：57—60。

马壮寰2006：《索绪尔"语言系统"的多层含义》［J］，《中国外语》（5）：18—21。

马壮寰2008：《索绪尔语言理论要点评析》［M］，北京：北京大学出版社。

牟彦霏2016：《浅谈库尔德内与索绪尔语言学思想的联系》［J］，《都市家教月刊》（3）：187。

聂志平2014：《20世纪国内索绪尔语言理论研究述评》［J］，（上）《通化师范学院学报》（2）：1—7；（下）《通化师范学院学报》（3）：4—9。

聂志平2015：《关于索绪尔<普通语言学教程>研究的两个问题》［J］，《浙江师范大学学报》（2）：86—91。

彭彧2009：《论特里尔和魏斯格贝尔对语言场理论的贡献》［J］，《北方论丛》（6）：42—45。

戚雨村1988：《博杜恩·德·库尔特内和喀山语言学派》［J］，《中国俄语教学》（2）：13—18。

戚雨村1997：《现代语言学的特点和发展趋势》［C］，上海：上海外语教育出版社。

戚雨村1995：《索绪尔研究的新发现》［J］，《外国语》（6）：1—7。

戚雨春、董达武、许以理、陈光磊1993：《语言学百科词典》［Z］，上海：上海辞书出版社。

邱雪玫2013：《汉语话说结构句法学》［M］，北京：世界图书出版公司。

邱雪玫、李葆嘉2013：《论话说结构的研究沿革》［J］，《南京师大学报》（6）：137—150。

邱雪玫，李葆嘉2016：《语义解析方法的形成过程及其学术背景——揭开"结构主义语义学"的第二个谜》［J］，《江海学刊》（3）：65—73。

邱雪玫、李葆嘉2019：《博杜恩·德·库尔特内（1870）创建应用语言学考论》［J］，《南京师范大学文学院学报》（2）：138-146。

石安石1984：《语义研究》［M］，北京：语文出版社。

束定芳2000：《现代语义学》［M］，上海：上海外语教育出版社。

宋宣2004：《结构主义语言学思想发微》［M］，成都：巴蜀书社。

孙淑芳2012：《俄罗斯语言语义学发展刍议》［J］，《外语学刊》（6）：58—62。

孙晓霞、李葆嘉2014：《心智语义场理论的形成过程及其学术背景——揭开"结构主义语义学"的第一个谜》［J］，《外语学刊》（2）：35—44。

索振羽1983：《德·索绪尔的语言价值理论》［J］，《新疆大学学报》（2）：123—129。

陶虹2010：《孔德与社会学的创立》[J]，《广西青年干部学院学报》(5)：7—15。

屠友祥2005：《索绪尔与保罗》[J]，《外语学刊》(1)：33—41。

屠友祥2007a：《索绪尔与喀山学派:音位的符号学价值——索绪尔手稿初检》[J]，《外语学刊》(3)：76—101。

屠友祥2007b：《索绪尔与辉特尼：观念和符号联想结合的任意而约定俗成的特性》[J]，《当代语言学》(3)：208—217。

屠友祥2011：《索绪尔手稿初检》[M]，上海:上海人民出版社。

王东海、王丽英2007：《词汇语义系统的研究方法》[J]，《广西师范学院学报》(1)：91—98。

王福祥2013：《博杜恩·德·库尔特内与三个语言学派》[J]，《中国俄语教学》(2)：1—7。

王福祥、吴汉樱2008：《语言学历史理论方法》[M]，北京：外语教学与研究出版社。

王秀丽1996：《法兰西语义学派综述》[J]，《现代外语》(3)：6—11。

王秀丽2010：《当代法国语言学研究动态》[M]，北京语言大学出版社。

王秀丽2011：《当代法国语言学理论研究》[M]，北京语言大学出版社。

王寅2001：《语义理论与语言教学》[M]，上海：上海外语教育出版社。

魏任1965：《博杜恩·德·库德内》[J]，《语言学资料》(5)：35—37。

伍谦光1988：《语义学导论》[M]，长沙：湖南教育出版社。

向明友2000：《索绪尔语言理论的经济学背景》[J]，《外国语》(2)：15—20。

谢启昆1816[1798]：《小学考》[M]，嘉庆三年(1798)完稿；嘉庆二十一年(1816)树经堂初刊本。上海：汉语大词典出版社，1997影印本。

信德麟1990a：《博杜恩·德·库尔特内的生平与学说》[J]，《外语学刊》(1)：1—11。

信德麟1990b：《论音位交替》[J]，《外语学刊》(5)：1—16。

徐思益1980：《论语言的共时性和历时性》[J]，《新疆大学学报》(1)：81—89。

徐通锵1997：《语言论》[M]，长春：东北师范大学出版社。

徐志民1990：《欧美语言学简史》[M]，上海：学林出版社；2005年修订本。

徐志民2008：《欧美语义学导论》[M]，上海：复旦大学出版社。

许国璋1983：《关于索绪尔的两本书》[J]，《国外语言学》(1)：1—18。

许国璋1991：《许国璋论语言》[C]，北京：外语教学和研究出版社。所引论文

《从两本书看索绪尔的语言哲学》，95—135页；《论索绪尔的突破精神》，136—146页。

杨文秀、杨志亮2009：《论洪堡特与索绪尔的语言系统观》[J]，《广东外语外贸大学学报》（1）：56—60.

杨信彰1996：《索绪尔的"语言"和"言语"理论》[J]，《山东外语教学》（3）：27—30。

杨衍春2009：《博杜恩·德·库尔德内语言学理论研究》[D]，中央民族大学少数民族语言文学系语言学及应用语言学专业（指导教师：季永海教授），博士学位论文。

杨衍春2010：《博杜恩·德·库尔德内语言学理论研究》[M]，上海：复旦大学出版社。

杨衍春2011：《克鲁舍夫斯基学术思想研究》，《俄罗斯文艺》（1）：66—72。

杨衍春2013：《博杜恩·德·库尔德内学术思想源流论》[J]，《俄罗斯文艺》（3）：110—115。

杨衍春2014：《现代语言学视角下的博杜恩·德·库尔德内语言学思想》[M]，桂林：广西师范大学出版社。

杨衍春2016：《试论博杜恩·德·库尔德内与索绪尔学术思想的一致性》[J]，《俄罗斯文艺》（1）：133—139。

姚小平1993：《索绪尔语言理论的德国根源》[J]，《外语教学与研究》（3）：27—33。

姚小平1995：《洪堡特：人文研究和语言研究》[M]，北京：外语教学与研究出版社。

姚小平1995：《西方的语言学史学研究》[J]，《外语教学》（2）：1—7。

姚小平1996：《西方人眼中的中国语言学史》[J]，《国外语言学》（3）：39—48。

姚小平2001：《17—19世纪的德国语言学与中国语言学》[M]，北京：外语教学与研究出版社。

姚小平2011：《西方语言学史》[M]，北京：外语教学与研究出版社。

张建理2006：《词义场·语义场·语义框架》[J]，《浙江大学学报》（2）：112—117。

张绍杰2004：《语言符号任意性研究：索绪尔语言哲学探索》[M]，上海：上海外语教育出版社。

张燚2002：《语义场：现代语义学的哥德巴赫猜想》[J]，《新疆师范大学学报》（1）：95—98。

张志毅、张庆云2001：《词汇语义学》[M]，北京：商务印书馆。

赵爱国2012：《20世纪俄罗斯语言学遗产：理论、方法及流派》[M]，北京：北京大学出版社。

赵日新1996：《从系统思想看索绪尔的语言学说》[J]，《合肥师范学院学报》（2）：51—54。

赵蓉晖主编2005：《索绪尔研究在中国》[C]，北京：商务印书馆。

赵世开1989：《美国语言学简史》[M]，上海：上海外语教育出版社。

赵世开主编1990：《国外语言学概述——流派和代表人物》[M]，北京：北京语言学院出版社。

赵忠德、马秋武主编2011：《西方音系学理论与流派》[M]，北京：商务印书馆。

郑述谱2012：《俄国词典编纂的传统与新篇》[J]，《辞书研究》（1）：43—53。

郅友昌2009：《俄罗斯语言学通史》[M]，上海：上海外语教育出版社。

周民权2012：《20世纪俄语音位学研究及其影响》[J]，《外语学刊》（2）：66—69。

周绍珩1978：《欧美语义学的某些理论与研究方法》[J]，《语言学动态》（4）：11—19。

朱蓓蓓2007：《博杜恩·德·库尔特内的语言思想》[D]，吉林大学外国语学院俄语语言文学专业（指导教师：金城副教授），硕士学位论文。

左广明2009：《索绪尔语言哲学思想源流考》[J]，《长春师范学院学报》（11）：100—104。

二、中译文献

埃米尔·本维尼斯特著1966、1974，王东亮等译2008：《普通语言学问题》（选译本）[M]，北京：三联书店。

奥古斯特·施莱歇尔著1863，姚小平译2008《达尔文理论与语言学，致耶拿大学动物学教授、动物学博物馆馆长恩斯特·海克尔先生》[J]，《方言》（4）：373-383。

博杜恩·德·库尔德内著1868—1930，杨衍春译2012：《普通语言学论文选集》（上、下）[C]，桂林：广西师范大学出版社。所引论文（个别题目翻译与杨译不同，斜杠前是李译，斜杠后是杨译）：1868《波兰语变格中类推行为的若干现象》，3—4页；1870《奥古斯特·施莱歇尔》，5—12页；1871a《关于14世纪以前的古波兰语》，13—14页；1871b（写于1870）《对语言科学和语言的若干原则性看法/有关语言学和语言的若干一般性见解》，15—36页；1876《适用于一般雅利安语，尤其是斯拉夫语的普通语言学教学大纲》，37—45页；1877《1876—1877学年度详细教学大纲》，46—63页；1879《1877—1878学年度课程详细大纲》，64—73页；1881《斯拉夫语言比较语法中的若干章节》，74—81页；1884《斯拉夫语言世界评述，与其他印欧语言的联系》，82—90页；1885《病理语言学和胚胎语言学》，93—96页；1888《克鲁舍夫斯基的生活及其科学著作》，97—140页；1889《语言科学的任务/语言学任务》，141—156页；1890a《关于语言变化的一般原因》，157—183页；1890b《拉丁语语音学讲义》，184—185页；1895《语音交替理论初探》（1894年初版波兰文，1895年修订版德文），191—256页；1899a《音位》，258—260页；1899b《音位学》，261—268页；1901《语言科学或19世纪的语言学/19世纪语言学》，281—293页；1902《斯拉夫语言比较语法》，303—305页；1903《论语言现象的心理基础》，324—332页；1904a《语言与众语言》，333—355页；1904b《语言科学/语言学》，356—371页；1905《论与人类学相关的发音领域的语言逐渐人类化的一个方面》，372—380页；1906《语言作为研究客体的意义》，381—388页；1910a《语言类型》，429—430页；1910b《语音规律》，431—445页；1912《论俄语文字和俄语的关系》，446—467页；1914《词语和所谓的"词语"》，472—474页；1917《语言学概论》，478—519页。

布龙菲尔德著1933，袁家骅、赵世开、甘世福译，钱晋华校1980：《语言论》[M]，北京：商务印书馆。

丹尼尔·琼斯著1957，游汝杰译1980：《"音位"的历史和涵义》[J]，《国外语言学》（2）：23—31。

迪尔凯姆（即德克海姆）著1895，狄玉明译1995：《社会学方法的准则》[M]，北京：商务印书馆。

恩斯特·迈尔著1982，涂长晟等译2010：《生物学思想发展的历史》[M]，成都：四川教育出版社。

费尔迪南·德·索绪尔讲授（1907—1911），巴利、薛施蔼和里德林格编印1916，高名凯译，岑麒祥、叶蜚声校注1980：《普通语言学教程》[M]，北京：商务印书馆。

费尔迪南·德·索绪尔讲授（1907—1911），巴利、薛施蔼和里德林格编印1916，裴文译2001：《普通语言学教程》[M]，南京：江苏教育出版社。

费尔迪南·德·索绪尔讲授（1910—1911），康斯坦丁笔记，哥德尔整理1959，小松英辅（Eisuke Komatsu）和罗伊·哈里斯编辑（法英对照版1993），张绍杰译注2001：《普通语言学教程1910—1911索绪尔第三度讲授》[M]，长沙：湖南教育出版社。

参考文献

费尔迪南·德·索绪尔讲授1910—1911，康斯坦丁笔记，哥德尔整理1959，小松荣介（Eisuke Komatsu）编辑（法文版1993），屠友祥译2002：《索绪尔第三次普通语言学教程》[M]，上海：上海人民出版社。

费尔迪南·德·索绪尔遗作（约1891—1913，应理解为索绪尔关于语言学思考的札记），西蒙·布凯、鲁道尔夫·恩格勒整理2002，于秀英译2011：《普通语言学手稿》[M]，南京：南京大学出版社。

格雷马斯著1966，蒋梓骅译2001：《结构语义学》[M]，天津：百花文艺出版社。

哈杜默德·布斯曼（Hadumod Bussmann）编1990，陈慧瑛、温仁百等译2003：《语言学词典》(Lexikon der Sprachwissenschaft, Alfred Kroner Verlag, Stuttgart)[Z]，商务印书馆。

哈特曼和斯托克（R. R. K. Hartmann & F. C. Stork）编1972，黄长著、林书武、卫志强、周绍珩译，李振麟、俞琼校1981：《语言与语言学词典》(Dictionary of Language and Linguistics, Applied Science Publishers Ltd London, Reprinted 1973)[Z]，上海辞书出版社。

赫尔德著1772，姚小平译2014：《论语言的起源》[M]．北京：商务印书馆。

黑格尔著1807，贺麟、王玖兴译1997：《精神现象学》[M]，北京：商务印书馆。

黑格尔著1821，范扬、张企泰译1961：《法哲学原理》[M]，北京：商务印书馆。

洪堡特著1836，姚小平译1997：《论人类语言结构的差异及其对人类精神发展的影响》[M]，北京：商务印书馆。

胡明扬主编1999：《西方语言学名著选读》（第二版）[C]，北京：中国人民大学出版社。

吉拉兹著2010，李葆嘉、司联合、李炯英译2013：《欧美词汇语义学理论》[M]，北京：世界图书出版公司。

卡勒著1977，张景智译、刘润清校1989：《索绪尔》[M]，北京：中国社会科学出版社。

康德拉绍夫著1979，杨余森译、祝肇安校1985：《语言学说史》[M]，武汉：武汉大学出版社。

莱布尼茨著1740，陈修斋译1982：《人类理智新论》[M]，北京：商务印书馆。

利奇著1974，李瑞华等译1987：《语义学》[M]，上海：上海外语教育出版社。

罗宾斯著1967（1979年第二版），上海外国语学院外国语言文学研究所译1987：《语言学简史》[M]，合肥：安徽教育出版社。

罗宾斯著1967（1997年第四版），许德宝、冯建明、胡明亮译1997:《简明语言学史》[M]，北京：中国社会科学出版社。

罗宾斯著1973，周绍珩译1983:《语言的分类史》（下）（*The History of Language Classification*, In T. A. Sebeok ed., Current Trends in Linguistics 11: 3—41. Mouton）[J]，《国外语言学》（2）：11—23。

马丁内（即马尔丁内）著1975[1973]，周绍珩译1979:《研究语言本身的语言学》，载中国社科院语言所语言学情报研究室编《语言学译丛》（第一辑），北京：中国社会科学出版社，180—211页。

毛罗著1967，陈振尧译1983:《索绪尔〈普通语言学教程〉评注本序言》，《国外语言学》（4）：10—20。

帕尔默著1976，周绍珩译述1984:《语义学》第一部分"研究语言意义的科学"[J]，《国外语言学》（1）：1—13。

裴特生著1924，钱晋华译1958:《十九世纪欧洲语言学史》（*Sprogvi denskaben i det Nittende Aarhundrede: Metoder og Resultater*, København: Gyldendalske Boghandel, 1924. Trans. by John W. Spargo. *Linguistic Science in the Nineteenth Century: Methods and Results*, Cambridge: Harvard University Press, 1931）[M]，北京：科学出版社。中文版据英文版翻译。

斯蒂芬·安德森著1985，曲长亮译2015:《二十世纪音系学》[M]，北京：商务印书馆。

威廉·汤姆逊著1902，黄振华译1960:《十九世纪末以前的语言学史》（*Sprogvidenskabens Historie : En Kortfattet Fremstilling*, København: G. E. C. Gad, 1902. Trans. by Hans Pollak. *Geschichte der Sprachwissenschaft bis zum Ausgang des 19. Jahrhunderts: kurzgefasste Darstellung der Hauptpunkte*, Halle: M. Niemeyer Verlag, 1927. Trans. by Р. О. Шор. История языковедения до конца XIX в, Москва: Гос. учеб.изд. Наркомпроса, 1938），北京：科学出版社。中文版据俄文版翻译。

三、外文文献

A

Adelung, Friedrich. 1815. *Catharinen der Grossen Verdienste um die vergleichende Sprachenkunde* [M]. St. Petersburg.

参考文献

Adelung, Johann Christoph & Johann Severin Vater. 1806, 1809, 1816, 1817. *Mithridates oder allgemeine Sprachenkunde mit dem Vater unser als Sprachprobe in bey nahe fünfhundert Sprachen und Mundarten* (4 Bände)[M]. Berlin: Vossische Buchhandlung.

Agricola, Rodolphus. 1479. *De inventione dialectica libri tres* [M]. Trans. into German by Lothar Mundt, *De inventione dialectica libri tres*. Tübingen: Niemeyer, 1992; Rudolph Agricola's De inventione dialectica libri tres: A Translation of Selected Chapters. *Speech Monographs* 34 (4): 393-422,1967.

Aitchison, Jean.1972. *General Linguistics*[M]. 1st printed, London: English Universities Press. 7th edition, *Aitchison's Linguistics*[M]. London: Hachette UK Company. 2010.

Ambrosio, Theseo. 1539. *Introductio in Chaldaicam linguam, Syriacam, atque Armenicam et decem alias linguas* [M]. Papiae: Ioan. Maria Simoneta.

Anthony, David & Nikolai Vinogradov. 1995. "Birth of the Chariot" [J]. *Archaeology* 48 (2): 36—41.

Anonymous work. 1818[约1122—1133]. Rasmus Rask. ed., *Fyrsta Málfræðiritgerðin, Snorra-Edda ásamt Skáldu og þarmeð fylgjandi ritgjörðum (First Grammatical Treatise)* [M]. Stockholm.

Atkinson, Quentin D. & Russell D. Gray. 2005. "Curious Parallels and Curious Connections—Phylogenetic Thinking in Biology and Historical Linguistics" [J]. *Systematic Biology* 54 (4): 513—526.

Auroux, Sylvain. 1987. "The First Uses of the French Word 'Linguistique' (1812—1880)" [A]. In Hans Aarsleff, L.G. Kelly, Hans-Josef Niederehe. ed., *Papers in the History of Linguistics: Proceedings of the Third International Conference on the History of the Language Sciences, Princeton, 19—23 August 1984*. Amsterdam & Philadelphia: John Benjamins. pp. 447—460.

Auroux, Sylvain. ed., 1989. *Histoire des idés linguistiques. Tome. I. La naissance des métalangages en Orient et en Occident* [M]. Liège-Bruxelles: Mardage.

Auroux, Sylvain, E. F. K. Koerner, Hans-Josef Niederehe & Kees Versteegh, eds., 2000. *History of the Language Sciences: An International Handbook on the Evolution of the Study of Language from the Beginnings to the Present* [M]. Berlin & New York: Walter de Gruyter.

B

Bailey, Eileen Ann. 2002. *The Holly and the Horn: Burnett of Leys Family and Branches* [M].

Banchory: Leys Publishing.

Bartholomaeo, Paulinus a Sancto. 1790. *Sidharubam seu Grammatica samscrdamica* [M]. Rome: S. Congregation for the Propagation of the Faith.

Barsalou, Lawrence W. 1992. "Frames, Concepts and Conceptual Fields" [A]. In A. Lehrer, & E .Kittay ed., *Frames, Fields, and Contrasts: New Essays in Semantic and Lexical Organization*. NJ: Lawrence Erlbaum Associates.

Bartholomaeo, Paulinus a Sancto. 1790. *Sidharubam seu Grammatica samscrdamica*[M]. Rome: S. Congregation for the Propagation of the Faith.

Bayer, Gottlieb Siegfried (Theophili Sigefridi Bayeri). 1730. *Mvsevm sinicvm, in quo sinicae linguae et litteraturae ratio explicator* [M]. Petropoli.

Бодуэн де Куртенэ (Baudouin de Courtenay). 1963 [1868—1930]. 《Избранные труды по общему языкознанию》[C]. Москва: Издателъство Академни Наук СССР. 2 тома.

BBC News. "Did Darwin Evolve His Theory?" [OL]. 16 October, 2003. http://news.bbc.co.uk /2/hi/ uknews/ wales/south east/3191506. stm. 2014/03/10.

Becanus, Johannes Goropius. 1569. *Origines Antwerpianae sive Cimmeriorum becceselana, novem libros complexa, Atuatica, Gigantomachia, Niloscopium, Cronia, Indoscythica, Saxsonica, Gotodanica, Amazonica, Venetica et Hyperborea* [M]. Antwerpen : Christophori Plantini.

Benedict, Paul K. 1972. *Sino-Tibetan: A Conspectus*[M]. Contributing editor: James A. Matisoff. Cambridge: Cambridge University Press.

Benfey, Theodor. 1869. *Geschichte der Sprachwissenschaft und Orientalischen Philologie in Deutschland Seit dem Anfange des 19. Jahrhunderts mit einem Rückblick auf die früheren Zeiten*[M]. München: Cotta'schen Buchhandlung.

Березин, Ф. М. 1988. 《История советского языкознания》[M]. Москва: Высшая школа.

Bernhardi, August Ferdinand. 1805. *Anfangsgründe der Sprachwissenschaft*[M]. Berlin: Heinrich Fröhlich.

Besnier, Pierre. 1674. *La Réunion des langues ou Vart de les apprendre toutes par une seule* [M]. Paris: S. Mabre-Cramoisy.

Bibliander, Theodor. 1548. *De Ratione communi omnium Linguarum et Litterarum Commentarius* [M]. Zurich: Christoph Froschauer.

Blench, Roger. 2004. "Archaeology and Language: Methods and Issues" [A]. In John Bintliff. ed., *A Companion to Archaeology*. Oxford: Basil Blackwell. pp. 52—74.

Blench, Roger & Matthews Spriggs.1999. *Archaeology and Language, III: Artefacts, Languages and Texts* [M]. London: Routledge.

Bloomfield, Leonard. 1924. "Review C. L.G" [J]. *Modern Language Journal* 8 : 317—319.

Bloomfield, Leonard. 1933. *Language* [M]. New York: Holt, Rinehart & Winston.

Bonfante, Giuliano.1953. "Ideas on the Kinship of the European Languages from 1200 to 1800" [J]. Cahiers d'histoire mondiale: Journal of world history. Vol. 1. Paris : Éditions de la Baconnière. p. 679-699.

Bonnet, Charles.1762. *Considerations sur les corps organisées, Où l'on traite de leur Origine, de leur Développement, de leur Réproduction, & c., & où l'on a rassemblé en abrégé tout ce que l'Histoire Naturelle offre de plus certain & de plus intéeressant sur ce sujet* [M]. Amsterdam: Marc-Michel Rey.

Bopp, Franz. 1816. *Über das Conjugationssystem der Sanskritsprache in Vergleichung mit jenem der griechischen, lateinischen, persischen und germanischen Sprache*[M]. Frankfurt: Andreasche Buchhandlung.

Bopp, Franz. 1833, 1835, 1842, 1847, 1849, 1852. *Vergleichende Grammatik des Sanskrit, Zend, Griechischen, Lateinischen, Litauischen, Gotischen und Deutschen* (6 Bände) [M], Berlin: Druckerei der Königl. Akademie der Wissenschaften. 2nd edn, *Vergleichende Grammatik des Sanskrit, Send, Armenischen, Griechischen, Lateinischen, Litauischen, Altslavischen, Gothischen und Deutschen* (3 Bände) , Berlin: Ferdinand Dümmler, 1857, 1859, 1861. 3rd edn, 1868, 1869, 1870.

Bopp, Franz. 1841. *Über die Verwandtschaft der malayisch-polynesischen Sprachen mit den indisch- europ aischen* [M]. Berlin: Ferdinand Dümmler.

Bouckaert, Remco, Philippe Lemey, Michael Dunn, Simon J. Greenhill, Alexander V. Alekseyenko, Alexei J. Drummond, Russell D. Gray, Marc A. Suchard, Quentin D. Atkinson. 2012. "Mapping the Origins and Expansion of the Indo-European Language Family" [J]. *Science* 337: 957—960.

Bowler, Peter J. 1989. *Evolution: The History of an Idea* [M]. Berkeley: University of California Press.

Boxhorn, Marcus Zuerius. 1647a. *Bediedinge van de tot noch toe onbekende Afgodinne Nehalennia, over de dusent ende meer Jaren onder het sandt begraven, dan onlancx ontdeckt op het strandt van Walcheren in Zeelandt* [M]. Leyden: Willem Christiaens vander Boxe.

Boxhorn, Marcus Zuerius. 1647b. *Vraagen voorghestelt ende Opghedraaghen aan de Heer*

Marcus Zuerius van Boxhorn over de Bediedinge van de tot noch toe onbekende Afgodinne Nehalennia, onlangs by Hem uytgegeven [M]. Leyden: Willem Christiaens vander Boxe.

Boxhorn, Marcus Zuerius. 1647c. *Antwoord van Marcus Zuerius van Boxhorn, Gegeven op de Vraaghen, hem voorgestelt over de Bediedinge van de Afgodinne Nehalennia, onlancx uytgegeven. In welcke de ghemeine herkomste van der Griecken, Romeinen, ende Duytschen Tale uyt den Scythen duydelijck bewesen, ende verscheiden Oudheden van dese Volckeren grondelijck ontdeckt ende verklaert worden* [M]. Leyden: Willem Christiaens vander Boxe.

Boxhorn, Marci Zuerii. 1654. *Originum Gallicarum Liber. In quo veteris & nobilissimæ Gallorum gentis origines, antiquitates, mores, lingua & alia eruuntur & illustrantur: cui accedit antiquae linguae Britannicae lexicon Britannico-Latinum, cum adjectis & insertis ejusdem authoris Agadiis Britannicis sapientiae veterum druidum reliquiis, & aliis antiquitatis Britannicae Gallicaeque nonnullis monumentis* [M]. Amstelodami: Joannem Janssonium.

Brandstetter, R. 1937. *Die Verwandtschaft des Indonesischen mit dem Indogermanischen* [M]. Luzern: Haag.

Bréal, Michel. 1866. "De la forme de de la fonction des mots" [J]. *Revue des cours littéraires de la France et de l'étranger* 4 (5): 65—71.

Bréal, Michel. 1879. "La science du langage" [J]. *Revue scientifique de la France et de l'étranger* 43: 1005—1011.

Bréal, Michel. 1883. "Les lois intellectuelles du langage: fregment de sémantique" [J]. *Annuaire de l'Association pour l'encouragement des études grecques en France* 17: 132—142. Paris: Hachette.

Bréal, Michel. 1893. "On the Canons of Etymological Investigation" [J]. Translated by Miss Edith Williams. *Transactions of the American Philological Association* 24: 17—28.

Bréal, Michel. 1897a. "Une science nouvelle: la Sémantique" [J]. *Revue des deux mondes* 141: 807—836.

Bréal, Michel. 1897b. *Essai de Sémantique Science des Significations* [M]. Paris: Hachette.

Bréal, Michel. 1900. *Semantics: Studies in the Science of Meaning* [M]. Trans. by Mrs. Henry Cust. London: William Heinemann.

Brown, Nathan. 1837. "Comparison of Indo-Chinese Languages" [J]. *Journal of the Asiatic Society of Bengal* 6: 1023—1038.

Buchan, James. 2003. *Capital of the Mind: How Edinburgh Changed the World* [M].

Edinburgh: John Murray.

Buchanan, George. 1582 [1579]. *Rerum Scoticarum Historia* [M]. Edimburgi: Alexandrum Arbuthnetum.

Bussmann, Hadumod. 1996. *Routledge Dictionary of Language and Linguistics* [Z]. Translated and edited by Gregory Trauth & Kerstin Kazzazi. London & New York: Routledge. 影印本《语言与语言学词典》, 北京: 外语教学与研究出版社, 2000。

C

Cambrensis, Giraldus（Gerald of Wales, Gerallt Gymro）.1194. *Descriptio Cambriae*（*Description of Wales*）[M]. 【Between 1585 and 1804 four more or less unsatisfactory editions of the Descriptio were published. The only critical edition is James F. Dimock ed., *Giraldi Cambrensis opera*. Vol. VI. Itinerarium Kambriae et Descriptio Kambriae. Rolls Series. London, 1868】

Campbell, Lyle Richard. 2001. "The History of Linguistics" [A]. In Mark Aronoff & Janie Rees-Miller ed., *The Handbook of Linguistics*.影印本《语言学综览》, 北京: 外语教学与研究出版社, 2001, 81—104页。

Campbell, Lyle Richard. 2006. "Why Sir William Jones got it all Wrong, or Jones' Role in how to Establish Language Families" [J]. In Lakarra Andrinua ed., *International Journal of Basque Linguistics and Philology.Vol. 40. Studies in Basque and Historical Linguiistics in Memory of R. L. Trask*. pp. 245—264.

Cann, R. L., M. Stoneking & A. C. Wilson. 1987. "Mitochondrial DNA and Human Evolution" [J]. *Nature* 325: 31—36.

Cannon, Garland Hampton. 1958. "Sir William Jones and Persian Linguistics" [J]. *Journal of the American Oriental Society* 78: 262—273.

Cannon, Garland Hampton.1968. "The Correspondence Between Lord Monboddon and Sir Willim Jones" [J]. *American Anthropologis* 70: 559—562.

Cannon, Garland Hampton.1990. *The Life and Mind of Oriental Jones: Sir William Jones, the Father of Modern Linguists* [M]. Cambridge: Cambridge University Press.

Cannon, Garland Hampton. ed.,1993. *The Collected Works of Sir William Jones* [M]. New York: New York University.

Cappel, Louis.1624. *Arcanum punctuationis revelatum* [M]. Leiden: Erpenius.

Carey, William.1806. *A Grammar of the Sungskirt Language, Composed from the Works of*

Most Esteemed Grammarians; to Which Are Added Examples for the Exercise of the Student, and a Complete List of the Dhatoos or Roots [M]. Serampore: Mission Press.

Castrén, Matthias Alexander, 1839. *Dissertatio Academica de affinitate declinationum in lingua Fennica, Esthonica et Lapponica* [M]. Helsingforsiae: Frenckellianis.

Castrén, Matthias Alexander, 1849. *Nordische Reisen und Forschungen: Reiseberichte Und Briefe Aus Den Jahren 1845—1849* [M]. St.Petersburg: Kaiserlichen Akademie der Wissenschaften.

Chambers, Robert.1844. *Vestiges of the Natural History of Creation* [M]. London: John Churchill.

Chavée, Honoré Joseph 1849. *Lexiologie indo-européenne: ou Essai sur la science des mots sanskrits, grecs, latins, français, lithuaniens, russes, allemands, anglais, etc*[M]. Paris: Franck.

Childe, Gordon.1929. *The Most Ancient East: The Oriental Prelude to European Prehistory* [M]. New York: Knopf.

Cloyd, E. L. 1969. "Lord Monboddo, Sir William Jones, and Sanskrit" [J]. *American Anthropologist* 71: 1134—1135.

Cloyd, E. L. 1972. *James Burnett, Lord Monboddo* [M]. Oxford: Clarendon Press.

Codrington, Robert Henry. 1885. *The Melanesian Languages* [M]. Oxford: Clarendon Press.

Colebrooke, Henry Thomas.1805. *A Grammar of the Sanskrit Language* [M]. Calcutta: The Honorable Company's Press.

Colebrooke, Henry Thomas.1807. *Kosha, Or Dictionary of the Sanscrit Language. by Umura Singha, with an English Interpretation and Annotations by H.T. Colebrooke*[M]. Calcutta: Haragobinda Rakshit.

Collins, Allan M. & M. Ross Quillian.1969. "Retrieval Time from Semantic Memory" [J]. *Journal of Verbal Learning and Verbal Behavior* 8 (2) : 240—247.

Comenius, John Amos.1657. *Opera didactica omnia. Variis hucusque occasionibus scripta, diversisque locis edita: nunc autem non tantùm in unum, ut simul sint, collecta, sed & ultimô conatu in systema unum mechanicè constructum, redacta* [M]. Amsterdam: Laurentius.

Conklin, Harold. 1954. *The Relation of the Hanunóo to the Plant World* [D]. Ph. D Dissertation in Anthropology, Yale University.

Conklin, Harold. 1955. "Hanunóo Color Categories" [J]. *Southwestern Journal of Anthropology* 11: 339—344.

Connor, Steve. 2003. "The Original Theory of Evolution... Were It not for the Farmer Who Came up with It 60 Years Before Darwin" [OL]. Independent (UK). 16 October. http://www.freerepublic.com/ focus/f-news/1001835/posts#comment.

Conrady (Conradyin), August. 1896. *Eine indochinesische Causativ-Denominativ-Bildung und ihr Zusammenhang mit den Tonaccenten: Ein Beitrag zur vergleichenden Grammatik der indochinesischen Sprachen, insonderheit des Tibetischen, Barmanischen, Siamesischen und Chinesischen* [M]. Leipzig: Otto Harrassowitz.

Conrady, August. 1916. "Eine merkwUrdige Beziehung zwischen den austrischen und den indochinesischen Sprachen" [A]. In *Auftiitze zur Kultur-und Sprachgeschichte vornehmlich des Orients: Ernst Kuhn zum 70. Geburtstage am 7. Februar 1916 gewidmet von Freunden und Schiilern*. Munich: Verlag von M. & H. Marcus. pp. 475—504.

Conrady, August. 1922. "Neue austrisch-indochinesische Parallelen" [A]. In *Asia Major: Birth Anniversary Volume*. London: Robsthan and Company. pp. 23—66.

Coşeriu, Eugen. 1962. *Teoría del lenguaje y lingüística general: cinco estúdios* [M]. Madrid: Gredos.

Coşeriu, Eugen. 1964. "Pour une sémantique diachronique structurale" [J]. *Travaux de linguistique et de littérature* 2 : 139—186.

Coşeriu, Eugen. 1966. "Structure lexicale et enseignement du vocabulaire" [A]. In *Actes du premier Colloque international de linguistique appliquée*. Nancy: Faculté des letters et des sciences humaines de l'Université de Nancy. pp. 175—217.

Cœurdoux, Gaston-Laurent. 1767. *Mémoire* [R]. 1767年，Cœurdoux向法兰西铭文与美文学术院提交印度《纪事》文稿。1777年，Nicolas-Jacques Desvaulx盗用该文稿题名*Mœurs et Coutumes des Indiens*出版。1808年，Abbé Dubois将该文稿卖给英国东印度公司，译为英文版*Description of the Character, Manners and Customs of the People of India, and of their Institutions, religious and civil*，1816年刊于伦敦。1825年又出版法文版*Mœurs, institutions et cérémonies des peuples de l'Inde*。

Cœurdoux, Gaston-Laurent. 1808. "Supplément au mémoire précédent (Letter to Abbé Barthélémy)" [A]. In Anquetil Duperron ed., *Mémoires de littérature tirés des registres de l'Académie royale des inscriptions et belles-lettres* 49 : 647—667. Paris.

Cœurdoux, Gaston-Laurent.1987 [1767]. Sylvie Murr ed., *L'Inde philosophique entre Bossuet et Voltaire - I. Moeurs et coutumes des Indiens (1777)* [M]. Paris: Ecole Francaise d'Extreme Orient.

Cruciger, Georg. 1616. *Harmonia linguarum quatuor cardinalium: Hebraicae Graecae Latinae & Germanicae* [M]. Frankfurt.

Cruse, David Alan. 1986. *Lexical Semantics* [M]. Cambridge: Cambridge University Press.

D

Dante Alighieri (Dantis Aligerii). 1577 [1305]. *De Vulgari Eloquentia Libri Duo, Nunc primum ad vetusti, & unici scripti Codicis exemplar editi. Ex libris Corbinelli: Eiusdemque Adnotationibus illustrate* [M]. Parisiis: Apud Io. Corbon.

Darwin, Charles Robert. 1858. *On the Origin of Species by Means of Natural Selection, or the Preservation of Favoured Races in the Struggle for Life* [M]. London: John Murray. 3rd Edition, 1861.

Darwin, Charles Robert. 1871. *The Descent of Man* [M]. London: John Murray.

Darwin, Charles Robert & Alfred Russel Wallace. 1858. "On the Tendency of Species to Form Varieties, and on the Perpetuation of Varieties and Species by Natural Means of Selection" [J]. *Zoological Journal of the Linnean Society* 3: 46—62. Darwin: I. Extract from an unpublished Work on Species, consisting of a portion of a Chapter entitled, On the Variation of Organic Beings in a State of Nature; on the Natural Means of Selection; on the Comparison of Domestic Races and True Species; II. Abstract of a Letter from C. Darwin, to Prof. Asa Gray, Boston, U.S., September 5th (pp. 46—53); Wallace: III. On the Tendency of Varietie to Depart Indefintely from the Original Type (pp. 53—62).

Darwin, Erasmus. 1794. *Zoonomia; or, the Laws of Organic Life Part I.* [M]. London: J. Johnson.

Darwin, Erasmus. 1803. *The Temple of Nature; or, the Origin of Society* [M]. London: J. Johnson.

Darwin, Francis. ed., 1887. *Life and Letters of Charles Darwin, Including an Autobiographical Chapter Vol. II* [M]. London: John Murray.

Davis, Kingsley. 1936. *A Structural Analysis of Kinship: Prolegomena to the Sociology of Kinship* [D], Ph. D. diss, Harvard University. Published by Arno Press, Salem, 1980.

Davis, Kingsley & W.L.Warner 1937. "A Structural Analysis of Kinship" [J]. *American Anthropologist* 39: 291—313.

Dempwolff, Otto. 1934, 1837, 1938. "Vergleichende Lautlehre des austronesischen Wortschatzes, Band 1: Induktiver Aufbau einer indonesischen Ursprache. Band 2: Deduktive Anwendung des Urindonesischen auf austronesische Einzelsprachen. Band 3: Austronesisches Wörterverzeichnis" [J]. *Beihefte zur Zeitschrift für Eingeborenen-Sprachen* 15, 17, 19. Berlin:

Dietrich Reimer.

Denis, Michael. 1777—1778. *Einleitung in die Bücherkunde* [M]. 1777, Band I. ; 1778, Band II. Wien.

Desmet, P. & P. Swiggers ed., 1995. *De la grammaire comparée à la sémantique: Textes de Michel Bréal publiés entre 1864 et 1898* [M]. Leuven: Peeters.

Desvaulx, Nicolas-Jacques (true author: Gaston-Laurent Cœurdoux). 1777. *Mœurs et Coutumes des Indiens* [M]. Pondicherry: n. pub.

van Driem, George. 2001. *Languages of the Himalayas: An Ethnolinguistic Handbook of the Greater Himalayan Region* [M]. Leiden: Brill.

van Driem, George. 2005. "Sino-Austronesian VS. Sino-Caucasian, Sino-Bodic VS. Sino-Tibetan, and Tibeto-Burman as Default Theory" [A]. In Prasada,Yogendra, Bhattarai, Govinda, Lohani, Ram Raj, Prasain, Balaram & Parajuli Krihna ed., *Contemporary Issues in Nepalese Linguistics*. Kathmandu: Linguistic Society of Nepal. pp. 285—338.

Dubois, Abbé (true author : Gaston-Laurent Cœurdoux). 1816. *Description of the Character, Manners and Customs of the People of India, and of their Institutions, religious and civil* [M]. Lundon: Longman.

Dubois, Abbé (true author: Gaston-Laurent Cœurdoux). 1825. *Mœurs, institutions et cérémonies des peuples de l'Inde* [M]. Imprimé avec l'autorisation du roi à l'Imprimerie royale.

Duchá ek, Otto. 1959. "Le champ conceptuel de la beauté en Français moderne" [J]. *Vox Romanica*18: 297—323.

d'Urville, Jules Sébastien César Dumont. 1834. *Voyages de découvertes de l'Astrolabe exécuté par ordre du Roi pendant les années 1826—1827—1828—1829 sous le commandement de M. J. Dumont d'Urville* [M]. Paris: J.Tastu.

E

Earl, George Windsor. 1850. "On The Leading Characteristics of the Papuan, Australian and Malay- Polynesian Nations" [J]. *Journal of the Indian Archipelago and Eastern Asia* 254: 277—278.

Eckhart, Johann Georg. 1711. *Historia studii etymologici linguae germanicae* [M]. Hanover.

Edgerton, Franklin. 2002. "William Jones" [A]. In Thomas A. Sebeok ed., *Portraits of Linguists: A Biographical Source Book for the History of Western Linguistics, 1746—1963, Vol. 1: From Sir William Jones to Karl Brugmann*. Bloomington: Indiana University Press. pp.1—18.

Edkins, Jeseph. 1871. *China's Place in Philology, An Attempt to Show That the Languages of Europe and Asia Have a Common Origin* [M]. London: Trübner & Co.

Edwards, Jr Jonathan. 1787. *Observations on the Language of the Muhhekaneew Indians, in Which the Extent of that Language in North America is Shewn, its Genius is Grammatically Traced, Some of its Peculiarities, and Some Instances of Analogy between that and the Hebrew are Pointed out* [M]. New Haven: Josiah Meigs.

Eichhorn, Johann Gottfried. 1781. *Repertorium für biblische und morgenländische Literatur* [M]. Göttingen: Erscheinungsjahr.

Eichhorn, Johann Gottfried. 1807. *Geschichte der neuern Sprachenkunde* [M]. Göttingen: Vandenhoeck und Ruprecht.

Elichmann, Johann. 1640. Tabula Cebetis Graece, Arabice, Latine. Item aurea carmina Pythagorae [M]. Leiden: Lugduni-Batavorum.

Engler, Rudolf. 1967: *Ferdinand de Saussure, Cours de linguistique générale, Édition critique par R.Engler* [M]. Wiesbaden: Otto Harrassowitz.

Eskhult, Josef. 2014. "Albert Schultens (1686—1750) and Primeval Language: the Crisis of a Tradition and the Turning Point of a Discourse" [A]. In Gerda Haßler och Angelica Rüter ed., *Metasprachliche Reflexion und Kontinuität Nodus Publikationen Beiträge zur Geschichte der Sprachwissenschaft*. Uppsala: Uppsala University. pp.1—19.

Estienne, Henri. 1561 [1555]. *Traicté de la conformité du langage Français avec le Grec*[M]. Première édition, Paris; Seconde édition, 1569; Slatkine Reprints, 1853.

F

Fellman, Jack. 1975. "On Sir William Jones and the Scythian language" [J]. *Language Science* 34: 37—38.

Fellman, Jack. 1976. "Further Remarke on the Scythian Language" [J]. *Language Science* 41: 19.

Finck, Franz Nikolaus. 1909. *Die Sprachstämme des Erdkreises* [M]. Leipzig: B. G. Teubner.

G

Гагкаев, К. Е. 1957. 《Курс лекций по истории языкознания》 [M]. Одесса: Одесский гос. Университет им. И. И. Мечникова.

Geeraerts, Dirk. 2010. *Theories of Lexical Semantics* [M]. Oxford: Oxford University Press.

Gelenius, Sigismund.1537. *Lexicum symphonum quo quatuor linguarum Europae familiarium, Graecae scilicet, Latinae, Germanicae ac Sclauinicae concordia consonatiiaq' indicator* [M]. Basil.

Gesner, Conrad.1555. *Mithridates de differentiis linguarum tum veterum tum quae hodie apud diversas nationes in toto orbe terrarum in usu sun*t[M]. Tiguri [Zürich]: excudebat Froschoverus.

Gibbs, Josiah Willard. 1857 [1847]. "On Cardinal Ideas in Language" [A]. *Philological Studies: with English Illustrations*. New Haven: Durrie and Peck. pp. 17—20.

Giessen, H.W. 2010. *Michel Bréal ein bibliografischer Überblick* [OL]. http://www.xn-michel-bral-gesell schaft-jfc.de / Dokumente/Bibliographie-Nov2010. pdf.

Gilman, D. C. , H. T. Thurston & F. Moore. ed.,1905. *New International Encyclopedia* [Z]. New York: Dodd, Mead and Company.

Gimbuta, Marija. 1956. The Prehistory of Eastern Europe, Part I. Mesolithic, Neolithic, and Copper Age Cultures in Russia and The Baltic Area [J]. *American School of Prehistoric Research Bulletin* 20: 1—241.

Gimbuta, Marija. 1970. "Proto-Indo-European Culture: The Kurgan Culture during the Fifth, Fourth, and Third Millennia B. C." [A]. In George Cardona, Henry M. Hoenigswald & Alfred Senn ed. , *Indo-European and Indo-Europeans: Papers Presented at the Third Indo-European Conference at the University of Pennsylvania*. Philadelphia: University of Pennsylvania Press. pp.155—197.

Gimbutas, Marija. 1982. "Old Europe in the Fifth Millenium B. C. : The European Situation on the Arrival of Indo-Europeans" [A]. In Edgar C. Polomé. ed., *The Indo-Europeans in the Fourth and Third Millennia*. Ann Arbor: Karoma Publishers.

Gimbutas, Marija. 1985. "Primary and Secondary Homeland of the Indo-Europeans" [J]. *Journal of Indo-European Studies* 13: 185—202.

Gipper, Helmut.1959. "Sessel oder Stuhl ? Ein Beitrag zur Bestimmung von Wortinhalten im Bereich der Sachkultur" [A]. In Helmut Gipper ed., *Sprache, Schlüssel zur Welt: Festschrift für Leo Weisgerbe*r. Düsseldorf: Schwann. pp. 271— 292.

Godel, Robert. ed.,1957. *Les Sources-manuscrites du Cours de linguistique générale de F. de. Saussure* [M]. Genève: Librairie Droz.

Godfrey, John J. 1967. "Sir William Jones and Pere Coeurdoux: A Philological

Footnote"[J]. *Journal of the American Oriental Society* 87: 57—59.

Goodenough, Ward Hunt. 1956. "Componential Analysis and the Study of Meaning"[J]. *Language* 32: 195—216.

Gordon W. Terrence. 1980. *A History of Semantics* [M]. Amsterdam: John Benjamins.

Grandy, Richard E.1987. "In Defense of Semantic Fields"[A]. In E. Lepore ed., *New Direction in Semantics*. London: Academic Press. pp. 259—280.

Gray, W. F. 1929. "A Forerunner of Darwin"[J]. *Fortnightly Review* 125: 112—122.

Gregersen, Edgar A. 1977. *Language in Africa: An Introductory Survey* [M]. New York: B. Heine.

Greimas, Algirdas Julien. 1966. *Sémantique Structurale: Recherche de Méthode* [M]. Paris: Larousse.

Greimas, Algirdas Julien. 1970. *Du sens: essais sémiotiques I* [M]. Paris : Seuil.

Grimm, Jakob. 1819. *Deutsche Grammatik* [M]. Göttingen: Dieterich. 2nd ed., 1822.

Grotius, Hugo.1642. *De origine gentium Americanarum dissertation* [M]. Paris.

Grotius, Hugo.1644. *Annotationes in Vetus Testamentum* [M]. Amsterdam.

Grube,Wilhelm. 1881. *Die Sprachgeschichtliche Stellung des Chinesischen* [M]. Leipzig: T. O. Weigel.

Guichard, Estienne. 1606. *L'Harmonie étymologique des Langues Hébraïgue, Chaldaïque, Syriaque, Greque, Latine, Françoise, Italienne, Espagnole, Allemagne, Flamande, Anglosie, & c.* [M]. Paris: Chez Guillaume le Noir.

Guignes, Joseph de. 1770. *Histoire de l'Academie des Inscriptions* [M]. Paris: Desaint & Saillant.

Gyármathi, Sámuel. 1799. *Affinitas linguae Hungaricae cum linguis Fennicae originis grammatice demostrata: Nec non vocabularia dialectorum tataricarum et slavicarum cum hungarica comparata* [M]. Göettingen: Dieterich.

H

Haase, Friedrich. 1874—1880[1840]. *Vorlesungen über lateinische Sprachwissenschaft* [M]. Leipzig：Simmel.

Halhed, Nathaniel Brassey. 1776. *A Code of Gentoo Laws, or Ordinations of the Pundits: From a Persian Translation, Made from the Original, Written in the Shanscrit Language* [M]. London: The English merchants of the East India Company.

Halhed, Nathaniel Brassey.1778. *A Grammar of the Bengal Language* [M]. Calcutta: Hoogly in B. Ncal.

Harris, Zellig S.1951. *Methods in Structural Linguistics* [M]. Chicago: The University of Chicago Press.

Hecquet, Marie-Catherine Homassel. 1755. *Histoire d'une jeune fille sauvage trouvée dans les bois à l'âge de dix ans* [M]. Paris: no publisher.

Henderson, Jan-Andrew. 2000. *The Emperor's Kilt: the Two Secret Histories of Scotland* [M]. Edinburgh: Mainstream Publishing.

Hensel, Gottfried. 1741. *Synopsis universae philologiae: in qua: miranda unitas et harmonia linguarum totius orbis terrarum occulta, e literarum, syllabarum, vocumque natura & recessibus eruitur* [M]. Nuremberg: Homann Heirs.

Herbart, Johann Friedrich. 1816. *Lehrbuch der Psychologie* [M]. In: *Johann Friedrich Herbart's Sämmtliche Werke*, G. Hartenstein (ed.), Leipzig 1906: Voss. Vol. IV. 295-436.

Herbart, Johann Friedrich. 1824-1825. Psychologie als Wissenschaft. Neu gegründet auf Erfahrung, Metaphysik und Mathematik. [M]. In: Johann Friedrich Herbart's Sämmtliche Werke, G. Hartenstein (ed.), Leipzig 1906: Voss. Vol.V. 177-402; Vol.VI: 1–338.

Herder, Johann Gottfried. 1767. *Fragmente über die neuere deutsche Literatur* [M]. Frankfurt: Riga.

Hervás y Panduro, Lorenzo. 1784. *Catálogo delle lingue conosciute e notizia della loro affinità e diversità*[M]. In: *Idea dell'universo*. Vol. 17. Madrid: Ranz.

Hervás y Panduro, Lorenzo. 1800—1804. *Catálogo de las lenguas de las naciones conocidas: y numeracion, division,y clases de estas segun la diversidad de sus idiomas y dialectos* (6 Vols.)[M]. Madrid: Ranz.

Hey, Oskar. 1898. "Review of Bréal (1897)" [J]. *Archiv für Lateinische Grammatik und Lexikographie*10: 551—555.

Hickes, George. 1689. *Institutiones Grammaticae Anglo-Saxonicae et Moeso-Gothicae*[M]. Oxford: Sheldonian Theater.

Hickes, George. 1703—1705. *Linguarum veterum septentrionalium thesaurus grammatico-criticus et archæologicus* [M]. Oxford: Sheldonian Theater.

Hjelmslev, Louis. 1961[1943]. *Prolegomena to a Theory of Language* [M]. Translated by Francis J. Whitfield, Madison: University of Wisconsin Press.

Hockett, Charles F. 1965 [1964]. "Sound Change" [J]. *Language* 41 (2): 185—203.

Hodgson, Brian Houghton. 1853. "On the Indo-Chinese Borderers, and their connexion with the Himálayans and Tibetans" [J]. *Journal of the Asiatic Society of Bengal* 22 (1): 1—25.

Hodgson, Brian Houghton. 1874. *Essays on the Languages, Literature and Religion of Nepal and Tibet* [M]. London: Trubner and Co.

Hoenigswald, Henry M. 1986. "Ninteenth-Century Linguistics on Its Self" [A]. In Theodora Bynon & F. R. Palmer ed., *Studies in the History of Western Linguistic*s. Cambidge: Cambridge University.

Huet, Pierre Daniel. 1703 [1679]. *Demonstratio evangelica ad serenissimum Delphinumt* [M]. 5th edition. Leipzig.

Humboldt, Wilhelm. 1830[1827]. Über den Dualis (gelesen in der Akademie der Wissenschaften am 26. April 1827) [J], In *Abhandlungen der historisch-philologischen Klasse der Königlichen Akademie der Wissenschaften zu Berlin aus dem Jahre 1827*. Berlin: Akademie der Wissenschaften zu Berlin. p.161-187.

Humboldt, Wilhelm. 1839 [1828]. "Über die Sprache der Südseeinseln" [A]. In J. Buschmann ed., *Über die Kawi-Sprache auf der Insel Java*. Vol. III: 425—486. Berlin: F. Dümmler.

Hutton, James. 1788 [1785]. "Theory of the Earth; or an Investigation of the Laws Observable in the Composition, Dissolution, and Restoration of Land upon the Globe" [J]. *Transactions of the Royal Society of Edinburgh*. Vol. 1, Part 2. pp. 209—304.

Hutton, James. 1794. *An Investigation of the Principles of Knowledge and of the Progress of Reason, From Sense to Science and Philosophy* [M]. Edinburgh: Strahan & Cadell.

Hutton, James. 1795. *Theory of the Earth; with Proofs and Illustrations* [M]. Edinburgh: Creech.

I

Ihre, Johan (Johannes). 1769. *Glossarium Suiogothicum in quo tam hodierno usu frequentata vocabula, quam in legum patriarum tabulis aliisque aevi medii scriptis obvia explicantur, et ex dialectis cognatis, Moesogothica, Anglosaxonica, Alemannica, Islandica ceterisque Gothicae et Celticae originis illustrantur*[M]. Upsaliae: Edmannianis.

Ipsen, Gunther. 1924. "Der alte Orient und die Indogermanen" [A]. In Johannes Friedrich & Johannes B. Hofmann et al. ed., *Stand und Aufgaben der Sprachwissenschaft-Festschrift für Wilhelm Streitberg*. Heidelberg: Winter. S. 200—237.

J

Jäger, Holmiensis Andreas. 1686. *De Lingva Vetustissima Europæ, Scytho-Celtica et Gothica, Sub Moderamine Georg* [M]. Wittenberg: Schrödter

Jakobson, Roman. 1972. "The Kazan School of Polish Linguistics and its Place in the International Development of Phonology" [A]. In *Roman Jakobson, Selected Writings. Vol. II: Word and Language*. Hague: Mouton.

Jespersen, Otto. 1922. *Language: Its Nature, Development and Origin* [M]. New York: Henry Holt and Company.

Jones, Rowland. 1764. *The Origin of Language and Nations, hieroglyfically, etymologically, and topographically defined and fixed, after the method of an English, Celtic, Greek, and Latin-English lexicon. together with an historical preface, an hieroglyfical definition of characters, a Celtic general grammar, and various other matters of antiquity. Treated of in a Method entirely new* [M]. London: J. Hughs.

Jones, Rowland. 1767. *A Postscript to the Origin of Language and Nations; containing a farther illustration of languages, a plan for the restoration of the primitive one, and a demonstration of its utility and importance, as an universal language and a general key to knowledge ; with various specimens of its Powers on ancient authors, coins, names, and other things* [M]. London: J. Hughs.

Jones, Sir William. 1807 [1786]. "The Third Anniversary Discourse, on the Hindus" [A], In John Shore Teignmouth ed., *The Works of Sir William Jones*. Vol. III. London: J. Stockdale & J. Walker. pp. 24—46.

Jones, Sir William. 1807 [1792]. "The Ninth Anniversary Discourse, on the Origin Families of Nations" [A]. In John Shore Teignmouth ed., *The Works of Sir Willam Jones*. Vol. III. London: J. Stockdale & J. Walker. pp. 185—204.

Jones, Sir William. 1807. *The Works of Sir Willam Jones* [M]. Vol. III. London: J. Stockdale & J. Walker.

Johnson, Samuel. 1755. *A Dictionary of the English Language* [Z]. London: W. Strahan.

Joseph, J. E. 2012. *Saussure* [M]. Oxford: Oxford University Press.

K

Kate, Lambert ten. 1710. *Gemeenschap tussen de Gottische Spraeke en de Nederduytsche,* vertoont: I. By eenen brief nopende deze stoffe. II. By eene lyste der Gottische woorden, gelykluydig met de onze, getrokken uyt het Gothicum Evangelium. III. By de voorbeelden der Gottische declinatien en conjugatien, nieulyks in haere classes onderscheyden. Alles gerigt tot ophelderinge van den ouden grond van 't Belgisch [M]. Amsterdam: Jan Rieuwertsz.

Kate, Lambert ten. 1723. *Aenleiding tot de Kennisse van het Verhevene Deel der Nederduitsche Sprake waer in Hare zekerste Grondslag, edelste Kragt, nuttelijkste Onderscheiding, en geregeldste Afleiding overwogen en naegespoort, en tegen het Allervoornaemste der Verouderde en Nog-levende Taelverwanten, als 't Oude Mœso-Gotthisch, Frank-Duitsch, en Angel-Saxisch, beneffens het Hedendaegsche Hoog-Duitsch en Yslandsch, vergeleken word* [M]. Amsterdam: Rudolph en Gerard Wetstein.

Katz, Jerrold J. & Jerry A. Fodor. 1963. "The Structure of a Semantic Theory" [J]. *Language* 39: 170—210.

Kern Hendrik. 1886. *De Fidji-taal vergeleken met hare verwanten in Indonesië en Polynesië* [M]. Amsterdam & Leiden: Brill.

Klaproth, Julius H. 1823. *Asia Polyglotta* [M]. Paris: B.A. Shubart.

Knight, William. A. 1900. *Lord Monboddo and Some of His Contemporaries* [M]. London: John Murray.

Koerner, E. F. K. 1978. *Toward a Historiography of Linguistics. Selected Essay* [M]. Amsterdam: John Benjamins.

Koerner, E. F. K. 2015. "Jan Baudouin de Courtenay: His Place in the History of Linguistic Science" [J]. *Canadian Slavonic Papers* 14 (4) : 663—683.

Koffka, Kurt. 1935. *Principles of Gestalt Psychology* [M]. London: Lund Humphries.

Кондрашов, Н. А. 1979. *История лингвистических учений: учебное пособие* [M]. Москва: Просвещение.

Kortlandt, Frederik. 1990. "The Spread of the Indo-Europeans" [J]. *The Journal of Indo-European Studies* 18: 131—140.

Köhler, Wolfgang. 1920. *Die Physischen Gestalten in Ruhe und im Stationären Zustana*[M]. Erlangen: Weltkreisverlag.

Kraus, Jacob Christian. 1787. "Recension de 'Peter Simon Pallas Linguarum totius orbis Vocabularia comparativa I'" [J]. *Allgemeine Literatur-Zeitung* 235: 1—8; 236: 9—16; 237: 17—29.

Kroeber, Alfred Louis. 1909. "Classificatory Systems of Relationship" [J]. *Journal of the*

Royal Anthropological Institute of the Great Britain and Ireland 39: 77—84.

Kuhn, Ernst. 1889. "Beiträge zur Sprachenkunde Hinterindiens" [A]. In *Sitzungsberichte der Königlichen Bayerischen Akademie der Wissenschaften (München), Philosophisch-Philologische und Historische Klasse, Sitzung vom 2 März 1889*. pp. 189—236. Berlin.

Kuraish, Judah ibn. 1857 [9th C.]. *Risālah al-ḥakim*[M]. Bargès & Goldberg eds., Paris: Ṭabaʻfi al-maḥrusah Baris.

L

Lacouperie, Terrien. 1887. *The Languages of China Before the Chinese* [M]. London: David Nutt.

Lamarck, Jean-Baptiste. 1809. *Philosophie zoologique* [M]. Paris: Detu.

Lanman, Charles Rockwell. 1895 [1894]. "Reflected Meanings: A Point in Semantics" [J]. *Transactions of the American Philological Association* 26, Appendix: 11—15.

Larson, Edward J. 2004. *Evolution: the Remarkable History of a Scientific Theory* [M]. New York: Modern Library.

Law, Vivien. 2003. *The History of Linguistics in Europe: From Plato to 1600*[M]. Cambridge: Cambridge University Press.

Lazarus, Moritz & Heymann Steinthal. 1860. "Einleitende Gedanken über Völkerpsychologie, als Einla-dung zu einer Zeitschrift für Völkerpsychologie und Sprachwissenschaft" [J]. *Zeitschrift für Völkerpsychologie und Sprachwissenschaft* 1: 1—73.

Leech, Geoffrey. 1974. *Semantics: the Study of Meaning* [M]. Harmondsworth: Penguin.

Lehrer, Adrienne. 1974. *Semantic Fields and Lexical Structure* [M]. Amsterdam: North-Holland.

Leibniz, Gottfried Wilhelm. 1710. "Brevis designatio meditationum de originibus gentium, ductis potissmum ex indicio linguarum" [J]. *Miscellanea Berolinensia ad incrementum scientiarum, Ex scriptis Societati Regiae Scientiarum exhibitis edita* 1: 1—16.

Leibniz, Gottfried Wilhelm. 1717. *Collectanea illustrationi linguarum veteris Celticae, Germanicre, aliarumque cum praefatione J. G. Eccardi* (简称*Collectanea Etymologica*)[M]. Hanoverae: N. Foersteri.

Leibniz, Gottfried Wilhelm. 1765 [1704]. *Nouveaux essais sur l'entendement humain* [M]. R. E. Raspe ed., Amsterdam & Leipzig: Chez Jean Screuder. J. E. Erdmann ed., Berlin: Eichler. 1840: 194—426.

Le Maire, Jacob. 1622. *Mirror of the Australian Navigation by Jacob Le Maire: A Facsimile of the 'Spieghel der Australische Navigatie...' Being an Account of the Voyage of Jacob Le Maire and Willem Schouten 1615—1616* [M]. Amsterdam.

Lepsius, Karl Richard. 1855. *Standard Alphabet for Reducing Unwritten Languages and Foreign Graphic Systems to a Uniform Orthography in European Letters* [M]. London & Berlin.

Lespchy, Giulio. 1994. *History of Linguistics (Vol. I): The Eastern* Traditions *of Linguistics*[M]. London: Longman.

Leyden, John Casper. 1806a. *Letter to Lt. Col. Richardsom with Plans of Research into the Language and Literature of the India, and Detailing the Writer's Own History and Competence for the Task* [L]. Manuscript held by the British Library, ADD. MSS 26564.

Leyden, John Casper. 1806b. *Plan for the Investigation of the Language, Literature, History and Antiquities of the Indo-Chinese Nations*[L]. Manuscript held by the British Library, ADD. MSS 26565.

Leyden, John Casper. 1808. "On the Languages and Literature of the Indo-Chinese Nations" [J]. *Bengal: Asia Researches* 10: 84—171.

Lhuyd, Edward.1707. *Archaeologia Britannica, giving some account additional to what has been hitherto publish's, of the languages, histories and customs of the original inhabitants of Great Britain: from collections and observations in travels through Wales, Cornwal, Bas-Bretagne, Ireland and Scotland* [M]. Oxford: Printed at the Theater for the Author.

Lipiński, Edward. 2001. *Semitic Languages: Outline of a Comparative Grammar* [M]. Leuven: Peeters Publishers.

Lituanus, Michalo. 1615[1555]. *De moribus tartarorum, lituanorum et moscorum* [M]. Switzerland: Basel.

Logan, James Richardson. 1850. "The Ethnology of the Indian Archipelago: Embracing Enquiries into the Continental Relations of the Indo-Pacific Islanders" [J]. *Journal of the Indian Archipelago and Eastern Asia* 4: 252—347.

Logan, James Richardson. 1852, 1853, 1854, 1855, 1857. "Ethnology of the Indo-Pacific islands" [J]. *Journal of the Indian Archipelago and Eastern Asia*. VI: 57—82, 653—688; VII: 20—63, 105—137, 186—224, 301—324; VIII: 28—79, 200—261, 421—504; IX: 1—52, 162—272, 359—441. Singapore. New Series I (II):1—150.

Logan, James Richardson. 1858a. "The Maruwi of the Baniak Islands" [J]. *Journal of the*

Indian Archipelago and Eastern Asia. Singapore. New Series I (I): 1—42.

Logan, James Richardson. 1858b. "The West-Himalaic or Tibetan tribes of Asam, Burma and Pegu" [J]. *Journal of the Indian Archipelago and Eastern Asia*. New Series II (I): 68—114. Singapore.

Logan, James Richardson. 1859. "Ethnology of the Indo-Pacific islands: The affiliation of the Tibeto-Burman, Mon-Anam, Papuanesian and Malayo-Polynesian pronouns and definitives, as varieties of the ancient Himalayo-Polynesian system; and the relation of that system to the Draviro-Australian" [J]. *Journal of the Indian Archipelago and Eastern Asia*. Singapore. III (I): 65—98.

Lomonosov, Mikhail Vasilyevich (Ломоно́сов, Михаи́л Васи́льевич). 1755. *Росси́йская грамма́тика* [M]. Санкт-Петербург : Императорской Академии Наук. In Complete Edition, Moscow, 1952, Vol. 7. 该书第一部分是"人类语言总论"（о человеческом слове вообще）。

Lounshbury, Floyd Glenn. 1956. "A Semantic Analysis of the Pawnee Kinship Usage" [J]. *Language* 32: 158—194.

Love, Nigel. 2006. *Language and History: Integrationist Perspectives* [M]. New York: Routledge.

Lovejoy, Arthur. O. 1933. "Monboddo and Rousseau" [J]. *Modern Philology* 30: 275—296.

Lyell, Charles. 1830—1833. *Principles of Geology* [M]. London: John Murray.

Lyons, John. 1963. *Structural Semantics* [M]. Oxford: Basil Blackwell.

Lyons, John. 1968. *Introduction to Theoretical Linguistics* [M]. Cambridge: Cambridge University Press.

Lyons, John. 1977. *Semantics* [M]. Cambridge: Cambridge University Press.

Lyons, John. 1995. *Linguistic Semantics: An Introduction*[M]. Cambridge: Cambridge University Press.影印本《语义学引论》，汪榕培导读，北京：外语教学与研究出版社，2000年。

M

Malinowski, Bronislaw. 1920. "Classificatory particles in the language of Kiriwina" [J]. *Bulletin of the School of Oriental Studies* 1 (4): 33—78.

Malinowski, Bronislaw. 1923. "The Problem of Meaning in Primitive Languages" [A]. In C. K. Ogden & I. A. Richard. *The Meaning of Meaning*. New York: Harchourt Brace Jovanovich. pp. 297—336.

Malinowski, Bronislaw. 1935. *Coral Gardens and their Magic* [M]. London: Allen & Unwin.

Malte-Brun, Conrad. 1810. *Précis de la géographie universelle* [M]. Paris: François Buisson.

Malthus, Thomas. 1798. *An Essay on the Principle of Population, as it Affects the Future Improvement of Society with Remarks on the Speculations of Mr. Godwin, M. Condorcet, and Other Writers* [M]. Anonymously published.

Marcucci, Ettore M. 1855. *Lettere edite e inedite di Filippo Sassetti, raccolte e annotate* [M]. Firenze: Felice le Monnier.

Martinet, André. 1962. *A Functional View of Language* [M]. Oxford: Clarendon Press.

Martinet, André. 1975. *Studies in Functional Syntax* [M]. E. Coşeriu ed., München: Wilhelm Fink Verlag.

Marsden, William. 1784. *The History of Sumatra: Containing an Account of the Government, Laws, Customs and Manners of the Native Inhabitants, with a Description of the Natural Productions, and a Relation of the Ancient Political State of That Island* [M]. London: Printed for the author.

Marsden, William. 1812. *Grammar and Dictionary of the Malay Language* [M]. Singapore.

Marsden, William. 1834. "On the Polynesian, or East-insular Languages" [A], In *Miscellaneous Works of William Marsden*. London: Parbury, Allen and Co., pp. 1—121.

Maspero, Henri. 1911. "Contribution à l'étude du système phonétique des langues thai" [J]. *Bulletin de l'Ecole Francaise d'Extreme Orient* 11: 153—169.

Mathesius, Vilém. 1911. "*O potencialnosti jevu jazykových*" [J], Královská společnost Čech. Rpt. in Josef Vachek ed., *A Prague School Reader in Linguistics*. Bloomington: Indiana University Press. 1964: 1-32。

Mathesius, Vilém. 1947. "Kam jsme despěli v jazykozpytu" [A], In: Čeština a obecný jazykozpyt. Prague: Soubor stat.

Mathew, Patrick. 1831. *On Naval Timber and Arboriculture; with Critical Notes on Authors Who Have Recently Treated the Subject of Planting* [M]. Edinburgh & London: Black.

Mauro, Tullio de. 1967. *Ferdinand de Saussure, Cours de linguistique générale, Édition critique par Tullio de Mauro* [M], prima edizione, Laterza. Fedition francaise, Paris: Payot. 1972.

Mayr, Ernst. 1982. *The Growth of Biological Thought: Diversity, Evolution, and Inheritance* [M]. Cambridge: Harvard University Press.

McCrum, Robert & William Cran & Robert MacNeil. 1986. *The History of English* [M]. New York: Viking Penguin Inc.

Meillet, Antoine & Marcel Samuel Raphal Cohen. ed., 1924. *Les Langues du Monde* [C]. Paris: CNRS, Champion.

Metcalf, George J. 1974. "The Indo-European Hypothesis in the Sixteenth and Seventeenth Centuries" [A]. In Dell Hymes ed., *Studies in the History of Linguistics: Traditions and Paradigms*. Bloomington: Indiana University Press. pp. 233—257.

Mettinger, A. 1994. *Aspects of Semantic Opposition in English* [M]. Oxford: Clarendon Press.

Michaelis, August Benedict. ed., 1755. *Jobi Ludolfi et Godofredi Guilelmi Leibnitii Commercium Epistolicum* [C]. Göttingen.

Miller, George A. 1985. "WordNet: A Dictionary Browser" [A]. In *Proceedings of the First International Conference on Information in Data*. University of Waterloo Centre for the New OED.

Miller, George A. et al. 1993. *Introduction to WordNet: An On-line Lexical Database* [OL]. Specification of WordNet.

Miller, George A. & Christiane Fellbaum. 2007. "WordNet Then and Now" [J]. *Language Resources and Evaluation* 41: 209—214.

Moldenhauer, Gerardo. 1957. "Notas sobre el origen y la propagación de la palabra linguistique (>lingüistica) y ténninos equivalentes" [J]. *Anales del Instituto de Lingüística, Universidad Nacional de Cuyo, Mendoza* 4: 430—440.

Monboddo, Lord J. B. 1900 [1772]. "J. Burnett to J. Harris, 31 December, 1772" [A]. In W. A. Knight ed., *Lord Monboddo and Some of His Contemporaries*. London: John Murray.

Monboddo, Lord J. B. 1773, 1774, 1776, 1787, 1789, 1792. *Of the Origin and Progress of Language* (6 Vols.) [M]. Edinburgh: J. Balfour ; London: T. Cadell.

Monboddo, Lord J. B. 1777. "J. Burnett to J. Boswell, 11 April and 28 May, 1777" [L]. New Haven: *Yale University Boswell Papers*, C. 2041 & C. 2042.

Monboddo, Lord J. B. 1779—1799. *Antient Metaphysics, or the Science of Universals* (6 Vols.) [M]. Edinburgh & London: J. Bell & Bradshute & T. Cadell.

Monboddo, Lord J. B. 1900[1789]. "J. Burnett to W. Jones, 20 June 1789" [A]. In W. A. Knight ed., *Lord Monboddo and Some of His Contemporaries*. London: John Murray.

Mounin, Georges. 1967. *Histoire de la linguistique des origines au XXe siècle* [M]. Paris: Universitaires de France.

Muller, Jean-Claude. 1984. "Quelques repères pour l'histoire de la notion de vocabulaire de base dans le précomparatisme" [J]. *Histoire Épistémologie Langage* 6 (2) : 37—43.

Muller, Jean-Claude. 1986. "Early stages of language comparison from Sassetti to Sir William Jones (1786)" [J]. *Kratylos* 31: 1—31.

Murr, Sylvie. ed.,1987a. *L'Inde philosophique entre Bossuet et Voltaire - I. Mœeurs et coutumes des Indiens (1777). Un inedit du Pere G.-L. Cœurdoux, SJ, dans la version de N.-J. Desvaulx* [M]. Paris: Ecole Francaise d'Extreme Orient.

Murr, Sylvie. ed., 1987b. *L'Inde philosophique entre Bossuet et Voltaire - II. L'indologie du Pere Cœurdoux. Stratégie, Apologétique et Scientificité* [M]. Paris: Ecole Francaise d'Extreme Orient.

Müller, Friedrich.1876. *Grundriss der Sprachwissenschaft* [M]. Wien: A. Hölder.

Müller, Friedrich Max. 1851. "Comparative Philology" [J]. *The Edinburgh Review* 192. London: Forgotten Books. Reprint. 2013: 297—338.

Müller, Friedrich Max. 1854. *Letters to Chevalier Bunsen on the Classification of the Turanian Languages*[M]. London: Williams & Norgate.

Müller, Friedrich Max. 1855. *Languages of the Seat of War in the East, with a Survey of the Three Families of Language, Semitic, Arian, and Turanian* [M]. London: Williams & Norgate.

Müller, Friedrich Max. 1862. *Lectures on the Science of Language: Delivered at the Royal Institution of Great Britain in April, May, & June 1861*[M]. London: Longman Green.

N

Neaves, Charles. 1875. *Songs and Verses: Social and Scientific* [M]. London: William Blackwood & Sons.

Nerlich, Brigite. 1992. *Semantic Theories in Europe, 1830—1930: From Etymology to Contextuality* [M]. Amsterdam: John Benjamins.

Nida, Eugene. A. 1945. "Linguistics and Ethnology in Translation Problems" [J]. *Word* 1: 194—208.

Nida, Eugene. A. 1951. "A System for the Description of Semantic Elements" [J], *Word* 7: 1—14.

Nida, Eugene. A. 1964. *Toward a Science of Translatine* [M]. Leiden: Brill.

Nida, Eugene. A. 1975. *Componential Analysis of Meaning* [M]. Hague: Mouton.

P

Pallas, Peter Simon. 1786, 1789. Linguarum totius orbis vocabularia comparativa : augustissimae cura collecta[M]. St Petersburg: Johannes Carolus Schnoor. Jankiewitsch de Miriewo, ed., 2nd edition, 1790, 1791.

Palmer, Robert Frank. 1976. *Semantics: A New Outline* [M]. Cambridge: Cambridg University Press.

Parsons, Talcott. 1937. *The Structure of Social Action, A Study in Social Theory with Special Reference to a Group of Recent European Writers* [M]. New York: McGraw Hill.

Paul, Hermann. 1880. *Prinzipien der Sprachgeschichte*[M]. Halle: Niemeyer Verlag. 2nd rev. ed., 1886.

Pedersen, Holger. 1924. *Sprogvidenskabens i det nittende Aarhundrede: Metoder og Resultater* [M]. København: Gyldendalske Boghandel. Trans. by John W. Spargo. *Linguistic Science in the Nineteenth Century: Methods and Results*. Cambrige: Harvard University Press. 1931.

Pereltsvaig, Asya. 2012. *Languages of the World: An Introduction* [M]. Cambridge: Cambridge University Press.

Périon, Joachim. 1554. *Dialogorum de linguæ Gallican origine, ejusque çum Graecâ cognatione, libri quatuor* [M]. Parisiis: Sebastianum Niuelliums.

Proyart, Abbé Liévin-Bonaventure. 1776. *Histoire de Loango, Kakongo: Et Autres Royaumes D'afrique* [M]. Paris & Lyon.

Przyluski, Jean. 1924. "Le sino-tibétain" [A].In Meillet, Antoine & Marcel Samuel Raphal Cohen. ed., *Les Langues du Monde*. Paris: CNRS, Champion.

Przyluski, J. & G. H. Luce 1931. "The Number 'A Hundred' in Sino-Tibetan" [J]. *Bulletin of the School of Oriental and African Studies* 6 (3): 667—668.

Purchas, Samuel. 1625. *Hakluytus Posthumus or Purchas his Pilgrimes, contayning a History of the World in Sea Voyages and Lande Travells, by Englishmen and Others* [M]. London: Henry Fetherston.

Покровский, Михаил Михайлович (Pokrovsky, Mikhail Mikhailovich). 1959[1895]. "О Методах семасиологии"[A]. «М. М. Покровский. Избранные работы по языкознанию». Москва: Изд-во. С.27-32.

Покровский, Михаил Михайлович. 1959[1896]."Семасиологические исследования в области древних языков"[D]. «М. М. Покровский. Избранные работы по языкознанию». Москва: Изд-во. С. 63-170.

Porzig, Walter. 1934. "Wesenhafte Bedeutungsbeziehungen" [J]. *Beiträge zur Geschichte der deutschen Sprache und Literatur* 58: 70—97.

Postel, Guillaume (Guilielums Postellus). 1538. *De originibus seu de Hebraicae linguae et gentis antiquitate, deque variarum linguarum affinitate* [M]. Parisiis: Dionysium Lescuier.

Pottie, Bernard. 1964. "Vers une Sémantique Moderne" [J]. *Travaux de linguistique et de littérature* 2: 107—137.

Pottie, Bernard. 1965. "La Définition Sémantique dans les Dictionnaires" [J]. *Travaux de linguistique et de littérature* 3: 33—39.

Pottie, Bernard. 1992. *Sémantique Générale* [M]. Paris : Presses Universitaires de France.

Pottie, Bernard.1964. "Vers une Sémantique Moderne" [J]. *Travaux de linguistique et de littérature* 2: 107—137.

R

Ramstedt, Gustaf John.1952—1957. *Einfuehrung in die altaische Sprachwissenschaft* [M]. Helsinki: Suomalais-Ugrilainen Seura.

Rask, Rasmus Christian. 1818[1814]. *Undersøgelse om det gamle Nordiske eller Islandske Sprogs Oprindelse* [M]. København: Gyldendalske Boghandlings Forlag.

Rask, Rasmus Christian. 1832. *Ræsonneret lappisk sproglære efter den sprogart, som brugesaf fjældlapperne i Porsangerfjorden i Finmarken. En omarbejdelse af Prof. Knud Leems Lappiske grammatica*[M]. København: Trykt Hos S. L. Møller.

Rastier, François. 2008. "La triade sémiotique, le trivium et la sémantique linguistique" [J]. *Actes Sémiotiques* 111. http://epublications.unilim.fr/revues /as/ 1640.

Read, Allen Walker. 1948. "An Account of the Word 'Semantics'" [J]. *Word* 4 (2): 78—97.

Regnaud, Paul 1898. "Review of Bréal (1897)" [J]. *Revue de linguistique et de philologie comparée* 32 : 60—67.

Reisig, Christian Karl. 1839 [1825]. *Professor K. Reisig's Vorlesungen über lateinische Sprachwissenschaft* [M]. Hrsg. mit Anmerkungen v. Fiedrich Haase. Leipzig: Lehnold.

Relandus Hadrian.(Adriaen Reeland). 1708a. "Dissertatio de linguis insularum quarundem orientalium" [A]. In *Dissertationum miscellanearum partes tres*, 3 Teile. Trajecti ad Rhenum [Utrecht]: William Brodelet. pp.55—139.

Relandus Hadrian.(Adriaen Reeland) 1708b. "Dissertatio de linguis Americanis" [A]. *Dissertationum miscellanearum partes tres*, 3 Teile. Utrecht: William Brodelet, pp.143—229.

Renfrew, Andrew Colin. 1987. *Archaeology and Language: The Puzzle of Indo-European Origins* [M]. London: Pimlico.

Renfrew, Andrew Colin. 1999. "Time Depth, Convergence Theory, and Innovation in Proto-Indo- European: 'Old Europe' as a PIE Linguistic Area" [J]. *The Journal of Indo-European Studies* 27(3—4): 257—293.

Robertson, William. 1768. *An Account of a Savage Girl, Caught Wild in the Woods of Champagne* [M], Translated from the French of Madam H-T. Edinburgh: A. Kincaid & J. Bell.

Robins, Robert Henry. 1967. *A Short History of Linguistic*s (Second edition 1979, Third edition1990, Fourth edition 1997).影印本《语言学简史》（1997年第四版），北京：外语教学与研究出版社，2001年。

Robins, Robert Henry. 1987. "The Life and Work of Sir William Jones" [J]. *Transactions of the Philological Society* 85 (1): 1—23.

Rodericus Ximénez de Rada. 1243. *De rebus Hispaniae or Historia gothica is a history of the Iberian peninsula written in Latin by Archbiship of Toledo Rodrigo Jiménez (or Ximénez) Rada de* [M]. Modern Spanish edition: *Historia de los hechos de España* (trans. & ed. by Juan Fernández Valverde). Madrid: Alianza, 1989.

Roth, Heinrich. 1660. *Grammaticca linguae Sanscretanae Brachmanum Indiae Orientalis* [M]. Vienna. In Arnulf Camps & Jean-Claude Muller ed., *The Sanskrit grammar and manuscripts of Father Heinrich Roth, S. J. (1620–1668)*. Leiden: E. J. Brill.1988.

Rudbeck, Olof. 1717. *Specimen Usus linguae Gothicae, in Eruendis Atque illustrandis Obscurissimis Quibusvis Sacrae Scripturae locis: addita analogia linguae gothicae cum sinica, nec non finnonicae cum ungarica* [M]. Uppsala & Sweden: Joh. Henr.

Rudbeck the Younger, Olof. 1727. "Av Estniernas, Finländarnas och Lappländarnas ursprung (Of the Origin of the Estonians, Finns, and Laplanders)" [J].In Gottfrid Kiesewetter ed., *Acta Literaria Sueciæ* (1720—1729). Upsaliæ: Russworm.

Rudbeck the Younger, Olof. 1730. Thesauri Linguarü Asia & Europa Harmonici Specimen [J]. In Gottfrid Kiesewetter ed., *Acta Literaria et scientiarum Sueciæ* (Annos 1730—1734). Upsaliæ: Russworm. pp. 90—106.

S

Sajnovics, János. 1770. *Demonstratio Idioma Ungarorum et Lapponum Idem Esse* [M].

Slovakia: Trnava.

Salmasius, Claudius.1643. *De Hellenistica commentarius, Controversiam de Lingua Hellenistica decidens et pertractans Originem et Dialectos Græcæ Linguæ* [M]. Leiden : Length.

de Saussure, Ferdinand. 1879. *Mémoire sur le système primitif des voyelles dans les langues indo-européennes* [M]. Leipzig: Teubner.

de Saussure, Ferdinand. 1881. *De l'emploi du génitif absolu en Sanscrit* [D]. Genève: Imprimerie Jules-Guillaume Fick.

de Saussure, Ferdinand. 1971[1916]. *Cours de Linguistique Générale* [M]. Publié par Charles Bally et Albert Sechehaye. Rpt. Paris: Payot.

Scaliger, Julius Caesar. 1540. *De causis linguae latinae* [M]. Lyon. Geneva, 1580. Reprinted 1597.

Scaliger, Joseph Justus. 1610 [1599]. "Diatriba de Europœorum Linguis, item de ho-diernis Francorum necnon de varidâ litterarum aliquot pronuciatione" [A]. In *Opúscula varia Scaligeri, antehac non edita, nunc verò multis partibus ancta*. Parisiis: Hadrianum Beys. pp. 119—142.

Scheidius, Everard. 1772. *Observationis Etymologicae Linguae Hebraeae stirpes quibus primaevae strictim explicantur* [M]. Harderwijk.

Scheidius, Everard. 1786. *Ebn Doreidi Katsyda, sive Idyllium Arabicum, Arabice et Latine, cum Scholiis* [M]. Harderwijk.

Schlegel, Friedrich. 1808. *Überdie Sprache und Weisheit der Indier, Ein Beitrag zur Begründung der Altertumskunde* [M]. Heidelberg: Mohr und Zimmer.

Schleicher, August. 1863. *Die Darwinsche Theorie und die Sprachwissenschaft* [M]. Weimar: H. Boehlau.

Schleicher, August.1869. *Darwinism Tested by the Science of Language*[M]. Trans. by V. W. Alex. London: J. C. Hotten.

Schmidt, Wilhelm. 1899a. "Die sprachlichen Verhältnisse Oceaniens (Melanesiens, Polynesiens, Mikronesiens und Indonesiens) in ihrer Bedeutung für die Ethnologie" [J]. *Mitteilungen der Anthropologischen Gesellschaft in Wien* 29: 245—258.

Schmidt, Wilhelm.1899b. *Das Verhältnis der melanesischen Sprachen zu den polynesischen und untereinander* [M]. Wien: Stzgsb. Kaiserl. Akad. d. Wissensch., Bd. CXLI.

Schultens, Avec Albert. 1769 [1706]. "Dissertatio theologica-philologica de utilitate linguae in interpretenda sacra lingua" [A].In *Alberti Schultens Opera minora (...) antehac seorsum in lucem emissa*. Leiden.

Schultens, Avec Albert. 1733. "Clavis dialectorum. Clavis mutationis elementorum qua dialecti linguae Hebraeae, ac praesertim Arabica dialectus, aliquando ab Hebraea deflectunt" [A]. In *The re-edition of Rudimenta linguae Arabicae auctore Thoma Erpenio*. Leiden.

Schultens, Avec Albert. 1738a. *Vetus et regia via Hebraizandi, asserta contra novam et metaphysicam hodiernam* [M]. Leiden.

Schultens, Avec Albert. 1738b. *Origines Hebraeae, Accedit gemina oratio de linguae Arabicae antiquitate et sororia cognatione cum Hebraea* [M]. Leiden.

Schultens, Avec Albert. 1748. *Proverbia Salomonis. Versionem integram ad Hebraeum fontem* [M]. Leiden.

Schulze, Benjamin. 1728[1725] *Orientalisch und occidentalischer Sprachmeister, contenant 100 alphabets, des tables polyglottes, les noms de nombre et l'oraison dominicale en 200 langues ou dialectes* [M]. Leipzig.

Schulze, Benjamin. 1728a. *Grammatica telugica* [M]. Madras.

Schulze, Benjamin.1728b. "Herrn Schulzes Schreiben en Professor Francken" [A], In *Der Königlich- Dänischen Missionarien aus Ost-Indien eingesandte ausführliche Berichte*. Th. 21, Hall. pp. 696—710.

Schulze, Benjamin. 1745.*Grammatica hindostanica* [M]. Halle.

Schott,Wilhelm.1836. *Versuch über die Tatarischen Sprachen* [M]. Berlin: Veit & comp.

Schott,Wilhelm. 1849. *Über das altaische oder finnisch-tatarische Sprachengeschlecht* [M]. Berlin: Veit & comp.

Sebeok, Thomas A. ed., 1966. *Portraits of Linguists: A Biographical Source Book for the History of Western Linguistics 1746—1963* [M]. Bloomington: Indiana University Press.

Shafer, Robert. 1966-1974. *Introduction to Sino-Tibetan* [M], 5 vols. Wiesbaden: Otto Harrassowitz.

Shapiro, Fred R. 1984. "First Uses of the English Words Semantics and Semasiology" [J]. *American Speech*. 59 (3) : 264—266.

Шор, Р. О. 1938. "Краткий очерк истории лингвистических учений с эпохи Возрождения до конца XIX в" [A]. In: «История языковедения до конца XIX века: краткий обзор основных моментов» , Москва: Гос. учеб.изд. Наркомпроса.

Smith, Edward E. & Douglas L. Medin.1981. *Categories and Concepts* [M]. Cambridge: Harvard University Press.

Smith, William. 1816—1819. *Strata Identified by Organized Fossils* [M]. London: William

Smith.

Spencer, Herbert. 1864. *Principles of Biology* [M]. London: Williams & Norgate.

Stankiewicz, Edward. 1988. "Discussions: The Place of J. Baudouin de Courtenay in the History of Modern Linguistics" [J], *Russian Linguistics* 12 (2): 133—145.

Steinthal, Heymann. 1848. *Die Sprachwissenschaft Wilh.v. Humboldt's und die Hegel'sche Philosophie* [M]. Berlin: Ferd. Dammler.

Steinthal, Heymann. 1850. *Der heutige Zustand der Sprachwissenschaft* [A]. In: Heymann Steinthal. 1970. *Kleine sprachtheoretische Schriften*, hrsg. von W. Bumann, Hildesheim/ New York. S. 114—138.

Steinthal, Heymann. 1855. *Grammatik, Logik Psychologie, Ihre Prinzipien und Ihr Verhältniss zu Einander* [M]. Berlin: Ferd. Dümmler's Verlagsbuchhandlung.

Steinthal, Heymann. 1871. *Einleitung in die Psychology und Sprachwissenschaft* [M]. Berlin: Ferd. Dümmler's Verlagsbuchhandlung.

Stiernhielm, Georg. 1671. *De Linguarum origine Praefatio. D. N. Jesu Christi SS. Evangelia ab Ulfila Gothorum translate*[M]. Holmiæ[Stockholm]: Nicolai Wankif.

Strahlenberg, Philip Johan Tabbert von. 1730. *Das Nord und Östliche Theil von Europea und Asia, in so weit das gantze Russische Reich mit Siberien und grossen Tatarey in sich begreiffet, in einer Historisch-Geographischen Beschreibung der alten und neueren Zeiten, und vielen andern unbekannten Nachrichten vorgestellet, nebst einer noch niemahls and Licht gegebenen Tabula Polyglotta von zwei und dreyßiglei Arten Tatarischer Völcker Sprachen und einem Kalmuckischen Vocabulario* [M]. Stockholm: Verlegung des Autoris.

Szemerényi, Oswald. 1980. "Four Old Iranian Ethnic Names: Scythian, Skudra, Sogdian, Saka" [J]. *Philosophisch-Historische Klasse / Verlag der Österreichische Akademie der Wissenschaften: Sitzungsberichte* 371: 1—46.

T

Thomas, Antoine 1898. *Essais de philologie française, La sémantique et les lois intellectuelles du langage* [M]. Pari : Bouillon.

Thomsen, Vilhelm Ludvig Peter. 1902. *Sprogvidenskabens historie: En kortfattet Fremstilling, Geschichte der Sprachwissenschaft bis zum Ausgang des 19. Jahrhunderts* [M]. København: G. E. C. Gad. Trans. by Hans Pollak. *Geschichte der Sprachwissenschaft bis zum Ausgang des 19.*

Jahrhunderts: kurzgefasste Darstellung der Hauptpunkte[M]. Halle: M. Niemeyer Verlag,1927. Trans. By Р. О. Шор. *История языковедения до конца XIX века: краткий обзор основных моментов*. Москва: Гос. учеб.изд. Наркомпроса. 1938.

Tregear, Edward Robert. 1885. *The Aryan Maori* [M].Wellington: George Didsbury, Govt.

Trier, Jost. 1931a. *Der deutsche Wortschatz im Sinnbezirk des Verstandes: Die Geschichte eines sprachlichen Feldes, Bd I: Von den Anfängen bis zum Beginn des 13. Jahrhunderts* [M]. Heidelberg: Winter.

Trier, Jost. 1931b. "Über Wort-und Begriffsfelder" [A]. In Lothar Schmidt ed., *Wortfeldforschung: Zur Geschichte und Theorie des sprachlichen Feldes*. Darmstadt: Wissenschaftliche Buchgesellscaft. 1973. S. 1—38.

Trier, Jost. 1934. "Das sprachliche Feld: eine Auseinandersetzung" [J]. *Neue Jahrbücher für Wissenschaft und Jugendbildung* 10: 271— 292.

Trier, Jost. 1968. "Altes und Neues vom sprachlichen Feld" [A]. *Duden-Beiträge zu Fragen der Rechtschreibung, der Grammatik und des Stils* 34: 9—20.

Trubetzkoy, Nikolai Sergeevich (Сергеевич Николай Трубецкой). 1939. *Grundzüge der Phonologie* [M]. Travaux du Cercle Linguistique de Prague 7. (Göttingen: Vandenhoeck & Ruprecht. 1958). Traduits par J. Cantineau, *Principes de phonologie*, Paris: C. Klincksieck, 1949; Переведено А. А. Холодович, *Основы фонологии*, Москва: Аспекг Пресс.; 1960. Trans. by Christiane A. M. Baltaxe, *Principles of Phonology*, Berkeley: Berkeley University of California Press, 1969.

Turgot, Anne Robert Jacques.1756. "Étymology" [A]. In Diderot & D'Alembert. ed., *Encyclopèdie ou dictionnaire raisonné des sciences, des arts et des métiers*. Vol. IX: 98—111. Paris and Amsterdam

U

Ullmann, Stephen. 1962. *Semantics: An introduction to the science of meaning* [M]. Oxford: Blackwell.

Ullmann, Stephen. 1957. *The Principles of Semantics* [M]. Oxford : Blackwell.

Ullmann, Stephen. 1962. *Semantics An Introduction to the Science of Meaning* [M]. Oxford: Blackwell.

Ullmann, Stephen. 1973. *Meaning and Style Collected Papers by Stephen Ullmann* [M].

Oxford: Blackwell.

V

Vater, Johann Severin. 1801. *Versuch einer allgemeinen Sprachlehre* [M]. Halle: Renger.

Verburg, P. A. 1950. "The Backgrounds to the Linguistic Conceptions of Bopp" [J]. Lingua 2: 438-468.

Виноградов, В. В. 1978. 《История русских лингвистических учений》 [M]. Москва: Высшая школа.

W

Wachter, Johann Georg. 1737. *Glossarium Germanicum continens origines et antiquitates totius linguae Germanicae et omnium penevocabulorum vigentium et desitorum*[M]. Leipzig: Joh. Frid. Gleditschii.

Wallace, Alfred Russel.1855. "On the Law Which Has Regulated the Introduction of New Species" [J]. *The Annals and Magazine of Natural History, Including Zoology, Botany, and Geology* 16:185—196.

Watts, J. A. & G. D. Buss. 2006. *A Goodly Heritage: Or an Insight Into the Gospel Standard Articles of Faith* [M]. London: Gospel Standard Publications.

Weisgerber, Johann Leo. 1927. "Die Bedeutungslehre-ein Irrweg der Sprachwissenschaft?" [J]. *Germanisch-Romanische Monatsschrift* 15: 161—183.

Weisgerber, Johann Leo. 1939. "Vom Inhaltlichen Aufbau des Deutschen Wortschatzes" [A]. *Die volkhaften Kräfte der Muttersprache*. Frankfurt: Diesterweg. S. 12—33. In L. Schmidt ed., *Wortfeld-forschung Zur Geschichte und Theorie des sprachlichen Feldes*. Darmstadt: Wissenschaftliche Buchgesellscaft. 1973.

Weisgerber, Johann Leo. 1957. "Sprachwissenschaftliche Methodenlehre" [J]. *Deutsche Philologie im Aufriss*1: 271— 292.

Wells, William Charles.1818 [1813]. "An Account of a Female of the White Race of Mankind, Part of Whose Skin Resembles That of a Negro, with Some Observations on the Cause of the Differences in Colour and form between the White and Negro Races of Man" [A]. In William Charles Wells. *Two Essays: upon a Single Vision with Two Eyes, the Other on Dew*. London: A. Constable & Co. Edinburgh.

Whibly, Charles. 1898. "Language and Style" [J]. *Fortnightly Review* 101: 71.

Whitney, William Dwight. 1875. *The Life and Growth of Language An Outline of Linguistic Science* [M]. New York: Appleton; London: King.

Wierzbicka, Anna..1972. *Semantic Primitives*[M]. Frankfurt: Athenäum.

Wikipedia (http://en.wikipedia.org/wiki/): Alfred Russel Wallace; Burnett of Leys; Charles Darwin; Charles Lyell; Erasmus Alvey Darwin; Erasmus Darwin; James Hutton; Jean-Baptiste Lamarck; Lord James Burnett Monboddo; History of evolutionary thought; Patrick Mathew; Robert Darwin; Robert Jameson; William Charles Wells [OL]. 2014/03/10.

Wikipedia（http://en.wikipedia.org/wiki/）：Christian Karl Reisig；Gottfried Hermann；Friedrich Gottlob Haase；Albert Agathon Benary；Ferdinand Heerdegen；Josiah Willard Gibbs；Michel Bréal； Charles Rockwell Lanman；Lady Welby Victoria；Charles Whibly[OL]. 2014/06/20.

Wilkins, Charles.1808. *A Grammar of the Sanskrita Language* [M]. London: William Bulmer and Co.

Witsen, Nicolaas. 1705 [1692]. *Noord en Oost Tartarye: Ofte Bondig Ontwerp Van eenig dier Landen en Volken, Welke voormaels bekent zijn geweest. Beneffens verscheide tot noch toe onbekende, en meest nooit voorheen beschreve Tartersche en Nabuurige Gewesten, Landstreeken, Steden, Rivieren, en Plaetzen, in de Noorder en Oosterlykste Gedeelten Van Asia En Europa Verdeelt in twee Stukken, Met der zelviger Land-kaerten: mitsgaders, onderscheide Afbeeldingen van Steden, Drachten, enz. Zedert naeuwkeurig onderzoek van veele Jaren, door eigen ondervondinge ontworpen, beschreven, geteekent, en in 't licht gegeven* [M]. Amsterdam: François Halma. 1692; 2nd edition, Amsterdam: M. Schalekanp.

Wotton, William. 1730 [1713]. *A Discourse Concerning the Confusion of Languages at Babel*[M]. London：S. Austin & W. Bowyer.

Wundt, Wilhelm. 1900. *Völkerpsychologie, Eine Untersuchung der Entwicklungsgesetze von Sprache Mythus und Sitte（1, 2. Die Sprache）*[M]. Leipzig: Engelmann.

Y

Young, Thomas. 1813. "Mithridates, oder Allgemeine Sprachenkunde" [J]. *The London Quarterly Review* 10 (19): 250—292.

跋

又一个百年未遇——酷暑……

"跋"有两种词性：【动】（通"軷"）①踩踏。②引申为爬山。③引申为放马驰骋。【名】（通"茇"）①草木之根或主干。②引申为根本、根由。③转指一种文体，写在书文或书画作品其后的要言。

研究写作的过程是【动】跋。书文编好的唠叨是【名】跋。

青瓦长忆旧时雨，黄簦更诉相依情。

首先，本书中的看法或观点，是基于我30多年前（1983—1986年读研期间）的疑问，通过多年来逐步翻检文献所得，是基于"学则思，思则疑，疑则究"（读研期间的座右铭）的建构。与习以为常的看法可能差别较大，甚至迥然不同。嘤其鸣矣，求其友声。然见仁见智，各有不同。

其次，这些看法或观点是逐步形成的，所谓"捕风捉影、顺藤摸瓜、见微知著、日积月累"，因此不同时间所撰论文，有些说法前后稍有变化。同样，有些内容在不同论文中难免互文复现，既然对该文本身是必要的，也就不必刻意删除。足迹，探索的足迹，留下的足迹……这些都表明了探索的动态性、互文性。

再次，这些论述总体上还是湖光掠影、见微知著，可谓引玉之砖。在最近一年的研究中，资料更翔实，一些观点又有所修正，但未以修改方式添加到旧文中去。

学海无涯苦作舟，书山有路勤为径。

更详细的论述阐发，请见拟出版专著：

1.《西方语义学史论》（2016年成稿，预计2020年出版）；

2.《尘封的比较语言学史：终结琼斯神话》（预计2019年出版）。

如果有时间和兴致，可在已有研究基础上进一步丰富化，撰写《现代语言学史论》。

另外，在撰写这些书稿的过程中，要做一手文献和二手资料，由此有三部译著：

1.《西方语义学经典论著译注》；

2.《历史比较语言学论著资料译注》；

3.《威廉·琼斯亚洲学会年会演讲集：1784—1794》。

与胡适借用所谓"西洋方法"框范中国学术不同，我们主张用中国传统方法剖析西

跋

洋学术。所谓中国传统，其学即文字、音韵、训诂，其术即义理、考据、辞章，其道即用心、养心、安心（灵魂有所安置）。后学忝列"章黄学派"第四代传人，自然以古法为本。《西方"语言学"学科名称的术语演变》的初稿《西方"语言学"名意考论》，曾在"语言科技应用与语言学科建设高层论坛"（辽宁师范大学2016年9月22日）上摘要演讲，承蒙黄德宽教授嘉评，所论确实可证为"章黄学派"传人。

喧嚣"国学"，未谙章黄，岂不缘木而求鱼、买椟而还珠？

凭借互联网和知识库，根据新的思路，重建历史是21世纪的使命！

期待远见卓识的出版方家……

是为跋。

东亭　李葆嘉　谨识

2017年8月5日

今附：在"重建西方语言学史三部曲"中，《揭开语言学史之谜》最先完稿和交稿，虽以最先探索的现代语言学史问题为主，但兼有总论之用。交稿后，于西方语言学史研究又有一系列挖掘和发现。《尘封的比较语言学史：终结琼斯神话》，2020年3月科学出版社印行，《西方语义学史论》预计2022年出版。而我的第三本论文选《作舟篇——基于西方古籍的学术思想史追溯》也将面世。如《揭开语言学史之谜》的个别论述与这些论著中的内容龃龉，则以后者为准。

倘若精力允许，则可能重著一部脉络更清晰、细节更精微、内容更丰富、阐述更深刻的《现代语言学史论》。另外还有一部《西方汉语文法学史论：17—19世纪》（已成稿20万字，其撮要3万字《西洋汉语文法学三百年鸟瞰》，作为特稿刊于《华东师范大学学报》第3期），可与"重建西方语言学史三部曲"相互观照。

西溪散人　李葆嘉　谨识

时在2020年中秋